马克思画传

1818—1883

中共中央马克思恩格斯列宁斯大林著作编译局 编

中央编译出版社

《马克思画传》
《恩格斯画传》 编纂委员会
《列 宁 画 传》

主 编 韦建桦

常务副主编 顾锦屏

副主编 魏海生 王学东

编 委（按姓氏音序排列）

柴方国 陈兴芜 李桂兰 罗小卫 吴立平

徐 洋 喻 杨 翟民刚 张海滨

《马克思画传》编纂人员

韦建桦 顾锦屏 魏海生 王学东 柴方国

徐 洋 李 楠 张远航 曹浩瀚

总 序

走近马克思恩格斯列宁的壮丽人生

韦建桦

在人类历史上，马克思、恩格斯、列宁是对世界现代文明进程影响最深远的思想家和革命家。他们创立的马克思列宁主义科学体系，是人类数千年来优秀思想文化的结晶，是工人阶级及其政党的战斗旗帜和指路明灯，是中国各族人民团结奋斗的共同思想基础。为了帮助广大读者了解他们进行理论创造和革命实践的历程，认识他们在艰苦卓绝的斗争和跌宕起伏的生活中展现的崇高品德与革命情操，我们编纂了《马克思画传》、《恩格斯画传》和《列宁画传》。

在三部画传中，我们力求完整而又具体地描述三位伟人的人生轨迹。

马克思、恩格斯、列宁的一生是在波澜壮阔的无产阶级革命中度过的。他们的实践活动是国际共产主义运动史的重要篇章，同时也是感人肺腑、催人奋进的生动教材。

一百六十多年前，马克思和恩格斯在起草科学社会主义的纲领性文献《共产党宣言》时，还不满三十岁。他们并不是什么先知先觉的圣人。他们从小面对的也是一个充满矛盾的现实世界，在家庭、学校和社会的影响下，他们也曾接受过在那个时代占主流地位的唯心主义和资产阶级民主主义思想。是现存社会的物质和经济的事实，特别是资本主义制度的弊端和劳动群众渴求解放的呼声，促使他们立志进行社会变革，并走上探求科学真理的道路。在社会进步思想的启发下，他们通过孜孜不倦的理论研究和社会实践，实现了向唯物主义和共产主义的彻底转变。他们不仅为工人阶级创立了科学的世界观，而且亲身投入工人阶级和劳动人民推翻旧世界、建设新世界的伟大斗争。从创建共产主义者同盟，到参加1848—1849年欧洲革命；从领导国际工人协会的斗争，到支持巴黎公社革命；从指导无产阶级政党建设，团结和壮大国际无产阶级革命力量，到推进世界各被压迫民族的独立和解放运动，马克思和恩格斯始终站在国际共产主义运动前沿，为无产阶级革命奉献了毕生的精力和智慧。

列宁同马克思、恩格斯一样，早在青年时代就关注劳动人民的命运，积极参与推翻剥削阶级统治的斗争。他刻苦钻研马克思恩格斯著作，在长期的斗争实践中锻炼成为坚定的马克思主义者和卓越的无产阶级革命领袖。他创造性地运用马克思主义，在俄国建立了新型无产阶级政党，领导党和人民群众夺取了十月社会主义革命的胜利，创建了世界上第一个社会主义国家，使社会主义从理论变为现实。他热情支持各国无产阶级革命和被压迫民

族解放运动，同时以锲而不舍的精神对社会主义建设道路进行卓有成效的探索，为世界社会主义运动的发展作出了划时代的贡献。

马克思、恩格斯、列宁把全部生命融入了人类进步事业，他们的英名和功绩将永垂青史。德国工人运动领袖威廉·李卜克内西曾在马克思的葬礼上深情地说："马克思是属于无产阶级的。他的一生都献给全世界无产者了。全世界能够思考的、有思想的无产者都对他表示感激和尊敬。"（参看《马克思恩格斯全集》第2版第25卷第600—601页）这段话是马克思伟大一生的真实写照；人们也可以用同样简洁的语言来概括恩格斯和列宁的革命生涯。我们的画传正是以凝练的笔触再现他们的生命航程。

在三部画传中，我们力求准确而又简明地介绍三位伟人的理论贡献。

马克思、恩格斯、列宁在大量著述中揭示了人类历史发展规律、无产阶级革命和社会主义建设规律、无产阶级政党建设规律，并作了经典的表述。在人类思想史上，这是一次辉煌的日出。

马克思和恩格斯研究了欧洲资本主义经济和政治发展状况，总结了欧洲工人运动经验，吸收和改造了人类思想文化成果，特别是18世纪和19世纪上半期哲学社会科学和自然科学的最新成果，创立了包括马克思主义哲学、政治经济学和科学社会主义在内的理论体系。他们用唯物史观阐明了人类社会演进的普遍规律，用剩余价值理论揭示了资本主义剥削的秘密和资本主义社会存在的基础。随着唯物史观和剩余价值理论的发现，社会主义实现了从空想到科学的发展。马克思和恩格斯论证了资本主义为社会主义、共产主义取代的历史必然性，指出无产阶级是实现这一历史使命的伟大阶级，而无产阶级政党就是领导这个事业的核心力量。他们阐述了无产阶级革命和无产阶级专政学说，并在科学分析资本主义现实的基础上，提出了关于未来社会发展和建设的基本原则。他们的科学体系以理论和实践相统一为特征，在实践中不断丰富和发展。

列宁就是在新的历史条件下发展马克思主义的典范。他在总结俄国无产阶级革命和社会主义建设经验的基础上，把马克思主义推进到列宁主义阶段。他深入研究资本主义发展的新趋势，创立了关于帝国主义的理论，提出了社会主义可能首先在少数甚至在单独一个资本主义国家内获得胜利的科学论断。他制定了无产阶级新型政党的理论，捍卫和发展了马克思主义的无产阶级专政学说。十月革命胜利后，他在实践中深入研究如何在经济文化落后的俄国建设社会主义的时代命题，研究如何加强苏维埃政权建设和执政党建设等重大战略问题，提出了一系列精辟见解，丰富了科学社会主义的理论宝库。

历史已经证明并将继续证明，马克思、恩格斯、列宁创立的理论是颠扑不破的真理。时代的发展和国际风云的变幻，只会使这个理论显示出愈益强大的生命力。正如列宁所说：

“即将来临的历史时期，定会使马克思主义这个无产阶级的学说获得更大的胜利。”（见《列宁全集》第2版第23卷第4页）我们的画传正是以确凿的事实证明列宁的科学论断。

在三部画传中，我们力求真实而又鲜明地展示三位伟人的精神境界。

马克思、恩格斯、列宁留给后人的宝贵遗产，不只是科学的理论，而且还有崇高的风范。他们的品节、风骨与胸襟使一代又一代追求真理的人们获得启迪，受到震撼，汲取奋进的动力。

青年时代的马克思、恩格斯、列宁凭借家庭的条件、聪颖的禀赋和卓异的才识，完全有可能跻身于“上流社会”。但是，他们对金钱、权位和资产阶级的奢靡享乐不屑一顾。他们舍弃了舒适安定的生活，毅然选择了充满艰难险阻的革命道路。反动势力一次又一次的驱逐、通缉、构陷、监禁和利诱，没有动摇他们的信念，反而使他们更加矢志不渝地为坚持真理而斗争。

斗争是他们的生命要素。他们毫不妥协地与反动统治阶级进行斗争，与影响工人运动健康发展的各种社会思潮进行斗争，与工人政党内部的错误倾向进行斗争，表现出无与伦比的胆略和睿智。他们长期承担超负荷的繁重工作，但总是保持高昂的斗志和蓬勃的朝气，充满乐观旷达和自我牺牲的精神。即使在疾病缠身或遭遇不幸的时候，他们也仍然从容镇静、严谨缜密、一丝不苟地对待每一项工作。正是在这种日夜兼程的奋斗中，他们呕心沥血，勤奋耕耘，撰写了卷帙浩繁的著作、论文、书信、笔记和手稿，为无产阶级和全人类创造了无比珍贵的精神财富。

他们的深邃思想来自实践，也来自长期的学习和积累。从青少年时代直到晚年，他们始终把学习当成人生使命和最大快乐。无论是在流亡或流放的动荡年代，还是在与病痛作斗争的艰难时刻，他们都密切关注社会科学和自然科学的发展，通过博览群书、研精覃思，站在理论和学术的制高点，在许多领域都有独到的发现和重要的建树。他们在科学的道路上不断开拓的恒心和勇气，来源于对劳苦大众解放事业的忠诚。恩格斯认为，在他生活的那种到处都有政治压迫、思想钳制、物质诱惑和市侩习气的社会环境中，要始终保持高尚纯洁的理论兴趣，就必须做到“对职位、牟利，对上司的恩典，没有任何考虑。相反，科学越是毫无顾忌和大公无私，它就越符合工人的利益和愿望”（见《马克思恩格斯文集》第4卷第313页）。事实证明，这种毫无顾忌的胆识和大公无私的胸怀，正是马克思、恩格斯、列宁求知和治学的共同特征，是他们透过繁芜丛杂的社会现象洞悉历史本质的重要原因。

他们在工人政党和广大群众中享有无与伦比的崇高威望，但他们始终把自己定位为同大家患难与共、风雨同舟的战士。马克思说过：“由于厌恶一切个人崇拜，在国际存在的时候，我从来都不让公布那许许多多来自各国的、使我厌烦的歌功颂德的东西；我从来也不予答复，偶尔答复，也只是加以斥责。恩格斯和我最初参加共产主义者秘密团体时的必要条件是：摒弃章程中一切助长迷信权威的东西。”（见《马克思恩格斯文集》第 10 卷第 422—423 页）这些话不仅反映了无产阶级革命家的谦逊品格和民主精神，而且昭示了他们高扬党内正气、扫除鄙俗之风的坚强决心。在与同志们的日常交往中，他们襟怀恢廓，坦率真诚，显示出勇于任事、乐于助人、质朴刚健、幽默诙谐的个性。在战友们的心目中，他们是领袖，更是可亲可敬的良师益友。他们从事着伟大的事业，同时也深深地热爱平凡的生活。他们喜爱文学艺术，向往生机无限的大自然，珍视纯洁深挚的爱情、亲情和友情，并从这些人间至情中获得温暖和力量。

确实，除了大量的著作之外，马克思、恩格斯、列宁还用一生言行为我们诠释了如何做人的道理。我们的画传正是以素朴的情节折射他们的人格光辉，并且以此来印证马克思的名言：“人只有为同时代人的完美、为他们的幸福而工作，自己才能达到完美。”（见《马克思恩格斯全集》第 2 版第 1 卷第 459 页）

在三部画传中，我们还力求全面而又集中地反映三位伟人对中华民族前途的关注，介绍他们的著作在中国传播的情况。

马克思、恩格斯、列宁生前高度评价中华民族的灿烂文明，深切同情中国人民遭受的苦难和屈辱，热情支持中国人民反抗列强侵略、反对封建压迫的斗争。他们对中国革命寄予殷切期望，并且满怀深情地预言：随着新中国的崛起，整个亚洲将升起历史新纪元的曙光，中华民族必将对人类进步作出应有的贡献。三位伟人的预言，在中国共产党领导的革命、建设和改革事业中一步一步地变成了现实。我们党从成立时起就把马克思列宁主义作为指导思想，高度重视党的理论武装和思想建设，积极推进经典著作的传播和研究，并在实践中创造性地运用和发展马克思、恩格斯、列宁创立的科学理论，形成了马克思主义中国化的理论成果，即毛泽东思想和包括邓小平理论、“三个代表”重要思想以及科学发展观等重大战略思想在内的中国特色社会主义理论体系。正是在这些光辉理论成果的指引下，我们的祖国发生了翻天覆地的巨变。今天，中国各族人民正在用社会主义现代化建设的业绩，向全世界进一步证明马克思列宁主义真理的无限生机。我们的画传正是以特定的角度表达对无产阶级导师的景仰和追怀。

编纂画传的构想，最初是在我们编译十卷本《马克思恩格斯文集》和五卷本《列宁专题文集》期间提出的。三位导师的画传必须达到思想性、理论性和知识性、艺术性的高度统一，编纂工作要求很高、任务很重、难点很多。因此，我们在 2007 年先行启动了搜集整理文献资料和各类图片的基础性工作。2009 年两部文集的编译工作顺利完成。这两部文集是中央实施马克思主义理论研究和建设工程的重点项目和标志性成果，是广大干部群众学习马克思主义经典著作的权威性教材。两部文集的编译过程，使我们更加深刻地体悟到三位伟人的思想融通今古，博大精深，蕴含着无限生机和魅力；两部文集出版后引起的强烈反响，使我们更加清晰地认识到采用生动亲切、鲜明直观的形式帮助广大读者了解三位伟人的思想理论和斗争历程的必要性。于是，我们在最初构想的基础上，进一步研究确定了三部画传的编纂宗旨和具体思路，并且本着尊重历史、贴近时代、一丝不苟、勇于创新的原则全面展开了各项工作。可以说，是真理的巨大力量、社会的实际需要和我们的责任意识共同催生了这三部画传。

三部画传的特点是以文为经，以图为纬；经纬交织，图文互补，构成一种立体的叙事语言。

我们要用这种立体的叙事语言向读者讲述鲜活真实的历史。真实是我们这部作品的灵魂。只有保证史实记叙和理论阐述的准确，三部画传才能对学习经典著作具有切实的参考价值，同时对研究经典作家具有独立的学术价值。因此，我们要求自己用编译经典著作的科学态度从事编纂画传的工作。我们重温了马克思、恩格斯、列宁的一系列重要著述，广泛搜集并认真研读了涉及三位伟人生平事业的各种史料和研究成果，对画传的总体方案、条贯脉络、篇章结构、各章导言、各节提要和大事年表进行了反复斟酌和推敲，对反映历史事件、人物、组织、著述和文稿的大量图片进行了审慎的考证和精选。我们按照编年顺序和逻辑顺序相统一的原则，将文字和图片进行合理编排，以确保全书内容的完整性、连贯性和逻辑性。我们还选录了马克思、恩格斯、列宁的重要言论以及他们的亲人和战友的生动回忆，让读者对三位伟人的思想和品格获得更加深刻的感悟、更加真切的印象。在装帧和版面设计方面，我们作了多方面的创新尝试，努力形成一种庄重朴素、清新典雅的整体风格，以便更好地体现全书的丰富内涵，使思想的感召力与艺术的感染力有机地结合起来。画传汇集了中外名家的许多美术作品，其中有的描绘恢弘的历史场景，有的表现重大的革命题材，也有的反映动人的生活细节。这些精美的作品与珍贵历史图片、简要说明文字融为一体，组成了讴歌马克思、恩格斯、列宁壮丽人生的交响诗。

我们希望这三部画传能帮助广大读者走近三位伟人生活的时代，走近他们的心灵。如果我们的读者在感动的同时进行深入的思考，进而以浓厚的理论兴趣去阅读马克思、恩格斯、列宁的著作，直接聆听他们关于历史与未来、自然与社会、宇宙与人生的教诲，那么，本书编者将感到无比欣幸，因为这正是我们齐心协力编纂三部画传的初衷。

2012 年 3 月

定稿于中共中央编译局

目录

第一章

童年和学生时代

卡尔·马克思 1818 年 5 月 5 日生于德国特里尔市（时属普鲁士王国）的一个律师家庭。特里尔市所在的莱茵地区，因受法国大革命的影响，资本主义经济发展迅速，反对封建专制的进步思想广为传播。马克思的父亲亨利希·马克思学识渊博，思想开明。马克思从小受到良好家庭教育。

1830 年，马克思进入特里尔中学学习。他学习勤勉，善于独立思考，不仅掌握了扎实的基础知识，还受到了进步师长的资产阶级启蒙思想的熏陶。他的中学毕业作文《青年在选择职业时的考虑》反映了他对人生道路的深邃思考和为人类服务的远大抱负："如果我们选择了最能为人类而工作的职业，那么，重担就不能把我们压倒，因为这是为大家作出的牺牲；那时我们所享受的就不是可怜的、有限的、自私的乐趣，我们的幸福将属于千百万人，我们的事业将悄然无声地存在下去，但是它会永远发挥作用，而面对我们的骨灰，高尚的人们将洒下热泪。"

1835 年 10 月，马克思进入波恩大学，次年转入柏林大学。起初他攻读法学，后来潜心研究历史和哲学。当时，黑格尔主义在柏林大学占据支配地位。黑格尔学派左翼——青年黑格尔派站在资产阶级激进主义立场上批判宗教，并力图从黑格尔哲学中得出反对封建专制制度的结论。从 1837 年起，马克思系统研读黑格尔的著作，结识了青年黑格尔派的许多代表人物，并成为青年黑格尔派博士俱乐部的积极成员。但是，在政治立场和哲学观点上，马克思同青年黑格尔派存在着重大分歧。

1839 年起，马克思专心研究古希腊哲学，1841 年 3 月写成博士论文《德谟克利特的自然哲学和伊壁鸠鲁的自然哲学的差别》。马克思在博士论文中揭示了伊壁鸠鲁原子学说的积极意义和辩证法因素。在这篇论文的序言中，马克思公开表示无神论是自己的坚定信念，宣布要反对"一切天上的和地上的神"。他称赞希腊神话中的普罗米修斯"是哲学历书上最高尚的圣者和殉道者"，并用普罗米修斯的豪言壮语回答那些屈从于宗教黑暗势力的懦夫："我绝不愿像你那样甘受役使，来改变自己悲惨的命运，你好好听着，我永不愿意！是的，宁可被缚在崖石上，也不为父亲宙斯效忠，充当他的信使。"1841 年 4 月，马克思从耶拿大学获得博士学位。

卡尔·马克思1818年5月5日出生于德国古城特里尔。(01-05)

01. 19 世纪 30 年代的特里尔
02. 特里尔布吕肯巷 664 号(现为布吕肯街 10 号),1818 年 5 月 5 日马克思在这里出生。
03. 布吕肯街今貌
04. 马克思两岁时全家搬迁到特里尔西梅翁街 1070 号(现为西梅翁街 8 号)
05. 1830 年前后的西梅翁街

01

3

04

05

02

马克思的父亲亨利希·马克思（1777—1838），犹太人，是一位受人尊敬的律师。母亲罕丽达·普雷斯堡（1788—1863），荷兰人，是一位普通的家庭妇女。马克思共有兄弟姊妹九人，马克思排行第三。他从小聪明好学，深受家人喜爱。（06-08）

06. 马克思的出生证书，上面有他的父亲亨利希·马克思的签名。
07. 马克思家谱

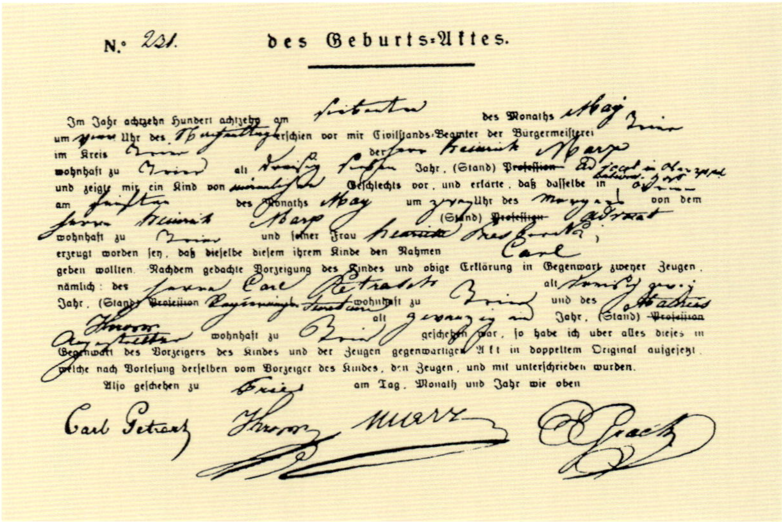

06

马克思家谱

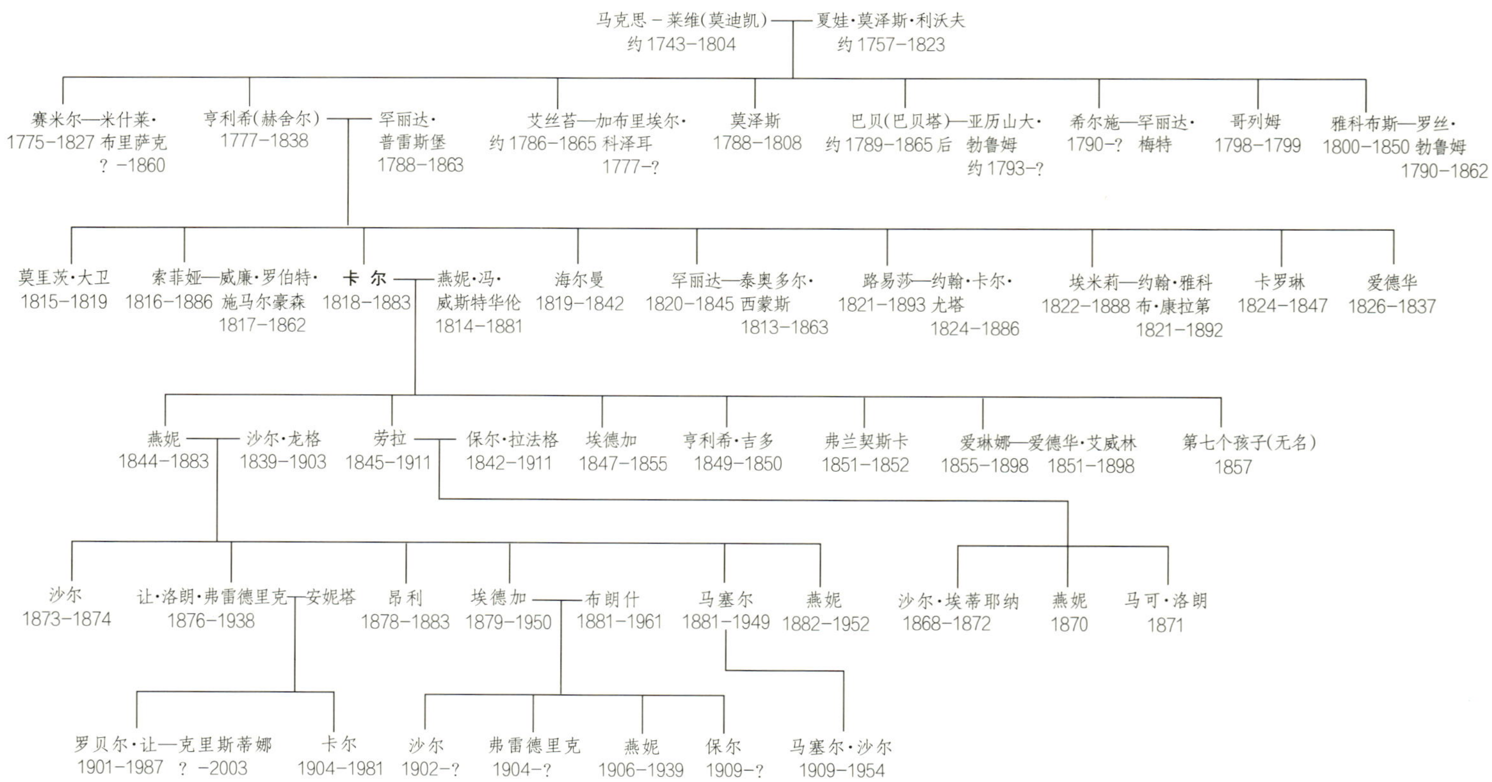

08. 童年（中国画） 高莽

1830 年 10 月至 1835 年 9 月，马克思在特里尔中学学习，在思想上受到进步师长的积极影响。(09-12)

09. 中学校长约翰・胡果・维滕巴赫（1767—1848）
10. 数学和物理老师约翰・施泰宁格（1794—1874）
11. 特里尔中学
12. 特里尔中学礼堂

11

09

10

12

在选择职业时，我们应该遵循的主要指针是人类的幸福和我们自身的完美。

——马克思

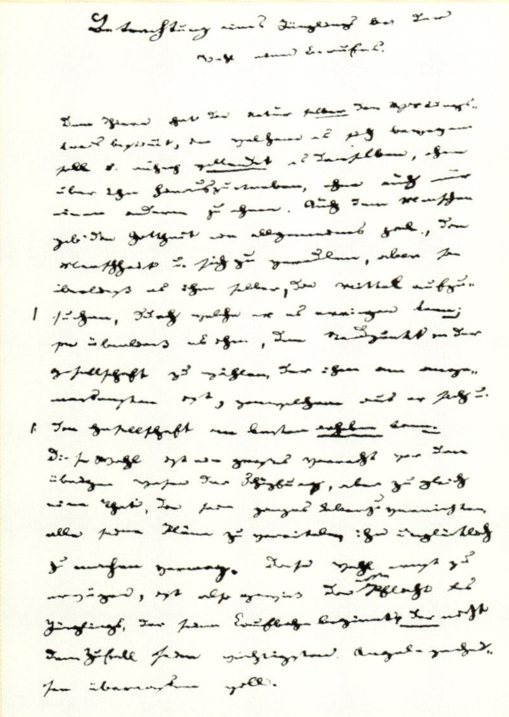

13

1835 年 9 月，马克思中学毕业。他在中学毕业作文《青年在选择职业时的考虑》中表达了对人生道路的深邃思考和为人类服务的远大抱负。(13-14)

13. 马克思 1835 年 8 月写的中学毕业作文《青年在选择职业时的考虑》第 1 页
14. 马克思的中学毕业证书。王室考试委员会在毕业证书上写的评语："对待师长和同学态度良好"，"古代语言、德语和历史学习很勤勉"，"他的作文显得思想丰富，对事物有较深刻的理解"。

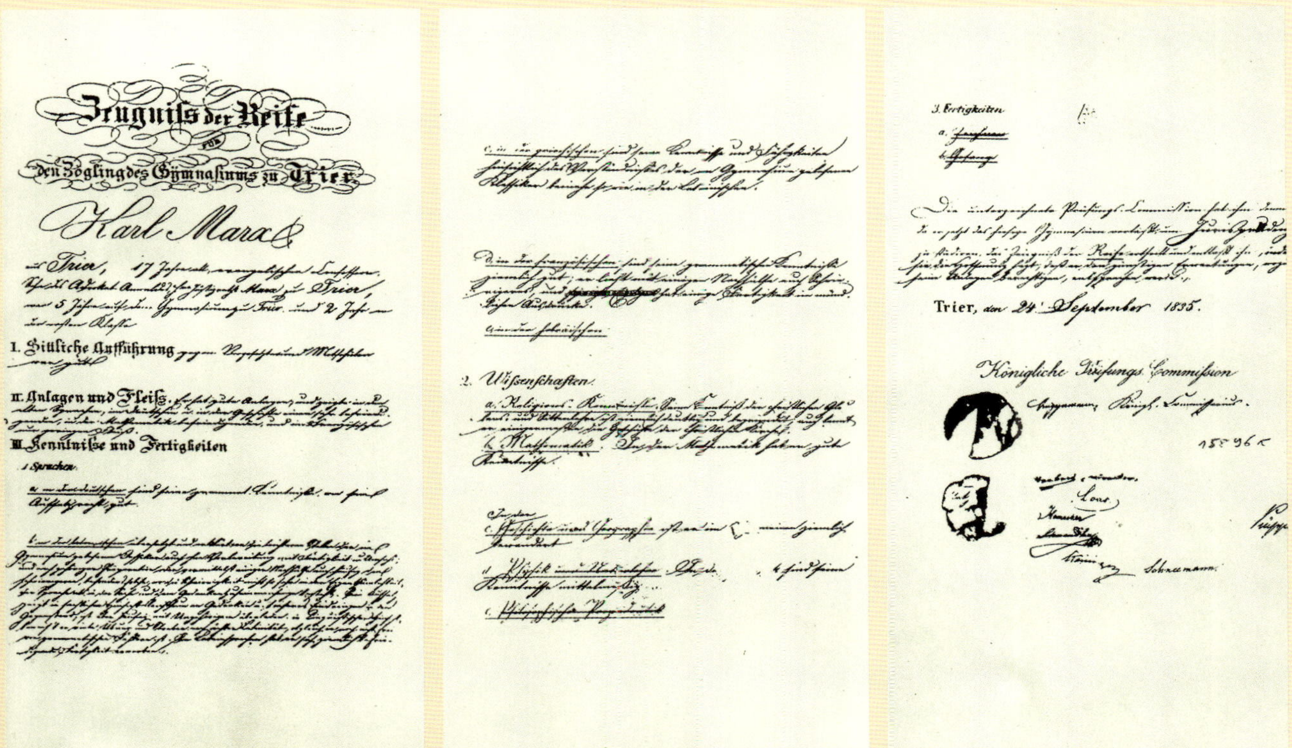

Zeugniß der Reife

für

den Zögling des Gymnasiums zu Trier

Karl Marx

I. Sittliche Aufführung

II. Anlagen und Fleiß

III. Kenntnisse und Fertigkeiten

1. Sprachen

2. Wissenschaften

3. Fertigkeiten

Trier, den 24. September 1835.

Königliche Prüfungs Commission

14

1835 年 10 月中旬，马克思进入波恩大学攻读法学。他求知欲很强，起初选修九门课程，除专业课程外，还听文学和希腊罗马神话、现代艺术史等讲座。不久，他对多数课程的讲授感到不满，便减少听课次数，自己制定计划进行自学。(15-20)

15. 19 世纪 40 年代的波恩
16. 波恩大学，马克思 1835 年 10 月至 1836 年 8 月在此学习。
17. 波恩大学的一座教学楼

15

17

16

18. 1836 年的马克思画像
19. 波恩大学有各种同乡会组织，马克思参加了特里尔同乡会，被选为该会理事。图为 1836 年波恩大学特里尔同乡会的大学生在哥德斯堡的白马酒店前（当时的石版画），右起第六人为马克思。
20. 马克思的波恩大学肄业证书。证书中对马克思的一些课程的评语是“勤勉和用心”，“十分勤勉和用心”。

18

19

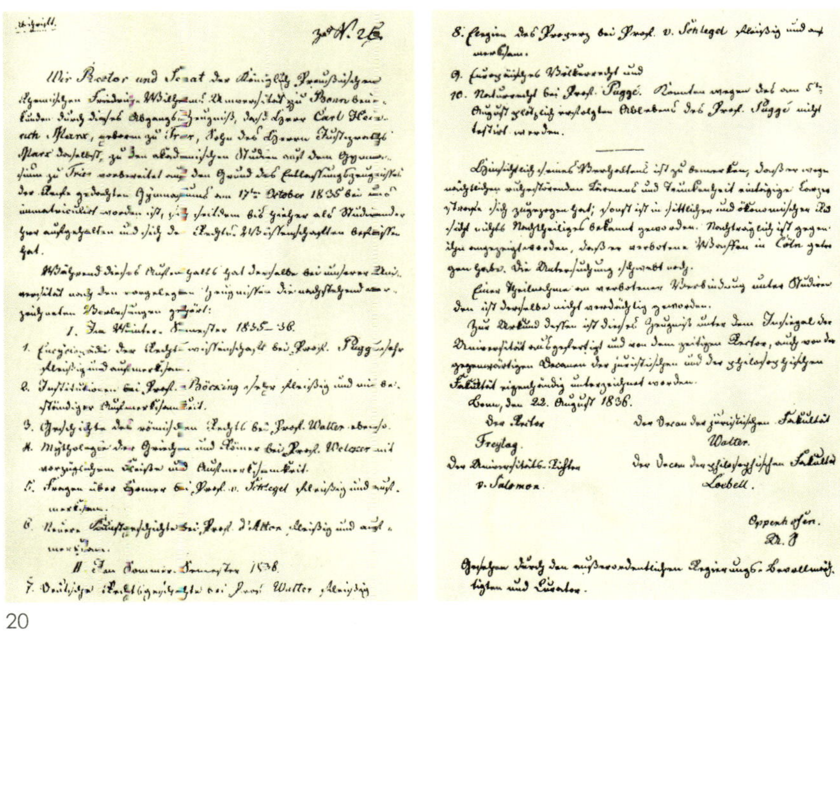

20

燕妮·冯·威斯特华伦（1814—1881）出身于贵族家庭，从小受到良好教育。她倾慕马克思的品德和才华，1836 年秋冲破门第等级观念的束缚，毅然与马克思订婚。（21-26）

21. 19 世纪 30 年代燕妮的画像
22. 马克思献给未婚妻燕妮的诗集《爱之书》
23. 路德维希·冯·威斯特华伦（1770—1842），燕妮的父亲，特里尔的枢密顾问。
24. 卡罗琳·冯·威斯特华伦（1780—1856），燕妮的母亲。
25. 威斯特华伦一家在特里尔的住所
26. 威斯特华伦一家在萨尔茨韦德尔的住所，1814 年 2 月 12 日燕妮在这里出生。

请你收下这些诗笺，
我怀着真情把它们奉献，
诗中回荡着铿锵激越的琴声，
诗中映射出自由的心灵火焰。
——马克思

21

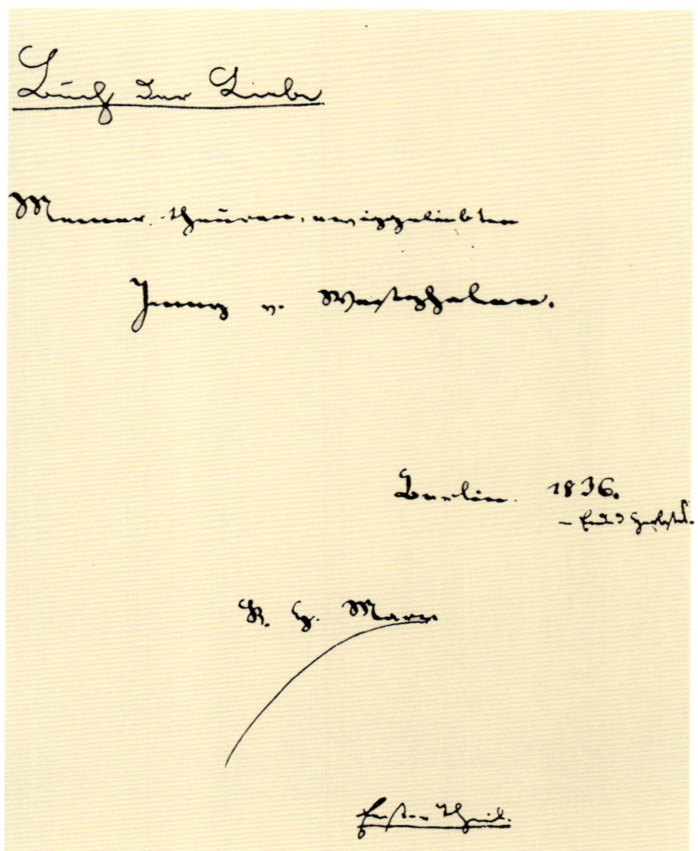

22

23

24

25

26

1836 年 10 月，马克思转到柏林大学法律系学习。起初他攻读法学，但不久就专心致力于研究历史和哲学。他学习勤奋，博览群书，经常通宵达旦。他养成了毕生沿用的学习方法：凡是读过的书都写笔记，作摘录，加评语，过后重温，以加强记忆。(27-33)

27. 1840 年柏林街景
28. 柏林大学，马克思 1836 年 10 月至 1841 年 3 月在此学习。
29. 柏林大学学生名册，上面有马克思的名字。
30. 马克思填写的柏林大学听课证

27

20

Namen der Studirenden.	Ostern.	Michaelis.	Geburtsort oder Vaterland.	Studium.	Wohnung. Hausnummer.	Wohnung. Namen der Straßen.
Loewenthal, N.	37	—	Großh. Posen	Med.	15	Gr. Hamburger
Loewenthal, S.	37	—	„ „	Phil.	15	„ „
v. Loga, H. L. L.	—	36	Westpreußen	Rechte		Alte Jakobs
Lohde, H.	37	—	Berlin	Med.	34	N. Kommand.
Lomler, G.	37	—	Meiningen	Phil.	22	Wall
Loose, H. J. T.	—	36	Pommern	Theol.	21	Stallschreiberstr.
Lorenz, K. H.	—	35	Berlin	Rechte	13	Kl. Hamburger
Lorsbach, W.	—	35	Westphalen	„	40	N. Kommandant.
Lorzing, W. L.	—	33	Berlin	Theol.		K. Artil. Labor.
Luchmann, F. A.	36	—	Nied. Lausitz	„	20	N. Kommandant.
v. Luck, L.	36	—	Berlin	Rechte	31a	Dorotheen
Lucke, F. W. H.	36	—	Prov. Brandenburg	Phil.	30	Mohren
Luckwald, F. W. J.	—	34	Schwedt a. O.	Rechte	33	Nied. Wall
Luedbert, A. F.	36	—	Schlesien	„	90	Friedrichs
Lueders, H.	—	34	Königr. Hannover	Med.	15	Fischer
Luedicke, F. W. G.	34	—	Potsdam	Theol.	32	Schützen
Luedke, K.	34	—	Priegnitz	Phil.	28	Mauer
Luedke, E. L.	—	36	Großh. Posen	„	14	Adler
Luebt, F.	36	—	Mecklenburg	Med.	26	Mittel
Luerschow, F. W.	—	36	Ukermark	Theol.	16	Scharrn
Luetkenkirchen, W.	37	—	Westphalen	Med.	5	Louisen
Bar. v. Luetzow, K. A. L. M.	—	36	Berlin	Rechte	221	Friedrichs
Lukianowitz, S.	36	—	Rußland	Phil.	31b	Dorotheen
Lutiger, J.	—	36	Schweiz	„	5	Charité
Mack, K. T.	37	—	Baden	Med.	10	Marien
Mackie, J. M.	37	—	Amerika	Theol.	56	N. Friedrichs
Magnus, T.	—	36	Neumark	„	6	Louisen
Manae, A. E.	35	—	Schweiz	Med.	76	Unt. d. Linden
Mannheim, J. A.	34	—	Großh. Posen	„	16	Schumanns
Mantels, W.	—	36	Hamburg	Theol.	1	Karls
Marchand, R.	—	33	Berlin	Med.	1	Juden
Marcus, K. E.	37	—	Nied. Lausitz	Theol.	41	Mauer
Marquelis, M.	35	—	Göttingen	Med.	21	Mittel
Marstein, O.	—	35	Berlin	Rechte	50	N. Friedrichs
Markuson, W.	35	—	Posen	Med.	6	Schiffb. Dam
Marschall v. Bieberstein, B.	—	36	Nassau	Rechte	51	Dorotheen
Martini, H.	37	—	Westpreußen	Theol.	11	Französische
Martins, H.	37	—	Berlin	„	28	Markgrafen
Marx, K. H.	—	36	Rheinpreußen	Rechte	50	Alte Jakobs
v. Mataszewicz, J.	—	36	Krakau	Med.	16	Behren
Maurer, K.	—	35	Berlin	Rechte	78	Linden
Marwald, K. H.	37	—	Nied. Lausitz	Theol.	3	Kasernen
Meißner, K. J.	35	—	Prov. Brandenburg	„	55a	Charlotten
Meißner, K.	—	35	Berlin	Rechte	72	Landsberger

29

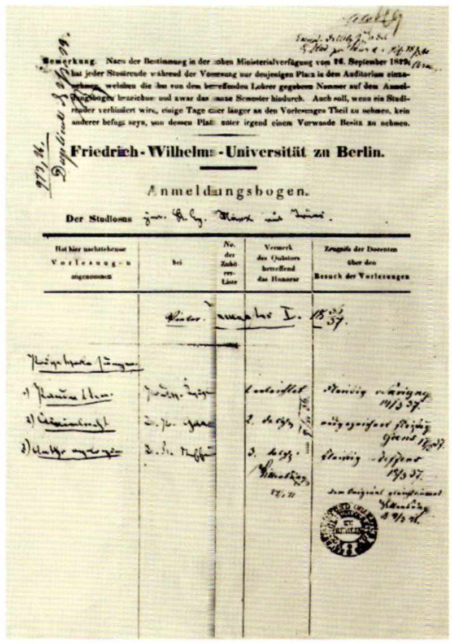

Bemerkung. Nach der Bestimmung in der hohen Ministerialverfügung vom 26. September 1829 hat jeder Studirende während der Vorlesung nur denjenigen Platz in dem Auditorium einzunehmen, welchen die ihm von dem betreffenden Lehrer gegebene Nummer auf dem Anmeldungsbogen bezeichnet und zwar das ganze Semester hindurch. Auch soll, wenn ein Studirender verhindert wird, einige Tage oder länger an den Vorlesungen Theil zu nehmen, kein anderer befugt seyn, von dessen Platz unter irgend einem Vorwande Besitz zu nehmen.

Friedrich-Wilhelms-Universität zu Berlin.

Anmeldungsbogen.

Der Studiosus

Hat hier nachstehende Vorlesungen angenommen	bei	No. der Zuhörer-Liste	Vermerk des Quästors betreffend das Honorar	Zeugniß der Docenten über den Besuch der Vorlesungen

30

28

31. 马克思在刻苦学习（素描） 顾盼
32. 柏林皇家图书馆，马克思经常来此阅读。
33. 1841 年 3 月 19 日柏林皇家图书馆出具的马克思已经还清图书的证明

32

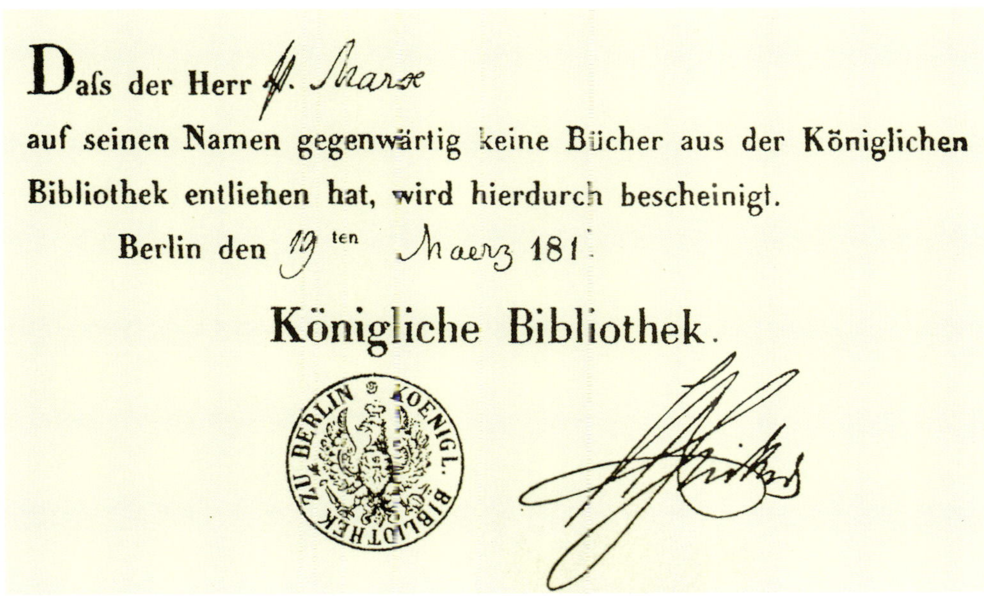

Daſs der Herr K. Marx
auf seinen Namen gegenwärtig keine Bücher aus der Königlichen Bibliothek entliehen hat, wird hierdurch bescheinigt.

Berlin den 19ten Maerz 181

Königliche Bibliothek.

ZU BERLIN KOENIGL. BIBLIOTHEK

33

34

马克思在柏林大学学习期间，因用功过度而损害了健康。1837 年夏，他遵照医生建议来到柏林郊区施特拉劳渔村休养。休养期间马克思研读了黑格尔的著作和他大部分弟子的著作，结识了青年黑格尔派并参加他们的组织博士俱乐部的活动。在俱乐部里，马克思最年轻，但知识渊博，目光敏锐，见解深刻，深得俱乐部成员的钦佩。后来，由于青年黑格尔派坚持唯心史观，轻视实践活动，马克思同他们发生了思想分歧。(34-38)

34. 马克思在施特拉劳住过的房子
35. 19 世纪 30 年代的施特拉劳渔村风光
36. 博士俱乐部里的年轻人（水粉画） 杨克山

35

37. 马克思 1836—1837 年在柏林老莱比锡大街住过的房子

38. 柏林路易森街 60 号墙上的马克思纪念牌："卡尔·马克思，1818 年 5 月 5 日—1883 年 3 月 14 日。德国人民最伟大的儿子，科学社会主义的创始人，1838—1839 年在这里居住。"

37

38

普罗米修斯的自白“总而言之，我痛恨所有的神”就是哲学自己的自白，是哲学自己的格言。

——马克思

马克思从1839年初开始钻研古希腊哲学，写了大量笔记，并于1840年下半年动笔撰写博士论文《德谟克利特的自然哲学和伊壁鸠鲁的自然哲学的差别》。马克思在博士论文中揭示了伊壁鸠鲁原子学说的积极意义和辩证法因素，并在序言中向宗教黑暗势力公开宣战，表明了战斗无神论的鲜明立场。(39-40)

39. 马克思的博士论文的封面

40. 马克思写作博士论文 （木刻） 许钦松

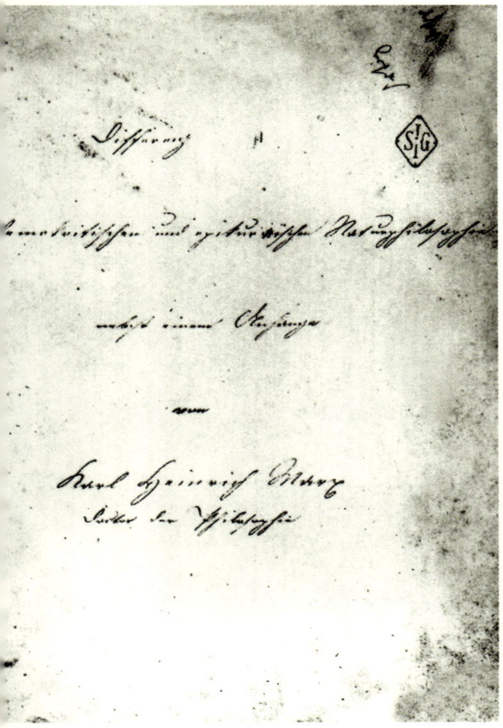

39

40

1841年春，马克思完成博士论文，把它寄给耶拿大学。主持鉴定工作的耶拿大学哲学系主任卡尔·弗里德里希·巴赫曼教授对这篇论文非常赞赏，认为作者“不仅有才智、有洞察力，而且知识广博”。1841年4月15日，耶拿大学授予马克思哲学博士学位，当时马克思还不到23岁。(41-43)

41. 马克思的柏林大学毕业证书
42. 马克思写给耶拿大学哲学系请求审阅并通过博士论文的信
43. 马克思的博士学位证书

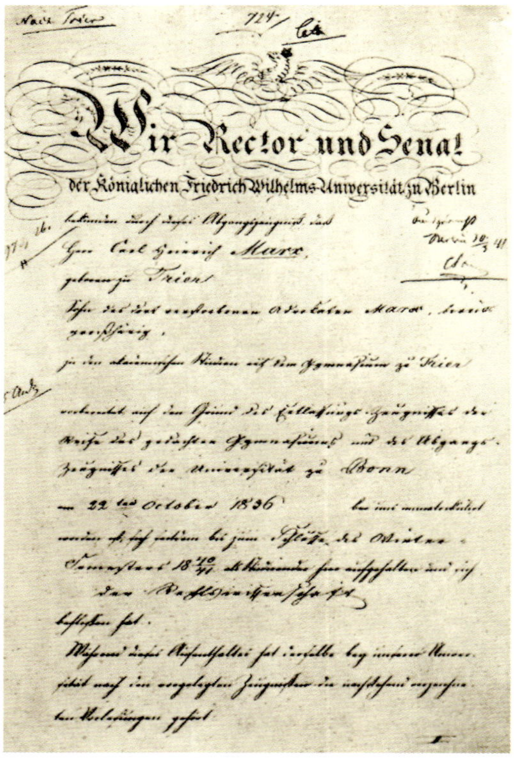

Wir Rector und Senat
der Königlichen Friedrich-Wilhelms-Universität zu Berlin

41

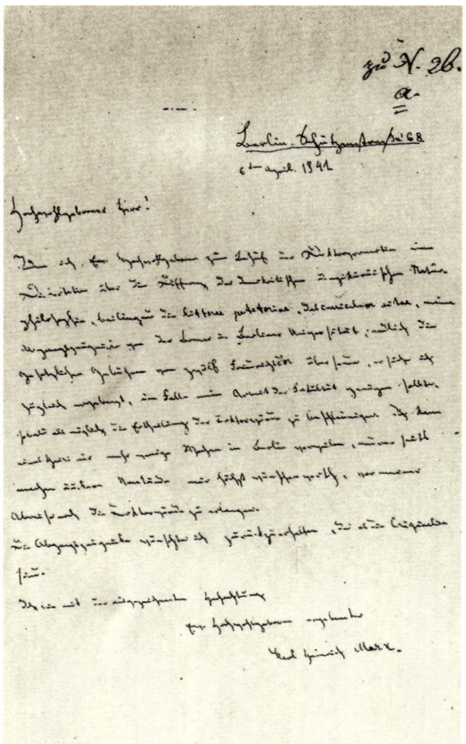

42

QUOD
FELIX FAUSTUMQUE ESSE IUBEAT
SUMMUM NUMEN
AUCTORITATE
HUIC LITTERARUM UNIVERSITATI
AB
FERDINANDO I
IMPERATORE ROMANO GERMANICO
ANNO MDLVII CONCESSA
CLEMENTISSIMIS AUSPICIIS
SERENISSIMORUM
MAGNI DUCIS ET DUCUM SAXONIAE
NUTRITORUM ACADEMIAE IENENSIS
MUNIFICENTISSIMORUM
RECTORE ACADEMIAE MAGNIFICENTISSIMO
AUGUSTO ET POTENTISSIMO PRINCIPE AC DOMINO
CAROLO FRIDERICO
PRORECTORE ACADEMIAE MAGNIFICO
VIRO PERILLUSTRI ATQUE AMPLISSIMO
ERNESTO REINHOLDO
DECANO ORDINIS PHILOSOPHORUM ET BRABEUTA
MAXIME SPECTABILI
VIRO PERILLUSTRI ATQUE EXCELLENTISSIMO
CAROLO FRIDERICO BACHMANNO
PHILOSOPHIAE DOCTORE
ORDO PHILOSOPHORUM
VIRO PRAENOBILISSIMO ATQUE DOCTISSIMO
CAROLO HENRICO MARX
TREVIRENSI
DOCTORIS PHILOSOPHIAE HONORES
DIGNITATEM IURA ET PRIVILEGIA
INGENII DOCTRINAE ET VIRTUTIS SPECTATAE INSIGNIA ET ORNAMENTA
DETULIT
DELATA
PUBLICO HOC DIPLOMATE
CUI IMPRESSUM EST SIGNUM ORDINIS PHILOSOPHORUM
PROMULGAVIT
IENAE DIE XV M. APRILIS A. MDCCCXLI
TYPIS BRANII

43

第二章

开始登上政治斗争的舞台

大学毕业后，鉴于普鲁士当局加紧压制民主主义运动，马克思放弃了到大学执教的计划，决定投身反对普鲁士专制制度的政治斗争。在这期间，他接受了费尔巴哈的唯物主义思想影响。

1842 年 2 月，马克思撰写了第一篇政论文章《评普鲁士最近的书报检查令》，揭露了普鲁士新的书报检查令的虚伪本质，主张废除反动当局施行的书报检查制度，明确表达了革命民主主义的立场。

1842年3月，马克思开始为自由资产阶级反对派的报纸《莱茵报》撰稿；同年 10 月，担任该报编辑，更加尖锐地批判普鲁士的专制制度，捍卫民主自由。马克思在办报期间接触到的社会现实和物质利益问题促使他深入研究经济关系和社会关系在社会生活中的作用。在马克思主持下，《莱茵报》越来越具有鲜明的革命民主主义色彩。普鲁士当局对此惊恐不安，采取严厉手段进行压制，并于 1843 年 4 月 1 日查封该报。

1843 年 5 月，马克思来到莱茵省小城克罗伊茨纳赫，与燕妮完婚。在克罗伊茨纳赫，马克思研究了法国、英国和德国的历史著作以及早期资产阶级著作家和法国启蒙思想家的政治理论著作，并作摘录和笔记。1843 年春夏，马克思撰写《黑格尔法哲学批判》。在这部著作中，他批判了黑格尔在国家问题上的唯心主义立场，得出了不是国家决定市民社会，而是市民社会决定国家的唯物主义结论。在这期间，他与青年黑格尔派代表人物阿尔诺德·卢格商量去巴黎创办革命刊物《德法年鉴》，“要对现存的一切进行无情的批判”，“通过批判旧世界发现新世界”。

1843 年 10 月底，马克思和燕妮来到巴黎。在这里，马克思对资本主义制度和法国工人运动进行实地考察，并对资产阶级政治经济学和各种社会主义学说进行深入研究。1844 年 2 月，《德法年鉴》创刊号出版，马克思发表了《〈黑格尔法哲学批判〉导言》和《论犹太人问题》，阐明了宗教解放与政治解放、政治解放与人的解放的关系，提出了消灭私有制和“向德国制度开火”的任务，并首次论述了无产阶级的历史使命。这些思想标志着马克思完成了从唯心主义向唯物主义、从革命民主主义向共产主义的转变。马克思在巴黎写的《1844 年经济学哲学手稿》是马克思主义形成阶段的一部重要著作，他从唯物主义和共产主义的立场出发初步阐述了新的经济学观点、哲学观点和共产主义理论观点。

1842 年初，马克思撰写政论文章《评普鲁士最近的书报检查令》，批判普鲁士反动专制制度；3 月起为《莱茵报》撰稿，10 月被聘为该报编辑，随即移居《莱茵报》所在地科隆。《莱茵报》是莱茵省新兴资产阶级创办的带有自由主义倾向的日报。在马克思影响下，报纸越来越具有鲜明的革命民主主义倾向。（01-04）

01. 19 世纪中叶的科隆

02. 19 世纪 40 年代的科隆街景

01

02

你们赞美大自然令人赏心悦目的千姿百态和无穷无尽的丰富宝藏，你们并不要求玫瑰花散发出和紫罗兰一样的芳香，但你们为什么却要求世界上最丰富的东西——精神只能有一种存在形式呢？

——马克思

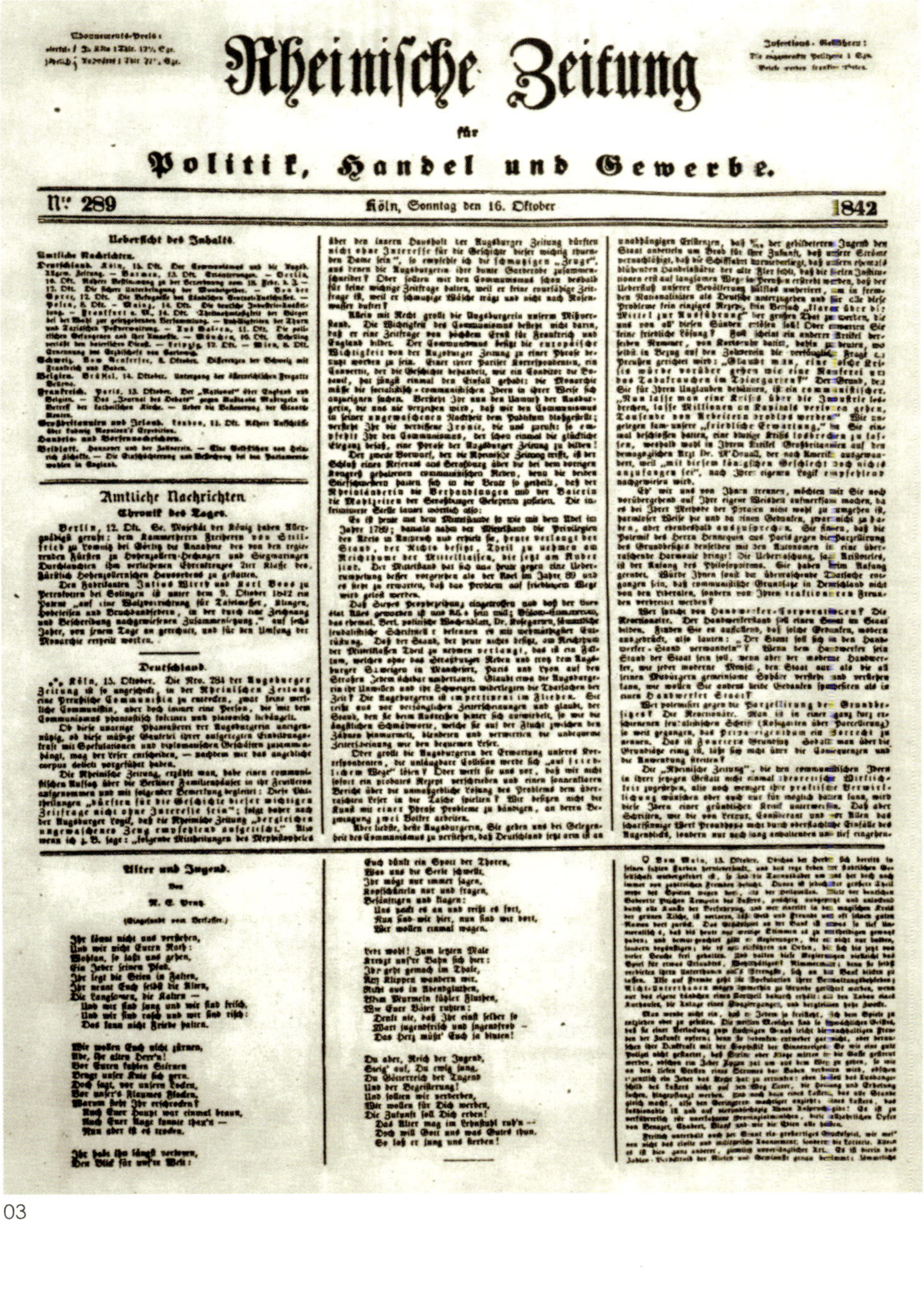

Rheinische Zeitung

für

Politik, Handel und Gewerbe.

Nr. 289 Köln, Sonntag den 16. Oktober 1842

03

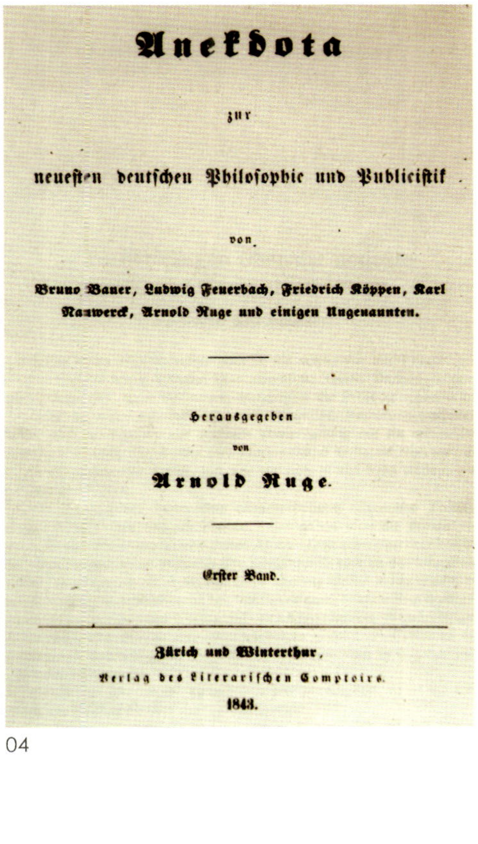

Anekdota

zur

neuesten deutschen Philosophie und Publicistik

von

Bruno Bauer, Ludwig Feuerbach, Friedrich Köppen, Karl Nauwerck, Arnold Ruge und einigen Ungenannten.

Herausgegeben

von

Arnold Ruge.

Erster Band.

Zürich und Winterthur,

Verlag des Literarischen Comptoirs.

1843.

04

03. 1842 年 10 月 16 日出版的《莱茵报》，载有马克思《共产主义和奥格斯堡〈总汇报〉》一文。

04. 马克思 1842 年初写的第一篇政论文章《评普鲁士最近的书报检查令》，发表在《德国现代哲学和政论界轶文集》。图为该文集扉页。

Rheinische Zei
Rheinische

马克思在《莱茵报》发表了一系列文章，猛烈抨击普鲁士专制制度，公开维护劳苦大众的利益。在《摩泽尔记者的辩护》一文中，马克思指出酿酒农民贫困的真正原因在于普鲁士君主制度本身。在《关于林木盗窃法的辩论》一文中，他谴责莱茵省议会为维护林木占有者的利益而欺压贫苦人民的行径。（05-09）

05. 24岁的《莱茵报》主笔（中国画） 邵飞
06. 19世纪40年代的砍柴妇女
07. 摩泽尔农民酿酒的情景
08. 发表在1842年10月25日《莱茵报》附刊上的《关于林木盗窃法的辩论》一文
09. 发表在1843年1月15日《莱茵报》上的《摩泽尔记者的辩护》一文

06

07

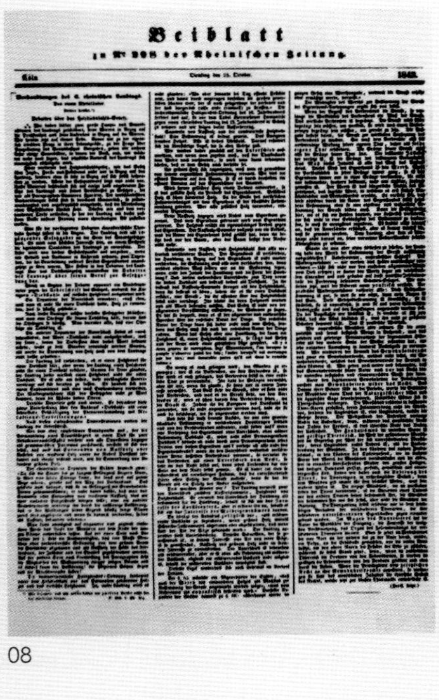
Beiblatt
zu Nr 298 der Rheinischen Zeitung.

08

Rheinische Zeitung
für
Politik, Handel und Gewerbe.

09

普鲁士当局把马克思主持编辑的《莱茵报》视为对现行制度的最大威胁，决定查封《莱茵报》，而报纸的出版人和一些股东也对报纸的思想倾向不满。鉴于这种情况，马克思1843年3月18日发表辞职声明，明确指出，现行书报检查制度是他辞职的原因。1843年4月1日《莱茵报》被反动当局查封。（10-12）

10. 被缚的普罗米修斯（19世纪40年代石版画），图中被缚的普罗米修斯暗喻被普鲁士当局查封的《莱茵报》，松鼠喻指普鲁士文化大臣艾希霍恩，它牵着的普鲁士鹰正在啄食普罗米修斯的心脏。
11. 1843年3月18日《莱茵报》上刊登的马克思的辞职声明："本人因现行书报检查制度的关系，自即日起，退出《莱茵报》编辑部，特此声明。马克思博士。1843年3月17日于科隆。"
12. 《莱茵报》的葬仪（当时讽喻《莱茵报》被查封的石版画），图中左边三个掘墓者是普鲁士主管书报检查的大臣：穿着僧侣法衣的松鼠是指文化大臣艾希霍恩；带着天平和剑、眼睛蒙着布条的是司法大臣米勒；另一个是内务大臣阿尔宁－博伊岑堡。棺材里躺着《莱茵报》。站在棺材旁边的是被严加管束的科学，以及戴着手铐和嘴套的反对派报刊的代表。站在台阶顶端光轮中的是弗里德里希二世，下面是弗里德里希－威廉四世，他正在修剪普鲁士鹰的翅膀。

10

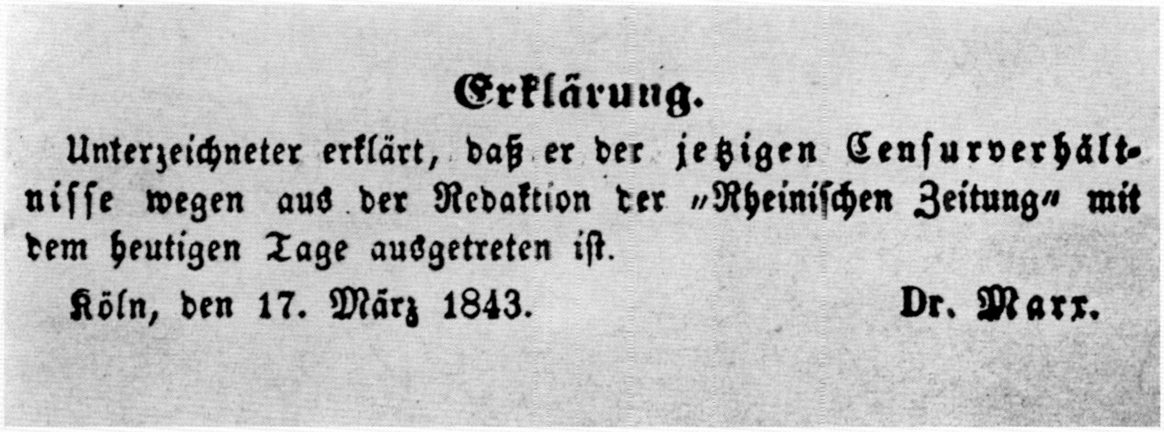

Erklärung.

Unterzeichneter erklärt, daß er der jetzigen Censurverhältnisse wegen aus der Redaktion der „Rheinischen Zeitung" mit dem heutigen Tage ausgetreten ist.

Köln, den 17. März 1843. Dr. Marx.

11

12

马克思原打算在柏林大学毕业后回特里尔与燕妮结婚，但由于放弃了去大学执教的计划，加上父亲去世后家庭经济状况不佳，不得不延缓婚期。1843 年 3 月他被迫退出《莱茵报》编辑部，5 月来到莱茵省的小镇克罗伊茨纳赫。当时燕妮和她的母亲住在这里。6 月 19 日，马克思和燕妮举行了婚礼，两人在这里度过了几个月的新婚生活。(13-16)

13. 忠贞的爱情（水粉画） 张文新
14. 1840 年前后的克罗伊茨纳赫
15. 燕妮 1843 年 3 月初写给马克思的一封信，信中表达了对马克思的挚爱和思念。
16. 马克思和燕妮的婚约（1843 年 6 月 12 日）

14

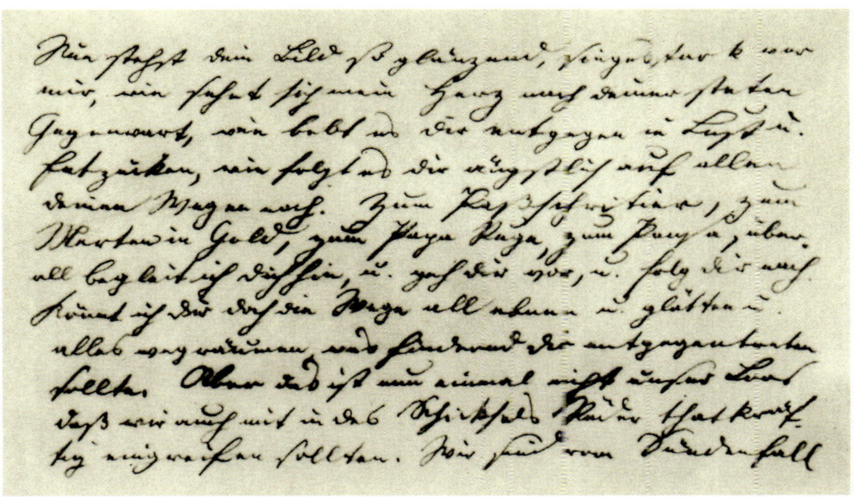

15

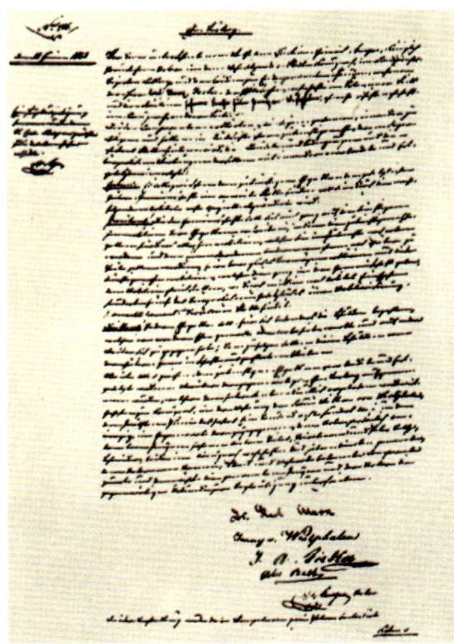

16

在克罗伊茨纳赫居住期间，马克思继续进行紧张的理论研究工作。他着手批判黑格尔关于国家和法的学说，研究了有关国家问题的理论和历史，作了大量摘录，写了五本笔记。在批判黑格尔唯心主义哲学的过程中，马克思从费尔巴哈的著作中得到很大启发。(17-20)

17. 乔治·威廉·弗里德里希·黑格尔（1770—1831），德国唯心主义哲学家，德国古典哲学的主要代表。
18. 马克思《黑格尔法哲学批判》手稿
19. 路德维希·费尔巴哈（1804—1872），德国唯物主义哲学家，德国古典哲学的代表人物。
20. 马克思《克罗伊茨纳赫笔记》中的两页

17

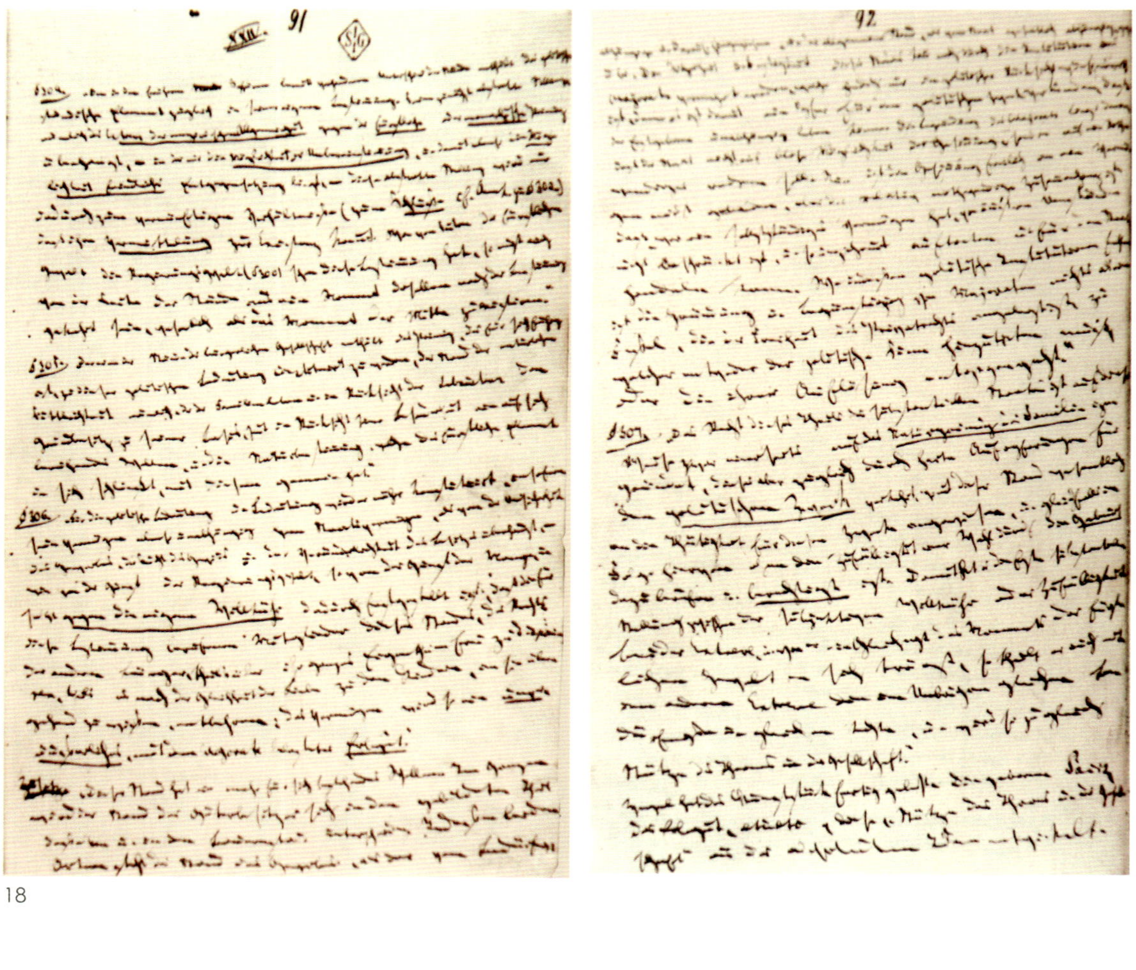

18

马克思认为费尔巴哈的“划时代的”世界历史作用，就在于他坚决同黑格尔的唯心主义决裂，宣扬了唯物主义。

——列宁

19

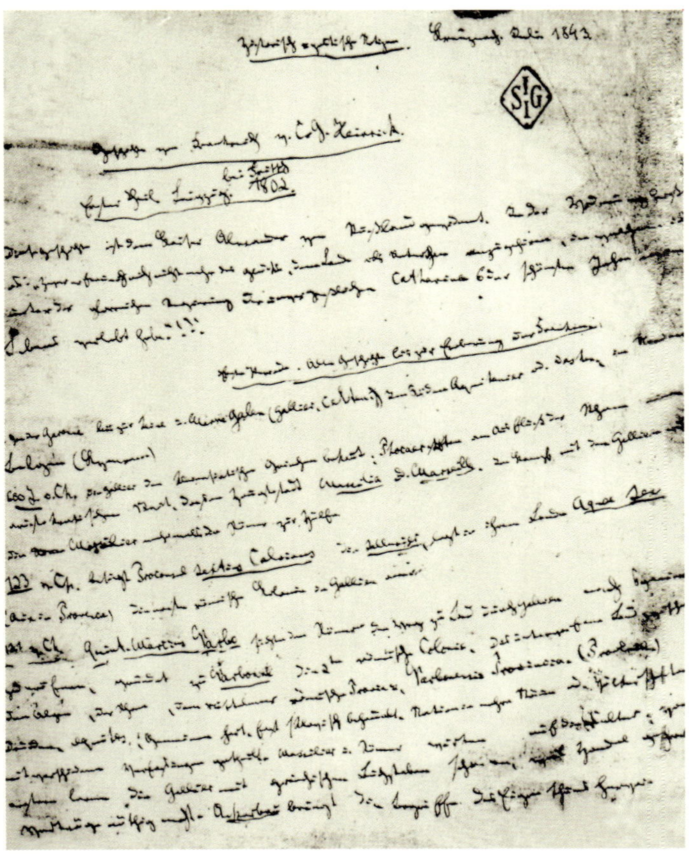

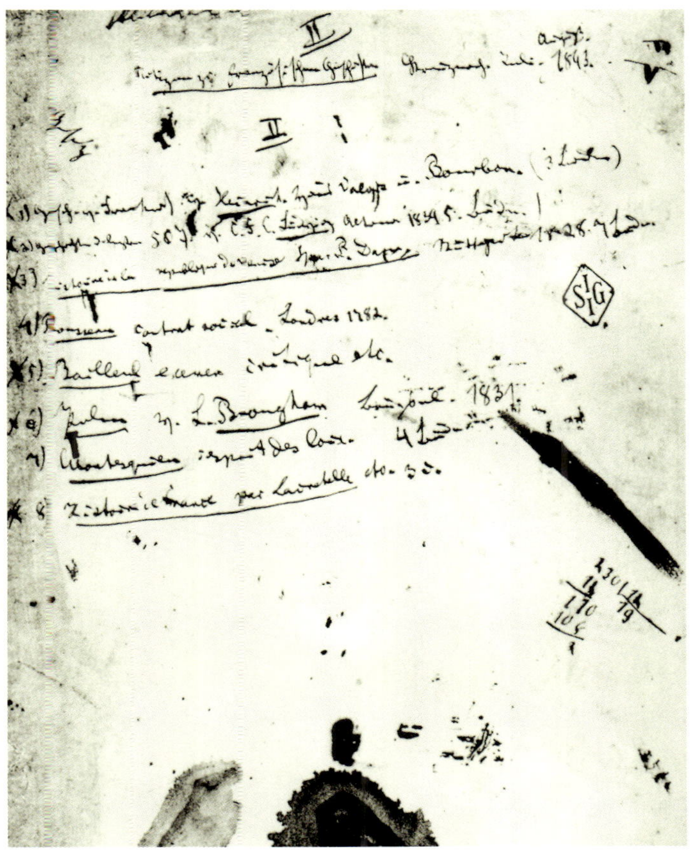

20

新思潮的优点又恰恰在于我们不想教条地预期未来，而只是想通过批判旧世界发现新世界。

——马克思

马克思退出《莱茵报》编辑部以后，普鲁士当局曾企图以官位收买马克思，但他不为所动。1843 年 10 月，他与燕妮一起毅然离开德国前往巴黎，开辟新的斗争道路。他们在巴黎居住到 1845 年 2 月。在此期间，马克思与阿尔诺德·卢格一起筹办并出版《德法年鉴》。(21-23)

21. 共赴巴黎 （石版画） 文国璋
22. 巴黎田凫路 38 号，马克思 1843 年 10 月至 1845 年 2 月寓居于此。房子现已翻修。
23. 19 世纪 40 年代的巴黎

22

23

马克思在《德法年鉴》上发表了《〈黑格尔法哲学批判〉导言》和《论犹太人问题》。这两篇文章表明马克思已经完成从唯心主义向唯物主义、从革命民主主义向共产主义的转变。在这个时期，恩格斯通过对资本主义制度的实地考察和对资产阶级经济学的研究，也完成了向唯物主义和共产主义的转变。他发表在《德法年鉴》上的《国民经济学批判大纲》受到马克思的高度评价。（24-29）

24. 阿尔诺德・卢格（1802—1880），德国政论家，青年黑格尔派代表人物；1843—1844 年同马克思一起筹办并出版《德法年鉴》。
25. 《德法年鉴》第 1—2 期合刊，1844 年 2 月在巴黎出版。
26. 《德法年鉴》刊载的《〈黑格尔法哲学批判〉导言》
27. 《德法年鉴》刊载的《论犹太人问题》

24

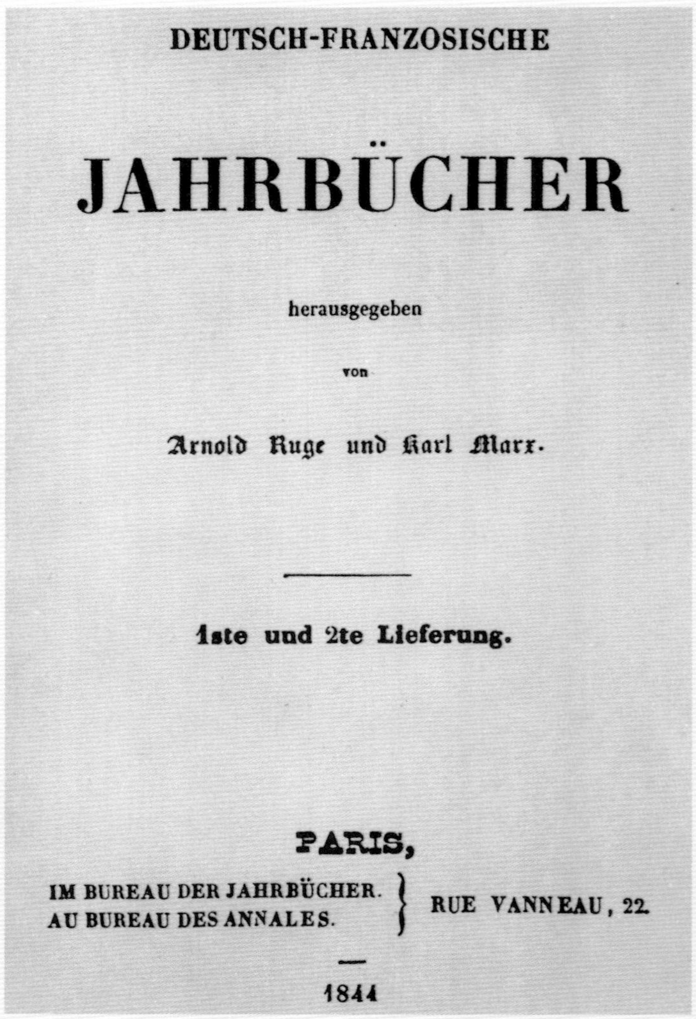

DEUTSCH-FRANZOSISCHE

JAHRBÜCHER

herausgegeben

von

Arnold Ruge und Karl Marx.

1ste und 2te Lieferung.

PARIS,

IM BUREAU DER JAHRBÜCHER.
AU BUREAU DES ANNALES.
RUE VANNEAU, 22.

1844

25

批判的武器当然不能代替武器的批判，物质力量只能用物质力量来摧毁；但是理论一经掌握群众，也会变成物质力量。理论只要说服人，就能掌握群众；而理论只要彻底，就能说服人。所谓彻底，就是抓住事物的根本。而人的根本就是人本身。

——马克思

Zur Kritik der Hegel'schen Rechts-Philosophie

von Karl Marx.

EINLEITUNG.

Für Deutschland ist die *Kritik der Religion* im Wesentlichen beendigt und die Kritik der Religion ist die Voraussetzung aller Kritik.

Die *profane* Existenz des Irrthums ist compromittirt, nachdem seine *himmlische oratio pro aris et focis* widerlegt ist. Der Mensch, der in der phantastischen Wirklichkeit des Himmels, wo er einen Uebermenschen suchte, nur den *Wiederschein* seiner selbst gefunden hat, wird nicht mehr geneigt sein, nur den *Schein* seiner selbst, nur den Unmenschen zu finden, wo er seine wahre Wirklichkeit sucht und suchen muss.

Das Fundament der irreligiösen Kritik ist: Der *Mensch macht die Religion*, die Religion macht nicht den Menschen. Und zwar ist die Religion das Selbstbewusstsein und das Selbstgefühl des Menschen, der sich selbst entweder noch nicht erworben, oder schon wieder verloren hat. Aber *der Mensch*, das ist kein abstraktes, ausser der Welt hockendes Wesen. Der Mensch, das ist *die Welt des Menschen*, Staat, Societät. Dieser Staat, diese Societät produziren die Religion, ein *verkehrtes Weltbewusstsein*, weil sie eine *verkehrte Welt* sind. Die Religion ist die allgemeine Theorie dieser Welt, ihr encyklopädisches Compendium, ihre Logik in populärer Form, ihr spiritualistischer Point-d'honneur, ihr Enthusiasmus, ihre moralische Sanktion ihre feierliche Ergänzung, ihr allgemeiner Trost- und Rechtfertigungsgrund. Sie ist die *phantastische Verwirklichung* des menschlichen Wesens, weil das *menschliche Wesen* keine wahre Wirklichkeit besitzt. Der Kampf gegen die Religion ist also mittelbar der Kampf gegen *jene Welt*, deren geistiges *Aroma* die Religion ist.

Das *religiöse* Elend ist in einem der *Ausdruck* des wirklichen Elendes und in einem die *Protestation* gegen das wirkliche Elend. Die Religion ist der Seufzer der bedrängten Kreatur, das Gemüth

26

ZUR JUDENFRAGE.

1) *Bruno Bauer: Die Judenfrage. Braunschweig* 1843. — 2) *Bruno Bauer: Die Fähigkeit der heutigen Juden und Christen frei zu werden. Ein und zwanzig Bogen aus der Schweiz. Herausgegeben von Georg Herwegh. Zürich und Winterthur.* 1843. *S.* 56—71. —

Von

KARL MARX.

I.

Bruno Bauer: Die Judenfrage. Braunschweig 1843.

Die deutschen Juden begehren die Emancipation. Welche Emancipation begehren sie? Die staatsbürgerliche, die politische Emancipation.

Bruno Bauer antwortet ihnen: Niemand in Deutschland ist politisch-emancipirt. Wir selbst sind unfrei. Wie sollen wir euch befreien? Ihr Juden seid Egoisten, wenn ihr eine besondere Emancipation für euch als Juden verlangt. Ihr müsstet als Deutsche an der politischen Emancipation Deutschlands, als Menschen an der menschlichen Emancipation arbeiten und die besondere Art eures Drucks und eurer Schmach nicht als Ausnahme von der Regel, sondern vielmehr als Bestätigung der Regel empfinden.

Oder verlangen die Juden Gleichstellung mit den christlichen Unterthanen? So erkennen sie den christlichen Staat als berechtigt an, so erkennen sie das Regiment der allgemeinen Unterjochung an. Warum missfällt ihnen ihr specielles Joch, wenn ihnen das allgemeine Joch gefällt! Warum soll der Deutsche sich für die Befreiung des Juden interessiren, wenn der Jude sich nicht für die Befreiung des Deutschen interessirt?

Der christliche Staat kennt nur Privilegien. Der Jude besitzt in ihm das Privilegium, Jude zu sein. Er hat als Jude Rechte,

27

28. 弗里德里希·恩格斯（1839 年的画像），《德法年鉴》的主要撰稿人之一。

29. 《德法年鉴》刊载的恩格斯《国民经济学批判大纲》和《英国状况。评托马斯·卡莱尔的〈过去和现在〉》

28

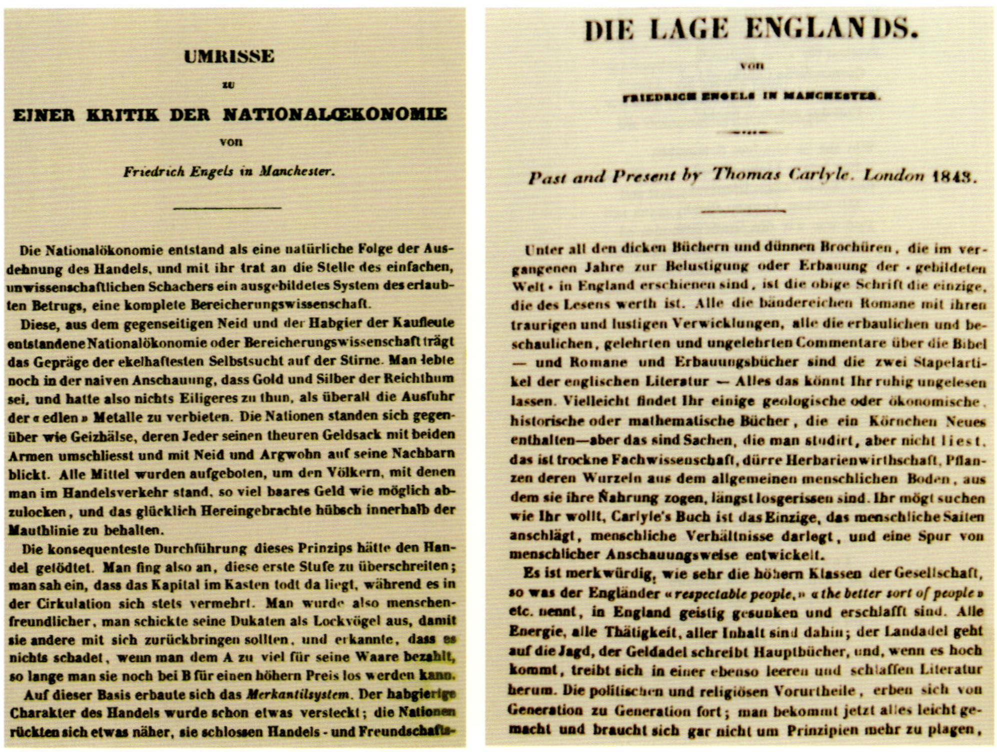

UMRISSE

zu

EINER KRITIK DER NATIONALŒKONOMIE

von

Friedrich Engels in Manchester.

Die Nationalökonomie entstand als eine natürliche Folge der Ausdehnung des Handels, und mit ihr trat an die Stelle des einfachen, unwissenschaftlichen Schachers ein ausgebildetes System des erlaubten Betrugs, eine komplete Bereicherungswissenschaft.

Diese, aus dem gegenseitigen Neid und der Habgier der Kaufleute entstandene Nationalökonomie oder Bereicherungswissenschaft trägt das Gepräge der ekelhaftesten Selbstsucht auf der Stirne. Man lebte noch in der naiven Anschauung, dass Gold und Silber der Reichthum sei, und hatte also nichts Eiligeres zu thun, als überall die Ausfuhr der « edlen » Metalle zu verbieten. Die Nationen standen sich gegenüber wie Geizhälse, deren Jeder seinen theuren Geldsack mit beiden Armen umschliesst und mit Neid und Argwohn auf seine Nachbarn blickt. Alle Mittel wurden aufgeboten, um den Völkern, mit denen man im Handelsverkehr stand, so viel baares Geld wie möglich abzulocken, und das glücklich Hereingebrachte hübsch innerhalb der Mauthlinie zu behalten.

Die konsequenteste Durchführung dieses Prinzips hätte den Handel getödtet. Man fing also an, diese erste Stufe zu überschreiten; man sah ein, dass das Kapital im Kasten todt da liegt, während es in der Cirkulation sich stets vermehrt. Man wurde also menschenfreundlicher, man schickte seine Dukaten als Lockvögel aus, damit sie andere mit sich zurückbringen sollten, und erkannte, dass es nichts schadet, wenn man dem A zu viel für seine Waare bezahlt, so lange man sie noch bei B für einen höhern Preis los werden kann.

Auf dieser Basis erbaute sich das *Merkantilsystem*. Der habgierige Charakter des Handels wurde schon etwas versteckt; die Nationen rückten sich etwas näher, sie schlossen Handels - und Freundschafts-

DIE LAGE ENGLANDS.

von

FRIEDRICH ENGELS IN MANCHESTER.

Past and Present by Thomas Carlyle. London 1843.

Unter all den dicken Büchern und dünnen Brochüren, die im vergangenen Jahre zur Belustigung oder Erbauung der « gebildeten Welt » in England erschienen sind, ist die obige Schrift die einzige, die des Lesens werth ist. Alle die bändereichen Romane mit ihren traurigen und lustigen Verwicklungen, alle die erbaulichen und beschaulichen, gelehrten und ungelehrten Commentare über die Bibel — und Romane und Erbauungsbücher sind die zwei Stapelartikel der englischen Literatur — Alles das könnt Ihr ruhig ungelesen lassen. Vielleicht findet Ihr einige geologische oder ökonomische, historische oder mathematische Bücher, die ein Körnchen Neues enthalten—aber das sind Sachen, die man studirt, aber nicht liest, das ist trockne Fachwissenschaft, dürre Herbarienwirthschaft, Pflanzen deren Wurzeln aus dem allgemeinen menschlichen Boden, aus dem sie ihre Nahrung zogen, längst losgerissen sind. Ihr mögt suchen wie Ihr wollt, Carlyle's Buch ist das Einzige, das menschliche Saiten anschlägt, menschliche Verhältnisse darlegt, und eine Spur von menschlicher Anschauungsweise entwickelt.

Es ist merkwürdig, wie sehr die höhern Klassen der Gesellschaft, so was der Engländer *« respectable people, » « the better sort of people »* etc. nennt, in England geistig gesunken und erschlafft sind. Alle Energie, alle Thätigkeit, aller Inhalt sind dahin; der Landadel geht auf die Jagd, der Geldadel schreibt Hauptbücher, und, wenn es hoch kommt, treibt sich in einer ebenso leeren und schlaffen Literatur herum. Die politischen und religiösen Vorurtheile, erben sich von Generation zu Generation fort; man bekommt jetzt alles leicht gemacht und braucht sich gar nicht um Prinzipien mehr zu plagen,

29

30

31

马克思在巴黎深入研究了资产阶级政治经济学和空想社会主义的著名代表人物的著作，研究了法国革命史，考察了法国工人运动，还经常参加工人集会。1844年5—8月，他撰写了一部未完成的著作《1844年经济学哲学手稿》。这部著作反映了他对哲学、经济学和共产主义理论的许多新思考和新见解，是马克思主义形成阶段的一部重要著作。(30-37)

30. 亚当·斯密（1723—1790），英国经济学家，资产阶级古典政治经济学的代表人物。
31. 大卫·李嘉图（1772—1823），英国经济学家，资产阶级古典政治经济学的代表人物。
32. 昂利·圣西门（1760—1825），法国空想社会主义者。
33. 沙尔·傅立叶（1772—1837），法国空想社会主义者。
34. 罗伯特·欧文（1771—1858），英国空想社会主义者。

32

33

34

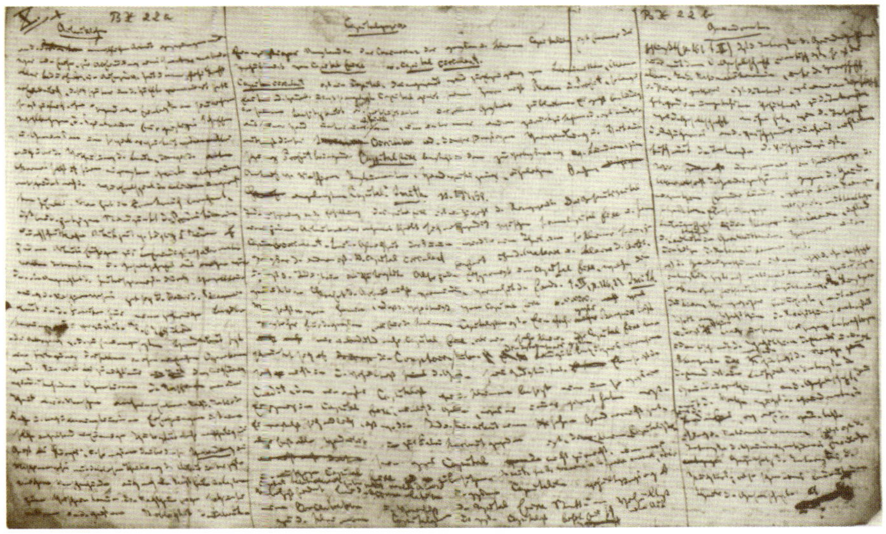

36

37

35. 巴黎工人集会的情景
36. 马克思《1844 年经济学哲学手稿》笔记本 I 中的一页
37. 马克思《1844 年经济学哲学手稿》序言的第 1 页

35

马克思寓居巴黎期间，经常同工人运动活动家和社会主义著作家来往，著名革命诗人亨利希·海涅也是马克思家的常客之一。海涅经常征求马克思对自己作品的意见，得到马克思的启发和帮助。(38-39)

38. 亨利希·海涅（1797—1856），德国诗人，革命民主主义运动的先驱，马克思一家的亲密朋友。
39. 海涅在马克思家做客 （素描） 茹科夫

38

39

第三章

为创立新世界观和无产阶级政党而斗争

1844 年 8 月，马克思和恩格斯在巴黎会见，从此开始了为无产阶级解放事业并肩战斗的伟大历程。1844 年 8—11 月，他们撰写《神圣家族》一书，批判青年黑格尔派和黑格尔本人的唯心主义哲学观点，初步阐述了唯物史观的一些重要思想，指出物质生产对人类历史发展起决定作用，强调人民群众是历史的创造者。

1845 年 1 月，马克思遭到法国反动当局驱逐，2 月移居布鲁塞尔。在布鲁塞尔期间，马克思撰写了《关于费尔巴哈的提纲》，这是“包含着新世界观的天才萌芽的第一个文献”。马克思和恩格斯合著了《德意志意识形态》，进一步批判了青年黑格尔派的唯心史观，揭露了“真正的社会主义”的假社会主义面目，第一次对唯物史观作了系统阐述，并论述了共产主义和无产阶级革命的理论。1847 年 1—6 月，马克思撰写《哲学的贫困》一书，批判了蒲鲁东的小资产阶级改良主义幻想和唯心主义形而上学的方法论，阐述了唯物史观和科学社会主义的一些基本原理。

为了传播科学社会主义理论，清除各种错误思想在工人运动中的影响，1846 年初，马克思和恩格斯在布鲁塞尔建立共产主义通讯委员会，与欧洲各国的共产主义者建立通讯联系，为建立无产阶级政党做思想和组织上的准备。

1847 年 1 月，马克思和恩格斯应正义者同盟领导人的邀请参加了同盟，并帮助同盟改组。在马克思和恩格斯的指导下，正义者同盟在 1847 年 6 月召开的代表大会上改组为共产主义者同盟，并以“全世界无产者，联合起来！”的战斗口号代替“人人皆兄弟！”的旧口号。共产主义者同盟是第一个以科学社会主义为指导思想的无产阶级政党。

共产主义者同盟成立后，马克思和恩格斯为从思想上组织上巩固和发展同盟做了大量工作。他们在布鲁塞尔成立德意志工人教育协会，扩大同盟与工人群众的联系，并广泛宣传科学社会主义思想。马克思在协会中作了有关雇佣劳动与资本的演说。为了增进共产主义者和民主主义者的国际团结，他们参加了布鲁塞尔民主协会的创建工作，马克思当选为协会的副主席。

1847 年 11 月 29 日至 12 月 8 日，共产主义者同盟召开第二次代表大会。马克思和恩格斯出席了大会，并受委托起草党纲，即 1848 年 2 月发表的《共产党宣言》。《宣言》是马克思主义的第一个纲领性文献。它用唯物史观揭示了资本主义必然灭亡和共产主义必然胜利的历史规律，论述了无产阶级的伟大历史使命和建立共产主义社会的奋斗目标，阐明了共产党的性质、基本纲领和策略原则。《宣言》的问世，标志着马克思主义的诞生，开启了国际共产主义运动的新纪元。

1844 年 8 月底，恩格斯在从英国返回德国途中来到巴黎，拜访了马克思。从 8 月底到 9 月初，两人朝夕相处，倾心交谈，在重大理论和实践问题上取得一致看法，结成了为共产主义事业共同奋斗的伟大友谊。(01-02)

01. 巴黎雷让斯咖啡馆，马克思和恩格斯曾在这里会晤。

02. 人间知己 （中国画） 王为政

01

02

古老传说中有各种非常动人的友谊故事。欧洲无产阶级可以说，它的科学是由这两位学者和战士创造的，他们的关系超过了古人关于人类友谊的一切最动人的传说。

——列宁

两位朋友合写了一本书：《神圣家族，或对批判的批判所做的批判》。……他们要求的不是静观，而是为实现美好的社会制度而斗争。在他们看来，能够进行这种斗争和关心这种斗争的力量当然是无产阶级。

——列宁

马克思和恩格斯在巴黎会面期间着手合著《神圣家族》一书，书中批判了以布鲁诺·鲍威尔为代表的青年黑格尔派的唯心主义，初步阐述了唯物史观的一些重要思想，指出在历史发展进程中起决定作用的是物质生产而不是自我意识，强调“历史活动是群众的活动”，“无产阶级能够而且必须自己解放自己”。列宁认为这部著作“奠定了革命唯物主义的社会主义的基础”。(03-04)

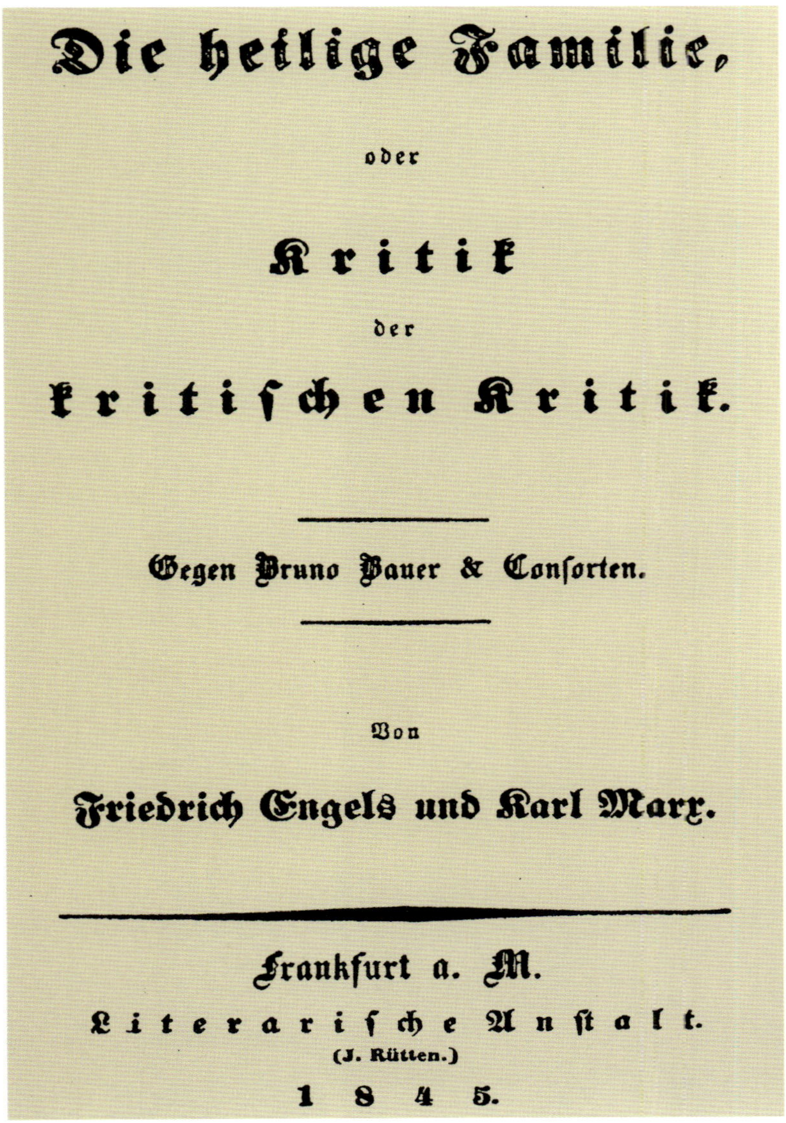

Die heilige Familie,

oder

Kritik

der

kritischen Kritik.

Gegen Bruno Bauer & Consorten.

Von

Friedrich Engels und Karl Marx.

Frankfurt a. M.

Literarische Anstalt.

(J. Rütten.)

1845.

03

04

03.《神圣家族》第 1 版扉页

04. 布鲁诺·鲍威尔（1809—1882），德国唯心主义哲学家，青年黑格尔派代表人物。

马克思和恩格斯关心法国工人阶级状况，他们在巴黎考察了工人运动，参加了法国社会主义者和共产主义者的聚会。

马克思在巴黎出版的德文报纸《前进报》上著文抨击反动制度、高度评价西里西亚织工起义，引起了德、法反动势力的仇视。在普鲁士政府要求下，1845 年 1 月 16 日法国政府下令驱逐马克思。警察闯进马克思家，勒令他 24 小时内离开巴黎。当时燕妮正在患病，女儿小燕妮刚满 8 个月。(05–08)

05. 马克思和恩格斯同巴黎社会主义者在一起 （素描） 瓦涅齐安

06. 刊载马克思文章的德文报纸《前进报》

07. 反动当局发布的通缉令中对马克思体貌特征的描述

05

Paris, 1844. | Nr 62.

Vorwärts!

Pariser Deutsche Zeitschrift.

(Mittwoch.) | (7. August)

Kritische Randglossen

Von Karl Marx

06

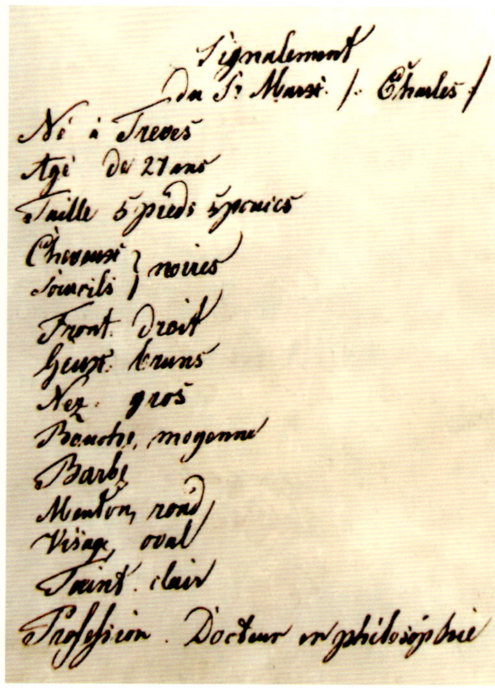

Signalement
du S. Marx / Charles /
Né à Trèves
Agé de 27 ans
Taille 5 pieds 5 pouces
Cheveux } noirs
Sourcils
Front droit
Yeux bruns
Nez gros
Bouche moyenne
Barbe
Menton rond
Visage ovale
Teint clair
Profession Docteur en philosophie

07

08. 马克思被驱逐出巴黎 （油画） 罗尔纯

马克思离开巴黎后，来到布鲁塞尔。1845年2月至1848年3月，马克思在这里从事革命活动。(09-11)

09. 1845年前后的布鲁塞尔
10. 马克思在布鲁塞尔的户口登记卡
11. 马克思一家在布鲁塞尔住过的同盟路5号(左图)和奥尔良路42号(右图)

09

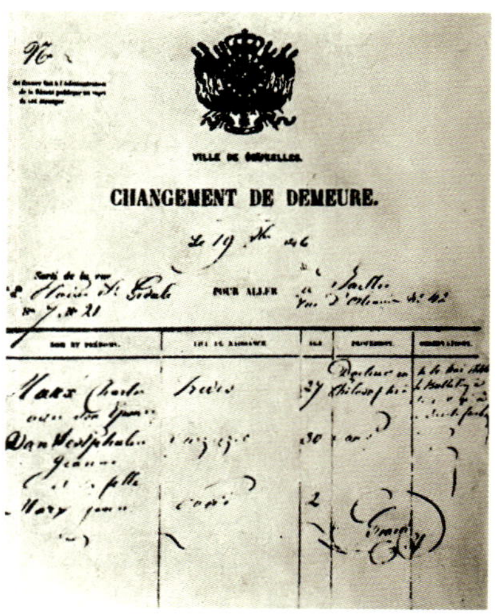

10

11

1845 年 4 月，恩格斯从德国巴门迁居布鲁塞尔，同马克思一起从事理论研究和革命活动。1845 年 7—8 月，马克思在恩格斯陪同下，先后到曼彻斯特和伦敦作了为期六周的考察，了解英国资本主义工商业和工人阶级状况，阅读了许多新文献，特别是经济学文献。(12-15)

12. 马克思和恩格斯与曼彻斯特纺织女工交谈（油画） 高虹

13

14

15

13. 19 世纪 40 年代的英国纺织工业城市曼彻斯特
14. 曼彻斯特古老的切特姆图书馆，马克思和恩格斯曾在这里查阅资料和写作。
15. 切特姆图书馆阅览室

马克思和恩格斯在伦敦期间，参加了宪章派、正义者同盟盟员和各国民主运动活动家的聚会，支持建立一个国际性革命组织。1845年9月22日，民主派兄弟协会在伦敦成立。(16-20)

16. 19世纪中叶的伦敦

17. 1842年宪章派举行游行示威

16

17

18. 乔治・朱利安・哈尼（1817—1897），英国宪章派左翼领袖，马克思和恩格斯的朋友。
19. 厄内斯特・查理・琼斯（1819—1869），英国宪章派左翼领袖，马克思和恩格斯的朋友。
20. 民主派兄弟协会会员证

18

19

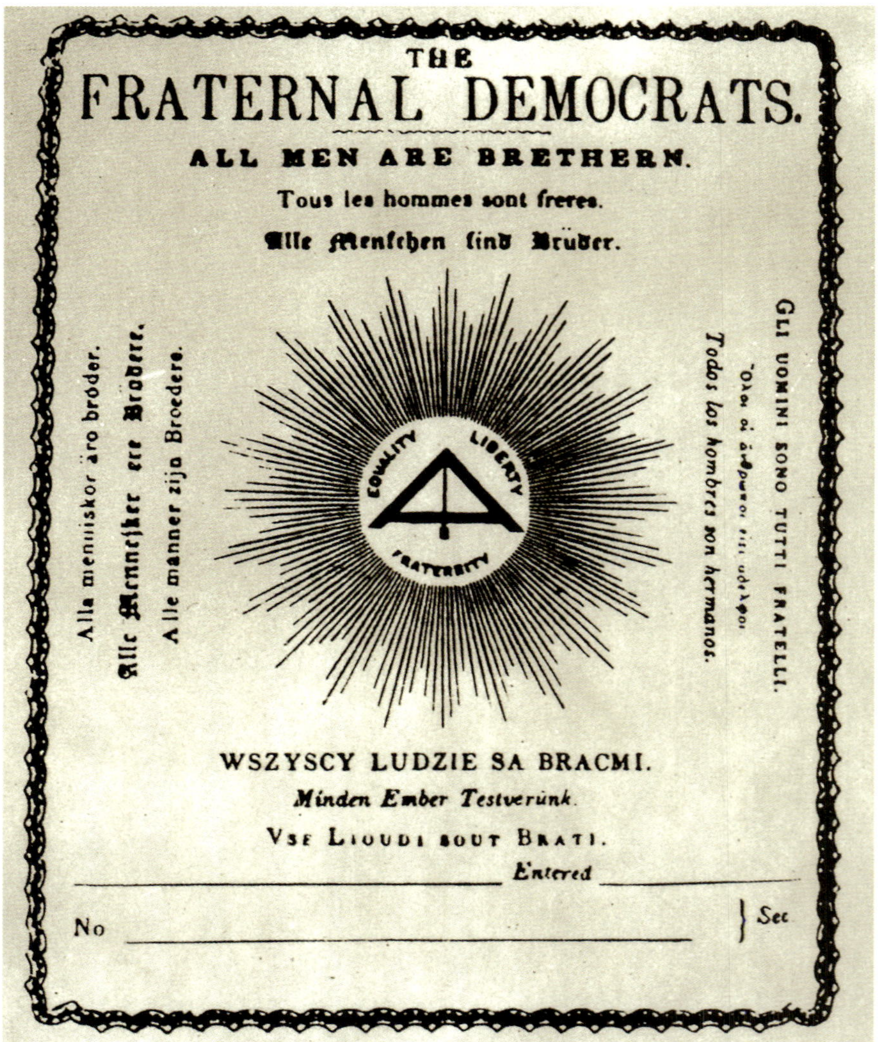

20

哲学家们只是用不同的方式解释世界，问题在于改变世界。

——马克思

马克思在布鲁塞尔期间进行的理论研究取得了丰硕成果。马克思写的《关于费尔巴哈的提纲》被恩格斯称为“包含着新世界观的天才萌芽的第一个文献”。(21)

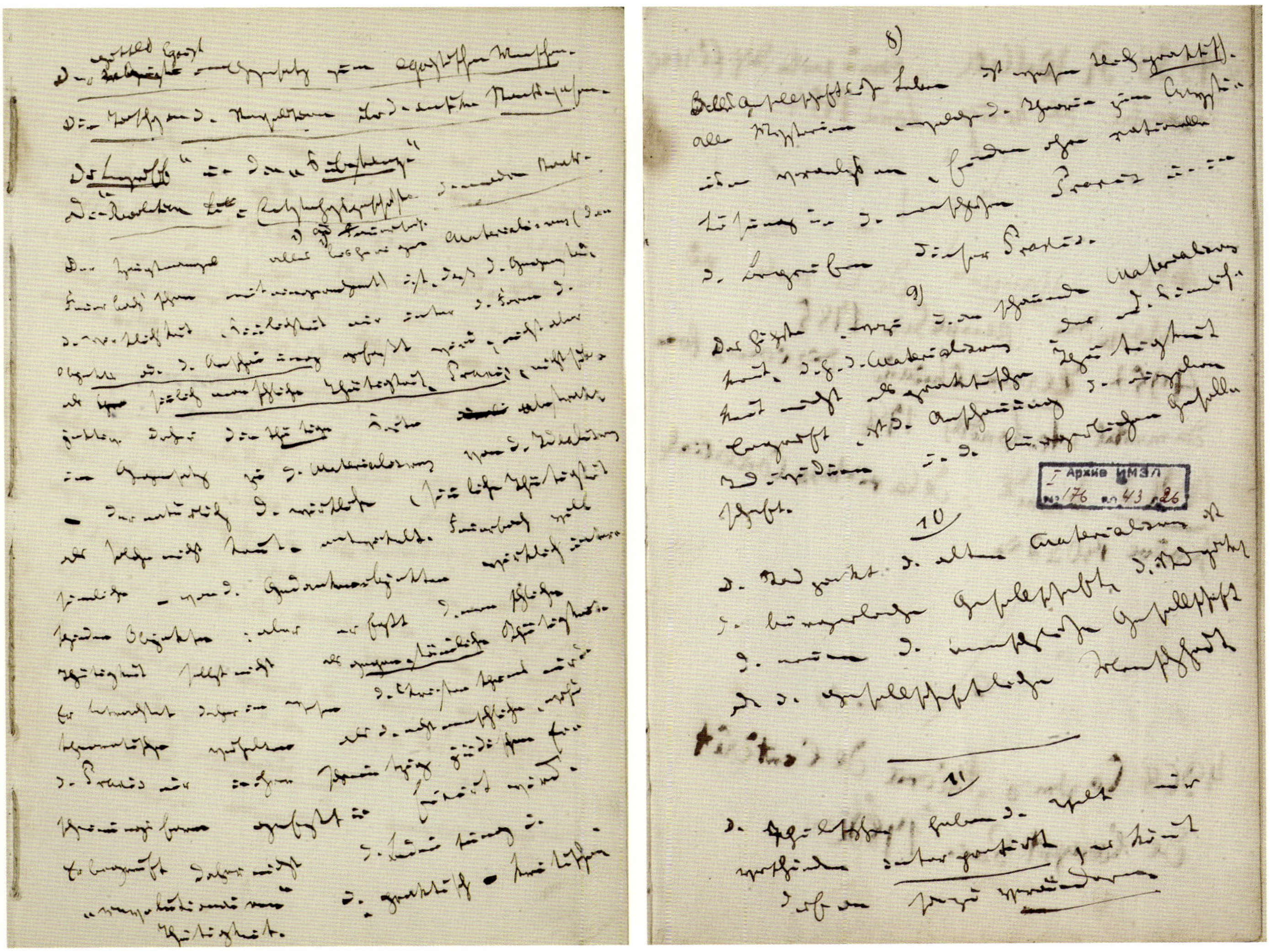

21.《关于费尔巴哈的提纲》的两页手稿

22

1845 年秋至 1846 年 5 月，马克思和恩格斯共同撰写《德意志意识形态》一书。这是一部阐述唯物史观和共产主义理论的重要著作。马克思和恩格斯批判了费尔巴哈和青年黑格尔派主要代表布·鲍威尔、麦·施蒂纳等人的唯心史观，揭露了“真正的社会主义”的假社会主义面目，系统阐述了唯物史观，揭示了人类历史发展的一般规律，论证了共产主义取代资本主义的历史必然性，提出了无产阶级夺取政权、消灭私有制、建设共产主义新社会的任务。这部著作当时未能出版，直到 1932 年才第一次以原文全文发表。(22-25)

22.《德意志意识形态》手稿
23.《德意志意识形态》手稿中的两页
24.《马克思恩格斯全集》历史考证版(MEGA[1])第 1 部分第 5 卷(1932 年柏林版)发表的《德意志意识形态》
25. 麦克斯·施蒂纳(1806—1856)，德国唯心主义哲学家，青年黑格尔派代表人物。图为施蒂纳头像，上面的德文题词为：“麦克斯·施蒂纳。弗里德里希·恩格斯凭记忆绘，1892 年于伦敦。”

23

马克思在《政治经济学批判》（1859 年柏林版）的序言中说，1845 年我们两人在布鲁塞尔着手“共同阐明我们的见解”——主要由马克思制定的唯物主义历史观——“与德国哲学的意识形态的见解的对立，实际上是把我们从前的哲学信仰清算一下。这个心愿是以批判黑格尔以后的哲学的形式来实现的。两厚册八开本的原稿早已送到威斯特伐利亚的出版所，后来我们才接到通知说，由于情况改变，不能付印。既然我们已经达到了我们的主要目的——自己弄清问题，我们就情愿让原稿留给老鼠的牙齿去批判了”。

——恩格斯

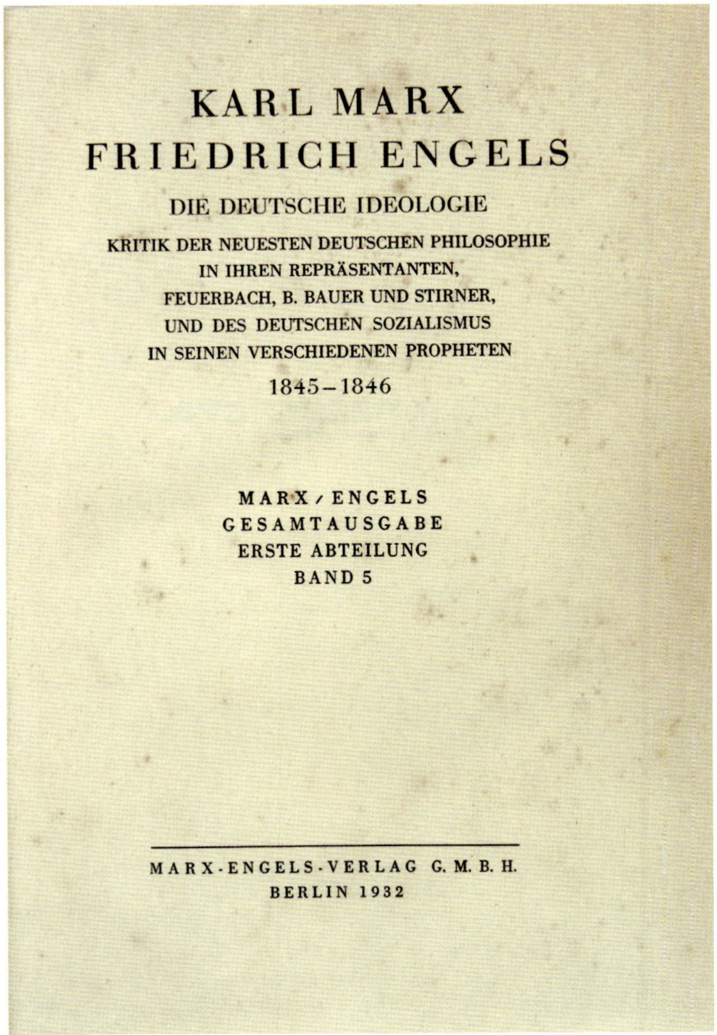

KARL MARX
FRIEDRICH ENGELS
DIE DEUTSCHE IDEOLOGIE
KRITIK DER NEUESTEN DEUTSCHEN PHILOSOPHIE
IN IHREN REPRÄSENTANTEN,
FEUERBACH, B. BAUER UND STIRNER,
UND DES DEUTSCHEN SOZIALISMUS
IN SEINEN VERSCHIEDENEN PROPHETEN
1845–1846

MARX / ENGELS
GESAMTAUSGABE
ERSTE ABTEILUNG
BAND 5

MARX-ENGELS-VERLAG G. M. B. H.
BERLIN 1932

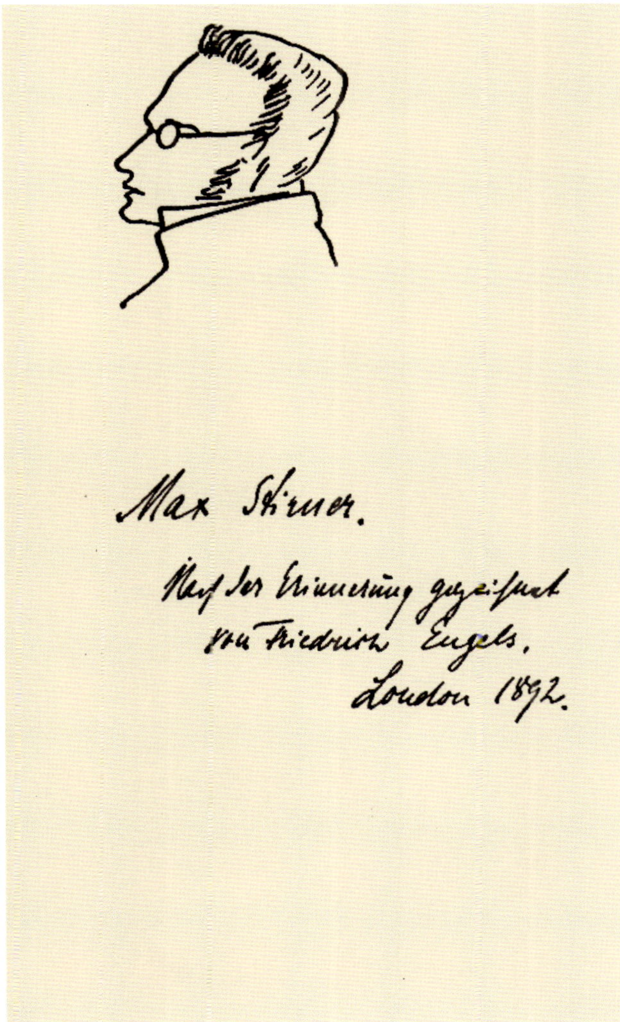

1846年初，为了传播科学社会主义思想，筹建无产阶级政党，马克思和恩格斯加强了同各国先进分子的联系，建立了布鲁塞尔共产主义通讯委员会。通讯委员会的领导核心由马克思、恩格斯和比利时共产主义者菲力浦·沙尔·日果组成。（26-28）

26. 马克思
27. 恩格斯

26

27

我和我的两个朋友，即弗里德里希·恩格斯和菲力浦·日果（他们两人都在布鲁塞尔）一起同德国的共产主义者和社会主义者建立了经常性的通讯联系，借以讨论学术问题，评论流行的著作，并进行社会主义宣传。

——马克思

28. 布鲁塞尔共产主义通讯委员会部分成员

威廉·沃尔弗（1809—1864），德国无产阶级革命家和政论家。

埃德加·冯·威斯特华伦（1819—1890），德国法学家，马克思夫人燕妮的弟弟，马克思的同学。

约瑟夫·魏德迈（1818—1866），德国和美国工人运动活动家。

威廉·魏特林（1808—1871），德国裁缝，工人运动活动家，空想平均共产主义理论家。

29. 同魏特林决裂（中国画） 纪清远

布鲁塞尔共产主义通讯委员会成立后，为了广泛宣传科学社会主义思想，马克思和恩格斯同当时工人运动中影响较大的魏特林的平均共产主义、蒲鲁东的小资产阶级社会主义和“真正的社会主义”作了坚决斗争。

魏特林在德国早期工人运动中起过积极作用，但他的学说是一种粗陋的平均共产主义的理论。随着工人运动的发展，他的理论很快成为工人运动的障碍。马克思和恩格斯曾耐心帮助他接受科学社会主义理论，但他刚愎自用，拒不接受。最后，马克思和恩格斯不得不同他彻底决裂。(29)

1846 年，“真正的社会主义”的代表人物、德国新闻记者海尔曼·克利盖在美国创办报纸，抹杀无产阶级和资产阶级之间的对立和斗争，宣扬所谓“兄弟合作”和“普遍的爱”。1846 年 5 月 11 日，马克思和恩格斯为布鲁塞尔共产主义通讯委员会起草了《反克利盖的通告》，对克利盖的言行进行了彻底的批判。马克思和恩格斯还经常为《德意志—布鲁塞尔报》撰稿，在他们的影响下，该报成为宣传革命民主主义和共产主义思想的阵地。(30-31)

30. 《反克利盖的通告》

31. 1847 年 9 月 12 日《德意志—布鲁塞尔报》第 73 号，载有马克思的《〈莱茵观察家〉的共产主义》一文和恩格斯的《诗歌和散文中的德国社会主义》开头部分。

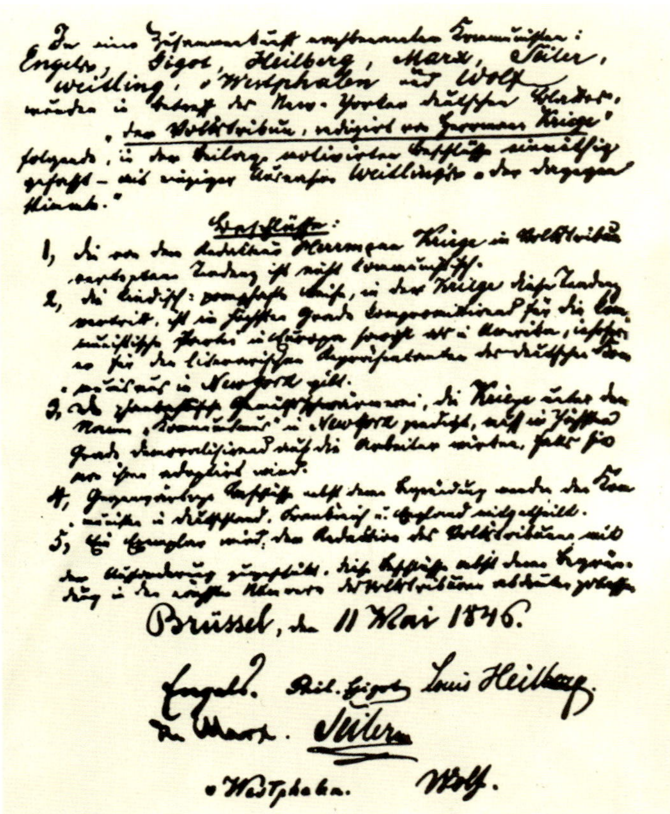

Brüssel, den 11 Mai 1846.

30

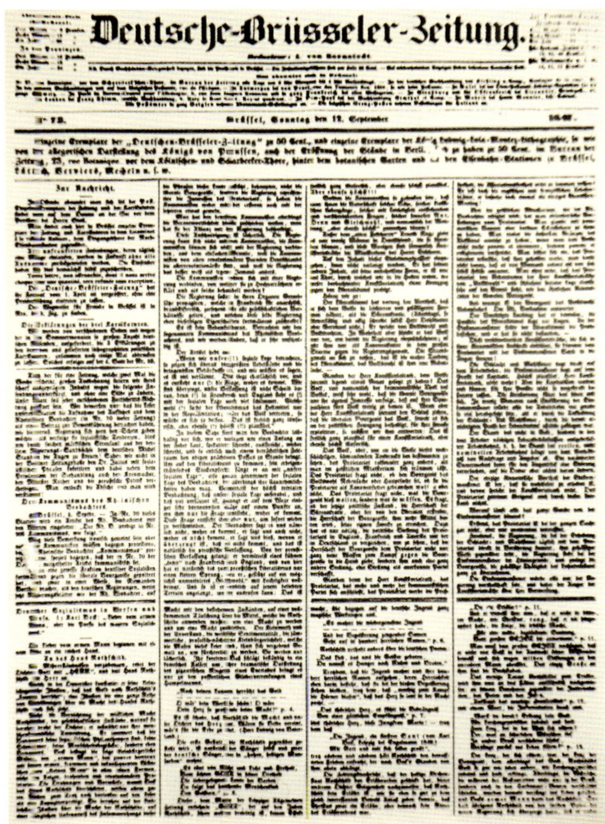

Deutsche-Brüsseler-Zeitung.

31

我们见解中有决定意义的论点，在我的 1847 年出版的为反对蒲鲁东而写的著作《哲学的贫困》中第一次作了科学的、虽然只是论战性的概述。

——马克思

1846 年，蒲鲁东发表了《贫困的哲学》一书，系统地宣扬维护小私有制的改良主义观点。1847 年上半年，马克思撰写了《哲学的贫困》，批判了蒲鲁东取消社会革命的错误观点和唯心主义形而上学的方法论，揭示了资本主义生产方式内在矛盾的对抗性，指出这种对抗性必然导致阶级斗争尖锐化，资本主义社会终将为共产主义社会所代替，而工人阶级就是实现这一历史性变革的伟大革命阶级。(32-33)

32. 皮埃尔・约瑟夫・蒲鲁东（1809—1865），法国政论家、经济学家和社会学家，小资产阶级思想家。
33. 《哲学的贫困》第 1 版封面

32

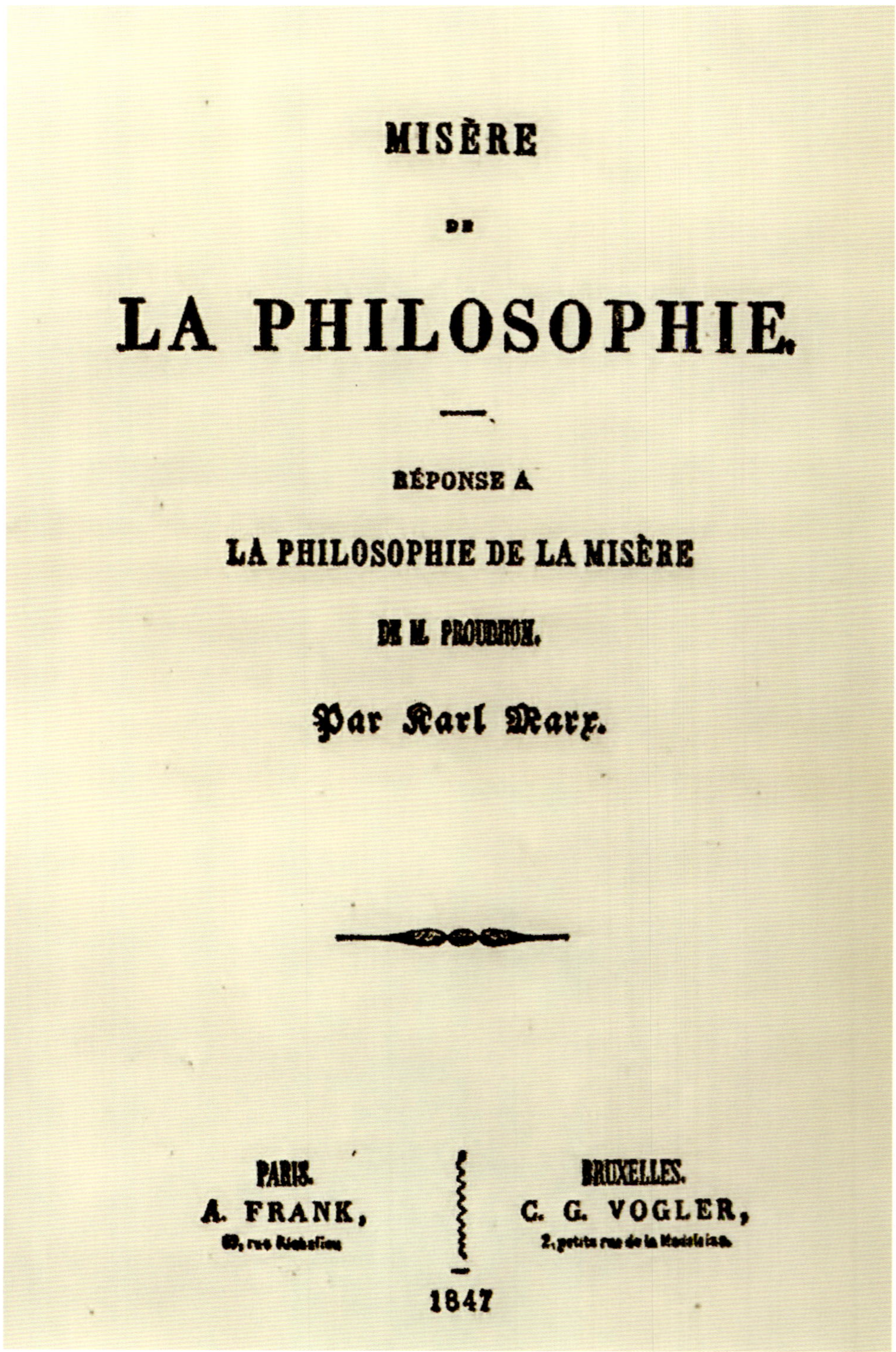
MISÈRE

DE

LA PHILOSOPHIE.

RÉPONSE A

LA PHILOSOPHIE DE LA MISÈRE

DE M. PROUDHON.

Par Karl Marx.

PARIS.
A. FRANK,
69, rue Richelieu

BRUXELLES.
C. G. VOGLER,
2, petite rue de la Madeleine.

1847

33

1847 年 8 月底，根据马克思和恩格斯的倡议，德意志工人教育协会在布鲁塞尔成立。协会每星期三和星期日的晚上在天鹅饭店开展活动。马克思经常参加这些活动，与工人谈心并作报告。由于马克思学识渊博，关心工人疾苦，人们把这位 29 岁的青年尊称为“马克思老爹”。(34-36)

34. 坐落在布鲁塞尔大广场的天鹅饭店

35. 天鹅饭店今貌

34

35

36. 29 岁的“马克思老爹”（铜版画） 曹剑峰

Neue
Rheinische Zeitung
Organ der Demokratie.

№ 264. Köln, Donnerstag, den 5. April 1849.

37

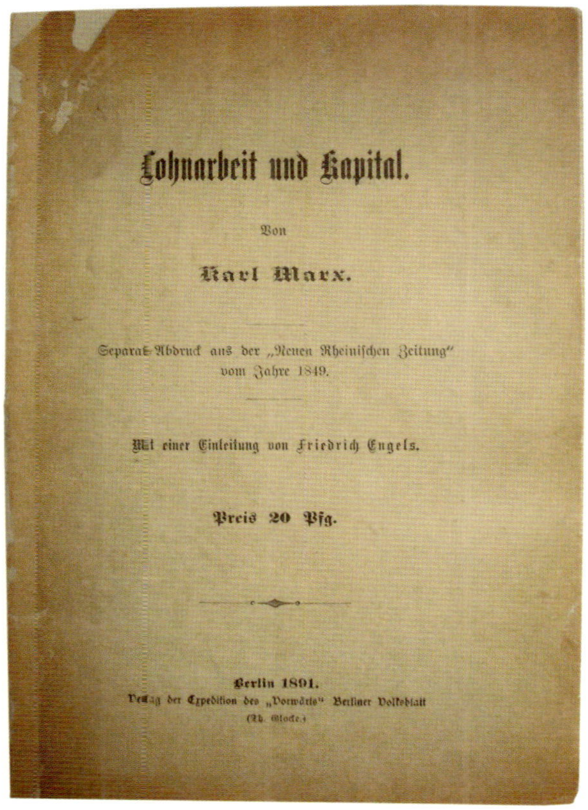

Lohnarbeit und Kapital.

Von

Karl Marx.

Separat-Abdruck aus der „Neuen Rheinischen Zeitung" vom Jahre 1849.

Mit einer Einleitung von Friedrich Engels.

Preis 20 Pfg.

Berlin 1891.
Verlag der Expedition des „Vorwärts" Berliner Volksblatt
(Th. Glocke.)

38

1847年12月，马克思在布鲁塞尔德意志工人教育协会作了有关雇佣劳动与资本的演说。马克思用通俗易懂的语言论述了以剥削雇佣工人劳动为基础的资本主义生产关系的实质，阐明了剩余价值理论的某些思想。1849年4月，这篇演说以社论形式在《新莱茵报》上连载，题为《雇佣劳动与资本》。(37-38)

37. 1849年4月5日《新莱茵报》，载有《雇佣劳动与资本》一文的第一部分。

38. 《雇佣劳动与资本》1891年德文版扉页，恩格斯为这个单行本写了导言。

1847 年 1 月 20 日，正义者同盟委托约瑟夫·莫尔拜访马克思和恩格斯，邀请他们加入同盟。正义者同盟是 1836 年成立的主要由无产阶级化的手工业工人组成的德国政治流亡者秘密组织。随着形势的发展，同盟的领导成员逐渐确信马克思和恩格斯的理论主张是正确的。鉴于同盟领导者愿意改组同盟并接受科学社会主义理论，马克思和恩格斯同意加入并帮助改组同盟。1847 年 6 月 2—9 日，同盟召开代表大会，恩格斯出席了大会。大会决定把正义者同盟改名为共产主义者同盟，把同盟的旧口号“人人皆兄弟！”改为“全世界无产者，联合起来！”（39-40）

39. 正义者同盟给约瑟夫·莫尔的委托书

40.《共产主义杂志》是共产主义者同盟的机关刊物，1847 年 9 月在伦敦只出了试刊。杂志标题下面印有马克思和恩格斯提出的战斗口号：“全世界无产者，联合起来！”

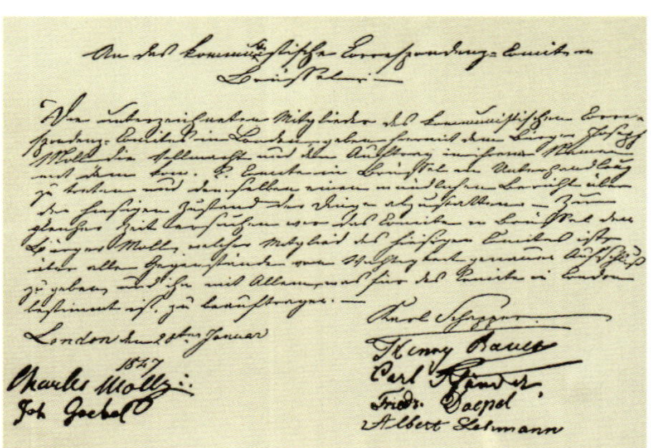

39

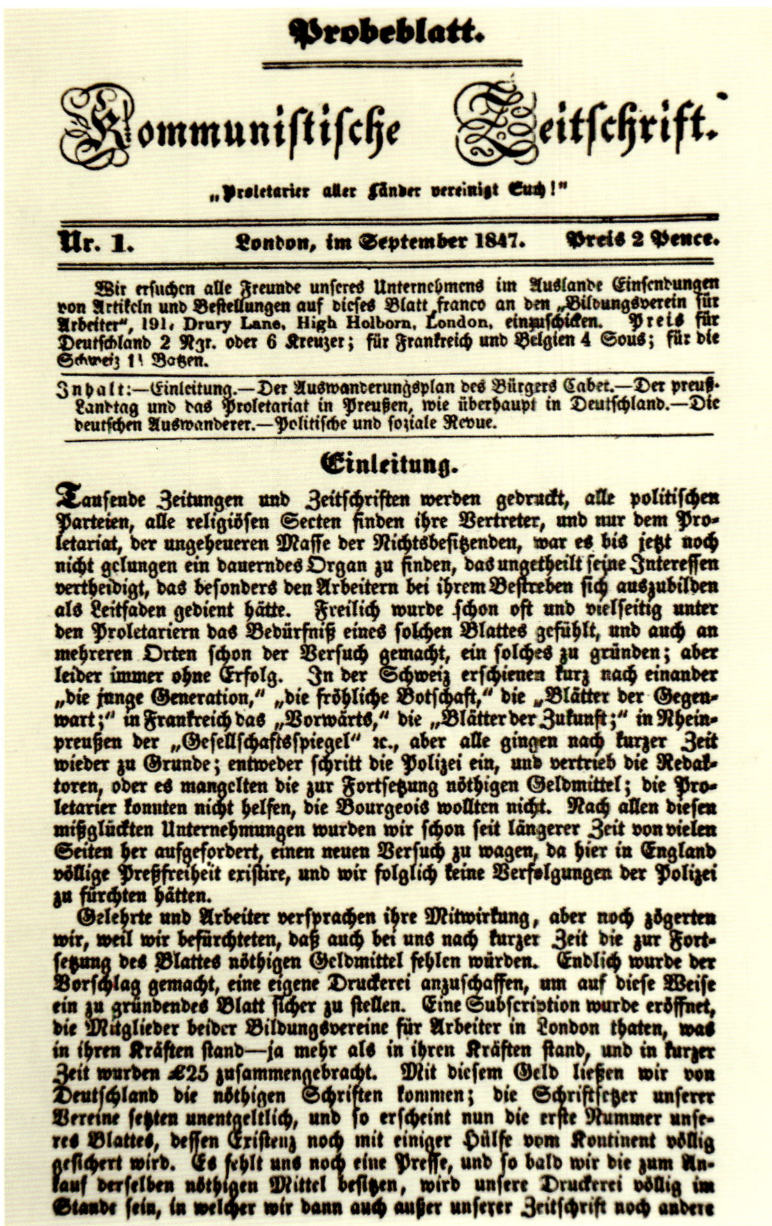

Probeblatt.

Kommunistische Zeitschrift.

„Proletarier aller Länder vereinigt Euch!“

Nr. 1. London, im September 1847. Preis 2 Pence.

Wir ersuchen alle Freunde unseres Unternehmens im Auslande Einsendungen von Artikeln und Bestellungen auf dieses Blatt franco an den „Bildungsverein für Arbeiter“, 191, Drury Lane, High Holborn, London, einzuschicken. Preis für Deutschland 2 Ngr. oder 6 Kreuzer; für Frankreich und Belgien 4 Sous; für die Schweiz 1½ Batzen.

Inhalt:—Einleitung.—Der Auswanderungsplan des Bürgers Cabet.—Der preuß. Landtag und das Proletariat in Preußen, wie überhaupt in Deutschland.—Die deutschen Auswanderer.—Politische und soziale Revue.

Einleitung.

Tausende Zeitungen und Zeitschriften werden gedruckt, alle politischen Parteien, alle religiösen Secten finden ihre Vertreter, und nur dem Proletariat, der ungeheueren Masse der Nichtsbesitzenden, war es bis jetzt noch nicht gelungen ein dauerndes Organ zu finden, das ungetheilt seine Interessen vertheidigt, das besonders den Arbeitern bei ihrem Bestreben sich auszubilden als Leitfaden gedient hätte. Freilich wurde schon oft und vielseitig unter den Proletariern das Bedürfniß eines solchen Blattes gefühlt, und auch an mehreren Orten schon der Versuch gemacht, ein solches zu gründen; aber leider immer ohne Erfolg. In der Schweiz erschienen kurz nach einander „die junge Generation,“ „die fröhliche Botschaft,“ die „Blätter der Gegenwart;“ in Frankreich das „Vorwärts,“ die „Blätter der Zukunft;“ in Rheinpreußen der „Gesellschaftsspiegel“ ꝛc., aber alle gingen nach kurzer Zeit wieder zu Grunde; entweder schritt die Polizei ein, und vertrieb die Redakteuren, oder es mangelten die zur Fortsetzung nöthigen Geldmittel; die Proletarier konnten nicht helfen, die Bourgeois wollten nicht. Nach allen diesen mißglückten Unternehmungen wurden wir schon seit längerer Zeit von vielen Seiten her aufgefordert, einen neuen Versuch zu wagen, da hier in England völlige Preßfreiheit existire, und wir folglich keine Verfolgungen der Polizei zu fürchten hätten.

Gelehrte und Arbeiter versprachen ihre Mitwirkung, aber noch zögerten wir, weil wir befürchteten, daß auch bei uns nach kurzer Zeit die zur Fortsetzung des Blattes nöthigen Geldmittel fehlen würden. Endlich wurde der Vorschlag gemacht, eine eigene Druckerei anzuschaffen, um auf diese Weise ein zu gründendes Blatt sicher zu stellen. Eine Subscription wurde eröffnet, die Mitglieder beider Bildungsvereine für Arbeiter in London thaten, was in ihren Kräften stand—ja mehr als in ihren Kräften stand, und in kurzer Zeit wurden £25 zusammengebracht. Mit diesem Geld ließen wir von Deutschland die nöthigen Schriften kommen; die Schriftsetzer unserer Vereine setzten unentgeltlich, und so erscheint nun die erste Nummer unseres Blattes, dessen Existenz noch mit einiger Hülfe vom Kontinent völlig gesichert wird. Es fehlt uns noch eine Presse, und so bald wir die zum Ankauf derselben nöthigen Mittel besitzen, wird unsere Druckerei völlig im Stande sein, in welcher wir dann auch außer unserer Zeitschrift noch andere

40

1847 年 11 月 29 日至 12 月 8 日，共产主义者同盟举行第二次代表大会。马克思和恩格斯出席了大会，并受委托为共产主义者同盟起草一个准备公布的详细的理论和实践的纲领。(41-43)

41. 在共产主义者同盟第二次代表大会上 （中国画） 王明明

同盟的目的：推翻资产阶级，建立无产阶级统治，消灭旧的以阶级对立为基础的资产阶级社会和建立没有阶级、没有私有制的新社会。

——《共产主义者同盟章程》

42. 共产主义者同盟第二次代表大会会址红狮旅馆，位于伦敦大磨坊街。

43. 共产主义者同盟第二次代表大会通过的马克思和恩格斯参与起草的《共产主义者同盟章程》

42

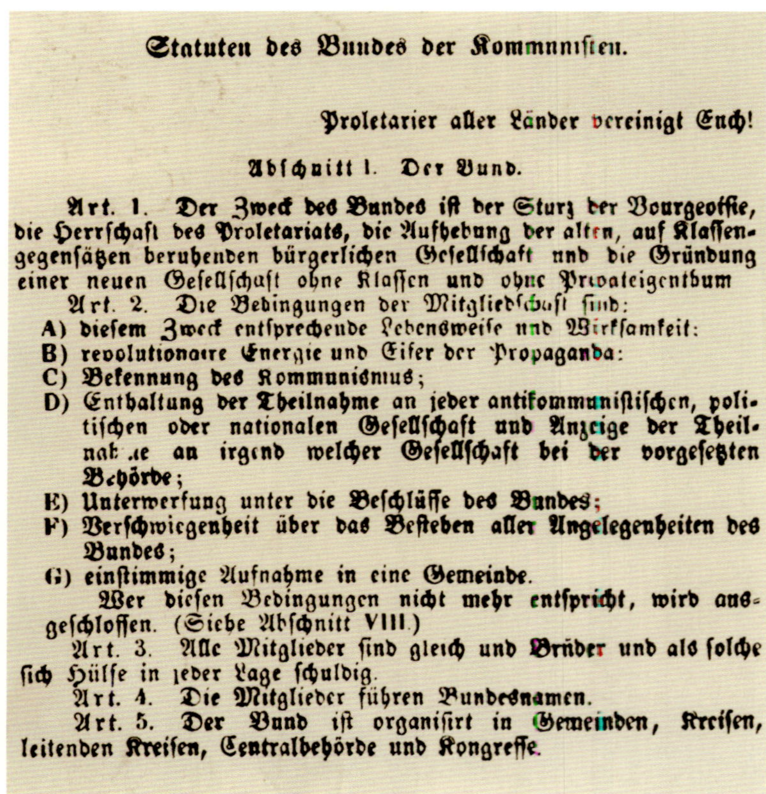

Statuten des Bundes der Kommunisten.

Proletarier aller Länder vereinigt Euch!

Abschnitt I. Der Bund.

Art. 1. Der Zweck des Bundes ist der Sturz der Bourgeoisie, die Herrschaft des Proletariats, die Aufhebung der alten, auf Klassengegensätzen beruhenden bürgerlichen Gesellschaft und die Gründung einer neuen Gesellschaft ohne Klassen und ohne Privateigenthum

Art. 2. Die Bedingungen der Mitgliedschaft sind:

A) diesem Zweck entsprechende Lebensweise und Wirksamkeit:
B) revolutionaire Energie und Eifer der Propaganda:
C) Bekennung des Kommunismus;
D) Enthaltung der Theilnahme an jeder antikommunistischen, politischen oder nationalen Gesellschaft und Anzeige der Theilnahme an irgend welcher Gesellschaft bei der vorgesetzten Behörde;
E) Unterwerfung unter die Beschlüsse des Bundes;
F) Verschwiegenheit über das Bestehen aller Angelegenheiten des Bundes;
G) einstimmige Aufnahme in eine Gemeinde.

Wer diesen Bedingungen nicht mehr entspricht, wird ausgeschlossen. (Siehe Abschnitt VIII.)

Art. 3. Alle Mitglieder sind gleich und Brüder und als solche sich Hülfe in jeder Lage schuldig.

Art. 4. Die Mitglieder führen Bundesnamen.

Art. 5. Der Bund ist organisirt in Gemeinden, Kreisen, leitenden Kreisen, Centralbehörde und Kongresse.

43

1847 年 12 月至 1848 年 1 月底，马克思和恩格斯经过一个多月的努力，写成了马克思主义纲领性文献《共产党宣言》。(44)

44. 起草《共产党宣言》（木刻） 张怀江

马克思和恩格斯在《共产党宣言》中揭示了资本主义的内在矛盾和资本主义必然灭亡、共产主义必然胜利的历史规律；阐明了无产阶级的历史使命；论述了共产党的性质、特点、基本纲领和策略原则，奠定了马克思主义建党学说的基础；批判了形形色色的社会主义流派，划清了科学社会主义同它们的界限。《共产党宣言》的问世标志着国际工人运动进入一个新的历史阶段。(45-46)

45. 《共产党宣言》手稿的一页，头两行为马克思夫人燕妮的手迹。

46. 马克思写的《共产党宣言》第三章计划草稿

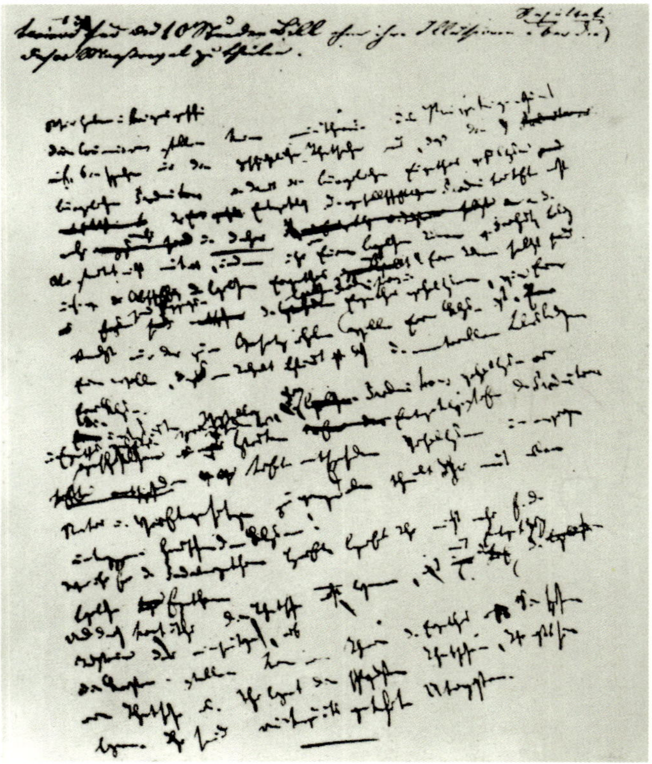

45

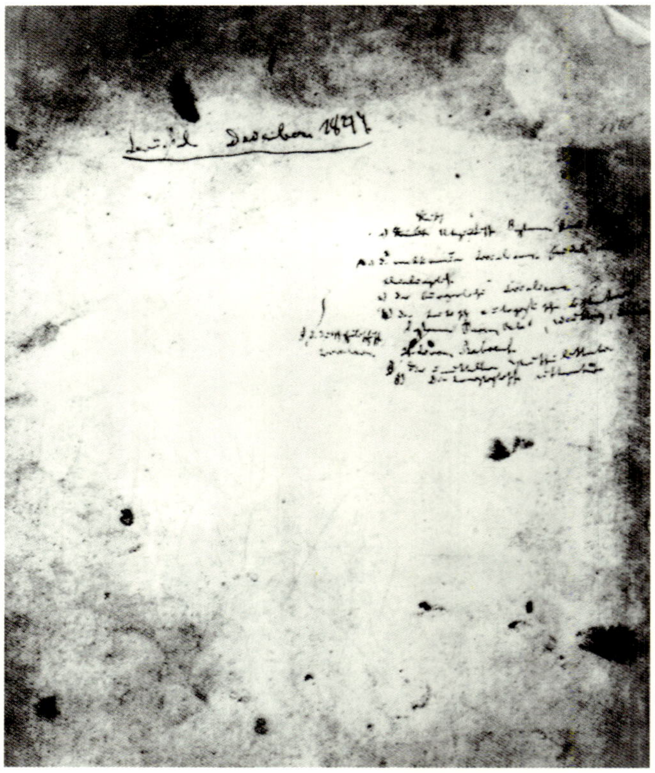

46

这本书篇幅不多，价值却相当于多部巨著：它的精神至今还鼓舞着、推动着文明世界全体有组织的正在进行斗争的无产阶级。

——列宁

1848 年 2 月底，《共产党宣言》德文第 1 版在伦敦出版，很快被译成欧洲多种文字。正如恩格斯所说："它无疑是全部社会主义文献中传播最广和最具有国际性的著作，是从西伯利亚到加利福尼亚的千百万工人公认的共同纲领。"在 1848 年的各个版本中没有作者署名。1850 年英国宪章派机关刊物《红色共和党人》登载《共产党宣言》的英译文时，主编乔治·哈尼在序言中第一次指出了作者的名字。(47-49)

47. 马克思和恩格斯起草《共产党宣言》（油画） 波利亚科夫

Manifest

der

Kommunistischen Partei.

Veröffentlicht im Februar 1848.

Proletarier aller Länder vereinigt Euch!

London.

Gedruckt in der Office der „Bildungs-Gesellschaft für Arbeiter"
von J. E. Burghard.

46, Liverpool Street, Bishopsgate.

48. 1848 年《共产党宣言》德文第 1 版封面

第四章

在 1848—1849 年的革命风暴中

1848 年，一场革命风暴席卷欧洲大陆，先是法国爆发二月革命，接着德国爆发三月革命。在法国、德国革命的影响下，欧洲其他一些国家也相继爆发革命。

法国二月革命后，马克思应法兰西共和国临时政府成员弗洛孔的邀请，于 1848 年 3 月初由布鲁塞尔迁居巴黎。共产主义者同盟的主要领导成员也先后到达巴黎，组成了同盟新的中央委员会，马克思任主席，恩格斯为委员。德国三月革命爆发后，马克思和恩格斯为同盟中央委员会起草了《共产党在德国的要求》。这个文件体现了《共产党宣言》中规定的共产党人在民主革命中的斗争目标和策略原则，是无产阶级在资产阶级民主革命中的行动纲领。马克思和恩格斯还动员共产主义者同盟的成员分赴德国各地组织革命力量。1848 年 4 月，马克思和恩格斯根据形势的发展亲自回国参加革命。他们在科隆积极筹办《新莱茵报》作为指导革命斗争的思想阵地，同时与民主派组织建立联系，组成联合阵线。

1848 年 6 月 1 日，马克思和恩格斯创办的《新莱茵报》出版，马克思担任主编。马克思和恩格斯通过《新莱茵报》评析德国革命和整个欧洲革命的重大事件，帮助工人群众认清斗争形势、了解革命的目标和任务，声援欧洲各被压迫民族的民族解放斗争。1848 年巴黎六月起义失败后，欧洲反动势力到处进行反扑。马克思一方面积极组织和引导各种民主派别加强联合，壮大革命力量；另一方面坚决揭露普鲁士政府对《新莱茵报》的诬蔑和陷害，揭露资产阶级的背叛，支持农民反抗封建剥削的斗争。正像恩格斯所说，《新莱茵报》“成了革命年代德国最著名的报纸”。在普鲁士反动当局的迫害下，1849 年 5 月 19 日《新莱茵报》被迫停刊，用红色油墨出版了终刊号。

1849 年 6 月，马克思前往巴黎，同民主主义和社会主义运动的领导人以及各秘密工人团体的领导人建立联系。同年 8 月底，马克思因遭到法国当局迫害而移居伦敦。

01. 1848 年 2 月 24 日巴黎罗亚尔宫外的战斗

19世纪40年代，随着资本主义的发展，欧洲资产阶级革命运动日益高涨。1848年初，法国、德国、意大利、奥地利等国相继爆发革命。（01-04）

02. 1848年3月18日柏林的街垒
03. 1848年3月13日维也纳群众集会，要求首相梅特涅下台。
04. 1848年1月13日意大利巴勒莫人民与王室军队的战斗

02

03

04

05

1848 年 3 月 1 日，法兰西共和国临时政府成员斐迪南·弗洛孔以法国人民的名义邀请马克思重返巴黎。邀请信中写道："勇敢而正直的马克思：法兰西共和国的土地是所有自由之友的避难所。暴政把您放逐，自由的法兰西向您……重又敞开大门。"（05-06）

05. 斐迪南·弗洛孔（1800—1866），法国政治活动家，小资产阶级民主主义者，1848 年法国临时政府成员。

06. 弗洛孔给马克思的邀请信

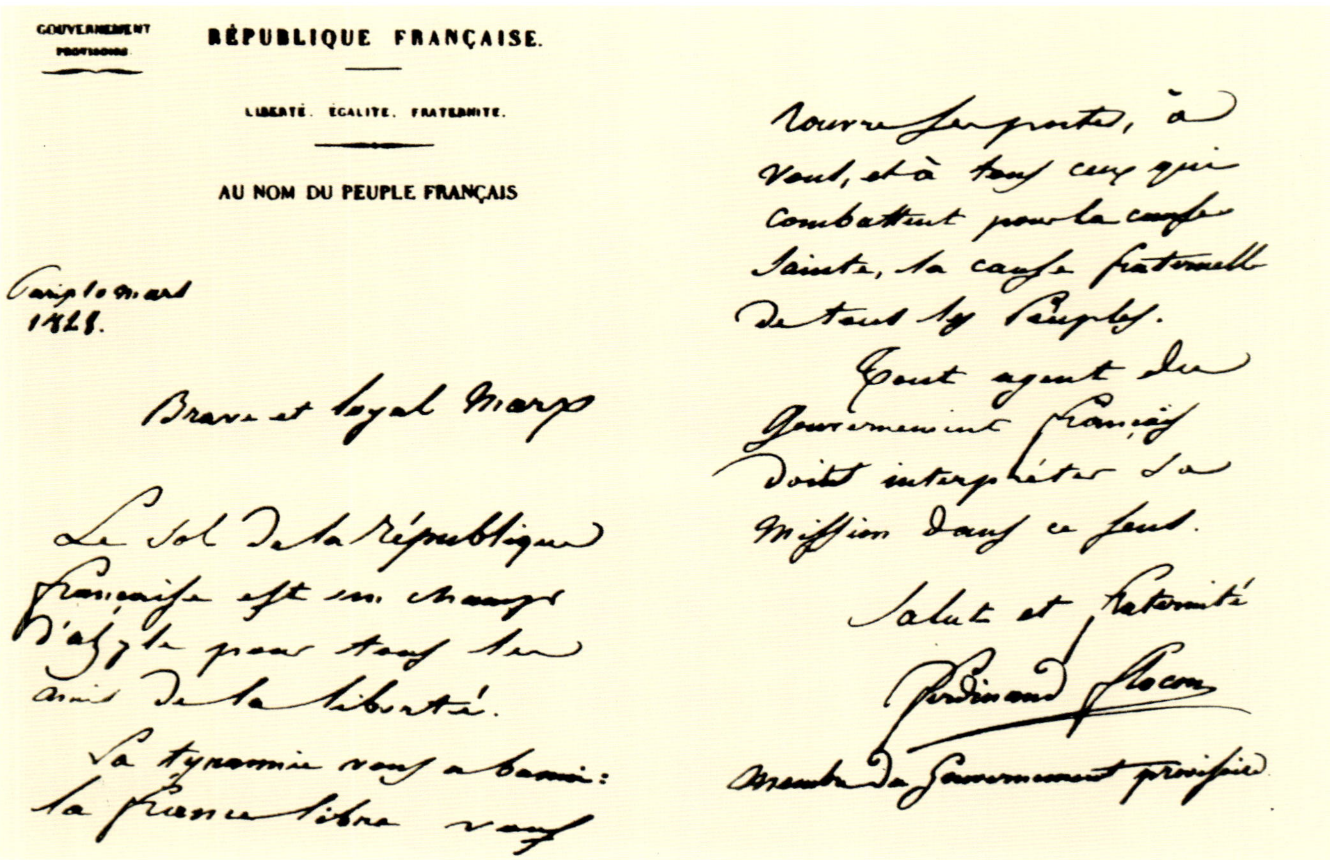

GOUVERNEMENT PROVISOIRE

RÉPUBLIQUE FRANÇAISE.

LIBERTÉ. ÉGALITÉ. FRATERNITÉ.

AU NOM DU PEUPLE FRANÇAIS

Paris 1er mars 1848.

Brave et loyal Marx

Le sol de la république française est un champ d'asile pour tous les amis de la liberté.

La tyrannie vous a banni: la France libre vous rouvre ses portes, à vous, et à tous ceux qui combattent pour la cause sainte, la cause fraternelle de tous les Peuples.

Tout agent du Gouvernement Français doit interpréter sa mission dans ce sens.

Salut et fraternité

Ferdinand Flocon

membre du Gouvernement provisoire

06

1848 年 3 月 3 日，马克思接到比利时当局限令他 24 小时内离境的命令。夜里，警察突然闯进马克思家，借口马克思没有身份证将他逮捕。马克思被拘留 18 小时后获释，随后匆忙离开布鲁塞尔前往巴黎。(07-09)

07. 马克思在布鲁塞尔被捕（素描） 茹科夫

08. 比利时国王莱奥波德一世签署的对马克思的驱逐令

09. 1848 年 3 月马克思在布鲁塞尔被监禁的监狱

07

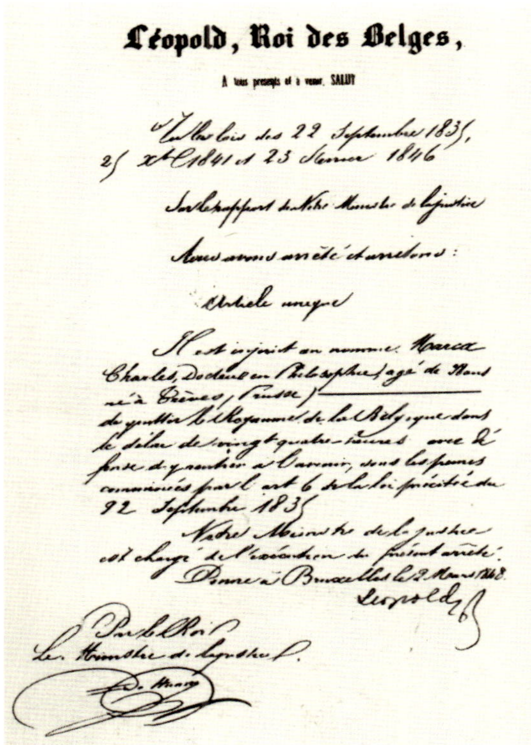

Léopold, Roi des Belges,

A tous presents et à venir, SALUT

Léopold

08

09

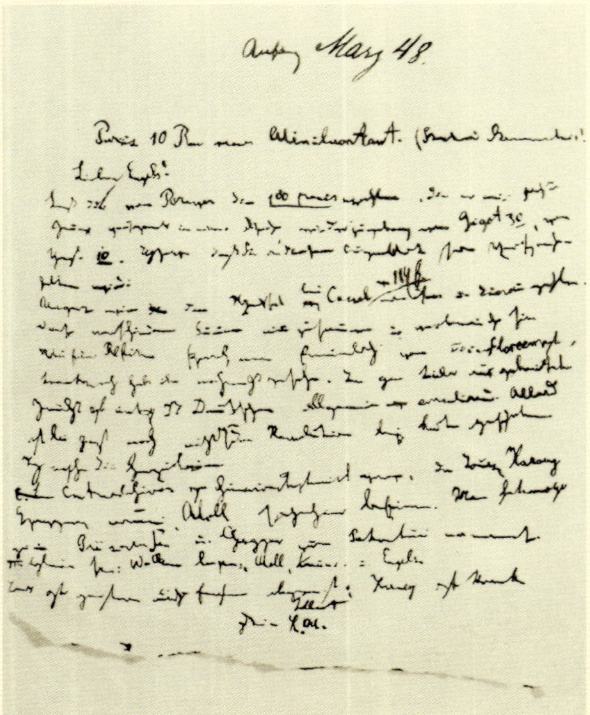

10

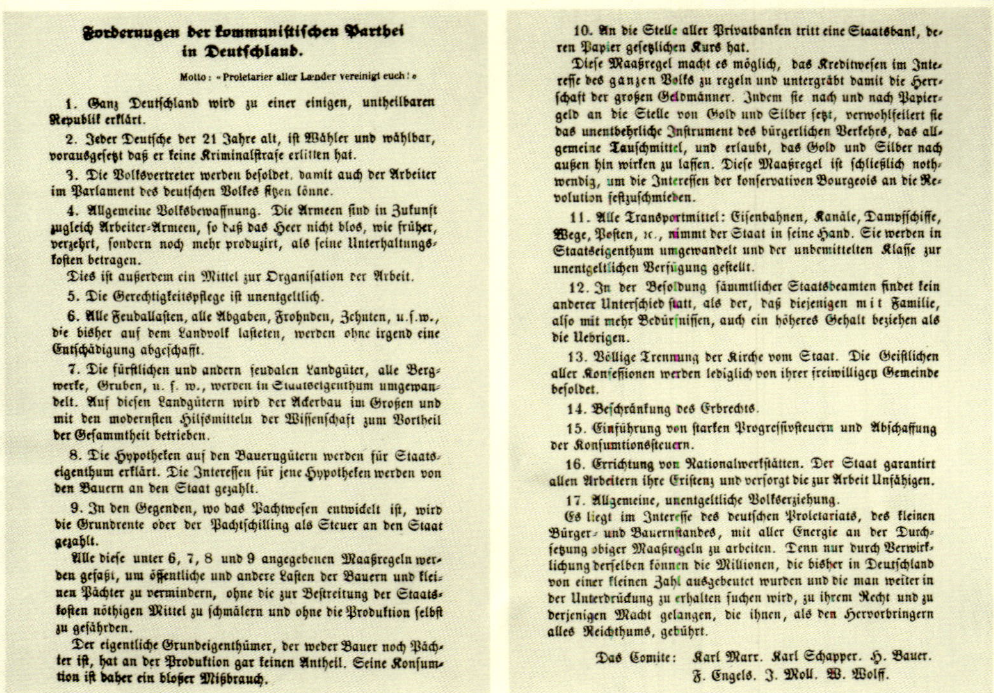

Forderungen der kommunistischen Parthei in Deutschland.

Motto: »Proletarier aller Lænder vereinigt euch!«

1. Ganz Deutschland wird zu einer einigen, untheilbaren Republik erklärt.

2. Jeder Deutsche der 21 Jahre alt, ist Wähler und wählbar, vorausgesetzt daß er keine Kriminalstrafe erlitten hat.

3. Die Volksvertreter werden besoldet, damit auch der Arbeiter im Parlament des deutschen Volkes sitzen könne.

4. Allgemeine Volksbewaffnung. Die Armeen sind in Zukunft zugleich Arbeiter-Armeen, so daß das Heer nicht blos, wie früher, verzehrt, sondern noch mehr produzirt, als seine Unterhaltungskosten betragen.

Dies ist außerdem ein Mittel zur Organisation der Arbeit.

5. Die Gerechtigkeitspflege ist unentgeltlich.

6. Alle Feudallasten, alle Abgaben, Frohnden, Zehnten, u.s.w., die bisher auf dem Landvolk lasteten, werden ohne irgend eine Entschädigung abgeschafft.

7. Die fürstlichen und andern feudalen Landgüter, alle Bergwerke, Gruben, u. s. w., werden in Staatseigenthum umgewandelt. Auf diesen Landgütern wird der Ackerbau im Großen und mit den modernsten Hilfsmitteln der Wissenschaft zum Vortheil der Gesammtheit betrieben.

8. Die Hypotheken auf den Bauerngütern werden für Staatseigenthum erklärt. Die Interessen für jene Hypotheken werden von den Bauern an den Staat gezahlt.

9. In den Gegenden, wo das Pachtwesen entwickelt ist, wird die Grundrente oder der Pachtschilling als Steuer an den Staat gezahlt.

Alle diese unter 6, 7, 8 und 9 angegebenen Maaßregeln werden gefaßt, um öffentliche und andere Lasten der Bauern und kleinen Pächter zu vermindern, ohne die zur Bestreitung der Staatskosten nöthigen Mittel zu schmälern und ohne die Produktion selbst zu gefährden.

Der eigentliche Grundeigenthümer, der weder Bauer noch Pächter ist, hat an der Produktion gar keinen Antheil. Seine Konsumtion ist daher ein bloßer Mißbrauch.

10. An die Stelle aller Privatbanken tritt eine Staatsbank, deren Papier gesetzlichen Kurs hat.

Diese Maaßregel macht es möglich, das Kreditwesen im Interesse des ganzen Volks zu regeln und untergräbt damit die Herrschaft der großen Geldmänner. Indem sie nach und nach Papiergeld an die Stelle von Gold und Silber setzt, verwohlfeilert sie das unentbehrliche Instrument des bürgerlichen Verkehrs, das allgemeine Tauschmittel, und erlaubt, das Gold und Silber nach außen hin wirken zu lassen. Diese Maaßregel ist schließlich nothwendig, um die Interessen der konservativen Bourgeois an die Revolution festzuschmieden.

11. Alle Transportmittel: Eisenbahnen, Kanäle, Dampfschiffe, Wege, Posten, ꝛc., nimmt der Staat in seine Hand. Sie werden in Staatseigenthum umgewandelt und der unbemittelten Klasse zur unentgeltlichen Verfügung gestellt.

12. In der Besoldung sämmtlicher Staatsbeamten findet kein anderer Unterschied statt, als der, daß diejenigen mit Familie, also mit mehr Bedürfnissen, auch ein höheres Gehalt beziehen als die Uebrigen.

13. Völlige Trennung der Kirche vom Staat. Die Geistlichen aller Konfessionen werden lediglich von ihrer freiwilligen Gemeinde besoldet.

14. Beschränkung des Erbrechts.

15. Einführung von starken Progressivsteuern und Abschaffung der Konsumtionssteuern.

16. Errichtung von Nationalwerkstätten. Der Staat garantirt allen Arbeitern ihre Existenz und versorgt die zur Arbeit Unfähigen.

17. Allgemeine, unentgeltliche Volkserziehung.

Es liegt im Interesse des deutschen Proletariats, des kleinen Bürger- und Bauernstandes, mit aller Energie an der Durchsetzung obiger Maaßregeln zu arbeiten. Denn nur durch Verwirklichung derselben können die Millionen, die bisher in Deutschland von einer kleinen Zahl ausgebeutet wurden und die man weiter in der Unterdrückung zu erhalten suchen wird, zu ihrem Recht und zu derjenigen Macht gelangen, die ihnen, als den Hervorbringern alles Reichthums, gebührt.

Das Comite: Karl Marx. Karl Schapper. H. Bauer. F. Engels. J. Moll. W. Wolff.

11

马克思到达巴黎后，受共产主义者同盟中央委员会的委托，在巴黎成立新的中央委员会。马克思和恩格斯根据《共产党宣言》确立的原则起草了《共产党在德国的要求》，这是无产阶级在资产阶级民主革命中的第一个行动纲领。(10-11)

10. 1848 年 3 月 12 日，马克思从巴黎致信在布鲁塞尔的恩格斯。信中写道："中央委员会已经在这里成立，因为琼斯、哈尼、沙佩尔、鲍威尔、莫尔都在这里。我被选为主席，沙佩尔被选为书记。委员是：瓦劳、鲁普斯、莫尔、鲍威尔和恩格斯。"

11. 《共产党在德国的要求》

德国爆发革命后，巴黎德意志民主协会的一些领导人鼓动德国流亡者组成义勇军打回老家去。马克思和恩格斯反对这种冒险主义行动，主张流亡者分散回国参加革命。截至 1848 年 4 月初，马克思、恩格斯和共产主义者同盟中央委员会动员了三四百名德国流亡者（其中多数是同盟盟员）有步骤地返回祖国。随后，马克思和恩格斯自己也离开巴黎回国。(12-13)

12. 马克思的旅行护照（1848 年 3 月 30 日法国政府签发）
13. 马克思和恩格斯动员德国工人分散回国（油画） 邓澍

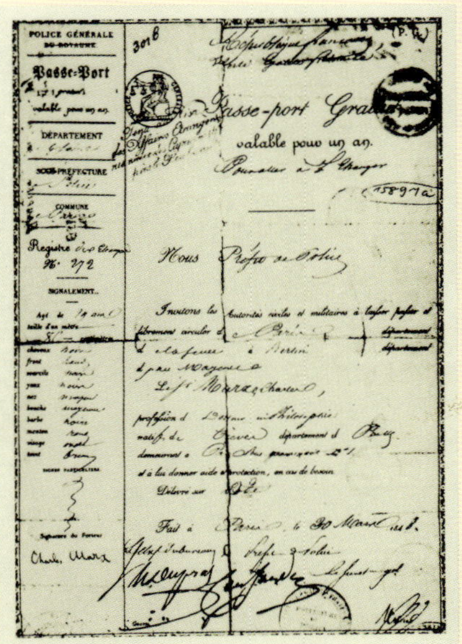
POLICE GÉNÉRALE DU ROYAUME

Passe-Port

valable pour un an.

DÉPARTEMENT

SOUS-PRÉFECTURE

COMMUNE

SIGNALEMENT.

Passe-port Gratis

Nous

12

13

马克思和恩格斯参加1848—1849年的群众革命斗争的时期，是他们一生活动中最令人瞩目的中心点。

——列宁

1848年4月11日，马克思和恩格斯来到科隆筹办《新莱茵报》，并以共产主义者同盟中央的名义派出代表分赴各地，扩大同盟的地方组织。(14)

14. 1848年前后的科隆

1848 年 6 月 1 日，马克思主编的《新莱茵报》在科隆出版。（15-16）

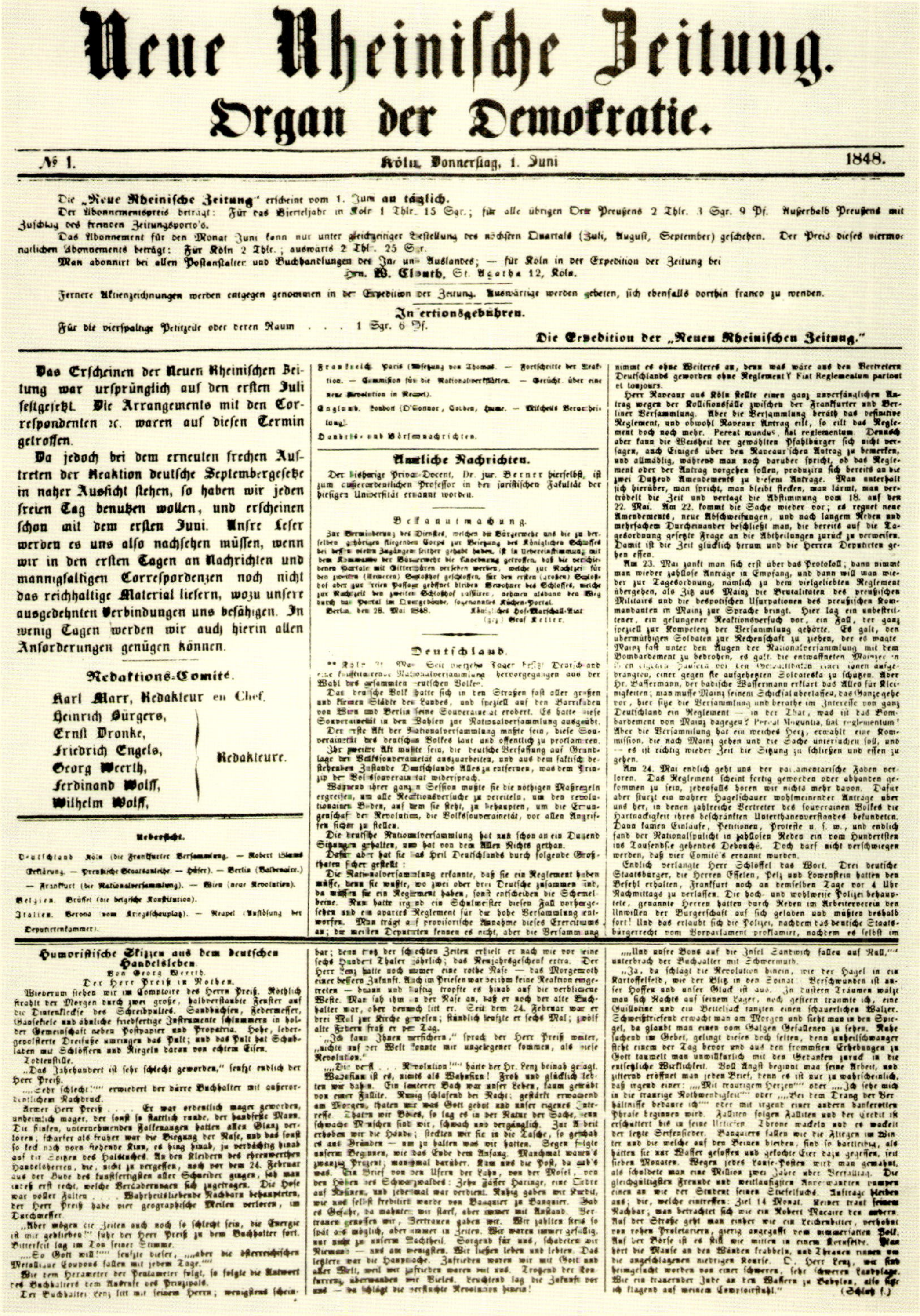

Neue Rheinische Zeitung.

Organ der Demokratie.

№ 1. Köln, Donnerstag, 1. Juni 1848.

Die „Neue Rheinische Zeitung" erscheint vom 1. Juni an täglich.

Der Abonnementspreis beträgt: Für das Vierteljahr in Köln 1 Thlr. 15 Sgr.; für alle übrigen Orte Preußens 2 Thlr. 3 Sgr. 9 Pf. Außerhalb Preußens mit Zuschlag des fremden Zeitungsporto's.

Das Abonnement für den Monat Juni kann nur unter gleichzeitiger Bestellung des nächsten Quartals (Juli, August, September) geschehen. Der Preis dieses viermonatlichen Abonnements beträgt: Für Köln 2 Thlr.; auswärts 2 Thlr. 25 Sgr.

Man abonnirt bei allen Postanstalten und Buchhandlungen des In- und Auslandes; — für Köln in der Expedition der Zeitung bei Hrn. W. Clouth, St. Agatha 12, Köln.

Fernere Aktienzeichnungen werden entgegen genommen in der Expedition der Zeitung. Auswärtige werden gebeten, sich ebenfalls dorthin franco zu wenden.

In[s]ertionsgebühren.

Für die vierspaltige Petitzeile oder deren Raum . . . 1 Sgr. 6 Pf.

Die Expedition der „Neuen Rheinischen Zeitung."

Das Erscheinen der Neuen Rheinischen Zeitung war ursprünglich auf den ersten Juli festgesetzt. Die Arrangements mit den Correspondenten 2c. waren auf diesen Termin getroffen.

Da jedoch bei dem erneuten frechen Auftreten der Reaktion deutsche Septembergesetze in naher Aussicht stehen, so haben wir jeden freien Tag benutzen wollen, und erscheinen schon mit dem ersten Juni. Unsre Leser werden es uns also nachsehen müssen, wenn wir in den ersten Tagen an Nachrichten und mannigfaltigen Correspondenzen noch nicht das reichhaltige Material liefern, wozu unsere ausgedehnten Verbindungen uns befähigen. In wenig Tagen werden wir auch hierin allen Anforderungen genügen können.

Redaktions-Comité.

Karl Marx, Redakteur en Chef.

Heinrich Bürgers, Ernst Dronke, Friedrich Engels, Georg Weerth, Ferdinand Wolff, Wilhelm Wolff, Redakteure.

Uebersicht.

Deutschland. Köln (die Frankfurter Versammlung. — Robert Blums Erklärung. — Preußische Staatsanleihe. — Hüser). — Berlin (Baldenaire.) — Frankfurt (die Nationalversammlung). — Wien (neue Revolution).

Belgien. Brüssel (die belgische Konstitution).

Italien. Verona (vom Kriegsschauplatz). — Neapel (Auflösung der Deputirtenkammer).

Frankreich. Paris (Absetzung von Thomas. — Fortschritte der Reaktion. — Commission für die Nationalwerkstätten. — Gerücht über eine neue Revolution in Neapel).

England. London (O'Connor, Cobden, Hume. — Mitchells Verurtheilung).

Handels- und Börsennachrichten.

15. 1848 年 6 月 1 日《新莱茵报》创刊号

首先是马克思的洞察力和坚定立场，才使得这家日报成了革命年代德国最著名的报纸。

——恩格斯

16.《新莱茵报》编辑部主要成员

马克思

恩格斯

这个不大的战斗队，却拥有一个大家都乐于服从的、第一流的领袖马克思，并且赖有他才拥有一个至今还完全适用的原则性的和策略的纲领——《共产主义宣言》。

——恩格斯

威廉·沃尔弗（1809—1864），德国无产阶级革命家和政论家。

格奥尔格·维尔特（1822—1856），德国诗人和政论家。

恩斯特·德朗克（1822—1891），德国政论家和作家。

斐迪南·弗莱里格拉特（1810—1876），德国诗人。

约翰·亨利希·毕尔格尔斯（1820—1878），德国政论家。

法国二月革命后，巴黎工人阶级要求把革命继续推向前进。资产阶级共和派政府则推行敌视无产阶级的政策，并公然对工人进行挑衅。巴黎工人遂于6月23—26日举行起义。马克思和恩格斯积极支持巴黎工人的行动，在《新莱茵报》上发表了一系列文章声援起义。马克思指出，六月起义是“分裂现代社会的两个阶级之间的第一次大规模的战斗。这是保存还是消灭资产阶级制度的斗争”。(17-18)

17. 载有马克思《六月革命》一文的1848年6月29日《新莱茵报》

18. 1848年6月巴黎圣安东郊区的战斗

Neue Rheinische Zeitung.

Organ der Demokratie.

№ 29. Köln, Donnerstag 29. Juni 1848.

Die „Neue Rheinische Zeitung“ erscheint vom 1. Juni an täglich. Bestellungen für das nächste Quartal, Juli bis September, wolle man baldigst machen.

Alle Postämter Deutschlands nehmen Bestellungen an.

Für Frankreich übernehmen Abonnements Herr G. A. Alexandre, Nr. 28, Brandgasse in Straßburg, und 23, rue Notre Dame de Nazareth in Paris; so wie das königliche Ober-Post-Amt in Aachen. Für England die HH. J. J. Ewer & Comp. 72, Newgate Street in London. Für Belgien und Holland die respekt. königlichen Briefpost-Aemter und das Postbüreau zu Lüttich.

Abonnementspreis in Köln vierteljährlich 1 Thlr. 15 Sgr., in allen übrigen Orten Preußens 2 Thlr. 3 Sgr. 9 Pf. Außerhalb Preußens mit Zuschlag des fremden Zeitungsportos. Inserate: die vierspaltige Petitzeile oder deren Raum 1 Sgr. 6 Pf.

Anzeigen aller Art erlangen durch die großen Verbindungen der Zeitung die weiteste Verbreitung.

Zu Nr. 28 der „Neuen Rheinischen Zeitung“ ist am 28. Juni Morgens eine außerordentliche Beilage ausgegeben und versandt worden.

Französische Republik.

17

18

马克思和恩格斯以《新莱茵报》为阵地，向德国乃至整个欧洲的封建制度发起猛烈攻击，为德国和其他各国的革命者提供了重要的理论和策略指导，受到广大群众热烈欢迎。《新莱茵报》在被迫停刊前已经拥有近6000个订户。(19-20)

9. 马克思和恩格斯在《新莱茵报》编辑部（油画） 萨皮罗

没有一家德国报纸——无论在以前或以后——像《新莱茵报》这样有威力和有影响，这样善于鼓舞无产阶级群众。而这一点首先归功于马克思。

——恩格斯

20.《新莱茵报》广为流传　（素描）　茹科夫

为了发展和壮大革命力量，马克思和恩格斯积极参加工人组织的活动，还与民主派组织建立广泛联系。1848 年 8 月 13—14 日，马克思和恩格斯参加了莱茵省第一届民主主义者代表大会，会议决定由科隆三个民主团体（工人联合会、民主协会、工人业主联合会）中央委员会的成员组成民主主义者莱茵区域委员会，马克思在这个委员会中发挥了重要作用。（21-26）

21. 1848—1849 年科隆工人联合会的主要活动场所
22. 1848 年 10 月 22 日《科隆工人联合会会报》，载有选举马克思为该会主席的会议记录。

21

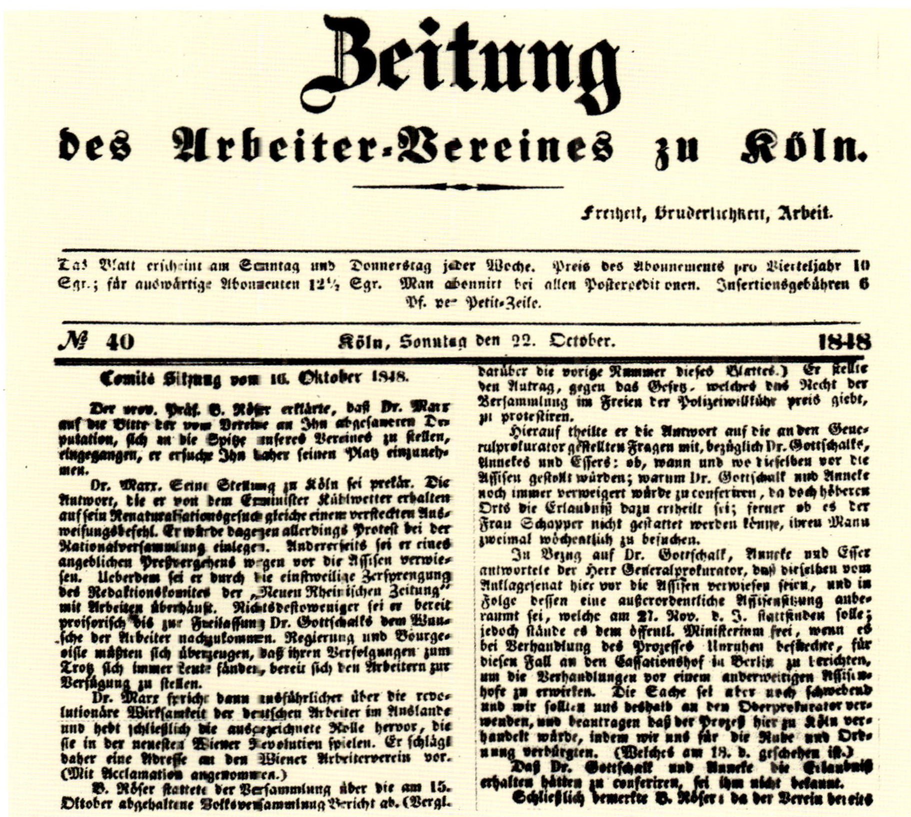

Zeitung des Arbeiter-Vereines zu Köln.

Freiheit, Brüderlichkeit, Arbeit.

Das Blatt erscheint am Sonntag und Donnerstag jeder Woche. Preis des Abonnements pro Vierteljahr 10 Sgr.; für auswärtige Abonnenten 12½ Sgr. Man abonnirt bei allen Postexpeditionen. Insertionsgebühren 6 Pf. per Petit-Zeile.

№ 40 Köln, Sonntag den 22. October. 1848

Comité Sitzung vom 16. Oktober 1848.

Der provv. Präs. G. Röser erklärte, daß Dr. Marx auf die Bitte der vom Vereine an Ihn abgesandten Deputation, sich an die Spitze unseres Vereines zu stellen, eingegangen, er ersuche Ihn daher seinen Platz einzunehmen.

Dr. Marx. Seine Stellung zu Köln sei prekär. Die Antwort, die er von dem Exminister Kühlwetter erhalten auf sein Renaturalisationsgesuch gleiche einem versteckten Ausweisungsbefehl. Er würde dagegen allerdings Protest bei der Nationalversammlung einlegen. Andererseits sei er eines angeblichen Preßvergehens wegen vor die Assisen verwiesen. Ueberdem sei er durch die einstweilige Zersprengung des Redaktionskomites der „Neuen Rheinischen Zeitung" mit Arbeiten überhäuft. Nichtsdestoweniger sei er bereit provisorisch bis zur Freilassung Dr. Gottschalks dem Wunsche der Arbeiter nachzukommen. Regierung und Bourgeoisie müßten sich überzeugen, daß ihren Verfolgungen zum Trotz sich immer Leute fänden, bereit sich den Arbeitern zur Verfügung zu stellen.

Dr. Marx sprich dann ausführlicher über die revolutionäre Wirksamkeit der deutschen Arbeiter im Auslande und hebt schließlich die ausgezeichnete Rolle hervor, die sie in der neuesten Wiener Revolution spielen. Er schlägt daher eine Adresse an den Wiener Arbeiterverein vor. (Mit Acclamation angenommen.)

G. Röser stattete der Versammlung über die am 15. Oktober abgehaltene Volksversammlung Bericht ab. (Vergl. darüber die vorige Nummer dieses Blattes.) Er stellte den Antrag, gegen das Gesetz, welches das Recht der Versammlung im Freien der Polizeiwillkühr preis giebt, zu protestiren.

Hierauf theilte er die Antwort auf die an den Generalprokurator gestellten Fragen mit, bezüglich Dr. Gottschalks, Annekes und Essers: ob, wann und wo dieselben vor die Assisen gestellt würden; warum Dr. Gottschalk und Anneke noch immer verweigert würde zu conferiren, da doch höheren Orts die Erlaubniß dazu ertheilt sei; ferner ob es der Frau Schapper nicht gestattet werden könne, ihren Mann zweimal wöchentlich zu besuchen.

In Bezug auf Dr. Gottschalk, Anneke und Esser antwortete der Herr Generalprokurator, daß dieselben vom Anklagesenat hier vor die Assisen verwiesen seien, und in Folge dessen eine außerordentliche Assisensitzung anberaumt sei, welche am 27. Nov. d. J. stattfinden solle; jedoch stände es dem öffentl. Ministerium frei, wenn es bei Verhandlung des Prozesses Unruhen befürchte, für diesen Fall an den Cassationshof in Berlin zu berichten, um die Verhandlungen vor einem anderweitigen Assisenhofe zu erwirken. Die Sache sei aber noch schwebend und wir sollten uns deshalb an den Oberprokurator verwenden, und beantragen daß der Prozeß hier zu Köln verhandelt würde, indem wir uns für die Ruhe und Ordnung verbürgten. (Welches am 18. d. geschehen ist.)

Daß Dr. Gottschalk und Anneke die Erlaubniß erhalten hätten zu conferiren, sei ihm nicht bekannt.

Schließlich bemerkte G. Röser: da der Verein bereits

22

23. 1848 年 5 月，马克思和恩格斯加入了科隆民主协会。图为该协会的一次集会。

24. 科隆工人联合会会员证

25. 莱茵省第一届民主主义者代表大会代表证

23

24

25

26. 在莱茵省第一届民主主义者代表大会上 （油画） 张红年

27

28

29

1848 年革命期间，马克思和恩格斯在积极投入德国革命活动的同时，还非常关注匈牙利、意大利、波兰等国的革命斗争和民族解放斗争。他们在《新莱茵报》上发表文章给予支持和指导。(27-34)

27. 拉约什·科苏特（1802—1894），匈牙利政治活动家，匈牙利民族解放运动领袖，1848—1849 年革命时期为匈牙利革命政府首脑。
28. 1849 年 3 月 5 日匈牙利索尔诺克战役中的革命军队
29. 1849 年 5 月 21 日，匈牙利起义者占领布达堡垒。

意大利人民不惜任何牺牲。他们为了完成已开始的事业和争取民族独立，曾准备以殊死的精神进行战斗。

——恩格斯

30

31

30. 朱泽培·加里波第（1807—1882），意大利革命家和民族解放运动领袖，1849 年罗马共和国保卫战的主要组织者。
31. 1848 年底，意大利罗马爆发起义。1849 年 2 月，罗马制宪会议根据加里波第的建议宣布罗马共和国成立。

不言而喻，问题不是要建立一个虚幻的波兰，而是要建立一个有生命力基础的国家。

——恩格斯

32. 路德维克·梅洛斯拉夫斯基（1814—1878），波兰革命家、历史学家和军事活动家，1849 年巴登－普法尔茨起义期间起义军的指挥官。
33. 1848 年囚禁在莫阿比特监狱的波兰人获释

32

33

34. 马克思、恩格斯在《新莱茵报》上发表的评论文章

1848年革命在取得最初的胜利之后，由于资产阶级的软弱和妥协，各国反动势力开始反扑。马克思本人多次被法院传讯，加上资产阶级股东撤走资金，《新莱茵报》的处境日益艰难。但马克思毫不动摇地坚持办报，同反动当局的迫害进行坚决斗争，同时千方百计筹措经费，甚至拿出了父亲留给他的全部遗产。(35-37)

35. 1848年8月21日柏林街头的巷战

36. 1848年9月26日科隆政府发布的戒严令

37. 1848年8月23日维也纳军警镇压工人游行

35

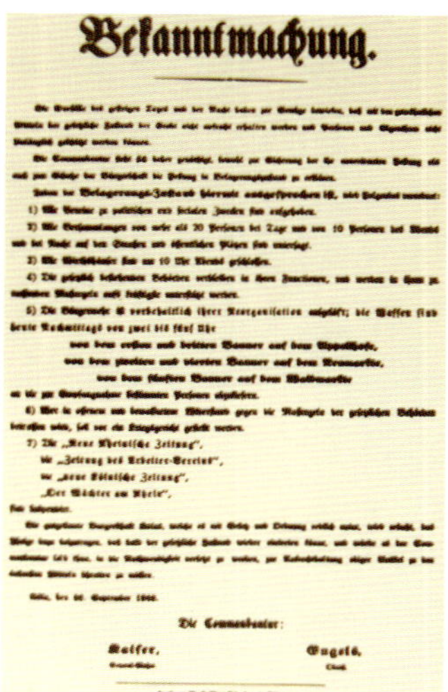

Bekanntmachung.

7) Die „Neue Rheinische Zeitung",
die „Zeitung des Arbeiter-Vereins",
die „Neue Kölnische Zeitung",
„Der Wächter am Rhein",

Die Commandantur:

Kaiser, Engels.

36

37

1849 年 2 月上旬，普鲁士当局以侮辱检察官和诽谤宪兵的罪名传讯《新莱茵报》主编马克思和编辑恩格斯。在科隆的法庭上，马克思和恩格斯以有力的证据驳斥了反动派的诬蔑，法庭不得不宣告他们无罪。(38-39)

38. 载有马克思和恩格斯在科隆受审时发言全文的小册子《两个政治审判案》的扉页

39. 法庭上的胜利（油画） 李天祥 赵友萍

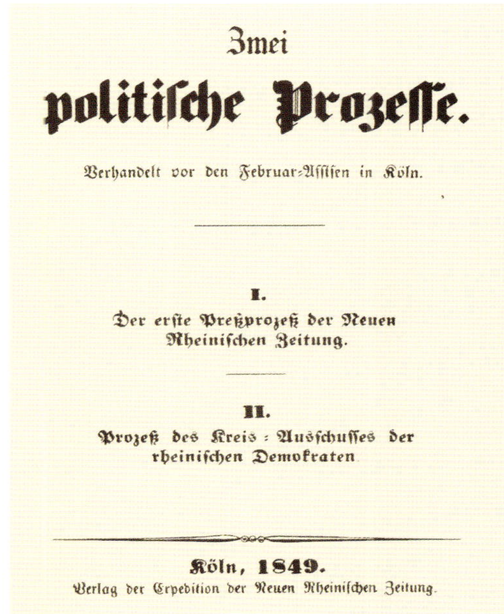

Zwei

politische Prozesse.

Verhandelt vor den Februar-Assisen in Köln.

I.

Der erste Preßprozeß der Neuen Rheinischen Zeitung.

II.

Prozeß des Kreis-Ausschusses der rheinischen Demokraten.

Köln, 1849.

Verlag der Expedition der Neuen Rheinischen Zeitung.

38

39

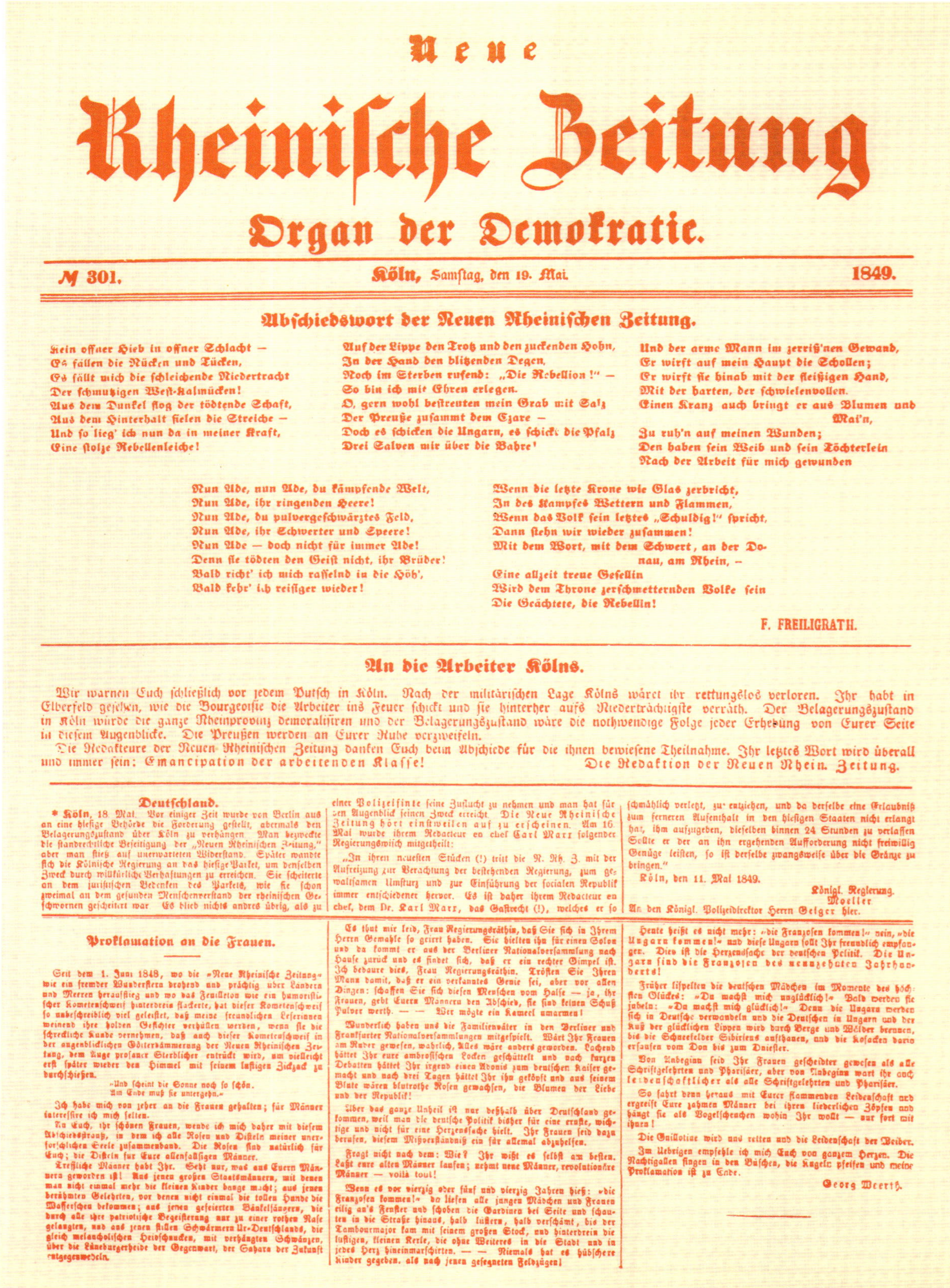

Neue

Rheinische Zeitung

Organ der Demokratie.

№ 301. Köln, Samstag, den 19. Mai 1849.

Abschiedswort der Neuen Rheinischen Zeitung.

Kein offner Hieb in offner Schlacht –
Es fällen die Nücken und Tücken,
Es fällt mich die schleichende Niedertracht
Der schmutzigen West-Kalmücken!
Aus dem Dunkel flog der tödtende Schaft,
Aus dem Hinterhalt fielen die Streiche –
Und so lieg' ich nun da in meiner Kraft,
Eine stolze Rebellenleiche!

Auf der Lippe den Trotz und den zuckenden Hohn,
In der Hand den blitzenden Degen,
Noch im Sterben rufend: „Die Rebellion!" –
So bin ich mit Ehren erlegen.
O, gern wohl bestreuten mein Grab mit Salz
Der Preuße zusammt dem Czare –
Doch es schicken die Ungarn, es schickt die Pfalz
Drei Salven mir über die Bahre!

Und der arme Mann im zerriss'nen Gewand,
Er wirft auf mein Haupt die Schollen;
Er wirft sie hinab mit der fleißigen Hand,
Mit der harten, der schwielenvollen.
Einen Kranz auch bringt er aus Blumen und Mai'n,
Zu ruh'n auf meinen Wunden;
Den haben sein Weib und sein Töchterlein
Nach der Arbeit für mich gewunden

Nun Ade, nun Ade, du kämpfende Welt,
Nun Ade, ihr ringenden Heere!
Nun Ade, du pulvergeschwärztes Feld,
Nun Ade, ihr Schwerter und Speere!
Nun Ade – doch nicht für immer Ade!
Denn sie tödten den Geist nicht, ihr Brüder!
Bald richt' ich mich rasselnd in die Höh',
Bald kehr' ich reisiger wieder!

Wenn die letzte Krone wie Glas zerbricht,
In des Kampfes Wettern und Flammen,
Wenn das Volk sein letztes „Schuldig!" spricht,
Dann stehn wir wieder zusammen!
Mit dem Wort, mit dem Schwert, an der Donau, am Rhein, –
Eine allzeit treue Gesellin
Wird dem Throne zerschmetternden Volke sein
Die Geächtete, die Rebellin!

F. FREILIGRATH.

An die Arbeiter Kölns.

Wir warnen Euch schließlich vor jedem Putsch in Köln. Nach der militärischen Lage Kölns wäret ihr rettungslos verloren. Ihr habt in Elberfeld gesehen, wie die Bourgeoisie die Arbeiter ins Feuer schickt und sie hinterher aufs Niederträchtigste verräth. Der Belagerungszustand in Köln würde die ganze Rheinprovinz demoralisiren und der Belagerungszustand wäre die nothwendige Folge jeder Erhebung von Eurer Seite in diesem Augenblicke. Die Preußen werden an Eurer Ruhe verzweifeln.

Die Redakteure der Neuen Rheinischen Zeitung danken Euch beim Abschiede für die ihnen bewiesene Theilnahme. Ihr letztes Wort wird überall und immer sein: Emancipation der arbeitenden Klasse!

Die Redaktion der Neuen Rhein. Zeitung.

Deutschland.

* Köln, 18. Mai. Vor einiger Zeit wurde von Berlin aus an eine hiesige Behörde die Forderung gestellt, abermals den Belagerungszustand über Köln zu verhängen. Man bezweckte die standrechtliche Beseitigung der „Neuen Rheinischen Zeitung," aber man stieß auf unerwarteten Widerstand. Später wandte sich die Kölnische Regierung an das hiesige Parket, um denselben Zweck durch willkürliche Verhaftungen zu erreichen. Sie scheiterte an dem juristischen Bedenken des Parkets, wie sie schon zweimal an dem gesunden Menschenverstand der rheinischen Geschwornen gescheitert war. Es blieb nichts andres übrig, als zu einer Polizeifinte seine Zuflucht zu nehmen und man hat für den Augenblick seinen Zweck erreicht. Die Neue Rheinische Zeitung hört einstweilen auf zu erscheinen. Am 16. Mai wurde ihrem Redacteur en chef Carl Marx folgender Regierungswisch mitgetheilt:

„In ihren neuesten Stücken (!) tritt die N. Rh. Z. mit der Aufreizung zur Verachtung der bestehenden Regierung, zum gewaltsamen Umsturz und zur Einführung der socialen Republik immer entschiedener hervor. Es ist daher ihrem Redacteur en chef, dem Dr. Karl Marx, das Gastrecht (!), welches er so schmählich verletzt, zu entziehen, und da derselbe eine Erlaubniß zum ferneren Aufenthalt in den hiesigen Staaten nicht erlangt hat, ihm aufzugeben, dieselben binnen 24 Stunden zu verlassen. Sollte er der an ihn ergehenden Aufforderung nicht freiwillig Genüge leisten, so ist derselbe zwangsweise über die Gränze zu bringen."

Köln, den 11. Mai 1849.

Königl. Regierung.
Moeller.

An den Königl. Polizeidirektor Herrn Geiger hier.

Proklamation an die Frauen.

Seit dem 1. Juni 1848, wo die »Neue Rheinische Zeitung« wie ein fremder Wunderstern drohend und prächtig über Ländern und Meeren heraufstieg und wo das Feuilleton wie ein humoristischer Kometenschweif hinterdrein flackerte, hat dieser Kometenschweif so unbeschreiblich viel geleistet, daß meine freundlichen Leserinnen weinend ihre holden Gesichter verhüllen werden, wenn sie die schreckliche Kunde vernehmen, daß auch dieser Kometenschweif in der augenblicklichen Götterdämmerung der Neuen Rheinischen Zeitung, dem Auge profaner Sterblicher entrückt wird, um vielleicht erst später wieder den Himmel mit seinem lustigen Zickzack zu durchschießen.

»Und scheint die Sonne noch so schön,
Am Ende muß sie untergehn.«

Ich habe mich von jeher an die Frauen gehalten; für Männer interessire ich mich selten.

An Euch, ihr schönen Frauen, wende ich mich daher mit diesem Abschiedsstrauß, in dem ich alle Rosen und Disteln meiner unerforschlichen Seele zusammenband. Die Rosen sind natürlich für Euch; die Disteln für Eure allenfallsigen Männer.

Treffliche Männer habt Ihr. Seht nur, was aus Euern Männern geworden ist! Aus jenen großen Staatsmännern, mit denen man nicht einmal mehr die kleinen Kinder bange macht; aus jenen berühmten Gelehrten, vor denen nicht einmal die tollen Hunde die Wasserscheu bekommen; aus jenen gefeierten Bänkelsängern, die durch alle ihre patriotische Begeisterung nur zu einer rothen Nase gelangten, und aus jenen stillen Schwärmern Ur-Deutschlands, die gleich melancholischen Heidschnucken, mit verhängten Schwänzen, über die Lüneburgerheide der Gegenwart, der Sahara der Zukunft entgegenwedeln.

Es thut mir leid, Frau Regierungsräthin, daß Sie sich in Ihrem Herrn Gemahle so geirrt haben. Sie hielten ihn für einen Solon und da kommt er aus der Berliner Nationalversammlung nach Hause zurück und es findet sich, daß er ein rechter Gimpel ist. Ich bedaure dies, Frau Regierungsräthin. Trösten Sie Ihren Mann damit, daß er ein verkanntes Genie sei, aber vor allen Dingen: schaffen Sie sich diesen Menschen vom Halse — ja, ihr Frauen, gebt Euern Männern den Abschied, sie sind keinen Schuß Pulver werth. — — Wer möchte ein Kameel umarmen!

Wunderlich haben uns die Familienväter in den Berliner und Frankfurter Nationalversammlungen mitgespielt. Wärt Ihr Frauen am Ruder gewesen, wahrlich, Alles wäre anders geworden. Lachend hättet Ihr eure ambrosischen Locken geschüttelt und nach kurzen Debatten hättet Ihr irgend einen Adonis zum deutschen Kaiser gemacht und nach drei Tagen hättet Ihr ihn geköpft und aus seinem Blute wären blutrothe Rosen gewachsen, die Blumen der Liebe und der Republik!

Aber das ganze Unheil ist nur deßhalb über Deutschland gekommen, weil man die deutsche Politik bisher für eine ernste, wichtige und nicht für eine Herzenssache hielt. Ihr Frauen seid dazu berufen, diesem Mißverständniß ein für allemal abzuhelfen.

Fragt nicht nach dem: Wie? Ihr wißt es selbst am besten. Laßt eure alten Männer laufen; nehmt neue Männer, revolutionäre Männer — voilà tout!

Wenn es vor vierzig oder fünf und vierzig Jahren hieß: »die Franzosen kommen!« da liefen alle jungen Mädchen und Frauen eilig an's Fenster und schoben die Gardinen bei Seite und schauten in die Straße hinaus, halb lüstern, halb verschämt, bis der Tambourmajor kam mit seinem großen Stock, und hinterdrein die lustigen, kleinen Kerle, die ohne Weiteres in die Stadt und in jedes Herz hineinmarschirten. — — Niemals hat es hübschere Kinder gegeben, als nach jenen gesegneten Feldzügen!

Heute heißt es nicht mehr: »die Franzosen kommen!« nein, »die Ungarn kommen!« und diese Ungarn sollt Ihr freundlich empfangen. Dies ist die Herzenssache der deutschen Politik. Die Ungarn sind die Franzosen des neunzehnten Jahrhunderts!

Früher lispelten die deutschen Mädchen im Momente des höchsten Glückes: »Du machst mich unglücklich!« Bald werden sie jubeln: »Du machst mich glücklich!« Denn die Ungarn werden sich in Deutsche verwandeln und die Deutschen in Ungarn und der Kuß der glücklichen Lippen wird durch Berge und Wälder brennen, bis die Schneefelder Sibiriens aufthauen, und die Kosacken darin ersaufen vom Don bis zum Dniester.

Von Anbeginn seid Ihr Frauen gescheidter gewesen als alle Schriftgelehrten und Pharisäer, aber von Anbeginn wart ihr auch leidenschaftlicher als alle Schriftgelehrten und Pharisäer.

So fahrt denn heraus mit Eurer flammenden Leidenschaft und ergreift Eure zahmen Männer bei ihren liederlichen Zöpfen und hängt sie als Vogelscheuchen wohin Ihr wollt — nur fort mit ihnen!

Die Guillotine wird uns retten und die Leidenschaft der Weiber.

Im Uebrigen empfehle ich mich Euch von ganzem Herzen. Die Nachtigallen singen in den Büschen, die Kugeln pfeifen und meine Proklamation ist zu Ende.

Georg Weerth.

40. 用红色油墨印刷的《新莱茵报》终刊号

我们不得不交出自己的堡垒，但我们退却时携带着自己的武器和行装，奏着军乐，高举着印成红色的最后一号报纸的飘扬旗帜。

——恩格斯

1849 年 5 月 16 日，马克思收到普鲁士政府的驱逐令。恩格斯和《新莱茵报》其他编辑也面临被捕或被驱逐出境的危险。在反革命势力迫害下，《新莱茵报》被迫于 5 月 19 日停刊，并特意选用红色油墨印刷了终刊号。诗人弗莱里格拉特应马克思的请求写了一首诗作为《新莱茵报》的告别词。诗中写道：

> 别了，但不是永别，
> 他们消灭不了我们的精神，弟兄们！
> 当钟声一响，生命复临，
> 我将立即披甲返程！
> ……
> 我这个被放逐的叛乱者，
> 作为一个忠实于起义的人民的战友，
> 将在多瑙河畔和莱茵河边，
> 用言语和武器参加战斗！

《新莱茵报》终刊号上还发表了编辑部致科隆工人的告别信，信中写道：“《新莱茵报》的编辑们在向你们告别的时候，对你们给予他们的同情表示衷心的感谢。无论何时何地，他们的最后一句话将始终是：工人阶级的解放！”（40-41）

41. 1999 年 5 月 19 日为纪念《新莱茵报》终刊号出版 150 周年在该报编辑部原址设置的纪念牌

《新莱茵报》停刊后，马克思和恩格斯辗转各地继续从事革命活动，恩格斯还参加了德国维护帝国宪法的武装起义。1849年6月初，马克思到达巴黎。不久巴黎当局又下达驱逐令，马克思被迫于1849年8月24日离开巴黎前往伦敦。(42-44)

42. 1849年8月23日，马克思写信告诉恩格斯，他已被法国政府驱逐，正打算前往英国伦敦，并在那里创办德文杂志。马克思十分关心恩格斯的安危，希望他立即前往伦敦。

43. 1849年8月16日巴黎警察当局驱逐马克思的命令

44. 马克思的旅行护照（1849年8月24日法国政府签发）

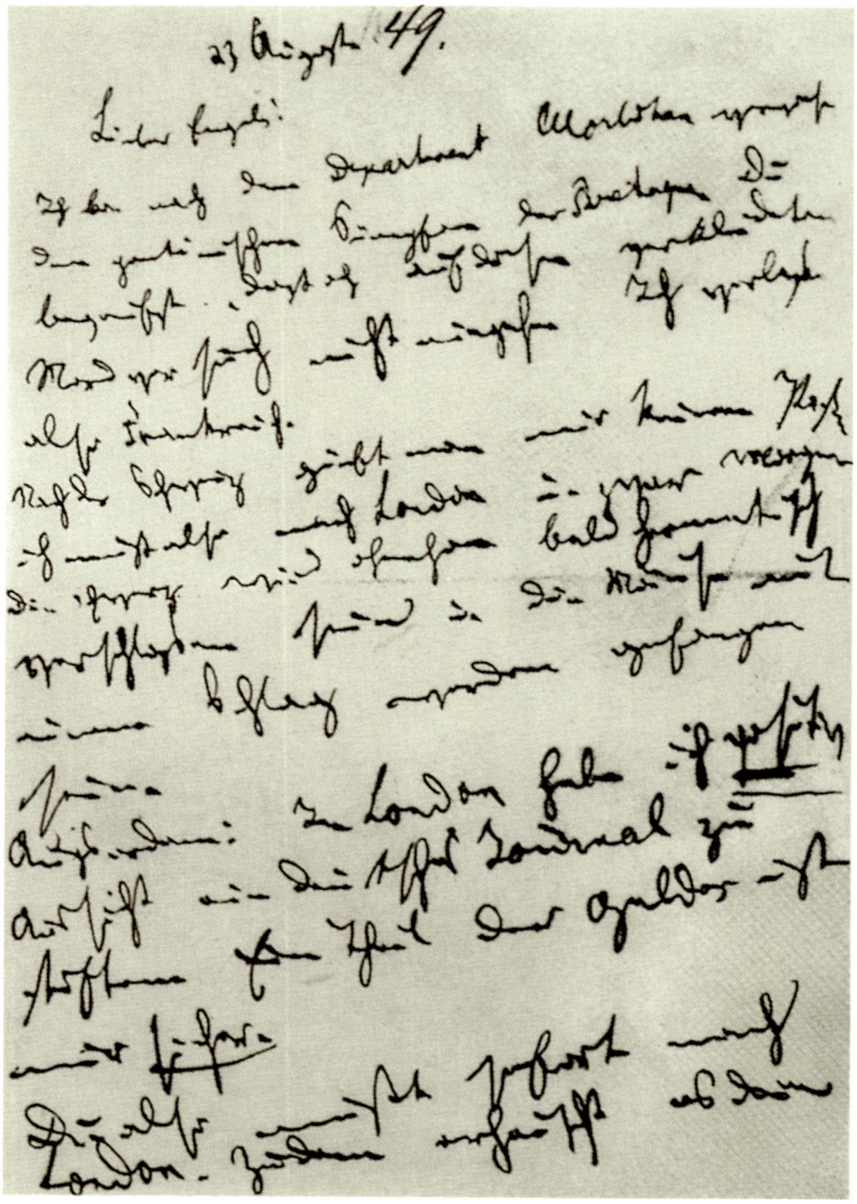

23 August 49.

42

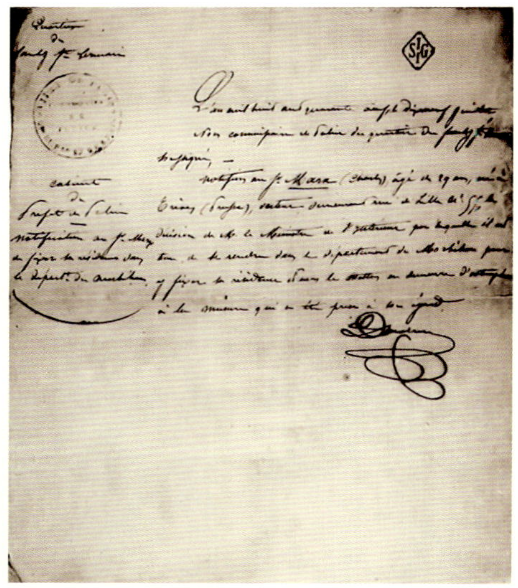

43

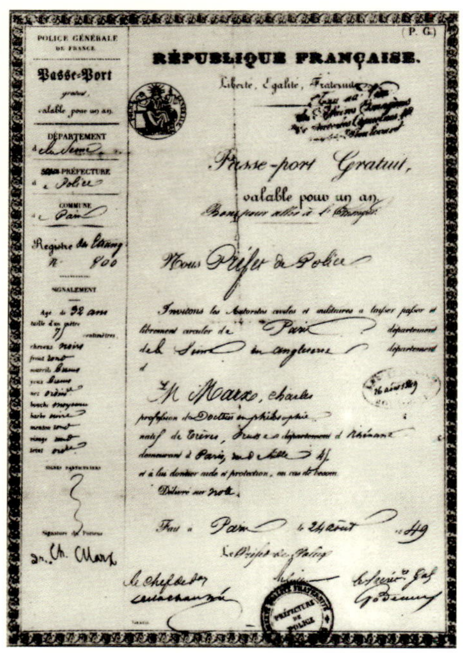

44

第五章

总结革命经验
丰富和发展革命理论

马克思移居伦敦后，立即着手重组共产主义者同盟的地方组织和中央委员会，领导伦敦德意志工人教育协会积极开展工作，成立德国流亡者救济委员会，为政治流亡者提供帮助。马克思还同其他国家的革命活动家建立联系。

为总结革命经验，用科学的理论武装工人群众，马克思和恩格斯创办了《新莱茵报。政治经济评论》杂志，撰写了《1848年至1849年》（即《1848年至1850年的法兰西阶级斗争》）、《路易·波拿巴的雾月十八日》，并和恩格斯共同起草了两篇《共产主义者同盟中央委员会告同盟书》。在这些著作中，马克思运用唯物史观总结了欧洲1848—1849年革命的经验，进一步发展了马克思主义的国家学说，论述了无产阶级革命必须打碎旧的国家机器的思想，阐发了无产阶级专政的理论，提出了不断革命和工农联盟的思想。

1850年，马克思和恩格斯同共产主义者同盟内部以维利希、沙佩尔为首的冒险主义宗派集团进行了激烈斗争，批判了他们不顾现实条件主张立即发动起义的冒险计划，制定了革命低潮时期无产阶级的斗争策略。1851年，普鲁士政府为了扑灭革命运动，蓄意制造所谓“科隆共产党人案件”，并于1852年10月进行审判。马克思和恩格斯为揭穿敌人阴谋和营救战友做了大量工作。马克思发表了《揭露科隆共产党人案件》等重要文章。鉴于欧洲反动势力日益猖獗，共产主义者同盟已无法正常活动，在马克思提议下，同盟中央委员会于1852年11月决定解散同盟。

19世纪50年代，马克思过着艰难困苦的生活，但没有被贫困压倒。他在关心和支持工人运动的同时潜心研究理论，主要是政治经济学理论。在此期间，恩格斯不仅在物质上无私地帮助马克思，而且在理论上经常与马克思交流切磋。

1851年起，马克思为《纽约每日论坛报》等报刊撰稿，评述各种重大国际问题，其中包括中国问题。在论述中国问题的文章中，马克思分析了中国社会的特点，揭露和谴责英、法、俄、美等国对中国的侵略和掠夺，高度评价和坚决支持中国人民的反侵略斗争。

1849 年 8 月马克思从巴黎抵达伦敦后，立即着手重建共产主义者同盟的领导机关。同盟新中央委员会的成员，除马克思和恩格斯外，还有奥古斯特·维利希、康拉德·施拉姆、卡尔·沙佩尔、约翰·格奥尔格·埃卡留斯和卡尔·普芬德等。同年 11 月，恩格斯也来到伦敦，同马克思一起重新开展革命活动。(01-03)

01. 19 世纪 50 年代的伦敦

02. 1850 年 6 月共产主义者同盟各支部分布图

03. 1850 年 8 月马克思记下的共产主义者同盟中央委员会一些成员的名字和地址

01

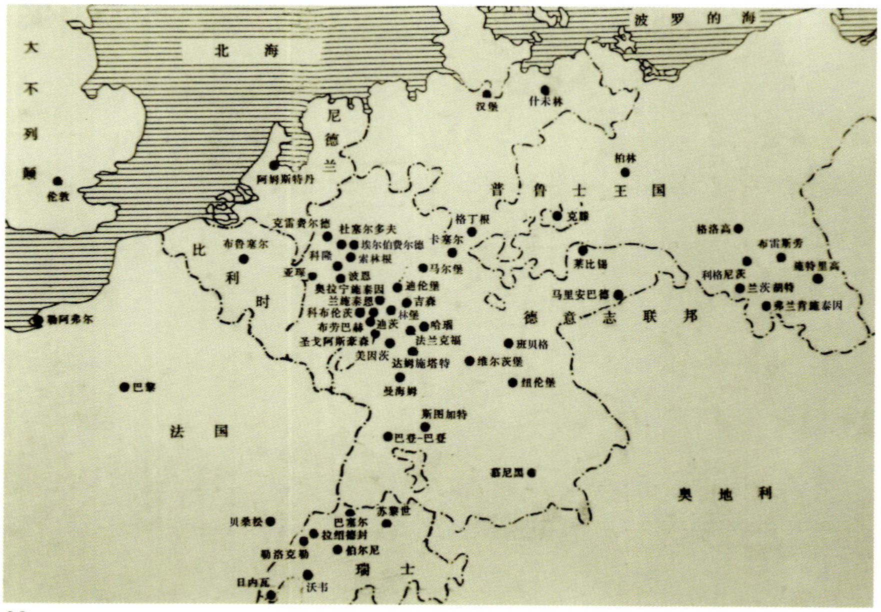

02

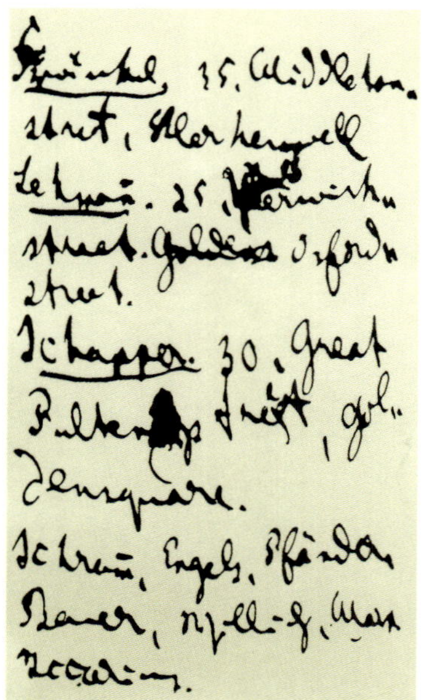

03

1850 年 3 月和 6 月，马克思和恩格斯共同起草了两篇《共产主义者同盟中央委员会告同盟书》，总结了欧洲革命的经验，制定了无产阶级在未来革命中的纲领和策略。(04-06)

04. 讨论《告同盟书》（油画）　毛凤德

对我们说来，问题不在于改变私有制，而只在于消灭私有制，不在于掩盖阶级对立，而在于消灭阶级，不在于改良现存社会，而在于建立新社会。

——马克思　恩格斯

05. 马克思和恩格斯起草的《共产主义者同盟中央委员会告同盟书。1850 年 3 月》

06. 马克思和恩格斯起草的《共产主义者同盟中央委员会告同盟书。1850 年 6 月》

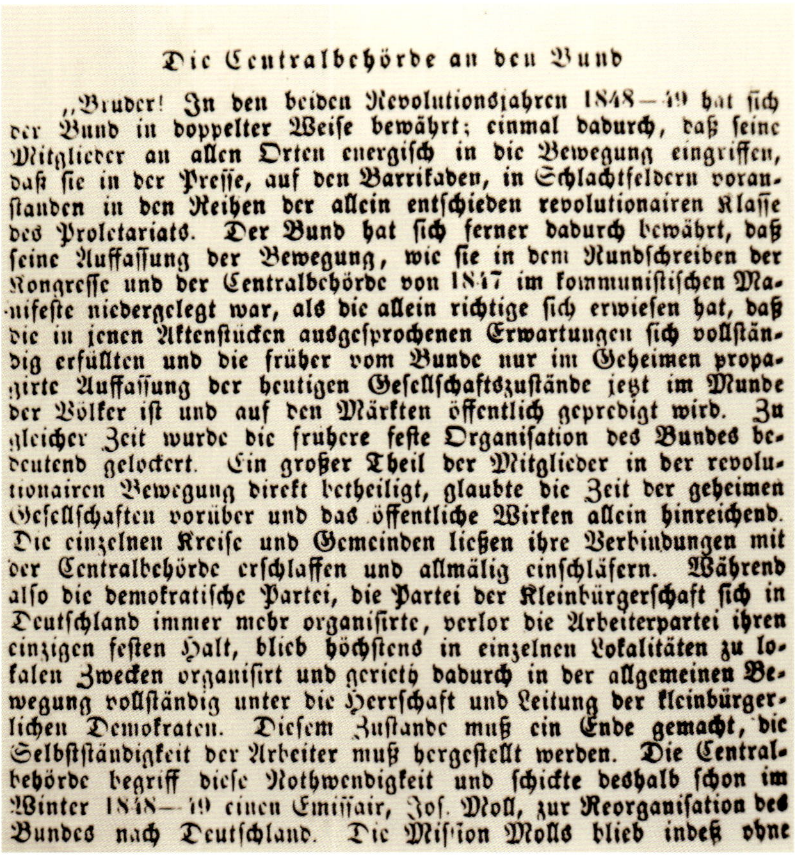

Die Centralbehörde an den Bund

„Bruder! In den beiden Revolutionsjahren 1848—49 hat sich der Bund in doppelter Weise bewährt; einmal dadurch, daß seine Mitglieder an allen Orten energisch in die Bewegung eingriffen, daß sie in der Presse, auf den Barrikaden, in Schlachtfeldern voranstanden in den Reihen der allein entschieden revolutionairen Klasse des Proletariats. Der Bund hat sich ferner dadurch bewährt, daß seine Auffassung der Bewegung, wie sie in dem Rundschreiben der Kongresse und der Centralbehörde von 1847 im kommunistischen Manifeste niedergelegt war, als die allein richtige sich erwiesen hat, daß die in jenen Aktenstücken ausgesprochenen Erwartungen sich vollständig erfüllten und die früher vom Bunde nur im Geheimen propagirte Auffassung der heutigen Gesellschaftszustände jetzt im Munde der Völker ist und auf den Märkten öffentlich gepredigt wird. Zu gleicher Zeit wurde die frühere feste Organisation des Bundes bedeutend gelockert. Ein großer Theil der Mitglieder in der revolutionairen Bewegung direkt betheiligt, glaubte die Zeit der geheimen Gesellschaften vorüber und das öffentliche Wirken allein hinreichend. Die einzelnen Kreise und Gemeinden ließen ihre Verbindungen mit der Centralbehörde erschlaffen und allmälig einschläfern. Während also die demokratische Partei, die Partei der Kleinbürgerschaft sich in Deutschland immer mehr organisirte, verlor die Arbeiterpartei ihren einzigen festen Halt, blieb höchstens in einzelnen Lokalitäten zu lokalen Zwecken organisirt und gerieth dadurch in der allgemeinen Bewegung vollständig unter die Herrschaft und Leitung der kleinbürgerlichen Demokraten. Diesem Zustande muß ein Ende gemacht, die Selbstständigkeit der Arbeiter muß hergestellt werden. Die Centralbehörde begriff diese Nothwendigkeit und schickte deshalb schon im Winter 1848—49 einen Emissair, Jos. Moll, zur Reorganisation des Bundes nach Deutschland. Die Mission Molls blieb indeß ohne

05

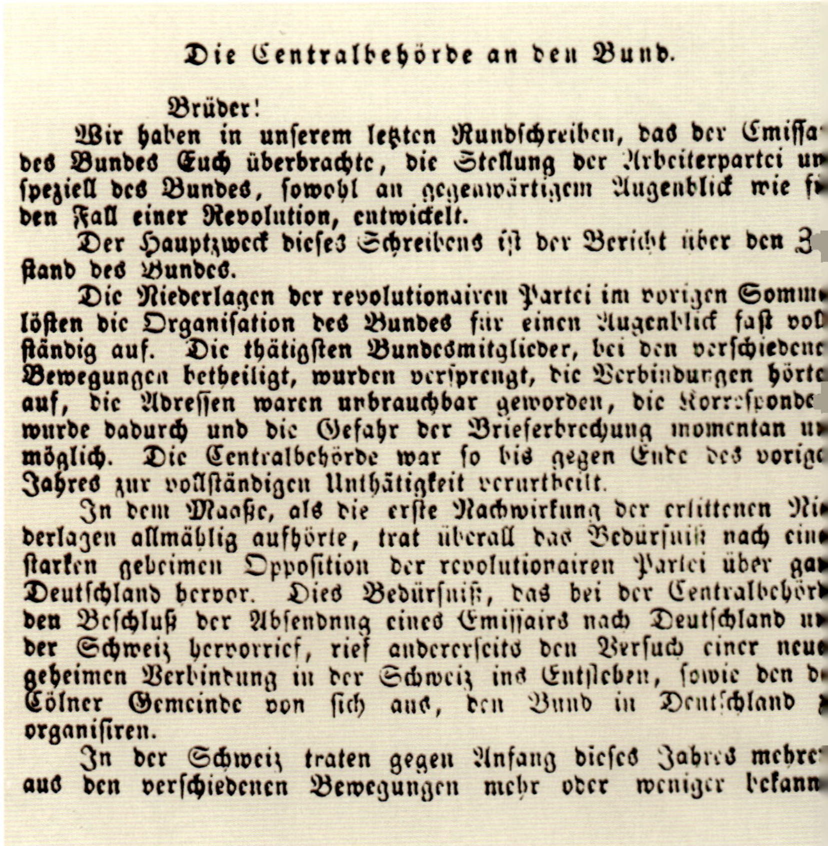

Die Centralbehörde an den Bund.

Brüder!

Wir haben in unserem letzten Rundschreiben, das der Emissa
des Bundes Euch überbrachte, die Stellung der Arbeiterpartei un
speziell des Bundes, sowohl an gegenwärtigem Augenblick wie f
den Fall einer Revolution, entwickelt.

Der Hauptzweck dieses Schreibens ist der Bericht über den Z
stand des Bundes.

Die Niederlagen der revolutionairen Partei im vorigen Somm
lösten die Organisation des Bundes für einen Augenblick fast vol
ständig auf. Die thätigsten Bundesmitglieder, bei den verschiedene
Bewegungen betheiligt, wurden versprengt, die Verbindungen hörte
auf, die Adressen waren unbrauchbar geworden, die Korresponde
wurde dadurch und die Gefahr der Brieferbrechung momentan un
möglich. Die Centralbehörde war so bis gegen Ende des vorige
Jahres zur vollständigen Unthätigkeit verurtheilt.

In dem Maaße, als die erste Nachwirkung der erlittenen Ni
derlagen allmählig aufhörte, trat überall das Bedürfniß nach eine
starken geheimen Opposition der revolutionairen Partei über ga
Deutschland hervor. Dies Bedürfniß, das bei der Centralbehör
den Beschluß der Absendung eines Emissairs nach Deutschland u
der Schweiz hervorrief, rief andererseits den Versuch einer neue
geheimen Verbindung in der Schweiz ins Entsteben, sowie den d
Cölner Gemeinde von sich aus, den Bund in Deutschland z
organisiren.

In der Schweiz traten gegen Anfang dieses Jahres mehre
aus den verschiedenen Bewegungen mehr oder weniger bekann

06

为了提高工人群众的思想觉悟和理论水平，马克思1849年9月初参加了伦敦德意志工人教育协会，在协会中讲授政治经济学和《共产党宣言》的基本观点。(07)

07. 马克思在伦敦德意志工人教育协会作报告（素描） 茹科夫

1849 年 9 月 18 日，伦敦德意志工人教育协会和德国政治流亡者召开会议，成立了伦敦德国流亡者救济委员会，马克思被选入委员会。该委员会后改组为社会民主主义德国流亡者救济委员会，马克思担任主席。委员会为流亡者安排食宿，并设法解决他们的生计问题。（08-10）

08

09

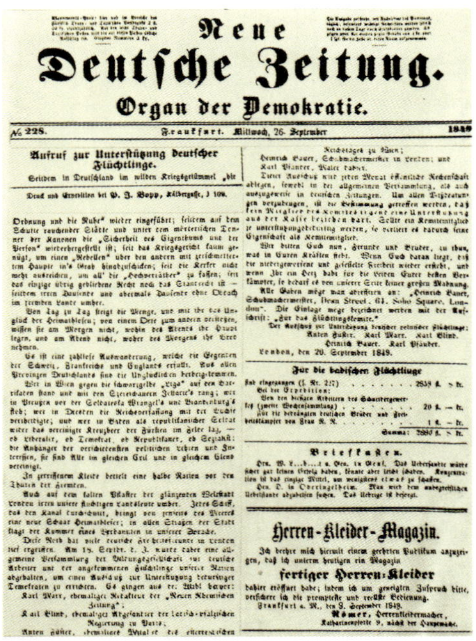

Neue Deutsche Zeitung.

Organ der Demokratie.

№ 228. Frankfurt. Mittwoch, 26. September 1849

Aufruf zur Unterstützung deutscher Flüchtlinge.

Seitdem in Deutschland im wilden Kriegsgetümmel „die Ordnung und die Ruhe“ wieder eingeführt; seitdem auf dem Schutte rauchender Städte und unter dem mörderischen Donner der Kanonen die „Sicherheit des Eigenthums und der Person“ wiederhergestellt ist; ...

Der Ausschuß zur Unterstützung deutscher politischer Flüchtlinge:
Anton Füster. Karl Marx. Karl Blind.
Heinrich Bauer. Karl Pfänder.
London, den 20. September 1849.

Für die badischen Flüchtlinge

Briefkasten.

Herren-Kleider-Magazin.

10

08. 伦敦德意志工人教育协会会议大厅

09. 伦敦德意志工人教育协会会址

10. 1849 年 9 月 26 日《新德意志报》，刊有流亡者救济委员会关于救助德国政治流亡者的呼吁书，上面有马克思的署名。

正是马克思最先发现了重大的历史运动规律。……这个规律在这里也是马克思用以理解法兰西第二共和国历史的钥匙。在这部著作中，他用这段历史检验了他的这个规律；即使已经过了33年，我们还是必须承认，这个检验获得了辉煌的成果。

——恩格斯为马克思《路易·波拿巴的雾月十八日》1885年第三版写的序言

1850年，马克思和恩格斯在伦敦创办《新莱茵报。政治经济评论》。他们在杂志上发表了一系列总结1848—1849年革命经验的重要著作，进一步丰富和发展了无产阶级革命理论。(11-14)

11.《新莱茵报。政治经济评论》，1850年3—11月在汉堡印刷，共出版了六期。

12. 马克思的《路易·波拿巴的雾月十八日》，最先刊载在不定期刊物《革命》第1期上。在这部著作中，马克思第一次提出无产阶级革命必须打碎旧的国家机器的思想。

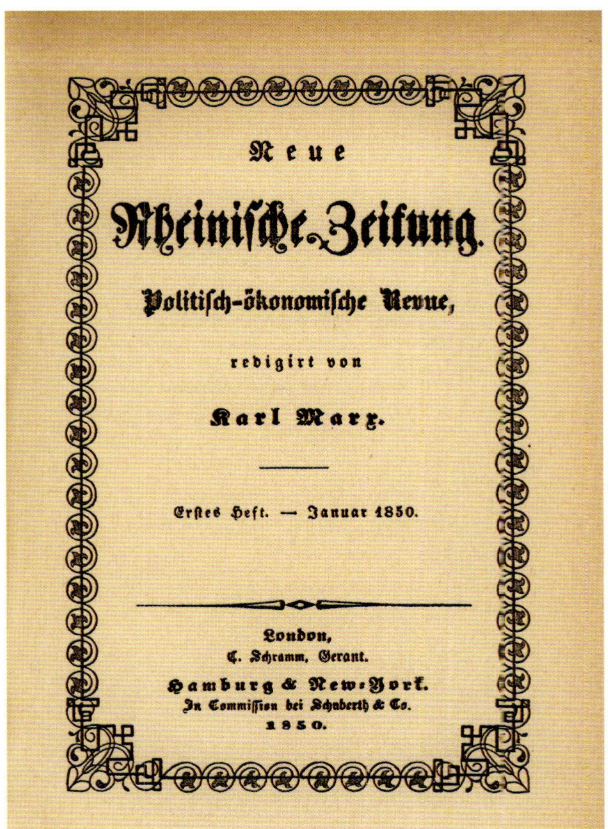

Neue
Rheinische Zeitung.
Politisch-ökonomische Revue,
redigirt von
Karl Marx.
Erstes Heft. — Januar 1850.
London,
C. Schramm, Gerant.
Hamburg & New-York.
In Commission bei Schuberth & Co.
1850.

11

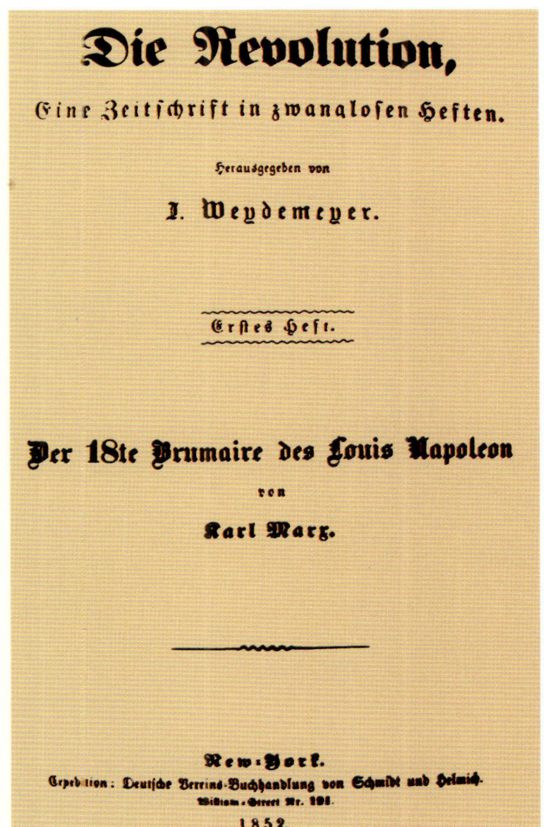

Die Revolution,
Eine Zeitschrift in zwanglosen Heften.
Herausgegeben von
J. Weydemeyer.
Erstes Heft.
Der 18te Brumaire des Louis Napoleon
von
Karl Marx.
New-York.
Expedition: Deutsche Vereins-Buchhandlung von Schmidt und Helmich.
William-Street Nr. 191.
1852.

12

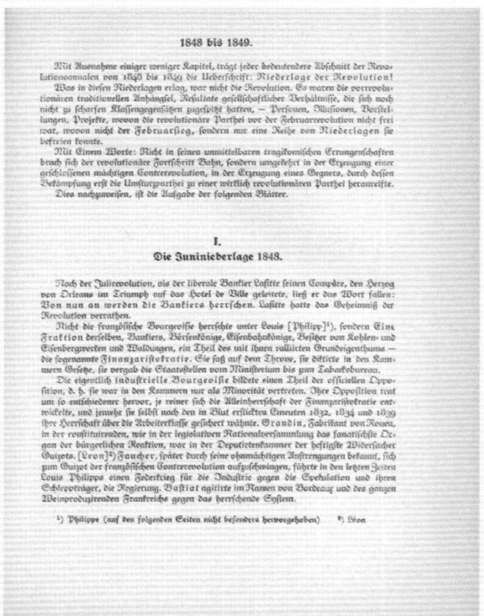

1848 bis 1849.

I.

Die Juniniederlage 1848.

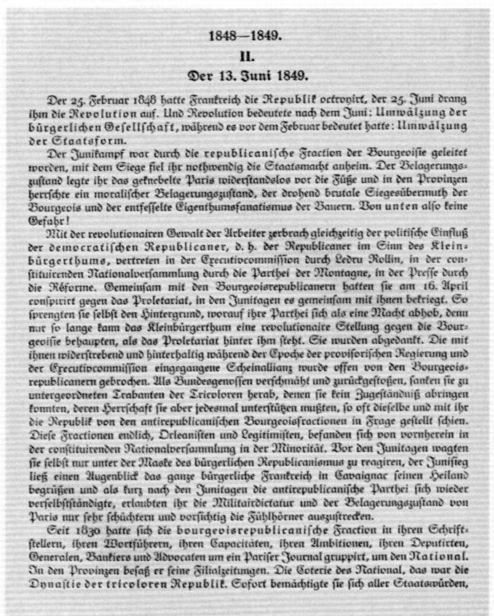

1848—1849.

II.

Der 13. Juni 1849.

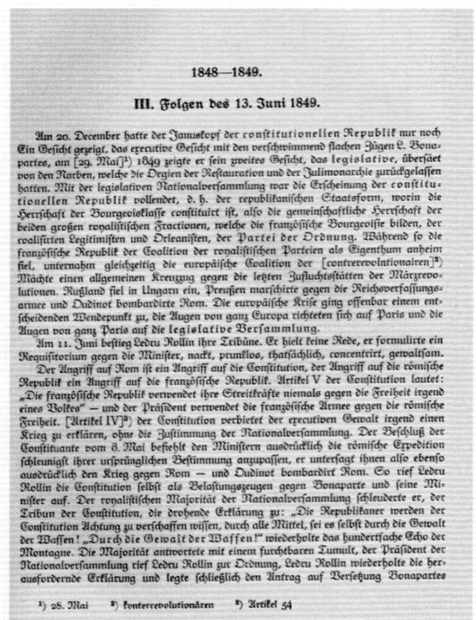

1848—1849.

III. Folgen des 13. Juni 1849.

13

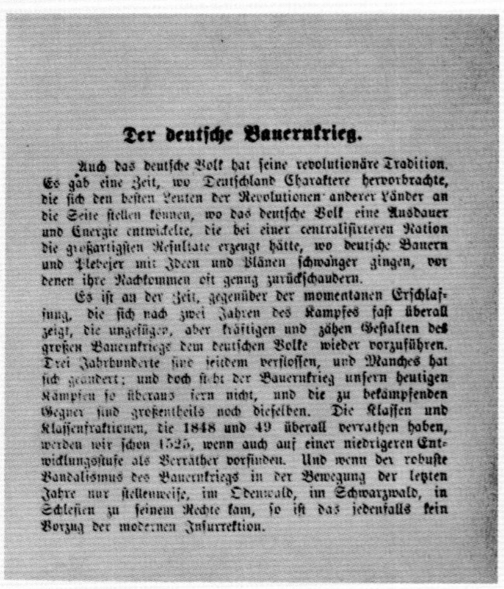

Der deutsche Bauernkrieg.

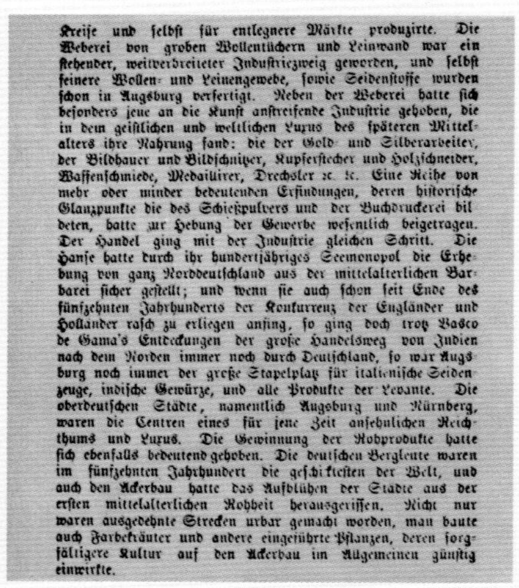

14

13. 马克思的《1848 年至 1849 年》，连载于《新莱茵报。政治经济评论》第 1、2、3 期。在这组文章中，马克思论述了无产阶级革命斗争的理论和策略，第一次使用了“无产阶级专政”概念，并阐述了无产阶级专政的科学内涵和历史使命。1895 年，恩格斯将这组文章编成单行本出版，并将标题改为《1848 年至 1850 年的法兰西阶级斗争》。

14. 《新莱茵报。政治经济评论》第 5—6 期发表的恩格斯著作《德国农民战争》

1850年夏，共产主义者同盟内部形成了以维利希和沙佩尔为首的宗派集团。他们不顾革命处于低潮时期这一实际情况，提出要在德国立即发动革命，夺取政权。马克思和恩格斯坚决反对这种冒险主义行动，认为这是一种脱离实际的宗派策略。在1850年9月15日同盟中央委员会非常会议上，以马克思和恩格斯为代表的多数派同以维利希、沙佩尔为首的少数派进行了坚决斗争。为了防止少数派攫取权力，根据马克思的提议，会议决定把中央委员会迁往科隆。(15-17)

15. 同维利希—沙佩尔集团作斗争（工笔画）　杨刚
16. 奥古斯特·维利希（1810—1878），原普鲁士军官，共产主义者同盟盟员，1849年德国维护帝国宪法运动时期起义军的指挥官。
17. 卡尔·沙佩尔（1812—1870），德国工人运动和国际工人运动活动家，伦敦德意志工人教育协会创建人之一。

15

16

17

1851 年 5—6 月，普鲁士当局为了彻底扑灭革命运动，以所谓“图谋叛国”的罪名逮捕了共产主义者同盟的一些成员，并于 1852 年 10 月 4 日在科隆开始对 11 名被告进行审讯。(18-22)

18. 普鲁士国王弗里德里希－威廉四世 1850 年 11 月 11 日给内务大臣奥·泰·曼托伊费尔的信，信中策划针对共产党人的阴谋。
19. 科隆共产党人案件的审判法庭
20. 约翰·亨利希·毕尔格尔斯（1820—1878），德国政论家，1850—1851 年是共产主义者同盟中央委员会委员，科隆共产党人案件的被告之一，被判处六年徒刑。
21. 弗里德里希·列斯纳（1825—1910），德国裁缝，国际工人运动活动家，共产主义者同盟盟员，科隆共产党人案件的被告之一，被判处三年徒刑。
22. 罗兰特·丹尼尔斯（1819—1855），德国医生，共产主义者同盟盟员和领导人之一，科隆共产党人案件的被告之一，被陪审法庭宣告无罪。

19

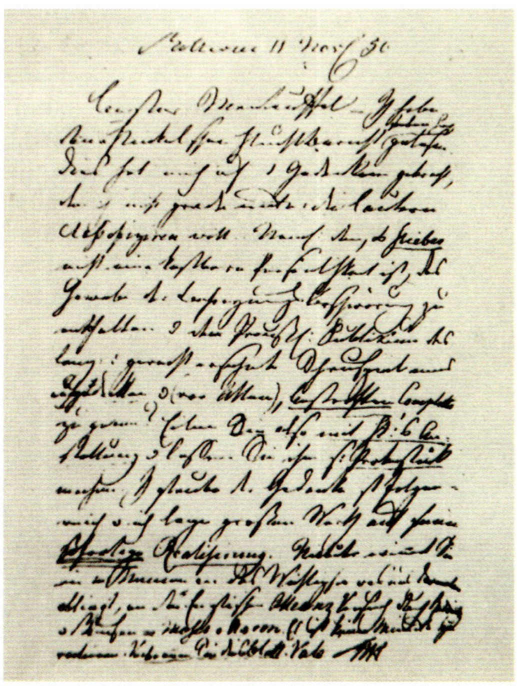

18

20

21

22

“马克思派”在夜以继日地工作，脑袋和手脚一刻也闲不下来。……我们这里现在有了整套办事机构。两三个人写东西，另一些人跑腿，还有一些人筹集便士，以便使写东西的人能够生活下去，并能把前所未闻的丑行的证据端到旧的官方世界的面前。

——燕妮·马克思

马克思得知战友被捕的消息后，立即同恩格斯联系，商量营救办法。他们通过投书报刊、发表声明、提供辩护材料等办法揭露普鲁士当局蓄意迫害的阴谋。马克思夫人燕妮也积极参与了营救工作。(23-27)

23. 1852 年 10 月 28 日马克思、恩格斯等人写的题为《科隆案件》的声明，这篇声明驳斥了资产阶级报刊对共产党人的诽谤。
24. 马克思写的《揭露科隆共产党人案件》，文中揭露了普鲁士当局在迫害共产党人时所采用的卑劣手法。

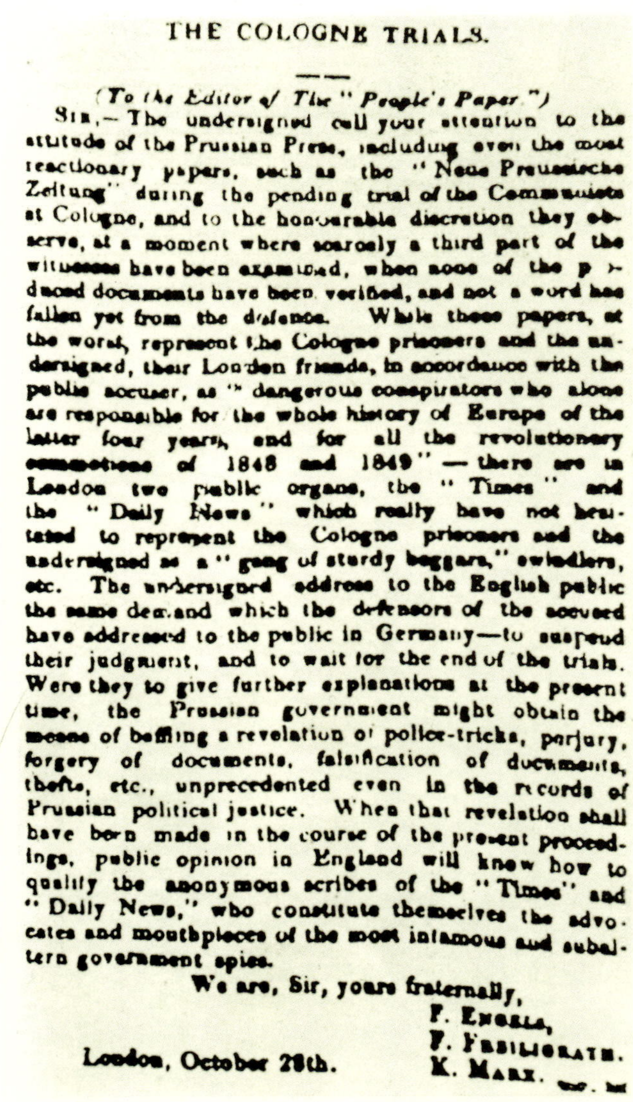

THE COLOGNE TRIALS.

(To the Editor of The "People's Paper.")

SIR,—The undersigned call your attention to the attitude of the Prussian Press, including even the most reactionary papers, such as the "Neue Preussische Zeitung" during the pending trial of the Communists at Cologne, and to the honourable discretion they observe, at a moment where scarcely a third part of the witnesses have been examined, when none of the produced documents have been verified, and not a word has fallen yet from the defence. While these papers, at the worst, represent the Cologne prisoners and the undersigned, their London friends, in accordance with the public accuser, as "dangerous conspirators who alone are responsible for the whole history of Europe of the latter four years, and for all the revolutionary commotions of 1848 and 1849"—there are in London two public organs, the "Times" and the "Daily News" which really have not hesitated to represent the Cologne prisoners and the undersigned as a "gang of sturdy beggars," swindlers, etc. The undersigned address to the English public the same demand which the defensors of the accused have addressed to the public in Germany—to suspend their judgment, and to wait for the end of the trials. Were they to give further explanations at the present time, the Prussian government might obtain the means of baffling a revelation of police-tricks, perjury, forgery of documents, falsification of documents, thefts, etc., unprecedented even in the records of Prussian political justice. When that revelation shall have been made in the course of the present proceedings, public opinion in England will know how to qualify the anonymous scribes of the "Times" and "Daily News," who constitute themselves the advocates and mouthpieces of the most infamous and subaltern government spies.

We are, Sir, yours fraternally,

F. ENGELS,
F. FREILIGRATH.
K. MARX.

London, October 28th.

23

Enthüllungen

über den

Kommunisten-Prozeß

zu Köln.

Basel,
Buchdruckerei von Chr. Krüsi.
1853.

24

25. 刊登马克思、恩格斯等人声明的部分英国报刊的报头
26. 1852—1853 年普鲁士警察局档案中的马克思案卷和恩格斯案卷
27. 为营救战友积极工作 （油画） 闻立鹏

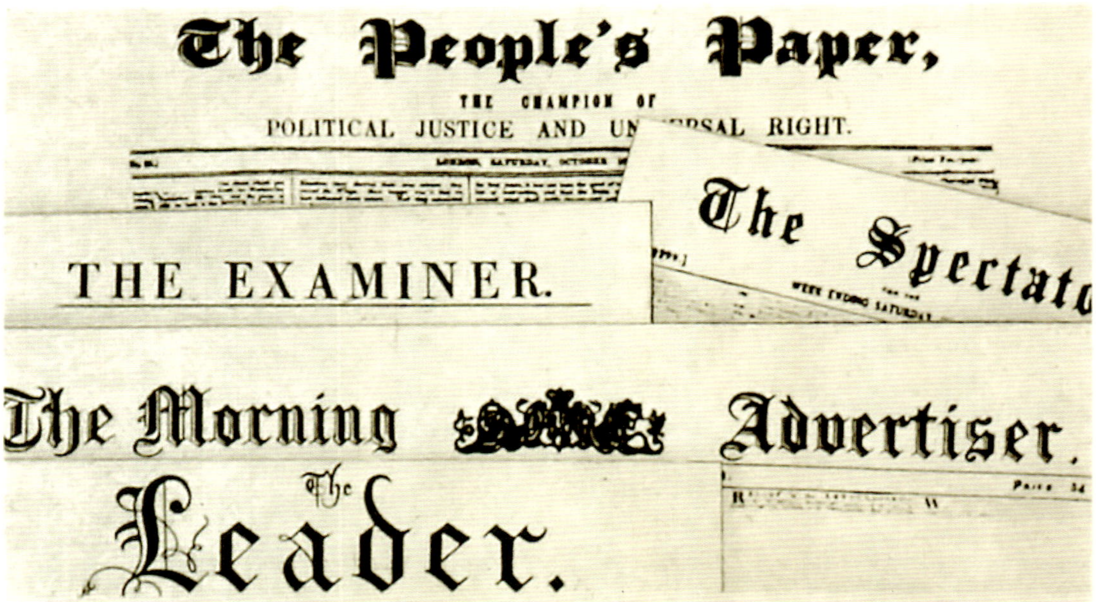

25

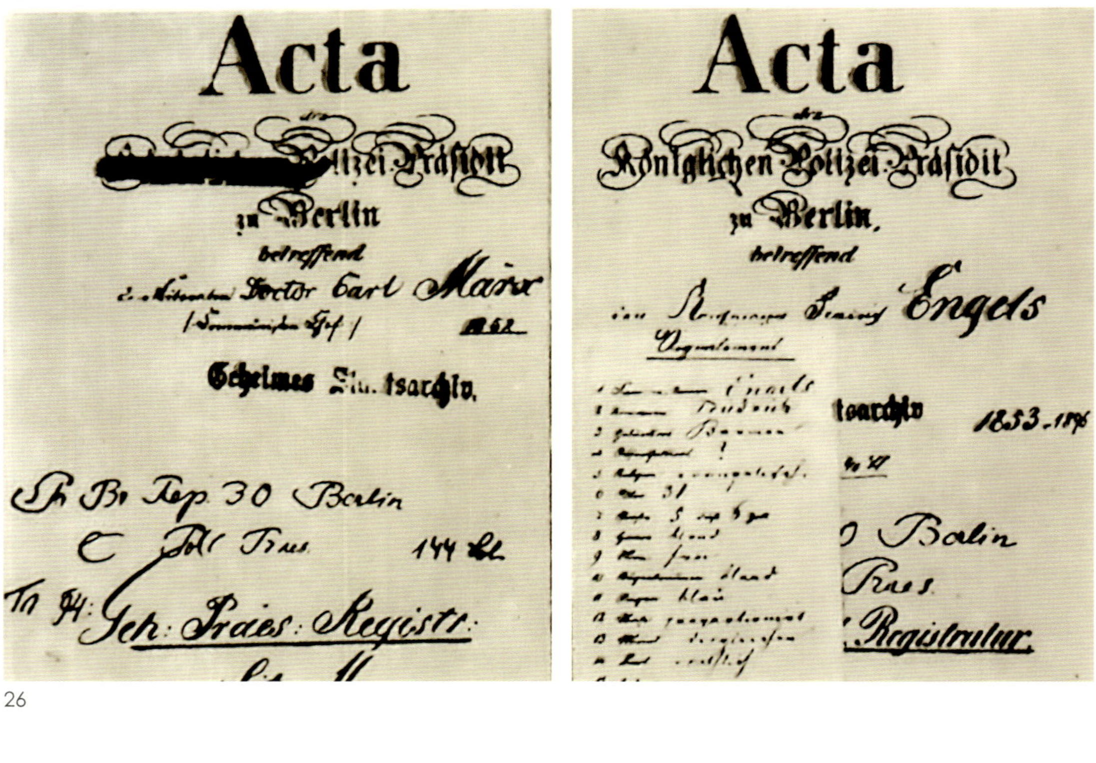

26

1850年11月，恩格斯离别马克思，迁居曼彻斯特，重新回到欧门—恩格斯公司，以便为在艰难窘困中坚持理论研究和革命活动的马克思提供经济上的援助。在此后将近20年的时间里，分居两地的马克思和恩格斯保持密切的书信往来，就国际形势和工人运动中的重大问题交换看法，并对各种理论问题进行深入探讨。这些书信丰富了马克思主义理论宝库。（28-31）

28. 马克思1851年1月7日给恩格斯的信，信中探讨了地租问题。

29. 恩格斯1853年6月6日给马克思的信，信中论述了土地所有制问题。

30. 马克思1856年4月16日给恩格斯的信，信中谈到他应邀出席英国宪章派报纸《人民报》创刊四周年宴会并发表演说。

31. 恩格斯在1857年11月16日给马克思的信中所附的奥尔良棉花价格变动表

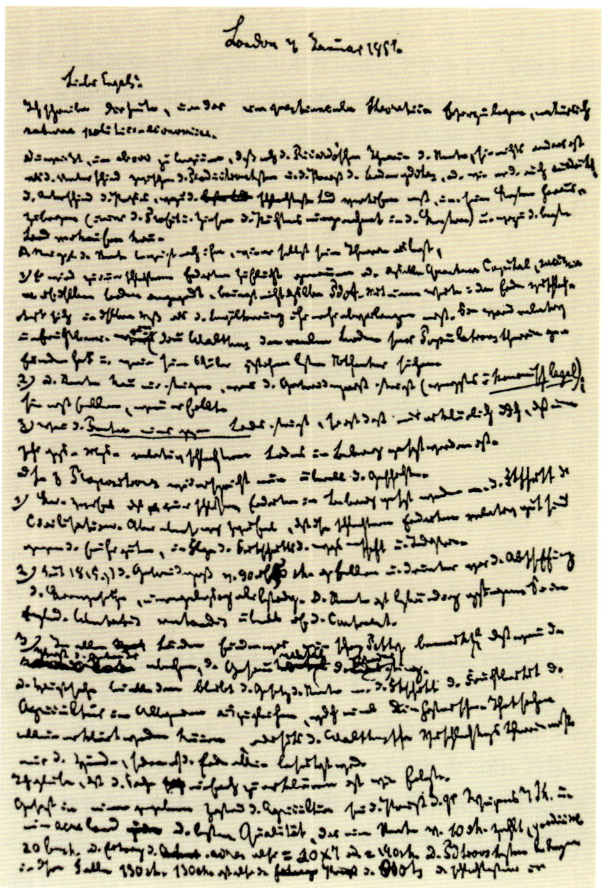

28

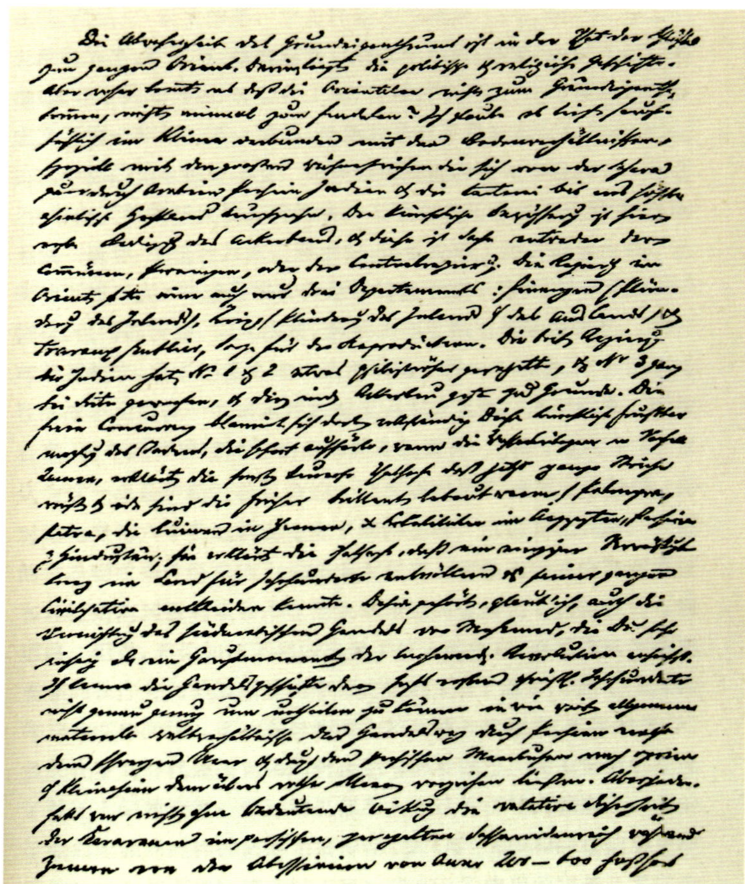

29

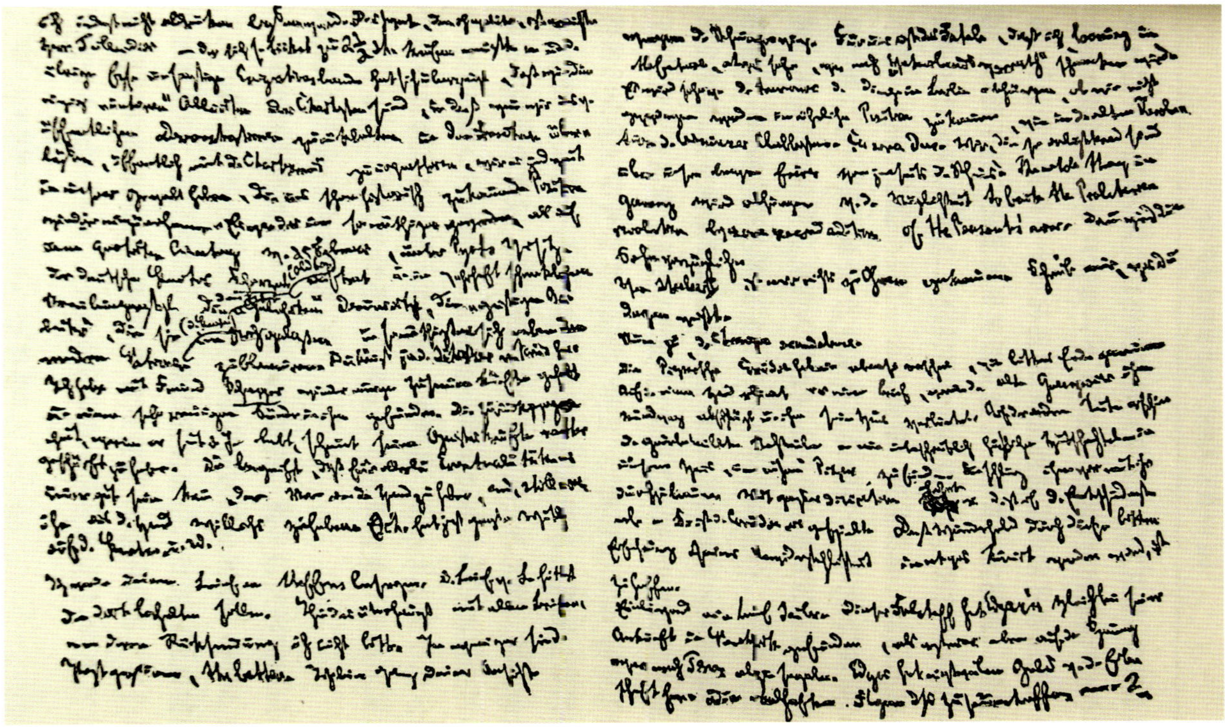

30

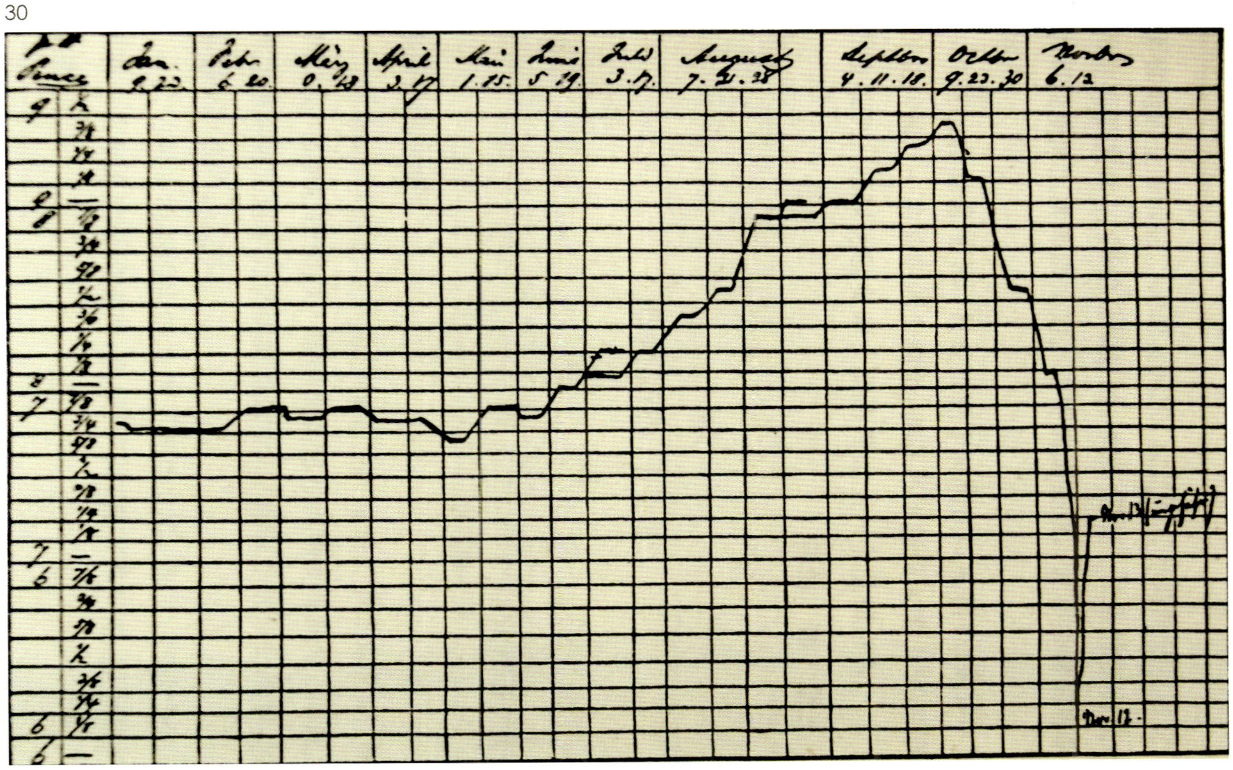
Jan.
Febr.
März
April
Mai
Juni
Juli
August
Septbr
Octbr
Novbr
Dec. 12

31

32. 瞻望亚洲曙光 （中国画） 高莽

从19世纪50年代起，马克思密切关注殖民地和附属国人民的命运，尤其关心中国、印度等亚洲国家的革命斗争和民族解放运动。马克思在《纽约每日论坛报》上发表了《中国革命和欧洲革命》、《英人在华的残暴行动》等一系列论述中国问题的文章，严厉谴责英、法、俄、美等国对中国的野蛮侵略，高度评价中国人民反抗列强侵略和封建统治的斗争。马克思还写了《不列颠在印度的统治》、《不列颠在印度统治的未来结果》等文章，深刻揭露了英国殖民统治给印度人民带来的巨大灾难，并联系无产阶级革命来考察民族殖民地问题。(32-36)

33. 1853年6月14日《纽约每日论坛报》报头及马克思的文章《中国革命和欧洲革命》

34. 第二次鸦片战争

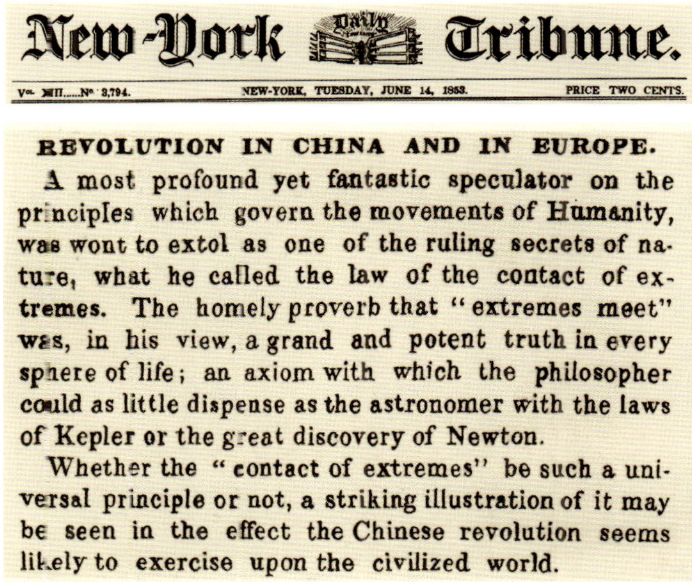

New-York Daily Tribune.

V^OL XIII......N^O 3,794.　NEW-YORK, TUESDAY, JUNE 14, 1853.　PRICE TWO CENTS.

REVOLUTION IN CHINA AND IN EUROPE.

A most profound yet fantastic speculator on the principles which govern the movements of Humanity, was wont to extol as one of the ruling secrets of nature, what he called the law of the contact of extremes. The homely proverb that "extremes meet" was, in his view, a grand and potent truth in every sphere of life; an axiom with which the philosopher could as little dispense as the astronomer with the laws of Kepler or the great discovery of Newton.

Whether the "contact of extremes" be such a universal principle or not, a striking illustration of it may be seen in the effect the Chinese revolution seems likely to exercise upon the civilized world.

33

34

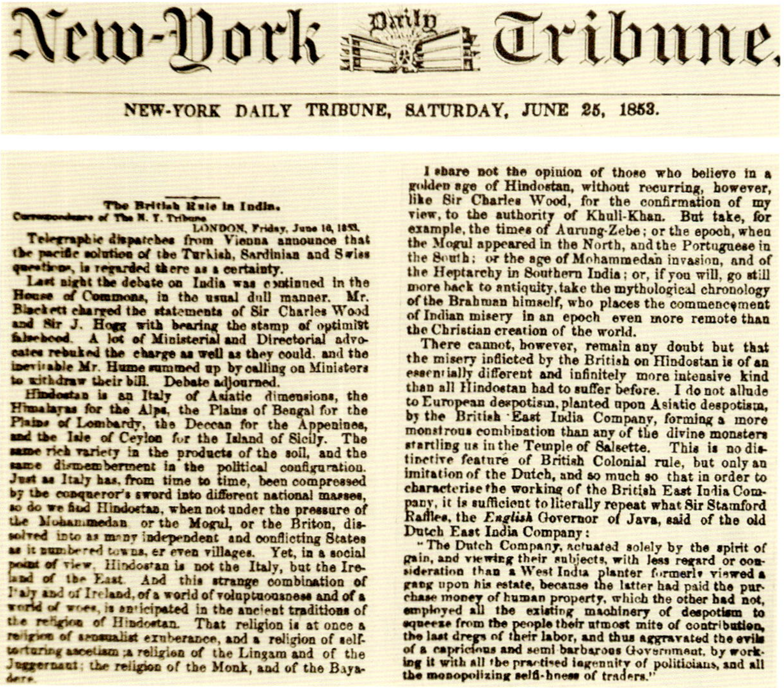

New-York Daily Tribune.

NEW-YORK DAILY TRIBUNE, SATURDAY, JUNE 25, 1853.

The British Rule in India.

Correspondence of The N. Y. Tribune.

LONDON, Friday, June 10, 1853.

Telegraphic dispatches from Vienna announce that the pacific solution of the Turkish, Sardinian and Swiss questions, is regarded there as a certainty.

Last night the debate on India was continued in the House of Commons, in the usual dull manner. Mr. Blackett charged the statements of Sir Charles Wood and Sir J. Hogg with bearing the stamp of optimist falsehood. A lot of Ministerial and Directorial advocates rebuked the charge as well as they could, and the inevitable Mr. Hume summed up by calling on Ministers to withdraw their bill. Debate adjourned.

Hindostan is an Italy of Asiatic dimensions, the Himalayas for the Alps, the Plains of Bengal for the Plains of Lombardy, the Deccan for the Appenines, and the Isle of Ceylon for the Island of Sicily. The same rich variety in the products of the soil, and the same dismemberment in the political configuration. Just as Italy has, from time to time, been compressed by the conqueror's sword into different national masses, so do we find Hindostan, when not under the pressure of the Mohammedan or the Mogul, or the Briton, dissolved into as many independent and conflicting States as it numbered towns, or even villages. Yet, in a social point of view, Hindostan is not the Italy, but the Ireland of the East. And this strange combination of Italy and of Ireland, of a world of voluptuousness and of a world of woes, is anticipated in the ancient traditions of the religion of Hindostan. That religion is at once a religion of sensualist exuberance, and a religion of self-torturing asceticism; a religion of the Lingam and of the Juggernaut; the religion of the Monk, and of the Bayadere.

I share not the opinion of those who believe in a golden age of Hindostan, without recurring, however, like Sir Charles Wood, for the confirmation of my view, to the authority of Khuli-Khan. But take, for example, the times of Aurung-Zebe; or the epoch, when the Mogul appeared in the North, and the Portuguese in the South; or the age of Mohammedan invasion, and of the Heptarchy in Southern India; or, if you will, go still more back to antiquity, take the mythological chronology of the Brahman himself, who places the commencement of Indian misery in an epoch even more remote than the Christian creation of the world.

There cannot, however, remain any doubt but that the misery inflicted by the British on Hindostan is of an essentially different and infinitely more intensive kind than all Hindostan had to suffer before. I do not allude to European despotism, planted upon Asiatic despotism, by the British East India Company, forming a more monstrous combination than any of the divine monsters startling us in the Temple of Salsette. This is no distinctive feature of British Colonial rule, but only an imitation of the Dutch, and so much so that in order to characterise the working of the British East India Company, it is sufficient to literally repeat what Sir Stamford Raffles, the *English* Governor of Java, said of the old Dutch East India Company:

"The Dutch Company, actuated solely by the spirit of gain, and viewing their subjects, with less regard or consideration than a West India planter formerly viewed a gang upon his estate, because the latter had paid the purchase money of human property, which the other had not, employed all the existing machinery of despotism to squeeze from the people their utmost mite of contribution, the last dregs of their labor, and thus aggravated the evils of a capricious and semi-barbarous Government, by working it with all the practised ingenuity of politicians, and all the monopolizing selfishness of traders."

35

36

35. 1853 年 6 月 25 日《纽约每日论坛报》报头及马克思的文章《不列颠在印度的统治》

36. 英军镇压印度起义

1863年1月，波兰爆发起义，波兰民族解放运动进入高潮。马克思高度评价这次起义，认为这是在欧洲“揭开了革命的纪元”。马克思积极参加声援波兰人民的一系列活动。1865年3月，他出席在伦敦举行的纪念波兰起义两周年大会；1867年1月，他又作为国际工人协会的代表出席纪念波兰起义四周年的大会，并发表演说。(37-39)

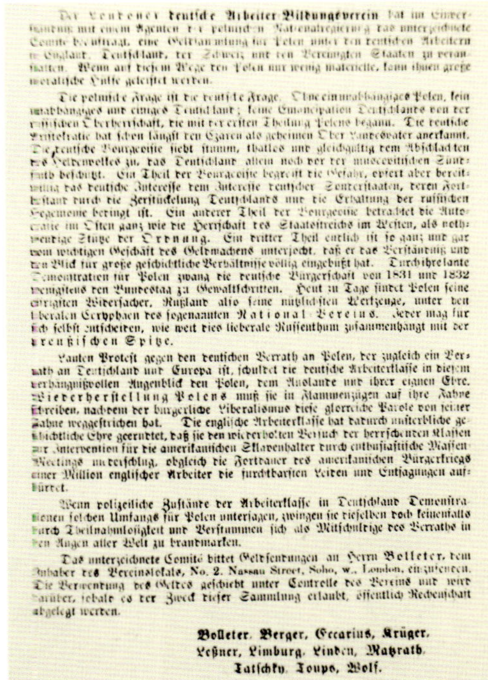

Der Londoner deutsche Arbeiter-Bildungsverein hat im Einverständniß mit einem Agenten der polnischen Nationalregierung das unterzeichnete Comite beauftragt, eine Geldsammlung für Polen unter den deutschen Arbeitern in England, Deutschland, der Schweiz und den Vereinigten Staaten zu veranstalten. Wenn auf diesem Wege den Polen nur wenig materielle, kann ihnen große moralische Hülfe geleistet werden.

Die polnische Frage ist die deutsche Frage. Ohne ein unabhängiges Polen, kein unabhängiges und einiges Deutschland; keine Emancipation Deutschlands von der russischen Oberherrschaft, die mit der ersten Theilung Polens begann. Die deutsche Aristokratie hat schon längst den Czaren als geheimen Ober-Landesvater anerkannt. Die deutsche Bourgeoisie sieht stumm, thatlos und gleichgültig dem Abschlachten des Heldenvolkes zu, das Deutschland allein noch vor der moscowitischen Sündfluth beschützt. Ein Theil der Bourgeoisie begreift die Gefahr, opfert aber bereitwillig das deutsche Interesse dem Interesse deutscher Sonderstaaten, deren Fortbestand durch die Zerstückelung Deutschlands und die Erhaltung der russischen Hegemonie bedingt ist. Ein anderer Theil der Bourgeoisie betrachtet die Autocratie im Osten ganz wie die Herrschaft des Staatsstreichs im Westen, als nothwendige Stütze der O r d n u n g. Ein dritter Theil endlich ist so ganz und gar vom wichtigen Geschäft des Geldmachens unterjocht, daß er das Verständniß und den Blick für große geschichtliche Verhältnisse völlig eingebüßt hat. Durch ihre laute Demonstration für Polen zwang die deutsche Bürgerschaft von 1831 und 1832 wenigstens den Bundestag zu Gewaltschritten. Heut zu Tage findet Polen seine eifrigsten Widersacher, Rußland also seine nützlichsten Werkzeuge, unter den liberalen Coryphäen des sogenannten N a t i o n a l - V e r e i n s. Jeder mag für sich selbst entscheiden, wie weit dies liberale Russenthum zusammenhängt mit der p r e u ß i s c h e n S p i t z e.

Lauten Protest gegen den deutschen Verrath an Polen, der zugleich ein Verrath an Deutschland und Europa ist, schuldet die deutsche Arbeiterklasse in diesem verhängnißvollen Augenblick den Polen, dem Auslande und ihrer eignen Ehre. W i e d e r h e r s t e l l u n g P o l e n s muß sie in Flammenzügen auf ihre Fahne schreiben, nachdem der bürgerliche Liberalismus diese glorreiche Parole von seiner Fahne weggestrichen hat. Die englische Arbeiterklasse hat dadurch unsterbliche geschichtliche Ehre geerndtet, daß sie den wiederholten Versuch der herrschenden Klassen zur Intervention für die amerikanischen Sklavenhalter durch enthusiastische Massen-Meetings niederschlug, obgleich die Fortdauer des amerikanischen Bürgerkriegs einer Million englischer Arbeiter die furchtbarsten Leiden und Entsagungen auferlegt.

Wenn polizeiliche Zustände der Arbeiterklasse in Deutschland Demonstrationen solchen Umfangs für Polen untersagen, zwingen sie dieselben doch keineswegs durch Theilnahmlosigkeit und Verstummen sich als Mitschuldige des Verraths in den Augen aller Welt zu brandmarken.

Das unterzeichnete Comité bittet Geldsendungen an Herrn B o l l e t e r, dem Inhaber des Vereinslokals, No. 2. Nassau Street, Soho, w., London, einzusenden. Die Verwendung des Geldes geschieht unter Controlle des Vereins und wird darüber, sobald es der Zweck dieser Sammlung erlaubt, öffentlich Rechenschaft abgelegt werden.

Bolleter, Berger, Eccarius, Krüger,
Leßner, Limburg, Linden, Matzrath,
Tatschky, Toups, Wolf.

37

38

37. 马克思起草的伦敦德意志工人教育协会支援波兰的呼吁书

38. 1863年波兰起义者锻造武器

39. 马克思在伦敦纪念波兰起义四周年大会上 （石版画） 文国璋

1861 年春，美国爆发内战。马克思认为，美国南部和北部之间的斗争，是奴隶制度与自由劳动制度之间的斗争，“这个斗争之所以爆发，是因为这两种制度再也不能在北美大陆上一起和平相处”。马克思密切关注美国的局势，并写了多篇政论文章。（40-41）

40．1862 年 3 月 27 日《新闻报》发表的马克思和恩格斯的文章《美国内战》

41．1863 年 7 月 1—3 日的宾夕法尼亚州葛底斯堡战役

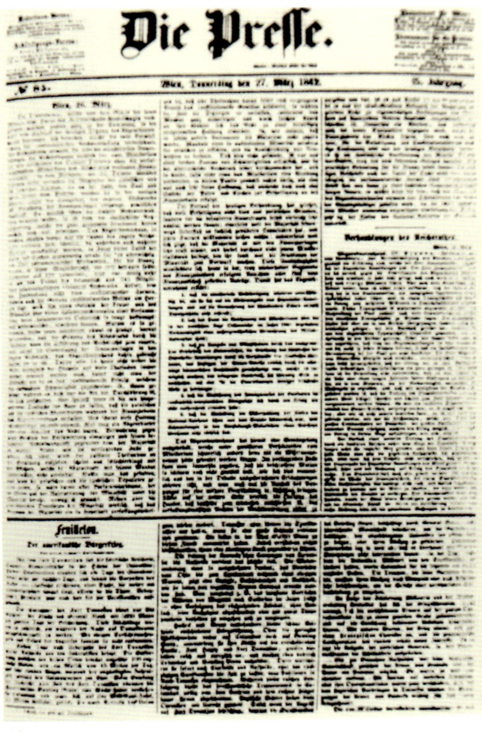

Die Presse.

40

41

共产主义者同盟的盟员在科隆被判罪以后，马克思离开了政治鼓动工作，一方面在10年内专心研究英国博物馆图书馆中政治经济学方面的丰富藏书，另一方面又为《纽约每日论坛报》写稿，该报在美国国内战争爆发以前，不仅经常刊载由他署名的通讯，而且发表了他写的许多论欧洲和亚洲形势的社论。

——恩格斯

从1851年起，马克思在潜心研究经济学的同时，为《纽约每日论坛报》、《人民报》、《新奥得报》、《新闻报》等写稿，发表了大量时评和政论文章，还为《美国新百科全书》撰写有关军事问题的词条。（42-43）

42. 马克思曾为之撰稿的报纸和辞书

43. 燕妮·马克思关于向报刊寄送马克思和恩格斯文章的记载

42

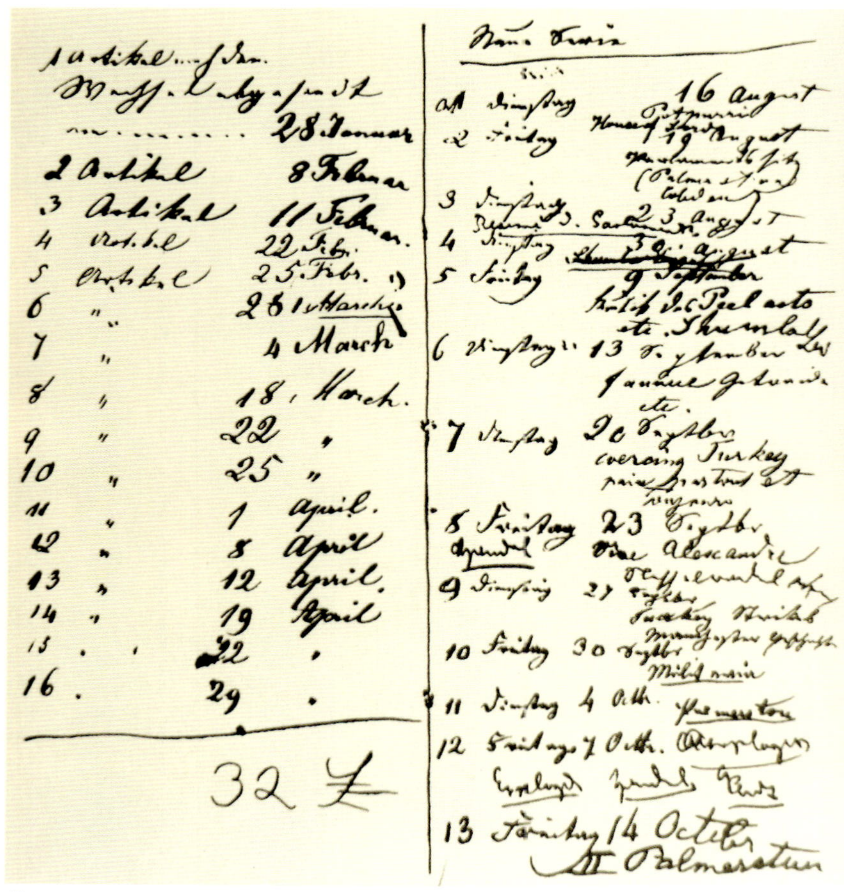

43

19世纪50年代，黑暗的反动势力统治着欧洲。马克思一家没有固定收入，生活极其艰难困苦，有时甚至连订报纸、买邮票和信纸的钱都没有。但是这一切丝毫没有改变马克思坚定不移的革命信念和豁达开朗的乐观精神。（44-45）

44. 马克思在伦敦的住所

切尔西区安德森街4号（1849年10月—1850年3月）

索霍区第恩街64号（1850年4—12月）

索霍区第恩街28号（1850年12月—1856年9月）

哈弗斯托克小山梅特兰公园路格拉弗顿坊46号，原门牌号9号（1856年10月—1868年）

我们手头没有这笔钱，于是就来了两个法警，将我不多的全部家当——床铺衣物等——甚至连我那可怜的孩子的摇篮以及眼泪汪汪地站在旁边的女孩们的比较好的玩具都查封了。他们威胁说两个钟头以后要把全部家当都拿走。那时忍受着乳房疼痛的我就只有同我那冻得发抖的孩子们睡光地板了。

——燕妮 · 马克思

45. 逼债（油画） 朱乃正

马克思夜以继日地从事理论研究。繁重的任务没有压倒他，反而使他在工作和生活中显得更加坚定沉着、从容不迫、热情开朗。他喜欢在工作之余与友人对弈，或者同孩子们一起阅读文学作品。有时候，他还同家人和朋友结伴郊游。(46-48)

46. 阅读莎士比亚作品（中国画）　甘正伦　王庆明

47. 对弈（素描）　张文新

48. 星期日郊游（中国画）　林墉

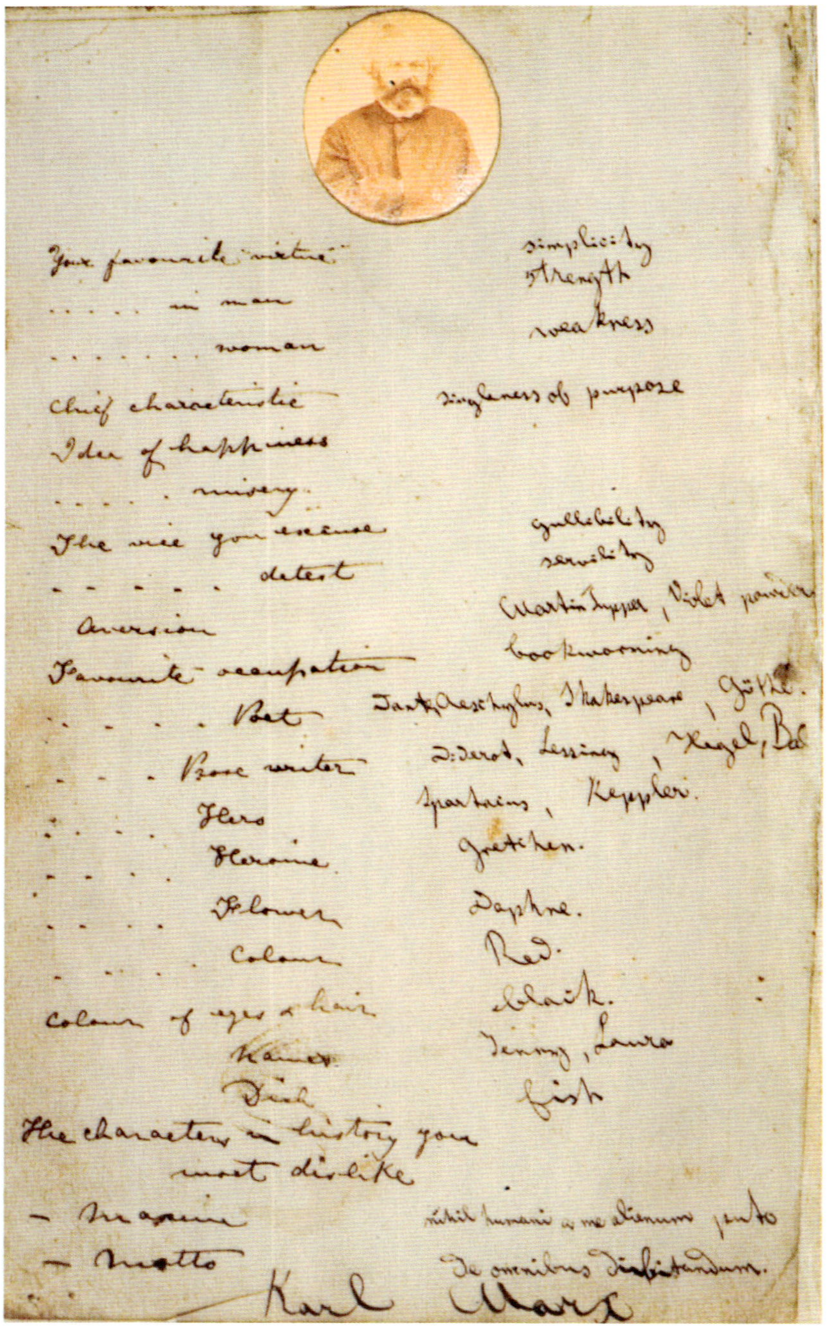
Your favourite virtue simplicity
. . . . . in man strength
. . . . woman weakness
Chief characteristic singleness of purpose
Idea of happiness
. . . . . misery
The vice you excuse gullibility
. . . . . . detest servility
Aversion Martin Tupper, Violet powder
Favourite occupation bookworming
. . . . . Poet Dante, Aeschylus, Shakespeare, Göthe.
. . . . Prose writer Diderot, Lessing, Hegel, Bal
. . . . . Hero Spartacus, Keppler.
. . . . . Heroine Gretchen.
. . . . . Flower Daphne.
. . . . . Colour Red.
Colour of eyes & hair Black.
Name Jenny, Laura
Dish Fish
The character in history you most dislike
— maxim Nihil humani a me alienum puto
— motto De omnibus dubitandum.
Karl Marx

49. 马克思女儿燕妮的纪念册中保存的马克思的《自白》

在艰难困苦的岁月，马克思一家保持着乐观的精神，填写《自白》就是他们全家喜爱的活动。马克思和燕妮留下的《自白》从一个侧面反映了他们的性格和为人。(49-50)

马克思的《自白》

您喜爱的优点……纯朴
男人的优点……刚强
女人的优点……柔弱
您的特点……目标始终如一
您对幸福的理解……（空白）
您对不幸的理解……（空白）
您能原谅的缺点……轻信
您厌恶的缺点……逢迎
您讨厌的……马丁·塔珀、堇菜粉
您喜欢做的事……啃书本
您喜爱的诗人……但丁、埃斯库罗斯、莎士比亚、歌德
您喜爱的著作家……狄德罗、莱辛、黑格尔、巴尔扎克
您喜爱的男英雄……斯巴达克、开普勒
您喜爱的女英雄……甘泪卿
您喜爱的花……瑞香
您喜爱的颜色……红色
您喜爱的眼睛和头发的颜色……黑色
您喜爱的名字……燕妮、劳拉
您喜爱的菜……鱼
您厌恶的历史人物……（空白）
您喜爱的座右铭……人所具有的我都具有
您喜爱的格言……怀疑一切

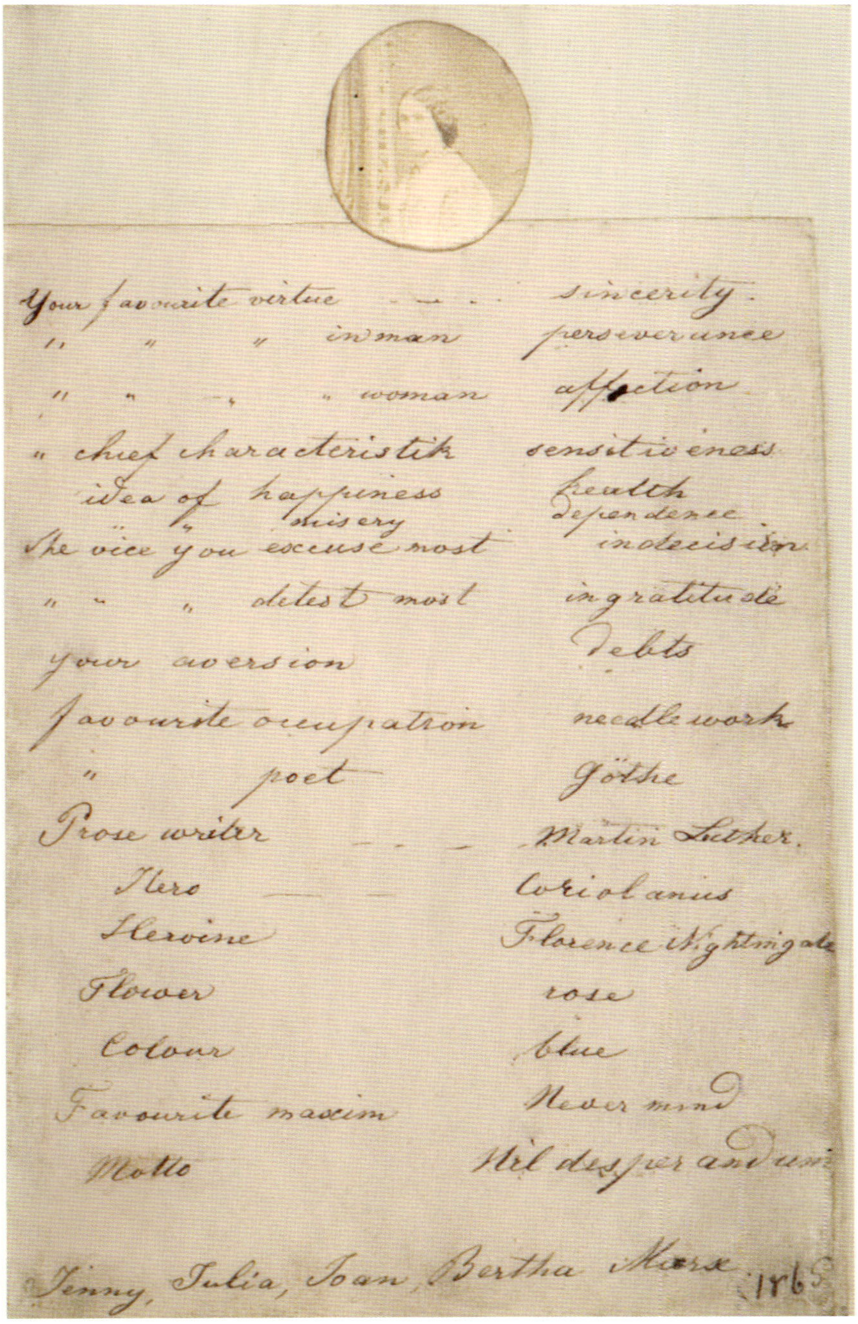

Your favourite virtue — sincerity.
" " " in man — perseverance
" " " woman — affection
" chief characteristik — sensitiveness
idea of happiness — health
" misery — dependence
The vice you excuse most — indecision
" " detest most — ingratitude
your aversion — Debts
favourite occupation — needlework
" poet — Göthe
Prose writer — Martin Luther.
Hero — Coriolanus
Heroine — Florence Nightingale
Flower — rose
Colour — blue
Favourite maxim — Never mind
Motto — Nil desperandum
Jenny, Julia, Joan, Bertha Marx. 1865

50. 马克思女儿燕妮的纪念册中保存的马克思夫人的《自白》

马克思夫人燕妮的《自白》

您喜爱的优点……真诚
男人的优点……坚定
女人的优点……热忱
您的特点……感觉敏锐
您对幸福的理解……健康
您对不幸的理解……依附别人
您能原谅的缺点……犹豫不决
您厌恶的缺点……忘恩负义
您讨厌的……债务
您喜欢做的事……缝纫
您喜爱的诗人……歌德
您喜爱的著作家……马丁·路德
您喜爱的男英雄……科里奥兰努斯
您喜爱的女英雄……弗洛伦斯·南丁格尔
您喜爱的花……玫瑰
您喜爱的颜色……蓝色
您喜爱的座右铭……纵有万难，处之泰然
您喜爱的格言……永不绝望

马克思及其一家饱受贫困的折磨。如果不是恩格斯牺牲自己而不断给予资助，马克思不但无法写成《资本论》，而且势必会死于贫困。

——列宁

恩格斯是马克思志同道合的战友，也是马克思一家人的亲密朋友。在最困难的时刻，他始终给马克思一家提供真诚无私的帮助。（51-53）

51. 马克思携小女儿爱琳娜在曼彻斯特恩格斯家做客（工笔画） 杨刚
52. 马克思、恩格斯和马克思的三个女儿燕妮、劳拉和爱琳娜（1864 年 5 月）
53. 一家人 （木刻） 李以泰

51

当恩格斯来信说他要从曼彻斯特到伦敦来的时候，马克思一家都为此大大欢庆，老是在谈这件事，而当恩格斯来的那一天，马克思等得不耐烦，甚至工作不下去，两个朋友抽烟喝酒，通宵畅谈他们分别后所发生的一切事情。

——保尔·拉法格

52

53

在艰苦的生活和斗争环境中，马克思始终坚持刻苦钻研，并要求战友们也努力学习，为从事革命斗争积累知识。(54-55)

54. 绝对命令——学习！（油画） 尹戎生
55. 虚心向工人学习 （素描） 潘鸿海

54

学习！学习！这就是他经常向我们大声疾呼的绝对命令。他自己就是这方面的榜样，你只要一见这位伟大的智者永不停息的顽强的学习精神，也会有这样的感觉。

——威廉·李卜克内西

1855 年秋，马克思到曼彻斯特恩格斯家做客。11 月，诗人格奥尔格·维尔特在欧洲大陆长期旅行后也来到曼彻斯特，三位老战友欢聚一堂，维尔特兴致勃勃地向马克思和恩格斯讲述旅途见闻。(56)

56. 与诗人聚会（油画） 潘世勋

1857年7月，恩格斯到海滨疗养。马克思对自己最亲密的战友的健康极为关怀，于10月初专程前往泽西岛圣赫利尔探望恩格斯，并同恩格斯一起去看望正在患病的老战友康拉德·施拉姆。(57–58)

57. 探望亲密战友（中国画）　谢志高
58. 康拉德·施拉姆（1822—1858），德国新闻工作者，共产主义者同盟盟员，《新莱茵报。政治经济评论》的发行负责人。

57

58

59. 马克思(1861 年),这是已知的马克思最早的照片。

60. 恩格斯 (19 世纪 60 年代中期)

第六章

划时代巨著《资本论》的创作

马克思从19世纪40年代初开始，一直孜孜不倦地从事政治经济学研究。在50年代和60年代，他把主要精力投入这项重要工作，写作巨著《资本论》。1857—1858年间，他以《政治经济学批判》为题写了一部篇幅巨大的经济学手稿。这是《资本论》的最初稿本。在这部手稿中他完成了剩余价值理论的创立，从而实现了他一生中的第二个伟大发现。1859年，他出版了《政治经济学批判。第一分册》，并在这部著作的序言中对他的第一个伟大发现——唯物史观作了经典表述。

1861—1863年间，他写了第二部经济学手稿。这是《资本论》的第二个稿本，涵盖《资本论》第一卷的主要内容和第二、三卷的部分内容，还包括理论史部分，即剩余价值理论部分。

1862年，马克思决定以《资本论》为标题、《政治经济学批判》为副标题发表自己的著作。1863—1865年间他写了《资本论》第一、二、三册的手稿。这是《资本论》的第三个稿本。1866年开始，他着手进行《资本论》第一册即第一卷的付排工作。1867年《资本论》第一卷由汉堡迈斯纳出版社出版。马克思逝世后，《资本论》第二、三卷经恩格斯整理编辑，分别于1885年和1894年出版。

《资本论》第一卷出版后，马克思对第一版的内容和篇章结构作了修订，在1872年7月—1873年4月期间以分册形式出了第二版。马克思还亲自校订并修改了1872—1875年期间出版的《资本论》第一卷法文版。

《资本论》是一部具有划时代意义的巨著。马克思在这部著作中用唯物史观和唯物辩证法揭示了资本主义社会的经济运动规律和资本主义产生、发展、灭亡的规律，阐述了劳动价值理论和剩余价值理论，揭露了资本主义剥削的秘密，根据对资本主义内在矛盾的分析论证了资本主义为共产主义取代的历史必然性，为科学社会主义奠定了牢固的理论基础。这部著作在政治经济学领域实现了革命性的变革，标志着马克思主义政治经济学的创立。这部著作还包含着马克思主义哲学和科学社会主义的内容，以及有关政治、法律、历史、教育、道德、宗教、科学技术、文学艺术的精辟论述，是马克思主义的理论宝库，为工人阶级和劳动人民的解放事业提供了强大的思想武器。

马克思为创作《资本论》付出了毕生心血。在长达数十年的辛勤工作中，他克服了常人无法想象的困难。反动当局的迫害、物质生活的窘困、各种疾病的困扰，使他在研究和写作过程中遇到重重障碍。为了无产阶级和人类解放事业，马克思以坚韧不拔的毅力迎接挑战，一方面积极承担指导工人运动的重任，一方面夜以继日地从事撰写《资本论》的工作。他在给恩格斯的信中说："我现在发狂似地通宵总结我的经济学研究"，"我的工作量很大，多半都要工作到早晨四点钟"。繁重的工作损害了马克思的健康，但他无暇顾及个人安危与得失，他说："我必须对党负责，不让这部著作为肝病期间出现的那种低沉、呆板的笔调所损害。"他自始至终一丝不苟，精益求精，反复斟酌，一再修改，使这部巨著成为革命性和科学性完美结合的"艺术的整体"。马克思创作《资本论》的过程，体现了一个伟大革命家和思想家的崇高精神境界。

19 世纪上半叶，随着工业革命的完成，资本主义生产方式逐步在西欧主要国家占据支配地位，资本主义基本矛盾日益显现。英国是当时最发达的资本主义国家，为马克思研究资本主义经济运动规律提供了有利的条件。（01-03）

01. 19 世纪的工业城市曼彻斯特
02. 1850 年前后英格兰一家纺织厂的内景
03. 19 世纪德国开姆尼茨一家工厂的车间

01

02

03

04

马克思废寝忘食地从事经济学研究。在创作《资本论》的过程中，他广泛阅读并大量引证各种文献，为此他经常去英国博物馆。有一个时期他几乎每天都在那里潜心钻研，从早晨 9 点直到晚上 7 点。(04-06)

04. 19 世纪 60 年代的英国博物馆阅览厅
05. 伦敦的英国博物馆
06. 马克思在英国博物馆查阅资料 （素描） 明科夫　罗曼诺夫

05

英国博物馆中堆积着政治经济学史的大量资料，伦敦对于考察资产阶级社会是一个方便的地点。

——马克思

马克思十分重视科学技术，高度评价科学技术进步对政治革命的意义。1850 年 7 月的一天，他在街上的陈列窗里看到一个电力机车模型，回来兴奋地对李卜克内西说："这件事的后果是难以估计的。经济上的革命出现以后，随之而来的必定是一场政治上的革命。因为后者只是前者的表现而已。"(07-08)

07. 1851 年伦敦万国工业博览会，马克思参观了这次展览。

11. 马克思与肖莱马一八六八年在伦敦（中国画） 韩国臻

马克思把外语看做“人生斗争的一种武器”，他先后学习和掌握了十多种外语。由于工作和斗争的需要，1869年底他又开始学习俄语，虽年过半百，但学习的劲头仍不减当年。(12-13)

12. 弗列罗夫斯基《俄国工人阶级状况》的一页，上面有马克思的批注。马克思认为“这是第一部说出俄国经济状况真相的著作”，这一著作促使马克思认真学习俄语。

13. 马克思学习俄语时作的语法图表

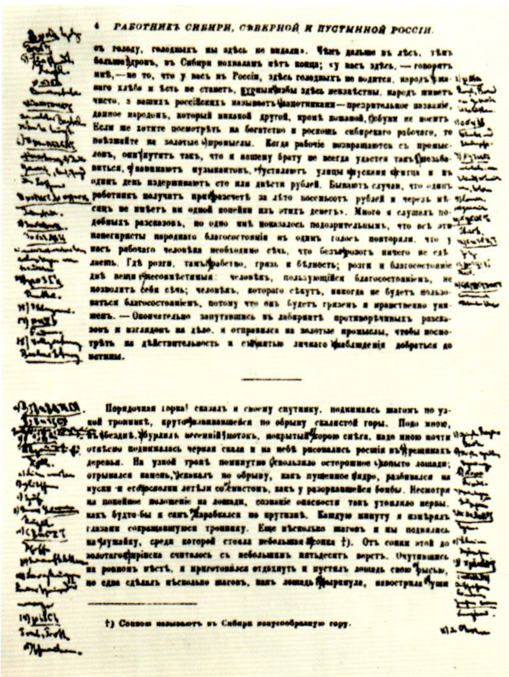

4 РАБОТНИКЪ СИБИРИ, СѢВЕРНОЙ И ПУСТЫННОЙ РОССІИ.

12

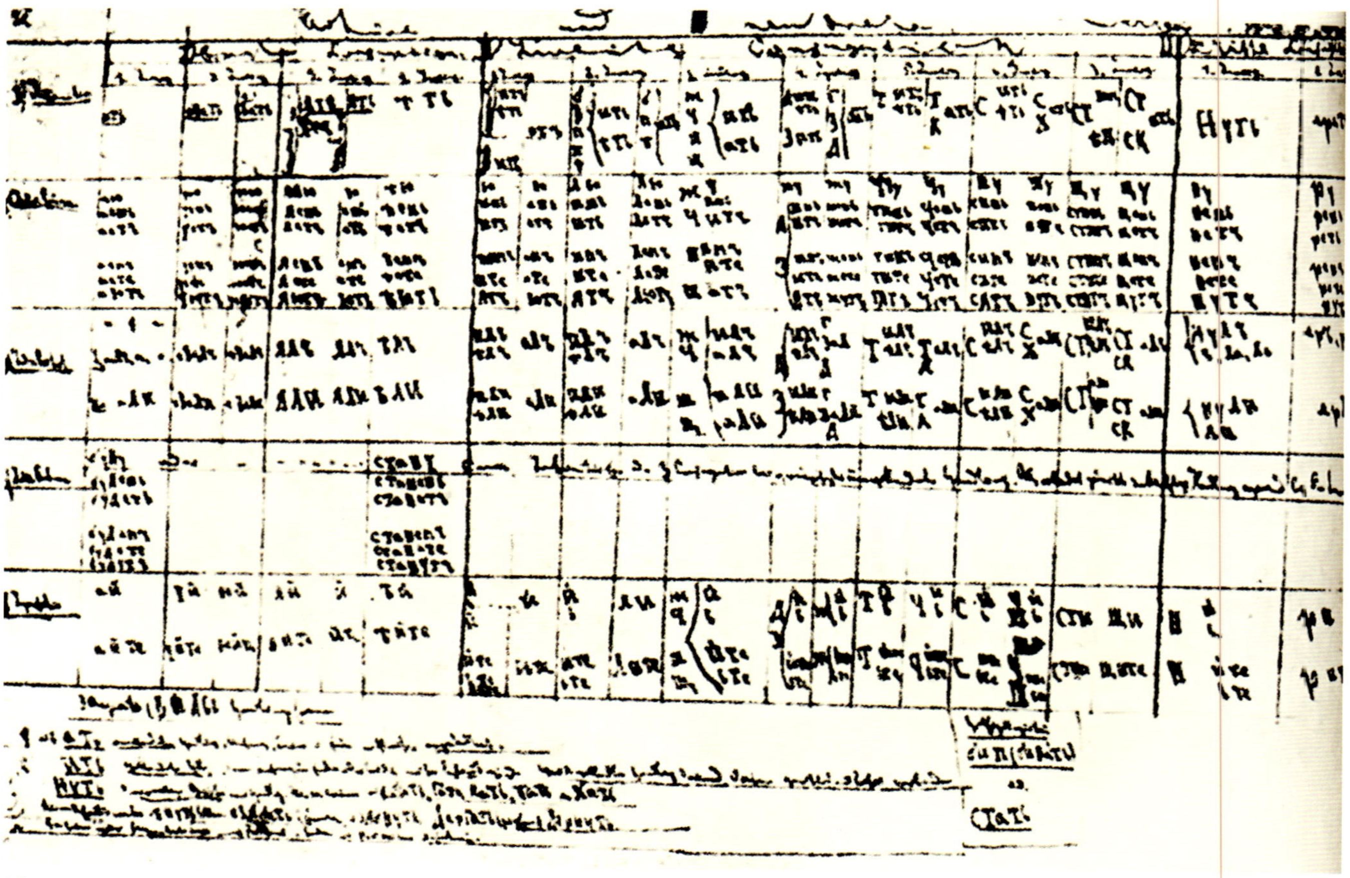

13

马克思在写作《资本论》时，经常就一些理论难题与恩格斯交换意见。（14-15）

14. 伟大的友谊（中国画） 鸥洋 杨之光

15. 马克思和恩格斯关于《资本论》的通信

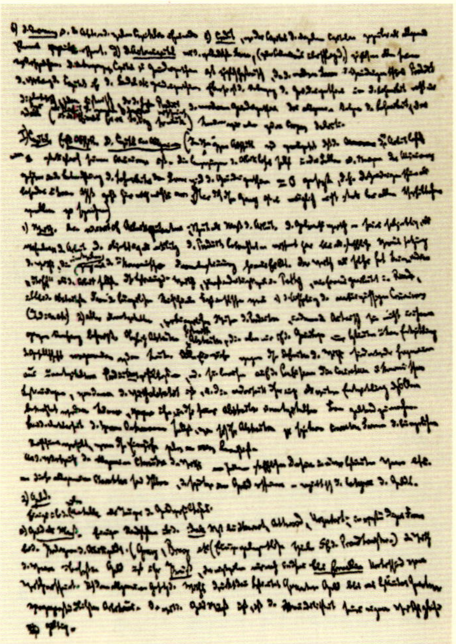

马克思 1858 年 4 月 2 日给恩格斯的信，信中论述了经济学著作的写作计划。

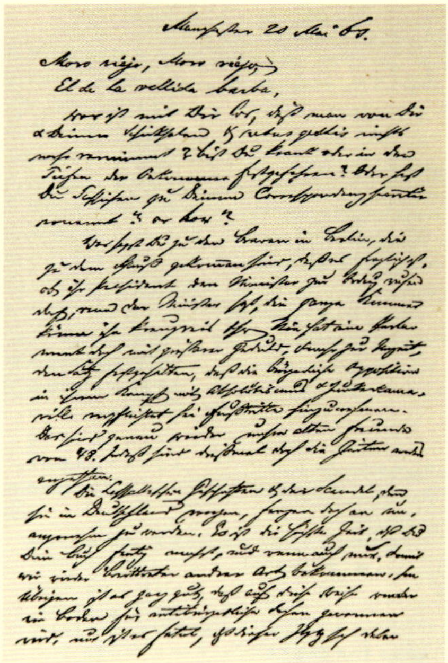

恩格斯 1863 年 5 月 20 日给马克思的信，信中建议马克思及时完成自己的著作。

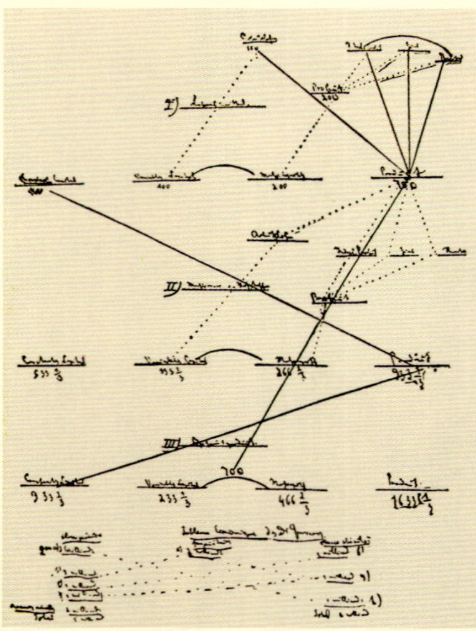

马克思 1863 年 7 月 6 日给恩格斯的信中所附的社会再生产过程图表

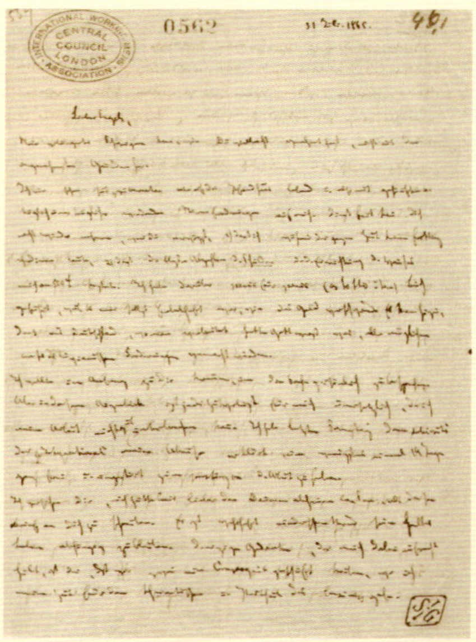

马克思 1865 年 7 月 31 日给恩格斯的信，信中介绍了《资本论》的写作情况。

1850—1853 年，马克思为研究经济学写了大量笔记，即《伦敦笔记》。他在这些笔记中就货币、信用、危机、地租、价值理论等许多经济学问题进行了广泛研究，取得了丰硕成果，为后来创作《资本论》奠定了坚实的基础。(16-20)

16. 刊载《伦敦笔记》的《马克思恩格斯全集》历史考证版卷次
17. 《伦敦笔记》第Ⅰ笔记本中开列的书单
18. 《伦敦笔记》第Ⅲ笔记本中关于货币问题的摘录
19. 《伦敦笔记》第Ⅳ笔记本中的一页手稿
20. 《伦敦笔记》第Ⅴ笔记本中开列的书单

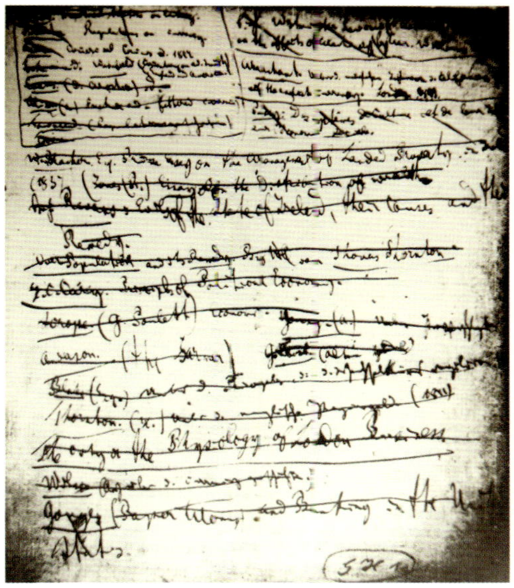

17

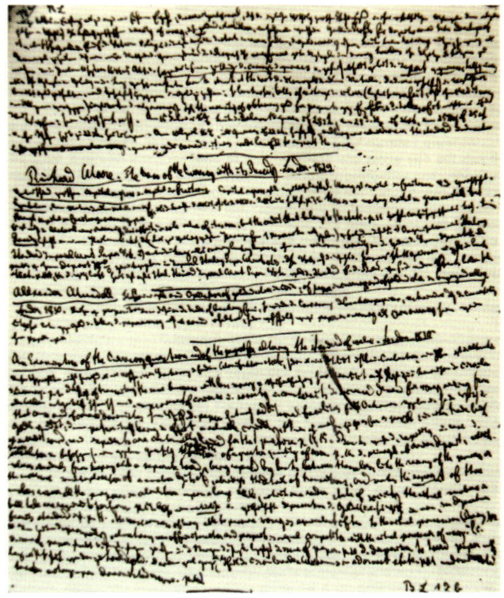

18

16

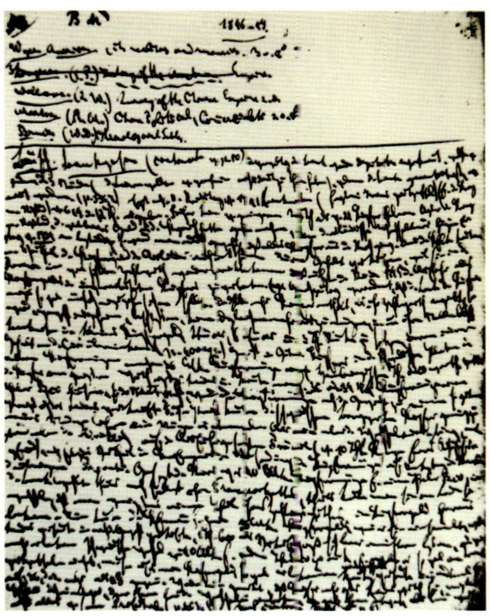

19

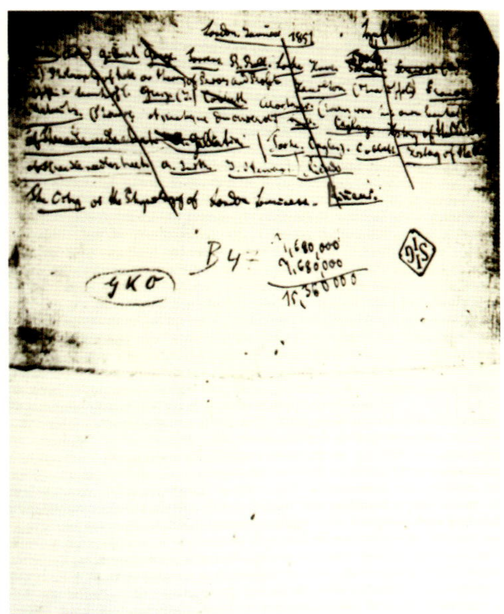

20

马克思在创作《资本论》的过程中撰写了大量手稿。1857—1858 年，他写了一部篇幅宏大的《政治经济学批判（1857—1858 年手稿）》。这是《资本论》的第一个稿本。(21-22)

21. 1857—1858 年经济学手稿的一页

22. 1857—1858 年经济学手稿第Ⅶ笔记本的封里

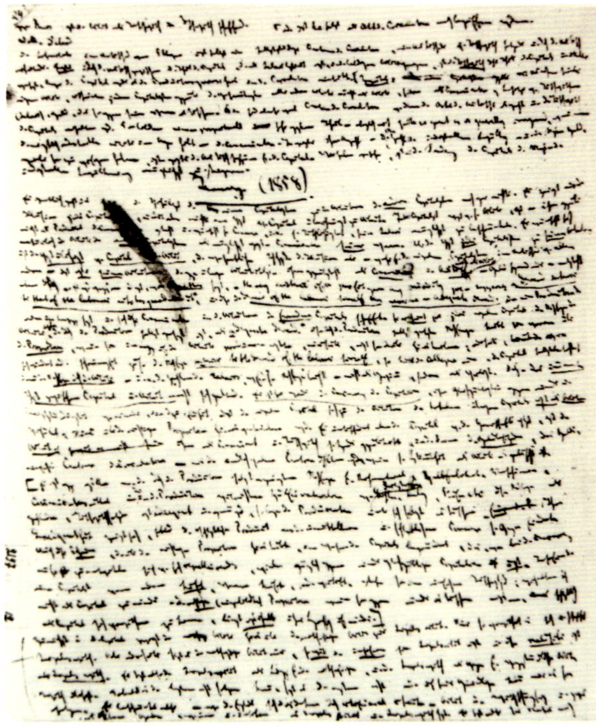

21

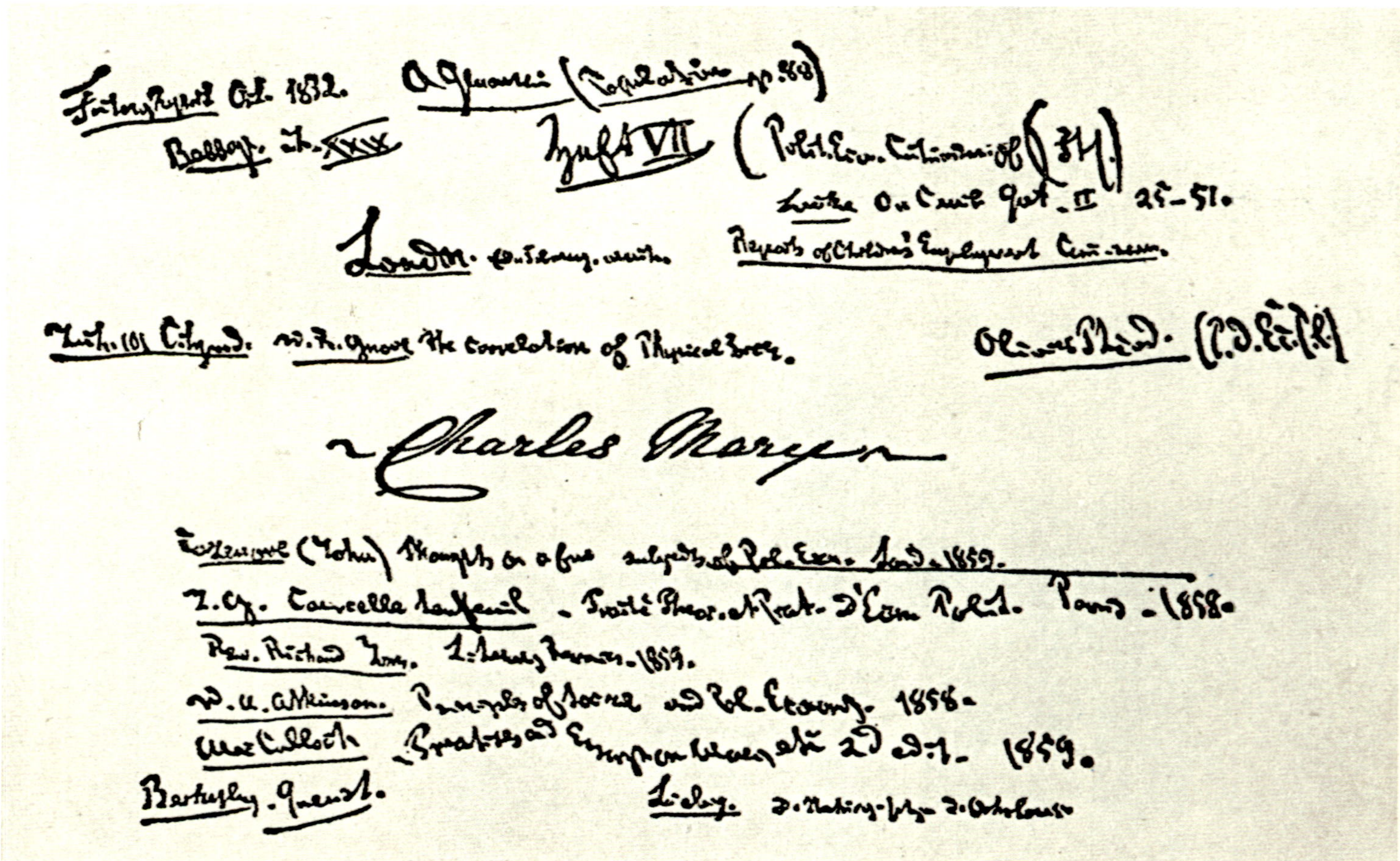

22

27. 忘我地工作（木刻） 许钦松

这样，这一卷就完成了。其所以能够如此，我只有感谢你！没有你为我作的牺牲，我是决不可能完成这三卷书的巨大工作的。我满怀感激的心情拥抱你！

——马克思

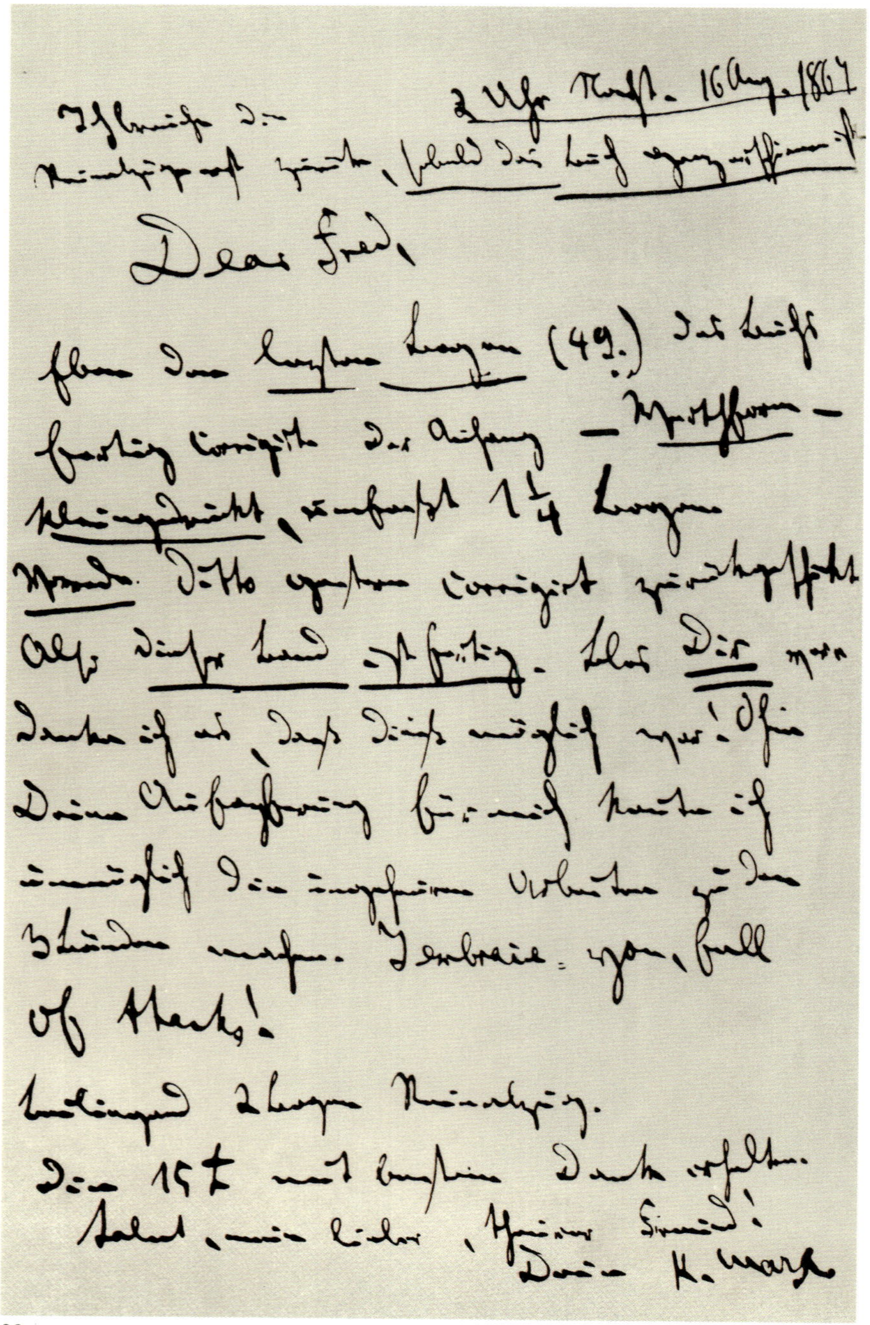

2 Uhr Nachts. 16 Aug. 1867

Dear Fred,

Eben den letzten Bogen (49.) des Buchs fertig corrigirt. Der Anhang – Werthform – kleingedruckt, umfaßt 1¼ Bogen. Vorrede ditto gestern corrigirt zurückgeschickt. Also dieser Band ist fertig. Blos Dir verdanke ich es, daß dieß möglich war! Ohne Deine Aufopferung für mich konnte ich unmöglich die ungeheuren Arbeiten zu den 3 Bänden machen. I embrace you, full of thanks!

Einliegend 2 Bogen Reindruck.

Die 15 £ mit bestem Dank erhalten.

Salut, mein lieber, theurer Freund!

Dein K. Marx

28

1867 年 8 月 16 日深夜两点，马克思看完了《资本论》第一卷最后一个印张的校样。他抑制不住内心的激动，连夜写信给自己的亲密战友恩格斯，向他报告这一喜讯。(28-29)

28. 马克思 1867 年 8 月 16 日给恩格斯的信

29. 向最忠诚的朋友报捷——《资本论》第 1 卷完成（中国画） 姚有多

《资本论》在大陆上常常被称为“工人阶级的圣经”。任何一个熟悉工人运动的人都不会否认：本书所作的结论日益成为伟大的工人阶级运动的基本原则。

——恩格斯

1867 年 9 月，马克思划时代的巨著《资本论》第一卷在汉堡出版。(30)

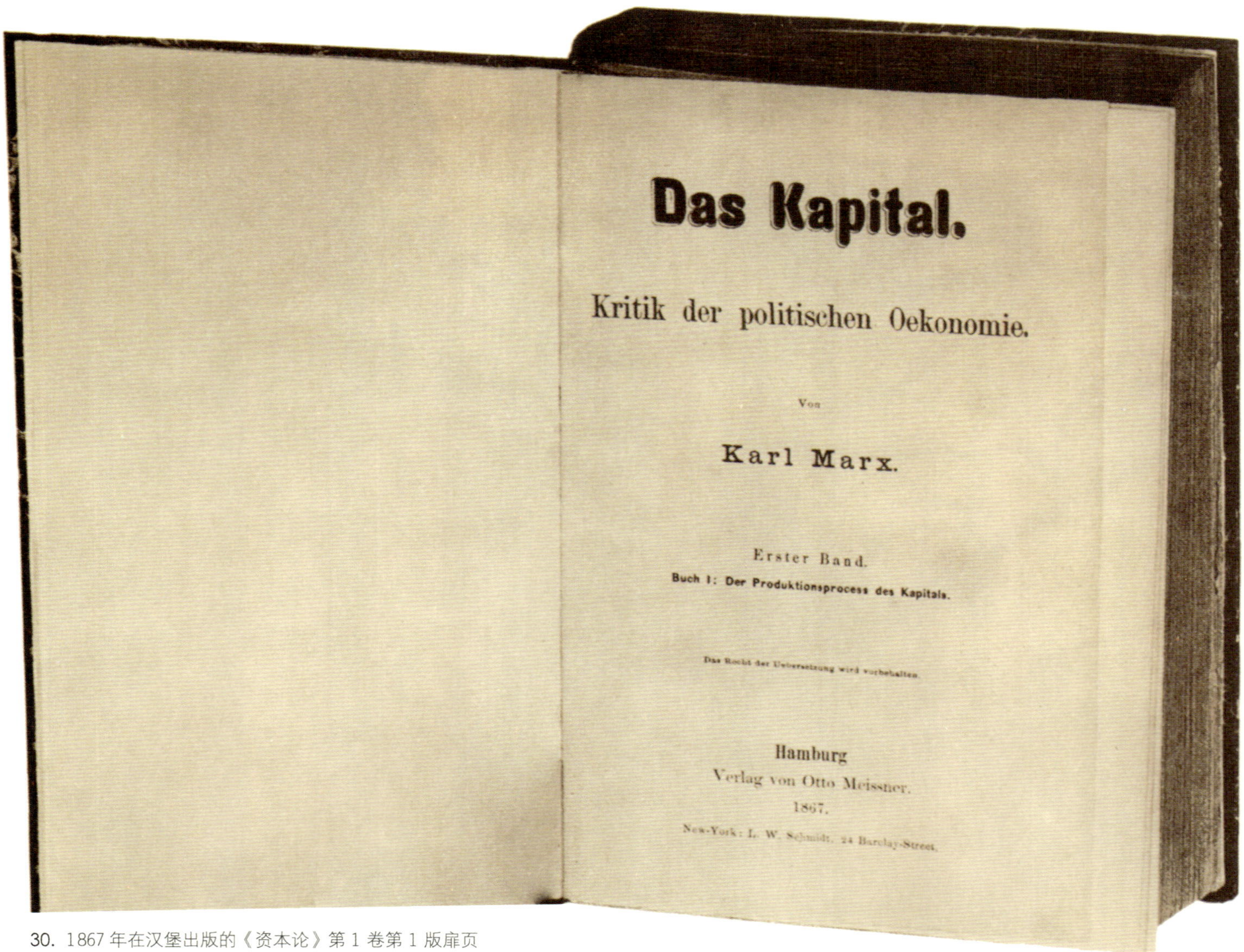

30. 1867 年在汉堡出版的《资本论》第 1 卷第 1 版扉页

马克思把《资本论》第一卷献给自己的亲密战友沃尔弗。(31-32)

31. 《资本论》第 1 卷中印有马克思献词的一页
32. 威廉・沃尔弗（1809—1864）

马克思的献词

献给
我的难以忘怀的朋友
勇敢的忠实的高尚的无产阶级先锋战士
威廉・沃尔弗
1809 年 6 月 21 日生于塔尔瑙
1864 年 5 月 9 日死于曼彻斯特流亡生活中

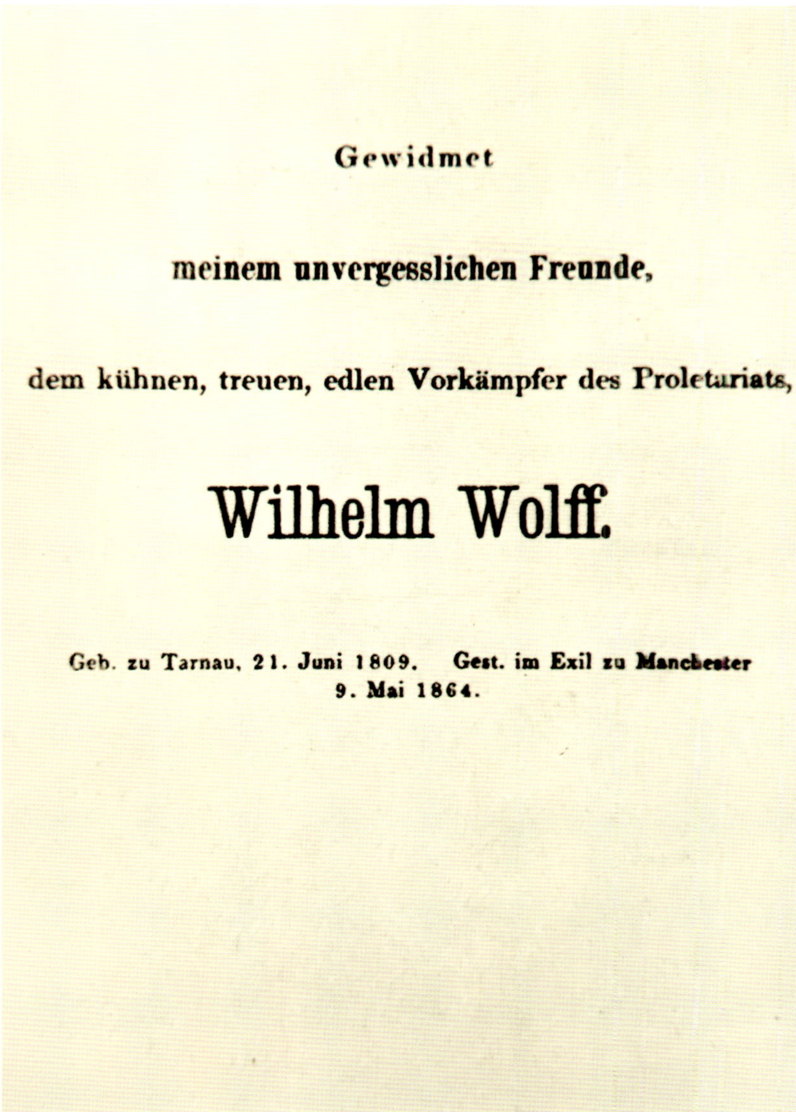

Gewidmet

meinem unvergesslichen Freunde,

dem kühnen, treuen, edlen Vorkämpfer des Proletariats,

Wilhelm Wolff.

Geb. zu Tarnau, 21. Juni 1809. Gest. im Exil zu Manchester 9. Mai 1864.

31

32

马克思将《资本论》第一卷赠给他的战友路德维希·库格曼，并亲笔题词。他与库格曼一家保持着密切的联系。(33-35)

33. 马克思在赠给库格曼的《资本论》上的题词
34. 路德维希·库格曼（1828—1902），德国医生，1848年革命的参加者，国际工人协会会员。
35. 库格曼的夫人盖尔特鲁黛·库格曼和女儿弗兰契斯卡·库格曼

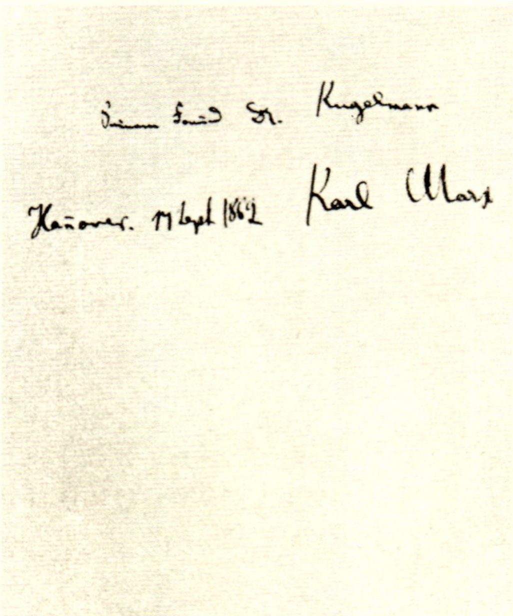

33

34

35

1873 年 6 月 16 日，马克思把《资本论》第一卷德文第二版赠给达尔文，并亲笔题词。1873 年 10 月 1 日，达尔文回信向马克思表示感谢。

马克思十分钦佩生物进化论的奠基人达尔文，称他的著作《物种起源》“为我们的观点提供了自然史的基础”。(36-38)

36. 马克思赠给达尔文的《资本论》第 1 卷德文第 2 版，上面有马克思的亲笔题词：“赠给查理・达尔文先生。您真诚的钦慕者卡尔・马克思。1873 年 6 月 16 日于伦敦梅特兰公园路摩德纳别墅 1 号。”

37. 达尔文给马克思的回信，信中写道：“承蒙寄赠巨著《资本论》，谨致谢意。……尽管我们的研究领域是如此不同，但我相信，我们两人都热诚期望扩大知识领域，而这无疑将最终造福于人类。”

38. 查理・罗伯特・达尔文（1809—1882），英国自然科学家，生物进化论的奠基人。

Das Kapital.

Kritik der politischen Oekonomie.

36

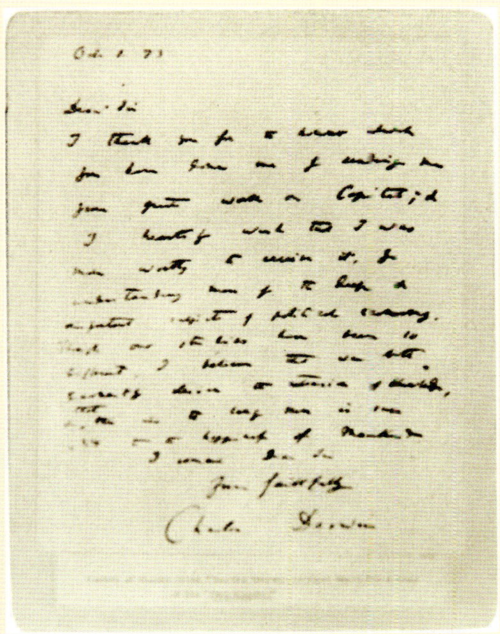

37

38

《资本论》第一卷出版后，陆续被译成俄、法、英等文字。马克思生前对《资本论》第一卷不断进行修订，于 1872 年出版了德文第二版。马克思逝世后，1884 年出版了他修订过的德文第三版。1890 年出版了恩格斯修订的德文第四版，这是后来通用的版本。（39-44）

39. 《资本论》第 1 卷 1872 年法文版扉页
40. 《资本论》第 1 卷 1872 年德文第 2 版扉页
41. 《资本论》第 1 卷 1883 年德文第 3 版（1884 年出版）扉页
42. 《资本论》第 1 卷 1887 年英文版扉页
43. 《资本论》第 1 卷 1890 年德文第 4 版扉页
44. 《资本论》第 1 卷 1872 年俄文版扉页

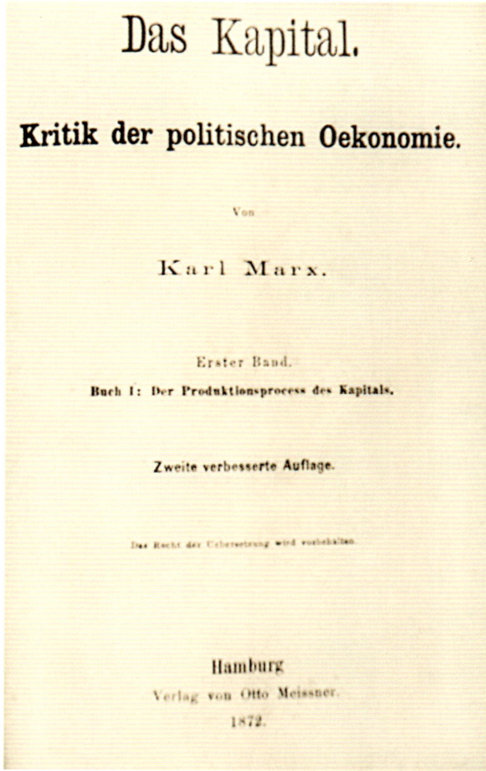
Das Kapital.

Kritik der politischen Oekonomie.

Von

Karl Marx.

Erster Band.

Buch I: Der Produktionsprocess des Kapitals.

Zweite verbesserte Auflage.

Das Recht der Uebersetzung wird vorbehalten.

Hamburg

Verlag von Otto Meissner.

1872.

40

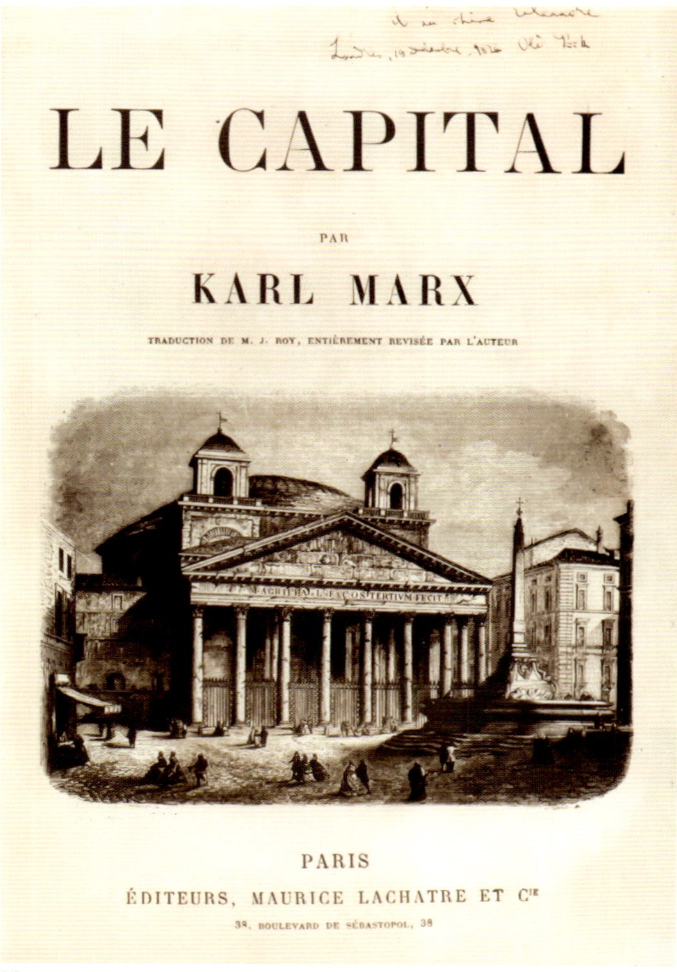
LE CAPITAL

PAR

KARL MARX

TRADUCTION DE M. J. ROY, ENTIÈREMENT REVISÉE PAR L'AUTEUR

PARIS

ÉDITEURS, MAURICE LACHATRE ET Cie

38, BOULEVARD DE SÉBASTOPOL, 38

39

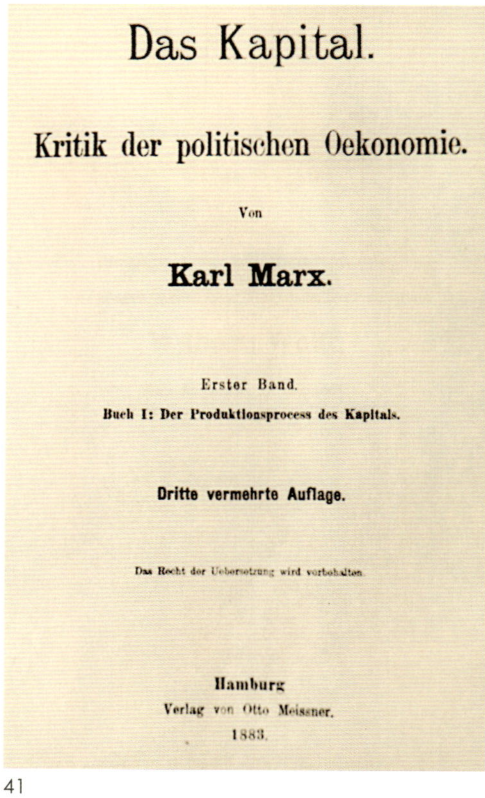
Das Kapital.

Kritik der politischen Oekonomie.

Von

Karl Marx.

Erster Band.

Buch I: Der Produktionsprocess des Kapitals.

Dritte vermehrte Auflage.

Das Recht der Uebersetzung wird vorbehalten.

Hamburg

Verlag von Otto Meissner.

1883.

41

自从《资本论》问世以来，唯物主义历史观已经不是假设，而是科学地证明了的原理。

——列宁

CAPITAL:

A CRITICAL ANALYSIS OF CAPITALIST PRODUCTION

BY KARL MARX

TRANSLATED FROM THE THIRD GERMAN EDITION, BY SAMUEL MOORE AND EDWARD AVELING

AND EDITED BY

FREDERICK ENGELS

VOL. I.

LONDON:
SWAN SONNENSCHEIN, LOWREY, & CO.,
PATERNOSTER SQUARE.
1887.

42

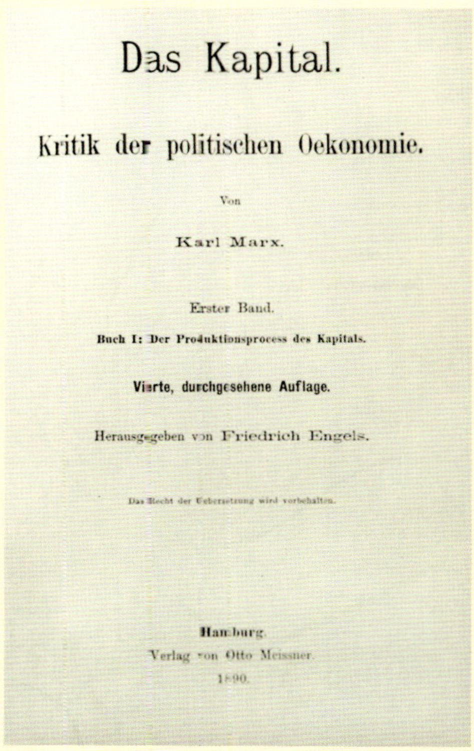

Das Kapital.

Kritik der politischen Oekonomie.

Von

Karl Marx.

Erster Band.

Buch I: Der Produktionsprocess des Kapitals.

Vierte, durchgesehene Auflage.

Herausgegeben von Friedrich Engels.

Das Recht der Uebersetzung wird vorbehalten.

Hamburg
Verlag von Otto Meissner.
1890.

43

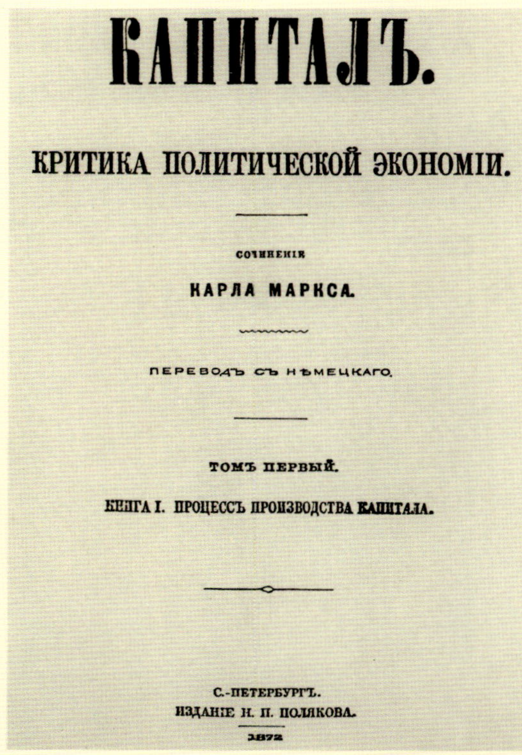

КАПИТАЛЪ.

КРИТИКА ПОЛИТИЧЕСКОЙ ЭКОНОМІИ.

СОЧИНЕНІЕ

КАРЛА МАРКСА.

ПЕРЕВОДЪ СЪ НѢМЕЦКАГО.

ТОМЪ ПЕРВЫЙ.

КНИГА I. ПРОЦЕССЪ ПРОИЗВОДСТВА КАПИТАЛА.

С.-ПЕТЕРБУРГЪ.
ИЗДАНІЕ Н. П. ПОЛЯКОВА.
1872

44

自从世界上有资本家和工人以来，没有一本书像我们面前这本书那样，对于工人具有如此重要的意义。资本和劳动的关系，是我们全部现代社会体系所围绕旋转的轴心，这种关系在这里第一次得到了科学的说明，而这种说明之透彻和精辟，只有一个德国人才能做得到。

——恩格斯

《资本论》问世后，资产阶级学术界和舆论界以沉默来抵制这部著作。为了冲破这种沉默，恩格斯在报刊上发表了一系列书评，广泛宣传《资本论》。（45）

Demokratisches Wochenblatt.

Organ der deutschen Volkspartei.

No. 12. Leipzig, den 21. März 1868.

Mit Nr. 13 schließt das erste Quartal unseres Wochenblattes, und wir bitten die geehrten Abonnenten, die Bestellungen auf das neue Quartal rechtzeitig zu bewirken, damit die Zusendung des Blattes keine Unterbrechung erleide.

Politische Uebersicht.

„Das Kapital" von Marx*).

45. 1868 年 3 月 21 日《民主周报》上刊载的恩格斯为《资本论》第 1 卷写的书评

《资本论》的意义很快为先进工人所理解。1868年9月11日召开的国际工人协会布鲁塞尔代表大会通过决议，倡议各国工人学习《资本论》。决议肯定了马克思的理论成就，并建议把《资本论》译成其他文字。决议指出："卡尔·马克思的功绩是不可估量的，他是政治经济学家当中科学地分析了资本并揭示了资本的各个组成部分的第一人。"（46-49）

46.《先驱》1868年第10期关于国际工人协会布鲁塞尔代表大会德国代表团倡议学习《资本论》的报道

47.《先驱》1869年第2期关于国际工人协会布鲁塞尔代表大会倡议各国工人学习《资本论》的报道

48. 国际工人协会瑞士德语区支部联合会机关刊物《先驱》

49. 柏林警察局1872年关于《资本论》的案卷

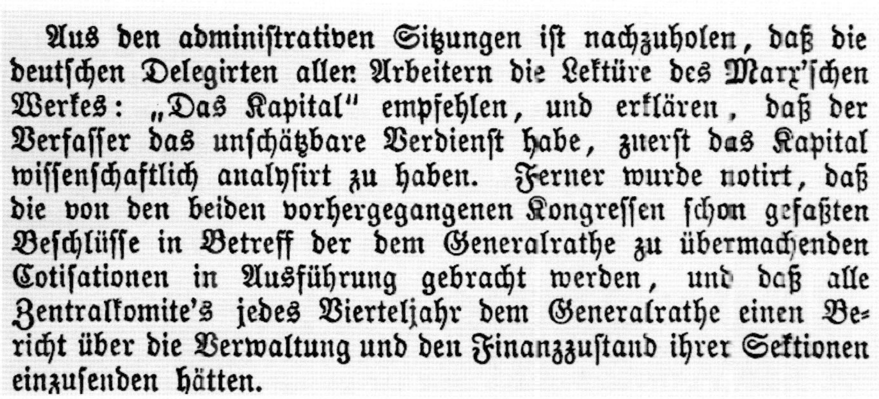

Aus den administrativen Sitzungen ist nachzuholen, daß die deutschen Delegirten allen Arbeitern die Lektüre des Marx'schen Werkes: „Das Kapital" empfehlen, und erklären, daß der Verfasser das unschätzbare Verdienst habe, zuerst das Kapital wissenschaftlich analysirt zu haben. Ferner wurde notirt, daß die von den beiden vorhergegangenen Kongressen schon gefaßten Beschlüsse in Betreff der dem Generalrathe zu übermachenden Cotisationen in Ausführung gebracht werden, und daß alle Zentralkomite's jedes Vierteljahr dem Generalrathe einen Bericht über die Verwaltung und den Finanzzustand ihrer Sektionen einzusenden hätten.

46

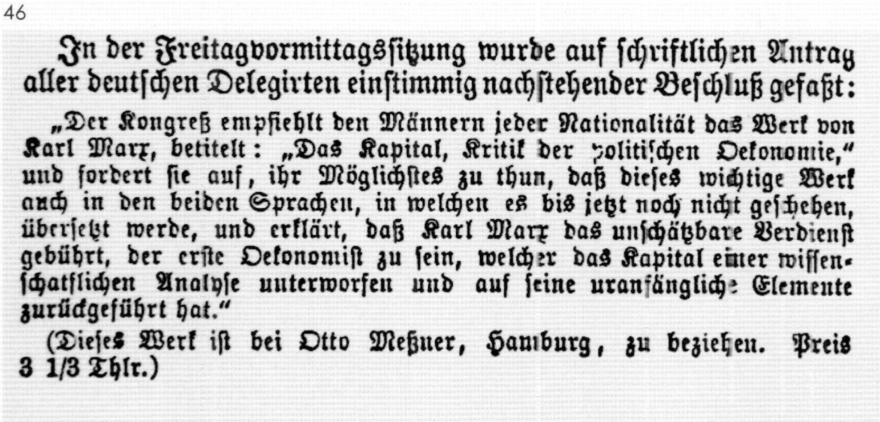

In der Freitagvormittagssitzung wurde auf schriftlichen Antrag aller deutschen Delegirten einstimmig nachstehender Beschluß gefaßt:

„Der Kongreß empfiehlt den Männern jeder Nationalität das Werk von Karl Marx, betitelt: „Das Kapital, Kritik der politischen Oekonomie," und fordert sie auf, ihr Möglichstes zu thun, daß dieses wichtige Werk auch in den beiden Sprachen, in welchen es bis jetzt noch nicht geschehen, übersetzt werde, und erklärt, daß Karl Marx das unschätzbare Verdienst gebührt, der erste Oekonomist zu sein, welcher das Kapital einer wissenschaftlichen Analyse unterworfen und auf seine uranfängliche Elemente zurückgeführt hat."

(Dieses Werk ist bei Otto Meßner, Hamburg, zu beziehen. Preis 3 1/3 Thlr.)

47

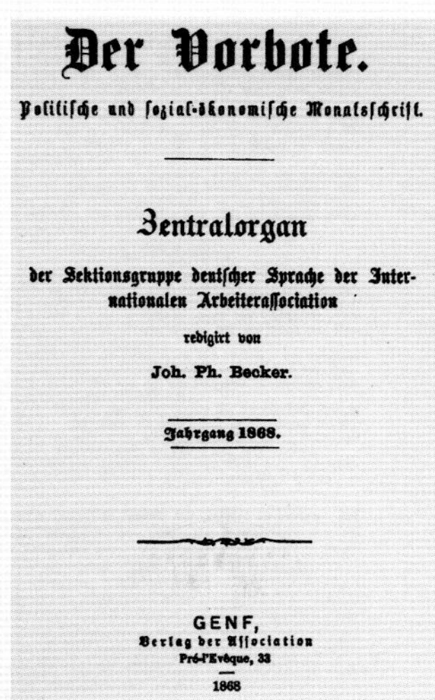

Der Vorbote.

Politische und sozial-ökonomische Monatsschrift.

Zentralorgan

der Sektionsgruppe deutscher Sprache der Internationalen Arbeiterassociation

redigirt von

Joh. Ph. Becker.

Jahrgang 1868.

GENF,

Verlag der Association

Pré-l'Evêque, 33

1868

48

49

马克思完成《资本论》第一卷后，继续写作和修订《资本论》第二卷和第三卷，留下了大量手稿。马克思逝世后，编辑出版《资本论》第二、三卷的任务落到恩格斯的肩上。恩格斯放下了自己的研究工作，将主要精力投入到整理马克思的《资本论》遗稿，经过多年艰苦的工作，分别于 1885 年和 1894 年出版了《资本论》第二卷和第三卷。(50–57)

50.《资本论》第 2 卷手稿中的一页

51.《资本论》第 2 卷第三篇编辑稿第 195 页，左栏为奥斯卡尔・艾森加尔滕书写的文字，恩格斯作了修改和补充。

52.《资本论》第 2 卷 1885 年汉堡版扉页

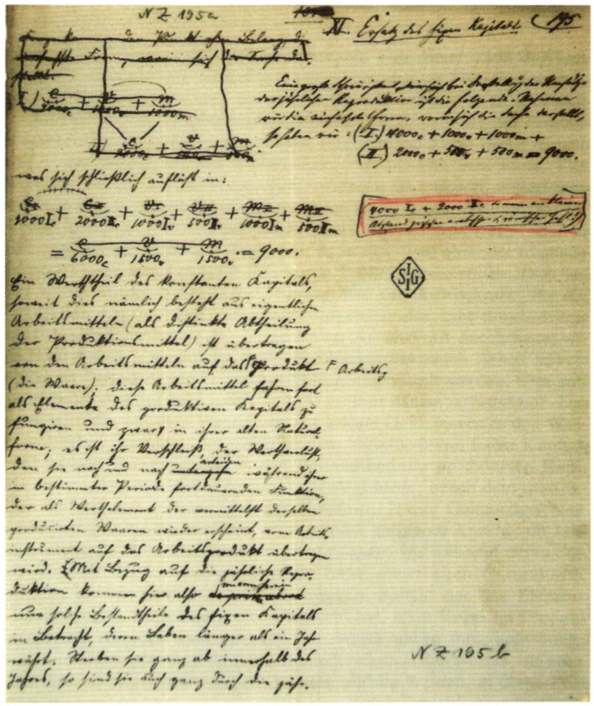

51

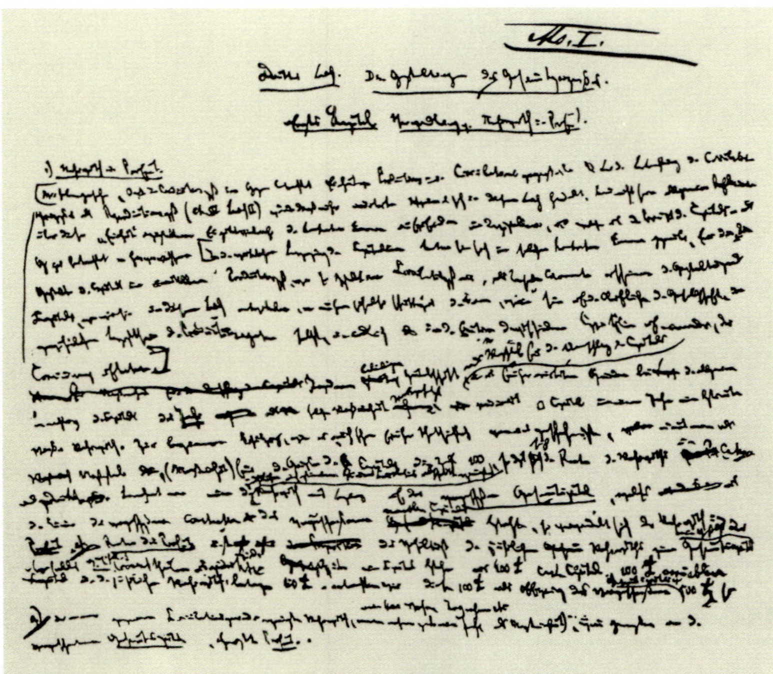

50

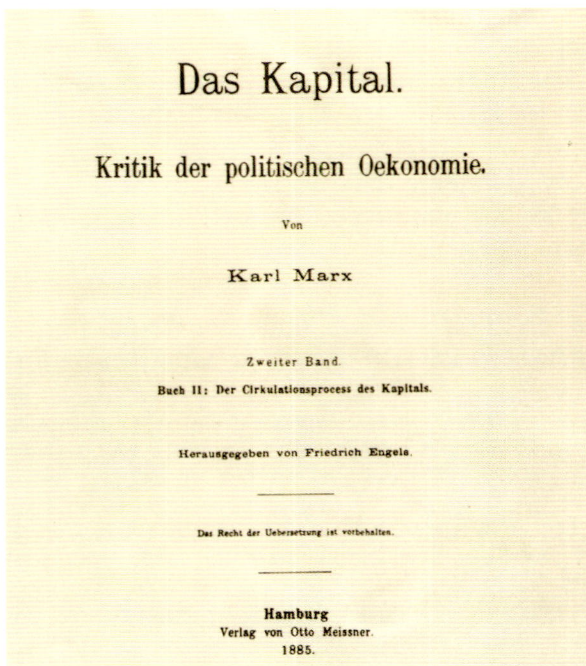

Das Kapital.

Kritik der politischen Oekonomie.

Von

Karl Marx

Zweiter Band.

Buch II: Der Cirkulationsprocess des Kapitals.

Herausgegeben von Friedrich Engels.

Das Recht der Uebersetzung ist vorbehalten.

Hamburg
Verlag von Otto Meissner.
1885.

52

这需要花费不少的劳动，因为像马克思这样的人，他的每一个字都贵似金玉。但是，我喜欢这种劳动，因为我又和我的老朋友在一起了。

——恩格斯

53. 整理遗稿（木刻） 古元

54. 恩格斯口授《资本论》手稿 （中国画） 姚有多

整理这两卷《资本论》，是一件很费力的工作。奥地利社会民主党人阿德勒说得很对：恩格斯出版《资本论》第二卷和第三卷，就是替他的天才朋友建立了一座庄严宏伟的纪念碑，无意中也把自己的名字不可磨灭地铭刻在上面了。

——列宁

55. 《资本论》第 3 卷手稿中的一页

56. 《资本论》第 3 卷初编稿的一页，上面有恩格斯所作的修改。

57. 《资本论》第 3 卷 1894 年汉堡版上册扉页

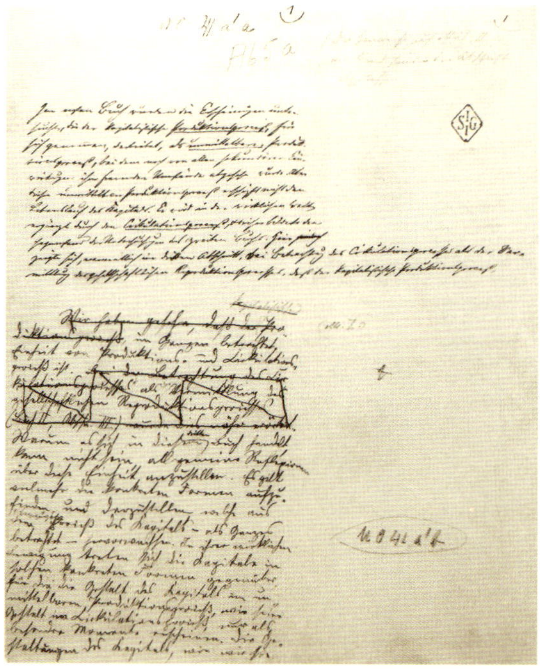

56

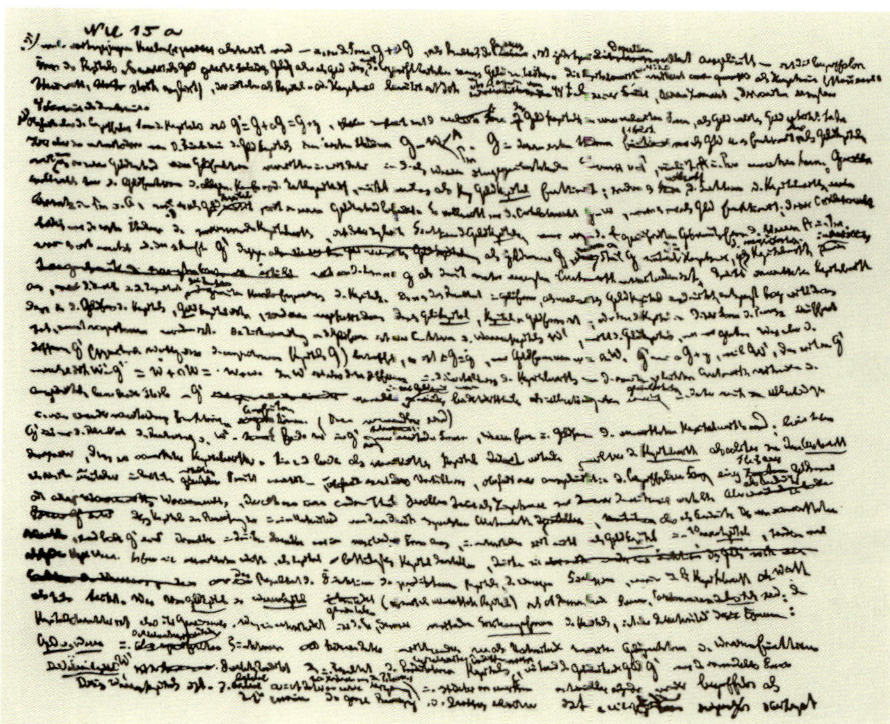

55

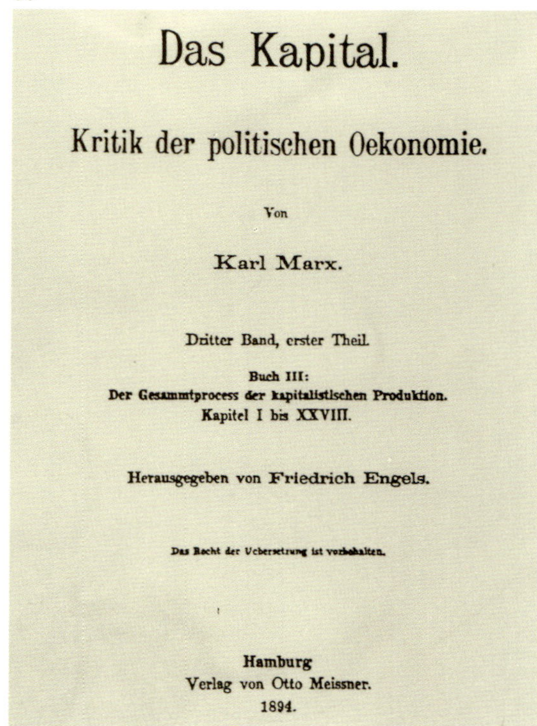

Das Kapital.

Kritik der politischen Oekonomie.

Von

Karl Marx.

Dritter Band, erster Theil.

Buch III:
Der Gesammtprocess der kapitalistischen Produktion.
Kapitel I bis XXVIII.

Herausgegeben von Friedrich Engels.

Das Recht der Uebersetzung ist vorbehalten.

Hamburg
Verlag von Otto Meissner.
1894.

57

马克思和恩格斯逝世后，《资本论》及其手稿的重要版本陆续出版。卡尔·考茨基 1905—1910 年编辑出版了马克思作为《资本论》第四卷写的《剩余价值理论》。苏共中央马克思恩格斯列宁研究院 1939 年、1941 年出版了他的另一部重要经济学手稿《1857—1858 年手稿》，书名为《政治经济学批判大纲》。《马克思恩格斯全集》历史考证版首次全文收录了《资本论》及其手稿。(58-60)

58. 1905—1910 年卡尔·考茨基编辑出版的马克思的《剩余价值理论》

59. 苏共中央马克思恩格斯列宁研究院 1939 年、1941 年出版的马克思的《1857—1858 年手稿》（共两册），书名为《政治经济学批判大纲》。

60. 《马克思恩格斯全集》历史考证版（MEGA^2）第 2 部分——《资本论》及其手稿

58

59

60

第七章

国际工人协会的灵魂

19世纪50年代末60年代初，欧洲工人运动重新高涨，各国工人阶级在反对资产阶级的斗争中迫切需要相互支持和团结合作。1864年9月28日，在伦敦圣马丁堂举行的有英、法、德、意、波和瑞士等国工人代表参加的国际工人会议上，国际工人协会（简称国际，后通称第一国际）宣告成立。马克思出席了这次会议并被选入领导机构临时委员会（后改称中央委员会，以后又改称总委员会）。马克思是国际工人协会的灵魂和实际领袖。1870年恩格斯移居伦敦后，在马克思的提议下，被选入国际总委员会，并先后担任多个国家的通讯书记。恩格斯凭借卓越的理论水平、丰富的实践经验和非凡的语言才能，成为马克思最得力的助手。

马克思起草了国际工人协会的成立宣言、临时章程和其他重要文件，为协会制定了斗争纲领、斗争策略和组织原则。马克思在成立宣言中回顾了1848年以来工人阶级的斗争历程，阐述了资本主义制度下资产阶级和无产阶级对立的必然性，指出夺取政权已成为工人阶级的伟大使命。在临时章程中，马克思强调工人阶级的解放应当由工人阶级自己去争取，工人阶级的解放斗争是要消灭一切阶级统治；国际工人协会应成为各国工人团体为追求共同目标，争取工人阶级得到保护、发展和彻底解放而进行联络和合作的中心。

马克思领导国际工人协会为发展壮大工人运动、促进各国工人阶级的国际团结做了卓有成效的工作。马克思通过国际工人协会声援各国工人的罢工运动，抗议反动当局对罢工工人的镇压和迫害，积极支持和推进一切有助于工人阶级解放的政治运动。马克思十分重视国际工人协会的思想理论建设。他在中央委员会会议上作的《工资、价格和利润》的报告，揭露了资本家对工人剥削的秘密，阐明了工人阶级开展经济斗争的重要性和必要性，强调必须把经济斗争和政治斗争结合起来。马克思领导国际工人协会发扬无产阶级国际主义精神，大力声援被压迫民族的解放运动。

马克思在国际工人协会内部领导了反对工联主义、蒲鲁东主义、拉萨尔主义和巴枯宁主义的斗争，通过国际内部的积极的思想斗争宣传了科学社会主义理论，提高了工人阶级的觉悟。在第一国际时期，马克思把各个国家的工人运动凝聚成了团结一致的革命力量；同时培养了一批无产阶级先进战士，为后来各国建立无产阶级政党准备了骨干力量。正如恩格斯所说，马克思在国际工人协会中所做的工作，是他一生“全部活动的顶峰”。

01

1864年9月28日，英、法、德、意、波和瑞士等国的几百名工人代表在伦敦圣马丁堂举行集会，宣告成立国际工人协会。会议由爱·比斯利担任主席。马克思参加了大会，并被选入协会的领导机构。马克思为国际工人协会起草了成立宣言、临时章程等重要文件。(01-11)

01. 马克思（1867年）
02. 伦敦圣马丁堂
03. 圣马丁堂音乐厅，国际工人协会成立大会在此召开。
04. 1864年9月28日的开会通知
05. 爱德华・斯宾塞・比斯利（1831—1915），英国历史学家和政治活动家，国际工人协会成立大会的主席。

02

03

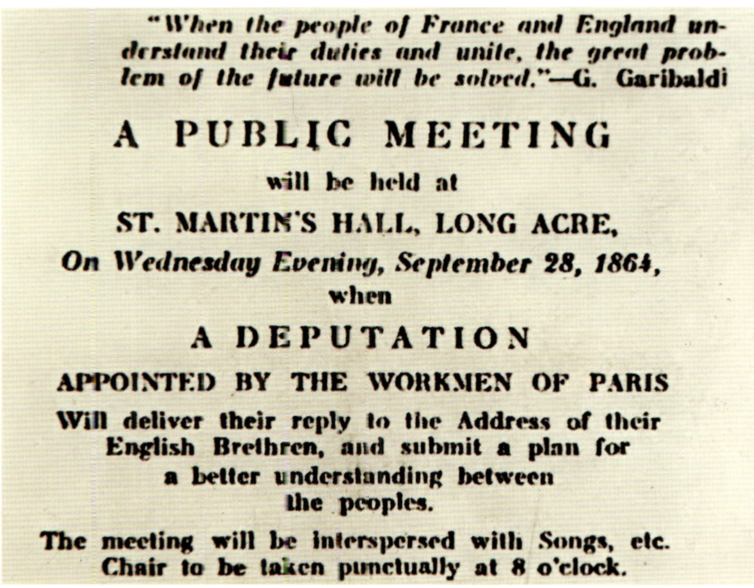

"When the people of France and England understand their duties and unite, the great problem of the future will be solved."—G. Garibaldi

A PUBLIC MEETING

will be held at

ST. MARTIN'S HALL, LONG ACRE,

On Wednesday Evening, September 28, 1864,

when

A DEPUTATION

APPOINTED BY THE WORKMEN OF PARIS

Will deliver their reply to the Address of their English Brethren, and submit a plan for a better understanding between the peoples.

The meeting will be interspersed with Songs, etc.
Chair to be taken punctually at 8 o'clock.

04

05

06. 在国际工人协会成立大会上 （素描） 顾盼

07. 国际工人协会总委员会的部分委员

欧仁·杜邦（1831—1881），法国工人，1848年巴黎六月起义的参加者，国际工人运动活动家。

弗里德里希·列斯纳（1825—1910），德国裁缝，共产主义者同盟盟员，国际工人运动活动家。

海尔曼·荣克（1830—1901），瑞士钟表匠，国际工人运动活动家。

约翰·格奥尔格·埃卡留斯（1818—1889），德国裁缝，共产主义者同盟盟员，伦敦德意志工人教育协会的领导人之一，国际工人运动活动家。

乔治·奥哲尔（1820—1877），英国鞋匠，英国工联伦敦理事会创建人之一。

本杰明·鲁克拉夫特（1809—1897），英国木匠，英国工联领袖之一。

罗伯特·阿普尔加思（1834—1924），英国工人，英国工联领袖之一。

考埃尔·威廉·弗雷德里克·斯特普尼（1820—1872），英国工人运动活动家。

本协会的成立，目的是要成为追求共同目标即工人阶级得到保护、发展和彻底解放的各国工人团体进行联络和合作的中心。

——《国际工人协会共同章程》

08.《国际工人协会成立宣言和临时章程》第 1 版扉页

09.《国际工人协会的共同章程和组织条例》法文版扉页，上面有马克思的签名。

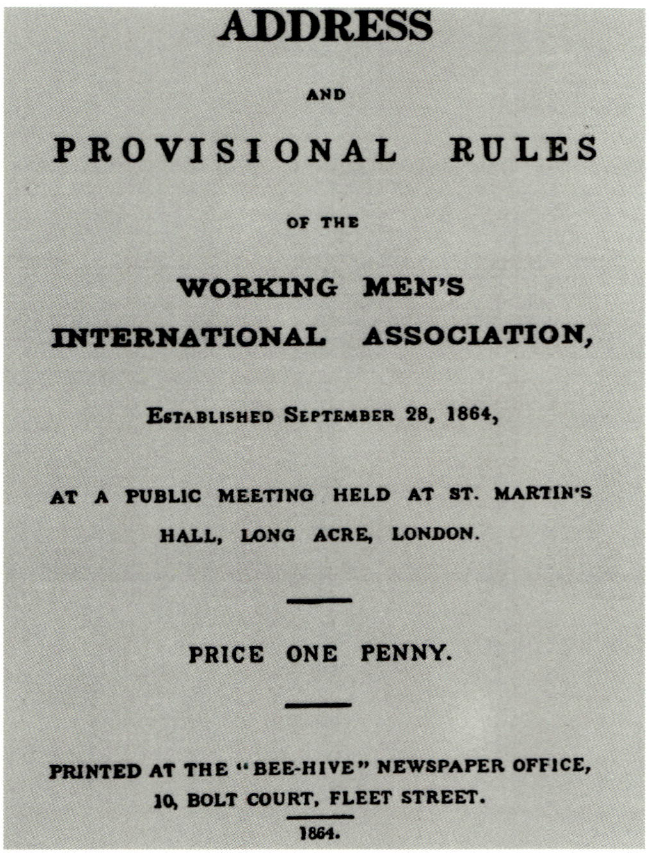

ADDRESS

AND

PROVISIONAL RULES

OF THE

WORKING MEN'S

INTERNATIONAL ASSOCIATION,

ESTABLISHED SEPTEMBER 28, 1864,

AT A PUBLIC MEETING HELD AT ST. MARTIN'S HALL, LONG ACRE, LONDON.

PRICE ONE PENNY.

PRINTED AT THE "BEE-HIVE" NEWSPAPER OFFICE,
10, BOLT COURT, FLEET STREET.

1864.

08

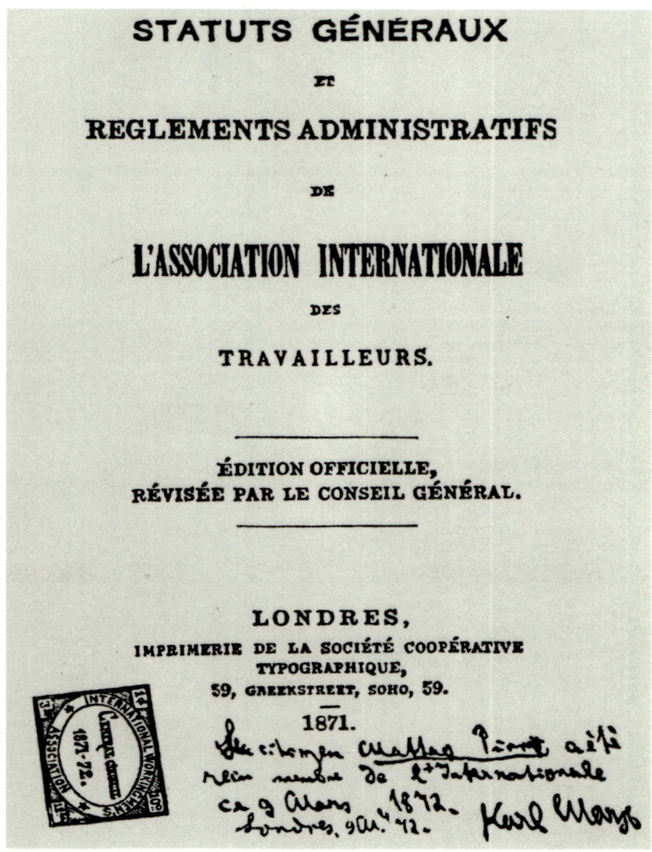

STATUTS GÉNÉRAUX

ET

REGLEMENTS ADMINISTRATIFS

DE

L'ASSOCIATION INTERNATIONALE

DES

TRAVAILLEURS.

ÉDITION OFFICIELLE,
RÉVISÉE PAR LE CONSEIL GÉNÉRAL.

LONDRES,
IMPRIMERIE DE LA SOCIÉTÉ COOPÉRATIVE
TYPOGRAPHIQUE,
59, GREEKSTREET, SOHO, 59.

1871.

09

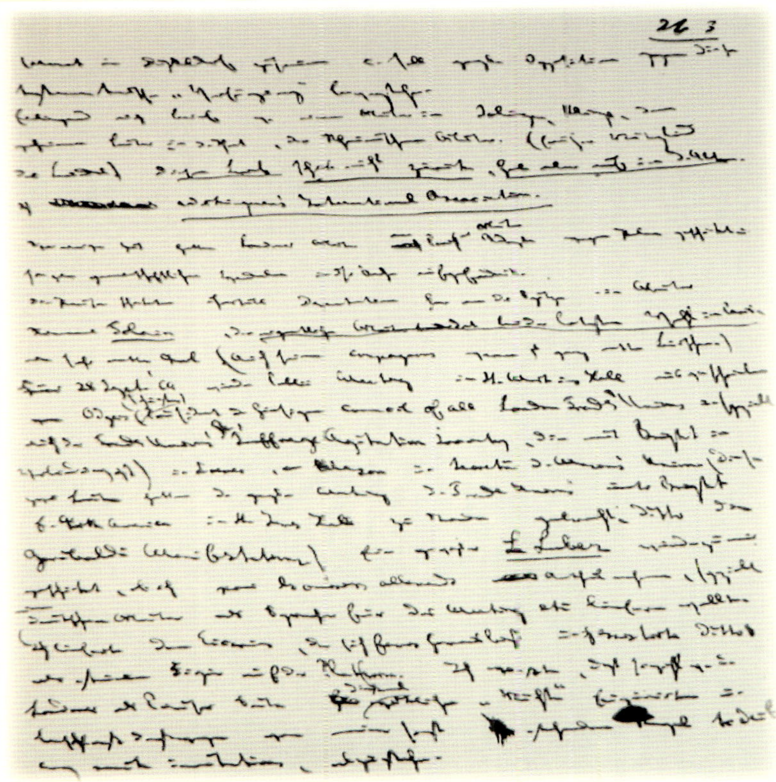

10

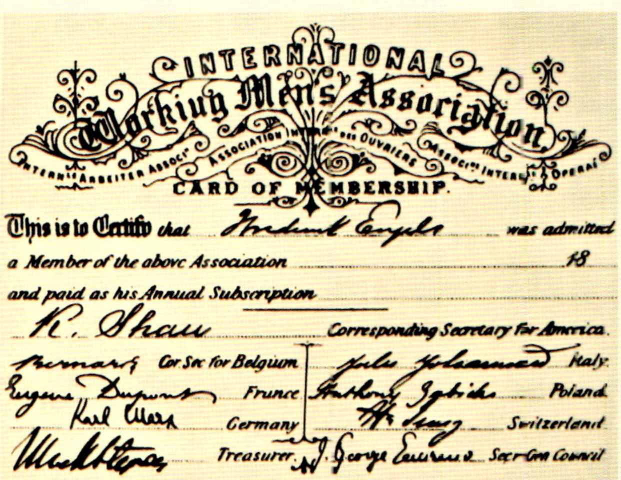

INTERNATIONAL
Working Men's Association
INTERNL ARBEITER ASSOCN ASSOCIATION INTERNLE DES OUVRIERS ASSOCN INTERNLE OPERAI
CARD OF MEMBERSHIP.
This is to Certify that Frederick Engels was admitted a Member of the above Association 18
and paid as his Annual Subscription
R. Shaw Corresponding Secretary for America.
Bernard Cor Sec for Belgium / Italy.
Eugene Dupont France / Poland.
Karl Marx Germany / Switzerland.
Treasurer. J. George Eccarius Secr Gen Council

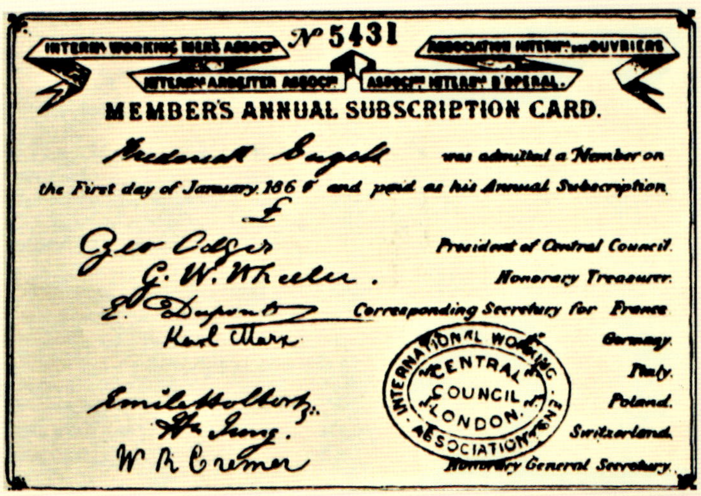

№ 5431
INTERNL WORKING MEN'S ASSOCN / ASSOCIATION INTERNLE DES OUVRIERS / INTERNLE ARBEITER ASSOCN / ASSOCNE INTERNLE OPERAI.
MEMBER'S ANNUAL SUBSCRIPTION CARD.
Frederick Engels was admitted a Member on the First day of January 1866 and paid as his Annual Subscription £
Geo Odger President of Central Council.
G. W. Wheeler. Honorary Treasurer.
E. Dupont Corresponding Secretary for France
Karl Marx Germany
Italy.
Poland.
Switzerland.
W R Cremer Honorary General Secretary.
INTERNATIONAL WORKING MEN'S ASSOCIATION CENTRAL COUNCIL LONDON

11

10. 马克思1864年11月4日给恩格斯的信，信中详细介绍了国际工人协会成立和起草成立宣言、临时章程的经过。

11. 恩格斯的国际工人协会会员证和会费卡

国际工人协会成立后，影响日益扩大，在许多国家和地区建立了支部，并多次召开代表大会和代表会议。(12-17)

12. 1865年夏伦敦出版的国际工人协会中央委员会传单，呼吁工人团体加入国际工人协会。
13. 国际各支部分布图
14. 国际巴塞尔支部的旗帜
15. 国际巴黎支部最初的会址，巴黎格拉维埃街44号。

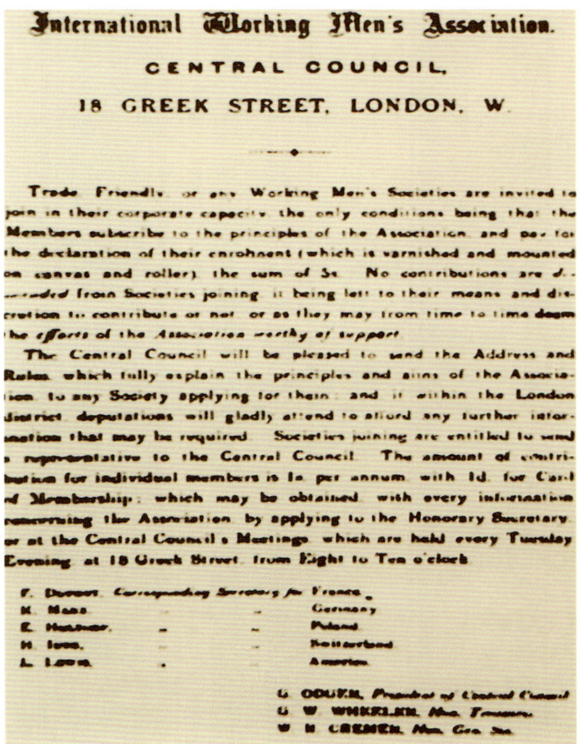

International Working Men's Association.

CENTRAL COUNCIL,

18 GREEK STREET, LONDON, W.

Trade, Friendly, or any Working Men's Societies are invited to join in their corporate capacity, the only conditions being that the Members subscribe to the principles of the Association, and pay for the declaration of their enrolment (which is varnished and mounted on canvas and roller) the sum of 5s. No contributions are demanded from Societies joining, it being left to their means and discretion to contribute or not, or as they may from time to time deem the efforts of the Association worthy of support.

The Central Council will be pleased to send the Address and Rules, which fully explain the principles and aims of the Association, to any Society applying for them; and if within the London district, deputations will gladly attend to afford any further information that may be required. Societies joining are entitled to send a representative to the Central Council. The amount of contribution for individual members is 1s. per annum, with 1d. for Card of Membership; which may be obtained, with every information concerning the Association, by applying to the Honorary Secretary, or at the Central Council's Meetings, which are held every Tuesday Evening, at 18 Greek Street, from Eight to Ten o'clock.

F. Dupont, Corresponding Secretary for France.
K. Marx, — — Germany
E. Holtorp, — — Poland
H. Jung, — — Switzerland
L. Lawa, — — America

G. ODGER, President of Central Council
G. W. WHEELER, Hon. Treasurer
W. R. CREMER, Hon. Gen. Sec.

12

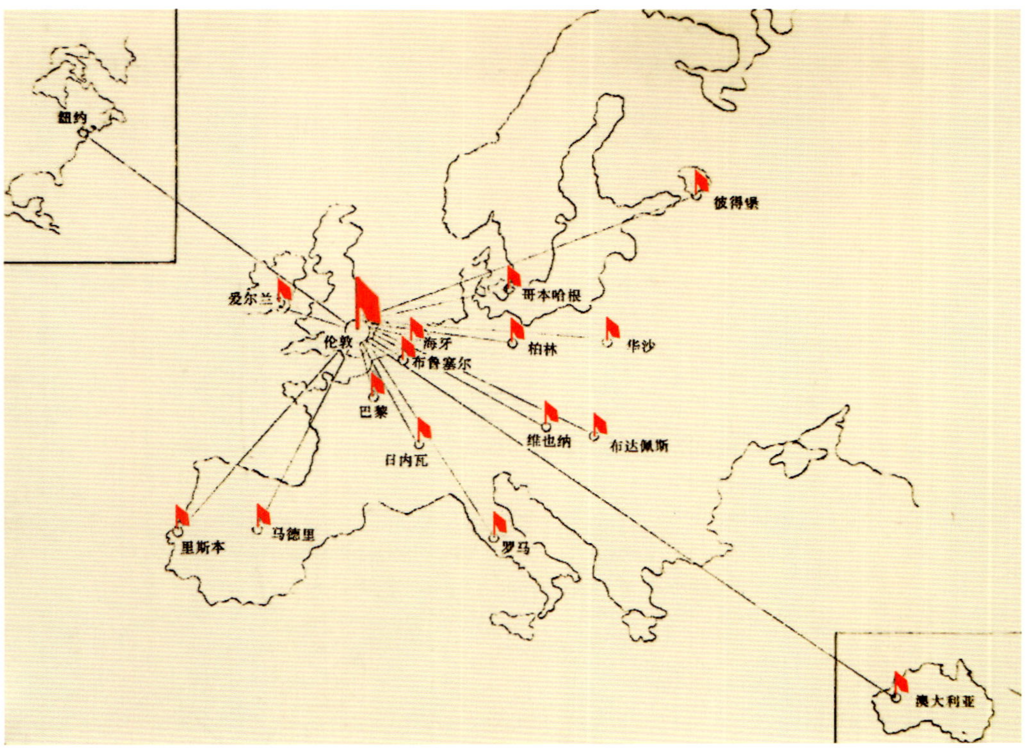

13

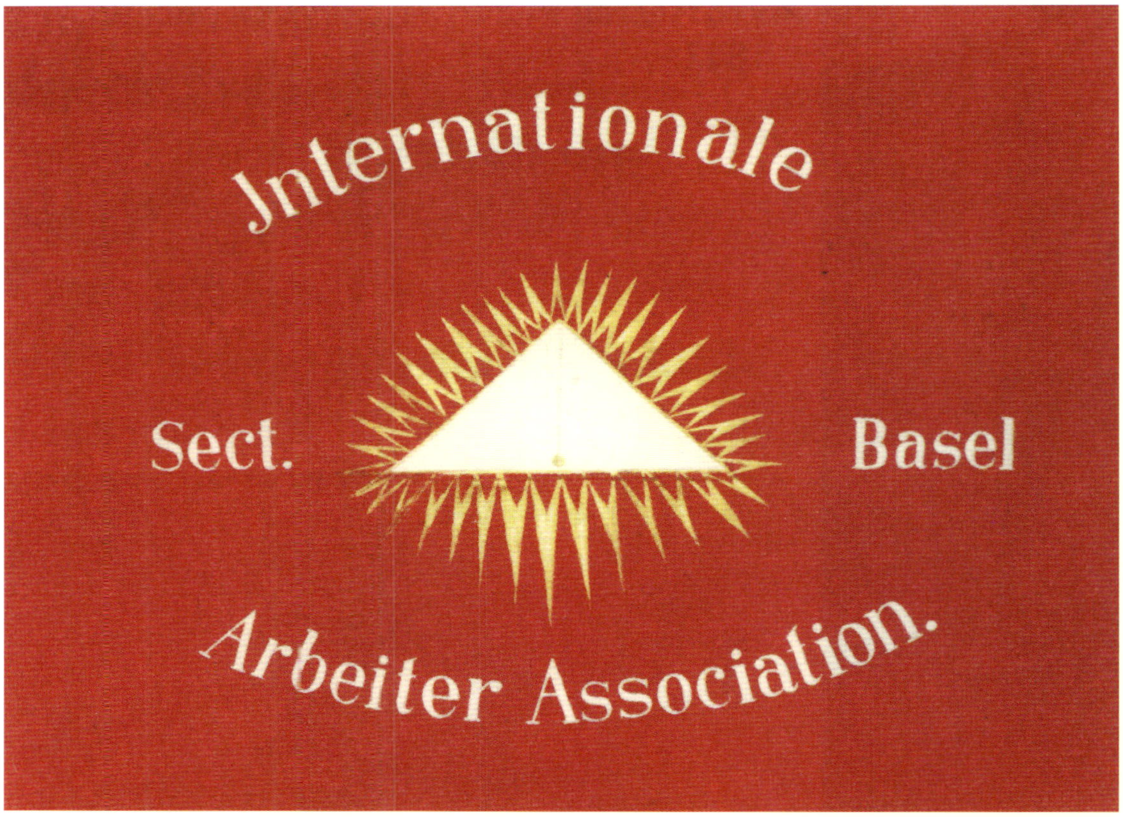

14

15

16. 1866 年国际日内瓦代表大会的代表合影

17. 1869 年国际巴塞尔代表大会的代表合影

16

17

马克思为国际工人协会的工作投入了大量时间和精力。他经常出席总委员会的会议，就政治和理论问题作报告，起草各种会议文件，对推动国际工人协会成为具有广泛群众性的工人组织起了重要作用。（18-20）

18. 国际工人协会出版或发表文献的各种报刊
19. 1864—1866 年国际总委员会会址，伦敦希腊街 18 号。
20. 1868—1872 年国际总委员会会址，伦敦海－霍耳博恩街 256 号。

18

19

20

叙述马克思在国际中的活动，就等于撰写欧洲工人还记忆犹新的这个协会本身的历史。

——恩格斯

1869年10月，在国际总委员会的参与下，土地和劳动同盟在伦敦成立。在该同盟的纲领中，除一般民主主义的要求外，还提出了土地国有化、缩短工作日等要求。马克思认为同盟的成立“是巴塞尔代表大会的结果之一”。(21-22)

21．马克思的土地和劳动同盟盟员证（1869年11月30日）

22．国际总委员会会议出席登记表（1871年1—3月）

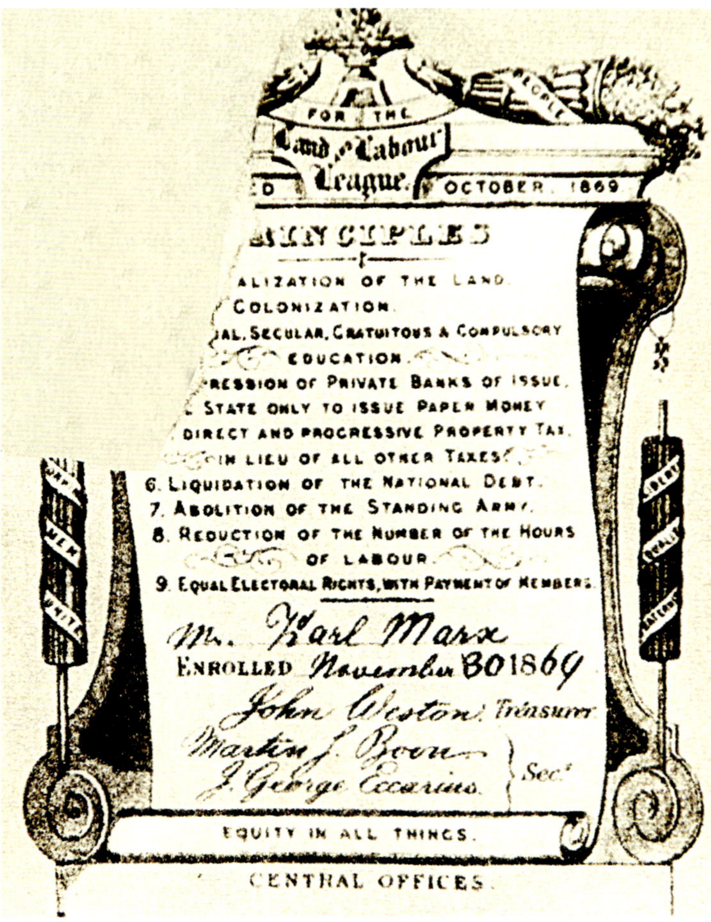

21

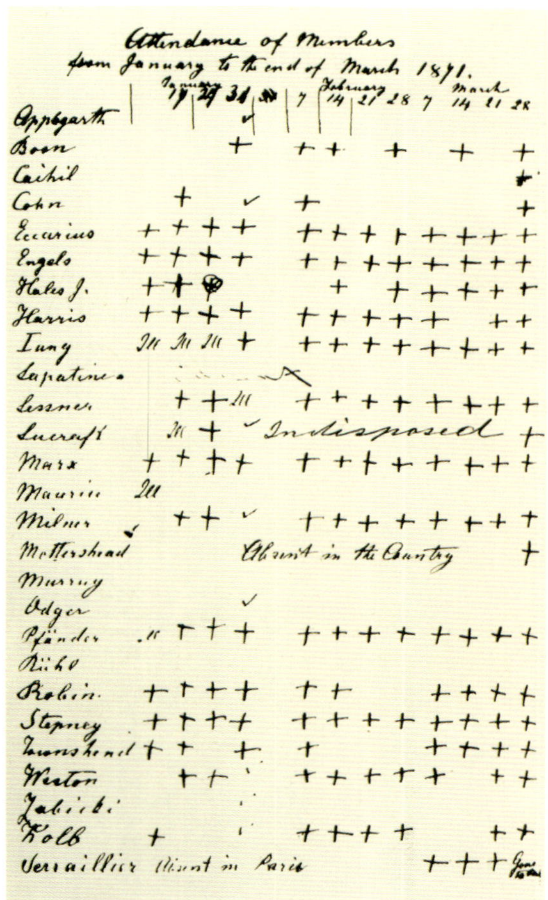

22

1865年3月19日至4月8日，马克思因病去荷兰扎尔特博默尔姨父家休养。在此期间，他同姨父菲力浦斯和表妹安东尼达就一些政治问题交换看法。(23-25)

23. 莱昂·菲力浦斯（1794—1866），荷兰商人，马克思的姨父。

24. 安东尼达·菲力浦斯（1837前后—1885），莱昂·菲力浦斯的女儿，国际荷兰支部成员。

25. 19世纪60年代的扎尔特博默尔

23

24

25

19 世纪 60—70 年代，马克思领导国际工人协会支持和指导各国工人运动，有力地促进了国际工人运动的发展和马克思主义的传播。(26-30)

26. 1866 年 7 月，伦敦海德公园集会工人与警察发生冲突。

27. 1866 年伦敦海德公园工人集会要求获得普选权

28. 法国巴黎制糖厂的罢工

29. 国际比利时支部募捐的捐款人名单

30. 1869年4月9日，比利时矿工和冶金工人与军队发生冲突。

26

27

28

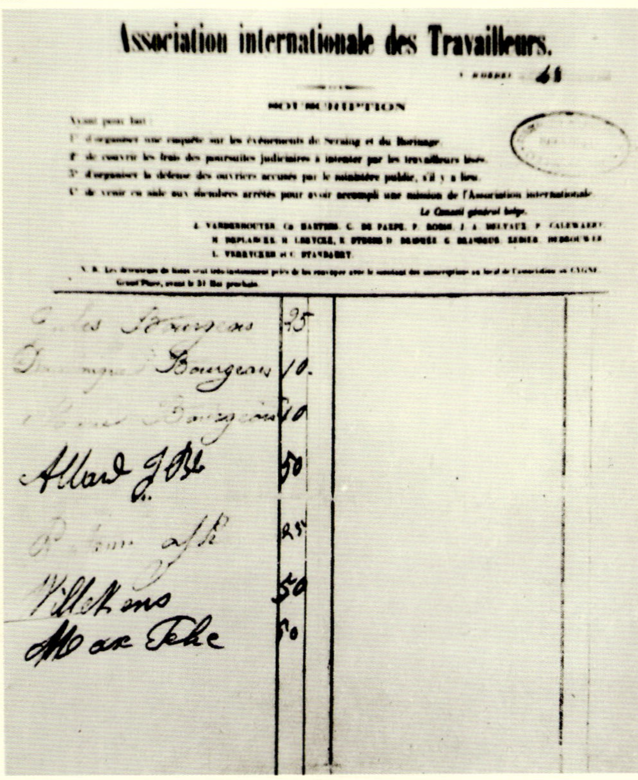

Association internationale des Travailleurs.

SOUSCRIPTION

29

30

1865年6月20日和27日，马克思为批驳国际工人协会内部否定工人阶级经济斗争作用的错误观点，在中央委员会会议上作了《工资、价格和利润》的报告。他在报告中通俗易懂地阐述了《资本论》的一些重要原理，论证了工人阶级开展经济斗争的必要性和重要性，同时强调要把经济斗争和政治斗争结合起来，“消灭雇佣劳动制度！”（31）

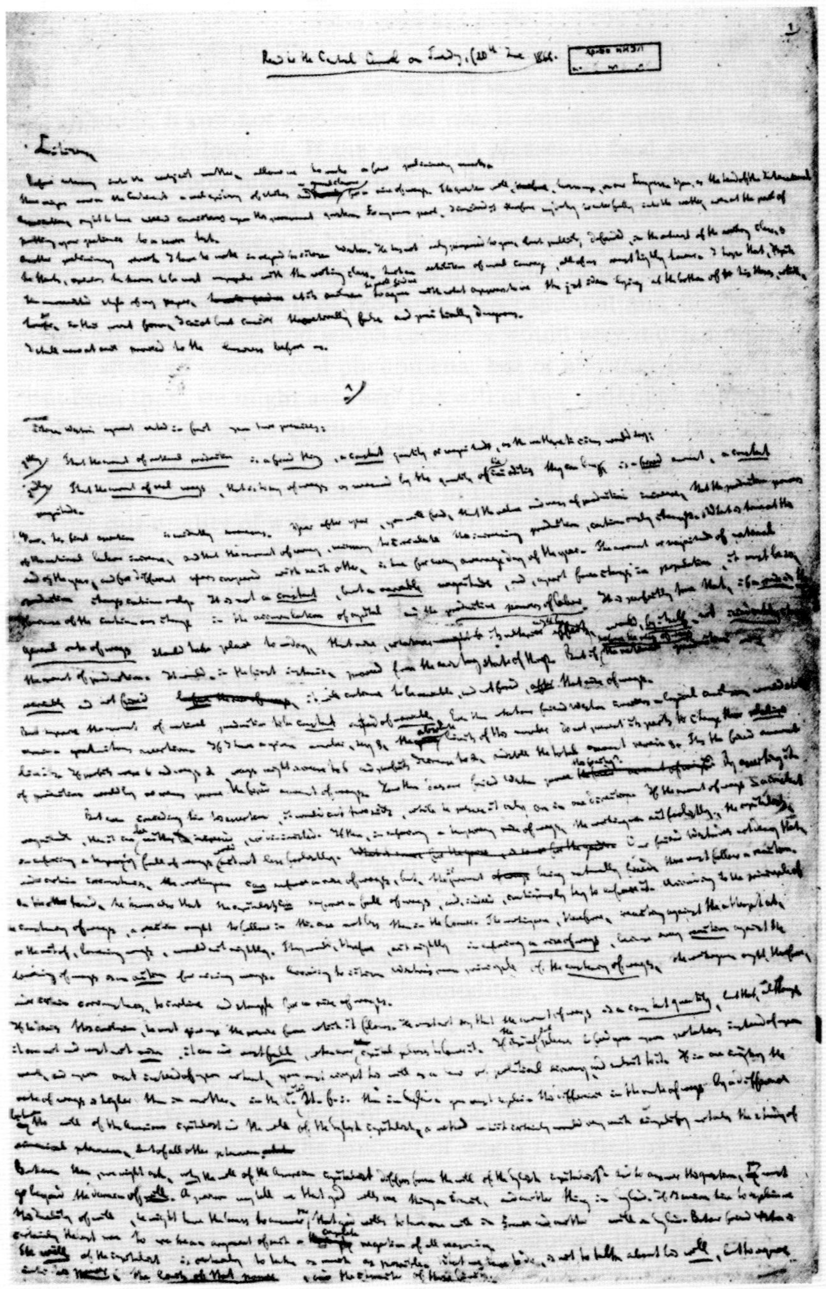

31.《工资、价格和利润》手稿

19 世纪 60 年代中后期，爱尔兰的民族解放运动日益高涨。马克思密切关注爱尔兰的政治和社会形势，推动国际总委员会多次讨论爱尔兰问题，积极支持爱尔兰的民族解放运动。(32-34)

32. 英国政府驱赶爱尔兰佃户

33. 1867 年在都柏林审判芬尼社社员的法庭现场

34. 国际总委员会关于支持爱尔兰民族解放运动的决议

32

33

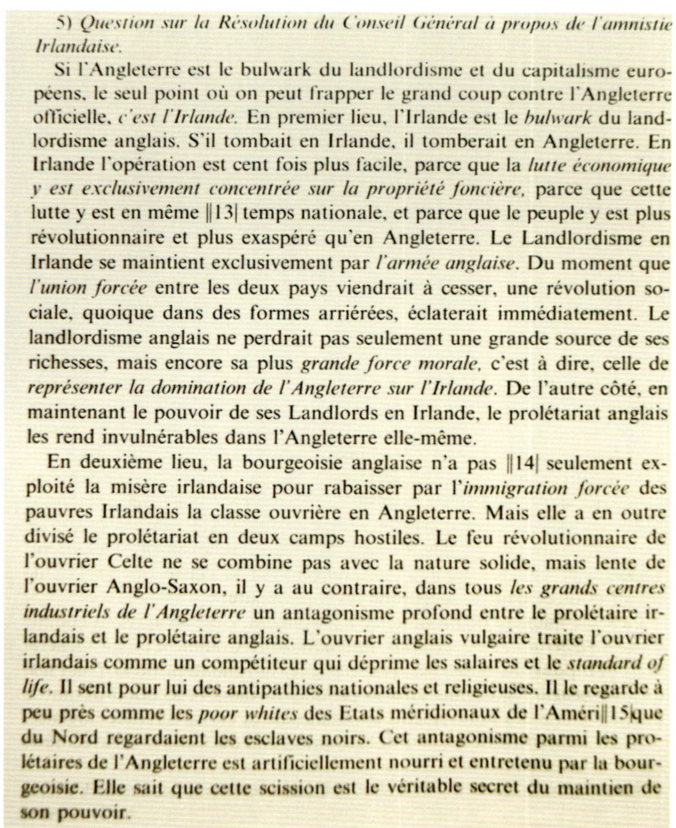

5) *Question sur la Résolution du Conseil Général à propos de l'amnistie Irlandaise.*

Si l'Angleterre est le bulwark du landlordisme et du capitalisme européens, le seul point où on peut frapper le grand coup contre l'Angleterre officielle, *c'est l'Irlande.* En premier lieu, l'Irlande est le *bulwark* du landlordisme anglais. S'il tombait en Irlande, il tomberait en Angleterre. En Irlande l'opération est cent fois plus facile, parce que la *lutte économique y est exclusivement concentrée sur la propriété foncière,* parce que cette lutte y est en même ‖13| temps nationale, et parce que le peuple y est plus révolutionnaire et plus exaspéré qu'en Angleterre. Le Landlordisme en Irlande se maintient exclusivement par *l'armée anglaise.* Du moment que *l'union forcée* entre les deux pays viendrait à cesser, une révolution sociale, quoique dans des formes arriérées, éclaterait immédiatement. Le landlordisme anglais ne perdrait pas seulement une grande source de ses richesses, mais encore sa plus *grande force morale,* c'est à dire, celle de *représenter la domination de l'Angleterre sur l'Irlande.* De l'autre côté, en maintenant le pouvoir de ses Landlords en Irlande, le prolétariat anglais les rend invulnérables dans l'Angleterre elle-même.

En deuxième lieu, la bourgeoisie anglaise n'a pas ‖14| seulement exploité la misère irlandaise pour rabaisser par l'*immigration forcée* des pauvres Irlandais la classe ouvrière en Angleterre. Mais elle a en outre divisé le prolétariat en deux camps hostiles. Le feu révolutionnaire de l'ouvrier Celte ne se combine pas avec la nature solide, mais lente de l'ouvrier Anglo-Saxon, il y a au contraire, dans tous *les grands centres industriels de l'Angleterre* un antagonisme profond entre le prolétaire irlandais et le prolétaire anglais. L'ouvrier anglais vulgaire traite l'ouvrier irlandais comme un compétiteur qui déprime les salaires et le *standard of life.* Il sent pour lui des antipathies nationales et religieuses. Il le regarde à peu près comme les *poor whites* des Etats méridionaux de l'Améri‖15|que du Nord regardaient les esclaves noirs. Cet antagonisme parmi les prolétaires de l'Angleterre est artificiellement nourri et entretenu par la bourgeoisie. Elle sait que cette scission est le véritable secret du maintien de son pouvoir.

34

马克思一直关注美国内战的进程，支持美国废除奴隶制的斗争。林肯连任总统后，马克思受国际工人协会中央委员会的委托，起草了致林肯的贺信。(35-36)

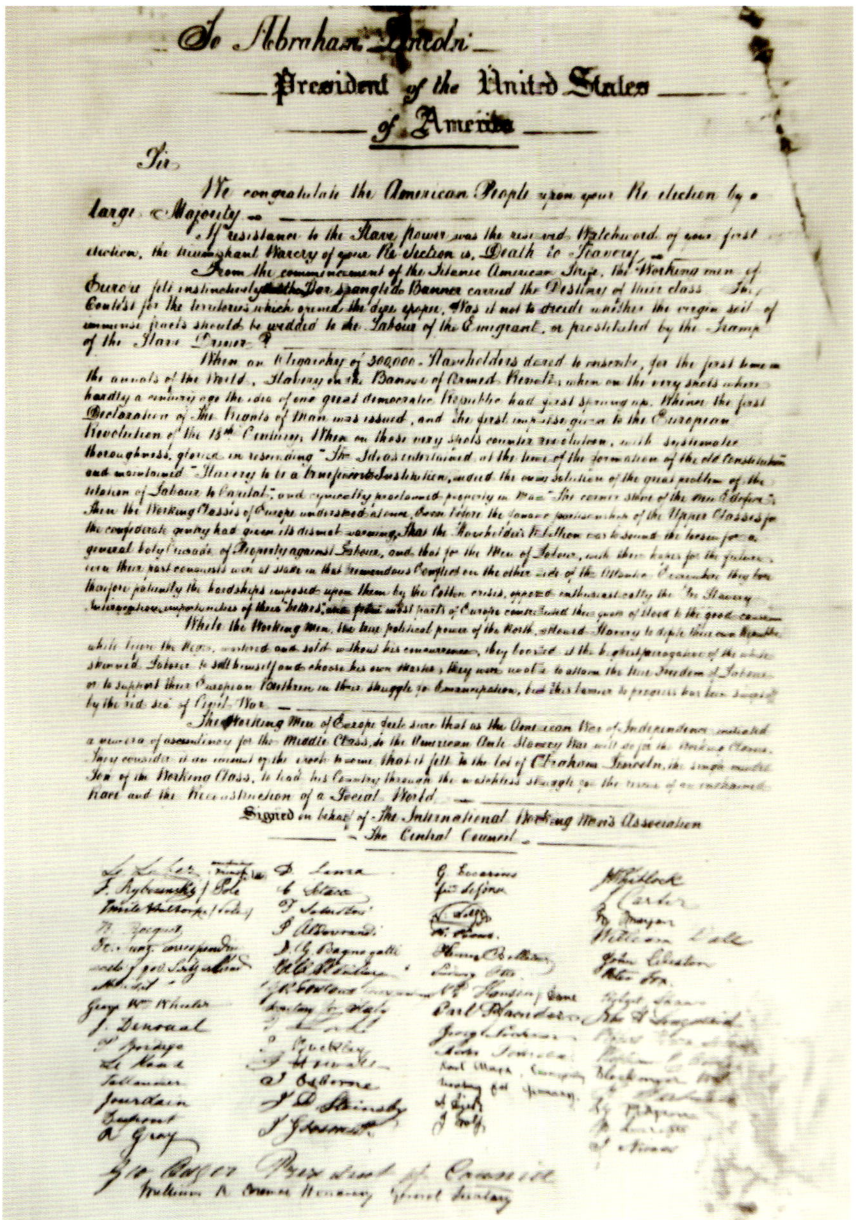

To Abraham Lincoln
President of the United States
of America

Sir

We congratulate the American People upon your Re-election by a large Majority.

If resistance to the Slave power was the reserved watchword of your first election, the triumphant war-cry of your Re-election is, Death to Slavery.

35

36

35. 马克思1864年11月代表国际工人协会中央委员会起草的祝贺林肯再度当选美国总统的信

36. 阿伯拉罕·林肯（1809—1865），美国国务活动家，共和党创始人之一，美国总统（1861—1865）。

为了制定欧洲无产阶级的共同理论纲领，组织反对国际资产阶级的斗争，马克思及其战友在国际内部批判了工联主义、拉萨尔主义、蒲鲁东主义、巴枯宁主义等错误思潮。(37-39)

37. 马克思《论蒲鲁东(给约·巴·施韦泽的信)》。马克思在 1865 年 1 月 25 日给恩格斯的信中谈到，他对蒲鲁东的批判实际上也是针对拉萨尔的。

38. 皮埃尔·约瑟夫·蒲鲁东（1809—1865），图为当时的漫画。

39. 斐迪南·拉萨尔（1825—1864），全德工人联合会第一任主席（1863），拉萨尔主义创始人。

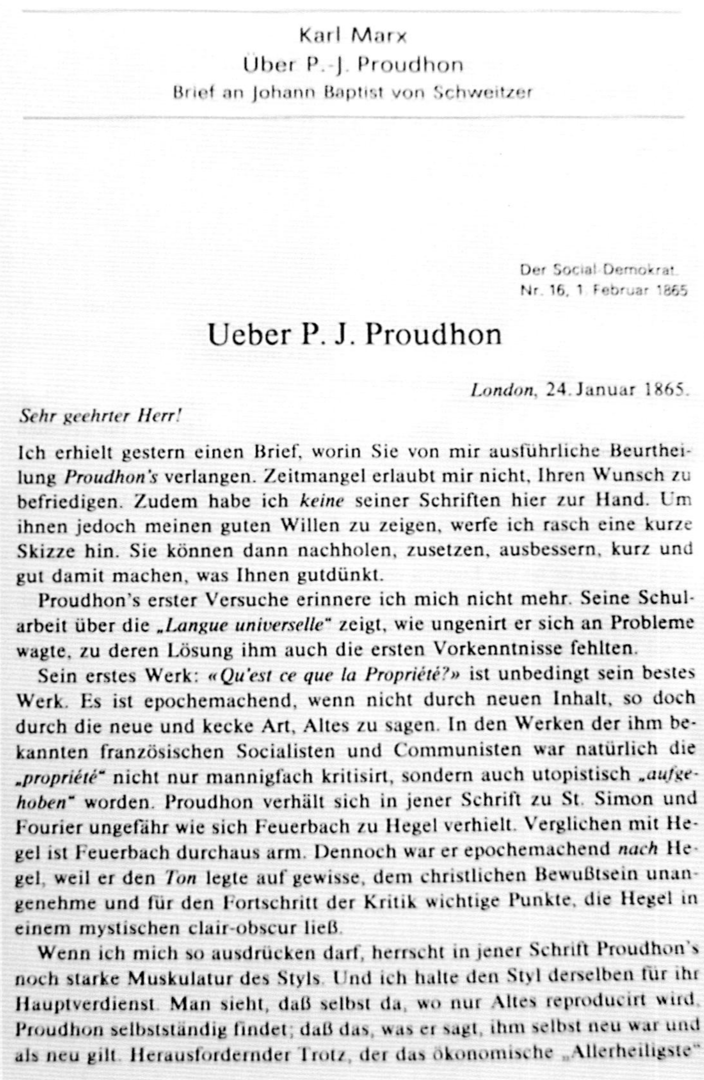

Karl Marx
Über P.-J. Proudhon
Brief an Johann Baptist von Schweitzer

Der Social-Demokrat.
Nr. 16, 1. Februar 1865

Ueber P. J. Proudhon

London, 24. Januar 1865.

Sehr geehrter Herr!

Ich erhielt gestern einen Brief, worin Sie von mir ausführliche Beurtheilung *Proudhon's* verlangen. Zeitmangel erlaubt mir nicht, Ihren Wunsch zu befriedigen. Zudem habe ich *keine* seiner Schriften hier zur Hand. Um ihnen jedoch meinen guten Willen zu zeigen, werfe ich rasch eine kurze Skizze hin. Sie können dann nachholen, zusetzen, ausbessern, kurz und gut damit machen, was Ihnen gutdünkt.

Proudhon's erster Versuche erinnere ich mich nicht mehr. Seine Schularbeit über die *„Langue universelle"* zeigt, wie ungenirt er sich an Probleme wagte, zu deren Lösung ihm auch die ersten Vorkenntnisse fehlten.

Sein erstes Werk: *«Qu'est ce que la Propriété?»* ist unbedingt sein bestes Werk. Es ist epochemachend, wenn nicht durch neuen Inhalt, so doch durch die neue und kecke Art, Altes zu sagen. In den Werken der ihm bekannten französischen Socialisten und Communisten war natürlich die *„propriété"* nicht nur mannigfach kritisirt, sondern auch utopistisch *„aufgehoben"* worden. Proudhon verhält sich in jener Schrift zu St. Simon und Fourier ungefähr wie sich Feuerbach zu Hegel verhielt. Verglichen mit Hegel ist Feuerbach durchaus arm. Dennoch war er epochemachend *nach* Hegel, weil er den *Ton* legte auf gewisse, dem christlichen Bewußtsein unangenehme und für den Fortschritt der Kritik wichtige Punkte, die Hegel in einem mystischen clair-obscur ließ.

Wenn ich mich so ausdrücken darf, herrscht in jener Schrift Proudhon's noch starke Muskulatur des Styls. Und ich halte den Styl derselben für ihr Hauptverdienst. Man sieht, daß selbst da, wo nur Altes reproducirt wird, Proudhon selbstständig findet; daß das, was er sagt, ihm selbst neu war und als neu gilt. Herausfordernder Trotz, der das ökonomische „Allerheiligste"

37

38

39

1870年9月，恩格斯在告别了“可诅咒的商业”之后，由曼彻斯特移居伦敦，从此他和马克思又朝夕相处，为无产阶级解放事业并肩战斗。(40)

40. 19世纪70年代的马克思和恩格斯（素描） 茹科夫

国际工人协会1871年9月17—23日在伦敦举行秘密代表会议，讨论在新形势下工人阶级的政治行动问题。马克思和恩格斯批判了关于放弃政治行动的无政府主义观点，阐明了无产阶级建立独立政党的必要性。在他们的努力下，会议通过了无产阶级必须建立独立政党的决议。(41-42)

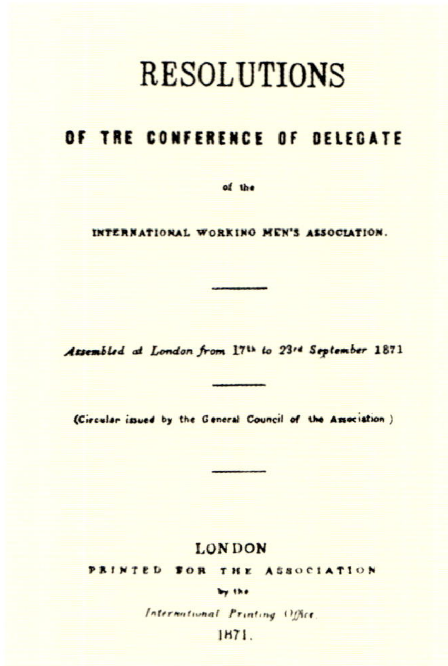

RESOLUTIONS

OF THE CONFERENCE OF DELEGATE

of the

INTERNATIONAL WORKING MEN'S ASSOCIATION.

Assembled at London from 17th to 23rd September 1871

(Circular issued by the General Council of the Association)

LONDON

PRINTED FOR THE ASSOCIATION

by the

International Printing Office

1871.

41

42

41. 1871年9月17—23日在伦敦举行的国际工人协会代表会议决议

42. 在伦敦代表会议上（油画） 李台还

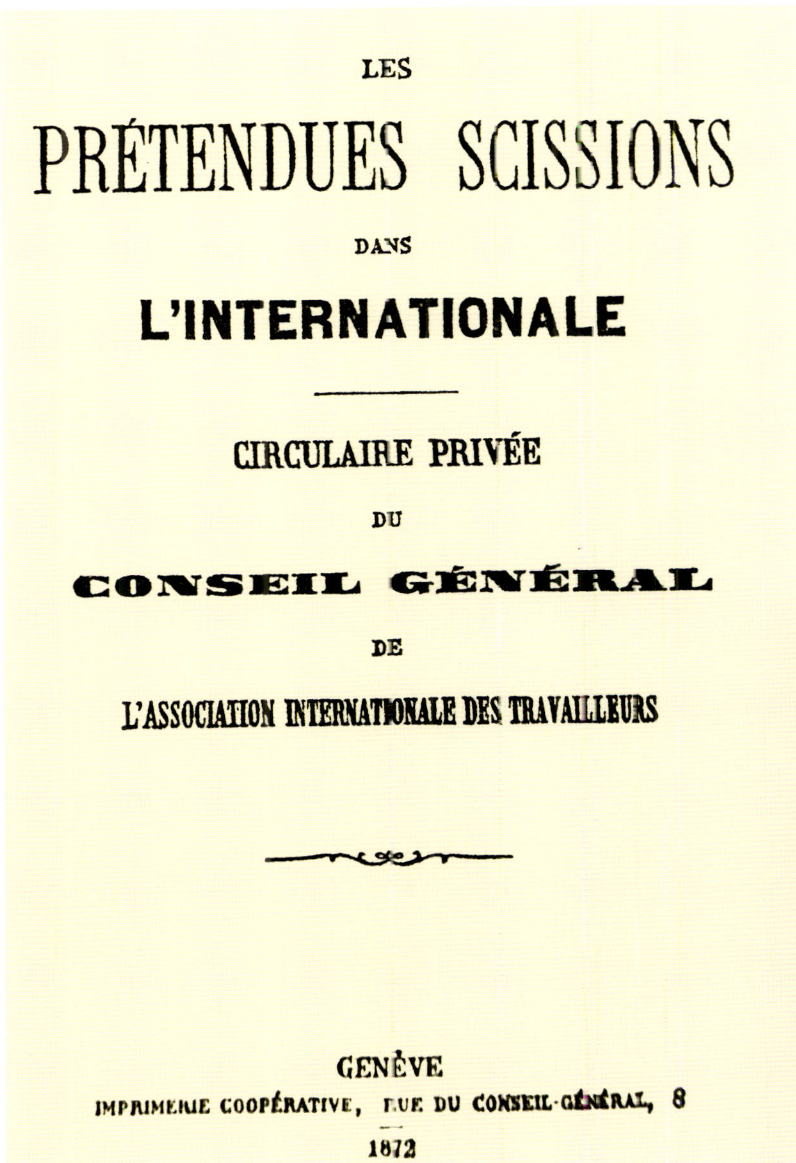

LES

PRÉTENDUES SCISSIONS

DANS

L'INTERNATIONALE

CIRCULAIRE PRIVÉE

DU

CONSEIL GÉNÉRAL

DE

L'ASSOCIATION INTERNATIONALE DES TRAVAILLEURS

GENÈVE

IMPRIMERIE COOPÉRATIVE, RUE DU CONSEIL-GÉNÉRAL, 8

1872

43

44

伦敦代表会议后，巴枯宁分子加紧进行分裂活动。马克思和恩格斯写了《所谓国际内部的分裂》一文，揭露了巴枯宁分子的真正目的及其分裂工人运动的宗派活动。（43-44）

43. 马克思和恩格斯的小册子《所谓国际内部的分裂》扉页

44. 米哈伊尔·亚历山大罗维奇·巴枯宁（1814—1876），俄国无政府主义和民粹主义创始人，国际工人协会中无政府主义派别的首领。

1872 年 6 月起，马克思为筹备国际工人协会海牙代表大会紧张工作。(45-46)

45. 1872 年 6 月 18 日国际总委员会会议记录的一页，上面记有马克思提出的关于下次会议讨论海牙代表大会筹备工作的建议。

46. 马克思在国际总委员会会议上发言 （素描）
明科夫　罗曼诺夫

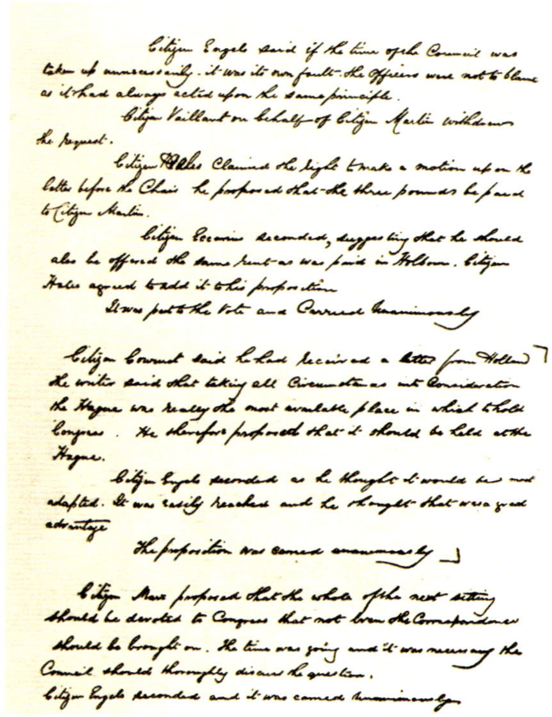

Citizen Engels said if the time of the Council was taken up unnecessarily, it was its own fault. The Officers were not to blame as it had always acted upon the same principle.

Citizen Vaillant on behalf of Citizen Martin withdrew the request.

Citizen Hales claimed the right to make a motion upon the letter before the Chair. He proposed that the three pounds be paid to Citizen Martin.

Citizen Cournet seconded, suggesting that he should also be offered the same rent as was paid in Holborn. Citizen Hales agreed to add it to his proposition.

It was put to the vote and carried unanimously.

Citizen Cournet said he had received a letter from Holland. The writer said that taking all circumstances into consideration the Hague was really the most available place in which to hold Congress. He therefore proposed that it should be held at the Hague.

Citizen Engels seconded as he thought it would be most adapted. It was easily reached and he thought that was a great advantage.

The proposition was carried unanimously.

Citizen Marx proposed that the whole of the next sitting should be devoted to Congress, that not even the Correspondence should be brought on. The time was going and it was necessary the Council should thoroughly discuss the question.

Citizen Engels seconded and it was carried unanimously.

45

46

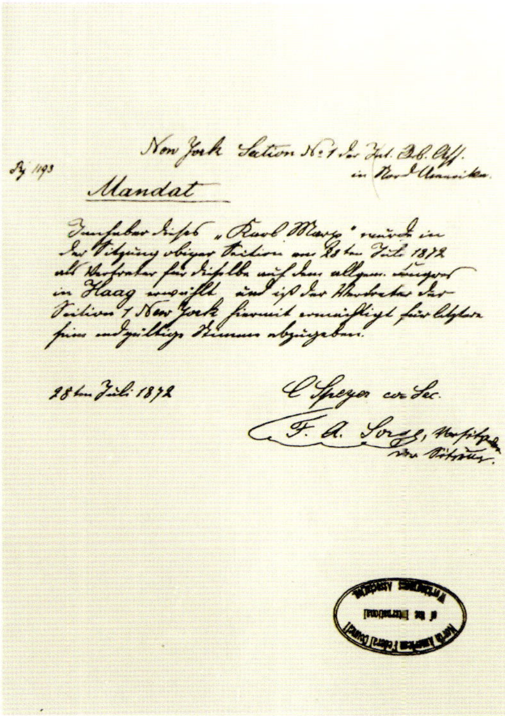

47

1872 年 9 月 1 日，马克思和恩格斯一起来到海牙参加国际工人协会代表大会。(47–49)

47. 1872 年 7 月 28 日国际工人协会纽约德国人第一支部发给马克思出席海牙代表大会的委托书

48. 1870 年前后的海牙

48

49. 抵达海牙 （中国画） 马振声

至于我个人，我将继续自己的事业，为创立这种对未来具有如此良好作用的所有工人的团结而不倦地努力。不，我不会退出国际，我将一如既往，把自己的余生贡献出来，争取我们深信迟早会导致无产阶级在全世界统治的那种社会思想的胜利。

——马克思

在1872年9月2—7日召开的国际工人协会海牙代表大会上，马克思代表总委员会作了工作报告。恩格斯代表总委员会向大会提交了揭露巴枯宁派秘密团体社会主义民主同盟的报告。会议经过激烈斗争，挫败了巴枯宁分子的分裂阴谋，决定把巴枯宁等开除出国际。大会批准了伦敦代表会议关于无产阶级必须建立独立政党的决议，并且决定把总委员会驻地迁往纽约。(50-51)

50. 马克思在国际工人协会海牙代表大会上发言 （绘画） 热兹尼科夫

51. 恩格斯在国际工人协会海牙代表大会上发言 （素描） 茹科夫

50

51

海牙代表大会后，马克思和恩格斯撰写《社会主义民主同盟和国际工人协会》一书，根据大量实际材料，进一步揭露巴枯宁分子的种种阴谋诡计，总结国际在理论上和组织上对巴枯宁分子的斗争。(52-54)

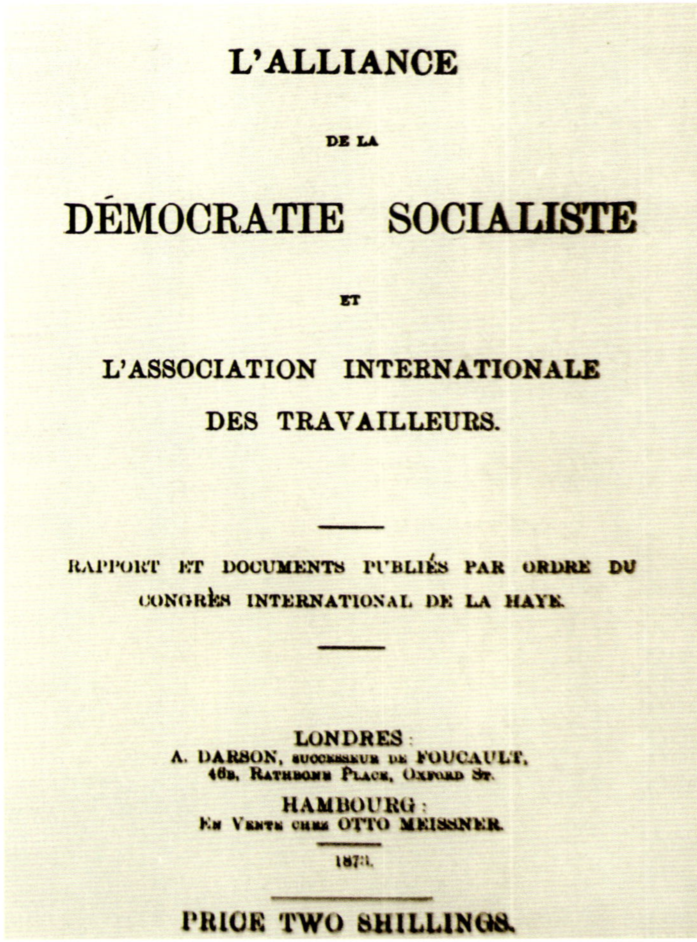

L'ALLIANCE

DE LA

DÉMOCRATIE SOCIALISTE

ET

L'ASSOCIATION INTERNATIONALE DES TRAVAILLEURS.

RAPPORT ET DOCUMENTS PUBLIÉS PAR ORDRE DU CONGRÈS INTERNATIONAL DE LA HAYE.

LONDRES:
A. DARSON, SUCCESSEUR DE FOUCAULT,
46B, RATHBONE PLACE, OXFORD ST.
HAMBOURG:
EN VENTE CHEZ OTTO MEISSNER.
1873.

PRICE TWO SHILLINGS.

52

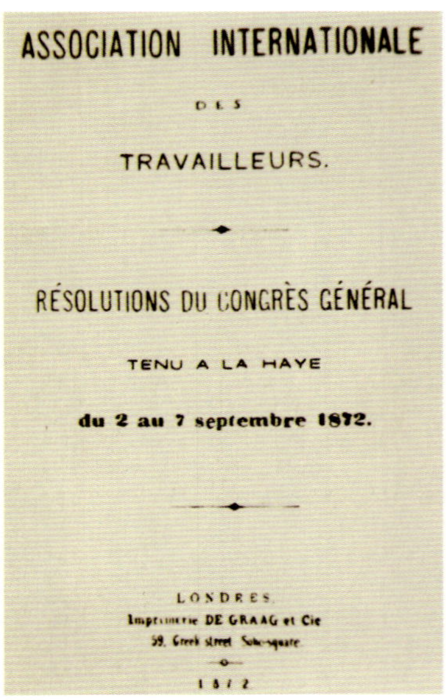

ASSOCIATION INTERNATIONALE

DES

TRAVAILLEURS.

RÉSOLUTIONS DU CONGRÈS GÉNÉRAL

TENU A LA HAYE

du 2 au 7 septembre 1872.

LONDRES
Imprimerie DE GRAAG et Cie
59, Greek street, Soho-square
1872

53

54

52. 《社会主义民主同盟和国际工人协会》扉页

53. 1872 年在伦敦出版的海牙代表大会决议单行本扉页

54. 海牙代表大会结束后代表们步出会场（当时的版画）

国际工人协会成立后，马克思在伦敦的家成为各国工人运动活动家经常聚会的地方。(55-56)

55. 伦敦梅特兰公园路摩德纳别墅 1 号，马克思一家从 1864 年至 1875 年在此居住了 11 年。

56. 马克思在伦敦的工作室（模型）

55

56

马克思的妻子和女儿们积极支持他在国际工人协会的工作，她们密切关注国际无产阶级革命运动，并为此作出了宝贵的贡献。(57-64)

57. 马克思（1866 年 3 月底）
58. 马克思夫人燕妮・马克思（1864 年）
59. 马克思和大女儿燕妮
60. 马克思的大女儿燕妮
61. 1872 年 10 月 10 日燕妮与法国工人运动活动家沙尔・龙格举行婚礼。
62. 马克思的二女儿劳拉
63. 法国工人运动活动家保尔・拉法格，1868 年与劳拉结婚。
64. 马克思的小女儿爱琳娜

57

58

59

60

61

62

63

64

1869 年 9 月，马克思在女儿燕妮的陪同下，动身到汉诺威去看望库格曼，途中专程拜访了工人理论家狄慈根。

马克思认为狄慈根是“最有天才的工人之一”，他的著作“包含着许多卓越的思想，而且作为一个工人的独立思考的产物来说，甚至是令人惊叹的思想”。(65-66)

65. 约瑟夫·狄慈根（1828—1888），德国制革工人，自学成才的哲学家，曾参加 1848—1849 年革命，共产主义者同盟盟员，国际工人协会会员。

66. 走访工人理论家 （油画） 高莽

65

66

第八章

满腔热情支持巴黎公社

1870 年 7 月 19 日，普法战争爆发。马克思受国际总委员会委托，先后起草了关于普法战争的两篇宣言。在第一篇宣言中，马克思阐明交战双方的目的实质上是维护本国王朝的利益；德法无产阶级应当团结一致，共同制止战争。在第二篇宣言中，马克思揭露了普鲁士政府的侵略意图，要求德国工人阶级反对侵略战争，承认法兰西共和国，同时号召法国工人阶级抓住有利时机，切实加强本阶级的组织。

1871 年 3 月 18 日，巴黎爆发人民起义，推翻资产阶级政权。3 月 28 日，巴黎公社宣告成立。马克思原先认为在起义条件不成熟的情况下，工人阶级不宜过早采取行动。但是，巴黎起义爆发后，马克思毫不犹豫地站到革命群众一边，热情支持这些“冲天的巴黎人”，指出“工人阶级反对资本家阶级及其国家的斗争，由于巴黎的斗争而进入了一个新阶段。不管这件事情的直接结果怎样，具有世界历史意义的新起点毕竟是已经取得了”。

马克思和恩格斯充分肯定巴黎公社的革命创举和伟大意义，揭露资产阶级报刊散布的各种谎言，呼吁各国无产阶级和进步力量声援巴黎人民的革命行动。马克思通过国际总委员会，向各个支部发出几百封信件，号召他们发起支持公社的运动。马克思密切关注巴黎形势的发展和公社所采取的革命措施，并向公社领导人提出许多重要建议。

巴黎公社宣告成立后，马克思仔细收集和研究有关公社活动的各种资料，并受国际工人协会总委员会的委托起草告全体会员的宣言，即《法兰西内战》。1871 年 5 月 30 日，也就是巴黎最后一个街垒陷落两天后，总委员会批准了马克思宣读的《法兰西内战》定稿本。这部著作是科学社会主义的重要文献。马克思在这部著作中全面总结了巴黎公社的战斗历程和革命经验，阐述了巴黎公社的性质和伟大功绩，充分肯定了巴黎公社作为真正民主的国家政权所采取的各项措施，进一步发展了马克思主义关于阶级斗争、国家、无产阶级革命和无产阶级专政的理论。

马克思充分肯定巴黎公社的革命原则及其深远意义。他庄严宣告：“公社的原则是永存的，是消灭不了的；这些原则将一再凸显出来，直到工人阶级获得解放。”巴黎公社失败后，大量的公社社员和无辜平民遭到镇压和迫害。马克思领导国际工人协会开展了积极的救助活动。

19 世纪 60 年代中后期，随着普鲁士主导下的德国统一进程的推进，普鲁士王国与法兰西第二帝国之间的矛盾日益尖锐。1870 年 7 月 19 日普法战争爆发。同年 9 月法军在色当会战中惨败，拿破仑第三被俘，巴黎人民推翻王朝，宣告法兰西共和国成立。(01-03)

01. 1870 年 8 月 6 日普法战争的战斗场面

02. 1870 年 9 月 1—2 日的色当会战

03. 1870 年 9 月 4 日法兰西共和国宣告成立

01

02

03

不管当前这场可憎的战争进程如何，全世界工人阶级的联合终究会根绝一切战争。

——马克思

普法战争爆发当天，马克思受国际总委员会委托起草了关于普法战争的宣言。色当会战之后，马克思又起草了第二篇宣言。这两篇宣言科学地分析了这场战争的性质和发展趋向，指明了德法两国工人在这场战争中的行动方向。（04–06）

04. 国际总委员会关于普法战争的第一篇宣言的传单

05. 《派尔－麦尔新闻》是伦敦出版的一家日报，刊登过总委员会关于普法战争的第一篇宣言和第二篇宣言的摘要。

06. 国际总委员会关于普法战争的第二篇宣言的德译文（马克思手迹）

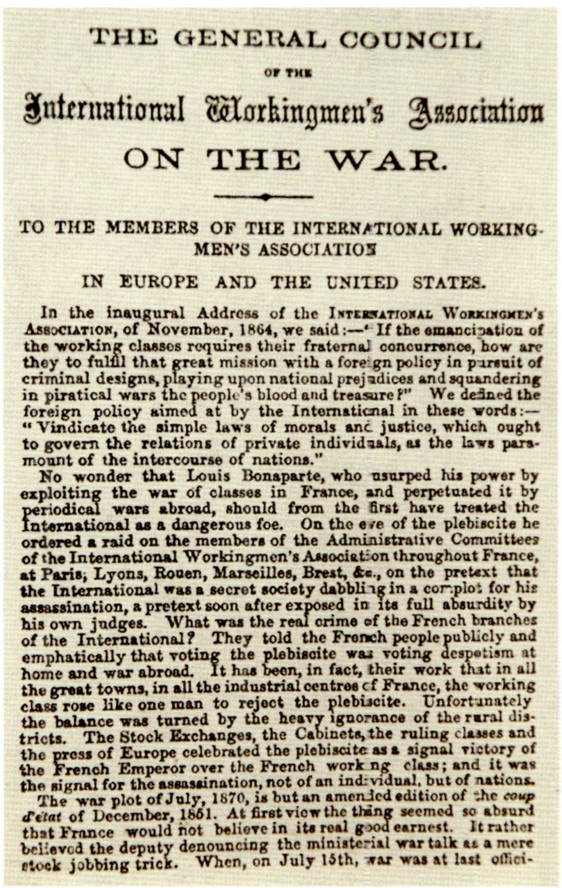

THE GENERAL COUNCIL

OF THE

International Workingmen's Association

ON THE WAR.

TO THE MEMBERS OF THE INTERNATIONAL WORKING-MEN'S ASSOCIATION

IN EUROPE AND THE UNITED STATES.

In the inaugural Address of the INTERNATIONAL WORKINGMEN'S ASSOCIATION, of November, 1864, we said:—"If the emancipation of the working classes requires their fraternal concurrence, how are they to fulfil that great mission with a foreign policy in pursuit of criminal designs, playing upon national prejudices and squandering in piratical wars the people's blood and treasure?" We defined the foreign policy aimed at by the International in these words:—"Vindicate the simple laws of morals and justice, which ought to govern the relations of private individuals, as the laws paramount of the intercourse of nations."

No wonder that Louis Bonaparte, who usurped his power by exploiting the war of classes in France, and perpetuated it by periodical wars abroad, should from the first have treated the International as a dangerous foe. On the eve of the plebiscite he ordered a raid on the members of the Administrative Committees of the International Workingmen's Association throughout France, at Paris, Lyons, Rouen, Marseilles, Brest, &c., on the pretext that the International was a secret society dabbling in a complot for his assassination, a pretext soon after exposed in its full absurdity by his own judges. What was the real crime of the French branches of the International? They told the French people publicly and emphatically that voting the plebiscite was voting despotism at home and war abroad. It has been, in fact, their work that in all the great towns, in all the industrial centres of France, the working class rose like one man to reject the plebiscite. Unfortunately the balance was turned by the heavy ignorance of the rural districts. The Stock Exchanges, the Cabinets, the ruling classes and the press of Europe celebrated the plebiscite as a signal victory of the French Emperor over the French working class; and it was the signal for the assassination, not of an individual, but of nations.

The war plot of July, 1870, is but an amended edition of the *coup d'etat* of December, 1851. At first view the thing seemed so absurd that France would not believe in its real good earnest. It rather believed the deputy denouncing the ministerial war talk as a mere stock jobbing trick. When, on July 15th, war was at last offici-

04

THE

PALL MALL GAZETTE

An Evening Newspaper and Review.

No. 1703—VOL. XII. *FRIDAY, JULY 29, 1870* *Price 2d.; Stamped, 3d*

05

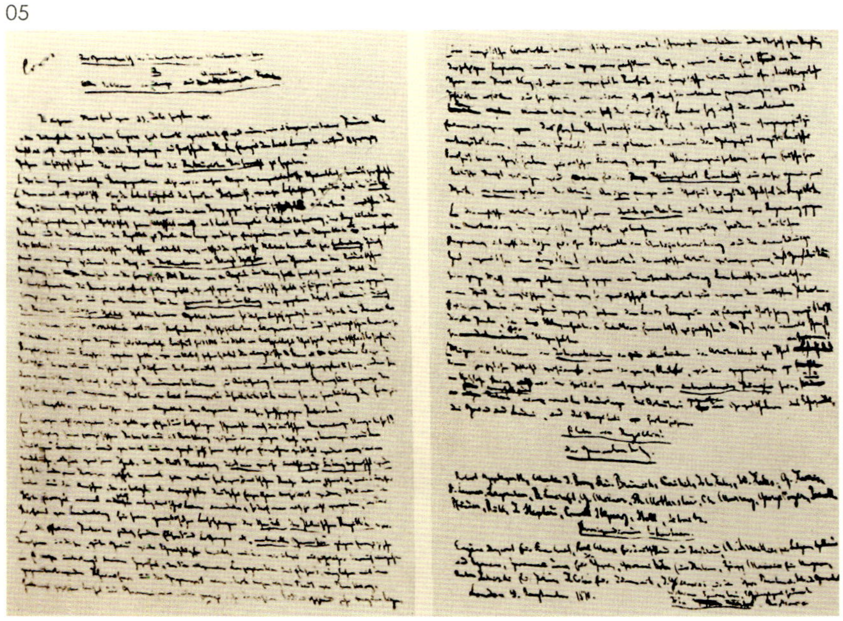

06

法兰西共和国成立后，资产阶级的国防政府对内镇压人民，对外卖国投降，激起巴黎人民强烈不满。1871 年 3 月 18 日，国民自卫军战士和巴黎人民举行武装起义，推翻资产阶级政府。3 月 28 日，巴黎公社宣告成立。马克思和恩格斯得知巴黎爆发革命的消息后，坚决站在“冲天的巴黎人”一边。(07-14)

07. 巴黎人民武装起义取得胜利

08. 1871 年 3 月 18 日肖蒙高地的守卫者

09. 巴黎蒙马特尔高地国民自卫军的大炮

10. 坚决站在“冲天的巴黎人”一边 （油画） 张文新

07

08

09

11. 1871 年 3 月 28 日巴黎公社宣告成立

12. 人民的扫帚（漫画），图中象征着人民怒火的大扫帚正在把梯也尔、维努瓦、法夫尔、特罗胥等人赶出巴黎。

13. 国民自卫军中央委员会 3 月 19 日关于通过选举成立巴黎公社的告人民书

11

12

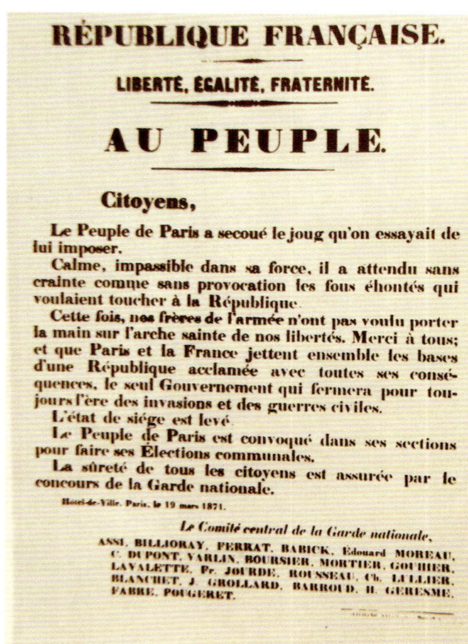

RÉPUBLIQUE FRANÇAISE.

LIBERTÉ, ÉGALITÉ, FRATERNITÉ.

AU PEUPLE.

Citoyens,

Le Peuple de Paris a secoué le joug qu'on essayait de lui imposer.

Calme, impassible dans sa force, il a attendu sans crainte comme sans provocation les fous éhontés qui voulaient toucher à la République.

Cette fois, nos frères de l'armée n'ont pas voulu porter la main sur l'arche sainte de nos libertés. Merci à tous; et que Paris et la France jettent ensemble les bases d'une République acclamée avec toutes ses conséquences, le seul Gouvernement qui fermera pour toujours l'ère des invasions et des guerres civiles.

L'état de siége est levé.

Le Peuple de Paris est convoqué dans ses sections pour faire ses Élections communales.

La sûreté de tous les citoyens est assurée par le concours de la Garde nationale.

Hôtel-de-Ville, Paris, le 19 mars 1871.

Le Comité central de la Garde nationale,

ASSI, BILLIORAY, FERRAT, BABICK, Édouard MOREAU, C. DUPONT, VARLIN, BOURSIER, MORTIER, GOUHIER, LAVALETTE, Fr. JOURDE, ROUSSEAU, Ch. LULLIER, BLANCHET, J. GROLLARD, BARROUD, H. GERESME, FABRE, POUGERET.

13

14. 巴黎公社部分委员

莱奥·弗兰克尔（1844—1896），匈牙利工人运动活动家，国际总委员会委员。

路易·欧仁·瓦尔兰（1839—1871），法国工人运动活动家，国际巴黎支部联合会主席。

路易·奥古斯特·布朗基(1805—1881)，法国革命家，布朗基主义创始人，缺席当选为公社委员。

爱德华·玛丽·瓦扬（1840—1915），法国工人运动活动家，国际总委员会委员。

埃米尔·德西雷·弗朗索瓦·埃德（1843—1888），法国工人运动活动家，国际巴黎支部成员。

泰奥菲尔·沙尔·吉尔·费雷(1846—1871），法国工人运动活动家。

拉乌尔·里果（1846—1871），法国工人运动活动家。

古斯塔夫·保尔·弗路朗斯（1838—1871），法国工人运动活动家。

加布里埃尔·朗维埃（1828—1879），法国工人运动活动家，国际总委员会委员。

马克思对巴黎公社的事业十分关心，通过各种渠道了解公社的情况，并给公社提出建议，公社的领导人也常常主动征求马克思的意见。(15)

15. 马克思托人转达对公社的建议（水粉画） 汤小铭

巴黎公社成立后，为把公社建成真正民主的国家政权而采取了一系列重要措施：公社代表和维护劳动群众的利益，由人民直接行使权力；公社的权力机构和人民代表由选举产生，对选民负责，并可随时撤换；武装力量按民主原则组织；司法机关的官吏由选举出来的法官取代；所有公职人员领取相当于熟练工人的工资，等等。（16-21）

16

17

18

16. 根据公社的决定，拆除旺多姆广场上象征民族沙文主义的凯旋柱。
17. 根据巴黎公社的法令，劳动人民从当铺里无偿拿回自己的生产工具和物品。
18. 公社委员会举行会议
19. 1871 年 3 月 29 日发布的巴黎公社成立宣言

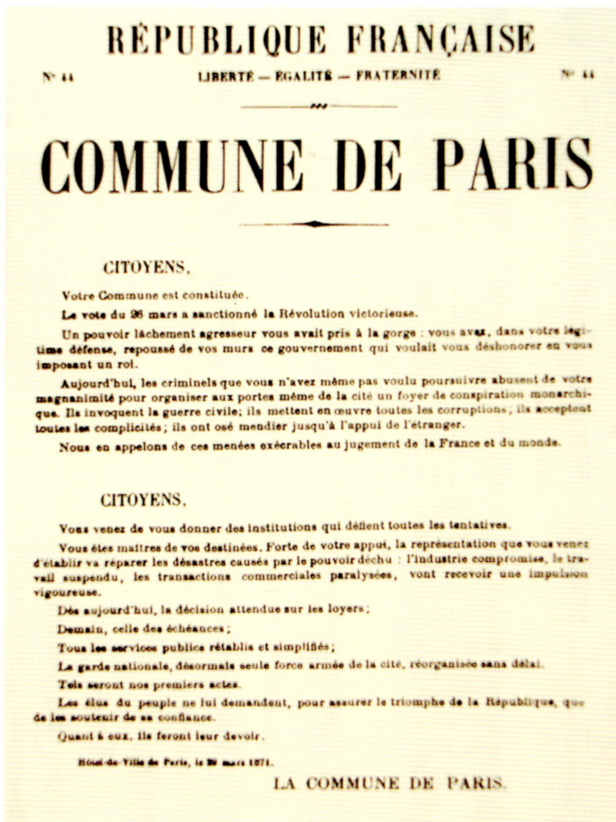

RÉPUBLIQUE FRANÇAISE

N° 44 LIBERTÉ — ÉGALITÉ — FRATERNITÉ N° 44

COMMUNE DE PARIS

CITOYENS,

Votre Commune est constituée.

Le vote du 26 mars a sanctionné la Révolution victorieuse.

Un pouvoir lâchement agresseur vous avait pris à la gorge : vous avez, dans votre légitime défense, repoussé de vos murs ce gouvernement qui voulait vous déshonorer en vous imposant un roi.

Aujourd'hui, les criminels que vous n'avez même pas voulu poursuivre abusent de votre magnanimité pour organiser aux portes même de la cité un foyer de conspiration monarchique. Ils invoquent la guerre civile; ils mettent en œuvre toutes les corruptions; ils acceptent toutes les complicités; ils ont osé mendier jusqu'à l'appui de l'étranger.

Nous en appelons de ces menées exécrables au jugement de la France et du monde.

CITOYENS,

Vous venez de vous donner des institutions qui défient toutes les tentatives.

Vous êtes maîtres de vos destinées. Forte de votre appui, la représentation que vous venez d'établir va réparer les désastres causés par le pouvoir déchu : l'industrie compromise, le travail suspendu, les transactions commerciales paralysées, vont recevoir une impulsion vigoureuse.

Dès aujourd'hui, la décision attendue sur les loyers;

Demain, celle des échéances;

Tous les services publics rétablis et simplifiés;

La garde nationale, désormais seule force armée de la cité, réorganisée sans délai.

Tels seront nos premiers actes.

Les élus du peuple ne lui demandent, pour assurer le triomphe de la République, que de les soutenir de sa confiance.

Quant à eux, ils feront leur devoir.

Hôtel-de-Ville de Paris, le 29 mars 1871.

LA COMMUNE DE PARIS.

19

20. 在巴黎被围困的情况下，公社施放气球，散发《告法国人民书》、《告农村劳动者书》。

21. 英国工人在海德公园集会，声援巴黎公社。

20

21

盘踞在凡尔赛的梯也尔反动政府勾结普鲁士军队，向巴黎公社疯狂反扑。公社战士们为捍卫公社事业进行了英勇不屈的斗争。1871 年 5 月 28 日，巴黎公社最终失败。(22-27)

22. 雅罗斯拉夫·东布罗夫斯基（1836—1871），波兰军官，革命民主主义者，公社武装力量总司令。
23. 瓦列里·符卢勃列夫斯基（1836—1908），波兰革命民主主义者，公社将军，国际总委员会委员和波兰通讯书记。
24. 公社社员在贝尔维尔构筑的街垒

22

23

24

工人的巴黎及其公社将永远作为新社会的光辉先驱而为人所称颂。它的英烈们已永远铭记在工人阶级的伟大心坎里。那些扼杀它的刽子手们已经被历史永远钉在耻辱柱上，不论他们的教士们怎样祷告也不能把他们解脱。

——马克思

26

25. 公社最后的战斗
26. 保卫公社的战斗
27. 凡尔赛分子在拉雪兹神父公墓枪杀公社社员

27

巴黎公社失败两天后，即5月30日，马克思在国际工人协会总委员会的会议上宣读了他撰写的总委员会宣言《法兰西内战》。这部著作科学地总结了巴黎公社的经验教训，进一步阐述和发展了马克思主义关于阶级斗争、国家、无产阶级革命和无产阶级专政的理论。(28-31)

28. 马克思（1872年上半年于伦敦）
29.《法兰西内战》初稿手稿
30.《法兰西内战》二稿手稿
31.《法兰西内战》英文第3版扉页

28

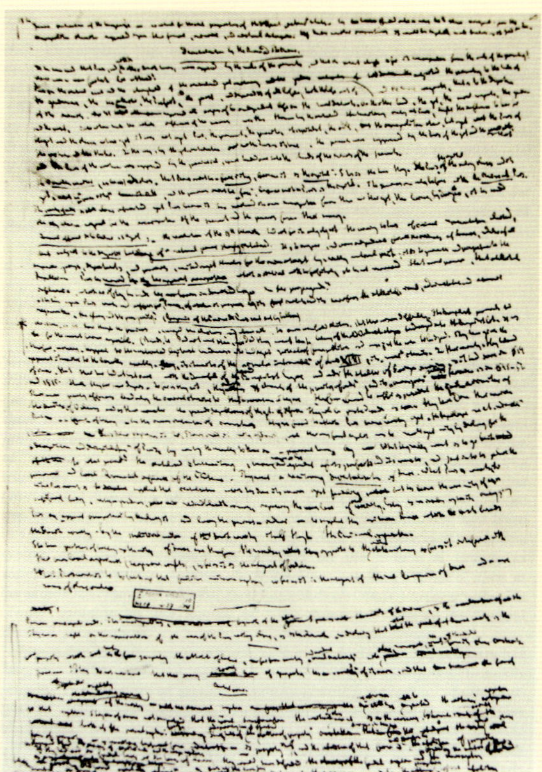

29

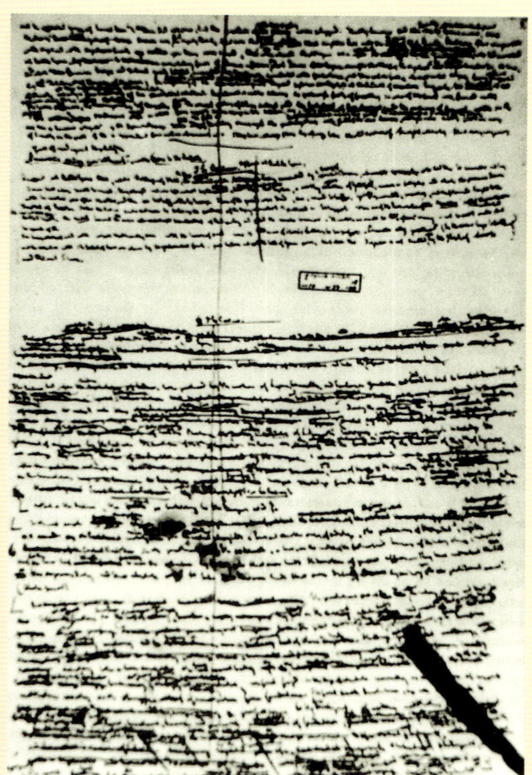

30

公社的真正秘密就在于：它实质上是工人阶级的政府，是生产者阶级同占有者阶级斗争的产物，是终于发现的可以使劳动在经济上获得解放的政治形式。

——马克思

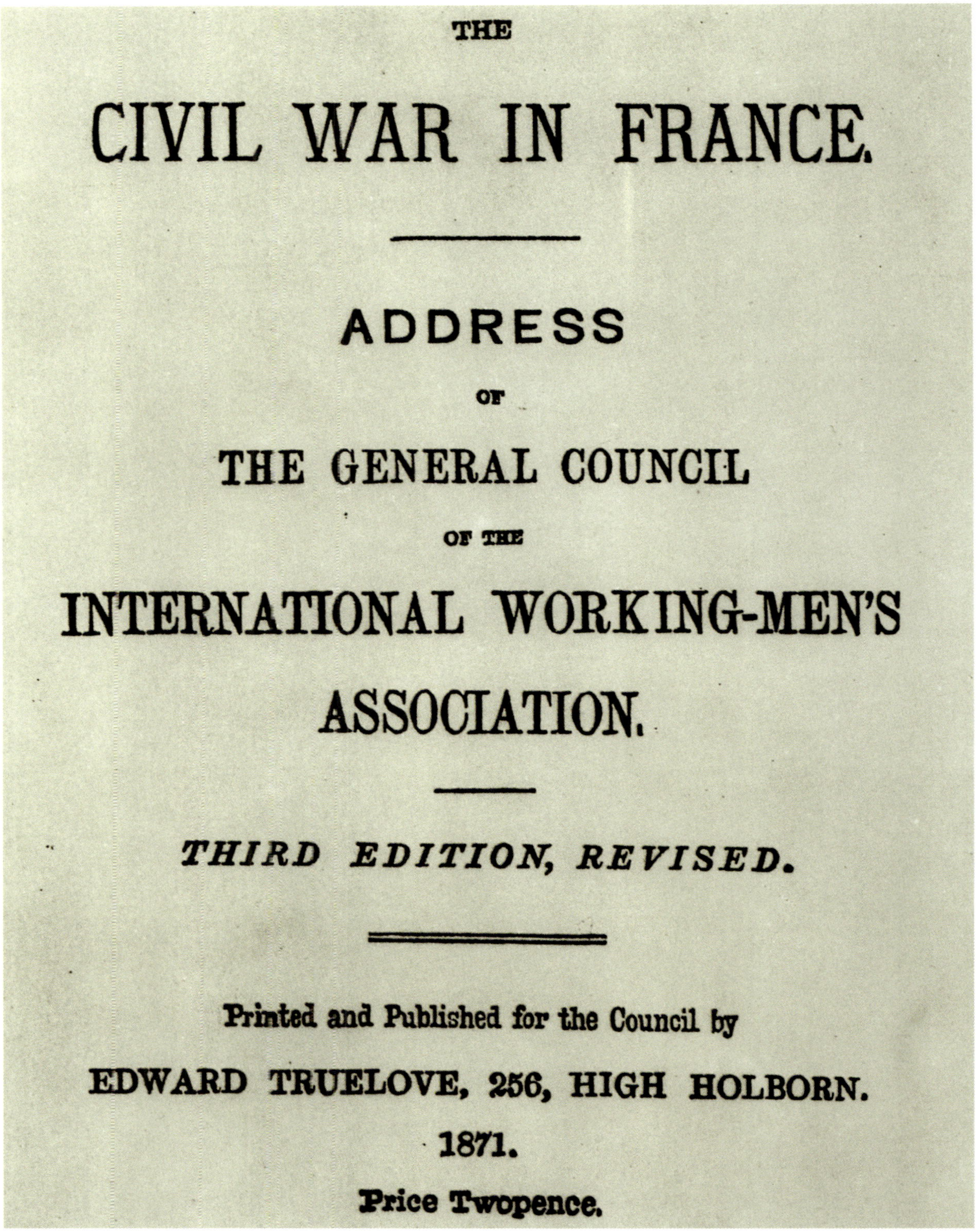

THE

CIVIL WAR IN FRANCE.

ADDRESS

OF

THE GENERAL COUNCIL

OF THE

INTERNATIONAL WORKING-MEN'S

ASSOCIATION.

THIRD EDITION, REVISED.

Printed and Published for the Council by

EDWARD TRUELOVE, 256, HIGH HOLBORN.

1871.

Price Twopence.

31

巴黎公社失败后，幸存的公社社员有些遭到审判，有些流亡国外。(32-33)

32. 反动当局对巴黎公社社员的审判

33. 在伦敦的巴黎公社流亡者

32

33

马克思和恩格斯非常关心巴黎公社社员的处境。他们想方设法营救尚未脱险的公社社员，为他们办护照、筹路费，并且在伦敦组织公社流亡者委员会，为流亡者安排食宿，谋求职业。公社流亡者把马克思家看做可以得到温暖的“避难所”。(34-36)

34. 马克思《关于流亡的公社社员状况的札记》。上面写着：“在公社被镇压时有 460 名（外国人）被捕。他们在囚犯船上呆了 5 个月。”

35. 公社流亡者委员会的募捐单

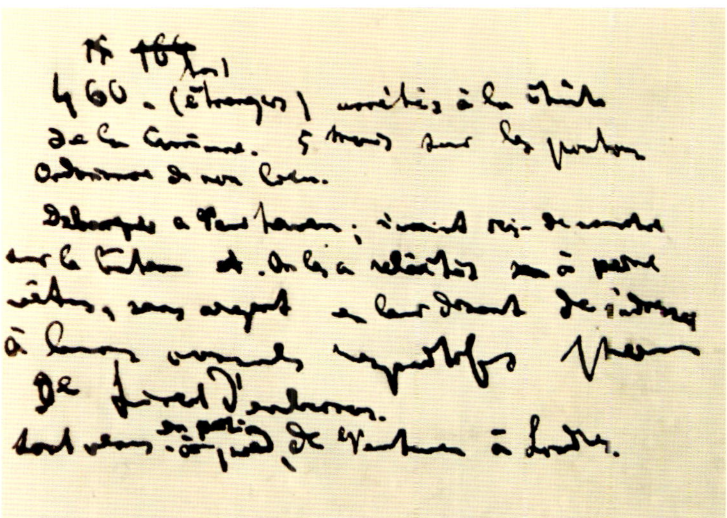

34

International Working Men's Association.

REFUGEE FUND:

IN AID OF

THE FRENCH COMMUNAL EXILES.

Office—256, HIGH HOLBORN. JOHN HALES, General Secretary.

August 8th 1871

Mr. ________ Collecting Sheet, No. ________

35

36. 马克思一家热情接待公社流亡者 （铜版画） 曹剑峰

斗争定会一次又一次地爆发，规模也将越来越大，最终谁将取得胜利——是少数占有者还是绝大多数劳动者——那是非常清楚的。而法国工人阶级还只是整个现代无产阶级的先锋队。

——马克思

马克思和国际工人协会对巴黎公社的支持招致反动势力的敌视，《法兰西内战》的发表更引起了资产阶级舆论的疯狂叫嚣，马克思顿时成了“伦敦受诽谤最多、受威胁最大的人”。反动势力不仅攻击、诬蔑马克思，还派暗探跟踪盯梢，监视马克思的行动。(37)

37. 伦敦受威胁最大的人（水粉画） 陈衍宁

巴黎公社遭到镇压后不久，幸存的公社委员、工人诗人欧仁·鲍狄埃创作了《国际歌》。1888 年，法国工人作曲家皮埃尔·狄盖特为《国际歌》谱写了曲子，从此这首歌被译成多种语言传遍世界，成为全世界无产者和被压迫人民的战斗歌曲。(38-42)

38. 欧仁·鲍狄埃（1816—1887），法国无产阶级诗人，巴黎公社委员，《国际歌》词作者。

39. 《国际歌》原稿

40. 皮埃尔·狄盖特（1848—1932），法国工人作曲家，《国际歌》曲作者。

41. 《国际歌》曲谱的手稿

42. 中文版《国际歌》的歌词和曲谱

38

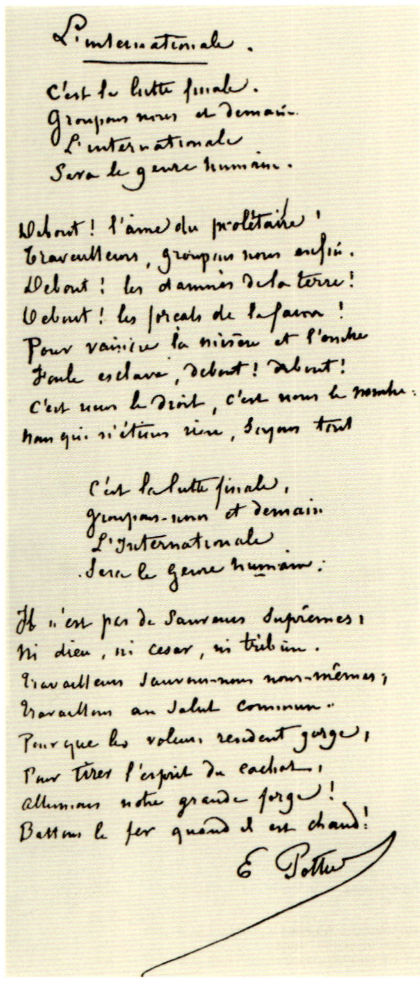
L'Internationale.

C'est la lutte finale.
Groupons-nous et demain
L'Internationale
Sera le genre humain.

Debout! l'âme du prolétaire!
Travailleurs, groupons-nous enfin.
Debout! les damnés de la terre!
Debout! les forçats de la faim!
Pour vaincre la misère et l'ombre
Foule esclave, debout! debout!
C'est nous le droit, c'est nous le nombre:
Nous qui n'étions rien, soyons tout.

C'est la lutte finale,
Groupons-nous et demain
L'Internationale
Sera le genre humain.

Il n'est pas de Sauveurs suprêmes:
Ni dieu, ni César, ni tribun.
Travailleurs sauvons-nous nous-mêmes,
Travaillons au salut commun.
Pour que les voleurs rendent gorge,
Pour tirer l'esprit du cachot,
Allumons notre grande forge!
Battons le fer quand il est chaud!

E. Pottier
39

一个有觉悟的工人，不管他来到哪个国家，不管命运把他抛到哪里，不管他怎样感到自己是异邦人，言语不通，举目无亲，远离祖国，——他都可以凭《国际歌》的熟悉的曲调，给自己找到同志和朋友。

——列宁

40

41

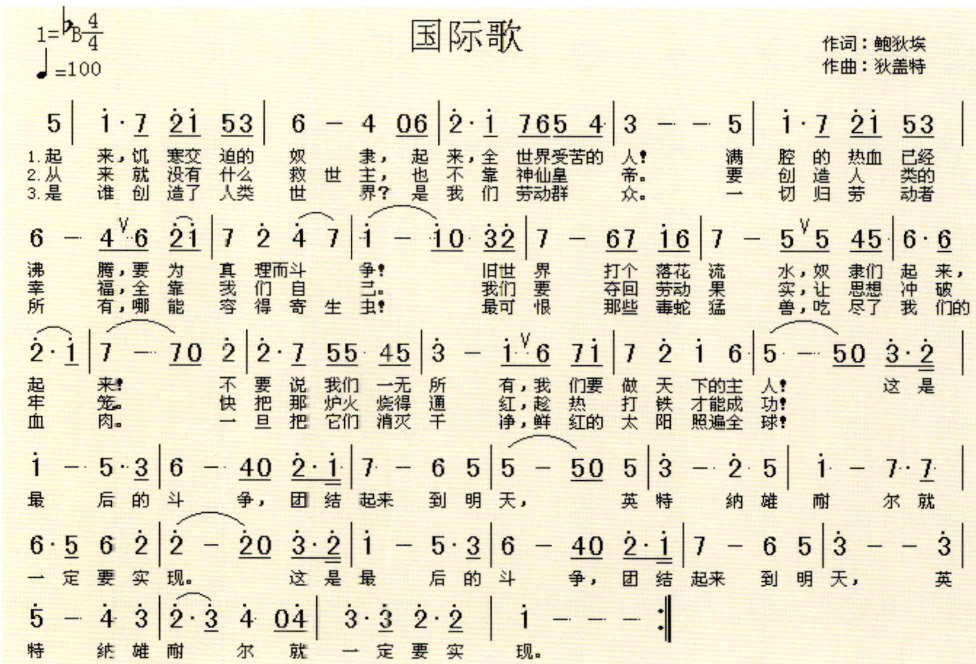

42

即使公社被打败，斗争也只是推迟而已。公社的原则是永存的，是消灭不了的；这些原则将一再凸显出来，直到工人阶级获得解放。

——马克思

43. 公社原则永存！（中国画） 王为政

第九章

奋斗不息的最后十年

长期紧张劳累的工作，严重损害了马克思的健康。马克思在他生命的最后十年中饱受多种疾病的困扰，但是，他仍然以惊人的毅力投身无产阶级解放事业。

19 世纪 70 年代，欧美各国的工人阶级相继建立自己的独立政党。马克思和恩格斯为指导欧美国家建立无产阶级政党倾注了大量心血。

1875 年 2 月，德国社会民主工党（爱森纳赫派）和全德工人联合会（拉萨尔派）在哥达召开了合并预备会议，并拟订了纲领草案《德国工人党纲领》。马克思告诫爱森纳赫派在同拉萨尔派合并时不要拿原则做交易，并抱病写了《德国工人党纲领批注》（即《哥达纲领批判》），逐条批判了纲领草案中的拉萨尔主义观点，阐发了科学社会主义的基本原理，第一次提出了共产主义社会分为第一阶段和高级阶段的理论，指出在资本主义社会和共产主义社会之间有一个政治上的过渡时期，这个时期的国家只能是无产阶级的革命专政。

1876 年，马克思积极支持恩格斯撰写《反杜林论》，批判杜林在哲学、政治经济学和社会主义理论领域宣扬的错误观点，以肃清杜林思想在德国社会主义工人党内的影响。马克思不仅赞同恩格斯阐述的理论观点，还亲自为《反杜林论》中的《政治经济学》编撰写了《〈批判史〉论述》一章的初稿。

1878 年 10 月，俾斯麦政府为镇压日益壮大的无产阶级革命运动，颁布了反社会党人非常法。马克思和恩格斯针对这部法令实施后德国党内出现的错误思想倾向，一方面批判了不顾现实条件、盲目要求进攻的“左”倾错误，另一方面批判了要求党服从政府法令、走“合法的”改良主义道路的右倾观点。马克思和恩格斯在 1879 年 9 月写给倍倍尔、李卜克内西、白拉克等人的《通告信》中严厉批判了党内的改良主义主张，重申阶级斗争对现代社会变革的巨大作用。

1880 年 5 月，马克思和恩格斯应法国工人党领导人盖得和拉法格的请求，帮助制定党的纲领。马克思口授了法国工人党纲领的理论部分，用精练的语言阐明了工人阶级的历史使命，指出了建立生产资料公有制和组织无产阶级独立政党的必要性。

马克思晚年除了继续从事《资本论》创作和政治经济学研究以外，还密切关注数学、生物学、电学、化学、地质学等自然科学的最新成果，并写下了大量笔记。为了研究俄国和东方落后国家的发展道路，他用了不少时间收集和研究俄国及其他地区的农村公社资料，并对俄国革命的发展前景作了科学预测。他还研读了大量世界史和人类史的著作，写下了关于古代社会和世界史的大量笔记。

1883 年 3 月 14 日，马克思逝世。

国际工人协会海牙代表大会后，马克思因劳累过度，身体十分虚弱。1874年8—9月，马克思在女儿爱琳娜陪同下到卡尔斯巴德疗养。9月下旬，马克思从卡尔斯巴德返回伦敦途中，在莱比锡、柏林和汉堡作短暂停留，会见了李卜克内西等德国社会民主工党的领导人。(01-07)

01. 马克思（1875年）
02. 卡尔斯巴德疗养地全景
03. 马克思的小女儿爱琳娜（杜西）
04. 马克思在卡尔斯巴德疗养期间住的日耳曼尼亚旅馆

02

03

04

05. 莱比锡火车站

06. 莱比锡霍赫施泰因旅馆，马克思和爱琳娜 1874 年 9 月 22—24 日在这里住过。

07. 旅馆登记簿上登记的马克思和爱琳娜的名字

05

06

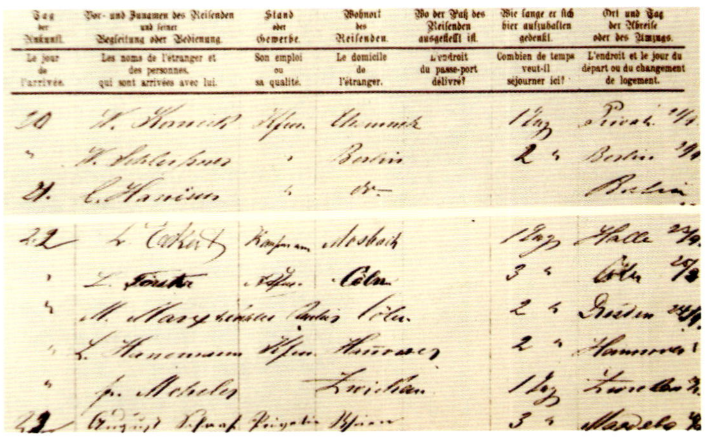

Tag der Ankunft. / Le jour de l'arrivée.	Vor- und Zunamen des Reisenden und seiner Begleitung oder Bedienung. / Les noms de l'étranger et des personnes, qui sont arrivées avec lui.	Stand oder Gewerbe. / Son emploi ou sa qualité.	Wohnort des Reisenden. / Le domicile de l'étranger.	Wo der Paß des Reisenden ausgestellt ist. / L'endroit du passe-port délivré?	Wie lange er sich hier aufzuhalten gedenkt. / Combien de temps veut-il séjourner ici?	Ort und Tag der Abreise oder des Umzugs. / L'endroit et le jour du départ ou du changement de logement.

07

在科学上没有平坦的大道，只有不畏劳苦沿着陡峭山路攀登的人，才有希望达到光辉的顶点。

——马克思

在 1872 年以后的几年内，尽管健康状况非常不好，马克思仍然坚持工作。除了继续撰写《资本论》第二卷和第三卷外，他还亲自校订了根据《资本论》第一卷德文第二版翻译的法文版，并进一步作了修订。他称这一版本有“独立的科学价值”。（08-10）

08.《资本论》第 1 卷法文版封面

09. 马克思 1872 年 3 月 18 日给《资本论》第 1 卷法文版出版商莫里斯・拉沙特尔的信

10.《资本论》第 1 卷法文版的一页

08

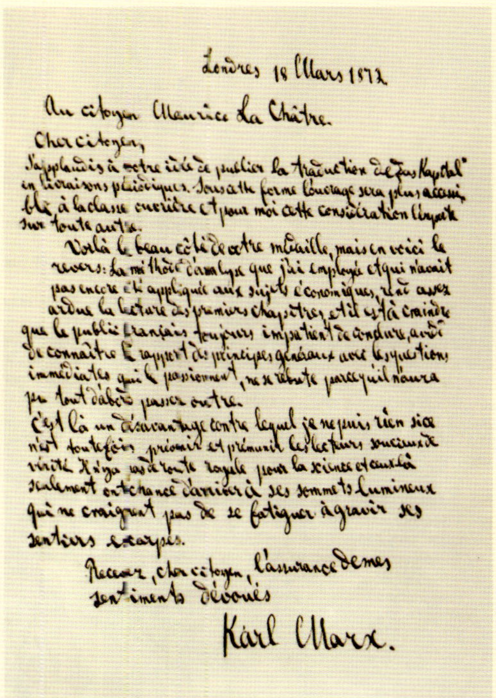

Londres 18 Mars 1872

Au citoyen Maurice La Châtre.

Cher citoyen,

J'applaudis à votre idée de publier la traduction de "Das Kapital" en livraisons périodiques. Sous cette forme l'ouvrage sera plus accessible à la classe ouvrière et pour moi cette considération l'emporte sur toute autre.

Voilà le beau côté de votre médaille, mais en voici le revers: la méthode d'analyse que j'ai employée et qui n'avait pas encore été appliquée aux sujets économiques, rend assez ardue la lecture des premiers chapitres, et il est à craindre que le public français, toujours impatient de conclure, avide de connaître le rapport des principes généraux avec les questions immédiates qui le passionnent, ne se rebute parce qu'il n'aura pu tout d'abord passer outre.

C'est là un désavantage contre lequel je ne puis rien si ce n'est toutefois prévenir et prémunir les lecteurs soucieux de vérité. Il n'y a pas de route royale pour la science et ceux-là seulement ont chance d'arriver à ses sommets lumineux qui ne craignent pas de se fatiguer à gravir ses sentiers escarpés.

Recevez, cher citoyen, l'assurance de mes sentiments dévoués

Karl Marx.

09

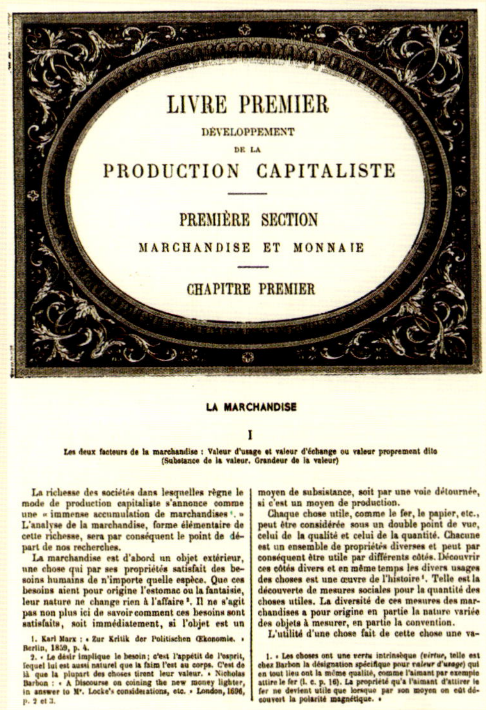

LIVRE PREMIER

DÉVELOPPEMENT DE LA PRODUCTION CAPITALISTE

PREMIÈRE SECTION

MARCHANDISE ET MONNAIE

CHAPITRE PREMIER

LA MARCHANDISE

I

Les deux facteurs de la marchandise : Valeur d'usage et valeur d'échange ou valeur proprement dite (Substance de la valeur. Grandeur de la valeur)

La richesse des sociétés dans lesquelles règne le mode de production capitaliste s'annonce comme une « immense accumulation de marchandises[1]. » L'analyse de la marchandise, forme élémentaire de cette richesse, sera par conséquent le point de départ de nos recherches.

La marchandise est d'abord un objet extérieur, une chose qui par ses propriétés satisfait des besoins humains de n'importe quelle espèce. Que ces besoins aient pour origine l'estomac ou la fantaisie, leur nature ne change rien à l'affaire[2]. Il ne s'agit pas non plus ici de savoir comment ces besoins sont satisfaits, soit immédiatement, si l'objet est un moyen de subsistance, soit par une voie détournée, si c'est un moyen de production.

Chaque chose utile, comme le fer, le papier, etc., peut être considérée sous un double point de vue, celui de la qualité et celui de la quantité. Chacune est un ensemble de propriétés diverses et peut par conséquent être utile par différents côtés. Découvrir ces côtés divers et en même temps les divers usages des choses est une œuvre de l'histoire[1]. Telle est la découverte de mesures sociales pour la quantité des choses utiles. La diversité de ces mesures des marchandises a pour origine en partie la nature variée des objets à mesurer, en partie la convention.

L'utilité d'une chose fait de cette chose une va-

1. Karl Marx : « Zur Kritik der Politischen Œkonomie. » Berlin, 1859, p. 4.

2. « Le désir implique le besoin ; c'est l'appétit de l'esprit, lequel lui est aussi naturel que la faim l'est au corps. C'est de là que la plupart des choses tirent leur valeur. » Nicholas Barbon : « A Discourse on coining the new money lighter, in answer to Mr. Locke's considerations, etc. » London, 1696, p. 2 et 3.

1. « Les choses ont une *vertu* intrinsèque (*virtue*, telle est chez Barbon la désignation spécifique pour *valeur d'usage*) qui en tout lieu ont la même qualité, comme l'aimant par exemple attire le fer (l. c. p. 16). La propriété qu'a l'aimant d'attirer le fer ne devient utile que lorsque par son moyen on eût découvert la polarité magnétique. »

10

11. 马克思（1875 年于伦敦）

1875 年 2 月，德国社会民主工党（爱森纳赫派）和全德工人联合会（拉萨尔派）在哥达召开合并预备会议，并拟订了纲领草案。马克思抱病写了《德国工人党纲领批注》（后来通称《哥达纲领批判》），对纲领草案中的拉萨尔主义观点进行了尖锐批判。5 月初，马克思将批评意见寄给了白拉克，并请他转给德国党的其他领导人。1891 年，恩格斯将《哥达纲领批判》在德国社会民主党理论刊物《新时代》上公开发表。(12-19)

12. 1875 年 5 月 22—27 日在哥达蒂沃利饭店举行的德国社会民主党人合并代表大会
13. 哥达蒂沃利饭店
14. 奥古斯特·倍倍尔（1840—1913），国际工人运动活动家，德国社会民主工党（爱森纳赫派）创始人和领导人之一。
15. 威廉·白拉克（1842—1880），德国社会民主工党（爱森纳赫派）创始人和领导人之一。
16. 威廉·李卜克内西（1826—1900），国际工人运动活动家，德国社会民主工党（爱森纳赫派）创始人和领导人之一。

12

13

14

15

16

17

一般说来，一个政党的正式纲领没有它的实际行动那样重要。但是，一个新的纲领毕竟总是一面公开树立起来的旗帜，而外界就根据它来判断这个党。

——恩格斯

17. 批判哥达纲领草案（中国画） 鸥洋 杨之光

18. 马克思 1875 年 5 月 5 日给白拉克的信以及《德国工人党纲领批注》的开头部分

19. 《新时代》1890—1891 年第 9 年卷第 1 册第 18 期发表的《哥达纲领批判》和恩格斯写的序言

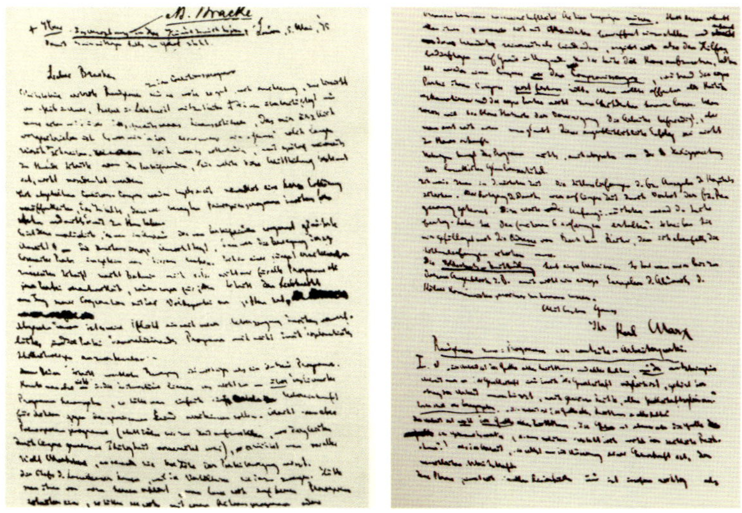

18

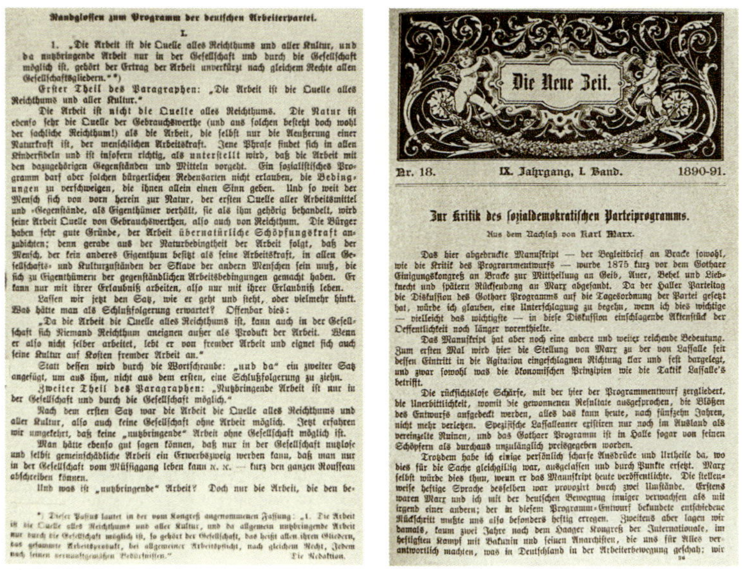

Randglossen zum Programm der deutschen Arbeiterpartei.

I.

1. „Die Arbeit ist die Quelle alles Reichthums und aller Kultur, und da nutzbringende Arbeit nur in der Gesellschaft und durch die Gesellschaft möglich ist, gehört der Ertrag der Arbeit unverkürzt nach gleichem Rechte allen Gesellschaftsgliedern."*)

Erster Theil des Paragraphen: „Die Arbeit ist die Quelle alles Reichthums und aller Kultur."

Die Arbeit ist nicht die Quelle alles Reichthums. Die Natur ist ebenso sehr die Quelle der Gebrauchswerthe (und aus solchen besteht doch wohl der sachliche Reichthum!) als die Arbeit, die selbst nur die Aeußerung einer Naturkraft ist, der menschlichen Arbeitskraft. Jene Phrase findet sich in allen Kinderfibeln und ist insofern richtig, als unterstellt wird, daß die Arbeit mit den dazugehörigen Gegenständen und Mitteln vorgeht. Ein sozialistisches Programm darf aber solchen bürgerlichen Redensarten nicht erlauben, die Bedingungen zu verschweigen, die ihnen allein einen Sinn geben. Und so weit der Mensch sich von vorn herein zur Natur, der ersten Quelle aller Arbeitsmittel und -Gegenstände, als Eigenthümer verhält, sie als ihm gehörig behandelt, wird seine Arbeit Quelle von Gebrauchswerthen, also auch von Reichthum. Die Bürger haben sehr gute Gründe, der Arbeit übernatürliche Schöpfungskraft anzudichten; denn gerade aus der Naturbedingtheit der Arbeit folgt, daß der Mensch, der kein anderes Eigenthum besitzt als seine Arbeitskraft, in allen Gesellschafts- und Kulturzuständen der Sklave der andern Menschen sein muß, die sich zu Eigenthümern der gegenständlichen Arbeitsbedingungen gemacht haben. Er kann nur mit ihrer Erlaubniß arbeiten, also nur mit ihrer Erlaubniß leben.

Lassen wir jetzt den Satz, wie er geht und steht, oder vielmehr hinkt. Was hätte man als Schlußfolgerung erwartet? Offenbar dies:

„Da die Arbeit die Quelle alles Reichthums ist, kann auch in der Gesellschaft sich Niemand Reichthum aneignen außer als Produkt der Arbeit. Wenn er also nicht selber arbeitet, lebt er von fremder Arbeit und eignet sich auch seine Kultur auf Kosten fremder Arbeit an."

Statt dessen wird durch die Wortschraube: „und da" ein zweiter Satz angefügt, um aus ihm, nicht aus dem ersten, eine Schlußfolgerung zu ziehn.

Zweiter Theil des Paragraphen: „Nutzbringende Arbeit ist nur in der Gesellschaft und durch die Gesellschaft möglich."

Nach dem ersten Satz war die Arbeit die Quelle alles Reichthums und aller Kultur, also auch keine Gesellschaft ohne Arbeit möglich. Jetzt erfahren wir umgekehrt, daß keine „nutzbringende" Arbeit ohne Gesellschaft möglich ist.

Man hätte ebenso gut sagen können, daß nur in der Gesellschaft nutzlose und selbst gemeinschädliche Arbeit ein Erwerbszweig werden kann, daß man nur in der Gesellschaft vom Müssiggang leben kann u. u. — kurz den ganzen Rousseau abschreiben können.

Und was ist „nutzbringende" Arbeit? Doch nur die Arbeit, die den be-

*) Dieser Passus lautet in der vom Kongreß angenommenen Fassung: „1. Die Arbeit ist die Quelle alles Reichthums und aller Kultur, und da allgemein nutzbringende Arbeit nur durch die Gesellschaft möglich ist, so gehört der Gesellschaft, das heißt allen ihren Gliedern, das gesammte Arbeitsprodukt, bei allgemeiner Arbeitspflicht, nach gleichem Recht, Jedem nach seinen vernunftgemäßen Bedürfnissen." Die Redaktion.

Die Neue Zeit.

Nr. 18. IX. Jahrgang, I. Band. 1890-91.

Zur Kritik des sozialdemokratischen Parteiprogramms.

Aus dem Nachlaß von Karl Marx.

Das hier abgedruckte Manuskript — der Begleitbrief an Bracke sowohl, wie die Kritik des Programmentwurfs — wurde 1875 kurz vor dem Gothaer Einigungskongreß an Bracke zur Mittheilung an Geib, Auer, Bebel und Liebknecht und spätern Rücksendung an Marx abgesandt. Da der Haller Parteitag die Diskussion des Gothaer Programms auf die Tagesordnung der Partei gesetzt hat, würde ich glauben, eine Unterschlagung zu begehn, wenn ich dies wichtige — vielleicht das wichtigste — in diese Diskussion einschlagende Aktenstück der Oeffentlichkeit noch länger vorenthielte.

Das Manuskript hat aber noch eine andere und weiter reichende Bedeutung. Zum ersten Mal wird hier die Stellung von Marx zu der von Lassalle seit dessen Eintritt in die Agitation eingeschlagnen Richtung klar und fest dargelegt, und zwar sowohl was die ökonomischen Prinzipien wie die Taktik Lassalle's betrifft.

Die rücksichtslose Schärfe, mit der hier der Programmentwurf zergliedert, die Unerbittlichkeit, womit die gewonnenen Resultate ausgesprochen, die Blößen des Entwurfs aufgedeckt werden, alles das kann heute, nach fünfzehn Jahren, nicht mehr verletzen. Spezifische Lassalleaner existiren nur noch im Ausland als vereinzelte Ruinen, und das Gothaer Programm ist in Halle sogar von seinen Schöpfern als durchaus unzulänglich preisgegeben worden.

Trotzdem habe ich einige persönlich scharfe Ausdrücke und Urtheile da, wo dies für die Sache gleichgiltig war, ausgelassen und durch Punkte ersetzt. Marx selbst würde dies thun, wenn er das Manuskript heute veröffentlichte. Die stellenweise heftige Sprache desselben war provozirt durch zwei Umstände. Erstens waren Marx und ich mit der deutschen Bewegung inniger verwachsen als mit irgend einer andern; der in diesem Programm-Entwurf bekundete entschiedene Rückschritt mußte uns also besonders heftig erregen. Zweitens aber lagen wir damals, kaum zwei Jahre nach dem Haager Kongreß der Internationale, im heftigsten Kampf mit Bakunin und seinen Anarchisten, die uns für Alles verantwortlich machten, was in Deutschland in der Arbeiterbewegung geschah; wir

19

19 世纪 70 年代中期，德国小资产阶级社会主义者杜林的思想在德国社会主义工人党内广泛传播，给社会主义运动带来严重危害。马克思和恩格斯认为必须肃清杜林思想的影响。恩格斯花了两年时间写成《欧根·杜林先生在科学中实行的变革》（简称《反杜林论》）。马克思帮助收集了大量资料，并亲自撰写了第二编第十章《〈批判史〉论述》的初稿《评杜林〈国民经济学批判史〉》。恩格斯揭露和批判了杜林在哲学、政治经济学、社会主义理论方面的错误观点，系统阐述了马克思主义哲学、政治经济学、科学社会主义的基本原理。(20-23)

20. 恩格斯（1877 年）
21. 欧根·卡尔·杜林（1833—1921），德国折中主义哲学家和庸俗经济学家，小资产阶级社会主义者。
22. 《反杜林论》第 1 版扉页
23. 马克思为《反杜林论》写的《评杜林〈国民经济学批判史〉》手稿的一页

20

21

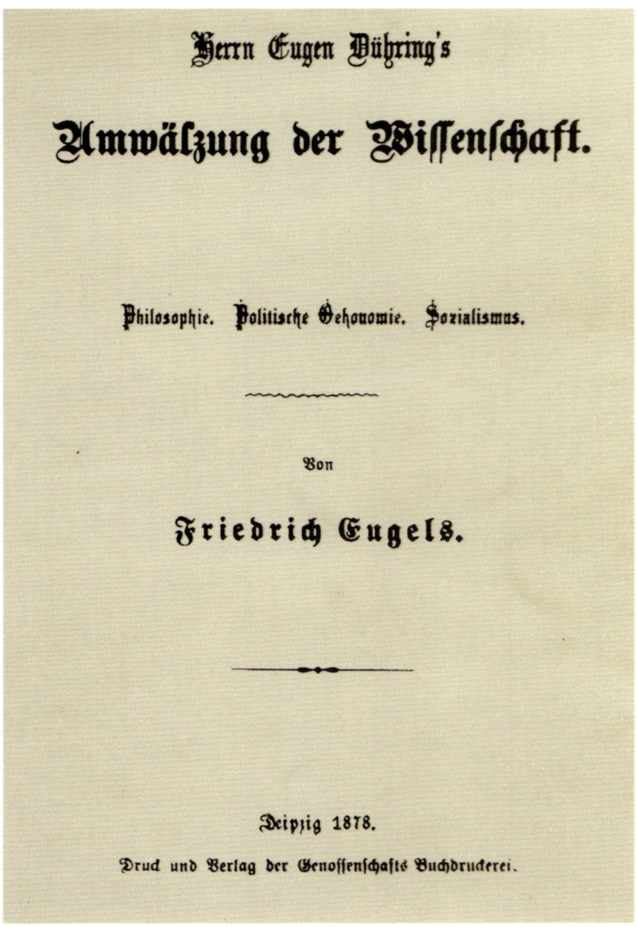

Herrn Eugen Dühring's

Umwälzung der Wissenschaft.

Philosophie. Politische Oekonomie. Sozialismus.

Von

Friedrich Engels.

Leipzig 1878.

Druck und Verlag der Genossenschafts-Buchdruckerei.

22

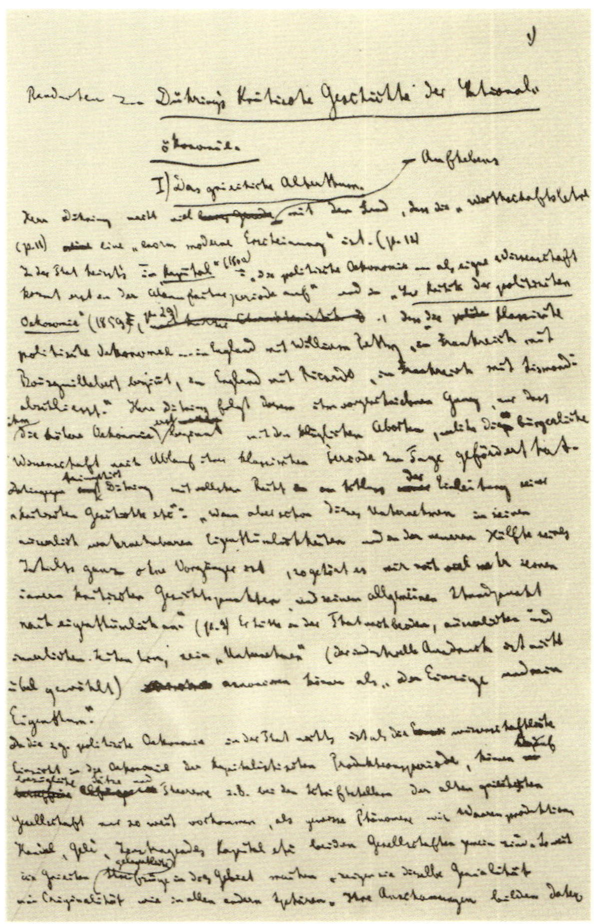

23

1878 年 10 月，俾斯麦政府颁布反社会党人非常法。德国社会主义工人党被宣布为非法，党内出现了以卡尔·赫希柏格、卡尔·奥古斯特·施拉姆、爱德华·伯恩施坦为代表的右倾机会主义倾向。马克思和恩格斯给德国党的领导人写了一封通告信，批评了赫希柏格等人企图把德国党变成改良主义政党的错误主张。(24-26)

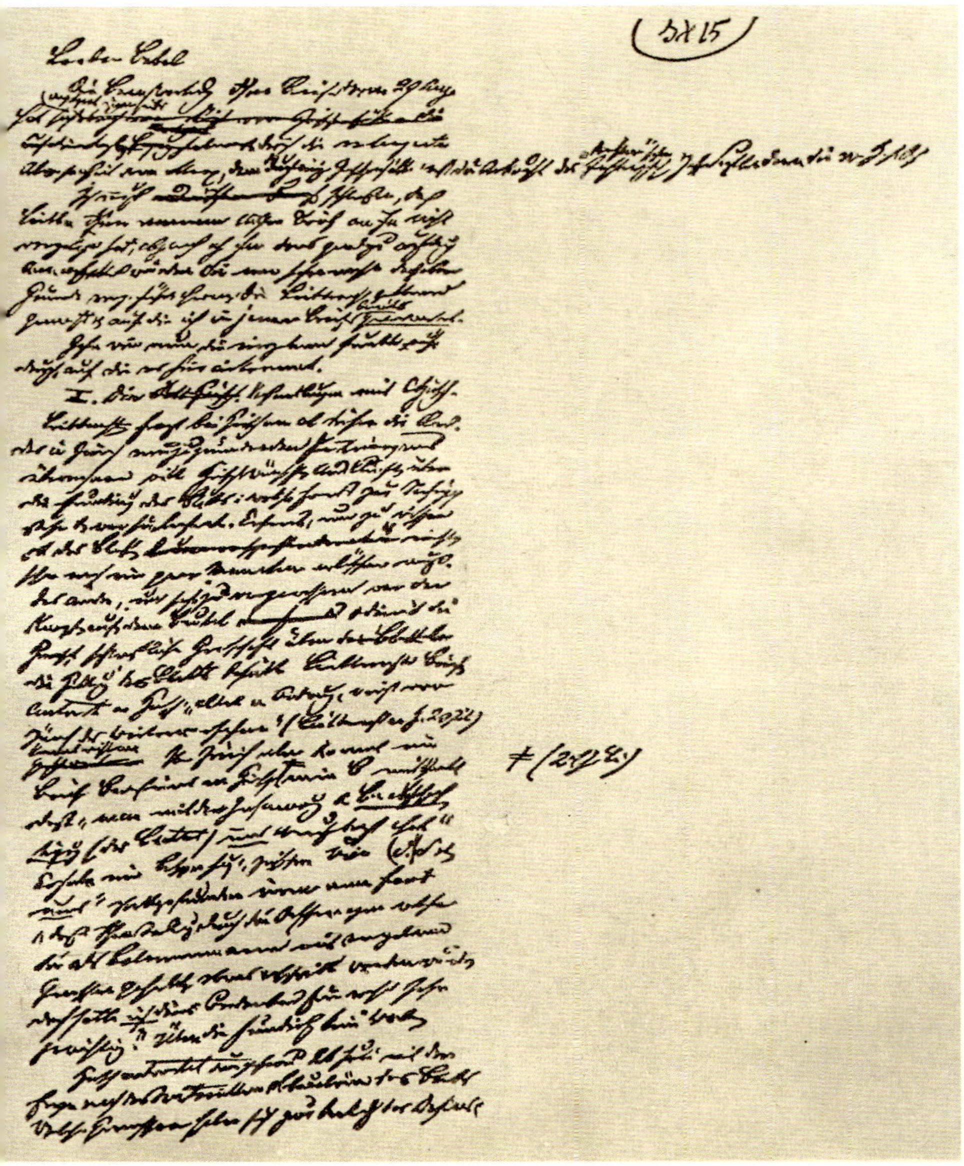

24

25

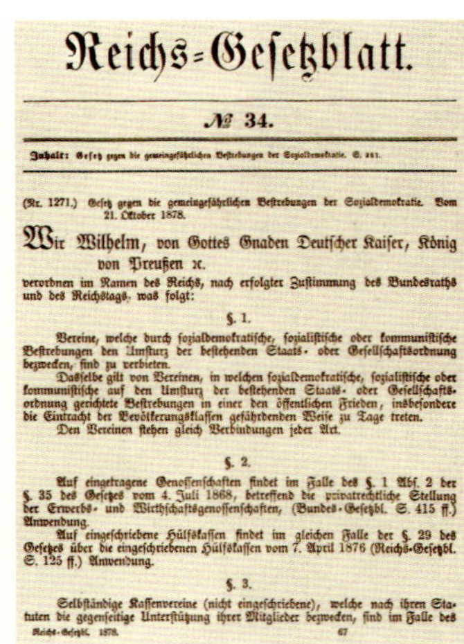

Reichs=Gesetzblatt.

№ 34.

Inhalt: Gesetz gegen die gemeingefährlichen Bestrebungen der Sozialdemokratie. S. 351.

(Nr. 1271.) Gesetz gegen die gemeingefährlichen Bestrebungen der Sozialdemokratie. Vom 21. Oktober 1878.

Wir Wilhelm, von Gottes Gnaden Deutscher Kaiser, König von Preußen rc.

verordnen im Namen des Reichs, nach erfolgter Zustimmung des Bundesraths und des Reichstags, was folgt:

§. 1.

Vereine, welche durch sozialdemokratische, sozialistische oder kommunistische Bestrebungen den Umsturz der bestehenden Staats- oder Gesellschaftsordnung bezwecken, sind zu verbieten.

Dasselbe gilt von Vereinen, in welchen sozialdemokratische, sozialistische oder kommunistische auf den Umsturz der bestehenden Staats- oder Gesellschaftsordnung gerichtete Bestrebungen in einer den öffentlichen Frieden, insbesondere die Eintracht der Bevölkerungsklassen gefährdenden Weise zu Tage treten.

Den Vereinen stehen gleich Verbindungen jeder Art.

§. 2.

Auf eingetragene Genossenschaften findet im Falle des §. 1 Abs. 2 der §. 35 des Gesetzes vom 4. Juli 1868, betreffend die privatrechtliche Stellung der Erwerbs- und Wirthschaftsgenossenschaften, (Bundes-Gesetzbl. S. 415 ff.) Anwendung.

Auf eingeschriebene Hülfskassen findet im gleichen Falle der §. 29 des Gesetzes über die eingeschriebenen Hülfskassen vom 7. April 1876 (Reichs-Gesetzbl. S. 125 ff.) Anwendung.

§. 3.

Selbständige Kassenvereine (nicht eingeschriebene), welche nach ihren Statuten die gegenseitige Unterstützung ihrer Mitglieder bezwecken, sind im Falle des

Reichs-Gesetzbl. 1878. 67

Ausgegeben zu Berlin den 22. Oktober 1878.

26

24. 马克思和恩格斯 1879 年 9 月 17—18 日给奥·倍倍尔等人通告信的第 1 页
25. 奥托·俾斯麦（1815—1898），普鲁士首相和德意志帝国首相。
26. 载有反社会党人非常法的 1878 年 10 月 22 日《帝国法律报》第 34 期

在马克思、恩格斯指导下，德国社会民主党对党内机会主义倾向进行了坚决斗争，并在1880年的维登代表大会上决定修改哥达纲领，确定了正确的斗争策略和斗争方向。（27-28）

27. 1881年李卜克内西和倍倍尔在莱比锡参加社会民主党人的秘密会议

28. 德国社会民主党维登代表大会会议记录

27

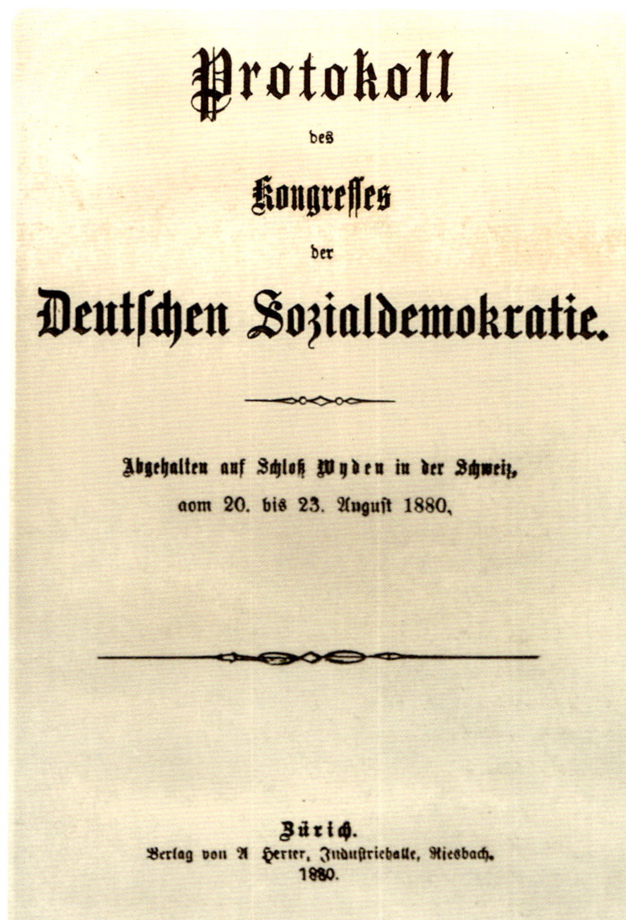

Protokoll

des

Kongresses

der

Deutschen Sozialdemokratie.

Abgehalten auf Schloß Wyden in der Schweiz,

vom 20. bis 23. August 1880.

Zürich.

Verlag von A. Herter, Industriehalle, Riesbach.

1880.

28

1880 年底，奥·倍倍尔等德国工人运动活动家先后来到伦敦，同马克思、恩格斯商讨党的事务和党报的工作，受到马克思一家的热情接待。(29)

29. 欢宴德国同志 （中国画） 王庆明 甘正伦

导言就是在这里，在我的房间里，我和拉法格都在场，由马克思口授，盖得笔录的：工人只有在成了他们的劳动资料的占有者时才能获得自由；这可以采取个体形式或集体形式；个体占有形式正在被经济的发展所排斥，而且将日益被排斥；所以，剩下的只是共同占有形式，等等。这真是具有充分说服力的杰作，寥寥数语就可以对群众说得一清二楚，这样的杰作是我少见的，措辞这样精练，真使我自己也感到惊叹。

——恩格斯

1879 年 10 月，法国工人社会主义者代表大会在马赛举行，会上通过了关于建立独立的工人阶级政党的决议。以茹尔·盖得为首的法国社会主义者决定，通过保尔·拉法格请求马克思和恩格斯帮助制定党的竞选纲领。1880 年 5 月，盖得到伦敦向马克思和恩格斯请教。马克思口授了纲领的理论部分《法国工人党纲领导言（草案）》。(30-33)

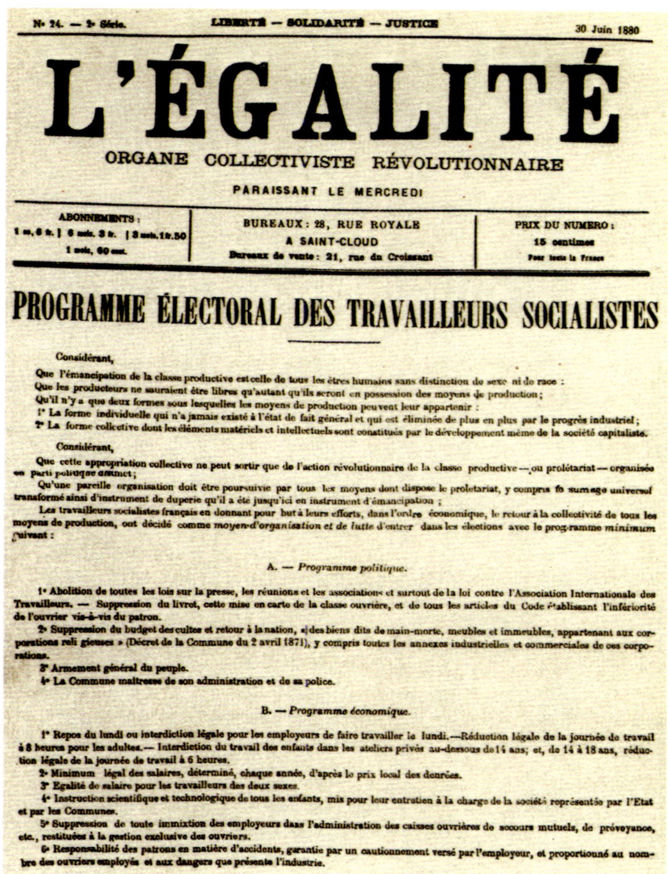

N° 24. — 2e Série. LIBERTÉ — SOLIDARITÉ — JUSTICE 30 Juin 1880

L'ÉGALITÉ

ORGANE COLLECTIVISTE RÉVOLUTIONNAIRE

PARAISSANT LE MERCREDI

ABONNEMENTS : 1 an, 6 fr. | 6 mois, 3 fr. | 3 mois, 1 fr. 50 — 1 mois, 60 cent.	BUREAUX : 28, RUE ROYALE A SAINT-CLOUD — Bureaux de vente : 21, rue du Croissant	PRIX DU NUMERO : 15 centimes — Pour toute la France

PROGRAMME ÉLECTORAL DES TRAVAILLEURS SOCIALISTES

Considérant,

Que l'émancipation de la classe productive est celle de tous les êtres humains sans distinction de sexe ni de race ;

Que les producteurs ne sauraient être libres qu'autant qu'ils seront en possession des moyens de production ;

Qu'il n'y a que deux formes sous lesquelles les moyens de production peuvent leur appartenir :

1° La forme individuelle qui n'a jamais existé à l'état de fait général et qui est éliminée de plus en plus par le progrès industriel ;

2° La forme collective dont les éléments matériels et intellectuels sont constitués par le développement même de la société capitaliste.

Considérant,

Que cette appropriation collective ne peut sortir que de l'action révolutionnaire de la classe productive — ou prolétariat — organisée en parti politique distinct ;

Qu'une pareille organisation doit être poursuivie par tous les moyens dont dispose le prolétariat, y compris le suffrage universel transformé ainsi d'instrument de duperie qu'il a été jusqu'ici en instrument d'émancipation ;

Les travailleurs socialistes français en donnant pour but à leurs efforts, dans l'ordre économique, le retour à la collectivité de tous les moyens de production, ont décidé comme *moyen d'organisation et de lutte* d'entrer dans les élections avec le programme *minimum* suivant :

A. — *Programme politique.*

1° Abolition de toutes les lois sur la presse, les réunions et les associations et surtout de la loi contre l'Association Internationale des Travailleurs. — Suppression du livret, cette mise en carte de la classe ouvrière, et de tous les articles du Code établissant l'infériorité de l'ouvrier vis-à-vis du patron.

2° Suppression du budget des cultes et retour à la nation, « des biens dits de main-morte, meubles et immeubles, appartenant aux corporations religieuses » (Décret de la Commune du 2 avril 1871), y compris toutes les annexes industrielles et commerciales de ces corporations.

3° Armement général du peuple.

4° La Commune maîtresse de son administration et de sa police.

B. — *Programme économique.*

1° Repos du lundi ou interdiction légale pour les employeurs de faire travailler le lundi. — Réduction légale de la journée de travail à 8 heures pour les adultes. — Interdiction du travail des enfants dans les ateliers privés au-dessous de 14 ans ; et, de 14 à 18 ans, réduction légale de la journée de travail à 6 heures.

2° Minimum légal des salaires, déterminé, chaque année, d'après le prix local des denrées.

3° Egalité de salaire pour les travailleurs des deux sexes.

4° Instruction scientifique et technologique de tous les enfants, mis pour leur entretien à la charge de la société représentée par l'Etat et par les Communes.

5° Suppression de toute immixtion des employeurs dans l'administration des caisses ouvrières de secours mutuels, de prévoyance, etc., restituées à la gestion exclusive des ouvriers.

6° Responsabilité des patrons en matière d'accidents, garantie par un cautionnement versé par l'employeur, et proportionné au nombre des ouvriers employés et aux dangers que présente l'industrie.

30

31

32

30. 载有马克思《法国工人党纲领导言（草案）》的 1880 年 6 月 30 日《平等报》第 24 号
31. 茹尔·盖得（1845—1922），国际工人运动活动家，法国工人党创始人之一。
32. 保尔·拉法格（1842—1911），国际工人运动活动家，法国工人党创始人之一。

33. 帮助法国工人党制定纲领（素描） 潘鸿海

马克思晚年十分关注俄国和东方经济落后国家的发展道路。他同俄国的革命家和学者保持着密切的通信联系，经常探讨农奴制改革后俄国的发展方向和革命前景等问题。(34-40)

34. 维拉·伊万诺夫娜·查苏利奇（1851—1919），俄国民粹运动、社会民主主义运动活动家，劳动解放社创始人之一。
35. 彼得·拉甫罗维奇·拉甫罗夫（1823—1900），俄国社会学家和政论家，民粹派思想家，国际工人协会会员，巴黎公社参加者。
36. 马克西姆·马克西莫维奇·柯瓦列夫斯基（1851—1916），俄国社会学家、政治活动家、历史学家、民族学家和法学家，写有论述原始公社制度的著作。
37. 尼古拉·弗兰策维奇·丹尼尔逊（1844—1918），俄国经济学家、政论家和民粹派思想家，马克思《资本论》第1、2、3卷俄文版译者。
38. 马克思1881年写的《我的藏书中的俄国书籍》
39. 马克思给俄国《祖国纪事》杂志编辑部的信的一页
40. 马克思1881年给查苏利奇的信（初稿第3页）

34

35

36

37

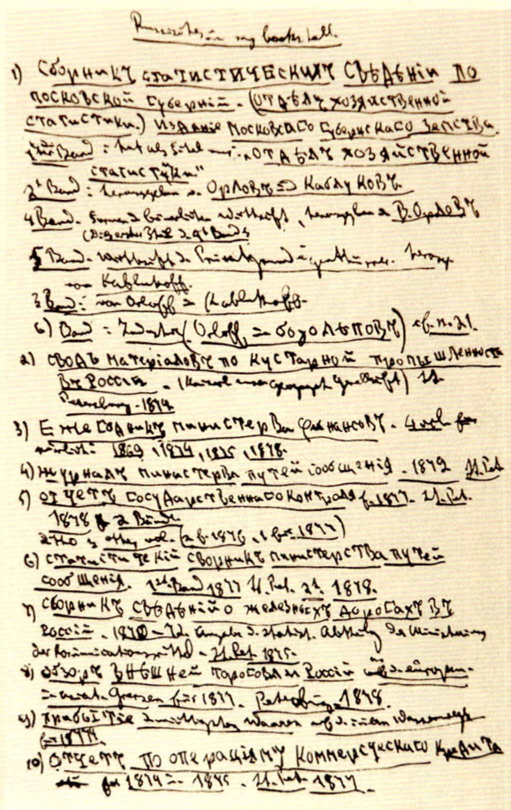
38

极为相似的事变发生在不同的历史环境中就引起了完全不同的结果。如果把这些演变中的每一个都分别加以研究，然后再把它们加以比较，我们就会很容易地找到理解这种现象的钥匙；但是，使用一般历史哲学理论这一把万能钥匙，那是永远达不到这种目的的，这种历史哲学理论的最大长处就在于它是超历史的。

——马克思

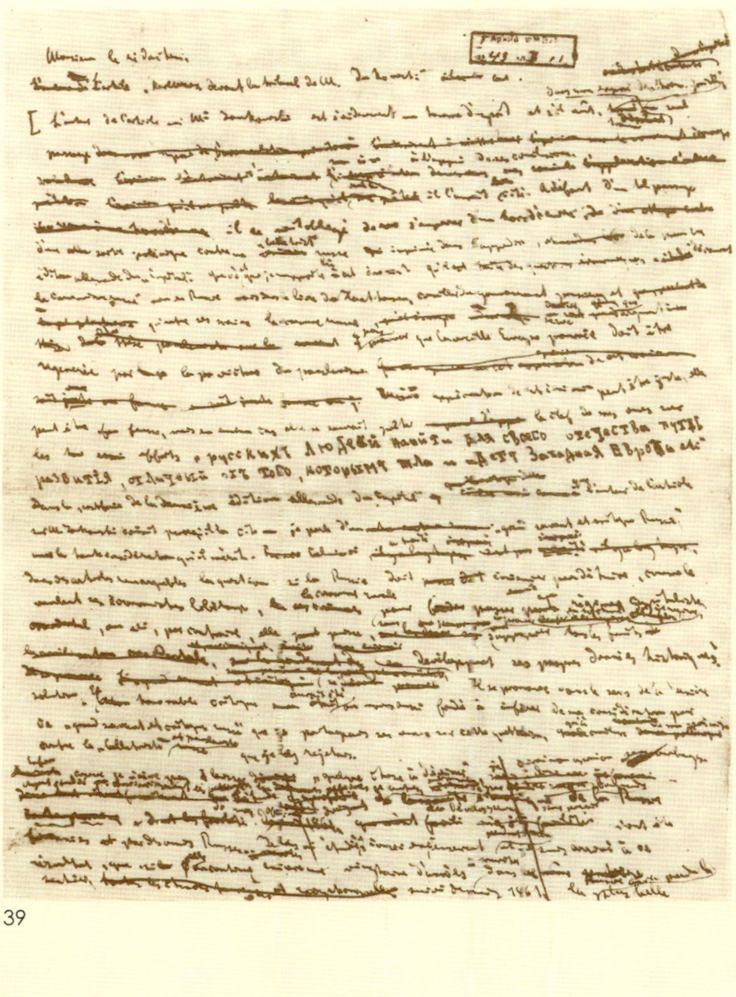

39

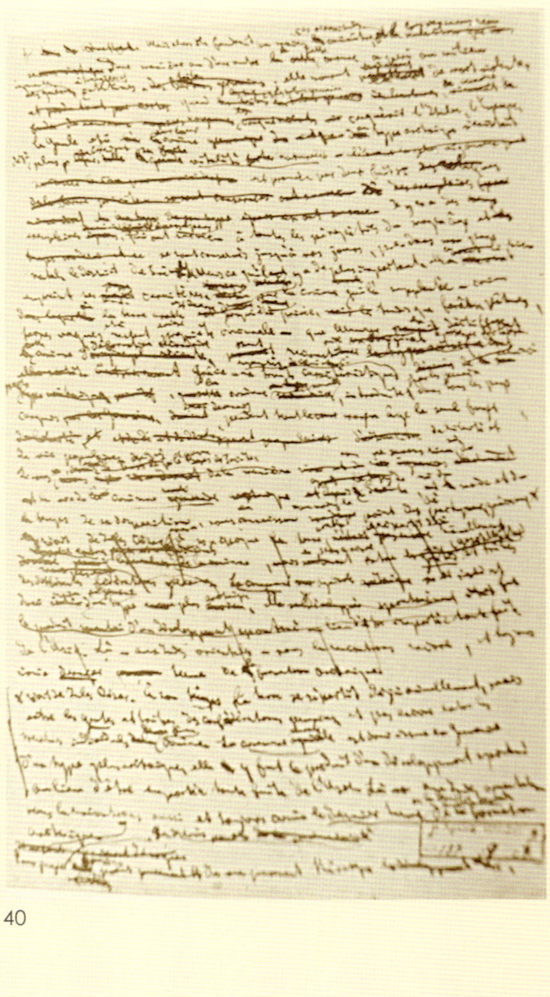

40

在生命的最后十年，马克思继续在政治经济学和其他许多领域进行广泛研究，写作和修订《资本论》第二卷和第三卷，留下了大量的手稿。(41-44)

41. 马克思关于剩余价值率和利润率的数学计算(1875年)
42. 马克思关于地租问题的一页手稿(1876年)
43. 马克思《资本论》第2卷第V稿的第27页(1877年)
44. 马克思关于扩大再生产的算式(1881年)

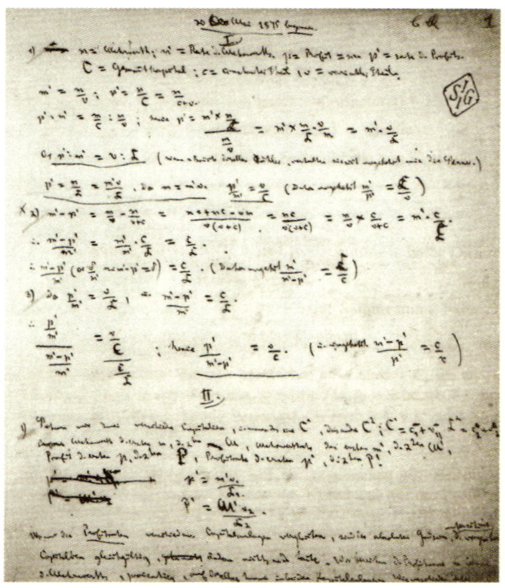
41

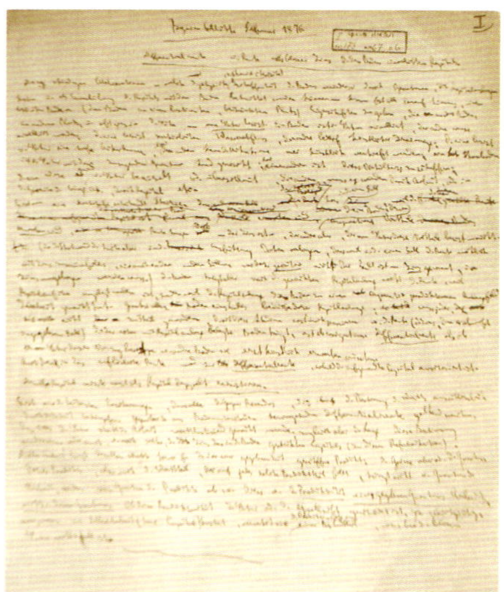
42

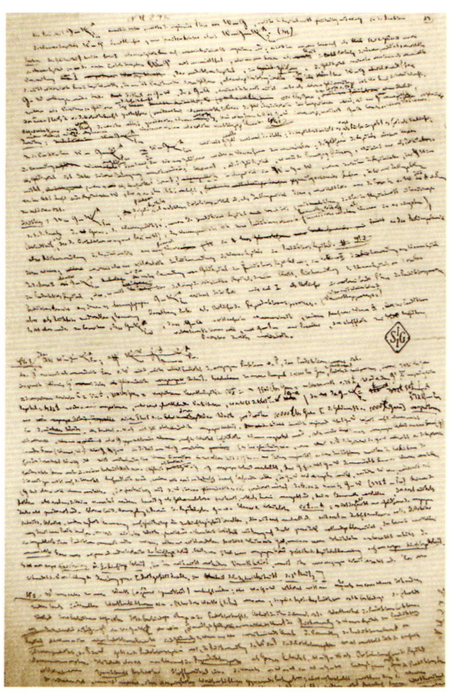
43

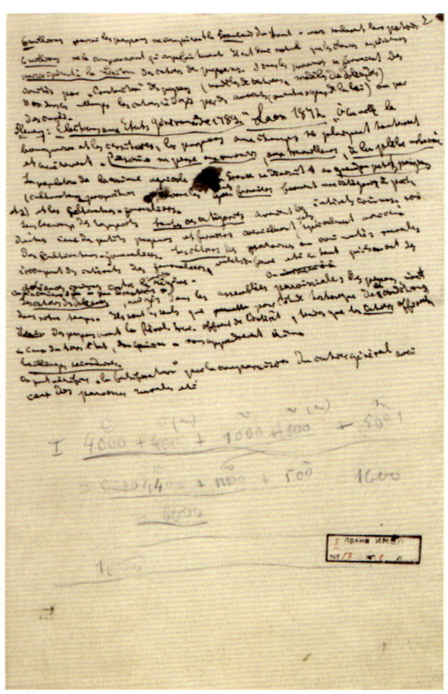
44

马克思晚年密切关注各个科学领域的新进展，积极吸收最新的科学成果。他广泛阅读历史学、人类学等学科的书籍，并做了大量的笔记和摘录。他对数学和自然科学始终保持着浓厚兴趣，经常对数学、化学和物理学问题进行研究。（45-55）

45. 马克思《历史学笔记》第 2 册的封面，标题是恩格斯加的。

46. 马克思《历史学笔记》的一页

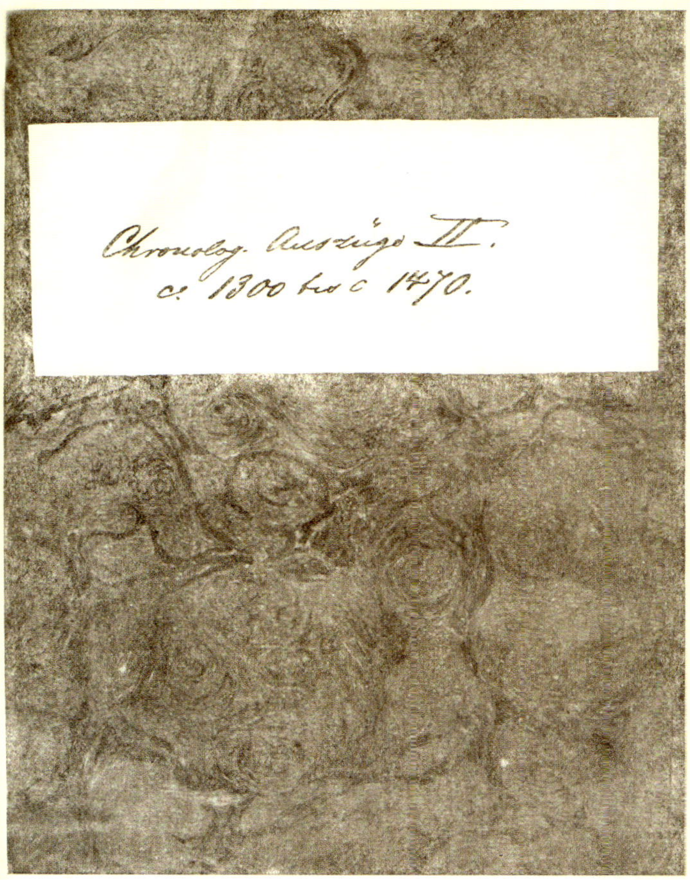

45

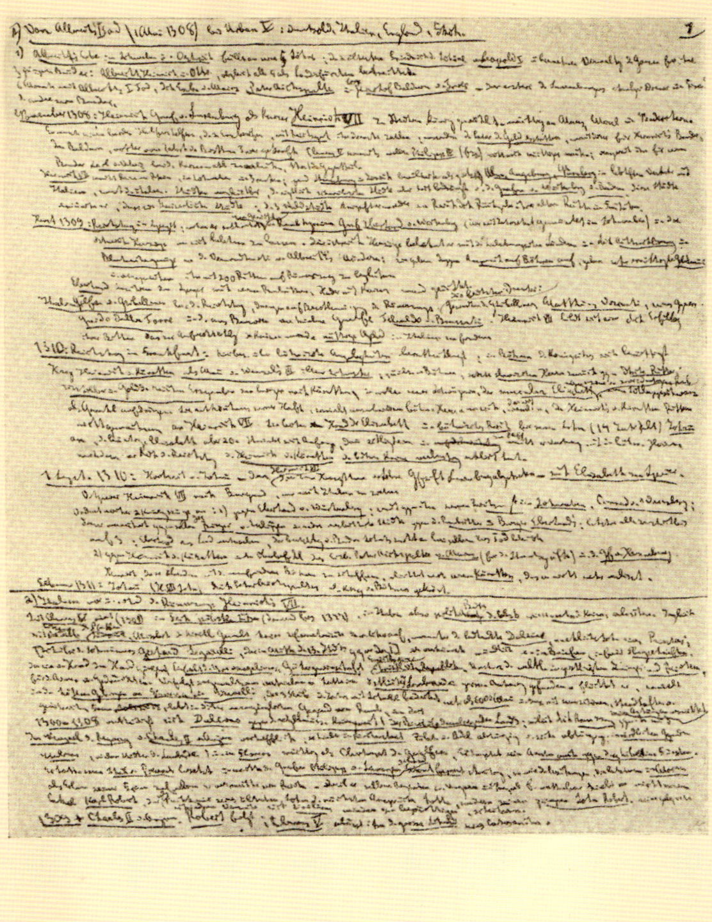

46

47. 马克思对《古代社会》一书的摘要

48. 路易斯・亨利・摩尔根（1818—1881），美国法学家、民族学家、考古学家和原始社会史学家。

49. 摩尔根《古代社会》1877 年伦敦版扉页

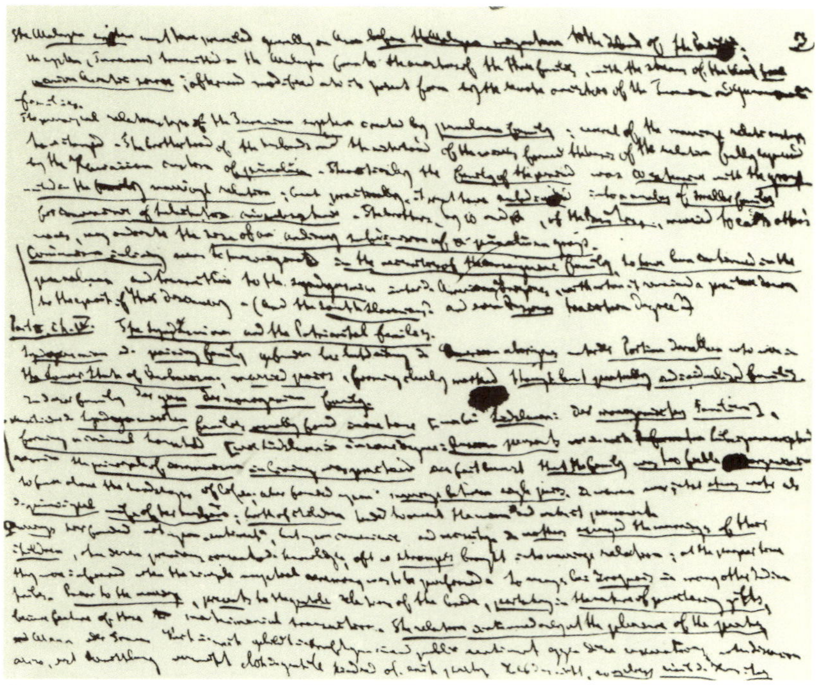

47

48

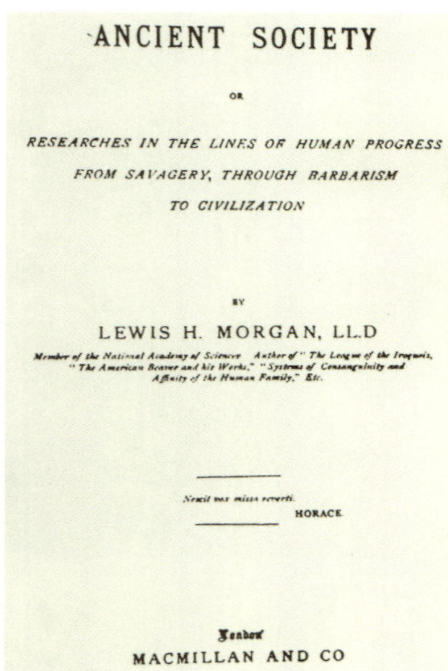

ANCIENT SOCIETY

OR

RESEARCHES IN THE LINES OF HUMAN PROGRESS FROM SAVAGERY, THROUGH BARBARISM TO CIVILIZATION

BY

LEWIS H. MORGAN, LL.D

Member of the National Academy of Science Author of "The League of the Iroquois," "The American Beaver and his Works," "Systems of Consanguinity and Affinity of the Human Family," Etc.

Nescit vox missa reverti.
HORACE

London
MACMILLAN AND CO
1877

49

马克思在他所研究的每一个领域，甚至在数学领域，都有独到的发现，这样的领域是很多的，而且其中任何一个领域他都不是浅尝辄止。

——恩格斯

50. 马克思与数学（中国画） 刘大为

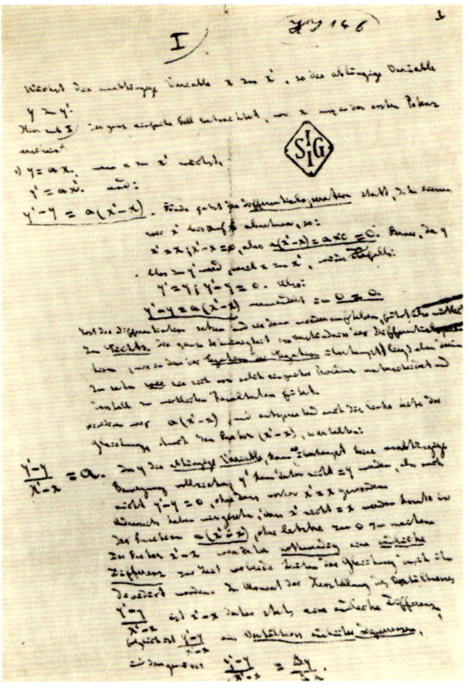
51

54

52

53

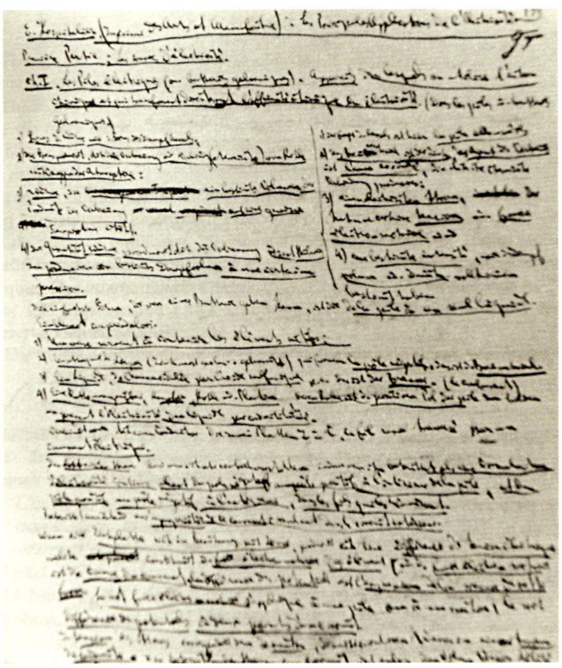
55

51. 马克思关于导函数的一页手稿
52. 马克思关于原子理论的一页手稿
53. 马克思制作的无机化学和有机化学图表
54. 马克思关于地质学的一页手稿
55. 马克思关于物理学的一页手稿

马克思晚年承担着繁重的工作，同时忍受着多种疾病的折磨。他的亲人们关心他、理解他、支持他，使他时时感受到家庭的温暖。妻子和长女的相继逝世，使马克思受到沉重打击，但他以惊人的毅力坚持工作，直到生命的最后一刻。(56-62)

56. 马克思（1882 年）
57. 伦敦梅特兰公园路 41 号，马克思一家从 1875 年 3 月起住在这里。
58. 第二次世界大战后重建的梅特兰公园路的一段

56

57

58

59

1881 年 7 月，马克思陪同患病的妻子燕妮到巴黎附近的阿让特伊作短期休养。德穆特陪伴前往。(63-65)

63. 在阿让特伊 （丙烯画） 尚沪生

64. 马克思夫人燕妮・马克思

65. 海伦（琳蘅，尼姆）・德穆特（1823—1890），马克思家的女佣和忠实朋友。

64

65

63

59. 与小外孙在一起 （素描淡彩） 裘沙
60. 马克思的小女儿爱琳娜（杜西）
61. 马克思的外孙、燕妮的儿子让·龙格（1876—1938）
62. 爱德华·艾威林（1851—1898），英国作家和政论家，
英国社会主义同盟创始人之一，爱琳娜的伴侣。

60

61

62

她在革命运动中表现出的睿智的批判精神，敏锐的政治嗅觉，充沛的精力，伟大的忘我精神，是公众看不到的，在报刊上也没有记载。她所做的一切只有和她在一起生活的人才了解。

——恩格斯

1881 年 12 月 2 日，燕妮·马克思在受疾病长期折磨之后与世长辞。马克思失去了 40 年来与他患难与共、生死相依的伴侣。（66-68）

66. “卡尔，我不行了！”（油画） 杨红太
67. 燕妮·马克思写的《动荡生活简记》手稿第 1 页。《简记》叙述了她和马克思从 1843 年 6 月结婚至 1864 年这一段的经历。
68. 晚年的燕妮·马克思

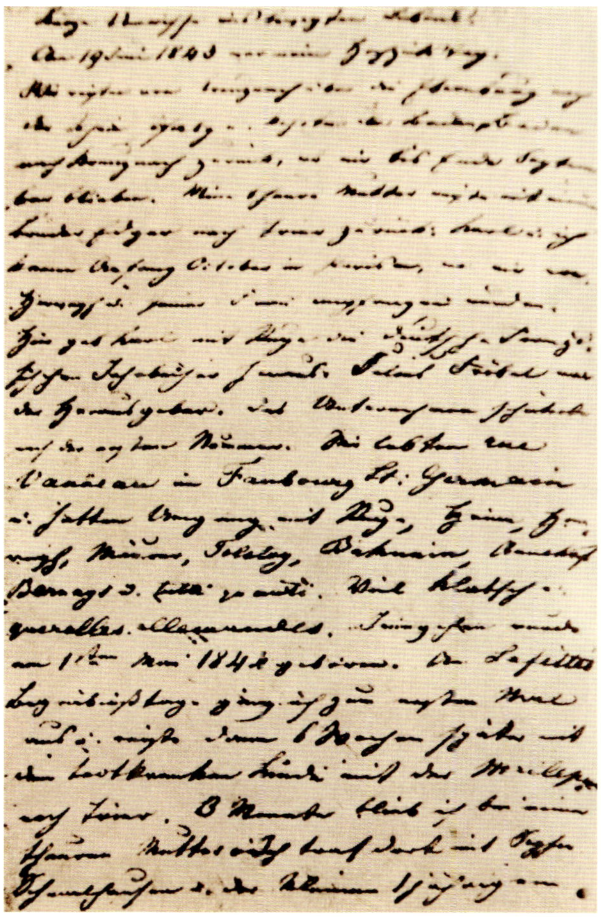

67

68

1883 年 1 月 11 日，马克思的长女燕妮 · 龙格因病在巴黎附近的阿让特伊去世。这位沉着刚毅的女性在国际无产阶级斗争中度过了短暂的一生。恩格斯在悼念文章中写道："无产阶级失去了她这样一个英勇的战士。但是，她的悲痛万分的父亲至少还有这样一种安慰，这就是欧美千百万工人分担着他的悲痛。"(69-71)

69. 马克思的大女儿燕妮 · 龙格

70. 燕妮和龙格在巴黎附近阿让特伊的寓所，马克思 1881 年和 1882 年曾几次到这里小住。

71. 马克思女儿燕妮在自己的纪念册中留下的《自白》

69

70

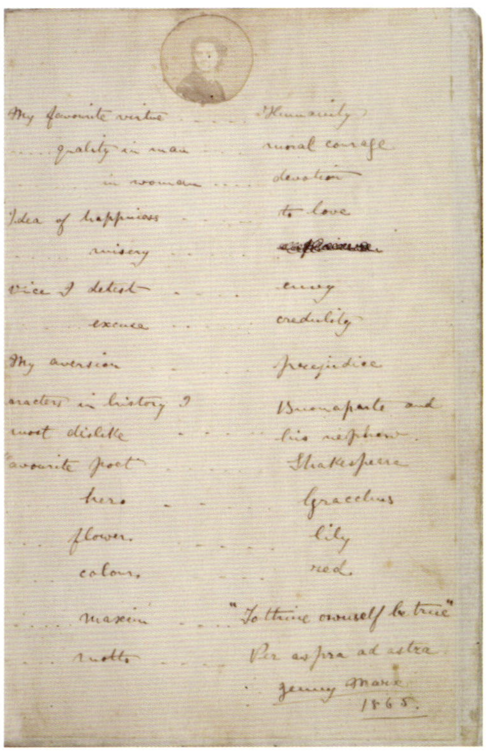

My favourite virtue ... Humanity
... quality in man ... moral courage
in woman ... devotion
Idea of happiness ... to love
misery ...
Vice I detest ... envy
excuse ... credulity
My aversion ... prejudice
aracter in history ? ... Buonaparte and
ost dislike ... his nephew
avourite poet ... Shakespeare
hero ... Gracchus
flower ... lily
colour ... red
maxim ... "To thine ownself be true"
motto ... Per aspera ad astra
Jenny Marx
1865.

71

马克思女儿燕妮的《自白》

我喜爱的优点……博爱

男人的优点……见义勇为

女人的优点……忠诚

我对幸福的理解……爱

我对不幸的理解……（回答被涂抹掉）

我厌恶的缺点……妒忌

我能原谅的缺点……轻信

我讨厌的……偏见

我最不喜欢的历史人物……波拿巴和他的侄儿

我喜爱的诗人……莎士比亚

我喜爱的英雄……格拉古

我喜爱的花……百合花

我喜爱的颜色……红色

我喜爱的座右铭……"对你自己忠实"

我喜爱的格言……循此苦旅，以达天际

1883 年 3 月 14 日下午两点三刻，国际无产阶级的革命导师马克思在工作室的座椅上与世长辞。(72)

72. 三月十四日（油画） 艾中信

马克思逝世后，各国工人阶级及其政党对这位伟大导师表示深切悼念。（73-75）

73. “他的英名和事业将永垂不朽！”（素描） 茹科夫

74. 1883 年 3 月 15 日德国社会民主党中央机关报《社会民主党人报》刊登马克思逝世的讣告

75. 马克思的死亡证书

73

Der Sozialdemokrat

Zentral-Organ der deutschen Sozialdemokratie.

№ 12. Donnerstag, 15. März 1883.

Karl Marx gestorben.

Zum 18. März.

74

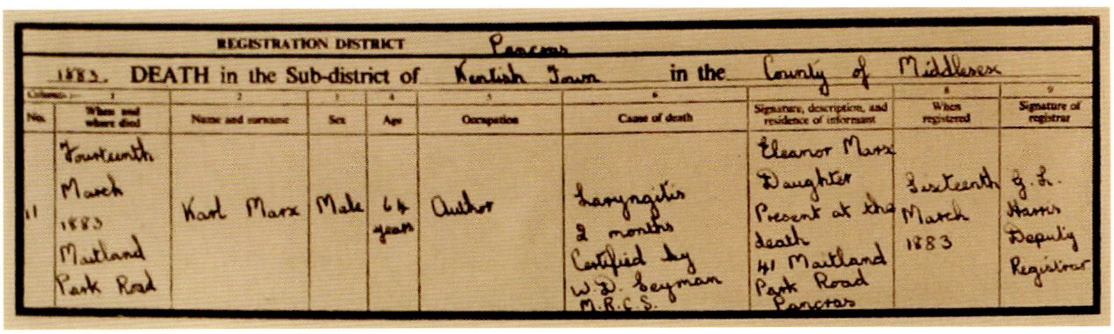

REGISTRATION DISTRICT Pancras

1883. DEATH in the Sub-district of Kentish Town in the County of Middlesex

No.	When and where died	Name and surname	Sex	Age	Occupation	Cause of death	Signature, description, and residence of informant	When registered	Signature of registrar
11	Fourteenth March 1883 Maitland Park Road	Karl Marx	Male	64 years	Author	Laryngitis 2 months Certified by W. D. Seyman M.R.C.S.	Eleanor Marx Daughter Present at the death 41 Maitland Park Road Pancras	Sixteenth March 1883	G. L. Harris Deputy Registrar

75

1883 年 3 月 17 日，马克思的葬仪在伦敦海格特公墓举行。遵照逝者的遗愿，葬仪非常简朴，除亲属外，只有几位老朋友参加。恩格斯在墓前发表了讲话，高度评价了马克思作为科学家和革命家的光辉一生。(76-78)

76. 简朴的葬仪（丙烯画） 何孔德

卡尔·马克思是百年少有的杰出人物之一。查理·达尔文发现了我们星球上有机界的发展规律。马克思则发现了决定人类历史运动和发展的基本规律……马克思还发现了一个规律。就是这个规律造成了我们的社会现状和这个社会的阶级大分化——分化成资本家和雇佣工人；现在这个社会就是按照这个规律组织起来、成长起来的，一直成长到差不多已经过了时，而且就是按照这个规律，这个社会最终必将像所有以前的社会历史阶段一样灭亡。

——恩格斯

77. 恩格斯写的马克思墓前悼词的草稿

78. 伦敦海格特公墓中的马克思墓

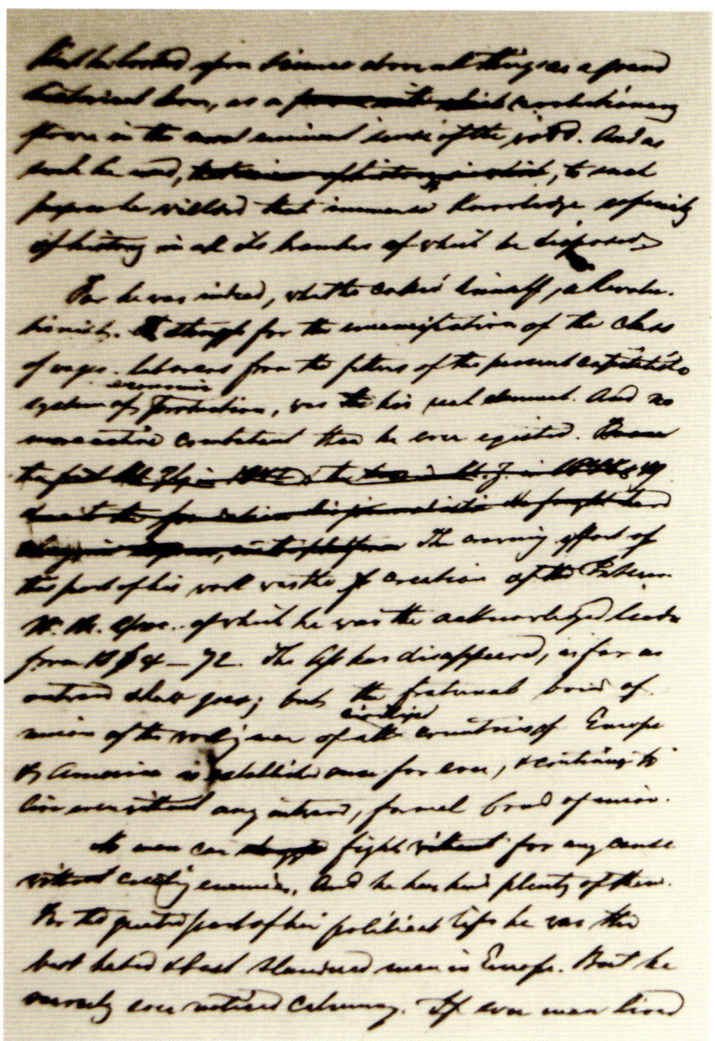

77

在整个欧洲和美洲，从西伯利亚矿井到加利福尼亚，千百万革命战友无不对他表示尊敬、爱戴和悼念，而我可以大胆地说：他可能有过许多敌人，但未必有一个私敌。他的英名和事业将永垂不朽！

——恩格斯

79. 1956 年为纪念马克思逝世 73 周年在伦敦海格特公墓新修的马克思墓

第十章

马克思恩格斯著作在中国的传播

马克思主义是人类文明的瑰宝。20 世纪初，中国人民开始知道马克思恩格斯的名字及其著作。俄国十月革命胜利后，马克思恩格斯的学说开始在中国广泛传播，正如毛泽东同志所说："十月革命一声炮响，给我们送来了马克思列宁主义。"中国共产党从成立时起就把马克思列宁主义作为指导思想。在革命、建设和改革的伟大历程中，我们党坚持把马克思主义基本原理同中国实际相结合，创造性地运用和发展马克思主义，形成了中国化马克思主义的理论成果，即毛泽东思想和包括邓小平理论、"三个代表"重要思想以及科学发展观等重大战略思想在内的中国特色社会主义理论体系。

中国共产党为了用科学理论武装全党，历来十分重视马克思主义经典著作的编译出版。党成立后，立即组织力量翻译出版马克思主义经典著作。在反动统治者查禁进步书刊的白色恐怖中，党的理论工作者和一批进步知识分子克服千难万险，传播真理之火，为马克思主义经典著作的翻译出版事业作出了宝贵贡献。抗日战争和解放战争时期，延安成为马列著作编译出版中心。1938 年 5 月，马列学院在延安成立，内设编译部，专门负责马列著作的编译工作，在极其艰苦的条件下，编译出版了一批重要的马列著作，推动了党的理论武装工作。新中国成立前，公开出版的马列著作已达 530 余种，马克思恩格斯的最重要的著作都译成了中文，为我们党领导的人民革命事业提供了强大的思想武器。

新中国成立不久，党中央于 1953 年 1 月决定成立中共中央马克思恩格斯列宁斯大林著作编译局，有系统有计划地翻译马克思、恩格斯、列宁、斯大林的全部著作，有力地促进了马克思恩格斯著作在中国的传播。中央编译局成立后，编译了《马克思恩格斯全集》第一版共 50 卷，并于 1986 年 7 月开始编译《马克思恩格斯全集》第二版，计划出版 70 卷，目前这项工程正在积极推进。此外，中央编译局还编译了《马克思恩格斯选集》第一版和第二版，以及各种单行本和专题读本。马克思恩格斯的这些著作由人民出版社出版并大量发行。马克思恩格斯的主要著作还译成少数民族文字出版。《马克思恩格斯全集》、《马克思恩格斯选集》的出版，为学习和研究马克思主义提供了基础文本，对推进党的思想理论建设发挥了重要作用。

1978 年 12 月召开的党的十一届三中全会，开启了中国改革开放的历史新时期，马克思主义经典著作编译出版事业也出现了崭新局面。党的十六大以来，为进一步加强思想理论建设，巩固马克思主义在意识形态领域的指导地位，繁荣和发展哲学社会科学事业，中央作出实施马克思主义理论研究和建设工程的重大战略决策，并把编译十卷本《马克思恩格斯文集》和五卷本《列宁专题文集》列为理论工程的重点项目。2009 年底，由中央编译局编译的两部文集正式出版。这两部文集选文精当、译文准确、资料翔实，是马克思主义理论研究和建设工程的标志性成果和广大干部群众学习马克思主义经典著作的权威性教材，对于建设马克思主义学习型政党，推进马克思主义中国化、时代化和大众化，具有十分重要的意义。

01. 为人类工作（雕塑） 潘鹤

十月革命一声炮响，给我们送来了马克思列宁主义。

——毛泽东

20 世纪初，半殖民地半封建的中国灾难日益深重。一批爱国的先进分子积极地向西方学习，以寻找救国救民之道。他们当中的一些人在介绍欧洲各种社会主义学说时，也零星地介绍了马克思和恩格斯的思想。1917 年俄国十月革命的伟大胜利，迅速激起中国人民对马克思主义的热烈向往。在十月革命的鼓舞下，随着工人运动的兴起和五四运动的爆发，马克思主义开始在中国广泛传播，成为中国人民彻底改变中华民族命运、争取独立富强的强大思想武器。(02)

02. 在全俄苏维埃第二次代表大会上（油画） 谢罗夫

五四运动前后，以陈独秀、李大钊、毛泽东等为代表的先进分子相继组织马克思主义研究团体和共产主义小组，创办报纸杂志，歌颂俄国十月社会主义革命，积极宣传马克思列宁主义。(03-09)

03. 马克思列宁主义在中国的早期传播者、中国共产党创始人之一陈独秀

04. 陈独秀创办并主编的《新青年》（创刊时名为《青年杂志》）封面

05. 马克思列宁主义在中国的早期传播者、中国共产党创始人之一李大钊

06. 李大钊主持的马克思学说研究会的办公室和图书馆亢慕义斋（“亢慕义”为英文 Communism 的音译，意为“共产主义”）

07. 载有李大钊《我的马克思主义观》的《新青年》杂志

03

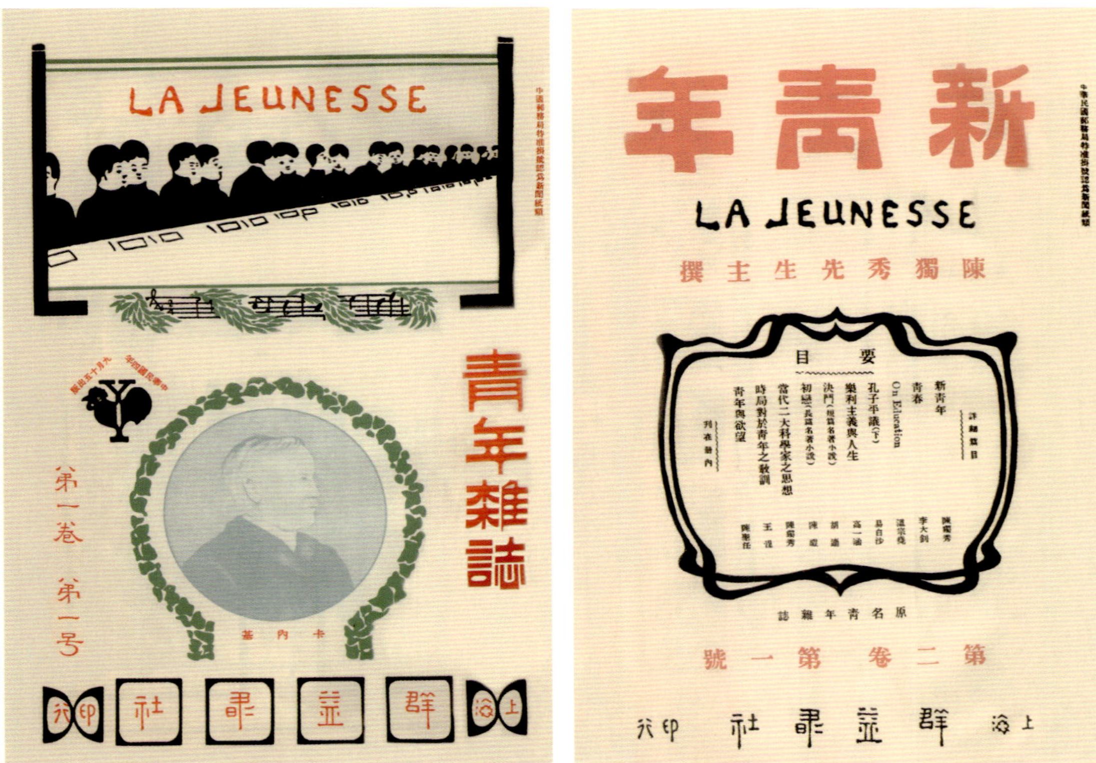

04

试看将来的环球，必是赤旗的世界！

——李大钊

05

06

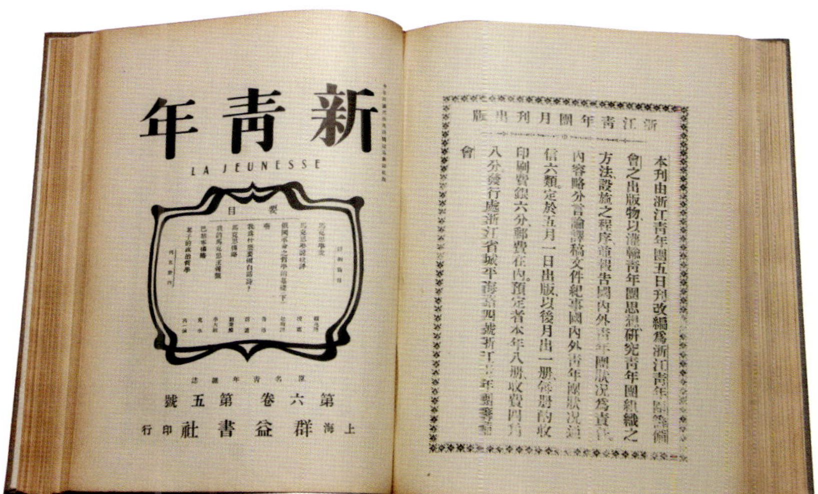

07

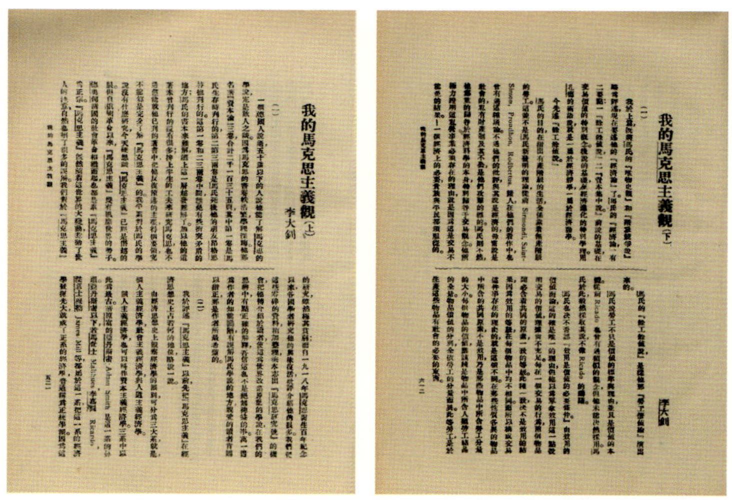

自从中国人学会了马克思列宁主义以后，中国人在精神上就由被动转入主动。从这时起，近代世界历史上那种看不起中国人，看不起中国文化的时代应当完结了。

——毛泽东

08

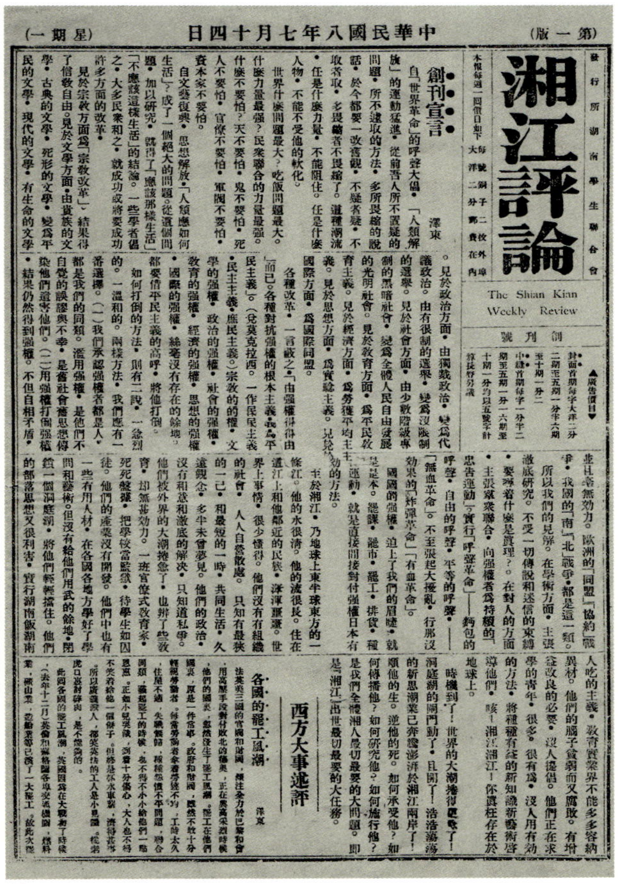

中華民國八年七月十四日 (星期一) 第一版

湘江評論

The Shian Kian Weekly Review

創刊號

創刊宣言

西方大事述評

09

08. 马克思列宁主义在中国的早期传播者、中国共产党创始人之一毛泽东

09. 毛泽东主编的《湘江评论》

1920年8月，上海共产主义小组成员陈望道翻译的《共产党宣言》正式出版发行，这是《共产党宣言》在中国的第一个全译本，也是马克思恩格斯著作在中国出版的第一个单行本。(10-11)

10

11

10. 1920年8月出版的《共产党宣言》中译本（书名错印为《共党产宣言》）

11. 陈望道（1920年）

中国共产党自成立之日起，就把马克思列宁主义作为指导思想。1921 年 9 月，党在上海创建了第一个出版机构——人民出版社，由李达负责。该社成立后首先确定出版《马克思全书》和《列宁全书》。1923 年 11 月又成立了上海书店，并以此为中心在全国建立了传播马列著作和革命书籍的发行网。(12-17)

12. 中国共产党第一次全国代表大会会址
13. 党的第一个出版机构——人民出版社旧址（原上海成都南路辅德里 625 号）
14. 李达
15. 《马克思全书》第二种：《工钱劳动与资本》，今译《雇佣劳动与资本》。
16. 党的第二个出版发行机构——上海书店旧址（原上海小北门人民路振业里 11 号何大房号）
17. 《马克思全书》目录

12

13

14

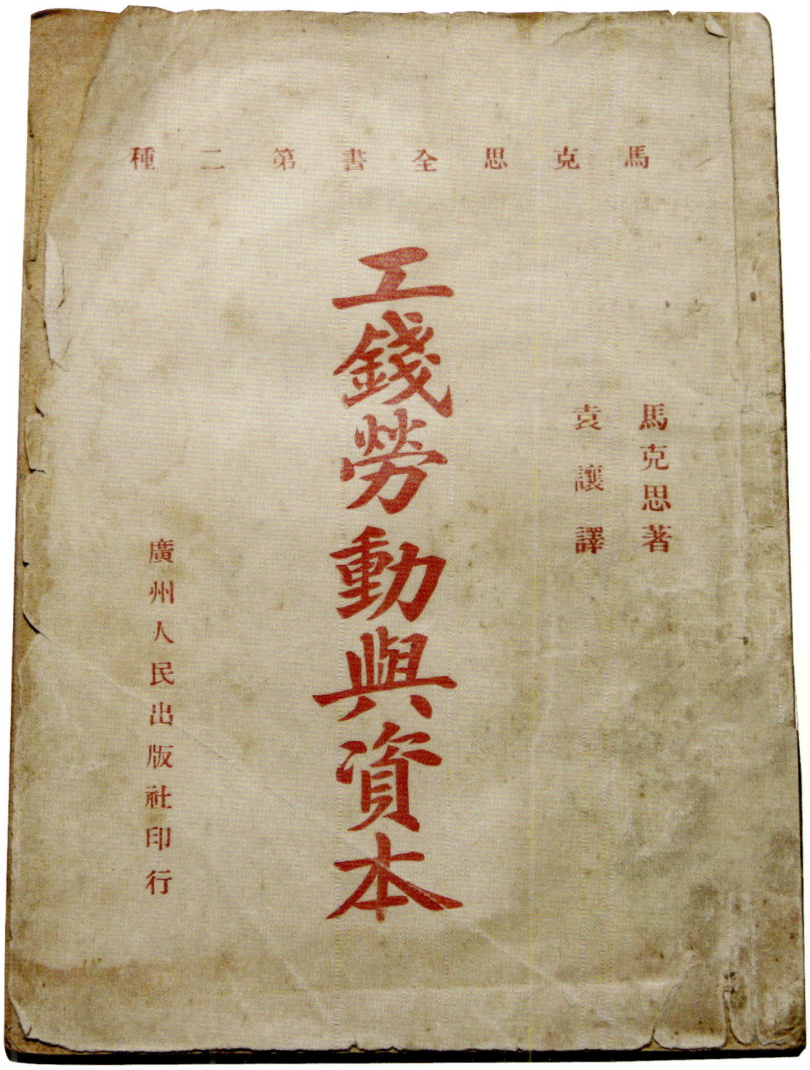

15

16

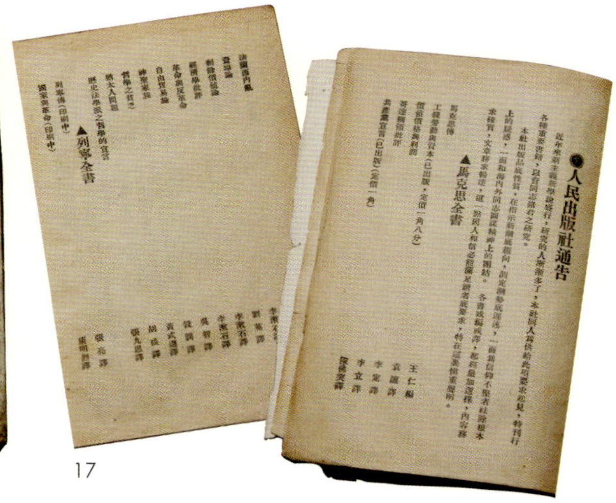

17

20 世纪 20—30 年代，在物质条件极端困难的情况下，在国民党反动统治者查禁进步书刊的白色恐怖下，我们党组织力量编译出版了马克思、恩格斯的数十种重要著作。不少进步知识分子出于对真理的向往，自觉地投身于马克思主义著作的编译事业，为传播马克思主义作出了重要贡献。（18-20）

18. 20 世纪 20—30 年代编译出版的马克思恩格斯著作部分中译本

19. 20 世纪 30 年代出版的《资本论》中译本

18

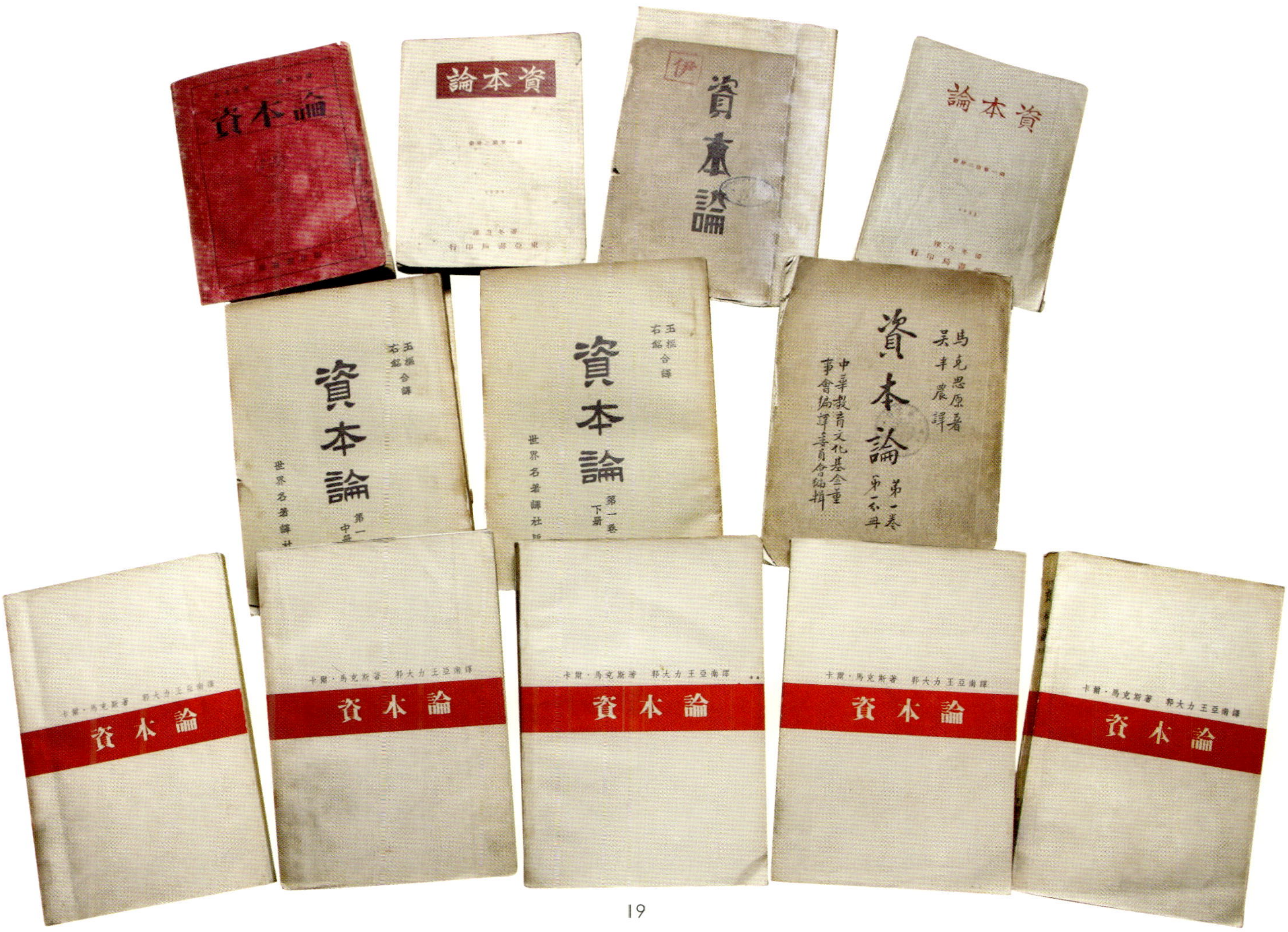
資本論
資本論
資本論
資本論
馬克思原著
吳半農譯
中華教育文化基金董事會編譯委員會編輯
資本論
第一卷 第一分冊
玉樞 右銘 合譯
資本論
第一卷 下冊
世界名著譯社
玉樞 右銘 合譯
資本論
世界名著譯社
卡爾·馬克思著 郭大力 王亞南譯
資本論

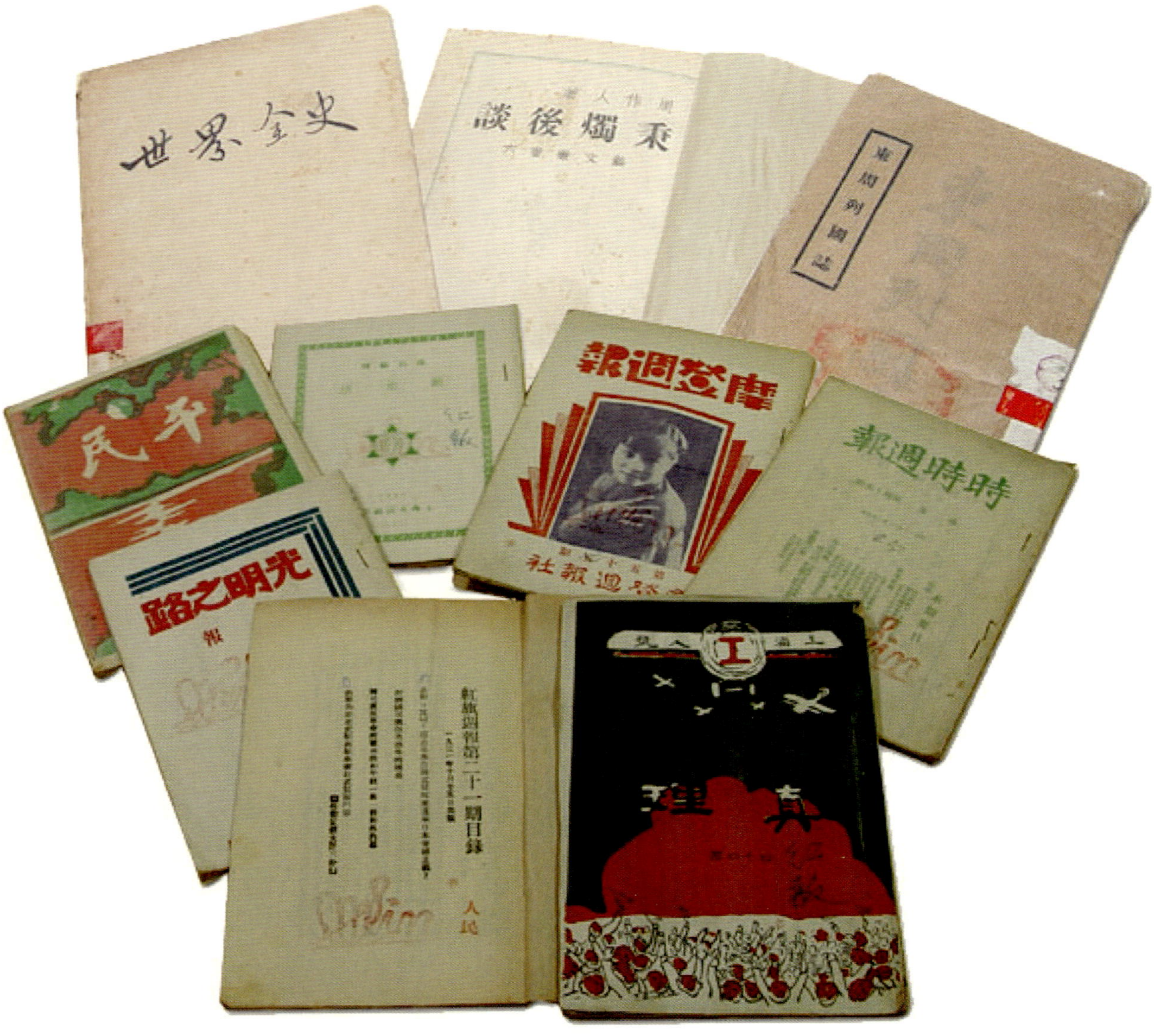

20. 20 世纪 20—30 年代伪装出版的革命书刊

党中央和毛泽东同志高度重视马列著作编译工作。1938年5月5日，延安马列学院成立，学院下设马列主义经典著作编译部，由张闻天同志兼任主任。马列学院编译部是由党中央正式组建的第一个经典著作编译机构。(21-23)

21. 延安马列学院旧址（蓝家坪）
22. 革命根据地的印刷厂
23. 张闻天

21

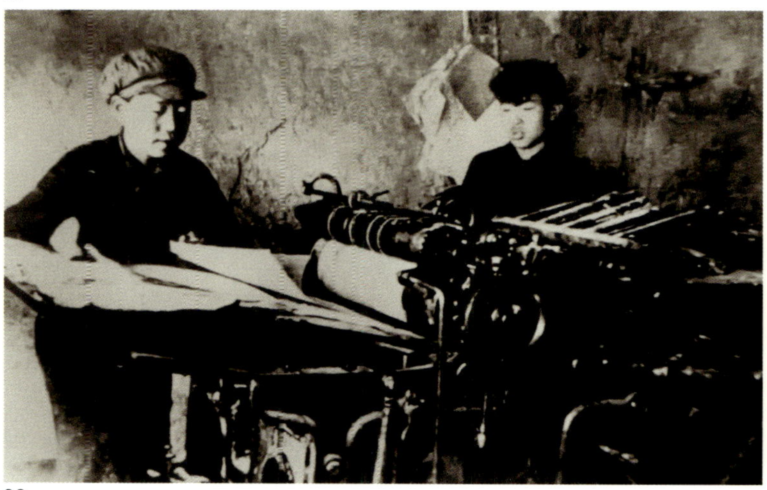

22

23

做翻译工作的同志很重要，不要认为翻译工作不好。我们现在需要大翻译家。我是一个土包子，要懂一点国外的事还靠翻译。我们党内能直接看外国书的人很少，凡能直接看外国书的人，首先要翻译马、恩、列、斯的著作，翻译苏联先进的东西和各国马克思主义者的东西。

——毛泽东

1943 年 5 月，在毛泽东同志提议下，党中央作出关于加强马列主义经典著作翻译工作的决定，毛泽东同志亲自审定了决定的内容。决定要求重新校阅已经出版的马列经典著作，并强调了这些工作的极端重要性。毛泽东同志经常与翻译工作者研讨经典著作的理论要旨和译文表述问题。(24)

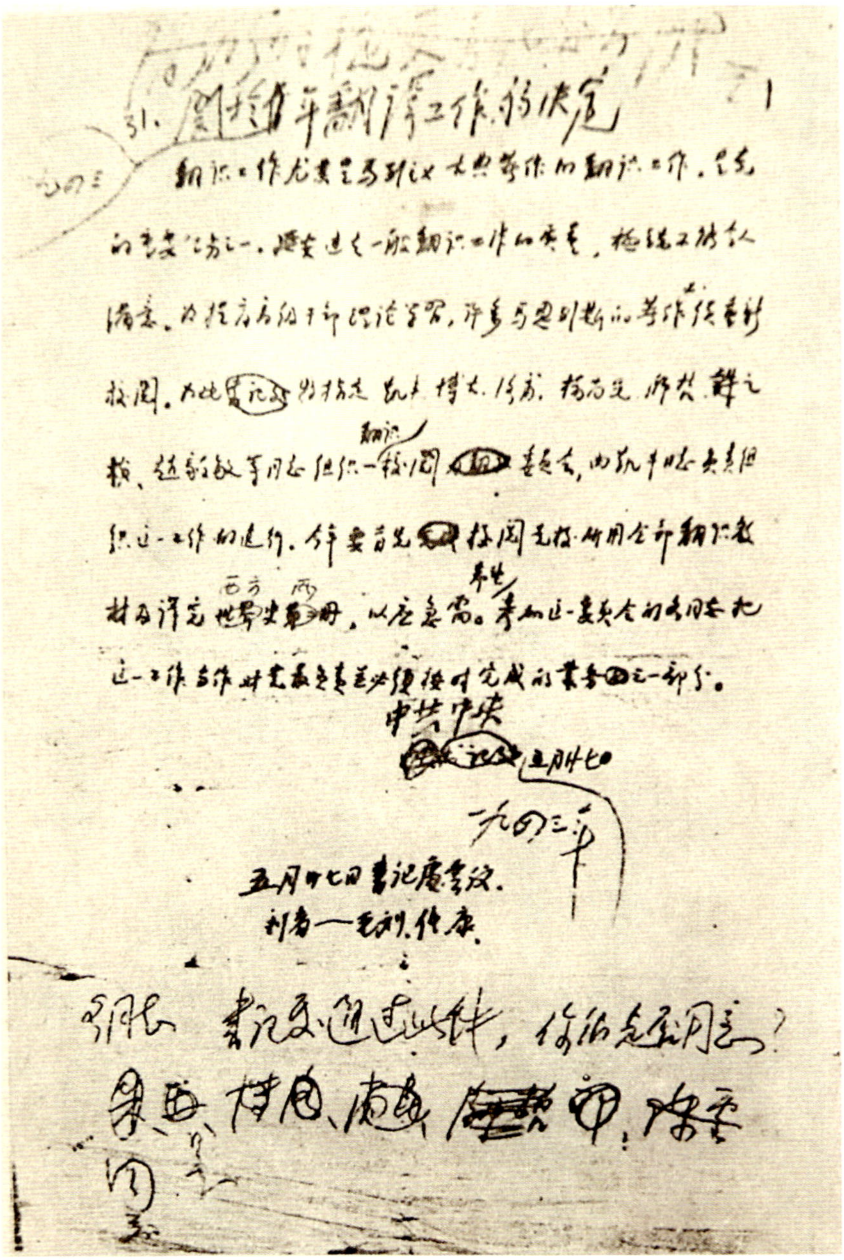

24. 党中央关于加强马列主义经典著作翻译工作的决定

25

26

马列学院编译部成立后，在党中央的正确领导和关心支持下，马列著作的编译出版工作呈现出前所未有的气象和规模。编译工作者不畏艰难，不辱使命，在极其艰苦的条件下翻译了大量经典著作，推动了中国共产党领导的争取民族独立和人民解放的伟大事业。从 1938 年到 1942 年，延安解放社陆续出版了《马克思恩格斯丛书》10 种、《列宁选集》16 卷。到新中国成立前，我国公开出版的马列著作达 530 种，马克思和恩格斯的最重要的著作都译成了中文。(25-26)

25. 八路军战士认真阅读马列著作

26. 《马克思恩格斯丛书》

中国共产党历来重视学习和宣传马克思列宁主义，党的领导人率先垂范，并一再号召全党认真学习马列著作。(27-30)

27. 毛泽东同志在抗大成立三周年纪念大会上讲话

28. 毛泽东同志批示印发的干部必读书目

29. 解放社出版的《干部必读》丛书

27

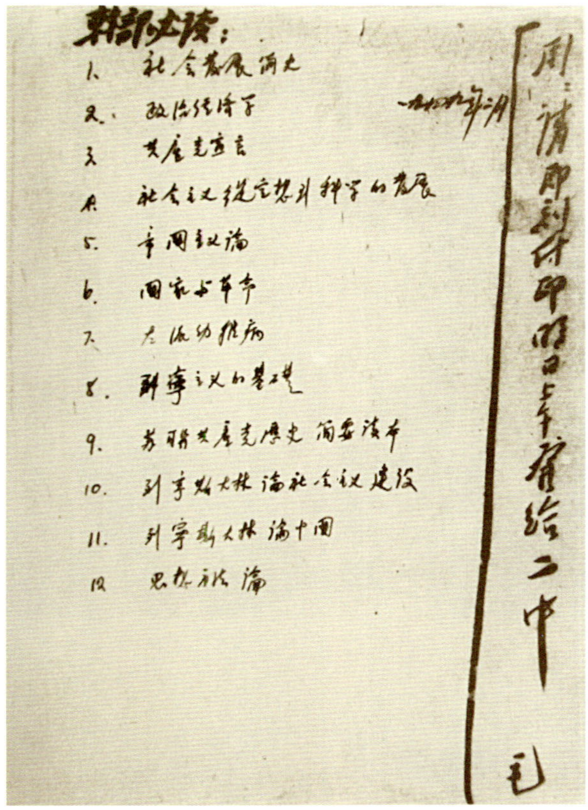

干部必读：

1. 社会发展简史
2. 政治经济学
3. 共产党宣言
4. 社会主义从空想到科学的发展
5. 帝国主义论
6. 国家与革命
7. 左派幼稚病
8. 列宁主义的基础
9. 苏联共产党党史简要读本
10. 列宁斯大林论社会主义建设
11. 列宁斯大林论中国
12. 思想方法论

28

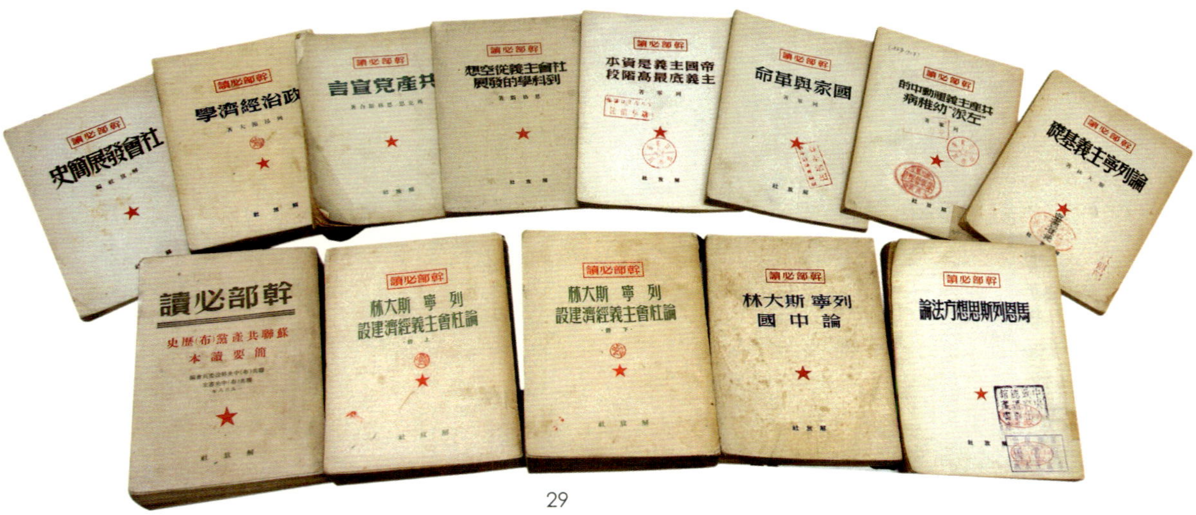

29

30. 毛泽东、周恩来、刘少奇、朱德读过的马克思恩格斯著作

毛泽东读过的《资本论》

周恩来读过的《共产党宣言》

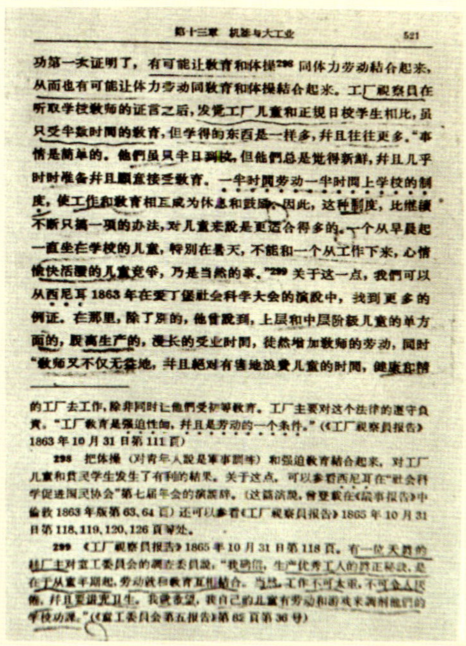

第十三章 机器与大工业 521

功第一次证明了，有可能让教育和体操298同体力劳动結合起来，从而也有可能让体力劳动同教育和体操結合起来。工厂视察員在听取学校教师的证言之后，发觉工厂儿童和正规日校学生相比，虽只受半数时間的教育，但学得的东西是一样多，并且往往更多。"事情是簡单的。他們虽只半日到校，但他們总是觉得新鮮，并且几乎时时准备并且願意接受教育。一半时間劳动一半时間上学校的制度，使工作和教育相互成为休息和鼓励。因此，这种制度，比继續不断只搞一项的办法，对儿童来說是更适合得多的。一个从早晨起一直坐在学校的儿童，特别在暑天，不能和一个从工作下来，心情愉快活潑的儿童竞争，乃是当然的事。"299 关于这一点，我們可以从西尼耳1863年在爱丁堡社会科学大会的演說中，找到更多的例证。在那里，除了別的，他曾說到，上层和中层阶級儿童的单方面的，脱离生产的，漫长的受业时間，徒然增加教师的劳动，同时"教师又不仅无益地，并且絕对有害地浪费儿童的时間，健康和精

的工厂去工作，除非同时让他們受初等教育。工厂主要对这个法律的遵守負責。"工厂教育是强迫性的，并且是劳动的一个条件。"（《工厂视察員报告》1863年10月31日第111頁）

298 把体操（对青年人說是軍事訓练）和强迫教育結合起来，对工厂儿童和貧民学生发生了有利的結果。关于这点，可以参看西尼耳在"社会科学促进国民协会"第七届年会的演說辞。（这篇演說，曾登載在《議事报告》中倫敦1863年版第63、64頁）还可以参看《工厂视察員报告》1865年10月31日第118、119、120、126頁等处。

299 《工厂视察員报告》1865年10月31日第118頁。有一位天真的絲厂主对童工委員会的调查委員說，"我确信，生产优秀工人的真正秘訣，是在于从童年期起，劳动就和教育互相結合。当然，工作不可太重，不可令人厌倦，并且要讲究卫生。我很希望，我自己的儿童有劳动和游戏来调剂他們的学校功課。"（《童工委員会第五报告》第82頁第36号）

刘少奇读过的《资本论》

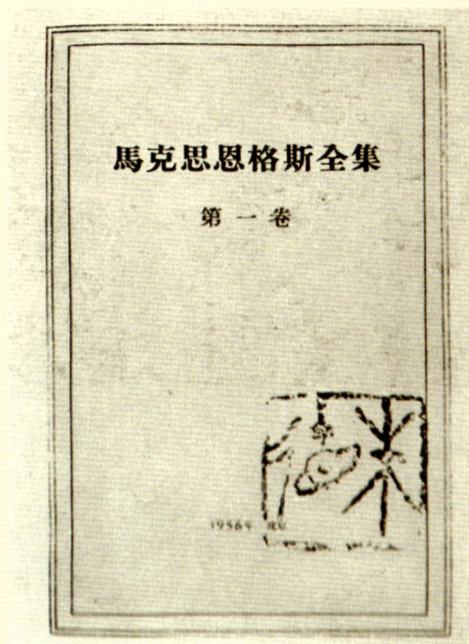

朱德读过的《马克思恩格斯全集》

1949年10月1日中华人民共和国成立。中国人民革命和建设事业的发展，为马克思主义经典著作编译事业的整体推进提供了前所未有的条件，同时也提出了更高的要求。(31)

31. 开国大典（油画） 董希文

领导我们事业的核心力量是中国共产党。指导我们思想的理论基础是马克思列宁主义。

——毛泽东

1953 年 1 月 29 日，经毛泽东同志亲自批示，中央决定成立中共中央马克思恩格斯列宁斯大林著作编译局，以便有系统有计划地编译马克思、恩格斯、列宁、斯大林的全部著作，从此马克思主义经典著作在中国的传播进入一个全新的历史阶段。(32-34)

32. 毛泽东同志在开国大典上讲话
33. 党中央关于成立马恩列斯著作编译局的决定
34. 毛泽东同志为中央编译局题写的《学习译丛》刊名

32

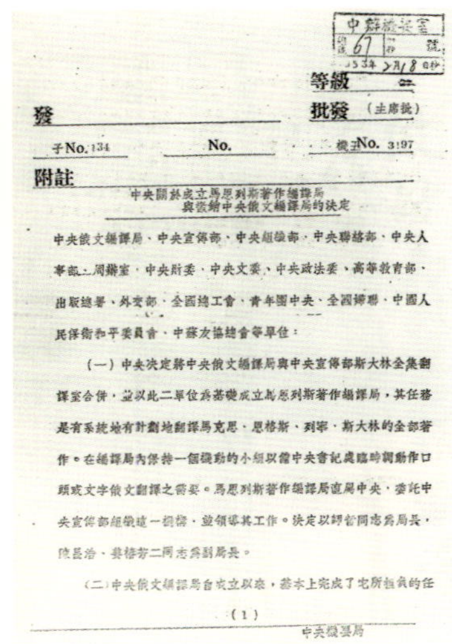

等級 二

發　　　批發（主席批）

子No. 134　　No.　　機子No. 3197

附註

中央關於成立馬恩列斯著作編譯局與撤銷中央俄文編譯局的決定

中央俄文編譯局、中央宣傳部、中央組織部、中央聯絡部、中央人事部、周辦室、中央財委、中央文委、中央政法委、高等教育部、出版總署、外交部、全國總工會、青年團中央、全國婦聯、中國人民保衛和平委員會、中蘇友協總會等單位：

（一）中央決定將中央俄文編譯局與中央宣傳部斯大林全集翻譯室合併，並以此二單位為基礎成立馬恩列斯著作編譯局，其任務是有系統地有計劃地翻譯馬克思、恩格斯、列寧、斯大林的全部著作。在編譯局內保持一個機動的小組以備中央書記處臨時調動作口頭或文字俄文翻譯之需要。馬恩列斯著作編譯局直屬中央，委託中央宣傳部組織這一機構，並領導其工作。決定以師哲同志為局長，陳昌浩、姜椿芳二同志為副局長。

（二）中央俄文編譯局自成立以來，基本上完成了它所擔負的任

（1）

中央檔案局

33

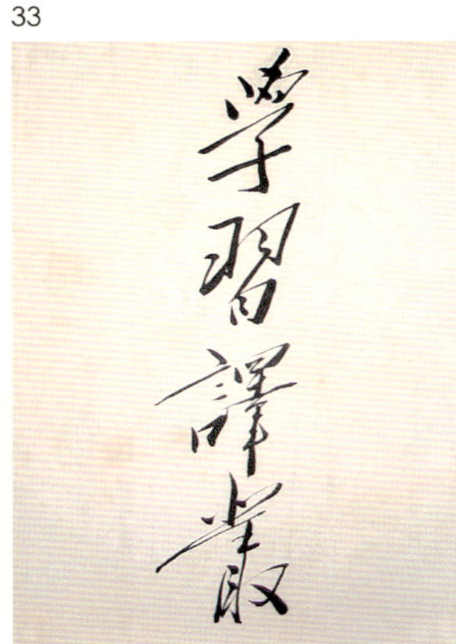

34

中央编译局成立后，按照党中央要求有系统地、有计划地编译出版马克思主义经典作家的著作，为研究、学习和宣传马克思主义提供扎实可靠的文本基础，有力地推动了马克思主义中国化的进程。(35-36)

35

36

35. 中央编译局旧貌

36. 中央编译局今貌

新中国成立后，马克思主义经典著作的传播事业不断推进。在党的领导下，思想界、理论界和新闻出版界通过各种形式广泛宣传马克思主义经典作家的生平事业和科学理论，并积极收藏马克思恩格斯的手稿。(37-42)

37. 新中国成立后在北京举办的纪念马克思的展览

38. 1954 年中央编译局首次举办的"马克思列宁主义经典著作在中国的传播"展览

37

38

一九五三年五月五日（星期二） 光明日報 第六版

馬克思著作在中國的傳播

「僞意志意識形態」出版於一九四〇年。這是一九四七年的版本。

一九二一年，馬克思著「僱傭勞動與資本」的第一種中譯本出版。這是該書的封面。

馬克思在工作

「論猶太人問題」出版於一九三九年，這是一九四九年的版本。

馬克思著「政治經濟學批判」有兩種譯本：
上：一九三〇年版　　下：一九三二年版

「共產黨宣言」共有三種全譯本：
上：第一種譯本出版於一九二〇年，這是同一年的再版本。
中：第二種譯本出版於一九三八年，這是一九四七年的翻印本。
下：第三種譯本出版於一九四四年，這是一九四九年的翻印本。

編者按：「資本論」五種譯本的初版本圖片和「資本論」單행本第一卷圖片見今日本報第六版「圖書評論」

「致顧格曼博士書信集」有兩種譯本，第一種譯本出版於一九四七年，這是第二種譯本，出版於一九四八年。

「馬克思，恩格斯論中國」出版於一九三八年。這是該書各種不同版本的一部份。

這是老解放區出版的馬克思、恩格斯著作的一部份，其中「哥達綱領批判」、「法蘭西內戰」二書，書面蓋有「毛澤東」簽名章。

這是一九三〇年出版的「自由貿易問題」的初版本。

「拿破崙第三政變記」有兩種譯本：
左：第一種譯本的初版本，出版於一九三〇年。
右：第二種譯本出版於一九四〇年，這是一九四七年九月的重版本。

39. 1953 年 5 月 5 日《光明日报》关于马克思著作在中国传播情况的图片介绍

40

41

40. 群众在书店踊跃购买马克思的各种著作

41. 20 世纪 50 年代各大报纸纪念马克思的部分文章

42. 中国收藏的部分马克思手稿

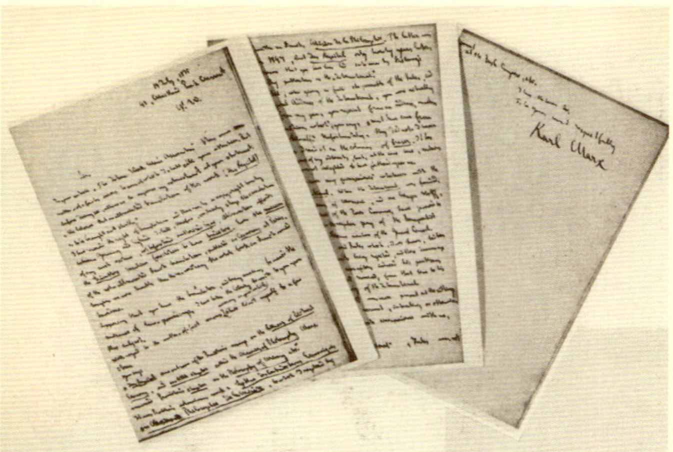

马克思致玛蒂尔达・贝瑟姆－爱德华兹的信（中央档案馆收藏）

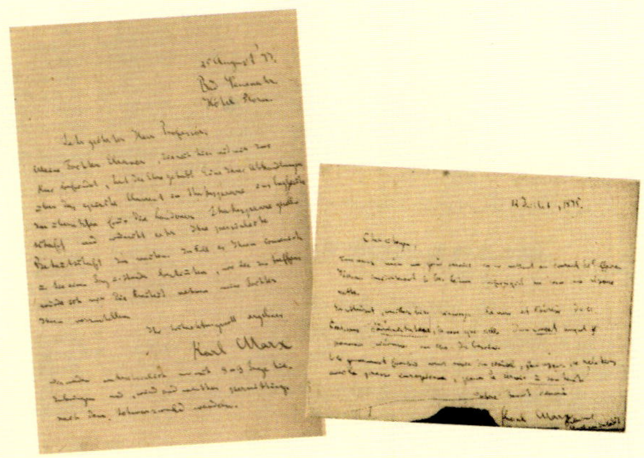

马克思致尼古劳斯・德利乌斯和致茹斯特・韦努伊埃的信（国家图书馆收藏）

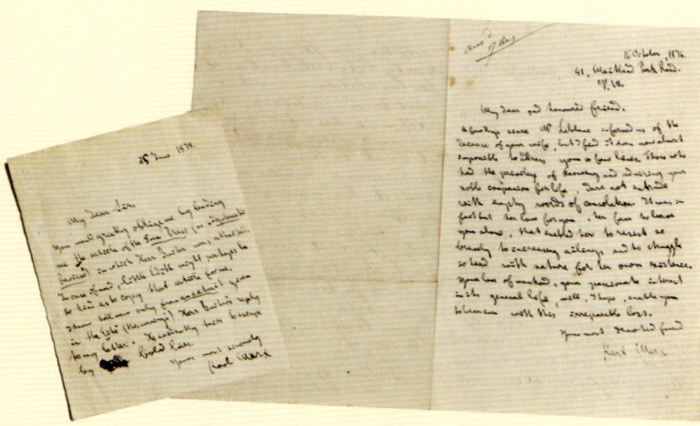

马克思致科勒特・多布森・科勒特和致托马斯・奥尔索普的信（中央编译局收藏）

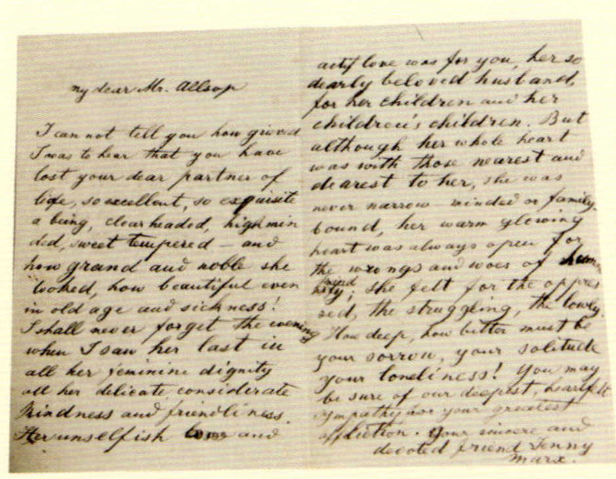

my dear Mr. Allsop

I can not tell you how grieved I was to hear that you have lost your dear partner of life, so excellent, so exquisite a being, clear headed, high minded, sweet tempered — and how grand and noble she looked, how beautiful even in old age and sickness! I shall never forget the evening when I saw her last in all her feminine dignity all her delicate considerate kindness and friendliness. Her unselfish love and actif love was for you, her so dearly beloved husband, for her children and her children's children. But although her whole heart was with those nearest and dearest to her, she was never narrow-minded or family bound, her warm glowing heart was always open for the wrongs and woes of humanity; she felt for the oppressed, the struggling, the lowly. How deep, how bitter must be your sorrow, your solitude your loneliness! You may be sure of our deepest, heartfelt sympathy in your greatest affliction. Your sincere and devoted friend Jenny Marx.

马克思致托马斯・奥尔索普的信背面所附的燕妮・马克思的信

20 世纪 50—70 年代，中央编译局根据苏共中央马列主义研究院编辑的《马克思恩格斯全集》俄文第二版，编译了《马克思恩格斯全集》中文第一版第 1—39 卷，由人民出版社出版，并大量发行。为适应不同读者、不同部门的需求，中央编译局和国内有关单位还大量编辑出版了选集、文集、专题读本和单行本，推动了马克思主义的宣传和普及事业。（43-47）

43.《马克思恩格斯全集》中文第 1 版第 1 卷
44. 20 世纪 50 年代的人民出版社
45.《马克思恩格斯全集》中文第 1 版第 1—39 卷

43

44

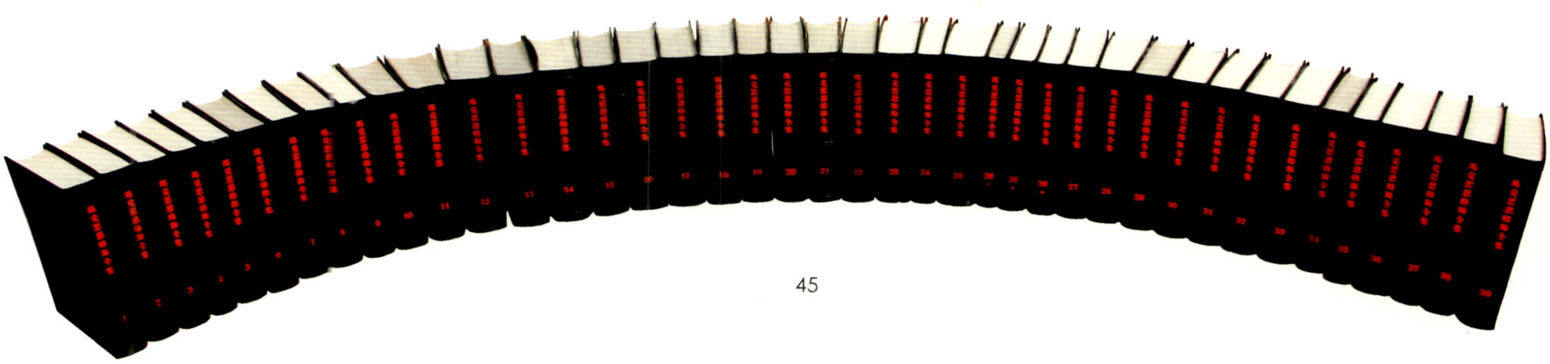

45

46

47

46. 《马克思恩格斯选集》1972 年第 1 版（四卷本）

47. 20 世纪 50—70 年代编译出版的马克思恩格斯著作各种文集本、专题读本和单行本

我们搞改革开放，把工作重心放在经济建设上，没有丢马克思，没有丢列宁，也没有丢毛泽东。老祖宗不能丢啊！问题是要把什么叫社会主义搞清楚，把怎么样建设和发展社会主义搞清楚。

——邓小平

48

1978年底召开的具有重大历史意义的中共十一届三中全会，开启了中国改革开放的历史新时期。在建设中国特色社会主义的伟大进程中，马克思主义经典著作编译出版事业呈现出前所未有的新局面。（48–49）

48. 邓小平同志在中共十一届三中全会上讲话

49. 中共十一届三中全会会场

49

改革开放以后，中央编译局继续做好《马克思恩格斯全集》中文第一版补卷的编译工作。至 1985 年，中文第一版出齐，共 50 卷，总计 3200 余万字。这是马克思主义诞生后首次在中国出版的比较完整的马恩著作中文全集本，是马克思主义传播史上的一个重要里程碑。(50-51)

50.《马克思恩格斯全集》中文第 1 版第 40—50 卷
51.《马克思恩格斯全集》中文第 1 版第 1—50 卷

50

51

加强党的思想建设，要在全党系统地深入地进行马列主义、毛泽东思想基本理论的教育，特别是马克思主义哲学的教育……我们要组织党员特别是党员领导干部，联系国际国内的形势和矛盾斗争，有的放矢地选读马克思主义经典著作。

——江泽民

52

面对新时期的任务和挑战，党中央明确强调要加强党的思想理论建设，坚持和巩固马克思主义在我国意识形态领域的指导地位，坚持马克思主义的科学原理和科学精神、创新精神，紧密结合中国特色社会主义的伟大实践，不断丰富和发展马克思主义，不断增强马克思主义理论的说服力和战斗力。(52-53)

52. 江泽民同志在中国共产党第十六次全国代表大会上作报告
53. 江泽民同志为中央编译局成立四十周年题词

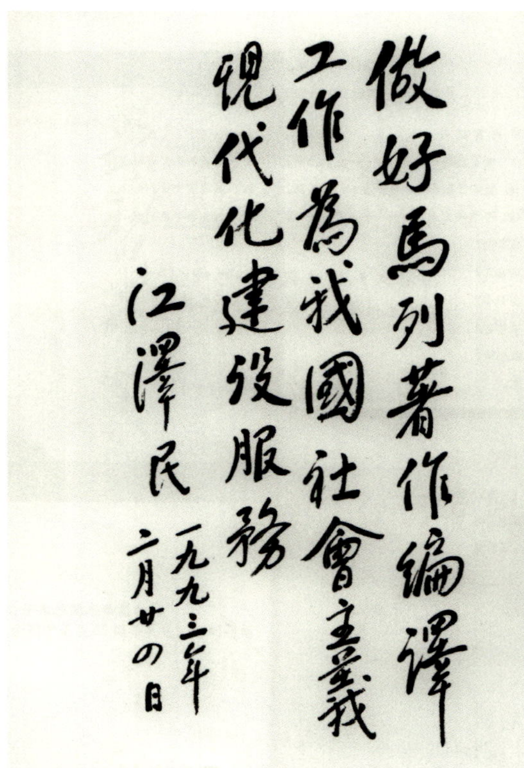

53

经中共中央书记处批准，中央编译局 1986 年 7 月启动了《马克思恩格斯全集》中文第二版的编译工作。该版全集以《马克思恩格斯全集》历史考证版（MEGA²）为蓝本，同时参考德文版、英文版、俄文版等版本进行编译，力求做到收文更齐全、编辑更合理、译文更准确、资料更翔实。该版总计 70 卷，从 1995 年至今已出版 21 卷。**（54-56）**

54.《马克思恩格斯全集》中文第 2 版第 1 卷

55. 1995 年 10 月 27 日《人民日报》关于新版马列著作出版的报道

56.《马克思恩格斯全集》中文第 2 版已出版的卷次

54

人民日报

RENMIN RIBAO

1995年10月 27 星期五

国内统一刊号:CN11—0065 今日 12 版（华东地区16版） 第17275期（代号 1—1） 人民日报社出版

马克思主义经典著作编译和研究最新成果

新版马列著作出版

新华社北京10月26日电 （记者刘思扬）由中共中央马克思恩格斯列宁斯大林著作编译局编译的新版马列著作——《马克思恩格斯全集》中文第2版首批第1、11、30卷和《马克思恩格斯选集》中文第2版、《列宁选集》中文第3版，最近由人民出版社出版。这批著作总计约835万字，反映了马克思主义经典著作编译和研究工作的最新成果。

《马克思恩格斯全集》中文第2版是1986年7月中央决定由中央编译局编译的，计划出60余卷，正文总字数4000万字。

新版《马恩全集》的编译工作是一项跨世纪的宏伟工程，预计每年出2至3卷，下个世纪20年代出齐。已经问世的第1卷收入马克思从1833年到1843年3月所写的著作，包括博士论文、政论文章以及中学作文和早年的文学习作。第11卷收入马克思和恩格斯从1851年8月至1853年3月的著述，包括总结1848—1849年欧洲革命经验的著作和政论文章。第30卷收入马克思为自己准备创作的政治经济学巨著撰写的《导言》、未完成的手稿《巴师夏和凯里》以及《政治经济学批判》（1857年—1858年经济学手稿）的前半部分。

据介绍，《马恩全集》中文第2版的所有著作，都根据原文翻译或重新校订，与第1版比，新版《全集》译文质量更高、文献更全、资料更齐、编排更合理，可长期供理论研究、教学、宣传工作者使用。

《马克思恩格斯选集》中文第2版共4卷，约285万字，是中央编译局自1972年编译出版《选集》中文第1版后，向全国理论界和广大读者提供的新版本。新版《选集》对第1版篇目作了较大幅度调整，力求更全面、完整地反映马克思和恩格斯创立的科学理论体系；对全部译文作了认真校订，力求更准确、更忠实地表达原文的意蕴；同时，对注释和索引作了大量增补和修订，力求为读者提供更加翔实的资料。

《列宁选集》中文第3版是继1960年《列宁选集》第1版、1972年第2版之后的新版本。新版《列宁选集》共4卷，约320万字，反映了列宁对马克思主义三个组成部分的贡献，以及列宁的主要理论观点和策略思想的形成和发展。新版《选集》增加了列宁晚期有关社会主义建设理论的著作和书信，增收了列宁有关马克思主义方法论的论述，压缩了部分著作篇幅，对内容相近的文献作了调整。

55

56

为了在新时期进一步推进马克思主义的中国化时代化大众化，中央编译局于1995年编译出版《马克思恩格斯选集》第二版。中央编译局和国内有关单位还编辑出版了各种专题读本、单行本以及少数民族语言的译本。（57–60）

57. 《马克思恩格斯选集》1995年第2版（四卷本）
58. 用少数民族语言出版的《马克思恩格斯选集》
59. 用少数民族语言出版的《资本论》

57

58

59

60. 改革开放以来编译出版的马克思恩格斯著作各种文集本、专题读本和单行本

要坚持把党的思想理论建设放在首位，继续认真学习马克思列宁主义、毛泽东思想、邓小平理论、“三个代表”重要思想以及科学发展观，在实践中不断丰富和发展中国特色社会主义理论体系，努力开拓马克思主义新境界，切实提高全党运用科学理论改造主观世界和客观世界的能力。

——胡锦涛

61

党的十六大以来，党中央高度重视党的思想理论建设，进一步巩固马克思主义在意识形态领域中的指导地位。2004年，中央作出实施马克思主义理论研究和建设工程的重大战略决策。2004年4月27日，中央召开实施马克思主义理论研究和建设工程工作会议。胡锦涛同志在会见会议代表时指出，中央决定实施马克思主义理论研究和建设工程，这是关系党和国家事业发展的战略任务，是中央加强党的理论建设的重大举措。（61-62）

---

61. 胡锦涛同志在中共十六届一中全会上讲话

62. 2004年4月29日《人民日报》关于胡锦涛同志会见中央实施马克思主义理论研究和建设工程工作会议代表的报道

人民日报

RENMIN RIBAO

2004年4月 29 星期四

今日16版（华东、华南地区20版）

人民网网址：http://www.people.com.cn http://www.peopledaily.com.cn

国内统一刊号：CN11-0065 第20382期 （代号1-1）

人民日报社出版

胡锦涛在会见中央实施马克思主义理论研究和建设工程工作会议代表时强调

高扬马克思主义理论伟大旗帜 凝聚全党全国人民共同奋斗

李长春参加会见

62

中央组织实施的马克思主义理论研究和建设工程，把编译十卷本《马克思恩格斯文集》和五卷本《列宁专题文集》列为重点项目。2009 年 12 月两部文集正式出版发行。中央召开了出版座谈会，对两部文集的编译工作给予高度评价，指出两部文集是中央实施马克思主义理论研究和建设工程的标志性成果，是学习马克思主义经典著作的权威性教材，要进一步学习好运用好马克思主义经典著作，推动用发展着的马克思主义指导新的实践。（63-66）

人民日報
RENMIN RIBAO
人民网 网址：http://www.people.com.cn 手机：http://wap.people.com.cn
2009 年 12 月 26 星期六
人民日报社出版
CN 11-0065
第 22449 期（代号 1-1）
今日 8 版

李长春在《马克思恩格斯文集》《列宁专题文集》出版座谈会上强调

进一步学习好运用好马克思主义经典著作 推动用发展着的马克思主义指导新的实践

本报北京 12 月 25 日电 ……

（下转第四版）

（四版刊登评论员文章《建设马克思主义学习型政党的重要教材》）

63

64

63. 2009 年 12 月 26 日《人民日报》关于《马克思恩格斯文集》《列宁专题文集》出版座谈会的报道
64. 《马克思恩格斯文集》（十卷本）和《列宁专题文集》（五卷本）
65. 《马克思恩格斯文集》《列宁专题文集》出版座谈会会场
66. 《人民日报》和《光明日报》有关两部文集的报道

《马克思恩格斯文集》《列宁专题文集》出版座谈会

65

光明日报
让科学的思想更加璀璨
《列宁专题文集》编辑说明
认真钻研原著 提升学习研究马克思主义的能力
大力推进马克思主义中国化、时代化、大众化
完整准确地理解和把握马克思主义
《马克思恩格斯文集》编辑说明
编译两部文集的几点体会
学习两部文集 提高理论水平
为传播马克思主义作贡献

66

卡·马克思
(1818-1883)

马克思
生平大事年表

1818 年

5 月 5 日　卡尔·马克思出生于德国特里尔市。

1830 年

10 月　马克思进入特里尔中学学习。

1835 年

9 月 24 日　马克思毕业于特里尔中学，毕业考试时写了作文《青年在选择职业时的考虑》。

10 月 15 日　马克思进入波恩大学法律系学习。

1836 年

10 月 22 日　马克思转入柏林大学法律系学习。

1837 年

4—8 月　马克思钻研黑格尔哲学，并参加青年黑格尔派的活动。

1839 年

1839 年初—1841 年 3 月　马克思研究古希腊哲学，撰写博士论文《德谟克利特的自然哲学和伊壁鸠鲁的自然哲学的差别》。

1841 年

3 月 30 日　马克思毕业于柏林大学。

4 月 6 日　马克思把博士论文寄给耶拿大学哲学系主任。

4 月 15 日　耶拿大学授予马克思哲学博士学位证书。

1842 年

2 月初—2 月 10 日　马克思撰写《评普鲁士最近的书报检查令》。

约 3 月 26 日—4 月 26 日　马克思撰写《第六届莱茵省议会的辩论（第一篇论文）。关于新闻出版自由和公布省等级会议辩论情况的辩论》。

10 月　马克思撰写《第六届莱茵省议会的辩论（第三篇论文）。关于林木盗窃法的辩论》。

10 月 15 日　马克思担任科隆《莱茵报》编辑。

11 月下半月　恩格斯在赴英国途经科隆时拜访马克思。马克思在《莱茵报》编辑部同恩格斯初次见面。

1842 年 12 月底 —最迟 1843 年 1 月 26 日　马克思撰写《摩泽尔记者的辩护》。

1843 年

3 月 17 日　马克思由于普鲁士书报检查机关的迫害，退出《莱茵报》编辑部。4 月 1 日《莱茵报》被查封。

约 3 月中—9 月底　马克思撰写《黑格尔法哲学批判》。

6 月 19 日　马克思和燕妮·冯·威斯特华伦在克罗伊茨纳赫结婚。

7—8 月　马克思在克罗伊茨纳赫研究国家学说和宪政史，研究欧洲各国和美国的历史，特别是法国大革命的历史，并作摘录和笔记。

1843 年 10 月—1845 年 2 月　马克思旅居巴黎，创办《德法年鉴》杂志；撰写《论犹太人问题》和《〈黑格尔法哲学批判〉导言》；研究古典政治经济学和空想社会主义的著名代表人物的著作。

1844 年

2 月底　马克思和阿·卢格主编的《德法年鉴》第 1—2 期合刊在巴黎出版。

5 月 1 日　马克思的女儿燕妮出生。

约 5 月底 6 月初—8 月　马克思撰写《1844 年经济学哲学手稿》。

8 月底—9 月初　恩格斯从英国回德国时，绕道巴黎会见马克思。这次会见为他们终生不渝的伟大合作奠定了基础。马克思和恩格斯着手合著《神圣家族》，该著 1845 年 2 月在美因河畔法兰克福出版。

1845 年

1845 年 2 月—1848 年 3 月初 马克思因遭法国当局驱逐，旅居比利时布鲁塞尔。

春天 马克思撰写《关于费尔巴哈的提纲》。

7—8 月 马克思和恩格斯到伦敦和曼彻斯特作为期六周的考察旅行。

9 月 26 日 马克思的女儿劳拉出生。

1845 年秋—1846 年 5 月 马克思和恩格斯撰写《德意志意识形态》。

1846 年

年初 马克思和恩格斯在布鲁塞尔创立共产主义通讯委员会。

1847 年

1 月—6 月 15 日 马克思撰写《哲学的贫困》，该著 1847 年 7 月在巴黎和布鲁塞尔出版。

1 月底 马克思和恩格斯在确信正义者同盟领导人愿意改组同盟并接受科学社会主义理论之后，同意加入同盟。

8 月 5 日 在马克思领导下，共产主义者同盟的支部和区部在布鲁塞尔成立。马克思当选为支部主席和区部委员会委员。

11 月 29 日 马克思和恩格斯在伦敦出席民主派兄弟协会为纪念 1830 年波兰起义而举行的国际大会。马克思和恩格斯在大会上发表了关于波兰问题的演说。

11 月 29 日—12 月 8 日 马克思和恩格斯出席共产主义者同盟第二次代表大会。大会委托马克思和恩格斯以宣言的形式为共产主义者同盟起草一个准备公布的理论和实践的纲领。

1847 年 12 月 9 日—1848 年 1 月底 马克思和恩格斯撰写《共产党宣言》。

12 月下半月 马克思在布鲁塞尔德意志工人教育协会作关于雇佣劳动与资本的演说。

1848 年

1 月 9 日 马克思在布鲁塞尔民主协会召开的公众大会上发表关于自由贸易问题的演说。

2 月底 《共产党宣言》在伦敦出版。

2 月 27 日前后 由于法国爆发革命，在伦敦的共产主义者同盟中央委员会把职权移交给马克思领导的布鲁塞尔区部委员会。

3 月初 3 月 1 日法兰西共和国临时政府邀请马克思重返巴黎。3 月 3 日比利时当局下令驱逐马克思。3 月 5 日马克思到达巴黎。

3 月 11 日 共产主义者同盟新的中央委员会在巴黎成立。马克思当选中央委员会主席，在布鲁塞尔的恩格斯缺席当选中央委员会委员。

3 月下半月—4 月初 德国爆发三月革命，马克思和恩格斯拟订了共产主义者同盟在这次革命中的行动纲领《共产党在德国的要求》。同盟中央委员会组织了三四百名德国工人（大多数是同盟盟员）分散回国参加革命。

4 月 6 日前后 马克思和恩格斯离开巴黎，回德国参加革命。

4 月 11 日 马克思和恩格斯到达科隆，筹办《新莱茵报》。

6 月 1 日 马克思主编的《新莱茵报》创刊号在科隆出版。

6 月 25 日—7 月 1 日 马克思和恩格斯撰写有关巴黎六月起义的一系列文章。

7 月 6 日 马克思因《新莱茵报》7 月 5 日发表揭露司法当局行径的《逮捕》一文受到法院传讯。此后，普鲁士司法当局经常以各种借口传讯马克思、恩格斯以及《新莱茵报》编辑部的其他人员。

8 月 13—14 日 马克思和恩格斯参加莱茵省第一届民主主义者代表大会。

9 月 11—15 日 马克思撰写题为《危机和反革命》一组文章。

9 月 13 日 《新莱茵报》编辑部、科隆工人联合会和民主协会在科隆弗兰肯广场召开民众大会。马克思和恩格斯被选入由 30 人组成的安全委员会。

9 月 26 日 科隆戒严。警备司令部命令《新莱茵报》和其他一些民主派报纸停止出版。

10 月 12 日 经过马克思不懈斗争，《新莱茵报》复刊。

12 月 9—29 日 马克思撰写题为《资产阶级和反革命》一组文章。

1849 年

2 月 7 日 科隆陪审法庭开庭审理《新莱茵报》因发表《逮捕》一文被控侮辱检察官和诽谤宪兵一案，马克思和恩格斯在法庭上当众揭露普鲁士反动当局的诬陷和迫害。陪审法庭宣告马克思、恩格斯无罪。

5 月 16 日 马克思接到当局把他驱逐出普鲁士的命令。

5 月 19 日 《新莱茵报》被迫停刊，用红色油墨印出终刊号第 301 号。

6 月 3 日前后 马克思到达巴黎。

8 月 24 日 马克思因受到法国当局迫害，离开巴黎前往伦敦。

8 月 26 日前后 马克思来到伦敦，在这里一直居住到逝世。马克思到达伦敦后，着手筹办《新莱茵报。政治经济评论》，并重新组织共产主义者同盟中央委员会。

9 月初 马克思参加伦敦德意志工人教育协会，在协会中讲授政治经济学和《共产党宣言》的基本观点。

1849 年底—1850 年 11 月 马克思为《新莱茵报。政治经济评论》撰写一组总结法国革命经验的文章《1848 年至 1849 年》。1895 年恩格斯将这些文章编成单行本出版，标题为《1848 年至 1850 年的法兰西阶级斗争》。

1850 年

3—11 月 马克思和恩格斯创办的《新莱茵报。政治经济评论》出版了六期（其中第 5—6 期是合刊）。该杂志发表了马克思的《1848 年至 1849 年》和恩格斯的《德国维护帝国宪法的运动》、《德国农民战争》等著作。

3 月和 6 月 马克思和恩格斯共同起草了两篇《共产主义者同盟中央委

员会告同盟书》。

9 月 15 日 马克思和恩格斯在共产主义者同盟中央委员会会议上尖锐地批判了维利希和沙佩尔的宗派冒险主义策略。会议决定把中央委员会迁往科隆，委托科隆区部组建新的中央委员会。

1850 年 9 月—1853 年 8 月 马克思写了 24 本有关政治经济学问题的摘录笔记，即《伦敦笔记》。

1851 年

8 月 8 日 马克思写信告诉恩格斯，《纽约每日论坛报》编辑查·德纳约他为该报撰稿，他已接受建议。由于马克思忙于政治经济学的研究工作，恩格斯大力协助马克思为该报撰稿。马克思和恩格斯为该报撰稿持续十年以上。

约 1851 年 12 月中—1852 年 3 月 25 日 马克思撰写《路易·波拿巴的雾月十八日》，这部著作 1852 年 5 月发表在纽约出版的不定期刊物《革命》杂志上。

1852 年

3 月 5 日 马克思在给约·魏德迈的信中阐述他对阶级、阶级斗争和无产阶级专政问题的新结论。

10—11 月 马克思和恩格斯密切关注科隆共产党人案件的审讯进程，想方设法把揭露普鲁士警察当局阴谋的文件和材料寄往科隆，帮助被告辩护人在法庭上证明起诉的虚假性。

10 月底—12 月初 马克思撰写《揭露科隆共产党人案件》。

11 月 17 日 鉴于欧洲反动势力日益猖獗，共产主义者同盟实际上已经无法进行正常活动等情况，马克思在共产主义者同盟伦敦区部会议上提议解散同盟。马克思的提议获得通过。

1853 年

5 月 31 日前后 马克思撰写《中国革命和欧洲革命》。

6 月和 7 月 马克思撰写《不列颠在印度的统治》和《不列颠在印度统治的未来结果》。

1854 年

8 月 25 日—12 月 8 日 鉴于西班牙爆发资产阶级革命，马克思撰写题为《革命的西班牙》一组文章。

1854 年 12 月—1855 年 1 月 马克思审阅并整理自己前几年作的政治经济学笔记。

1855 年

1 月 16 日 马克思的女儿爱琳娜出生。

6 月 15 日 马克思致信恩格斯，约请恩格斯为纽约《普特南氏月刊》撰写论述欧洲军队的文章。

6 月 24 日和 7 月 1 日 马克思参加在伦敦海德公园举行的群众示威，反对损害人民群众利益的禁止星期日交易法案。

1856 年

4 月 14 日 马克思应宪章派机关报《人民报》编辑部的邀请，参加该报创刊四周年纪念会，发表关于无产阶级的世界历史使命的演说。

9—11 月 马克思就国际市场危机撰写一系列文章，并深入研究政治经济学问题。

1857 年

3 月 马克思撰写《俄国的对华贸易》和《英人在华的残暴行动》。

6 月 30 日 马克思撰写关于印度军队起义的文章。此后，马克思和恩格斯写了一系列论述印度 1857—1859 年民族解放起义的文章。

7 月 马克思撰写评论弗·巴师夏和查·凯里的经济学论文，论文没有完成。

1857 年 7 月—1860 年 11 月 马克思和恩格斯为《美国新百科全书》撰写条目，许多条目是两人合作的成果。

8 月底 马克思为计划中的经济学巨著《政治经济学批判》撰写《导言》。

1857 年 10 月—1858 年 2 月底 马克思详细研究世界经济危机的发展，搜集了大量有关危机进程的材料。

1857 年底—1858 年 5 月 马克思撰写《政治经济学批判（1857—1858 年手稿）》，这是《资本论》的第一个稿本。

1858 年

8 月 31 日—9 月 28 日 马克思撰写《鸦片贸易史》（两篇）、《英中条约》和《中国和英国的条约》。

1859 年

6 月 11 日 马克思的著作《政治经济学批判。第一分册》在柏林出版。马克思在该书序言中对唯物史观基本原理作了经典表述。

约 7 月 3 日—8 月 20 日 马克思担任伦敦德意志工人教育协会等组织的机关报《人民报》的实际领导和编辑工作。该报不久因经费困难而停刊。

9 月和 11 月 马克思撰写《新的对华战争》和《对华贸易》。

1860 年

1 月 11—26 日　马克思和恩格斯密切关注美国争取消灭奴隶制的运动和俄国争取废除农奴制的运动。

1 月底—11 月　马克思撰写《福格特先生》，12 月 1 日这部著作在伦敦出版。

11 月底—12 月 19 日　马克思研究自然科学，阅读达尔文的《物种起源》。

1861 年

1861 年 6 月—1862 年 11 月　马克思和恩格斯鉴于美国爆发内战，特别注意研究美国内战发生的原因和战争进程。

1861 年 8 月—1863 年 7 月　马克思撰写《政治经济学批判（1861—1863 年手稿）》，这是《资本论》的第二个稿本。

1862 年

12 月 28 日　马克思写信告诉路·库格曼，他打算以《资本论》为标题、《政治经济学批判》为副标题出版他的经济学著作。

1863 年

1 月　马克思结束了关于剩余价值理论的主要篇章的写作。他后来打算把这一部分作为《资本论》的第四部分即理论史部分出版。同时他拟定了《资本论》第一和第三部分的写作计划，这两部分成为后来《资本论》第一卷和第三卷的基础。

2 月中—5 月初　马克思和恩格斯充分肯定用革命方法解决波兰问题的意义，决定以伦敦德意志工人教育协会的名义就波兰起义发表呼吁书，并撰写论述波兰人民斗争的小册子。

7 月初　马克思研究数学，特别是微分学和积分学。

1863 年 8 月—1867 年　马克思用更加系统的形式来表述他的经济学著作的理论部分，完成了《资本论》理论部分三册的新稿，并将《资本论》第一册整理付印。

1864 年

9 月 28 日　马克思出席在伦敦圣马丁堂举行的国际工人会议。这次会议通过了成立国际工人协会（后通称第一国际）的决议。马克思当选为协会临时委员会委员。

10 月 21—27 日　马克思起草国际工人协会的纲领性文件——成立宣言和临时章程。

11 月 1 日　马克思在国际工人协会临时委员会会议上宣读了他起草的国际工人协会成立宣言和临时章程，这两个文件获得一致通过。临时委员会按章程被确定为协会的领导机构（后改称总委员会，1866 年 9 月 8 日以前通称中央委员会）。马克思作为德国通讯书记参加总委员会。

11 月 4 日　马克思写信给恩格斯，详尽地叙述了成立国际工人协会和起草成立宣言、临时章程的经过。

11 月下旬　马克思代表国际工人协会中央委员会起草致林肯的信，祝贺他再度当选美国总统。

1865 年

1 月 24 日　马克思撰写《论蒲鲁东（给约·巴·施韦泽的信）》。

3 月　马克思出席在伦敦举行的纪念波兰起义两周年大会。

3 月 19 日—4 月 8 日　马克思因病去荷兰扎尔特博默尔，在姨父莱·菲力浦斯家休养。

6 月 20 日和 27 日　马克思在国际工人协会中央委员会会议上作关于工资、价格和利润的报告，用通俗的形式阐述了剩余价值理论的基本观点。

9 月 25—29 日　马克思参加国际工人协会伦敦代表会议。

1866 年

1 月底—2 月中　马克思由于紧张写作《资本论》而患病。恩格斯建议马克思将第一卷先送去付印。马克思按照恩格斯的意见，决定首先发表《资本论》第一卷。

9 月 3—8 日　国际工人协会日内瓦代表大会按照马克思起草的《给临时中央委员会代表的关于若干问题的指示》通过了各项主要决议，批准了以马克思起草的临时章程为基础的国际工人协会的章程和条例。马克思被代表大会选入中央委员会。

1867 年

1 月　马克思出席纪念波兰起义四周年大会，并发表演说。

4 月 2—4 日　马克思写信告诉恩格斯，他已写完《资本论》第一卷，并打算亲自将手稿送到汉堡出版商那里。恩格斯回信给马克思，衷心祝贺《资本论》第一卷的完成。

4 月 10 日—5 月 19 日　马克思为《资本论》的出版事宜回到德国，并到汉诺威路·库格曼家做客。

6 月 3—16 日　马克思把《资本论》第一卷前五个印张的清样寄给恩格斯校阅。恩格斯读完《资本论》第一卷第一批校样后，在给马克思的信中谈了自己的意见。

约 6 月 17—27 日　马克思写作《资本论》第一卷第一章的附录《价值形式》。

8 月 16 日　马克思看完《资本论》第一卷最后一个印张的校样。他在深夜两点写信给恩格斯，衷心感谢恩格斯在他写作这部著作期间所给予的无私帮助。

1867 年 8 月下半月—1883 年初　马克思继续在政治经济学和其他许多领域进行广泛研究，写作并修改《资本论》第二卷和第三卷。但因忙于领导国际工人运动、修订出版《资本论》第一卷德文第二版和法文版、研究其他领域的问题以及经常患病等原因，马克思生前未能出版《资本论》第二卷和第三卷。

9月6日 马克思被国际工人协会洛桑代表大会选入总委员会。

9月中旬 《资本论》第一卷在汉堡出版。

11月 马克思研究爱尔兰问题，并在同恩格斯的通信中阐述了自己的观点。

1868年

1—3月 马克思在给恩格斯和路·库格曼的书信中对欧·杜林写的《资本论》第一卷书评和杜林的其他著作作了评论。马克思指出了《资本论》第一卷在经济理论和研究方法方面不同于以往的资产阶级经济学的三个崭新因素，以及他的阐述方法与黑格尔的不同之处。

1868年春—1870年中 马克思撰写《资本论》第二册的第Ⅱ稿。

3月 马克思和恩格斯研究德国历史学家格·毛勒的著作，并给予很高的评价。

4月2日 马克思的女儿劳拉同保·拉法格结婚。

4月底 马克思研究利润率和剩余价值率之间的关系。他几次写信给恩格斯，介绍自己的研究结论，并谈到《资本论》第二、三册的内容。

9月6—13日 国际工人协会布鲁塞尔代表大会根据马克思提出并由总委员会批准的草案，通过了关于在资本主义制度下使用机器的后果的决议和关于缩短工作日的决议。马克思被代表大会选入总委员会。大会还通过一项决议案，倡议各国工人学习马克思的《资本论》。

1869年

9月7日和11日 马克思起草的国际工人协会总委员会的报告和关于继承权的报告先后在国际工人协会巴塞尔代表大会上宣读。马克思再度当选为总委员会委员。

约9月10日—10月7日 马克思和女儿燕妮去汉诺威看望路·库格曼。途中专程拜访了约·狄慈根，在汉诺威会见了威·白拉克等人。

11月30日 马克思参加在伦敦成立的土地和劳动同盟。

1870年

7月19—23日 马克思撰写国际工人协会总委员会关于普法战争的第一篇宣言。

9月6—9日 马克思撰写国际工人协会总委员会关于普法战争的第二篇宣言。

1871年

3月19日—5月 马克思和恩格斯仔细研究3月18日巴黎爆发革命后的局势和3月28日宣布成立的巴黎公社的材料，同公社社员建立联系，并在有关内外政策的各种问题上向公社提供建议。马克思和恩格斯动员各国工人声援巴黎公社，致信国际工人协会各支部，呼吁对公社给予支持。

4月12日和17日 马克思在给路·库格曼的信中，援引自己在《路易·波拿巴的雾月十八日》一书中作出的无产阶级必须打碎资产阶级的军事官僚国家机器的结论，强调巴黎公社的世界历史意义。

4月18日—5月底 马克思受国际工人协会总委员会委托，撰写关于法兰西内战的宣言。

5月23日 马克思在国际工人协会总委员会会议上作关于巴黎公社的发言，指出即使公社遭到失败，公社的原则也是永存的，是消灭不了的。

5月30日 马克思在国际工人协会总委员会会议上宣读他起草的宣言《法兰西内战》，并经总委员会一致通过。

6—12月 马克思和恩格斯组织对巴黎公社流亡者的救济和援助，领导国际工人协会总委员会成立的流亡者委员会的活动，设法为流亡的公社社员寻找工作。

9月17—23日 马克思和恩格斯领导国际工人协会伦敦代表会议的工作。马克思和恩格斯在会上作了关于工人阶级的政治行动的发言。

9月24日 马克思在伦敦举行的国际工人协会成立七周年庆祝会上发表讲话，论述国际的任务和目的，阐明巴黎公社的性质和无产阶级专政的意义。

1871年12月—1873年1月 马克思为出版《资本论》第一卷德文第二版做修订工作。

1872年

1月中—3月初 马克思和恩格斯撰写国际工人协会总委员会内部通告《所谓国际内部的分裂》。

1872年3月—1875年1月 马克思校订《资本论》第一卷法文译稿。

3月初—5月初 马克思应国际工人协会曼彻斯特支部领导人欧·杜邦的请求，就该支部正在争论的土地国有化问题撰写了详细意见。

6月24日 马克思和恩格斯为《共产党宣言》1872年德文版撰写序言。

1872年7月—1873年5月 《资本论》第一卷德文第二版陆续分册出版。1873年5月底6月初，各分册合成一卷出版。

9月2—7日 马克思和恩格斯领导国际工人协会海牙代表大会的工作，挫败了巴枯宁派的分裂阴谋。

1872年9月17日—1875年底 《资本论》第一卷法文版陆续分册出版。1876年初，各分册合成一卷出版。

10月10日 马克思的女儿燕妮同沙·龙格结婚。

1872年12月底—1873年1月初 马克思撰写《政治冷淡主义》。

1873年

4—7月 马克思和恩格斯撰写《社会主义民主同盟和国际工人协会》。

1874 年

8—9 月 马克思和女儿爱琳娜到卡尔斯巴德疗养，返回伦敦途中，在莱比锡、柏林和汉堡短暂停留，会见了威·李卜克内西等人。

1874 年—1875 年初 马克思对巴枯宁的《国家制度和无政府状态》一书作了摘要，并写了批判性评注。

1875 年

5 月 5 日 马克思写信给威·白拉克，随信寄去《德国工人党纲领批注》（后来通称《哥达纲领批判》）。

5 月 20 日—8 月上半月 马克思为《资本论》第三册撰写关于剩余价值率和利润率的数学计算的手稿。

1876 年

5 月 24—26 日 马克思和恩格斯鉴于德国小资产阶级社会主义者欧·杜林的思想对德国社会主义工人党的危害日益严重，商讨开展对杜林思想的批判。

1876 年秋—1881 年中 马克思撰写《资本论》第二册的第Ⅴ、Ⅵ、Ⅶ、Ⅷ稿以及一些片断稿和准备稿。

1877 年

3 月 5 日 马克思把他为《反杜林论》第二编第十章写的手稿《评杜林〈国民经济学批判史〉》寄给恩格斯。

10—11 月 马克思写信给《祖国纪事》杂志编辑部，答复俄国政论家和文学评论家尼·康·米海洛夫斯基的《卡尔·马克思在尤·茹柯夫斯基先生的法庭上》一文。

1878 年

1878—1882 年 马克思钻研代数学，写了大量札记，还写了微分学简史。

1879 年

1879 年下半年—1881 年初 马克思写关于阿·瓦格纳《政治经济学教科书》的批评意见。

9 月 17—18 日 马克思和恩格斯共同起草给奥·倍倍尔、威·李卜克内西、威·白拉克等人的通告信，批评在反社会党人法实施以后德国社会主义工人党内出现的机会主义倾向。

1879 年秋—1880 年夏 马克思阅读马·马·柯瓦列夫斯基的著作《公社土地占有制，其解体的原因、进程和结果》，并作了详细笔记。

1880 年

5 月 10 日前后 马克思和恩格斯应保·拉法格和茹·盖得的请求，帮助制定法国工人党纲领。马克思口授了法国工人党纲领导言，即纲领的理论部分。

约 1880 年夏—1881 年夏 马克思研究路·亨·摩尔根《古代社会》等著作，作了评注性摘录。

1881 年

2 月 18 日前后—3 月 8 日 2 月 16 日，维·伊·查苏利奇致信马克思，请求他谈谈对俄国社会经济发展前景，特别是对俄国农村公社的命运的看法。3 月 8 日，马克思给查苏利奇写了复信，此前写了四个复信草稿。

7 月 26 日—8 月 16 日 马克思和夫人在巴黎附近阿让特伊的女儿燕妮·龙格家小住。

12 月 2 日 马克思夫人燕妮·马克思在伦敦逝世。

约 1881 年底—1882 年底 马克思研究世界通史，作了编年摘录（通称《历史学笔记》）。

1882 年

1 月 21 日 马克思和恩格斯为格·瓦·普列汉诺夫翻译的《共产党宣言》俄译本撰写序言。

2 月 9 日—10 月初 马克思由于健康状况恶化前往阿尔及尔、法国南部、瑞士等地疗养，并看望女儿燕妮、劳拉以及约·菲·贝克尔，会见费默、茹·盖得、保·拉法格等人。

1882 年秋—1883 年 1 月初 马克思为出版《资本论》第一卷德文第三版做修订准备工作。

1883 年

1 月 11 日 马克思的女儿燕妮·龙格在巴黎逝世。

3 月 14 日 卡尔·马克思在伦敦逝世。

编后记

经过编委会全体人员两年多的共同努力，《马克思画传》终于正式出版了。这部画传是在马克思主义中国化时代化大众化的伟大事业不断推进的形势下，为适应广大干部群众学习和研究马克思主义的需要而编纂的。与以往出版的同类著作相比，它应当体现更加鲜明的时代特色和更加自觉的创新意识。为了实现这个目标，我们在编纂画传的过程中重新研读马克思主义经典著作，认真汲取和借鉴各种已有的成果，努力形成贴近广大读者需求的新颖的编辑思路和独特的学术风格。

在史实记叙方面，我们改变历来沿袭的单纯按时间顺序编排的模式，尝试开辟一条使编年叙事与专题介绍有机结合、相互补充的新路，并按照历史与逻辑相统一的原则，在全书总序和各章导言中对马克思的革命生涯进行简练的综述和概括，以便更加真实完整地反映马克思的生平事业。在理论阐述方面，我们注意避免史论分离和重史轻论的倾向，力求全面清晰地再现马克思主义形成和发展的历程，同时充分利用十卷本《马克思恩格斯文集》的编译和研究成果，简明而又准确地介绍马克思重要著作的写作背景和思想精髓。在整部画传中，我们着力展现马克思的光辉业绩和杰出贡献，同时也注重展示这位伟人的高尚品质和博大胸怀，尽可能让读者全方位地了解马克思的伟大一生。

我们的工作离不开前人通过辛勤劳动奠定的基础。只有博采众长，才能有所创造。在搜集史料、稽考史实、精选图片、编排图文的过程中，我们从各个特定角度参考了国内出版的相关文献，其中最重要的是中共中央编译局编辑的《卡尔·马克思画传》（1983 年人民美术出版社版，参加编辑工作的有吴惕安、季丰、韩文臣、白玉琴）。我们还查阅了国外出版的有关著作，从中获取有益的启示，其中主要有《卡尔·马克思和弗里德里希·恩格斯。他们的生平和他们的时代》（KARL MARX UND FRIEDRICH ENGELS. IHR LEBEN UND IHRE ZEIT）1978 年柏林狄茨出版社版、《卡尔·马克思的生平事业。文献和照片》（КАРЛ МАРКС. ЖИЗНЬ И ДЕЯТЕЛЬНОСТЬ. ДОКУМЕНТЫ И ФОТОГРАФИИ）1983 年莫斯科进步出版社版、《卡尔·马克思画传》（KARL MARX ALBUM）1953 年柏林狄茨出版社版。此外，马克思恩格斯著作编辑学家、德国柏林 MEGA（《马克思恩格斯全集》历史考证版）编辑促进协会主席罗尔夫・黑克尔教授（Prof. Dr. Rolf Hecker）为本书的编纂提出许多建议并提供大量图片。本书编委会向上述著作的作者和罗尔夫・黑克尔教授表示衷心的感谢。

本书在编录大量历史图片的同时，还汇集了中外名家有关马克思生平事业的美术作品。其中有中国美术家怀着对无产阶级革命导师景仰和热爱之忱精心构思、精心创作的国画、油画、版画、水粉画、素描和雕塑。这些精彩纷呈的艺术品，大多是中共中央编译局为纪念马克思逝世 100 周年和恩格斯逝世 90 周年编辑出版《卡尔・马克思画传》和《弗・恩格斯画传》时向美术界征集的。本画传在卷首刊出了我国现代卓越的人物画大师和美术教育家蒋兆和先生绘制的马克思肖像，这幅神形兼备的传世杰作是蒋先生为中共中央编译局 1954 年首次举办的“马克思列宁主义经典著作在中国的传播”展览而创作的。这些艺术瑰宝作为珍贵典藏保存在中共中央编译局图书馆。此外，我们在画传的卷末还刊出了矗立在上海复兴公园的马克思恩格斯雕像照片，这座气势恢弘的大型石雕是著名雕塑家章永浩先生的力作。在本书出版之际，编委会向无私奉献自己的智慧和才华的艺术家们表示崇高的敬意。

本书的编纂工作从始至终得到重庆出版集团的热情支持和大力协助。出版集团的领导、专家以及从事装帧设计和图文排印的人员十分关注本书的编纂工作。为了把这部画传编成学术和艺术精品，他们提出了许多宝贵的建议。编委会向他们表示诚挚的谢意。

《马克思画传》由韦建桦、顾锦屏同志主持编纂，参加编辑和资料工作的同志有：魏海生、王学东、柴方国、徐洋、李楠、张远航、曹浩瀚。在编纂过程中，中共中央编译局马恩列斯著作编译部、马列主义文献信息部以及办公厅给予了大力支持。蒋仁祥、李跃群、寿自强、戴淑英、张小明、张炳辉等同志参加了部分图片资料收集和编务工作，谨向他们表示衷心感谢。

《马克思画传》编纂委员会

2012 年 3 月

图书在版编目(CIP)数据

马克思画传 / 中共中央马克思恩格斯列宁斯大林著作编译局编. — 重庆 : 重庆出版社, 2012.3
ISBN 978-7-229-04161-8

Ⅰ.①马… Ⅱ.①中… Ⅲ.①马克思,K.(1818—1883)—传记—画册 Ⅳ.①A716

中国版本图书馆CIP数据核字(2011)第106005号

马克思画传

MAKESI HUAZHUAN

中共中央马克思恩格斯列宁斯大林著作编译局 编

出 版 人:罗小卫
责任编辑:罗小卫 吴立平
责任校对:何建云 廖应碧 李小君
装帧设计:重庆出版集团艺术设计有限公司

重庆出版集团 重庆出版社 中央编译出版社 Central Compilation & Translation Press 出版

重庆长江二路205号 邮政编码:400016 http://www.cqph.com
重庆出版集团艺术设计有限公司制版
深圳市国际彩印有限公司印刷
重庆出版集团图书发行有限公司发行
E-MAIL:fxchu@cqph.com 邮购电话:023-68809452
全国新华书店经销

开本:1000mm×1400mm 1/16 印张:20.75
2012年3月第1版 2012年3月第1次印刷
ISBN 978-7-229-04161-8
定价:330.00元

如有印装质量问题,请向本集团图书发行有限公司调换:023-68706683

中共中央马克思恩格斯列宁斯大林著作编译局 编

《马克思画传》
《恩格斯画传》 编纂委员会
《列 宁 画 传》

《恩格斯画传》编纂人员

总 序

走近马克思恩格斯列宁的壮丽人生

韦建桦

在人类历史上，马克思、恩格斯、列宁是对世界现代文明进程影响最深远的思想家和革命家。他们创立的马克思列宁主义科学体系，是人类数千年来优秀思想文化的结晶，是工人阶级及其政党的战斗旗帜和指路明灯，是中国各族人民团结奋斗的共同思想基础。为了帮助广大读者了解他们进行理论创造和革命实践的历程，认识他们在艰苦卓绝的斗争和跌宕起伏的生活中展现的崇高品德与革命情操，我们编纂了《马克思画传》、《恩格斯画传》和《列宁画传》。

在三部画传中，我们力求完整而又具体地描述三位伟人的人生轨迹。

马克思、恩格斯、列宁的一生是在波澜壮阔的无产阶级革命中度过的。他们的实践活动是国际共产主义运动史的重要篇章，同时也是感人肺腑、催人奋进的生动教材。

一百六十多年前，马克思和恩格斯在起草科学社会主义的纲领性文献《共产党宣言》时，还不满三十岁。他们并不是什么先知先觉的圣人。他们从小面对的也是一个充满矛盾的现实世界，在家庭、学校和社会的影响下，他们也曾接受过在那个时代占主流地位的唯心主义和资产阶级民主主义思想。是现存社会的物质和经济的事实，特别是资本主义制度的弊端和劳动群众渴求解放的呼声，促使他们立志进行社会变革，并走上探求科学真理的道路。在社会进步思想的启发下，他们通过孜孜不倦的理论研究和社会实践，实现了向唯物主义和共产主义的彻底转变。他们不仅为工人阶级创立了科学的世界观，而且亲身投入工人阶级和劳动人民推翻旧世界、建设新世界的伟大斗争。从创建共产主义者同盟，到参加1848—1849年欧洲革命；从领导国际工人协会的斗争，到支持巴黎公社革命；从指导无产阶级政党建设，团结和壮大国际无产阶级革命力量，到推进世界各被压迫民族的独立和解放运动，马克思和恩格斯始终站在国际共产主义运动前沿，为无产阶级革命奉献了毕生的精力和智慧。

列宁同马克思、恩格斯一样，早在青年时代就关注劳动人民的命运，积极参与推翻剥削阶级统治的斗争。他刻苦钻研马克思恩格斯著作，在长期的斗争实践中锻炼成为坚定的马克思主义者和卓越的无产阶级革命领袖。他创造性地运用马克思主义，在俄国建立了新型无产阶级政党，领导党和人民群众夺取了十月社会主义革命的胜利，创建了世界上第一个社会主义国家，使社会主义从理论变为现实。他热情支持各国无产阶级革命和被压迫民

族解放运动，同时以锲而不舍的精神对社会主义建设道路进行卓有成效的探索，为世界社会主义运动的发展作出了划时代的贡献。

马克思、恩格斯、列宁把全部生命融入了人类进步事业，他们的英名和功绩将永垂青史。德国工人运动领袖威廉·李卜克内西曾在马克思的葬礼上深情地说："马克思是属于无产阶级的。他的一生都献给全世界无产者了。全世界能够思考的、有思想的无产者都对他表示感激和尊敬。"（参看《马克思恩格斯全集》第2版第25卷第600—601页）这段话是马克思伟大一生的真实写照；人们也可以用同样简洁的语言来概括恩格斯和列宁的革命生涯。我们的画传正是以凝练的笔触再现他们的生命航程。

在三部画传中，我们力求准确而又简明地介绍三位伟人的理论贡献。

马克思、恩格斯、列宁在大量著述中揭示了人类历史发展规律、无产阶级革命和社会主义建设规律、无产阶级政党建设规律，并作了经典的表述。在人类思想史上，这是一次辉煌的日出。

马克思和恩格斯研究了欧洲资本主义经济和政治发展状况，总结了欧洲工人运动经验，吸收和改造了人类思想文化成果，特别是18世纪和19世纪上半期哲学社会科学和自然科学的最新成果，创立了包括马克思主义哲学、政治经济学和科学社会主义在内的理论体系。他们用唯物史观阐明了人类社会演进的普遍规律，用剩余价值理论揭示了资本主义剥削的秘密和资本主义社会存在的基础。随着唯物史观和剩余价值理论的发现，社会主义实现了从空想到科学的发展。马克思和恩格斯论证了资本主义为社会主义、共产主义取代的历史必然性，指出无产阶级是实现这一历史使命的伟大阶级，而无产阶级政党就是领导这个事业的核心力量。他们阐述了无产阶级革命和无产阶级专政学说，并在科学分析资本主义现实的基础上，提出了关于未来社会发展和建设的基本原则。他们的科学体系以理论和实践相统一为特征，在实践中不断丰富和发展。

列宁就是在新的历史条件下发展马克思主义的典范。他在总结俄国无产阶级革命和社会主义建设经验的基础上，把马克思主义推进到列宁主义阶段。他深入研究资本主义发展的新趋势，创立了关于帝国主义的理论，提出了社会主义可能首先在少数甚至在单独一个资本主义国家内获得胜利的科学论断。他制定了无产阶级新型政党的理论，捍卫和发展了马克思主义的无产阶级专政学说。十月革命胜利后，他在实践中深入研究如何在经济文化落后的俄国建设社会主义的时代命题，研究如何加强苏维埃政权建设和执政党建设等重大战略问题，提出了一系列精辟见解，丰富了科学社会主义的理论宝库。

历史已经证明并将继续证明，马克思、恩格斯、列宁创立的理论是颠扑不破的真理。时代的发展和国际风云的变幻，只会使这个理论显示出愈益强大的生命力。正如列宁所说：

“即将来临的历史时期，定会使马克思主义这个无产阶级的学说获得更大的胜利。”（见《列宁全集》第 2 版第 23 卷第 4 页）我们的画传正是以确凿的事实证明列宁的科学论断。

在三部画传中，我们力求真实而又鲜明地展示三位伟人的精神境界。

马克思、恩格斯、列宁留给后人的宝贵遗产，不只是科学的理论，而且还有崇高的风范。他们的品节、风骨与胸襟使一代又一代追求真理的人们获得启迪，受到震撼，汲取奋进的动力。

青年时代的马克思、恩格斯、列宁凭借家庭的条件、聪颖的禀赋和卓异的才识，完全有可能跻身于“上流社会”。但是，他们对金钱、权位和资产阶级的奢靡享乐不屑一顾。他们舍弃了舒适安定的生活，毅然选择了充满艰难险阻的革命道路。反动势力一次又一次的驱逐、通缉、构陷、监禁和利诱，没有动摇他们的信念，反而使他们更加矢志不渝地为坚持真理而斗争。

斗争是他们的生命要素。他们毫不妥协地与反动统治阶级进行斗争，与影响工人运动健康发展的各种社会思潮进行斗争，与工人政党内部的错误倾向进行斗争，表现出无与伦比的胆略和睿智。他们长期承担超负荷的繁重工作，但总是保持高昂的斗志和蓬勃的朝气，充满乐观旷达和自我牺牲的精神。即使在疾病缠身或遭遇不幸的时候，他们也仍然从容镇静、严谨缜密、一丝不苟地对待每一项工作。正是在这种日夜兼程的奋斗中，他们呕心沥血，勤奋耕耘，撰写了卷帙浩繁的著作、论文、书信、笔记和手稿，为无产阶级和全人类创造了无比珍贵的精神财富。

他们的深邃思想来自实践，也来自长期的学习和积累。从青少年时代直到晚年，他们始终把学习当成人生使命和最大快乐。无论是在流亡或流放的动荡年代，还是在与病痛作斗争的艰难时刻，他们都密切关注社会科学和自然科学的发展，通过博览群书、研精覃思，站在理论和学术的制高点，在许多领域都有独到的发现和重要的建树。他们在科学的道路上不断开拓的恒心和勇气，来源于对劳苦大众解放事业的忠诚。恩格斯认为，在他生活的那种到处都有政治压迫、思想钳制、物质诱惑和市侩习气的社会环境中，要始终保持高尚纯洁的理论兴趣，就必须做到“对职位、牟利，对上司的恩典，没有任何考虑。相反，科学越是毫无顾忌和大公无私，它就越符合工人的利益和愿望”（见《马克思恩格斯文集》第 4 卷第 313 页）。事实证明，这种毫无顾忌的胆识和大公无私的胸怀，正是马克思、恩格斯、列宁求知和治学的共同特征，是他们透过繁芜丛杂的社会现象洞悉历史本质的重要原因。

他们在工人政党和广大群众中享有无与伦比的崇高威望，但他们始终把自己定位为同大家患难与共、风雨同舟的战士。马克思说过：‘由于厌恶一切个人崇拜，在国际存在的时候，我从来都不让公布那许许多多来自各国的、使我厌烦的歌功颂德的东西；我从来也不予答复，偶尔答复，也只是加以斥责。恩格斯和我最初参加共产主义者秘密团体时的必要条件是：摒弃章程中一切助长迷信权威的东西。”（见《马克思恩格斯文集》第10卷第422—423页）这些话不仅反映了无产阶级革命家的谦逊品格和民主精神，而且昭示了他们高扬党内正气、扫除鄙俗之风的坚强决心。在与同志们的日常交往中，他们襟怀恢廓，坦率真诚，显示出勇于任事、乐于助人、质朴刚健、幽默诙谐的个性。在战友们的心目中，他们是领袖，更是可亲可敬的良师益友。他们从事着伟大的事业，同时也深深地热爱平凡的生活。他们喜爱文学艺术，向往生机无限的大自然，珍视纯洁深挚的爱情、亲情和友情，并从这些人间至情中获得温暖和力量。

确实，除了大量的著作之外，马克思、恩格斯、列宁还用一生言行为我们诠释了如何做人的道理。我们的画传正是以素朴的情节折射他们的人格光辉，并且以此来印证马克思的名言：“人只有为同时代人的完美、为他们的幸福而工作，自己才能达到完美。”（见《马克思恩格斯全集》第2版第1卷第459页）

在三部画传中，我们还力求全面而又集中地反映三位伟人对中华民族前途的关注，介绍他们的著作在中国传播的情况。

马克思、恩格斯、列宁生前高度评价中华民族的灿烂文明，深切同情中国人民遭受的苦难和屈辱，热情支持中国人民反抗列强侵略、反对封建压迫的斗争。他们对中国革命寄予殷切期望，并且满怀深情地预言：随着新中国的崛起，整个亚洲将升起历史新纪元的曙光，中华民族必将对人类进步作出应有的贡献。三位伟人的预言，在中国共产党领导的革命、建设和改革事业中一步一步地变成了现实。我们党从成立时起就把马克思列宁主义作为指导思想，高度重视党的理论武装和思想建设，积极推进经典著作的传播和研究，并在实践中创造性地运用和发展马克思、恩格斯、列宁创立的科学理论，形成了马克思主义中国化的理论成果，即毛泽东思想和包括邓小平理论、“三个代表”重要思想以及科学发展观等重大战略思想在内的中国特色社会主义理论体系。正是在这些光辉理论成果的指引下，我们的祖国发生了翻天覆地的巨变。今天，中国各族人民正在用社会主义现代化建设的业绩，向全世界进一步证明马克思列宁主义真理的无限生机。我们的画传正是以特定的角度表达对无产阶级导师的景仰和追怀。

编纂画传的构想，最初是在我们编译十卷本《马克思恩格斯文集》和五卷本《列宁专题文集》期间提出的。三位导师的画传必须达到思想性、理论性和知识性、艺术性的高度统一，编纂工作要求很高、任务很重、难点很多。因此，我们在2007年先行启动了搜集整理文献资料和各类图片的基础性工作。2009年两部文集的编译工作顺利完成。这两部文集是中央实施马克思主义理论研究和建设工程的重点项目和标志性成果，是广大干部群众学习马克思主义经典著作的权威性教材。两部文集的编译过程，使我们更加深刻地体悟到三位伟人的思想融通今古，博大精深，蕴含着无限生机和魅力；两部文集出版后引起的强烈反响，使我们更加清晰地认识到采用生动亲切、鲜明直观的形式帮助广大读者了解三位伟人的思想理论和斗争历程的必要性。于是，我们在最初构想的基础上，进一步研究确定了三部画传的编纂宗旨和具体思路，并且本着尊重历史、贴近时代、一丝不苟、勇于创新的原则全面展开了各项工作。可以说，是真理的巨大力量、社会的实际需要和我们的责任意识共同催生了这三部画传。

三部画传的特点是以文为经，以图为纬；经纬交织，图文互补，构成一种立体的叙事语言。

我们要用这种立体的叙事语言向读者讲述鲜活真实的历史。真实是我们这部作品的灵魂。只有保证史实记叙和理论阐述的准确，三部画传才能对学习经典著作具有切实的参考价值，同时对研究经典作家具有独立的学术价值。因此，我们要求自己用编译经典著作的科学态度从事编纂画传的工作。我们重温了马克思、恩格斯、列宁的一系列重要著述，广泛搜集并认真研读了涉及三位伟人生平事业的各种史料和研究成果，对画传的总体方案、条贯脉络、篇章结构、各章导言、各节提要和大事年表进行了反复斟酌和推敲，对反映历史事件、人物、组织、著述和文稿的大量图片进行了审慎的考证和精选。我们按照编年顺序和逻辑顺序相统一的原则，将文字和图片进行合理编排，以确保全书内容的完整性、连贯性和逻辑性。我们还选录了马克思、恩格斯、列宁的重要言论以及他们的亲人和战友的生动回忆，让读者对三位伟人的思想和品格获得更加深刻的感悟、更加真切的印象。在装帧和版面设计方面，我们作了多方面的创新尝试，努力形成一种庄重朴素、清新典雅的整体风格，以便更好地体现全书的丰富内涵，使思想的感召力与艺术的感染力有机地结合起来。画传汇集了中外名家的许多美术作品，其中有的描绘恢弘的历史场景，有的表现重大的革命题材，也有的反映动人的生活细节。这些精美的作品与珍贵历史图片、简要说明文字融为一体，组成了讴歌马克思、恩格斯、列宁壮丽人生的交响诗。

我们希望这三部画传能帮助广大读者走近三位伟人生活的时代，走近他们的心灵。如果我们的读者在感动的同时进行深入的思考，进而以浓厚的理论兴趣去阅读马克思、恩格斯、列宁的著作，直接聆听他们关于历史与未来、自然与社会、宇宙与人生的教诲，那么，本书编者将感到无比欣幸，因为这正是我们齐心协力编纂三部画传的初衷。

2012 年 3 月

定稿于中共中央编译局

目录

第一章

童年和学生时代

弗里德里希·恩格斯 1820 年 11 月 28 日出生于德国巴门市（时属普鲁士王国，今伍珀塔尔市）。这座城市位于伍珀河谷，与埃尔伯费尔德市毗连，是普鲁士纺织工业中心。巴门市所在的莱茵地区深受法国资产阶级革命影响，资本主义工商业发展迅速，无产阶级和资产阶级矛盾尖锐。恩格斯在这里度过了童年和学生时代。

恩格斯家族是当地的纺织业世家。恩格斯的父亲是一个思想保守的纺织厂主，对子女施行严格的宗教教育。伍珀河谷的资产阶级奉行基督教虔诚主义，千方百计禁锢人们的思想。家庭状况和社会氛围使恩格斯从小就萌生了反抗宗教压制和束缚、追求自由和真理的激情。恩格斯的母亲性格开朗，热爱生活；外祖父思想开明，知识广博。幼年的恩格斯在母亲和外祖父那里受到了良好的教育和熏陶。

1829 年，恩格斯开始在巴门市立学校接受启蒙教育。1834 年，恩格斯进入埃尔伯费尔德文科中学继续学习。这所中学是普鲁士最好的学校之一，一批具有人文主义思想和理性精神的教师使恩格斯开阔了视野和胸襟。他智力出众，学习刻苦，在语言、文学、历史、地理、数学、物理、哲学、艺术等各个方面都取得了优良的成绩，为日后的发展打下了坚实的基础。

恩格斯在中学时代就十分注意观察社会现实生活。他目睹了工厂主的残酷和虚伪，体会到劳动者的艰难和痛苦。社会生活的尖锐矛盾给他留下深刻印象，使他感到周围的人，无论是当牛做马的劳动者，还是巧取豪夺的剥削者，都在黑暗的现实中变成了“非人”。他曾经在白天打着灯笼去寻找“真正的人”，也曾用自己的积蓄去接济贫苦的人。在文学习作中，恩格斯表达了自己为争取自由独立、反对压迫奴役而斗争的理想。

恩格斯希望在中学毕业后升入大学，但这一愿望未能实现。1837 年，他迫于父命，辍学经商，进入父亲在巴门的办事处工作。学业的中断使恩格斯十分苦闷，但并没有动摇他对知识和真理的追求，从此他开始了在社会实践中学习和求索的艰辛历程。

01

恩格斯的故乡巴门市，位于伍珀河谷，1930年与毗邻的埃尔伯费尔德合并为伍珀塔尔市。19世纪上半叶，这里是莱茵省纺织工业中心，被称做“德国的曼彻斯特”。(01-03)

01. 1840 年前后的巴门

02. 1840 年前后的埃尔伯费尔德

03. 伍珀塔尔市今貌

02

03

16世纪以后，恩格斯家族定居巴门贝格区，是当地的名门望族，恩格斯的曾祖父和祖父都是著名的企业家。(04-12)

04. 恩格斯家族在恩格斯基兴的工厂，远处是他们的住所。
05. 恩格斯家族族徽
06. 恩格斯的父亲老弗里德里希・恩格斯（1796—1860）和母亲伊丽莎白（爱利莎）・弗兰契斯卡・毛里齐亚・范・哈尔（1797—1873）。他们生有九个孩子，恩格斯是长子。
07. 恩格斯家谱

04

05

06

恩格斯家谱

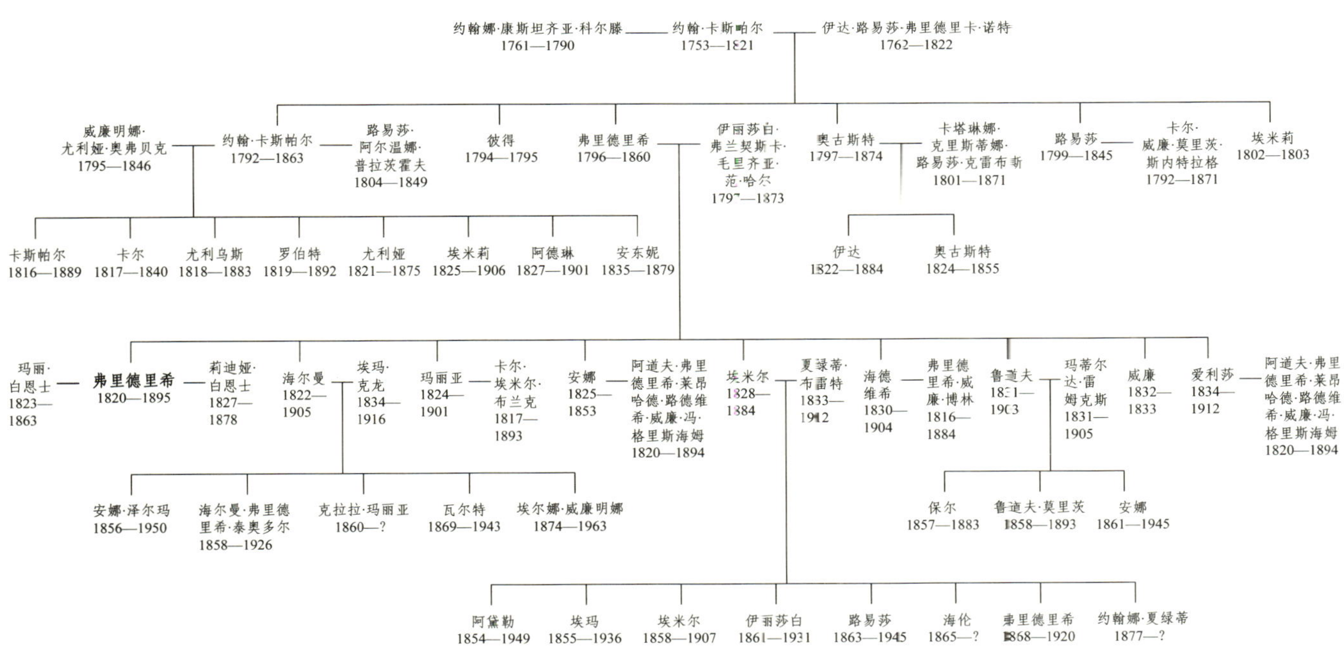

07

08. 恩格斯的出生证书

09. 恩格斯的父亲在《埃尔伯费尔德日报》上刊登的恩格斯的出生通告："昨晚，我亲爱的妻子幸运地生产一健康男婴。1820 年 11 月 29 日于巴门。"

10. 巴门市布鲁赫街 173 号，恩格斯在这里诞生并度过童年。

11. 恩格斯出生的房子在第二次世界大战中被毁，现在原处竖立着一块纪念石碑，上面写着："此处是我市伟大的儿子弗里德里希・恩格斯的诞生地，他是科学社会主义创始人之一。"

12. 恩格斯故居纪念馆（恩格斯的父亲出生的房子），位于伍珀塔尔市恩格斯街 10 号。

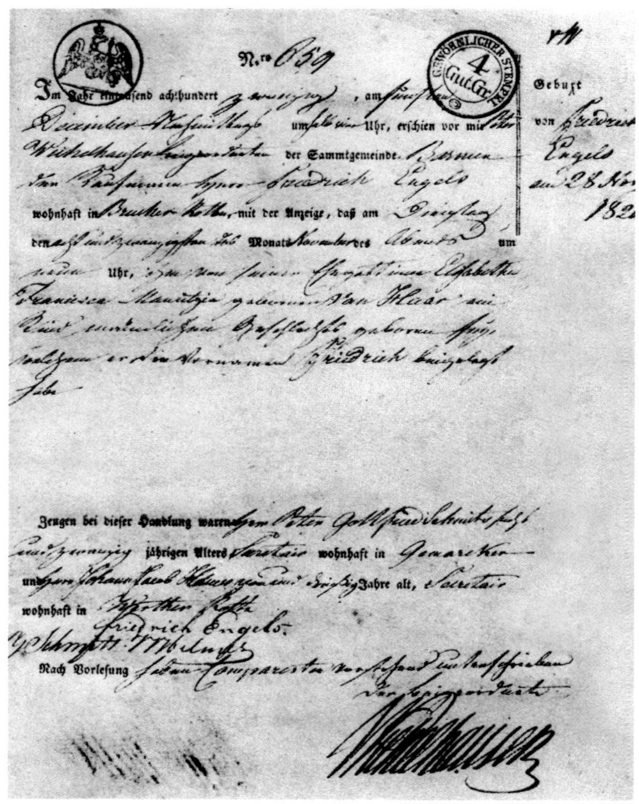

08

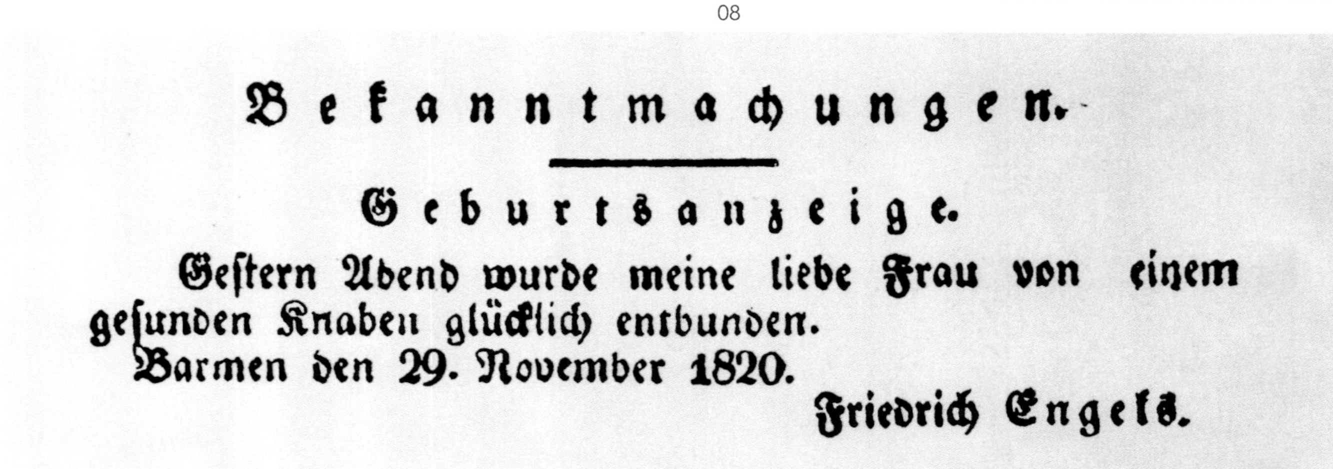

Bekanntmachungen.

Geburtsanzeige.

Gestern Abend wurde meine liebe Frau von einem gesunden Knaben glücklich entbunden.

Barmen den 29. November 1820.

Friedrich Engels.

09

10

HIER STAND DAS GEBURTSHAUS
DES GROSSEN SOHNES UNSERER
STADT FRIEDRICH ENGELS ER IST
DER MITBEGRÜNDER DES WISSEN-
SCHAFTLICHEN SOZIALISMUS

11

12

恩格斯的外祖父伯恩哈德·范·哈尔知识广博，思想开明。幼年的恩格斯在外祖父身边受到了良好的教育和熏陶，他在一首诗中深情地写道："亲爱的外祖父，你对我们总是那样和蔼可亲，每当出现坎坷，你总是扶助我们向前行进！"(13-14)

13. 少年时代的恩格斯 （中国画） 高莽
14. 恩格斯的外祖父伯恩哈德·范·哈尔（1760—1837）是一位语文学家，曾任哈姆文科中学校长。

13

14

1829 年，恩格斯进入巴门市立学校读书。1834 年秋，恩格斯进入埃尔伯费尔德文科中学学习。这是普鲁士最好的学校之一，在一批具有进步思想的教师影响下，恩格斯接受了人文主义和理性精神的教育。(15-20)

15. 巴门市立学校
16. 恩格斯用过的教科书
17. 埃尔伯费尔德文科中学

15

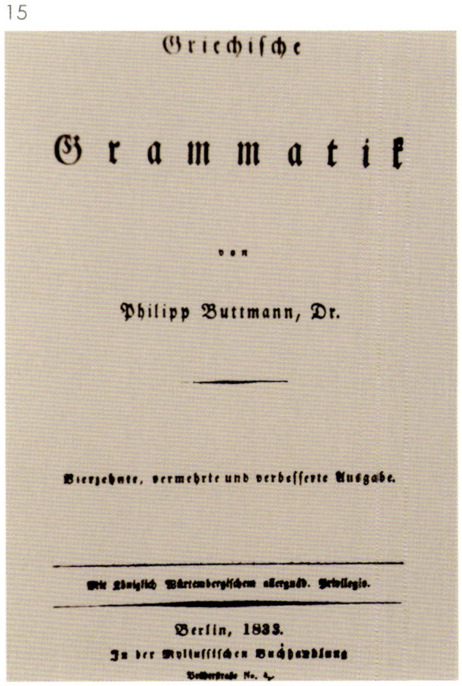

Griechische

Grammatik

von

Philipp Buttmann, Dr.

Vierzehnte, vermehrte und verbesserte Ausgabe.

Berlin, 1833.

In der Mylius'schen Buchhandlung

16

17

18. 恩格斯写的诗歌《我看到远方闪烁着光芒》，其中写道：
“我看到远方闪烁着光芒，那是一个个美好的形象，
就像点点繁星穿透云雾，放射出清纯淡远的柔光。”
19. 恩格斯的古代史笔记
20. 恩格斯在古代史笔记本上作的画

18

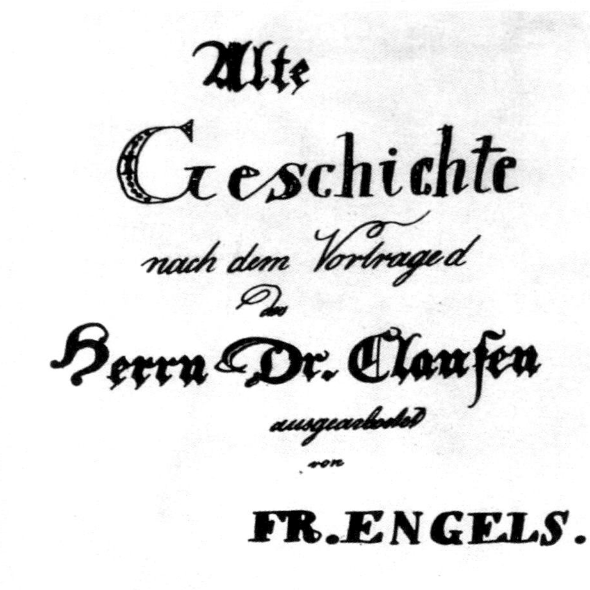

Alte
Geschichte
nach dem Vortrage
des
Herrn Dr. Clausen
ausgearbeitet
von
FR. ENGELS.

19

20

中学时代的恩格斯十分注意观察生活，资本主义制度下劳动人民的极端贫困给他留下了深刻的印象。他憎恨虚伪的工厂主，同情劳动人民，常常把自己口袋里的钱分文不剩地送给穷人。(21)

21. 上学路上（油画） 邓澍

恩格斯原打算中学毕业后继续进大学深造，但迫于父命不得不于1837年9月退学，到父亲开办的公司学习经商。(22-23)

22. 1837年恩格斯受坚信礼的证书

23. 恩格斯的肄业证书。埃尔伯费尔德文科中学代理校长汉契克博士在证书中称赞恩格斯“操行优异”，“资质很高”，有“独立的思想”。

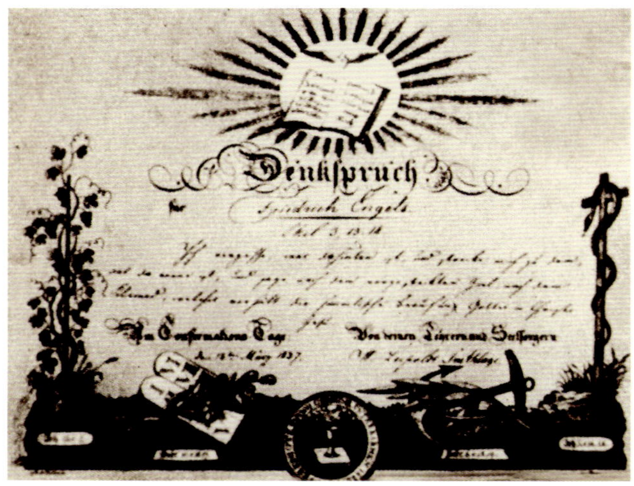

22

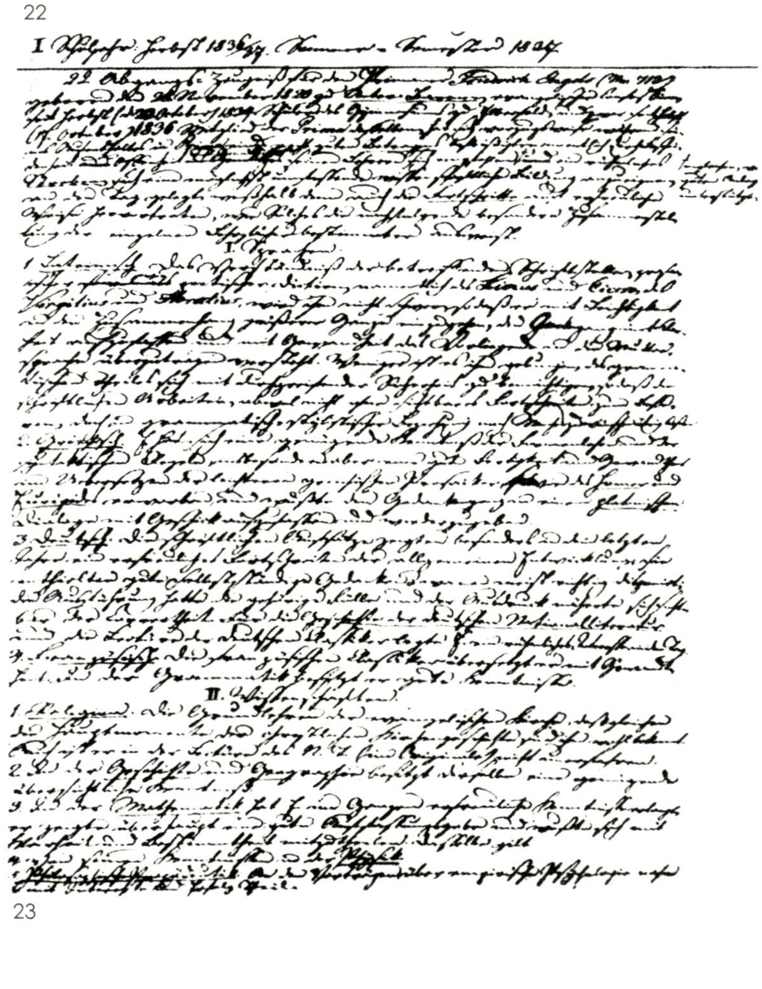

23

第二章

探求真理的青春岁月

1838 年 7 月，恩格斯离开故乡伍珀河谷，先是在德国不来梅市学习经商（1838—1841），接着在柏林服兵役（1841—1842），然后赴英国曼彻斯特从事商业活动（1842—1844）。这是青年恩格斯在时代风雨中勇敢探索、经受磨炼的六年。通过坚持不懈的社会实践和理论思考，他完成了一生中最重要的思想转折。

不来梅时期是恩格斯思想发展的重要阶段。不来梅是资产阶级民主思想十分活跃的繁华商埠，恩格斯在这里广泛接触和吸收各种新思想、新知识，如饥似渴地阅读哲学、政治、历史、文学、艺术等各类著作，并参加进步文学团体的活动，很快就确立了革命民主主义信念。他撰写文章抨击封建专制制度和基督教蒙昧主义，揭露资本主义工厂主的剥削行径，深切关注社会底层劳动群众的悲惨命运。在大卫·施特劳斯《耶稣传》的影响下，他经过内心激烈斗争实现了与宗教信仰的决裂，成为无神论者。就在这一时期，他转向青年黑格尔主义，开始钻研黑格尔哲学，并努力从这个博大精深的体系中汲取辩证法精华。

柏林时期是恩格斯思想变化的关键环节。他利用服兵役的余暇在柏林大学旁听哲学课程。在柏林大学这个“思想斗争的舞台”上，恩格斯一方面系统研究黑格尔哲学，并尝试用辩证法剖析社会问题和社会思想，一方面积极参与青年黑格尔派反对普鲁士专制制度和宗教神学的斗争，批判基督教正统思想的辩护士谢林，阐明黑格尔辩证法的理论价值和革命精神。他在斗争中受到费尔巴哈《基督教的本质》等著作的启示，开始转向唯物主义，主张通过哲学和革命行动的结合、科学与现实生活的统一，使“思想获得生命”。这一崭新思想促使他同青年黑格尔派分道扬镳。

曼彻斯特时期对恩格斯的思想升华具有决定意义。英国是当时最发达的资本主义国家，曼彻斯特是宪章运动的中心，这里为恩格斯考察资本主义制度、了解无产阶级斗争提供了充分条件。他利用一切可能利用的时间深入工厂区和贫民窟，体察工人群众的生活和斗争，参与他们的集会和讨论。他对英国古典政治经济学家和英法空想社会主义者的著作进行批判性研究，吸收其中的积极成果，结合工人运动的实际经验，得出一系列科学结论。他在《德法年鉴》上发表《国民经济学批判大纲》和有关英国状况的文章，强调只有消灭私有制，全面变革社会关系，才能消除资本主义制度造成的弊端，而实现这一目标的力量就是工人阶级。这些文章表明恩格斯完成了从唯心主义到唯物主义、从革命民主主义到共产主义的转变。

1838 年 7 月，恩格斯离开他父亲的公司，来到不来梅，在批发商兼萨克森领事亨利希·洛伊波尔德的商行里当练习生。(01-04)

01. 1840 年恩格斯所作的不来梅港速写
02. 19 世纪中叶的不来梅，是当时德国四大自由市之一。
03. 1835 年前后的不来梅市政厅和交易所
04. 马蒂尼街 27 号，原洛伊波尔德商行旧址。

01

02

03

04

恩格斯利用经商实习的余暇，刻苦自学，广泛阅读各种进步书刊，吸收各种新思想、新知识。(05)

05. 商行练习生的业余生活（油画） 鸥洋

恩格斯多才多艺，兴趣广泛，他在书信和文学习作中留下的大量画作反映了他丰富多彩的生活，表明了他对民间文学的热爱。(06-10)

06

07

08

09

10

恩格斯具有极高的语言天赋。早在中学时代，他就能够阅读古希腊文和古拉丁文著作，并学会了法语。到不来梅后，他又刻苦学习了多种外语。(11)

11. 恩格斯 1839 年 4 月致威·格雷培的信表明他已经掌握多种外语。他写道：“因为我这封信要用好几种语言写，所以我现在改用英语写（英文），——不，不，我还是用我的优美的意大利语，它像和风一样温柔清新，它的词汇犹如最美丽的花园里的百花（意大利文）；也用西班牙语，它仿佛林间的清风（西班牙文）；也用葡萄牙语，它宛如长满鲜花芳草的海边的细浪（葡萄牙文）；也用法语，它好似小溪一样湍湍而流，水声悦耳（法文）；也用荷兰语，它如同烟斗里冒出的一缕香烟，显得多么舒适安逸（荷兰文）；然而我们可爱的德语呀，则是所有这些语言的集大成。”

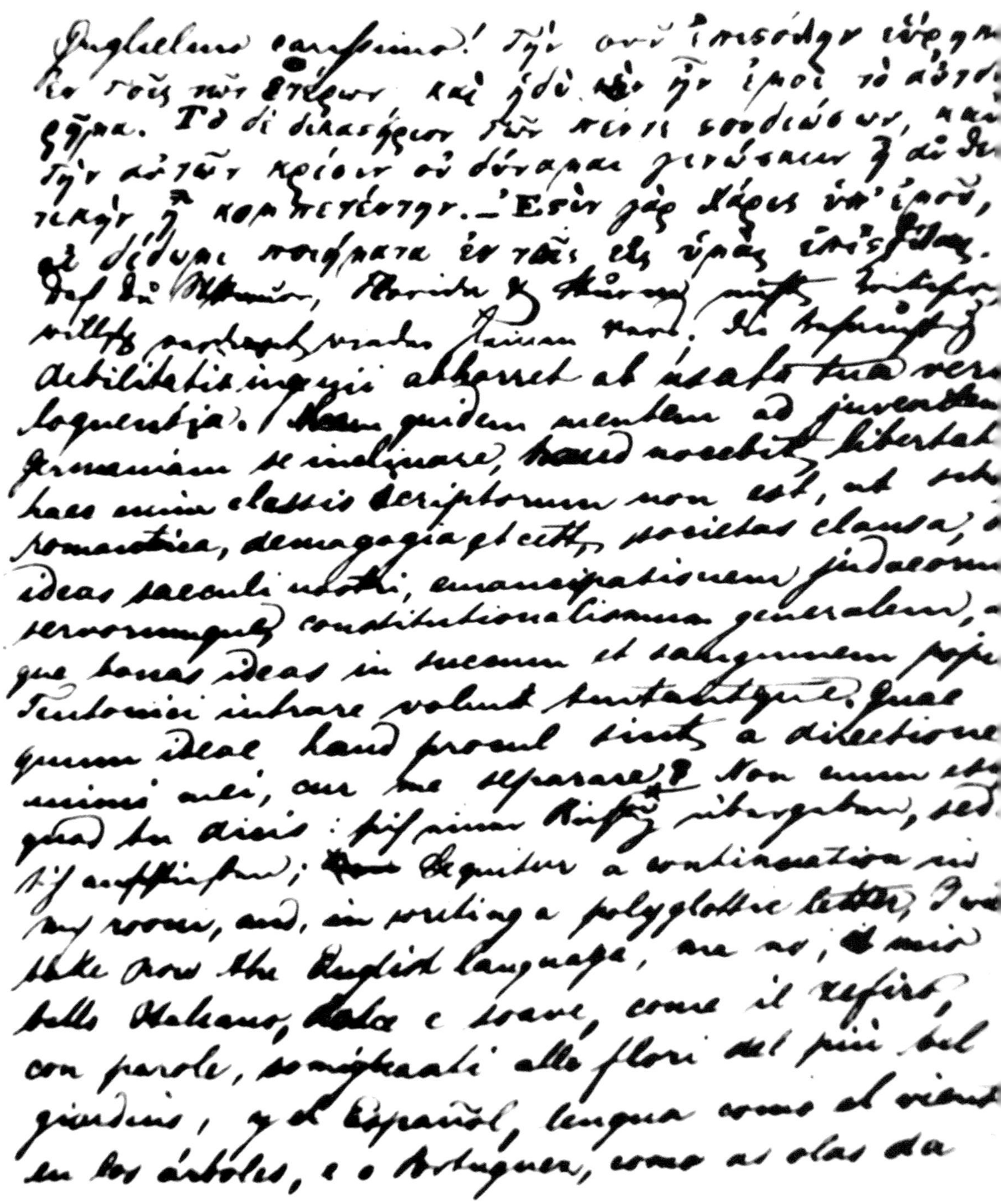

恩格斯喜爱文学，他同当时在海涅和白尔尼影响下出现的激进文学团体“青年德意志”建立了联系。他积极参加这个团体的活动，并在反映其观点的杂志《德意志电讯》上发表文章。(12-14)

12. 亨利希·海涅（1797—1856），德国诗人，革命民主主义者。
13. 卡尔·路德维希·白尔尼（1786—1837），德国政论家，革命民主主义者。
14. 恩格斯写的诗剧《科拉·迪·里恩齐》手稿

12

13

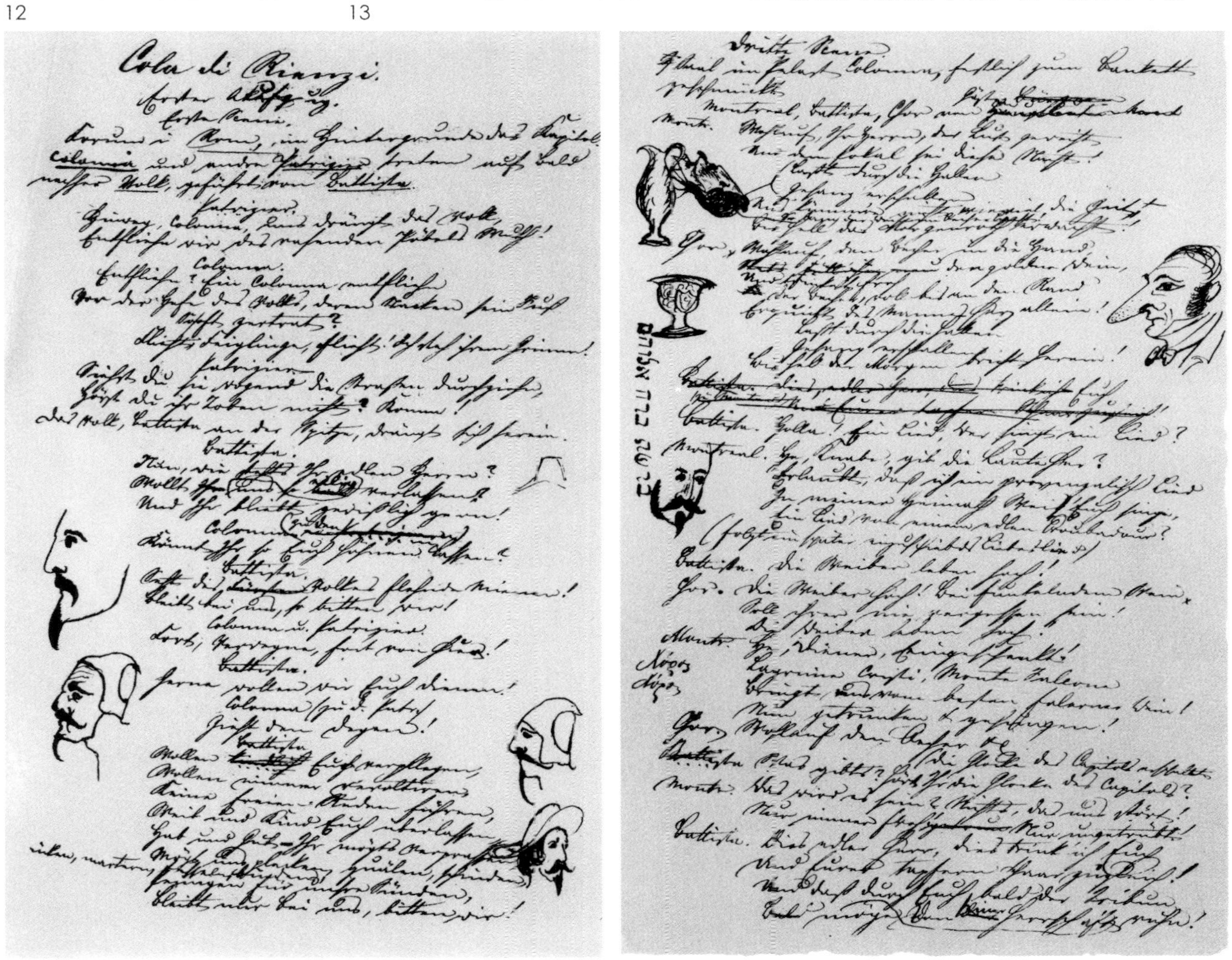

14

1839年恩格斯在《德意志电讯》上匿名发表了第一篇政论文章《伍珀河谷来信》，揭露资本家对工人的残酷压榨，谴责虔诚派教士的伪善，对劳动人民的悲惨遭遇表示深切同情。这篇文章鲜明地表达了他的革命民主主义立场。(15-17)

15. 发表在《德意志电讯》第49期上的《伍珀河谷来信》
16. 19岁的恩格斯
17. 恩格斯作的一幅漫画，描绘他的亲友对《伍珀河谷来信》的愤怒反应。

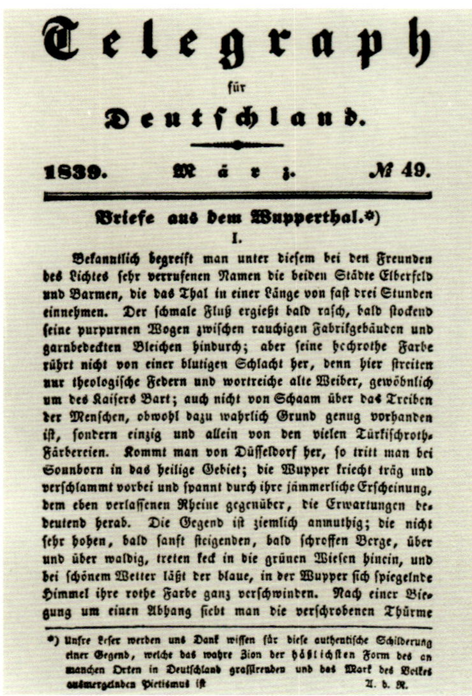

Telegraph

für

Deutschland.

1839. März. № 49.

Briefe aus dem Wupperthal.*)

I.

Bekanntlich begreift man unter diesem bei den Freunden des Lichtes sehr verrufenen Namen die beiden Städte Elberfeld und Barmen, die das Thal in einer Länge von fast drei Stunden einnehmen. Der schmale Fluß ergießt bald rasch, bald stockend seine purpurnen Wogen zwischen rauchigen Fabrikgebäuden und garnbedeckten Bleichen hindurch; aber seine hochrothe Farbe rührt nicht von einer blutigen Schlacht her, denn hier streiten nur theologische Federn und wortreiche alte Weiber, gewöhnlich um des Kaisers Bart; auch nicht von Schaam über das Treiben der Menschen, obwohl dazu wahrlich Grund genug vorhanden ist, sondern einzig und allein von den vielen Türkischroth-Färbereien. Kommt man von Düsseldorf her, so tritt man bei Sonnborn in das heilige Gebiet; die Wupper kriecht träg und verschlammt vorbei und spannt durch ihre jämmerliche Erscheinung, dem eben verlassenen Rheine gegenüber, die Erwartungen bedeutend herab. Die Gegend ist ziemlich anmuthig; die nicht sehr hohen, bald sanft steigenden, bald schroffen Berge, über und über waldig, treten keck in die grünen Wiesen hinein, und bei schönem Wetter läßt der blaue, in der Wupper sich spiegelnde Himmel ihre rothe Farbe ganz verschwinden. Nach einer Biegung um einen Abhang sieht man die verschrobenen Thürme

*) Unsre Leser werden uns Dank wissen für diese authentische Schilderung einer Gegend, welche das wahre Zion der häßlichsten Form des an manchen Orten in Deutschland grassirenden und das Mark des Volkes aussmergelnden Pietismus ist A. d. R.

15

16

17

通过施特劳斯，我现在走上了通向黑格尔主义的大道。

——恩格斯

恩格斯通过研读青年黑格尔派代表人物大卫·施特劳斯的《耶稣传》，实现了同宗教的决裂，并转而研究黑格尔哲学，特别是他的历史哲学。(18-22)

18. 施特劳斯《耶稣传》扉页
19. 大卫·弗里德里希·施特劳斯（1808—1874），德国哲学家和政论家，青年黑格尔派代表人物。
20. 当时的一幅漫画：青年黑格尔派代表人物布·鲍威尔（图中以农民形象出现，德语“农民”的音译是“鲍威尔”）骑着“鸵鸟”（德语“鸵鸟”的音译是“施特劳斯”），正把象征基督教的狮子、鹰、天使和公牛赶进“火流”（德语“火流”的音译是‘费尔巴哈”）。

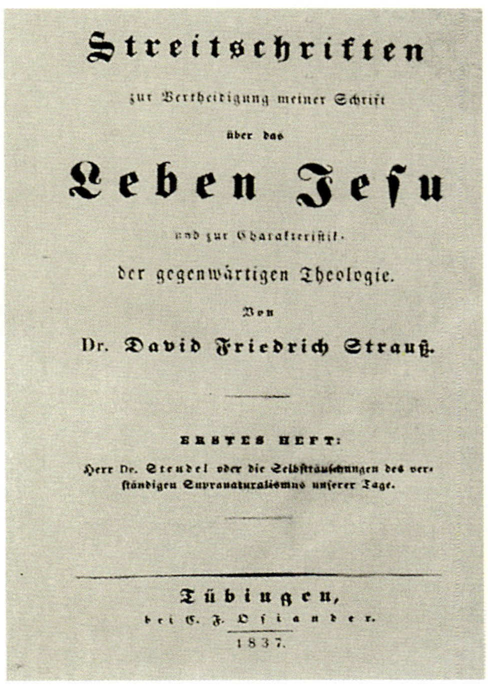

Streitschriften

zur Vertheidigung meiner Schrift

über das

Leben Jesu

und zur Charakteristik

der gegenwärtigen Theologie.

Von

Dr. David Friedrich Strauß.

ERSTES HEFT:

Herr Dr. Steudel oder die Selbsttäuschungen des verständigen Supranaturalismus unserer Tage.

Tübingen,

bei C. F. Osiander.

1837.

18

19

20

我正在钻研黑格尔的《历史哲学》，一部巨著；这本书我每晚必读，它的宏伟思想完全把我吸引住了。

——恩格斯

21

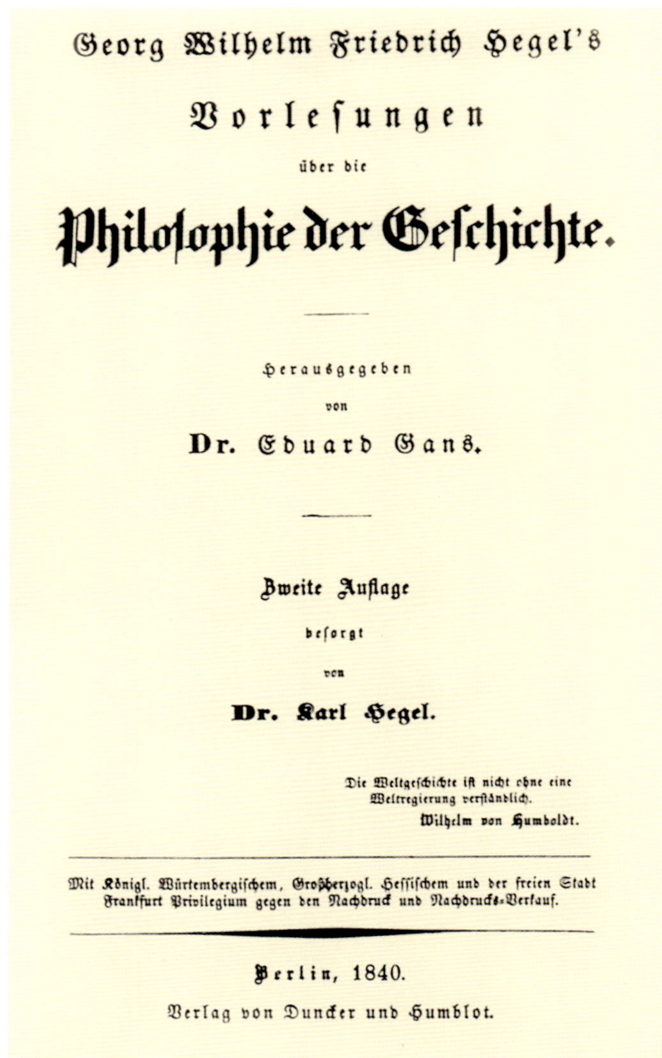

Georg Wilhelm Friedrich Hegel's

Vorlesungen

über die

Philosophie der Geschichte.

Herausgegeben

von

Dr. Eduard Gans.

Zweite Auflage

besorgt

von

Dr. Karl Hegel.

Die Weltgeschichte ist nicht ohne eine
Weltregierung verständlich.
Wilhelm von Humboldt.

Mit Königl. Würtembergischem, Großherzogl. Hessischem und der freien Stadt Frankfurt Privilegium gegen den Nachdruck und Nachdrucks-Verkauf.

Berlin, 1840.

Verlag von Duncker und Humblot.

22

21. 乔治・威廉・弗里德里希・黑格尔（1770—1831），德国唯心主义哲学家，德国古典哲学的主要代表。
22. 黑格尔《历史哲学讲演录》扉页

23

1841 年 9 月底，恩格斯去柏林服兵役，当了一年制的志愿兵。这段经历使他积累了军事方面的基础知识。(23-28)

23. 19 世纪 40 年代的柏林
24. 当年位于柏林库普弗格拉本广场的近卫炮兵旅兵营，恩格斯曾在这里服役。
25. 1842 年恩格斯穿军装的自画像

24

25

26

26. 柏林菩提树下大街的阅兵式

27. 恩格斯的防疫注射证

28. 恩格斯服役期间的品行证书

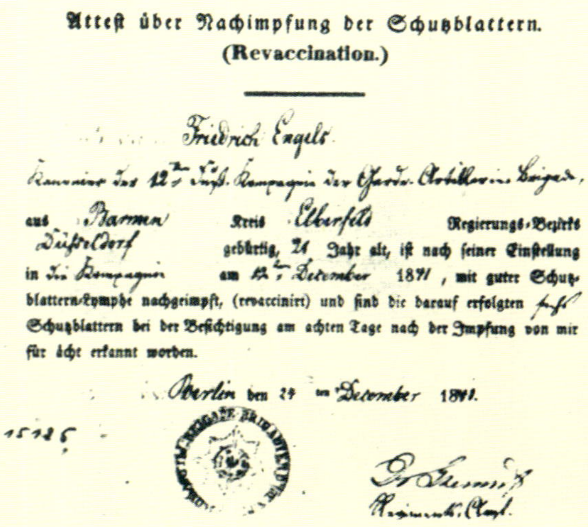

Attest über Nachimpfung der Schutzblattern.
(Revaccination.)

Friedrich Engels

Kanonier der 12ten Fuß-Kompagnie der Garde-Artillerie-Brigade,

aus Barmen Kreis Elberfeld Regierungs-Bezirks Düsseldorf gebürtig, 21 Jahr alt, ist nach seiner Einstellung in die Kompagnie am 12ten December 1841, mit guter Schutzblattern-Lymphe nachgeimpft, (revaccinirt) und sind die darauf erfolgten ächte Schutzblattern bei der Besichtigung am achten Tage nach der Impfung von mir für ächt erkannt worden.

Berlin den 24 ten December 1841.

15125

27

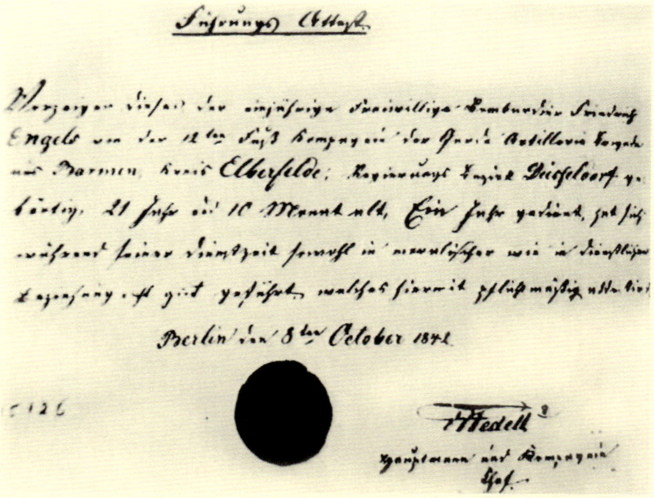

Führungs Attest

Berlin den 8ten October 1842

Wedell

28

29. 1840 年前后的柏林大学

恩格斯在服兵役期间常抽空到柏林大学旁听哲学、神学和文学课程。柏林大学是“思想斗争的舞台”，各派代表人物常在一些重大问题上展开激烈的辩论。恩格斯密切关注并积极参加了当时的思想斗争。(29)

在柏林期间，恩格斯针对柏林大学教授谢林宣扬基督教启示哲学、攻击黑格尔哲学的言论，先后写了《谢林论黑格尔》、《谢林和启示》、《谢林——基督哲学家》等著作，积极评价黑格尔的辩证法思想，批判谢林宣扬的宗教神秘主义，揭露他充当普鲁士王国御用哲学家的面目。(30-33)

30. 柏林大学的旁听生 （油画） 林缨 李天祥
31. 恩格斯写的小册子《谢林和启示》扉页
32. 恩格斯写的小册子《谢林——基督哲学家》扉页
33. 弗里德里希·威廉·约瑟夫·冯·谢林（1775—1854），唯心主义哲学家，德国古典哲学的代表人物。

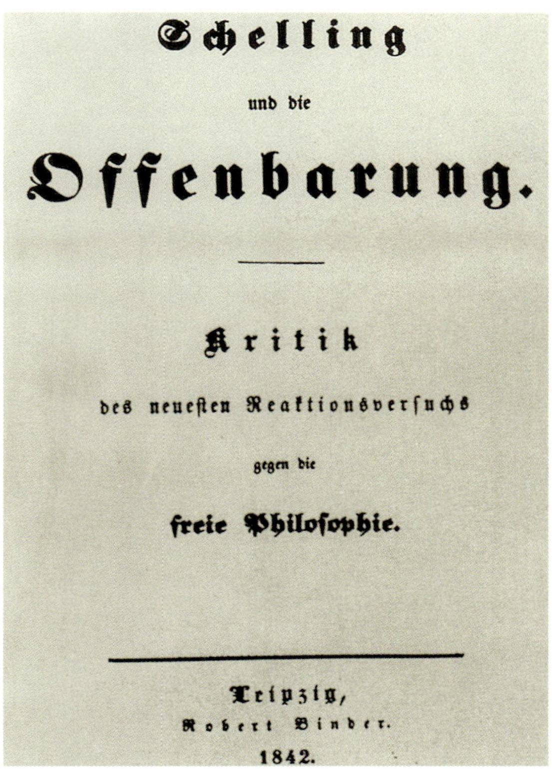
Schelling
und die
Offenbarung.
Kritik
des neuesten Reaktionsversuchs
gegen die
freie Philosophie.
Leipzig,
Robert Binder.
1842.

31

Schelling,
der Philosoph in Christo,
oder
die Verklärung
der Weltweisheit zur Gottesweisheit.
Für gläubige Christen
denen der philosophische Sprachgebrauch unbekannt ist.
Berlin, 1842.
Verlag von A. Eyssenhardt.

32

33

恩格斯抨击谢林的文章引起哲学界和进步报刊的关注，得到青年黑格尔派的支持。他经常参加青年黑格尔派团体“自由人”的活动。(34-36)

34. 在柏林“自由人”中间（油画） 崔开玺
35. 恩格斯 1842 年所作的漫画：卢格在柏林“自由人”中间。
36. 恩格斯和埃德加·鲍威尔合写的讽刺叙事诗小册子《横遭威逼但又奇迹般地得救的圣经，或信仰的胜利》的封面。这首诗猛烈地抨击了宗教黑暗势力。

35

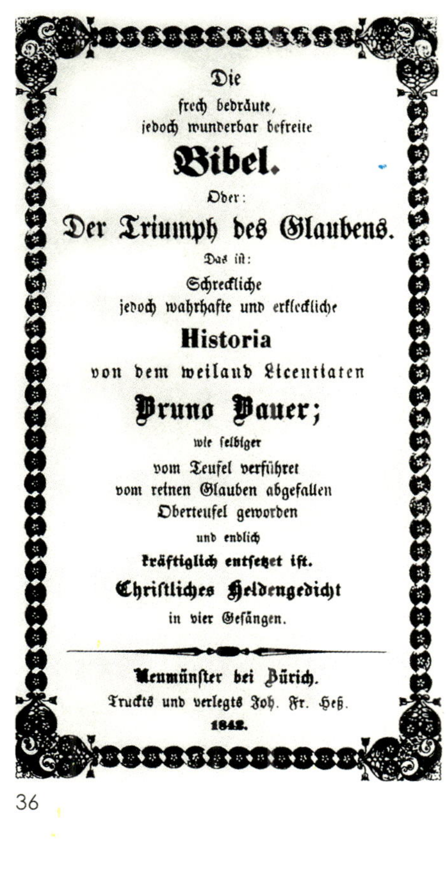

Die
frech bedräute,
jedoch wunderbar befreite
Bibel.
Oder:
Der Triumph des Glaubens.
Das ist:
Schreckliche
jedoch wahrhafte und erkleckliche
Historia
von dem weiland Licentiaten
Bruno Bauer;
wie selbiger
vom Teufel verführet
vom reinen Glauben abgefallen
Oberteufel geworden
und endlich
kräftiglich entsetzet ist.
Christliches Heldengedicht
in vier Gesängen.

Neumünster bei Zürich.
Truckts und verlegts Joh. Fr. Heß.
1842.

36

在我们的狂飙突进时期，费尔巴哈给我们的影响比黑格尔以后任何其他哲学家都大。

——恩格斯

恩格斯在这期间研究了路德维希·费尔巴哈的《基督教的本质》一书，深受费尔巴哈唯物主义思想的影响。(37-38)

37. 路德维希·费尔巴哈（1804—1872），德国唯物主义哲学家，德国古典哲学的代表人物。
38. 费尔巴哈《基督教的本质》扉页

37

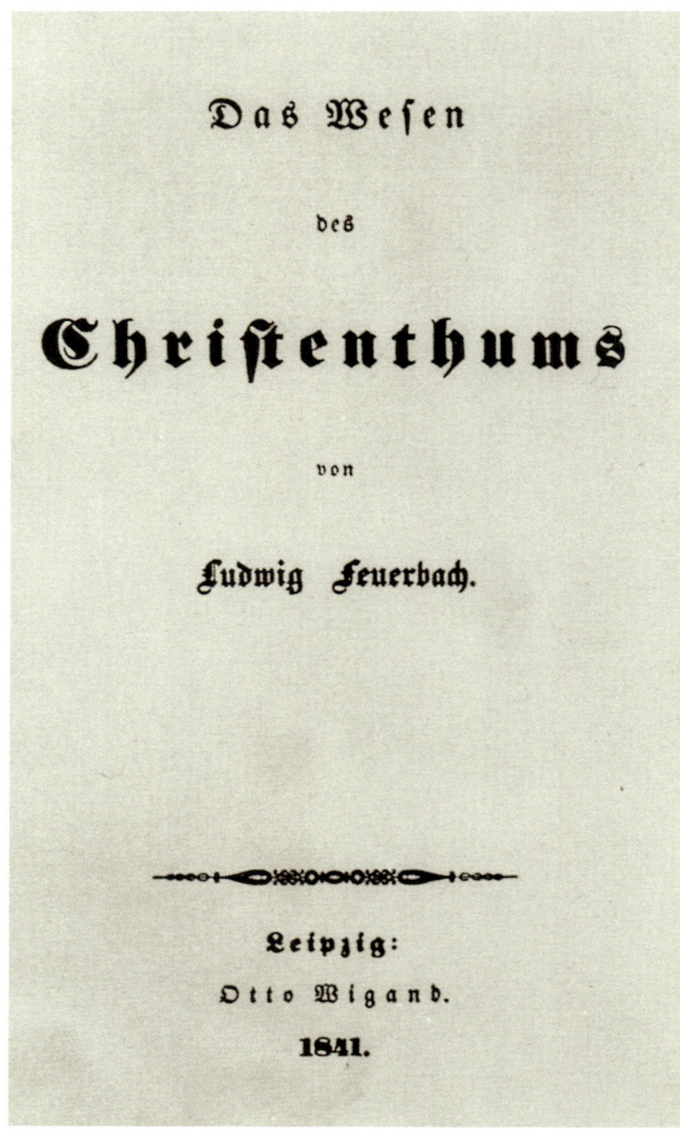

Das Wesen

des

Christenthums

von

Ludwig Feuerbach.

Leipzig:

Otto Wigand.

1841.

38

恩格斯是在英国，是在英国工业中心曼彻斯特结识无产阶级的。

——列　宁

1842 年 11 月，恩格斯来到英国的曼彻斯特，在欧门—恩格斯公司办事处任职。曼彻斯特当时既是英国棉纺织工业的中心，又是英国工人运动的中心。(39)

39. 19 世纪 40 年代的曼彻斯特

我放弃了资产阶级的社交活动和宴会、波尔图酒和香槟酒，把自己的空闲时间几乎全部用来和普通工人交往；这样做，我感到既高兴又骄傲。

——恩格斯

在曼彻斯特，恩格斯深入研究资本主义社会和工人阶级的状况，努力探求工人阶级解放的道路。(40-42)

40. 走访工人区（油画） 艾中信
41. 1844 年的英国童工
42. 19 世纪上半叶的英国棉纺织厂

41

42

恩格斯到曼彻斯特后，认识了纺织女工玛丽·白恩士。白恩士是一个有觉悟的爱尔兰工人，常常陪同恩格斯参加工人的各种活动。后来，恩格斯与她结为夫妇。（43）

43. 一个有觉悟的爱尔兰女工（油画） 朱乃正

恩格斯到英国时正是宪章运动高潮时期，他与宪章派建立了密切的联系。1843年，他访问了宪章派机关报《北极星报》编辑部，会见了宪章派领袖哈尼。(44-47)

44. 1842年宪章派举行游行示威
45. 1842年曼彻斯特的罢工风潮

44

45

1843年，恩格斯从布拉德福德到利兹，到《北极星报》编辑部来找我。他个子很高，少年英俊，面孔几乎像孩子一样年轻。虽然他出生在德国，受教育在德国，但是当时已经说得一口流利的英语。他告诉我，他常常读《北极星报》，对宪章运动非常关心。

——哈　尼

46

47

46. 乔治·朱利安·哈尼（1817—1897），英国宪章派左翼领袖，马克思和恩格斯的朋友。
47. 会见宪章派领袖（中国画）　朱理存

48

恩格斯在曼彻斯特结识了德国青年诗人格奥尔格·维尔特。在马克思和恩格斯的影响下，维尔特成为“德国无产阶级第一个和最重要的诗人”。(48-49)

48. 格奥尔格·维尔特（1822—1856），德国诗人和政论家，马克思和恩格斯的朋友。

49. 与诗人出游（木刻） 徐匡

49

在曼彻斯特期间，恩格斯对资产阶级古典政治经济学家和空想社会主义者的著作进行了批判性研究。(50-54)

50. 亚当·斯密（1723—1790），英国经济学家，资产阶级古典政治经济学的代表人物。
51. 大卫·李嘉图（1772—1823），英国经济学家，资产阶级古典政治经济学的代表人物。
52. 昂利·圣西门（1760—1825），法国空想社会主义者。
53. 沙尔·傅立叶（1772—1837），法国空想社会主义者。
54. 罗伯特·欧文（1771—1858），英国空想社会主义者。

50

51

52

53

54

1844年8月底，恩格斯从英国返回德国，绕道巴黎会见了马克思。从8月底到9月初，他们朝夕相处，倾心交谈，彼此在一切理论领域中的见解完全一致，从此结成了为人类解放事业共同战斗的伟大友谊。恩格斯在巴黎期间，同马克思一起考察了法国的工人运动，参加了法国社会主义者和共产主义者的集会。他们首次合作撰写了《神圣家族》。(01-03)

01. 伟大友谊的开端 （油画） 何孔德

02. 巴黎雷让斯咖啡馆，马克思和恩格斯曾在这里会晤。

03. 马克思和恩格斯同巴黎社会主义者在一起 （素描） 瓦涅齐安

02

03

费尔巴哈没有走的一步，必定会有人走的。对抽象的人的崇拜，即费尔巴哈的新宗教的核心，必定会由关于现实的人及其历史发展的科学来代替。这个超出费尔巴哈而进一步发展费尔巴哈观点的工作，是由马克思于1845年在《神圣家族》中开始的。

——恩格斯

1845年2月，马克思和恩格斯合著的《神圣家族》在美因河畔法兰克福出版。他们在这部著作中批判了以布鲁诺·鲍威尔为代表的青年黑格尔派的唯心主义，初步阐述了唯物史观的一些重要思想，指出在历史发展进程中起决定作用的是物质生产而不是自我意识，强调“历史活动是群众的活动”，“无产阶级能够而且必须自己解放自己”。列宁称这部著作“奠定了革命唯物主义的社会主义的基础”。(04-05)

04.《神圣家族》第1版扉页

05. 布鲁诺·鲍威尔（1809—1882），德国唯心主义哲学家，青年黑格尔派代表人物。

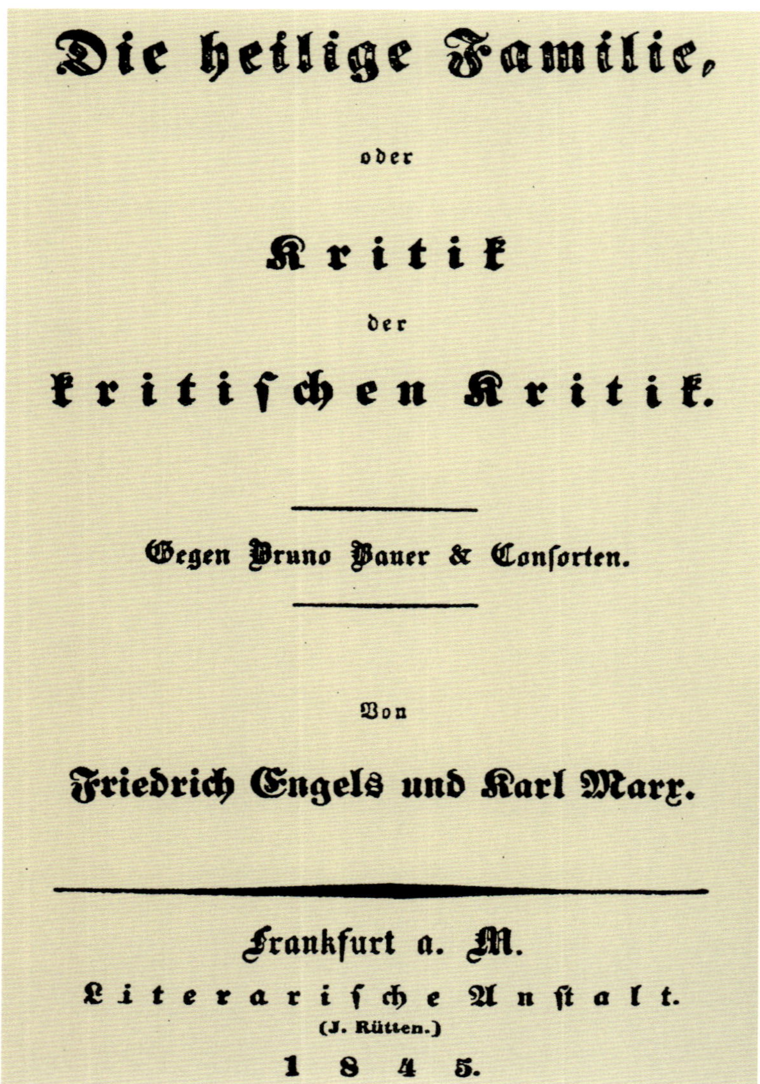

Die heilige Familie,

oder

Kritik

der

kritischen Kritik.

Gegen Bruno Bauer & Consorten.

Von

Friedrich Engels und Karl Marx.

Frankfurt a. M.

Literarische Anstalt.

(J. Rütten.)

1845.

04

05

我想要的不限于和我的课题有关的纯粹抽象的知识，我很想在你们家中看到你们，观察你们的日常生活，同你们谈谈你们的状况和你们的疾苦，亲眼看看你们为反抗你们的压迫者的社会统治和政治统治而进行的斗争。

——恩格斯

1844 年 9 月到 1845 年 3 月，恩格斯利用在英国进行社会调查所收集到的丰富材料，撰写了《英国工人阶级状况》。这部著作以生动具体的材料展现了工人阶级在资本主义制度下惨遭剥削和压迫的情景，揭示了工人阶级遭受蹂躏的社会根源，指明了工人阶级推翻资本主义统治、创建新社会的斗争目标。(06-10)

06. 恩格斯走访老工人 （素描） 茹科夫

工人们！我谨献给你们一本书。在这本书里，我试图向我的德国同胞真实地描述你们的状况、你们的苦难和斗争、你们的希望和前景。

——恩格斯

07.《英国工人阶级状况》第 1 版

08.《英国工人阶级状况》中的插图：曼彻斯特及其郊区平面图。

09.《英国工人阶级状况》中的插图

10.《英国工人阶级状况》中的插图

Die Lage

der

arbeitenden Klasse

in

England.

Nach eigner Anschauung und authentischen Quellen

von

Friedrich Engels.

Leipzig,

Druck und Verlag von Otto Wigand.

1845.

07

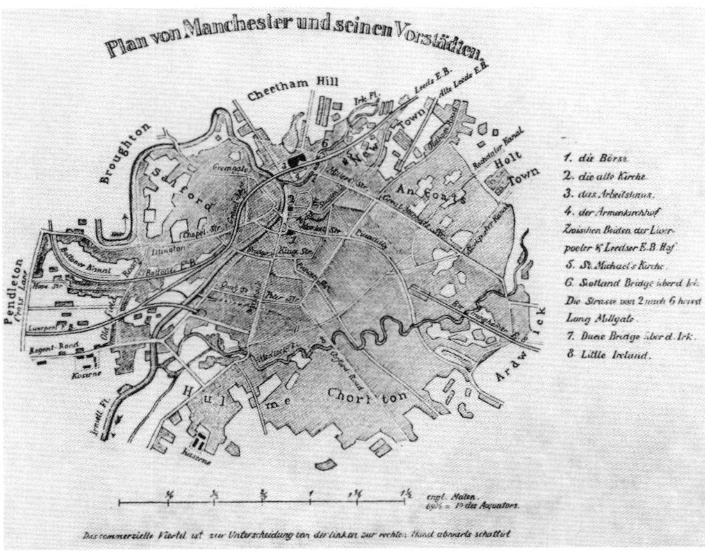
Plan von Manchester und seinen Vorstädten.
Cheetham Hill
Broughton
Salford
New Town
Holt Town
Ancoats
Pendleton
Hulme
Chorlton
Ardwick
1. die Börse.
2. die alte Kirche.
3. das Arbeitshaus.
4. der Armenkirchhof
Zwischen Beiden der Liverpooler & Leedser E.B. Hof.
5. St. Michael's Kirche.
6. Scotland Bridge über d. Irk.
Die Strasse von 2 nach 6 heisst Long Millgate.
7. Ducie Bridge über d. Irk.
8. Little Ireland.
engl. Meilen.
Das commerzielle Viertel ist zur Unterscheidung von der linken zur rechten Hand abwärts schattirt
08

09

10

11

1845 年 2 月马克思被法国政府驱逐出境后迁居布鲁塞尔。同年 4 月恩格斯也从巴门来到这里，同马克思并肩战斗。(11-14)

11. 恩格斯（19 世纪 40 年代）
12. 19 世纪中期的布鲁塞尔
13. 布鲁塞尔圣居杜尔平原路 19 号野林旅馆，1845 年 4 月至 5 月恩格斯在这里居住。
14. 布鲁塞尔卢万门外同盟路 7 号，1845 年 5 月至 1846 年 6 月恩格斯在这里居住。

12

STENO
INSTITUT NATIONAL DE STENOGRAPH
INSTITUT NATIONAL
DE STENOGRAPHIE.
CHARCUTERIE

13

14

1845年7—8月，恩格斯陪同马克思到英国作了为期六周的考察。他们在伦敦、曼彻斯特等地深入工人区，考察了英国的社会状况，收集和研究了有关经济和历史方面的大量资料。他们在伦敦会见了宪章派和正义者同盟的领导人。马克思和恩格斯积极支持成立一个国际性的革命组织，以加强各国民主派的合作。同年9月，民主派兄弟协会在伦敦成立。(15-20)

15. 马克思和恩格斯与曼彻斯特纺织女工交谈（油画） 高虹

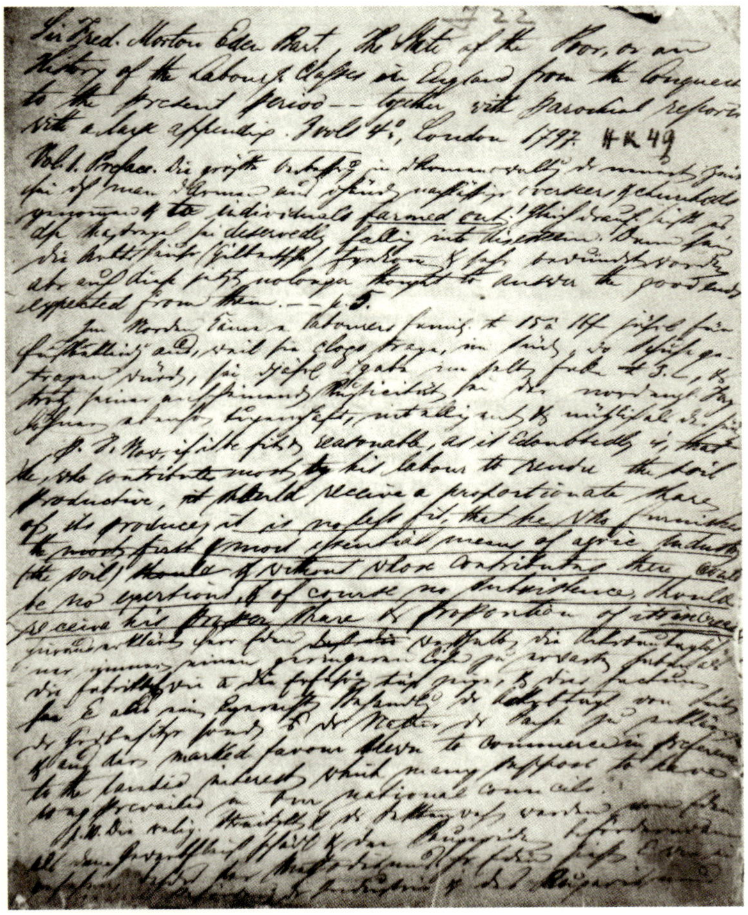

Sir Fred. Morton Eden Bart. The State of the Poor, or an History of the Labouring Classes in England from the Conquest to the present period -- together with parochial reports with a large appendix. 3 vols 4°. London 1797.

16

17

18

16. 恩格斯在曼彻斯特的读书笔记的一页
17. 曼彻斯特古老的切特姆图书馆，马克思和恩格斯曾在这里查阅资料和写作。
18. 切特姆图书馆阅览室

19. 1844 年的伦敦
20. 民主派兄弟协会会员证

19

20

马克思在《政治经济学批判》（1859 年柏林版）的序言中说，1845 年我们两人在布鲁塞尔着手“共同阐明我们的见解”——主要由马克思制定的唯物主义历史观——“与德国哲学的意识形态的见解的对立，实际上是把我们从前的哲学信仰清算一下。这个心愿是以批判黑格尔以后的哲学的形式来实现的。两厚册八开本的原稿早已送到威斯特伐利亚的出版所，后来我们才接到通知说，由于情况改变，不能付印。既然我们已经达到了我们的主要目的——自己弄清问题，我们就情愿让原稿留给老鼠的牙齿去批判了”。

——恩格斯

21

1845—1846 年，马克思和恩格斯合著《德意志意识形态》，这是一部阐述唯物史观和共产主义理论的重要著作。这部著作批判了费尔巴哈和青年黑格尔派主要代表布·鲍威尔、麦·施蒂纳等人的唯心史观，揭露了“真正的社会主义”的假社会主义面目，系统阐述了唯物史观，揭示了人类历史发展的一般规律，论证了共产主义取代资本主义的历史必然性，提出了无产阶级夺取政权、消灭私有制、建设共产主义新社会的任务。这部著作当时未能出版，直到 1932 年才第一次以原文全文发表。(21-24)

21.《德意志意识形态》手稿

22.《德意志意识形态》手稿中的两页

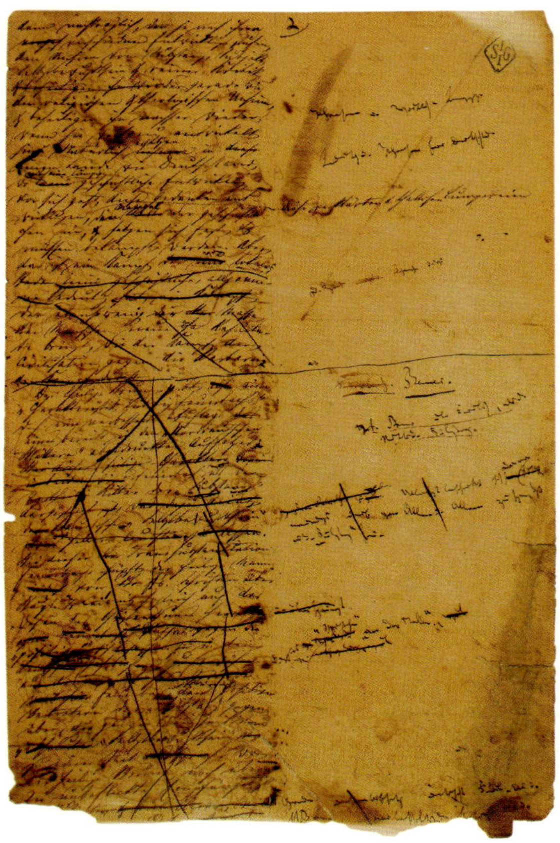

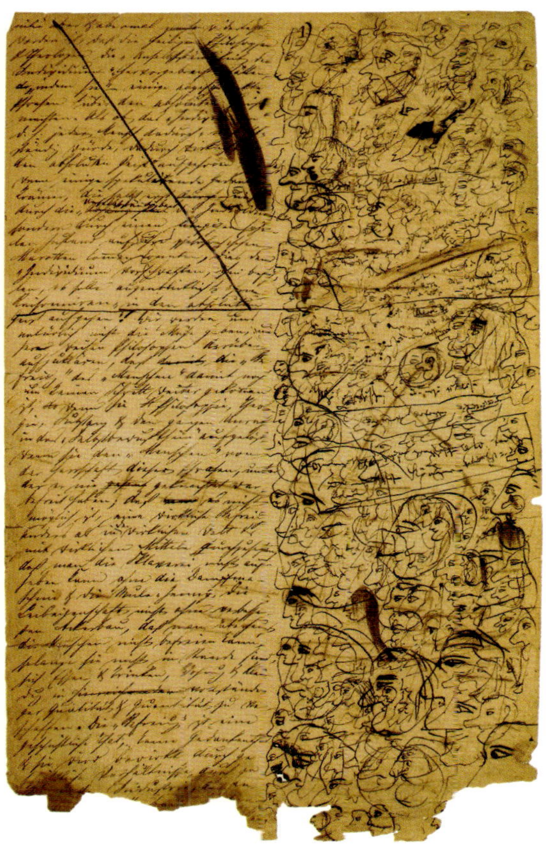

22

23.《马克思恩格斯全集》历史考证版（MEGA^{1}）第 1 部分第 5 卷（1932 年柏林版）发表的《德意志意识形态》

24. 麦克斯·施蒂纳（1806—1856），德国唯心主义哲学家，青年黑格尔派代表人物。图为施蒂纳头像，上面的德文题词为："麦克斯·施蒂纳。弗里德里希·恩格斯凭记忆绘，1892 年于伦敦。"

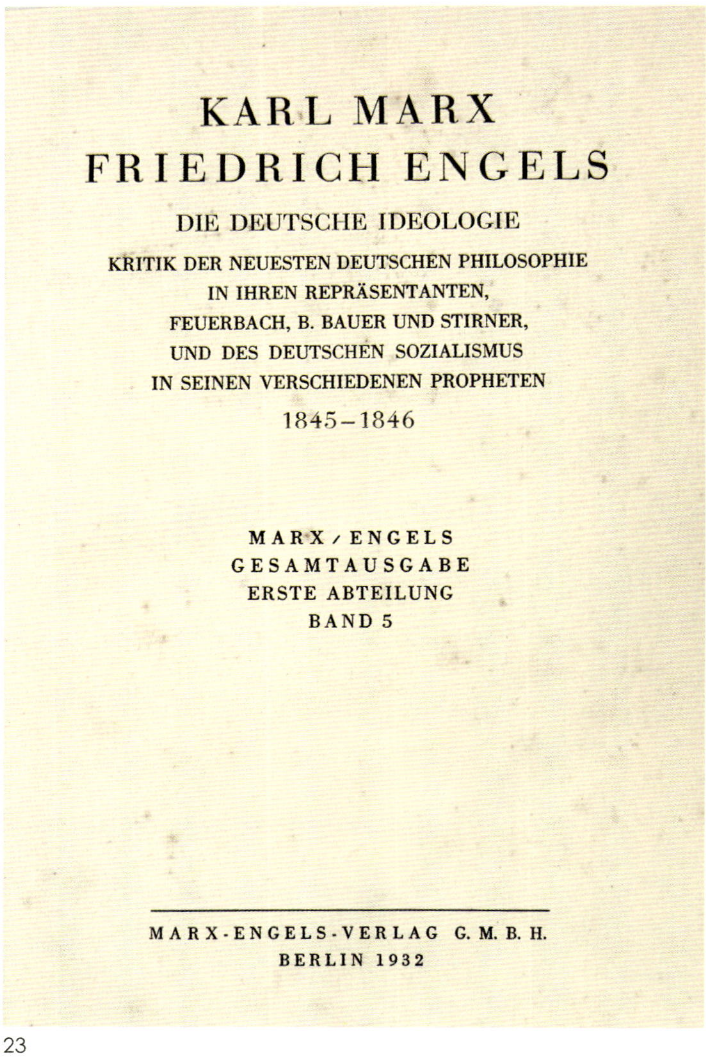

KARL MARX
FRIEDRICH ENGELS
DIE DEUTSCHE IDEOLOGIE
KRITIK DER NEUESTEN DEUTSCHEN PHILOSOPHIE IN IHREN REPRÄSENTANTEN, FEUERBACH, B. BAUER UND STIRNER, UND DES DEUTSCHEN SOZIALISMUS IN SEINEN VERSCHIEDENEN PROPHETEN
1845–1846

MARX / ENGELS
GESAMTAUSGABE
ERSTE ABTEILUNG
BAND 5

MARX-ENGELS-VERLAG G. M. B. H.
BERLIN 1932

23

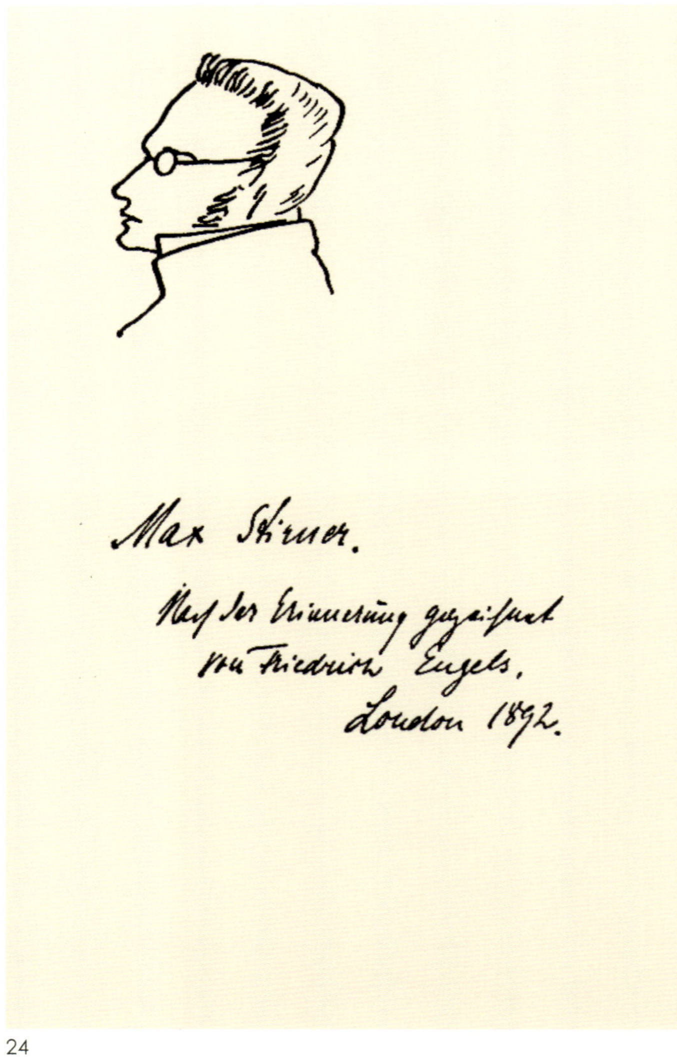

24

恩格斯在布鲁塞尔的家是政治流亡者经常聚会的场所。他们在这里讨论有关各国革命的种种问题，聆听恩格斯对这些问题的意见。(25)

25. 与政治流亡者在一起 （油画） 王沂东

1846年初，为了筹建无产阶级政党，广泛宣传科学社会主义思想，马克思和恩格斯加强了同各国先进分子的联系，建立了布鲁塞尔共产主义通讯委员会。通讯委员会的领导核心由马克思、恩格斯和比利时共产主义者菲力浦·沙尔·日果组成。(26-28)

26. 马克思
27. 恩格斯

26

27

我和我的两个朋友，即弗里德里希·恩格斯和菲力浦·日果（他们两人都在布鲁塞尔）一起同德国的共产主义者和社会主义者建立了经常性的通讯联系，借以讨论学术问题，评论流行的著作，并进行社会主义宣传。

——马克思

28. 布鲁塞尔共产主义通讯委员会部分成员

威廉·沃尔弗（1809—1864），德国无产阶级革命家和政论家。

埃德加·冯·威斯特华伦（1819—1890），德国法学家，马克思夫人燕妮的弟弟，马克思的同学。

约瑟夫·魏德迈（1818—1866），德国和美国工人运动活动家。

威廉·魏特林（1808—1871），德国裁缝，工人运动活动家，空想平均共产主义理论家。

布鲁塞尔共产主义通讯委员会成立后，为了扩大科学社会主义的影响，马克思和恩格斯同当时工人运动中影响较大的魏特林的平均共产主义、蒲鲁东的小资产阶级社会主义和“真正的社会主义”进行了斗争。1846 年，“真正的社会主义”的代表人物、德国新闻记者海尔曼 · 克利盖在美国创办报纸，抹杀无产阶级和资产阶级之间的对立和斗争，宣扬所谓“兄弟合作”和“普遍的爱”。1846 年 5 月 11 日，马克思和恩格斯为布鲁塞尔共产主义通讯委员会起草了《反克利盖的通告》，对克利盖的言行进行了彻底的批判。(29-30)

29. 皮埃尔 · 约瑟夫 · 蒲鲁东（1809—1865），法国政论家、经济学家和社会学家，小资产阶级思想家。

30. 马克思和恩格斯起草的《反克利盖的通告》

29

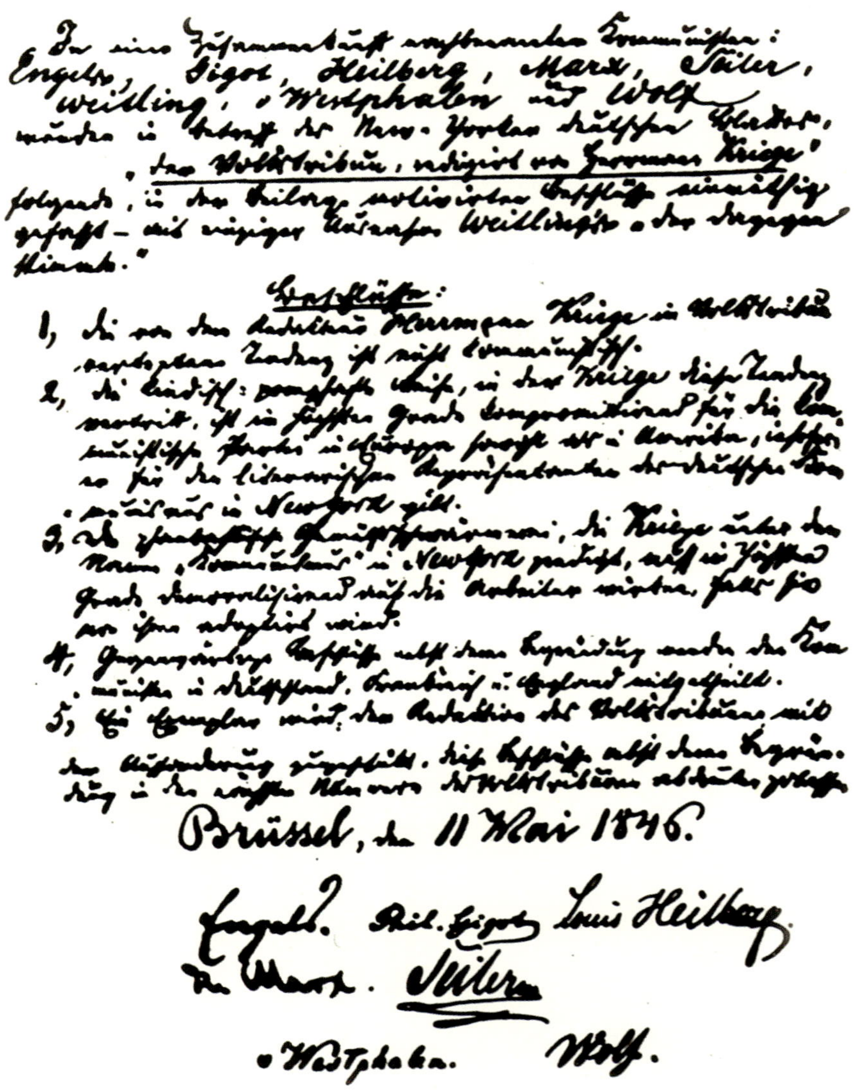

Brüssel, den 11 Mai 1846.

30

1846 年 8 月，恩格斯受共产主义通讯委员会的委托，到巴黎宣传科学社会主义。他在巴黎正义者同盟支部会议上对“真正的社会主义”的代表人物卡尔·格律恩和他所兜售的蒲鲁东的“救世计划”进行了猛烈的抨击，帮助工人同错误思潮划清界限。(31)

31. 宣传共产主义 （油画） 高虹

共产主义不是教义，而是运动。它不是从原则出发，而是从事实出发。……共产主义作为理论，是无产阶级立场在这种斗争中的理论表现，是无产阶级解放的条件的理论概括。

——恩格斯

1846—1848 年，恩格斯经常为《德意志—布鲁塞尔报》、《改革报》和《北极星报》撰稿，抨击反动政治制度，批判资产阶级和小资产阶级思潮，宣传科学社会主义。(32-35)

32. 1847 年 10 月 3 日《德意志—布鲁塞尔报》第 79 号，载有恩格斯的文章《共产主义者和卡尔・海因岑》。
33. 1847 年 9 月 12 日《德意志—布鲁塞尔报》第 73 号，载有马克思的《〈莱茵观察家〉的共产主义》一文和恩格斯的《诗歌和散文中的德国社会主义》开头部分。
34. 《德意志—布鲁塞尔报》、《改革报》和《北极星报》的报头
35. 恩格斯对 1847 年 4 月 11 日联合省议会在柏林开幕时弗里德里希－威廉四世发表御前演说所作的讽刺画（1847 年 5 月 6 日《德意志—布鲁塞尔报》作为附页发表）

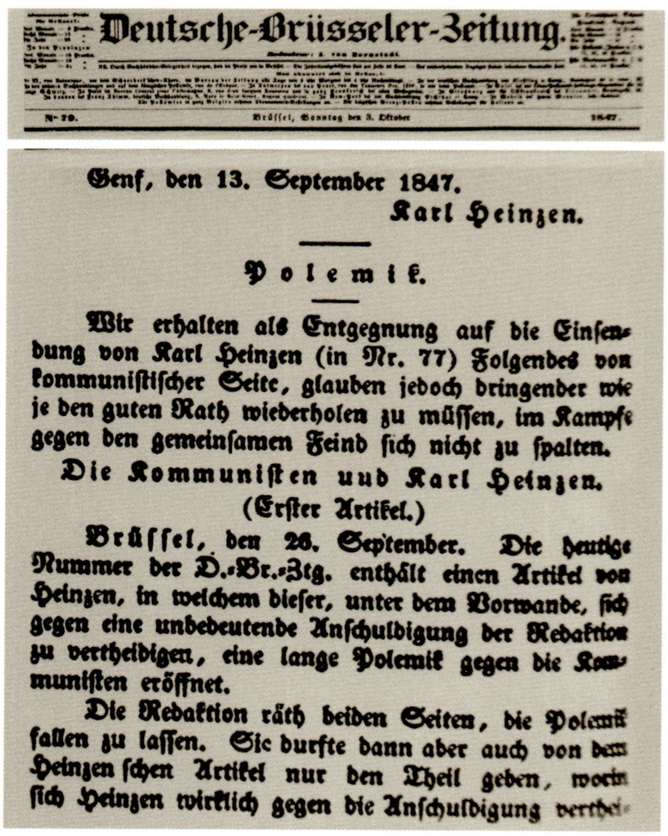

Deutsche-Brüsseler-Zeitung.

No 79. Brüssel, Sonntag den 3. Oktober 1847.

Genf, den 13. September 1847.
Karl Heinzen.

Polemik.

Wir erhalten als Entgegnung auf die Einsendung von Karl Heinzen (in Nr. 77) Folgendes von kommunistischer Seite, glauben jedoch dringender wie je den guten Rath wiederholen zu müssen, im Kampfe gegen den gemeinsamen Feind sich nicht zu spalten.

Die Kommunisten und Karl Heinzen.
(Erster Artikel.)

Brüssel, den 26. September. Die heutige Nummer der D.-Br.-Ztg. enthält einen Artikel von Heinzen, in welchem dieser, unter dem Vorwande, sich gegen eine unbedeutende Anschuldigung der Redaktion zu vertheidigen, eine lange Polemik gegen die Kommunisten eröffnet.

Die Redaktion räth beiden Seiten, die Polemik fallen zu lassen. Sie durfte dann aber auch von dem Heinzen schen Artikel nur den Theil geben, worin sich Heinzen wirklich gegen die Anschuldigung vertheid-

32

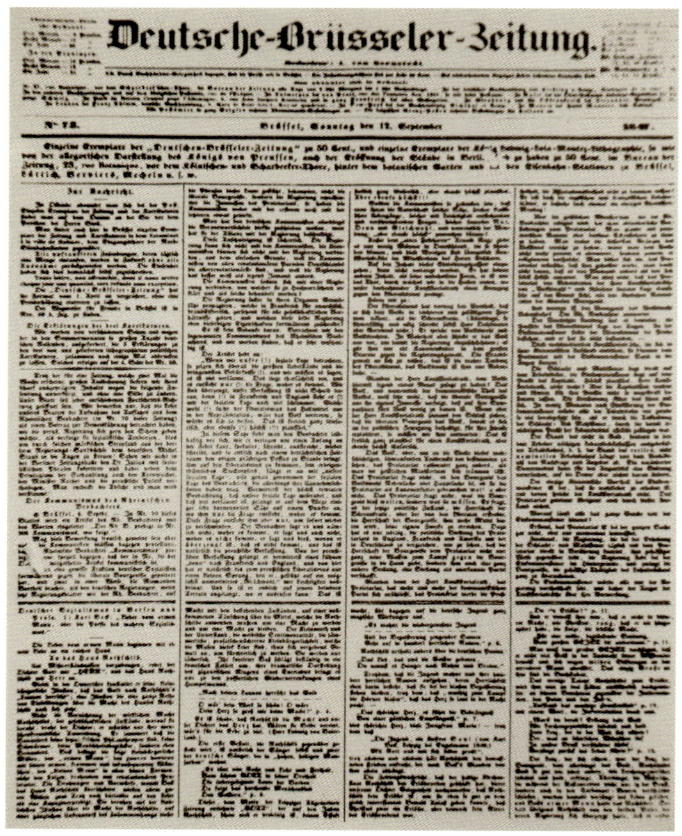

Deutsche-Brüsseler-Zeitung.

No 73. Brüssel, Sonntag den 12. September 1847.

33

Deutsche-Brüsseler-Zeitung.

Nº 17. Zweiter Jahrgang. Brüssel, Sonntag den 27. Februar 1848.

LA REFORME

The Northern Star,

AND NATIONAL TRADES' JOURNAL.

VOL. XI. No 544. LONDON, SATURDAY, MARCH 25, 1848.

34

35

共产主义者的目的是什么？
答：把社会组织成这样：使社会的每一个成员都能完全自由地发展和发挥他的全部才能和力量，并且不会因此而危及这个社会的基本条件。
——恩格斯《共产主义信条草案》

1847 年 1 月 20 日，正义者同盟委托约瑟夫·莫尔拜访马克思和恩格斯，邀请他们加入同盟。正义者同盟是 1836 年成立的主要由无产阶级化的手工业工人组成的德国政治流亡者秘密组织。随着形势的发展，同盟的领导成员逐渐确信马克思和恩格斯的理论主张是正确的。鉴于同盟领导者愿意改组同盟并接受科学社会主义理论，马克思和恩格斯同意加入并帮助改组同盟。1847 年 6 月 2—9 日，同盟召开代表大会，恩格斯出席了大会。大会决定把正义者同盟改名为共产主义者同盟，把同盟的旧口号“人人皆兄弟！”改为“全世界无产者，联合起来！” 恩格斯为共产主义者同盟起草了纲领草案《共产主义信条草案》。(36-39)

36. 共产主义者同盟成立大会（油画） 张文新
37. 《共产主义信条草案》手稿
38. 同盟第一次代表大会拟定的章程草案的手稿第 1 页。草案中写上了马克思和恩格斯提出的战斗口号：“全世界无产者，联合起来！”
39. 同盟第一次代表大会后出版的机关刊物《共产主义杂志》，1847 年 9 月在伦敦只出了试刊。杂志标题下面印有马克思和恩格斯提出的战斗口号：“全世界无产者，联合起来！”

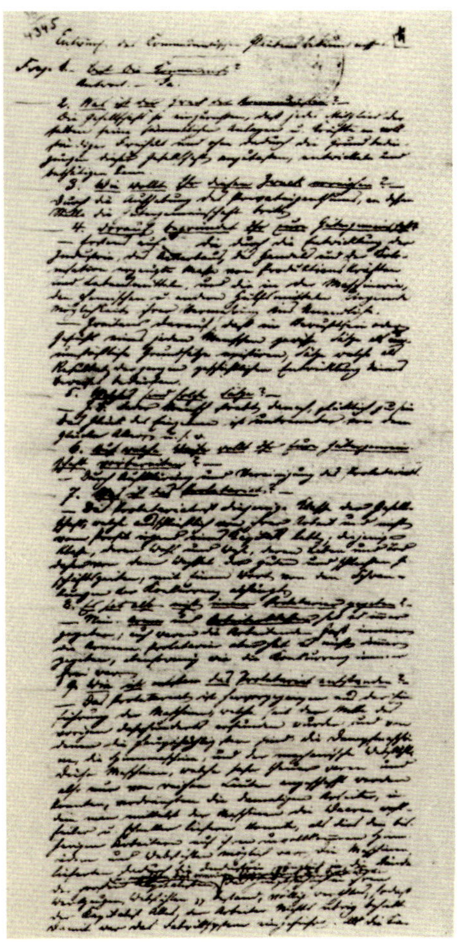

37

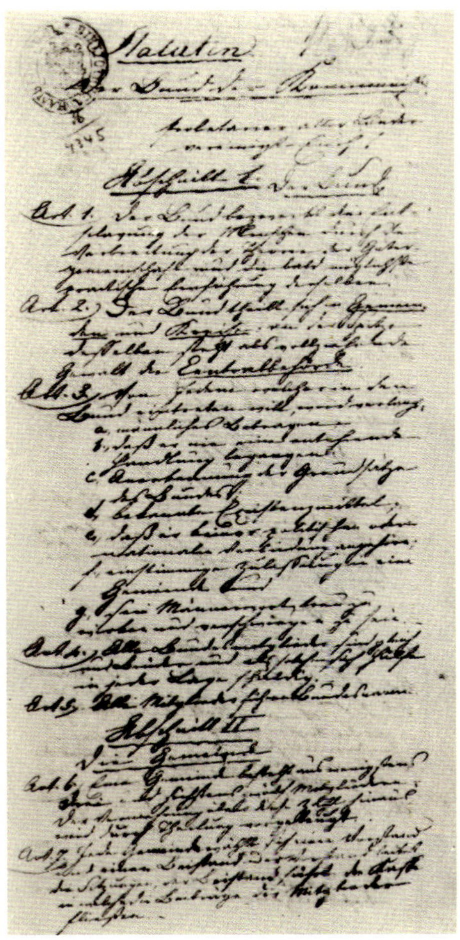

38

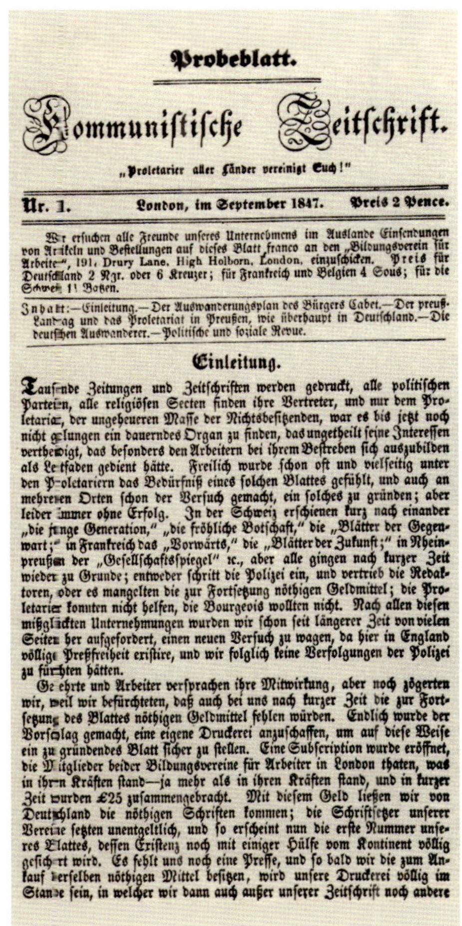

Probeblatt.

Kommunistische Zeitschrift.

„Proletarier aller Länder vereinigt Euch!"

Nr. 1. London, im September 1847. Preis 2 Pence.

Wir ersuchen alle Freunde unseres Unternehmens im Auslande Einsendungen von Artikeln und Bestellungen auf dieses Blatt franco an den „Bildungsverein für Arbeiter", 191, Drury Lane, High Holborn, London, einzuschicken. Preis für Deutschland 2 Ngr. oder 6 Kreuzer; für Frankreich und Belgien 4 Sous; für die Schweiz 1½ Batzen.

Inhalt: — Einleitung. — Der Auswanderungsplan des Bürgers Cabet. — Der preuß. Landtag und das Proletariat in Preußen, wie überhaupt in Deutschland. — Die deutschen Auswanderer. — Politische und soziale Revue.

Einleitung.

Tausende Zeitungen und Zeitschriften werden gedruckt, alle politischen Parteien, alle religiösen Secten finden ihre Vertreter, und nur dem Proletariat, der ungeheueren Masse der Nichtsbesitzenden, war es bis jetzt noch nicht gelungen ein dauerndes Organ zu finden, das ungetheilt seine Interessen vertheidigt, das besonders den Arbeitern bei ihrem Bestreben sich auszubilden als Leitfaden gedient hätte. Freilich wurde schon oft und vielseitig unter den Proletariern das Bedürfniß eines solchen Blattes gefühlt, und auch an mehreren Orten schon der Versuch gemacht, ein solches zu gründen; aber leider immer ohne Erfolg. In der Schweiz erschienen kurz nach einander „die junge Generation," „die fröhliche Botschaft," die „Blätter der Gegenwart;" in Frankreich das „Vorwärts," die „Blätter der Zukunft;" in Rheinpreußen der „Gesellschaftsspiegel" ꝛc., aber alle gingen nach kurzer Zeit wieder zu Grunde; entweder schritt die Polizei ein, und vertrieb die Redaktoren, oder es mangelten die zur Fortsetzung nöthigen Geldmittel; die Proletarier konnten nicht helfen, die Bourgeois wollten nicht. Nach allen diesen mißglückten Unternehmungen wurden wir schon seit längerer Zeit von vielen Seiten her aufgefordert, einen neuen Versuch zu wagen, da hier in England völlige Preßfreiheit existire, und wir folglich keine Verfolgungen der Polizei zu fürchten hätten.

Geehrte und Arbeiter versprachen ihre Mitwirkung, aber noch zögerten wir, weil wir befürchteten, daß auch bei uns nach kurzer Zeit die zur Fortsetzung des Blattes nöthigen Geldmittel fehlen würden. Endlich wurde der Vorschlag gemacht, eine eigene Druckerei anzuschaffen, um auf diese Weise ein zu gründendes Blatt sicher zu stellen. Eine Subscription wurde eröffnet, die Mitglieder beider Bildungsvereine für Arbeiter in London thaten, was in ihren Kräften stand—ja mehr als in ihren Kräften stand, und in kurzer Zeit wurden £25 zusammengebracht. Mit diesem Geld ließen wir von Deutschland die nöthigen Schriften kommen; die Schriftsetzer unserer Vereine setzten unentgeltlich, und so erscheint nun die erste Nummer unseres Blattes, dessen Existenz noch mit einiger Hülfe vom Kontinent völlig gesichert wird. Es fehlt uns noch eine Presse, und so bald wir die zum Ankauf derselben nöthigen Mittel besitzen, wird unsere Druckerei völlig im Stande sein, in welcher wir dann auch außer unserer Zeitschrift noch andere

39

什么是共产主义？
答：共产主义是关于无产阶级解放的条件的学说。
——恩格斯《共产主义原理》

同盟第一次代表大会后，恩格斯受同盟巴黎区部的委托，以当时流行的问答形式草拟了一个新的纲领草案——《共产主义原理》，供同盟第二次代表大会讨论。大会召开前夕，恩格斯致信马克思，商讨同盟纲领的修改问题，提出："我们最好不要采用那种教义问答形式，而把这个文本题名为《共产主义宣言》。"（40–42）

40. 写作《共产主义原理》（素描） 刘文西
41.《共产主义原理》手稿
42. 恩格斯 1847 年 11 月 23—24 日给马克思的信的第 1 页

41

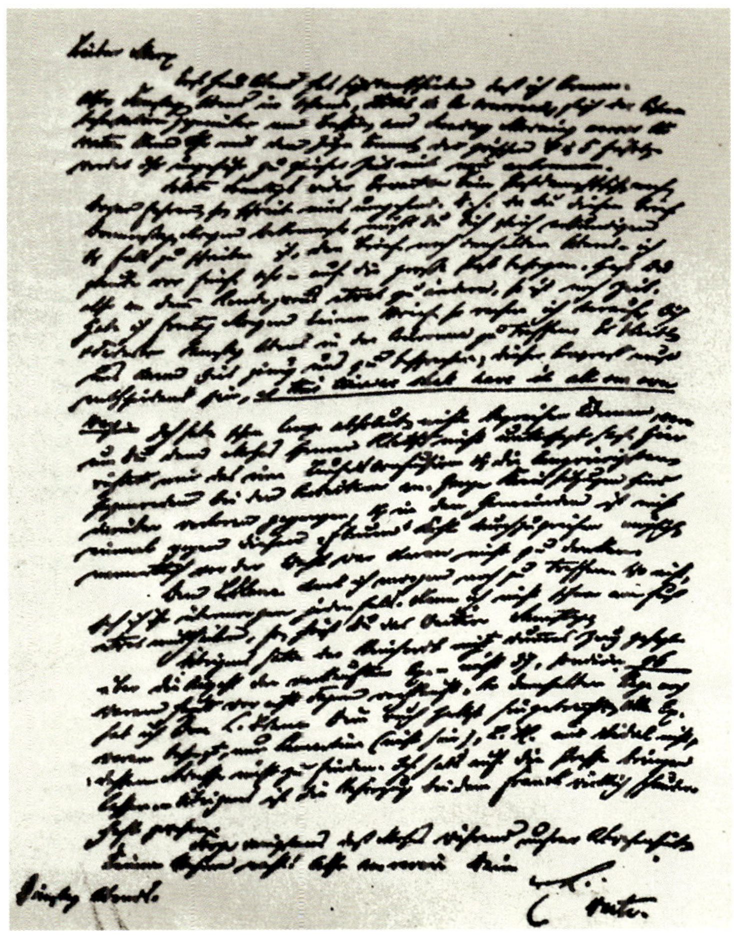
42

同盟的目的：推翻资产阶级，建立无产阶级统治，消灭旧的以阶级对立为基础的资产阶级社会和建立没有阶级、没有私有制的新社会。

——《共产主义者同盟章程》

1847年11月29日至12月8日，共产主义者同盟举行第二次代表大会。马克思和恩格斯出席了这次大会，并受委托为同盟起草一个准备公布的纲领。(43-44)

43. 同盟第二次代表大会会址红狮旅馆，位于伦敦大磨坊街。
44. 代表大会通过的同盟章程

43

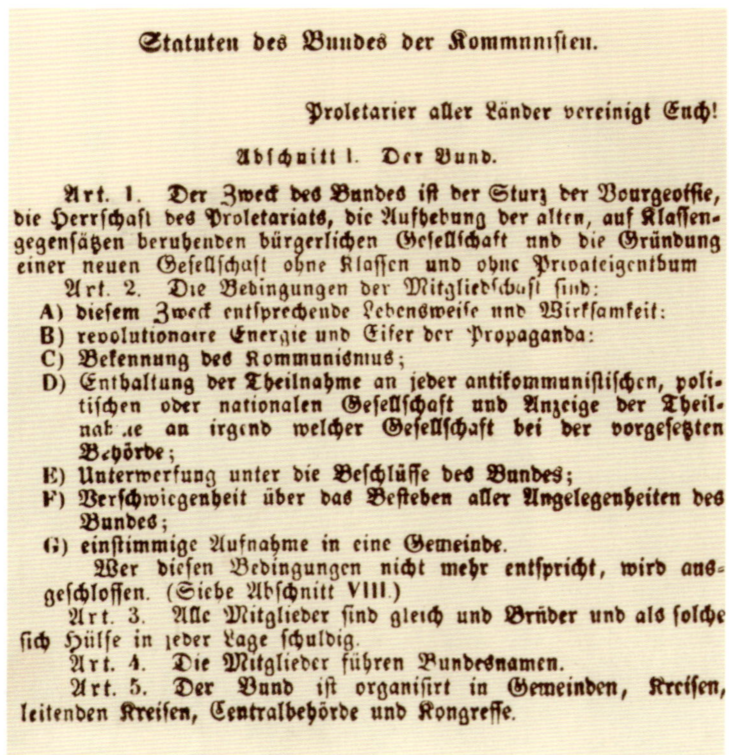

Statuten des Bundes der Kommunisten.

Proletarier aller Länder vereinigt Euch!

Abschnitt I. Der Bund.

Art. 1. Der Zweck des Bundes ist der Sturz der Bourgeoisie, die Herrschaft des Proletariats, die Aufhebung der alten, auf Klassengegensätzen beruhenden bürgerlichen Gesellschaft und die Gründung einer neuen Gesellschaft ohne Klassen und ohne Privateigenthum

Art. 2. Die Bedingungen der Mitgliedschaft sind:
A) diesem Zweck entsprechende Lebensweise und Wirksamkeit:
B) revolutionaire Energie und Eifer der Propaganda:
C) Bekennung des Kommunismus;
D) Enthaltung der Theilnahme an jeder antikommunistischen, politischen oder nationalen Gesellschaft und Anzeige der Theilnahme an irgend welcher Gesellschaft bei der vorgesetzten Behörde;
E) Unterwerfung unter die Beschlüsse des Bundes;
F) Verschwiegenheit über das Bestehen aller Angelegenheiten des Bundes;
G) einstimmige Aufnahme in eine Gemeinde.

Wer diesen Bedingungen nicht mehr entspricht, wird ausgeschlossen. (Siehe Abschnitt VIII.)

Art. 3. Alle Mitglieder sind gleich und Brüder und als solche sich Hülfe in jeder Lage schuldig.

Art. 4. Die Mitglieder führen Bundesnamen.

Art. 5. Der Bund ist organisirt in Gemeinden, Kreisen, leitenden Kreisen, Centralbehörde und Kongresse.

44

这部著作以天才的透彻而鲜明的语言描述了新的世界观，即把社会生活领域也包括在内的彻底的唯物主义、作为最全面最深刻的发展学说的辩证法以及关于阶级斗争和共产主义新社会创造者无产阶级肩负的世界历史性的革命使命的理论。

——列　宁

1847 年 12 月至 1848 年 1 月底，马克思和恩格斯经过一个多月的努力写成了马克思主义纲领性文献《共产党宣言》。《宣言》于 1848 年 2 月底在伦敦出版。马克思和恩格斯在《宣言》中揭示了资本主义的内在矛盾和资本主义必然灭亡、共产主义必然胜利的历史规律；阐明了无产阶级的历史使命；论述了共产党的性质、特点、基本纲领和策略原则，奠定了马克思主义建党学说的基础；批判了形形色色的社会主义流派，划清了科学社会主义同它们的界限。《共产党宣言》的问世标志着国际工人运动进入一个新的历史阶段。（45-47）

45. 马克思和恩格斯起草《共产党宣言》（油画）　波利亚科夫

Manifest

der

Kommunistischen Partei.

Veröffentlicht im Februar 1848.

Proletarier aller Länder vereinigt Euch!

London.

Gedruckt in der Office der „Bildungs-Gesellschaft für Arbeiter“
von J. E. Burghard.

46, Liverpool Street, Bishopsgate.

46. 1848 年 2 月在伦敦出版的《共产党宣言》德文第 1 版封面

第四章

投身于 1848—1849 年的革命洪流

1848 年，一场革命风暴席卷欧洲大陆，先是法国爆发二月革命，接着德国爆发三月革命，欧洲其他一些国家也相继爆发革命。

法国二月革命后，共产主义者同盟在巴黎组成了新的中央委员会，马克思任主席，恩格斯为委员。德国三月革命爆发后，马克思和恩格斯为同盟中央委员会起草了《共产党在德国的要求》，这个文件体现了《共产党宣言》中规定的共产党人在民主革命中的斗争目标和策略原则，是无产阶级在资产阶级民主革命中的行动纲领。

1848 年 4 月，马克思和恩格斯回到德国参加革命。他们在科隆积极筹办《新莱茵报》作为指导革命斗争的思想阵地，同时与民主派组织建立联系，组成联合阵线。

1848 年 6 月 1 日，马克思和恩格斯创办的《新莱茵报》出版。他们通过《新莱茵报》评析德国革命和整个欧洲革命的重大事件，帮助工人群众认清斗争形势，了解革命的目标和任务，声援欧洲各被压迫民族的解放斗争。正像恩格斯所说，《新莱茵报》“成了革命年代德国最著名的报纸”。在普鲁士反动当局的迫害下，《新莱茵报》于 1849 年 5 月 19 日被迫停刊，用红色油墨出版了终刊号。

面对反动势力对革命力量的反扑，恩格斯在积极编辑报纸、宣传革命思想的同时，还直接参与领导科隆的民主运动和工人运动。马克思和恩格斯以及《新莱茵报》其他编辑积极参加科隆民主协会的工作，促使该协会同工人联合会和其他民主派建立密切联系，并同农民和农业工人进行合作，广泛动员人民群众参加革命民主运动。

1849 年 5 月初，德国爆发了声势浩大的维护帝国宪法的运动。恩格斯立即投入这场运动，先是返回家乡埃尔伯费尔德参加起义，后来加入共产主义者同盟盟员奥·维利希领导的志愿部队，参加了巴登－普法尔茨的多次战斗，最后随军团余部撤退到瑞士。恩格斯以亲身实践证明，“最坚定的共产主义者也是最勇敢的士兵”。

1849 年 11 月，恩格斯来到伦敦，和马克思一起改组共产主义者同盟，创办《新莱茵报。政治经济评论》，从理论上对 1848 年革命进行总结。1850 年 3 月和 6 月，他们起草了两篇《共产主义者同盟中央委员会告同盟书》，制定了无产阶级在未来革命中的纲领和策略，强调无产阶级必须建立自己的独立政党。

在此期间，恩格斯还撰写了《德国维护帝国宪法的运动》和《德国农民战争》两部重要著作，从不同角度总结 1848—1849 年革命的经验，指出只有无产阶级才能进行彻底的革命，强调工人阶级在现实斗争中必须高度重视和发挥农民的革命积极性。

恩格斯因在巴黎从事革命活动而遭到法国政府的迫害。1848 年 1 月 29 日，法国政府勒令恩格斯在 24 小时内离开巴黎。恩格斯不得不立即离开法国，前往布鲁塞尔。（01）

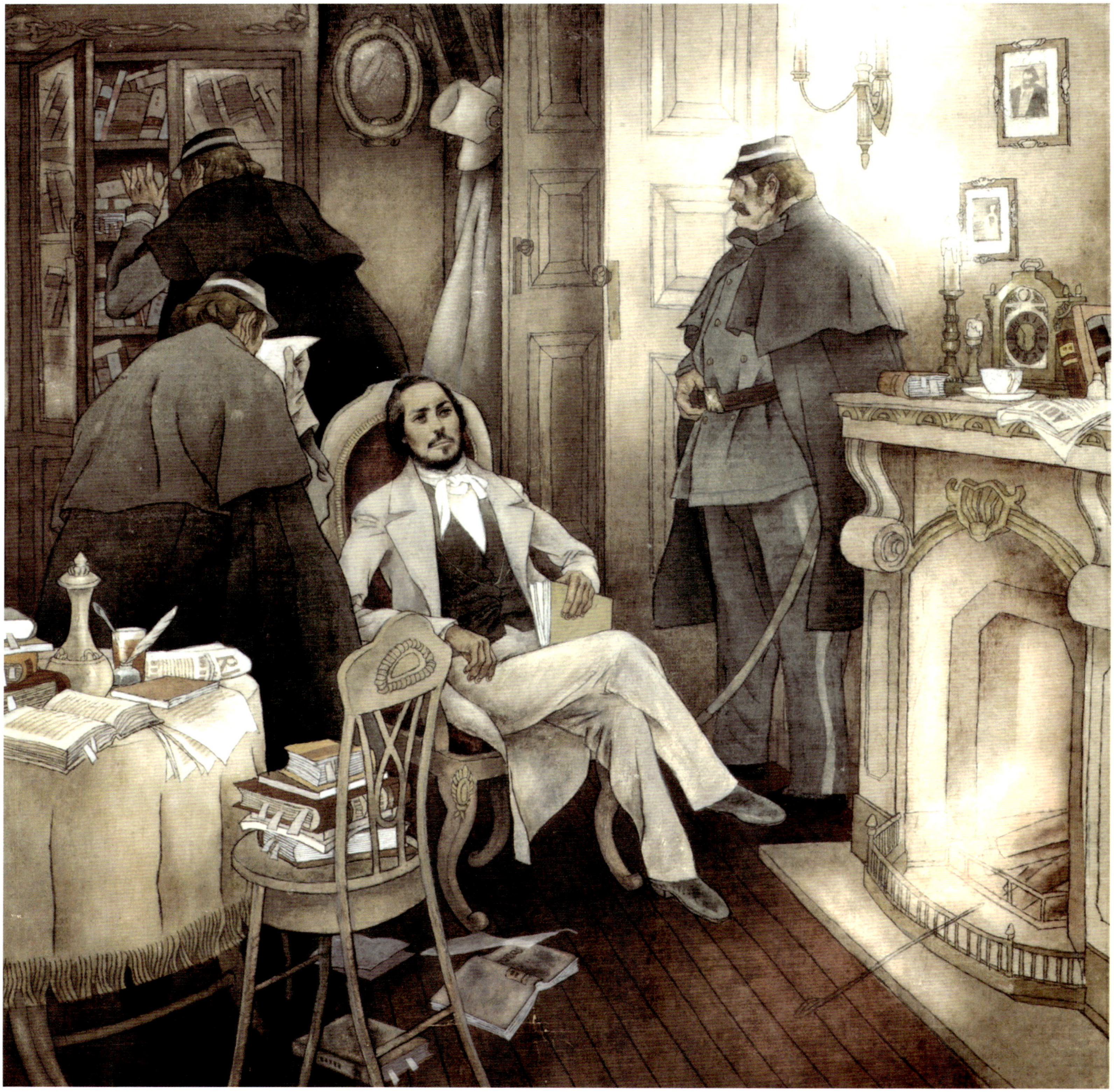

01. 逼离巴黎 （中国画） 刘向平

荣誉和光荣属于巴黎的工人们！他们推动了整个世界，所有国家都将一一感到这一点，因为法兰西共和国的胜利就是全欧洲民主派的胜利。

——恩格斯

1848 年 2 月，法国爆发二月革命，推翻君主政权，宣布成立第二共和国。1848 年 3 月，在法国二月革命的影响下，奥地利首都维也纳和普鲁士首都柏林相继爆发革命。（02-05）

02. 1848 年 2 月 24 日巴黎罗亚尔宫外的战斗

03. 1848 年 3 月 13 日维也纳的革命风暴

02

03

04. 1848 年柏林三月革命
05. 1848 年 3 月 22 日威尼斯宣告成立共和国

04

05

1848 年 1 月底，恩格斯来到布鲁塞尔，同马克思一起为推动比利时革命运动积极开展活动。法国二月革命爆发后，马克思和恩格斯先后回到巴黎，领导新组建的共产主义者同盟中央委员会的工作。德国三月革命爆发后，马克思和恩格斯根据《共产党宣言》确立的原则，起草了《共产党在德国的要求》，这是无产阶级在资产阶级民主革命中的第一个行动纲领。（06）

06. 《共产党在德国的要求》

Forderungen der kommunistischen Parthei in Deutschland.

Motto: «Proletarier aller Lænder vereinigt euch!»

1. Ganz Deutschland wird zu einer einigen, untheilbaren Republik erklärt.

2. Jeder Deutsche der 21 Jahre alt, ist Wähler und wählbar, vorausgesetzt daß er keine Kriminalstrafe erlitten hat.

3. Die Volksvertreter werden besoldet, damit auch der Arbeiter im Parlament des deutschen Volkes sitzen könne.

4. Allgemeine Volksbewaffnung. Die Armeen sind in Zukunft zugleich Arbeiter-Armeen, so daß das Heer nicht blos, wie früher, verzehrt, sondern noch mehr produzirt, als seine Unterhaltungskosten betragen.

Dies ist außerdem ein Mittel zur Organisation der Arbeit.

5. Die Gerechtigkeitspflege ist unentgeltlich.

6. Alle Feudallasten, alle Abgaben, Frohnden, Zehnten, u.s.w., die bisher auf dem Landvolk lasteten, werden ohne irgend eine Entschädigung abgeschafft.

7. Die fürstlichen und andern feudalen Landgüter, alle Bergwerke, Gruben, u. s. w., werden in Staatseigenthum umgewandelt. Auf diesen Landgütern wird der Ackerbau im Großen und mit den modernsten Hilfsmitteln der Wissenschaft zum Vortheil der Gesammtheit betrieben.

8. Die Hypotheken auf den Bauerngütern werden für Staatseigenthum erklärt. Die Interessen für jene Hypotheken werden von den Bauern an den Staat gezahlt.

9. In den Gegenden, wo das Pachtwesen entwickelt ist, wird die Grundrente oder der Pachtschilling als Steuer an den Staat gezahlt.

Alle diese unter 6, 7, 8 und 9 angegebenen Maaßregeln werden gefaßt, um öffentliche und andere Lasten der Bauern und kleinen Pächter zu vermindern, ohne die zur Bestreitung der Staatskosten nöthigen Mittel zu schmälern und ohne die Produktion selbst zu gefährden.

Der eigentliche Grundeigenthümer, der weder Bauer noch Pächter ist, hat an der Produktion gar keinen Antheil. Seine Konsumtion ist daher ein bloßer Mißbrauch.

10. An die Stelle aller Privatbanken tritt eine Staatsbank, deren Papier gesetzlichen Kurs hat.

Diese Maaßregel macht es möglich, das Kreditwesen im Interesse des ganzen Volks zu regeln und untergräbt damit die Herrschaft der großen Geldmänner. Indem sie nach und nach Papiergeld an die Stelle von Gold und Silber setzt, verwohlfeilert sie das unentbehrliche Instrument des bürgerlichen Verkehrs, das allgemeine Tauschmittel, und erlaubt, das Gold und Silber nach außen hin wirken zu lassen. Diese Maaßregel ist schließlich nothwendig, um die Interessen der konservativen Bourgeois an die Revolution festzuschmieden.

11. Alle Transportmittel: Eisenbahnen, Kanäle, Dampfschiffe, Wege, Posten, ꝛc., nimmt der Staat in seine Hand. Sie werden in Staatseigenthum umgewandelt und der unbemittelten Klasse zur unentgeltlichen Verfügung gestellt.

12. In der Besoldung sämmtlicher Staatsbeamten findet kein anderer Unterschied statt, als der, daß diejenigen mit Familie, also mit mehr Bedürfnissen, auch ein höheres Gehalt beziehen als die Uebrigen.

13. Völlige Trennung der Kirche vom Staat. Die Geistlichen aller Konfessionen werden lediglich von ihrer freiwilligen Gemeinde besoldet.

14. Beschränkung des Erbrechts.

15. Einführung von starken Progressivsteuern und Abschaffung der Konsumtionssteuern.

16. Errichtung von Nationalwerkstätten. Der Staat garantirt allen Arbeitern ihre Existenz und versorgt die zur Arbeit Unfähigen.

17. Allgemeine, unentgeltliche Volkserziehung.

Es liegt im Interesse des deutschen Proletariats, des kleinen Bürger- und Bauernstandes, mit aller Energie an der Durchsetzung obiger Maaßregeln zu arbeiten. Denn nur durch Verwirklichung derselben können die Millionen, die bisher in Deutschland von einer kleinen Zahl ausgebeutet wurden und die man weiter in der Unterdrückung zu erhalten suchen wird, zu ihrem Recht und zu derjenigen Macht gelangen, die ihnen, als den Hervorbringern alles Reichthums, gebührt.

Das Comite: Karl Marx. Karl Schapper. H. Bauer. F. Engels. J. Moll. W. Wolff.

1848 年 4 月初，马克思和恩格斯回到德国，在科隆筹办大型日报《新莱茵报》。恩格斯还回家乡巴门为报纸筹集资金。（07）

07. 19 世纪中期的科隆

这是革命的时期，在这种时候从事办日报的工作是一种乐趣。你会亲眼看到每一个字的作用，看到文章怎样简直像榴弹一样击中目标，看到打出去的炮弹怎样爆炸。

——恩格斯

1848 年 6 月 1 日，马克思主编的《新莱茵报》在科隆出版。(08)

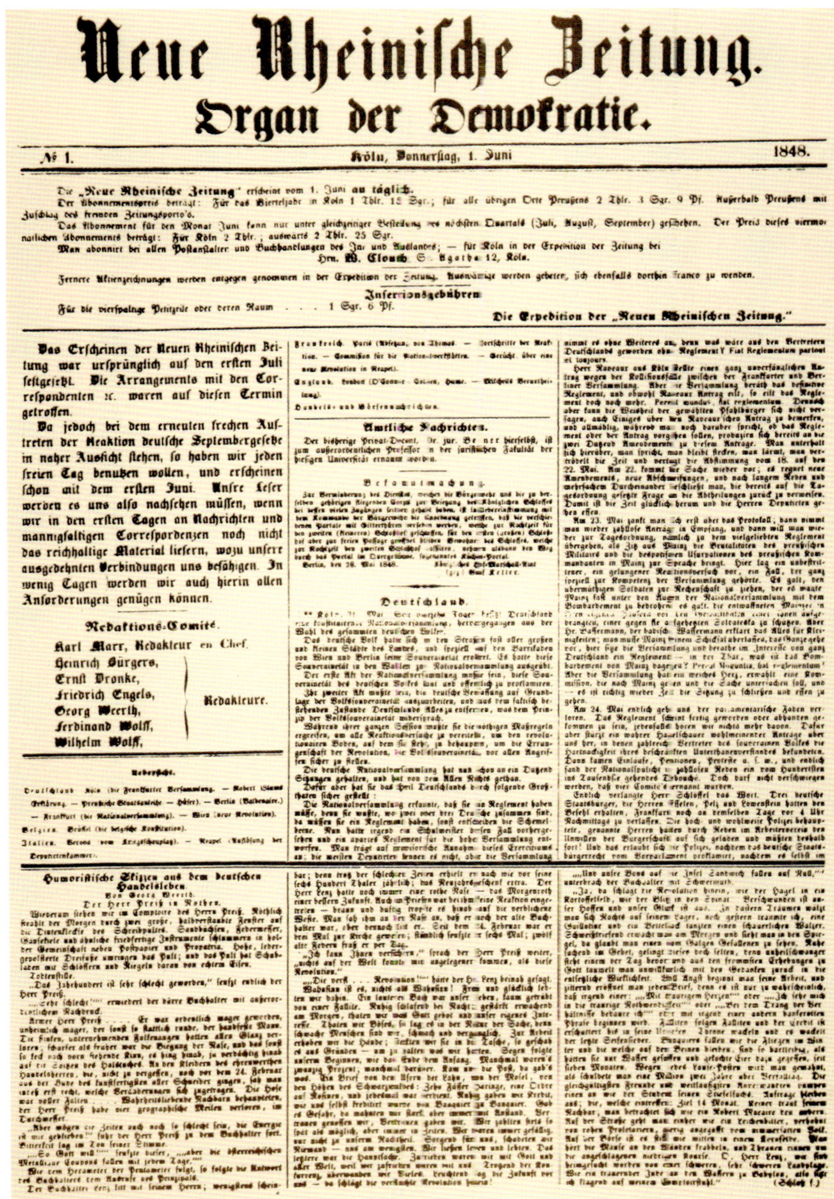

Neue Rheinische Zeitung.

Organ der Demokratie.

№ 1. Köln, Donnerstag, 1. Juni 1848.

Die „Neue Rheinische Zeitung" erscheint vom 1. Juni an täglich.

Der Abonnementspreis beträgt: Für das Vierteljahr in Köln 1 Thlr. 15 Sgr.; für alle übrigen Orte Preußens 2 Thlr. 3 Sgr. 9 Pf. Außerhalb Preußens mit Zuschlag des fremden Zeitungsporto's.

Das Abonnement für den Monat Juni kann nur unter gleichzeitiger Bestellung des nächsten Quartals (Juli, August, September) geschehen. Der Preis dieses viermonatlichen Abonnements beträgt: Für Köln 2 Thlr.; auswärts 2 Thlr. 25 Sgr.

Man abonnirt bei allen Postanstalten und Buchhandlungen des In- und Auslandes; — für Köln in der Expedition der Zeitung bei Hrn. W. Clouth, St. Agatha 12, Köln.

Fernere Aktienzeichnungen werden entgegen genommen in der Expedition der Zeitung. Auswärtige werden gebeten, sich ebenfalls dorthin franco zu wenden.

Insertionsgebühren

Für die vierspaltige Petitzeile oder deren Raum . . . . 1 Sgr. 6 Pf.

Die Expedition der „Neuen Rheinischen Zeitung."

Das Erscheinen der Neuen Rheinischen Zeitung war ursprünglich auf den ersten Juli festgesetzt. Die Arrangements mit den Correspondenten ꝛc. waren auf diesen Termin getroffen.

Da jedoch bei dem erneuten frechen Auftreten der Reaktion deutsche Septembergesetze in naher Aussicht stehen, so haben wir jeden freien Tag benutzen wollen, und erscheinen schon mit dem ersten Juni. Unsre Leser werden es uns also nachsehen müssen, wenn wir in den ersten Tagen an Nachrichten und mannigfaltigen Correspondenzen noch nicht das reichhaltige Material liefern, wozu unsere ausgedehnten Verbindungen uns befähigen. In wenig Tagen werden wir auch hierin allen Anforderungen genügen können.

Redaktions-Comité.

Karl Marx, Redakteur en Chef.

Heinrich Bürgers,
Ernst Dronke,
Friedrich Engels,
Georg Weerth,
Ferdinand Wolff,
Wilhelm Wolff,
Redakteure.

Uebersicht.

Deutschland. Köln (die Frankfurter Versammlung. — Robert Blums Erklärung. — Preußische Staatsanleihe — Hüser). — Berlin (Baldenaire.) — Frankfurt (die Nationalversammlung). — Wien (neue Revolution).

Belgien. Brüssel (die belgische Konstitution).

Italien. Verona vom Kriegsschauplatz). — Neapel (Auflösung der Deputirtenkammer).

Frankreich. Paris (Ableben von Thomas. — Fortschritte der Reaktion. — Commission für die Nationalwerkstätten. — Gerücht über eine neue Revolution in Neapel).

England. London (O'Connor. Cobden, Hume. — Mitchels Verurtheilung).

Handels- und Börsennachrichten.

Amtliche Nachrichten.

Bekanntmachung.

Deutschland.

Humoristische Skizzen aus dem deutschen Handelsleben.

08. 《新莱茵报》创刊号

首先是马克思的洞察力和坚定立场，才使得这家日报成了革命年代德国最著名的报纸。

——恩格斯

马克思和恩格斯领导的《新莱茵报》编辑部是一个坚强的战斗集体。在这个集体中，恩格斯是外交政策和军事问题专家。他知识渊博，思维敏捷，很多社论是他写的。马克思称赞他为“真正的百科全书”。(09-10)

09. 《新莱茵报》编辑部主要成员

马克思

恩格斯

这个不大的战斗队，却拥有一个大家都乐于服从的、第一流的领袖马克思，并且赖有他才拥有一个至今还完全适用的原则性的和策略的纲领——《共产主义宣言》。

——恩格斯

威廉·沃尔弗（1809—1864），德国无产阶级革命家和政论家。

格奥尔格·维尔特（1822—1856），德国诗人和政论家。

恩斯特·德朗克（1822—1891），德国政论家和作家。

斐迪南·弗莱里格拉特（1810—1876），德国诗人。

约翰·亨利希·毕尔格尔斯（1820—1878），德国政论家。

10. 在《新莱茵报》编辑部（石版画） 文国璋

为了发展和壮大革命力量，马克思和恩格斯积极参加工人组织的活动，还与民主派组织建立广泛联系。(11-15)

11. 1848—1849 年科隆工人联合会的主要活动场所

12. 1848 年 10 月 22 日《科隆工人联合会报》刊登的选举马克思为该会主席的会议记录

11

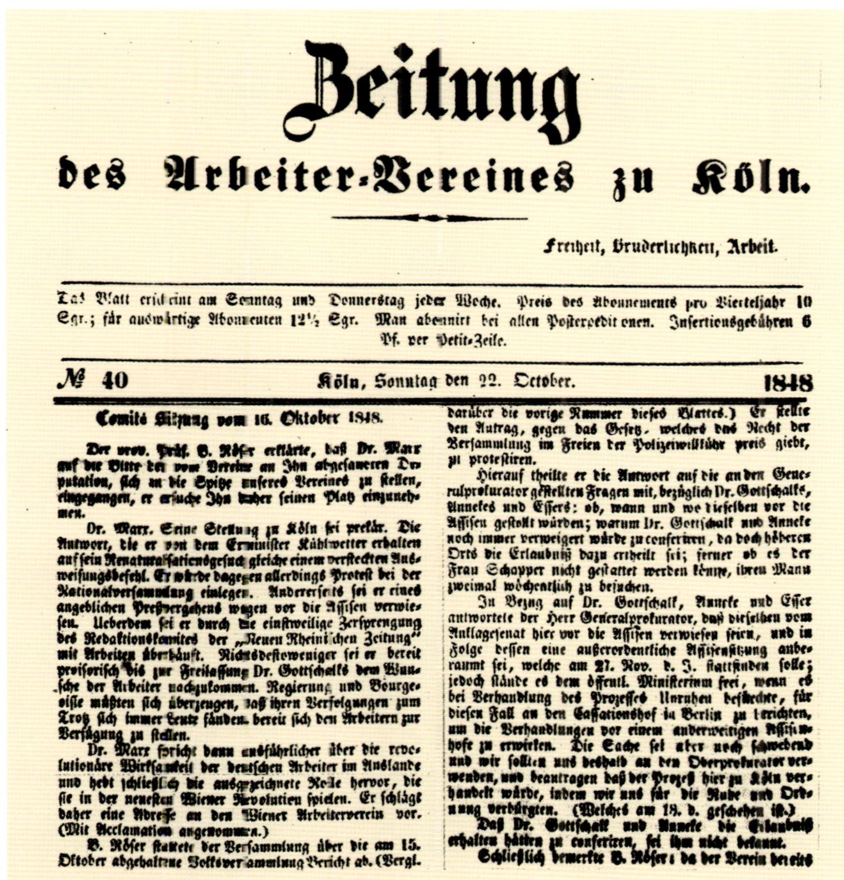

Zeitung
des Arbeiter-Vereines zu Köln.

Freiheit, Brüderlichkeit, Arbeit.

Das Blatt erscheint am Sonntag und Donnerstag jeder Woche. Preis des Abonnements pro Vierteljahr 10 Sgr.; für auswärtige Abonnenten 12½ Sgr. Man abonnirt bei allen Postexpeditionen. Insertionsgebühren 6 Pf. per Petit-Zeile.

№ 40 Köln, Sonntag den 22. October. 1848

Comité Sitzung vom 16. Oktober 1848.

Der prov. Präs. B. Röser erklärte, daß Dr. Marx auf die Bitte der vom Vereine an Ihn abgesandten Deputation, sich an die Spitze unseres Vereines zu stellen, eingegangen, er ersuche Ihn daher seinen Platz einzunehmen.

Dr. Marx. Seine Stellung zu Köln sei prekär. Die Antwort, die er von dem Exminister Kühlwetter erhalten auf sein Renaturalisationsgesuch gleiche einem versteckten Ausweisungsbefehl. Er würde dagegen allerdings Protest bei der Nationalversammlung einlegen. Andererseits sei er eines angeblichen Preßvergehens wegen vor die Assisen verwiesen. Ueberdem sei er durch die einstweilige Zersprengung des Redaktionskomites der „Neuen Rheinischen Zeitung" mit Arbeiten überhäuft. Nichtsdestoweniger sei er bereit provisorisch bis zur Freilassung Dr. Gottschalks dem Wunsche der Arbeiter nachzukommen. Regierung und Bourgeoisie müßten sich überzeugen, daß ihren Verfolgungen zum Trotz sich immer Leute fänden, bereit sich den Arbeitern zur Verfügung zu stellen.

Dr. Marx spricht dann ausführlicher über die revolutionäre Wirksamkeit der deutschen Arbeiter im Auslande und hebt schließlich die ausgezeichnete Rolle hervor, die sie in der neuesten Wiener Revolution spielen. Er schlägt daher eine Adresse an den Wiener Arbeiterverein vor. (Mit Acclamation angenommen.)

B. Röser stattete der Versammlung über die am 15. Oktober abgehaltene Volksversammlung Bericht ab. (Vergl. darüber die vorige Nummer dieses Blattes.) Er stellte den Antrag, gegen das Gesetz, welches das Recht der Versammlung im Freien der Polizeiwillkühr preis giebt, zu protestiren.

Hierauf theilte er die Antwort auf die an den Generalprokurator gestellten Fragen mit, bezüglich Dr. Gottschalks, Annekes und Essers: ob, wann und wo dieselben vor die Assisen gestellt würden; warum Dr. Gottschalk und Anneke noch immer verweigert würde zu conferiren, da doch höheren Orts die Erlaubniß dazu ertheilt sei; ferner ob es der Frau Schapper nicht gestattet werden könne, ihren Mann zweimal wöchentlich zu besuchen.

In Bezug auf Dr. Gottschalk, Anneke und Esser antwortete der Herr Generalprokurator, daß dieselben vom Anklagesenat hier vor die Assisen verwiesen seien, und in Folge dessen eine außerordentliche Assisensitzung anberaumt sei, welche am 27. Nov. d. J. stattfinden solle; jedoch stände es dem öffentl. Ministerium frei, wenn es bei Verhandlung des Prozesses Unruhen befürchte, für diesen Fall an den Cassationshof in Berlin zu berichten, um die Verhandlungen vor einem anderweitigen Assisenhofe zu erwirken. Die Sache sei aber noch schwebend und wir sollten uns deshalb an den Oberprokurator verwenden, und beantragen daß der Prozeß hier zu Köln verhandelt würde, indem wir uns für die Ruhe und Ordnung verbürgten. (Welches am 18. d. geschehen ist.)

Daß Dr. Gottschalk und Anneke die Erlaubniß erhalten hätten zu conferiren, sei ihm nicht bekannt.

Schließlich bemerkte B. Röser: da der Verein bereits

12

13. 1848 年 5 月，马克思和恩格斯加入了科隆民主协会。图为该协会的一次集会。
14. 科隆工人联合会会员证
15. 莱茵省第一届民主主义者代表大会代表证

13

14

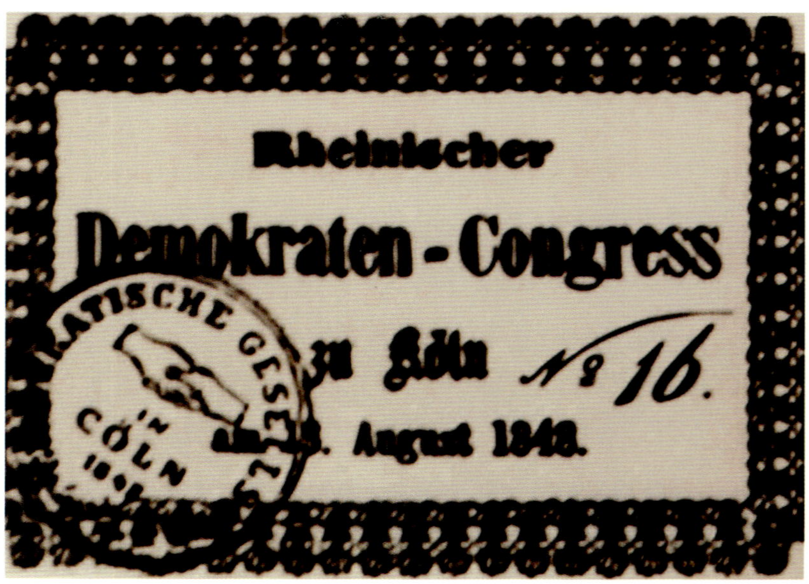

15

1848 年 9 月 13 日，《新莱茵报》编辑部、科隆工人联合会和民主协会召开民众大会，成立了有马克思和恩格斯参加的安全委员会，并通过了恩格斯提出的致柏林议会书。(16)

16. 在科隆民众大会上（水粉画） 陈衍宁

事件的一切详情都说明起义是具有明确的无产阶级性质的。

——恩格斯

17

Neue Rheinische Zeitung.
Organ der Demokratie.

№ 31. Köln, Samstag 1. Juli 1848.

Französische Republik.

** Allmählich kommt man dazu, die Junirevolution zu überschauen; die Berichte vervollständigen sich, die Thatsachen lassen sich von den Gerüchten wie von den Lügen scheiden, der Charakter des Aufstandes tritt immer klarer hervor. Und jemehr es einem gelingt, die Ereignisse der vier Junitage in ihrem Zusammenhange zu erfassen, desto mehr erstaunt man über die kolossalen Dimensionen des Aufstandes, über den heroischen Muth, die rasch improvisirte Organisation, die Einstimmigkeit der Insurgenten.

Der Schlachtplan der Arbeiter, der von Kersausie, einem Freunde Raspails und ehemaligen Offizier gemacht sein soll, war folgender:

Die Insurgenten rückten in vier Kolonnen in koncentrischer Bewegung auf das Stadthaus zu.

Die erste Kolonne, deren Operationsbasis die Vorstädte Montmartre, La Chapelle und La Villette waren, rückte von den Barrieren Poissonnière, Rochechouart, St. Denis und Lavillette nach Süden, besetzte die Boulevards und näherte sich dem Stadthause durch die Straßen Montorgueil, St. Denis und St. Martin.

Die zweite Kolonne, deren Basis die fast ganz von Arbeitern bewohnten und durch den Kanal St. Martin gedeckten Faubourgs du Temple und St. Antoine waren, rückte durch die Straßen du Temple und St. Antoine und über die Quais des nördlichen Seineufers, sowie durch alle Parallelstraßen der dazwischen liegenden Stadtviertel auf dasselbe Centrum vor.

Die dritte Kolonne, mit dem Faubourg St. Marceau, rückte vor durch die Straße St. Victor und die Quais des südlichen Seineufers auf die Insel der Cité.

Die vierte Kolonne, gestützt auf das Faubourg St. Jacques und die Gegend der medizinischen Schule, rückte vor durch die Straße Saint Jacques ebenfalls auf die Cité. Von hier aus drangen beide Kolonnen vereinigt durch das rechte Seineufer und nahmen das Stadthaus im Rücken und in der Flanke.

Der Plan stützte sich demnach mit Recht auf die ausschließlich von Arbeitern bewohnten Stadttheile, die die ganze östliche Hälfte von Paris in einem Halbkreis umgeben und je breiter werden, desto mehr man nach Osten kommt. Der Osten von Paris sollte erst von allen Feinden gesäubert werden, und dann wollte man auf beiden Seineufern gegen den Westen und dessen Centren, die Tuilerien und die Nationalversammlung rücken.

Diese Kolonnen sollten von einer Menge fliegender Korps un-

operirten, Barrikaden aufwerfen, die kleinen Straßen besetzten und die Verbindungen aufrecht erhielten.

Für den Fall eines Rückzugs waren die Operationsbasen stark verschanzt und kunstgerecht in furchtbare Festungen verwandelt. So das Clos St. Lazare, so das Faubourg und das Quartier St. Antoine und das Faubourg St. Jacques.

Wenn dieser Plan einen Fehler hatte, so war es der, daß er die westliche Hälfte von Paris für den Anfang der Operationen ganz unberücksichtigt ließ. Hier liegen, zu beiden Seiten der Straße St. Honoré, an den Hallen und am Palais National mehrere zu Emeuten vorzüglich geeignete Viertel, die sehr enge und krumme Straßen haben und vorwiegend von Arbeitern bewohnt sind. Es war wichtig, hier einen fünften Heerd der Insurrektion anzulegen und dadurch sowohl das Stadthaus abzuschneiden wie auch eine große Truppenmasse an diesem vorspringenden Bollwerk zu beschäftigen. Der Sieg des Aufstandes hing davon ab, daß man sobald wie möglich ins Centrum von Paris vordrang, daß man die Eroberung des Stadthauses sicher stellte. Wir können nicht wissen, in wiefern es für Kersausie unmöglich war, hier die Insurrektion zu organisiren. Es ist aber eine Thatsache, daß noch nie ein Aufstand durchgedrungen ist, der sich nicht von vorn herein dieses Centrums von Paris, das an die Tuilerien stößt zu bemächtigen wußte. Wir erinnern nur an den Aufstand beim Begräbniß des Generals Lamarque, der ebenfalls bis zur Straße Montorgueil vordrang, dann aber wieder zurückgedrängt wurde.

Die Insurgenten rückten nach ihrem Plane vor. Sie begannen gleich durch zwei Hauptwerke ihr Terrain, das Paris der Arbeiter von dem Paris der Bourgeois zu scheiden: durch die Barrikaden der Porte Saint Denis und die der Cité. Aus ersteren wurden sie verdrängt, die letzteren behaupteten sie. Der erste Tag, der 23., war ein bloßes Vorspiel. Der Plan der Insurgenten trat schon klar hervor (wie ihn die „Neue Rh. Ztg." auch von Anfang an ganz richtig aufgefaßt hat. s. Nr. 26 Extrabeil.) namentlich nach den ersten Vorpostengefechten des Morgens. Der Boulevard St. Martin, der die Operationslinie der ersten Kolonne durchkreuzt, wurde der Schauplatz heftiger Kämpfe, die hier mit dem theilweise durch die Lokalität bedingten Siege der „Ordnung" endigten.

Die Zugänge der Cité wurden abgeschnitten, rechts durch ein fliegendes Korps das in der Straße Planche-Mibray sich festsetzte, links durch die dritte und vierte Kolonne, die die drei südlichen Brücken der Cité besetzten und befestigten. Hier ent-

18

法国二月革命后，巴黎工人阶级要求把革命继续推向前进，资产阶级共和派政府则推行敌视无产阶级的政策，并对工人进行挑衅。巴黎工人遂于6月23—26日举行起义。马克思和恩格斯积极支持巴黎工人的行动，在《新莱茵报》上发表了一系列文章声援起义。(17-18)

17. 1848年6月巴黎圣安东郊区的街垒战

18. 1848年7月1日《新莱茵报》登载的恩格斯的文章《六月革命（巴黎起义的经过）》

现在在这里也像在巴黎一样，问题的实质是资产阶级和无产阶级的斗争。

——马克思

1848 年 6 月 14 日，柏林工人和革命群众向反动势力宣战，冲击了军械库。8 月下旬，维也纳工人举行声势浩大的游行。马克思和恩格斯旗帜鲜明地肯定和声援工人的革命行动。（19-20）

19. 1848 年 6 月 14 日革命群众冲击柏林军械库

20. 1848 年 8 月 23 日维也纳军警镇压工人游行

19

20

意大利人民不惜任何牺牲。他们为了完成已开始的事业和争取民族独立，曾准备以殊死的精神进行战斗。

——恩格斯

马克思和恩格斯在从事国内革命斗争的同时，还十分关心其他国家的人民革命斗争和民族解放运动。他们在《新莱茵报》发表文章给予支持和指导。(21-26)

21. 1848 年 11 月 16 日意大利罗马起义者攻打教皇皇宫
22. 1849 年 3 月 5 日匈牙利索尔诺克战役中的革命军队
23. 波兰起义军反抗压迫他们的普鲁士人
24. 1848 年布拉格最高司令部大楼外的战斗

21

22

不言而喻，问题不是要建立一个虚幻的波兰，而是要建立一个有生命力基础的国家。

——恩格斯

23

24

25. 马克思、恩格斯在《新莱茵报》上发表的评论文章

没有一家德国报纸——无论在以前或以后——像《新莱茵报》这样有威力和有影响，这样善于鼓舞无产阶级群众。

——恩格斯

26.《新莱茵报》广为流传（素描） 茹科夫

1848 年 9 月 26 日，反动当局在科隆实行戒严，并下令逮捕《新莱茵报》的几个编辑，其中包括恩格斯。恩格斯逃亡到比利时，在布鲁塞尔又被比利时警察逮捕并被押解出境。10 月 5 日，恩格斯到达巴黎，逗留数日后步行来到瑞士，在伯尔尼暂住。恩格斯一边考察瑞士的政治制度，为《新莱茵报》撰写稿件，一边积极参加当地的工人联合会的活动。(27-29)

27. 恩格斯从法国去瑞士途中，详细考察了法国农民生活，记下了沿途见闻，这是恩格斯写的《从巴黎到伯尔尼》的手稿第 1 页。
28. 恩格斯画的从欧塞尔到勒洛克勒的路线草图
29. 洛桑工人联合会给恩格斯的委托书，称他是“为无产阶级利益而斗争的老战士”，委托他代表该联合会出席 1848 年 12 月 9—11 日在伯尔尼举行的工人代表大会。

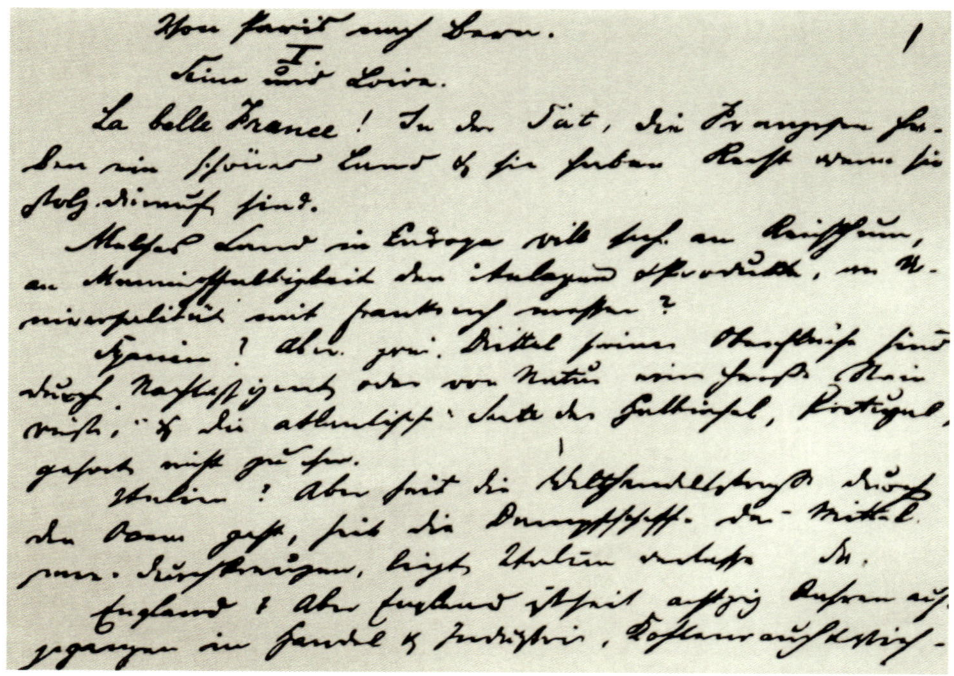

27

28

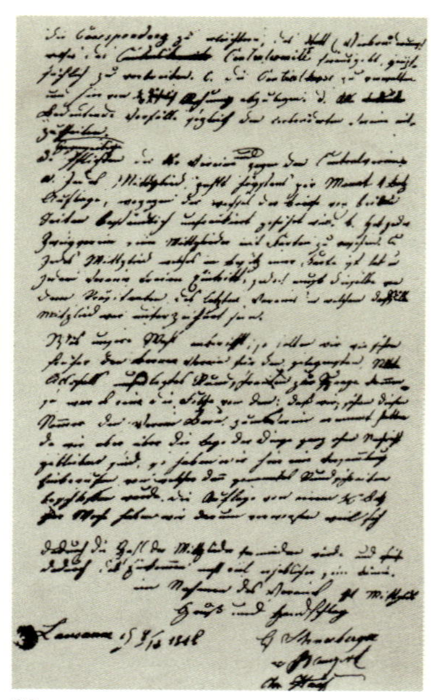

29

1849 年 1 月中，恩格斯从瑞士回到科隆，重新投入《新莱茵报》的编辑工作。3 月，他出席了科隆的工人和民主派为纪念柏林街垒战一周年而举行的宴会，并提议为巴黎六月起义的战士们干杯。(30)

30. 纪念柏林街垒战一周年宴会（素描） 潘鸿海

1849 年 2 月上旬，普鲁士当局以侮辱检察官和诽谤宪兵的罪名传讯《新莱茵报》主编马克思和编辑恩格斯。在科隆的法庭上，马克思和恩格斯以有力的证据驳斥了反动派的诬蔑，法庭不得不宣告他们无罪。(31-32)

31. 载有马克思和恩格斯在科隆受审时发言全文的小册子《两个政治审判案》的扉页
32. 法庭上的胜利（油画） 李天祥 赵友萍

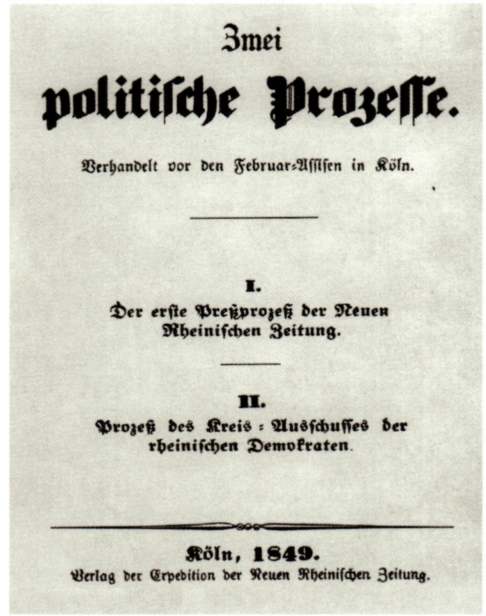

Zwei
politische Prozesse.
Verhandelt vor den Februar-Assisen in Köln.

I.
Der erste Preßprozeß der Neuen Rheinischen Zeitung.

II.
Prozeß des Kreis-Ausschusses der rheinischen Demokraten.

Köln, 1849.
Verlag der Expedition der Neuen Rheinischen Zeitung.

31

32

1849 年 5 月初，德国人民为了维护 1849 年 3 月 28 日法兰克福国民议会通过的帝国宪法，发动了武装起义。5 月 9 日，埃尔伯费尔德爆发了起义，恩格斯立即奔赴索林根，组织革命队伍前往埃尔伯费尔德参加起义。恩格斯于 5 月 15 日动身返回科隆。随后，普鲁士政府对他发布逮捕令，6 月 6 日对他下达了通缉令。(33-34)

33. 恩格斯指挥工人在埃尔伯费尔德构筑街垒（素描） 谢罗夫

34. 1849 年 6 月 6 日对恩格斯的通缉令（载于 1849 年 6 月 9 日的《科隆日报》），上面记载着恩格斯的体貌特征："恩格斯。年龄：二十六到二十八岁；身长：五英尺六英寸；头发：浅色；前额：高耸；眉毛：棕色；眼睛：蓝色；鼻和嘴：匀称；胡须：栗色；下颌：椭圆形；脸庞：椭圆形；脸色：健康；身材：匀称。特征：说话很快，近视……"

33

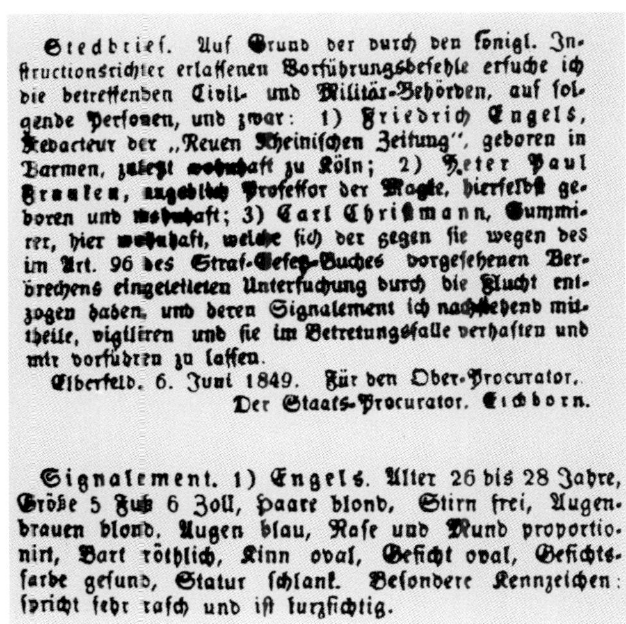

Steckbrief. Auf Grund der durch den königl. Instructionsrichter erlassenen Vorführungsbefehle ersuche ich die betreffenden Civil- und Militär-Behörden, auf folgende Personen, und zwar: 1) Friedrich Engels, Redacteur der „Neuen Rheinischen Zeitung", geboren in Barmen, zuletzt wohnhaft zu Köln; 2) Peter Paul Franken, angeblich Professor der Magie, hierselbst geboren und wohnhaft; 3) Carl Christmann, Gummirer, hier wohnhaft, welche sich der gegen sie wegen des im Art. 96 des Straf-Gesetz-Buches vorgesehenen Verbrechens eingeleiteten Untersuchung durch die Flucht entzogen haben, und deren Signalement ich nachstehend mittheile, vigiliren und sie im Betretungsfalle verhaften und mir vorführen zu lassen.

Elberfeld, 6. Juni 1849. Für den Ober-Procurator.
Der Staats-Procurator. Eichborn.

Signalement. 1) Engels. Alter 26 bis 28 Jahre, Größe 5 Fuß 6 Zoll, Haare blond, Stirn frei, Augenbrauen blond, Augen blau, Nase und Mund proportionirt, Bart röthlich, Kinn oval, Gesicht oval, Gesichtsfarbe gesund, Statur schlank. Besondere Kennzeichen: spricht sehr rasch und ist kurzsichtig.

34

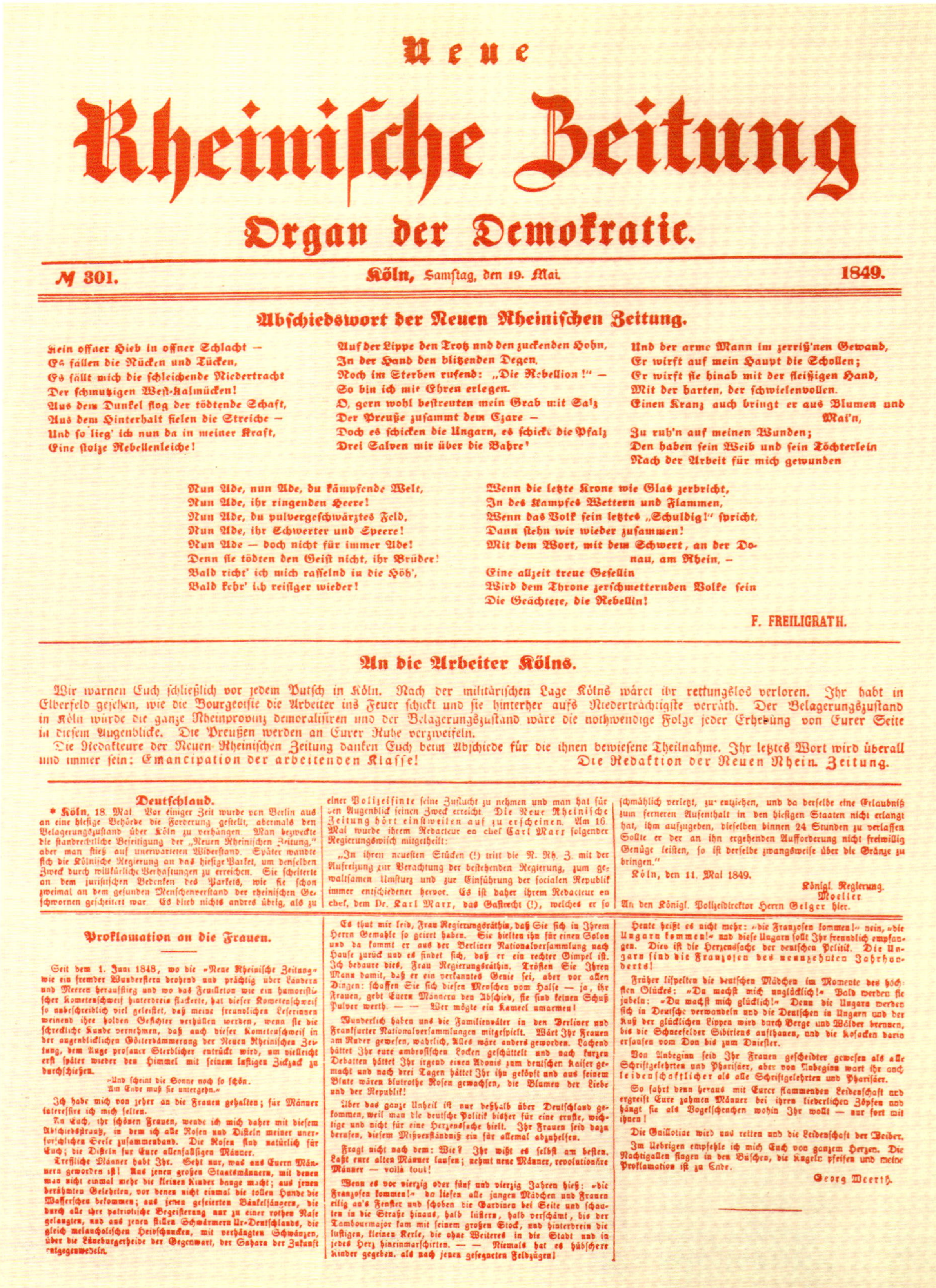

Neue

Rheinische Zeitung

Organ der Demokratie.

№ 301. Köln, Samstag, den 19. Mai. 1849.

Abschiedswort der Neuen Rheinischen Zeitung.

Kein offner Hieb in offner Schlacht –
Es fällen die Nücken und Tücken,
Es fällt mich die schleichende Niedertracht
Der schmutzigen West-Kalmücken!
Aus dem Dunkel flog der tödtende Schaft,
Aus dem Hinterhalt fielen die Streiche –
Und so lieg' ich nun da in meiner Kraft,
Eine stolze Rebellenleiche!

Auf der Lippe den Trotz und den zuckenden Hohn,
In der Hand den blitzenden Degen,
Noch im Sterben rufend: „Die Rebellion!" –
So bin ich mit Ehren erlegen.
O, gern wohl bestreuten mein Grab mit Salz
Der Preuße zusammt dem Czare –
Doch es schicken die Ungarn, es schickt die Pfalz
Drei Salven mir über die Bahre!

Und der arme Mann im zerriss'nen Gewand,
Er wirft auf mein Haupt die Schollen;
Er wirft sie hinab mit der fleißigen Hand,
Mit der harten, der schwielenvollen.
Einen Kranz auch bringt er aus Blumen und Mai'n,
Zu ruh'n auf meinen Wunden;
Den haben sein Weib und sein Töchterlein
Nach der Arbeit für mich gewunden

Nun Ade, nun Ade, du kämpfende Welt,
Nun Ade, ihr ringenden Heere!
Nun Ade, du pulvergeschwärztes Feld,
Nun Ade, ihr Schwerter und Speere!
Nun Ade – doch nicht für immer Ade!
Denn sie tödten den Geist nicht, ihr Brüder!
Bald richt' ich mich rasselnd in die Höh',
Bald kehr' ich reisiger wieder!

Wenn die letzte Krone wie Glas zerbricht,
In des Kampfes Wettern und Flammen,
Wenn das Volk sein letztes „Schuldig!" spricht,
Dann stehn wir wieder zusammen!
Mit dem Wort, mit dem Schwert, an der Donau, am Rhein, –
Eine allzeit treue Gesellin
Wird dem Throne zerschmetternden Volke sein
Die Geächtete, die Rebellin!

F. FREILIGRATH.

An die Arbeiter Kölns.

Wir warnen Euch schließlich vor jedem Putsch in Köln. Nach der militärischen Lage Kölns wäret ihr rettungslos verloren. Ihr habt in Elberfeld gesehen, wie die Bourgeoisie die Arbeiter ins Feuer schickt und sie hinterher aufs Niederträchtigste verräth. Der Belagerungszustand in Köln würde die ganze Rheinprovinz demoralisiren und der Belagerungszustand wäre die nothwendige Folge jeder Erhebung von Eurer Seite in diesem Augenblicke. Die Preußen werden an Eurer Ruhe verzweifeln.

Die Redakteure der Neuen Rheinischen Zeitung danken Euch beim Abschiede für die ihnen bewiesene Theilnahme. Ihr letztes Wort wird überall und immer sein: Emancipation der arbeitenden Klasse!

Die Redaktion der Neuen Rhein. Zeitung.

Deutschland.

* Köln, 18. Mai. Vor einiger Zeit wurde von Berlin aus an eine hiesige Behörde die Forderung gestellt, abermals den Belagerungszustand über Köln zu verhängen. Man bezweckte die standrechtliche Beseitigung der „Neuen Rheinischen Zeitung," aber man stieß auf unerwarteten Widerstand. Später wandte sich die Kölnische Regierung an das hiesige Parket, um denselben Zweck durch willkürliche Verhaftungen zu erreichen. Sie scheiterte an dem juristischen Bedenken des Parkets, wie sie schon zweimal an dem gesunden Menschenverstand der rheinischen Geschwornen gescheitert war. Es blieb nichts andres übrig, als zu einer Polizeifinte seine Zuflucht zu nehmen und man hat für den Augenblick seinen Zweck erreicht. Die Neue Rheinische Zeitung hört einstweilen auf zu erscheinen. Am 16. Mai wurde ihrem Redacteur en chef Carl Marx folgender Regierungswisch mitgetheilt:

„In ihren neuesten Stücken (!) tritt die N. Rh. Z. mit der Aufreizung zur Verachtung der bestehenden Regierung, zum gewaltsamen Umsturz und zur Einführung der socialen Republik immer entschiedener hervor. Es ist daher ihrem Redacteur en chef, dem Dr. Karl Marx, das Gastrecht (!), welches er so schmählich verletzt, zu entziehen, und da derselbe eine Erlaubniß zum ferneren Aufenthalt in den hiesigen Staaten nicht erlangt hat, ihm aufzugeben, dieselben binnen 24 Stunden zu verlassen. Sollte er der an ihn ergehenden Aufforderung nicht freiwillig Genüge leisten, so ist derselbe zwangsweise über die Gränze zu bringen."

Köln, den 11. Mai 1849.

Königl. Regierung.
Moeller

An den Königl. Polizeidirektor Herrn Geiger hier.

Proklamation an die Frauen.

Seit dem 1. Juni 1848, wo die »Neue Rheinische Zeitung« wie ein fremder Wunderstern drohend und prächtig über Ländern und Meeren heraufstieg und wo das Feuilleton wie ein humoristischer Kometenschweif hinterdrein flackerte, hat dieser Kometenschweif so unbeschreiblich viel geleistet, daß meine freundlichen Leserinnen weinend ihre holden Gesichter verhüllen werden, wenn sie die schreckliche Kunde vernehmen, daß auch dieser Kometenschweif in der augenblicklichen Götterdämmerung der Neuen Rheinischen Zeitung, dem Auge profaner Sterblicher entrückt wird, um vielleicht erst später wieder den Himmel mit seinem lustigen Zickzack zu durchschießen.

»Und scheint die Sonne noch so schön.
Am Ende muß sie untergehn.«

Ich habe mich von jeher an die Frauen gehalten; für Männer interessire ich mich selten.

An Euch, ihr schönen Frauen, wende ich mich daher mit diesem Abschiedsstrauß, in dem ich alle Rosen und Disteln meiner unerforschlichen Seele zusammenband. Die Rosen sind natürlich für Euch; die Disteln für Eure allenfallsigen Männer.

Treffliche Männer habt Ihr. Seht nur, was aus Euern Männern geworden ist! Aus jenen großen Staatsmännern, mit denen man nicht einmal mehr die kleinen Kinder bange macht; aus jenen berühmten Gelehrten, vor denen nicht einmal die tollen Hunde die Wasserschen bekommen; aus jenen gefeierten Bänkelsängern, die durch alle ihre patriotische Begeisterung nur zu einer rothen Nase gelangten, und aus jenen stillen Schwärmern Ur-Deutschlands, die gleich melancholischen Heidschnucken, mit verhängten Schwänzen, über die Lüneburgerheide der Gegenwart, der Sahara der Zukunft entgegenwedeln.

Es thut mir leid, Frau Regierungsräthin, daß Sie sich in Ihrem Herrn Gemahle so geirrt haben. Sie hielten ihn für einen Solon und da kommt er aus der Berliner Nationalversammlung nach Hause zurück und es findet sich, daß er ein rechter Gimpel ist. Ich bedaure dies, Frau Regierungsräthin. Trösten Sie Ihren Mann damit, daß er ein verkanntes Genie sei, aber vor allen Dingen: schaffen Sie sich diesen Menschen vom Halse — ja, ihr Frauen, gebt Euern Männern den Abschied, sie sind keinen Schuß Pulver werth. — — Wer mögte ein Kameel umarmen!

Wunderlich haben uns die Familienväter in den Berliner und Frankfurter Nationalversammlungen mitgespielt. Wärt Ihr Frauen am Ruder gewesen, wahrlich, Alles wäre anders geworden. Lachend hättet Ihr eure ambrosischen Locken geschüttelt und nach kurzen Debatten hättet Ihr irgend einen Adonis zum deutschen Kaiser gemacht und nach drei Tagen hättet Ihr ihn geköpft und aus seinem Blute wären blutrothe Rosen gewachsen, die Blumen der Liebe und der Republik!

Über das ganze Unheil ist nur deßhalb über Deutschland gekommen, weil man die deutsche Politik bisher für eine ernste, wichtige und nicht für eine Herzenssache hielt. Ihr Frauen seid dazu berufen, diesem Mißverständniß ein für allemal abzuhelfen.

Fragt nicht nach dem: Wie? Ihr wißt es selbst am besten. Laßt eure alten Männer laufen; nehmt neue Männer, revolutionäre Männer — voilà tout!

Wenn es vor vierzig oder fünf und vierzig Jahren hieß: »die Franzosen kommen!« da liefen alle jungen Mädchen und Frauen eilig an's Fenster und schoben die Gardinen bei Seite und schauten in die Straße hinaus, halb lüstern, halb verschämt, bis der Tambourmajor kam mit seinem großen Stock, und hinterdrein die lustigen, kleinen Kerle, die ohne Weiteres in die Stadt und in jedes Herz hineinmarschirten. — — Niemals hat es hübschere Kinder gegeben, als nach jenen gesegneten Feldzügen!

Heute heißt es nicht mehr: »die Franzosen kommen!« nein, »die Ungarn kommen!« und diese Ungarn sollt Ihr freundlich empfangen. Dies ist die Herzenssache der deutschen Politik. Die Ungarn sind die Franzosen des neunzehnten Jahrhunderts!

Früher lispelten die deutschen Mädchen im Momente des höchsten Glückes: »Du machst mich unglücklich!« Bald werden sie jubeln: »Du machst mich glücklich!« Denn die Ungarn werden sich in Deutsche verwandeln und die Deutschen in Ungarn und der Kuß der glücklichen Lippen wird durch Berge und Wälder brennen, bis die Schneefelder Sibiriens aufthauen, und die Kosacken darin ersaufen vom Don bis zum Dniester.

Von Anbeginn seid Ihr Frauen gescheidter gewesen als alle Schriftgelehrten und Pharisäer, aber von Anbeginn wart ihr auch leidenschaftlicher als alle Schriftgelehrten und Pharisäer.

So fahrt denn heraus mit Eurer flammenden Leidenschaft und ergreift Eure zahmen Männer bei ihren liederlichen Zöpfen und hängt sie als Vogelscheuchen wohin Ihr wollt — nur fort mit ihnen!

Die Guillotine wird uns retten und die Leidenschaft der Weiber.

Im Uebrigen empfehle ich mich Euch von ganzem Herzen. Die Nachtigallen singen in den Büschen, die Kugeln pfeifen und meine Proklamation ist zu Ende.

Georg Weerth.

35. 用红色油墨印刷的《新莱茵报》终刊号

我们不得不交出自己的堡垒，但我们退却时携带着自己的武器和行装，奏着军乐，高举着印成红色的最后一号报纸的飘扬旗帜。

——恩格斯

1849年5月16日，马克思接到普鲁士政府下达的驱逐令。恩格斯和《新莱茵报》其他编辑也面临被捕或被驱逐出境的危险。在反革命势力迫害下，《新莱茵报》被迫于5月19日停刊，并特意选用红色油墨印刷了终刊号。诗人弗莱里格拉特应马克思的请求写了一首诗作为《新莱茵报》的告别词。诗中写道：

> 别了，但不是永别，
> 他们消灭不了我们的精神，弟兄们！
> 当钟声一响，生命复临，
> 我将立即披甲返程！
> ……
> 我这个被放逐的叛乱者，
> 作为一个忠实于起义的人民的战友，
> 将在多瑙河畔和莱茵河边，
> 用言语和武器参加战斗！

《新莱茵报》终刊号上还发表了编辑部致科隆工人的告别信，信中写道：“《新莱茵报》的编辑们在向你们告别的时候，对你们给予他们的同情表示衷心的感谢。无论何时何地，他们的最后一句话将始终是：工人阶级的解放！”（35-36）

36. 1999年5月19日为纪念《新莱茵报》终刊号出版150周年在该报编辑部原址设置的纪念牌

《新莱茵报》停刊后，马克思和恩格斯到法兰克福、巴登、普法尔茨等地进行革命活动。6 月中旬，恩格斯加入巴登 - 普法尔茨的起义军，担任起义军领导人维利希的副官，参加了多次战斗，其中包括著名的拉施塔特会战。(37-41)

37. 巴登 - 普法尔茨起义军领导成员

约翰·菲力浦·贝克尔（1809—1886），德国工人运动和国际工人运动活动家，在巴登 - 普法尔茨起义时指挥巴登人民自卫团和志愿军。

古斯塔夫·冯·司徒卢威（1805—1870），德国小资产阶级民主主义者，1848 年巴登起义和 1849 年巴登 - 普法尔茨起义的领导人。

弗兰茨·济格尔（1824—1902），德国军官，小资产阶级民主主义者，1849 年巴登 - 普法尔茨起义军领导人。

豪普曼·格莱纳，拉施塔特革命要塞司令。

格奥尔格·伯宁（1788 前后—1849），德国军官，1849 年巴登 - 普法尔茨起义军领导人，起义失败后被判处死刑。

奥古斯特·维利希（1810—1878），原普鲁士军官，共产主义者同盟盟员，巴登 - 普法尔茨起义军领导人。

38. 巴登起义领导成员进入卡尔斯鲁厄
39. 拉施塔特要塞起义队伍
40. 1849 年 7 月 11 日巴登起义军撤退到瑞士

38

39

40

所有在战火中见过他的人，很久以后都还在谈论他那种非凡的镇静和漠视一切危险的气魄。
——爱琳娜·马克思

41. 在普法尔茨前线（油画） 杨红太

我在巴登某处听说马克思已在巴黎被捕。我们看不到任何报纸，因而什么也不知道。这件事情究竟是真是假，我根本无法断定。您可以理解，我为此多么焦急不安，我急切地恳求您消除我的不安，把有关马克思的命运的确实情况告诉我。……但愿我能确实知道马克思是自由的！

——恩格斯致燕妮·马克思（1849 年 7 月 25 日）

巴登-普法尔茨起义被镇压后，恩格斯来到瑞士洛桑，在那里写了《德国维护帝国宪法的运动》，以亲身参加者和目击者身份对 1848—1849 年德国革命作了生动翔实的科学总结，指出德国小资产阶级在当时和以后都不可能领导革命，只有无产阶级才能将革命进行到底。马克思此前已经到达巴黎，恩格斯在险象环生的动荡生活中时刻惦记着马克思的安危，千方百计地了解马克思一家在法国的情况。(42-43)

42. 恩格斯写的《德国维护帝国宪法的运动》一文
43. 1849 年 7 月 25 日，恩格斯从瑞士写信给在巴黎的燕妮·马克思，表达了他对马克思安危的关切，并讲述了他参加巴登-普法尔茨起义军的经历。

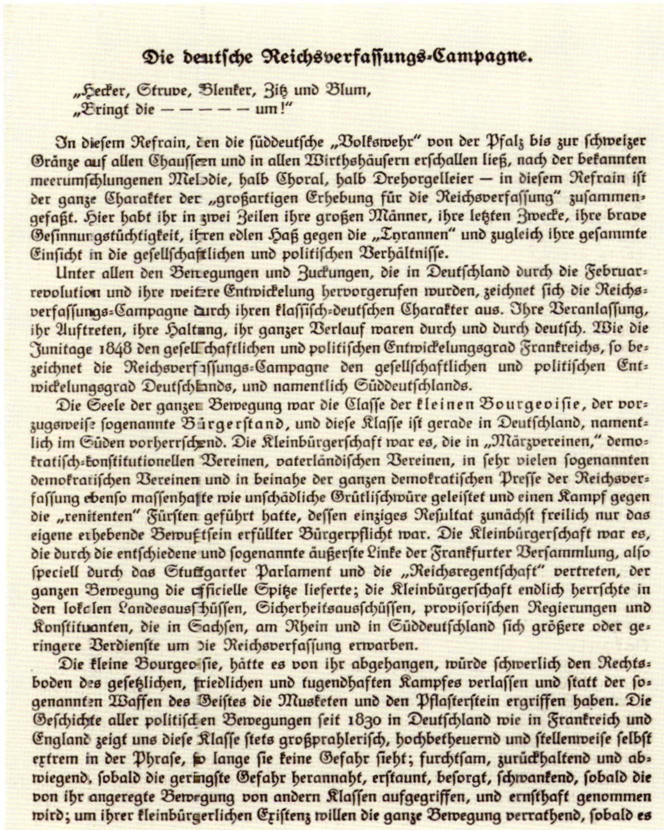

Die deutsche Reichsverfassungs-Campagne.

„Hecker, Struve, Blenker, Zitz und Blum,
„Bringt die — — — — — — um!"

In diesem Refrain, den die süddeutsche „Volkswehr" von der Pfalz bis zur schweizer Gränze auf allen Chausseen und in allen Wirthshäusern erschallen ließ, nach der bekannten meerumschlungenen Melodie, halb Choral, halb Drehorgelleier — in diesem Refrain ist der ganze Charakter der „großartigen Erhebung für die Reichsverfassung" zusammengefaßt. Hier habt ihr in zwei Zeilen ihre großen Männer, ihre letzten Zwecke, ihre brave Gesinnungstüchtigkeit, ihren edlen Haß gegen die „Tyrannen" und zugleich ihre gesammte Einsicht in die gesellschaftlichen und politischen Verhältnisse.

Unter allen den Bewegungen und Zuckungen, die in Deutschland durch die Februarrevolution und ihre weitere Entwickelung hervorgerufen wurden, zeichnet sich die Reichsverfassungs-Campagne durch ihren klassisch-deutschen Charakter aus. Ihre Veranlassung, ihr Auftreten, ihre Haltung, ihr ganzer Verlauf waren durch und durch deutsch. Wie die Junitage 1848 den gesellschaftlichen und politischen Entwickelungsgrad Frankreichs, so bezeichnet die Reichsverfassungs-Campagne den gesellschaftlichen und politischen Entwickelungsgrad Deutschlands, und namentlich Süddeutschlands.

Die Seele der ganzen Bewegung war die Classe der kleinen Bourgeoisie, der vorzugsweise sogenannte Bürgerstand, und diese Klasse ist gerade in Deutschland, namentlich im Süden vorherrschend. Die Kleinbürgerschaft war es, die in „Märzvereinen," demokratisch-konstitutionellen Vereinen, vaterländischen Vereinen, in sehr vielen sogenannten demokratischen Vereinen und in beinahe der ganzen demokratischen Presse der Reichsverfassung ebenso massenhafte wie unschädliche Grütlischwüre geleistet und einen Kampf gegen die „renitenten" Fürsten geführt hatte, dessen einziges Resultat zunächst freilich nur das eigene erhebende Bewußtsein erfüllter Bürgerpflicht war. Die Kleinbürgerschaft war es, die durch die entschiedene und sogenannte äußerste Linke der Frankfurter Versammlung, also speciell durch das Stuttgarter Parlament und die „Reichsregentschaft" vertreten, der ganzen Bewegung die officielle Spitze lieferte; die Kleinbürgerschaft endlich herrschte in den lokalen Landesausschüssen, Sicherheitsausschüssen, provisorischen Regierungen und Konstituanten, die in Sachsen, am Rhein und in Süddeutschland sich größere oder geringere Verdienste um die Reichsverfassung erwarben.

Die kleine Bourgeoisie, hätte es von ihr abgehangen, würde schwerlich den Rechtsboden des gesetzlichen, friedlichen und tugendhaften Kampfes verlassen und statt der sogenannten Waffen des Geistes die Musketen und den Pflasterstein ergriffen haben. Die Geschichte aller politischen Bewegungen seit 1830 in Deutschland wie in Frankreich und England zeigt uns diese Klasse stets großprahlerisch, hochbetheuernd und stellenweise selbst extrem in der Phrase, so lange sie keine Gefahr sieht; furchtsam, zurückhaltend und abwiegend, sobald die geringste Gefahr herannaht, erstaunt, besorgt, schwankend, sobald die von ihr angeregte Bewegung von andern Klassen aufgegriffen, und ernsthaft genommen wird; um ihrer kleinbürgerlichen Existenz willen die ganze Bewegung verrathend, sobald es

42

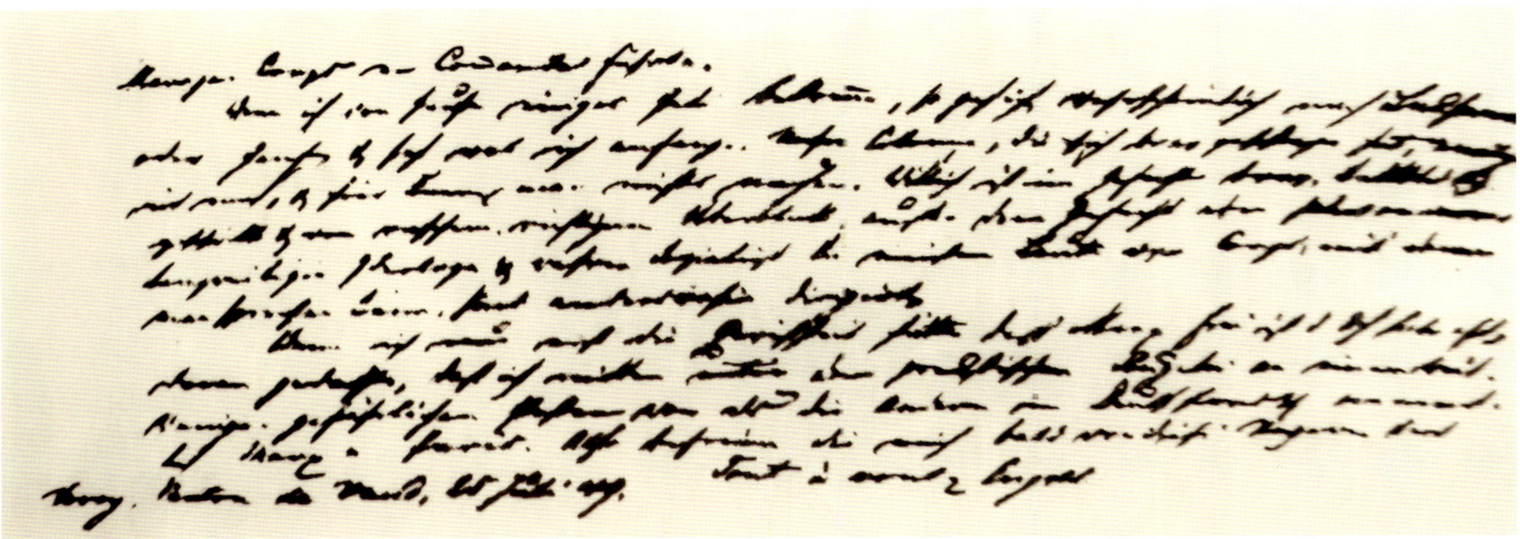

43

马克思到达巴黎后，一直为恩格斯在瑞士的安危而担忧。1849 年 7 月底，马克思接到恩格斯 7 月 25 日从瑞士寄出的信，感到十分欣喜，接连写了三封信向恩格斯通报情况。在 1849 年 8 月 23 日的信中，马克思告诉恩格斯，他已被法国政府驱逐，打算前往英国伦敦，并在那里创办德文杂志。马克思考虑到革命斗争的需要和恩格斯的安全，希望他立即前往伦敦。(44-45)

44. 马克思 1849 年 8 月 23 日给恩格斯的信

45. 瑞士当局为恩格斯签发的出境护照

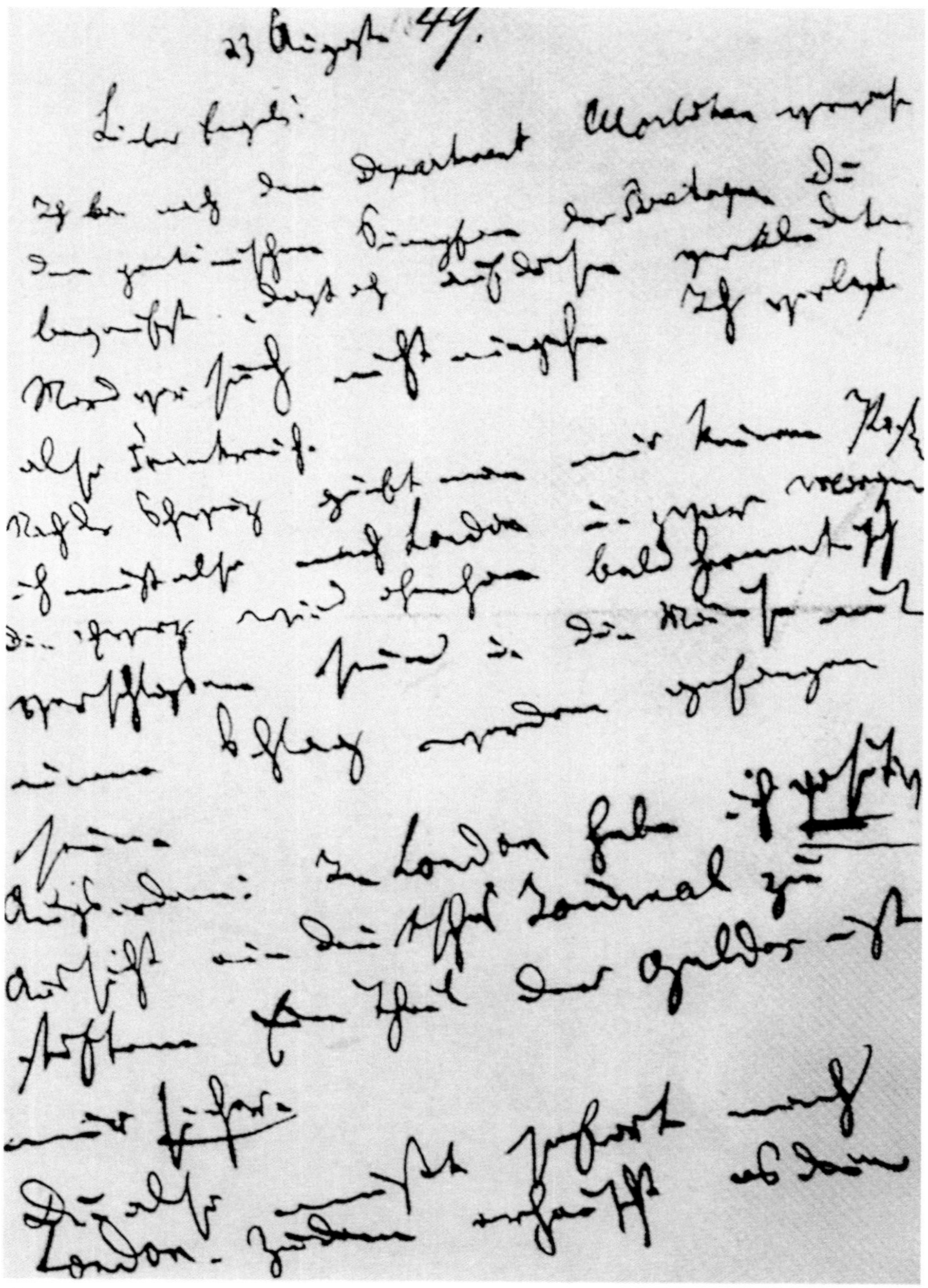

44

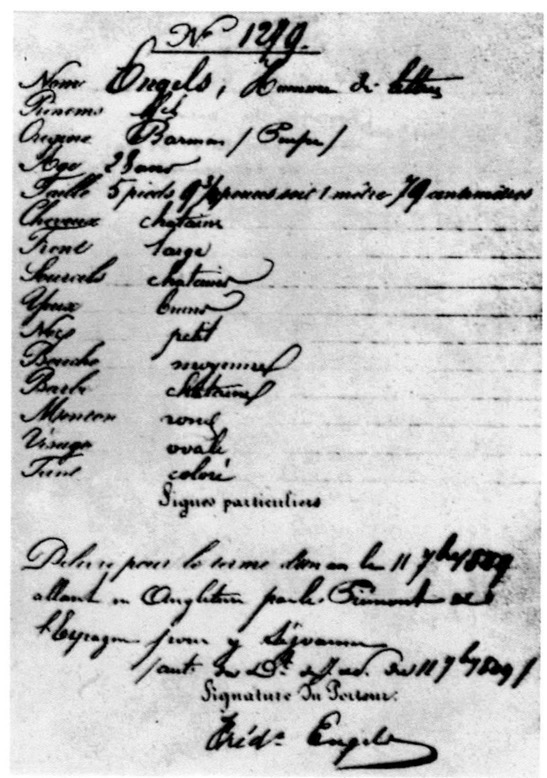

45

1849 年 10 月初，恩格斯离开瑞士，绕道意大利，从热那亚乘船，经过五个星期的航行，约于 11 月 10 日抵达英国伦敦。(46-43)

46. 赴伦敦途中（中国画） 甘正伦 王庆明

47. 恩格斯利用航行机会研究航海学，在旅行日记中记录了有关太阳的位置、风向、海岸等情况。图为他画的西班牙穆尔西亚等地的海岸轮廓。

48. 19 世纪中期的伦敦

47

48

恩格斯到达伦敦后，立即投入共产主义者同盟中央委员会的工作。1850 年初，马克思和恩格斯着手改组同盟。3 月和 6 月，他们共同起草了两篇《共产主义者同盟中央委员会告同盟书》，总结了欧洲革命的经验，制定了无产阶级在未来革命中的纲领和策略。(49-51)

49. 讨论《告同盟书》（油画） 毛凤德

对我们说来，问题不在于改变私有制，而只在于消灭私有制，不在于掩盖阶级对立，而在于消灭阶级，不在于改良现存社会，而在于建立新社会。

——马克思　恩格斯

50. 马克思和恩格斯起草的《共产主义者同盟中央委员会告同盟书。1850 年 3 月》
51. 马克思和恩格斯起草的《共产主义者同盟中央委员会告同盟书。1850 年 6 月》

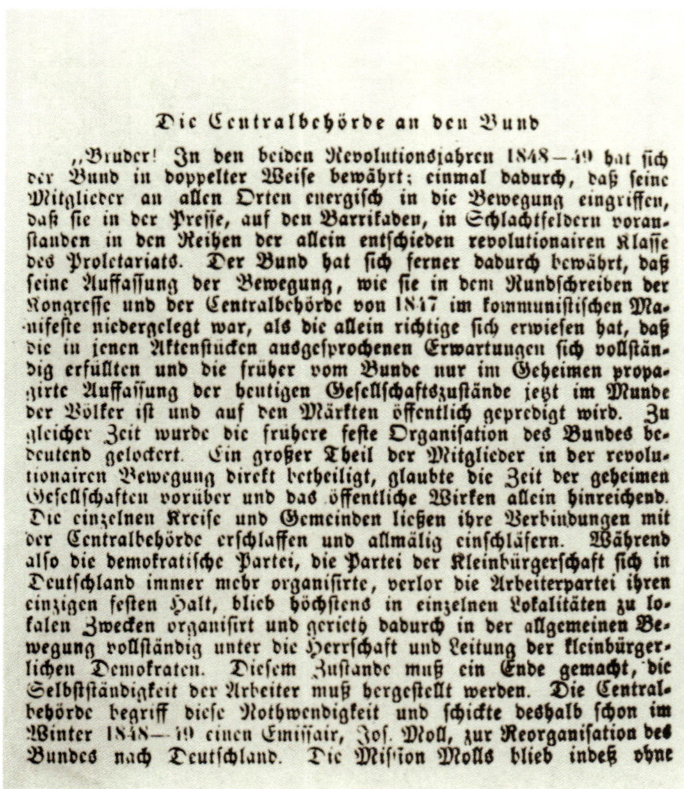

Die Centralbehörde an den Bund

„Bruder! In den beiden Revolutionsjahren 1848—49 hat sich der Bund in doppelter Weise bewährt; einmal dadurch, daß seine Mitglieder an allen Orten energisch in die Bewegung eingriffen, daß sie in der Presse, auf den Barrikaden, in Schlachtfeldern voranstanden in den Reihen der allein entschieden revolutionairen Klasse des Proletariats. Der Bund hat sich ferner dadurch bewährt, daß seine Auffassung der Bewegung, wie sie in dem Rundschreiben der Kongresse und der Centralbehörde von 1847 im kommunistischen Manifeste niedergelegt war, als die allein richtige sich erwiesen hat, daß die in jenen Aktenstücken ausgesprochenen Erwartungen sich vollständig erfüllten und die früher vom Bunde nur im Geheimen propagirte Auffassung der heutigen Gesellschaftszustände jetzt im Munde der Völker ist und auf den Märkten öffentlich gepredigt wird. Zu gleicher Zeit wurde die frühere feste Organisation des Bundes bedeutend gelockert. Ein großer Theil der Mitglieder in der revolutionairen Bewegung direkt betheiligt, glaubte die Zeit der geheimen Gesellschaften vorüber und das öffentliche Wirken allein hinreichend. Die einzelnen Kreise und Gemeinden ließen ihre Verbindungen mit der Centralbehörde erschlaffen und allmälig einschläfern. Während also die demokratische Partei, die Partei der Kleinbürgerschaft sich in Deutschland immer mehr organisirte, verlor die Arbeiterpartei ihren einzigen festen Halt, blieb höchstens in einzelnen Lokalitäten zu lokalen Zwecken organisirt und gerieth dadurch in der allgemeinen Bewegung vollständig unter die Herrschaft und Leitung der kleinbürgerlichen Demokraten. Diesem Zustande muß ein Ende gemacht, die Selbstständigkeit der Arbeiter muß hergestellt werden. Die Centralbehörde begriff diese Nothwendigkeit und schickte deshalb schon im Winter 1848—49 einen Emissair, Jos. Moll, zur Reorganisation des Bundes nach Deutschland. Die Mission Molls blieb indeß ohne

50

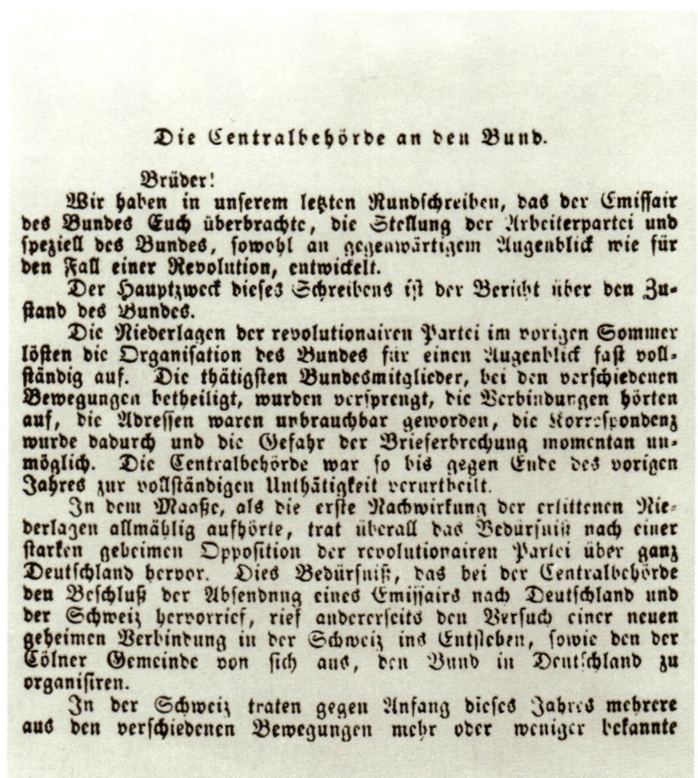

Die Centralbehörde an den Bund.

Brüder!

Wir haben in unserem letzten Rundschreiben, das der Emissair des Bundes Euch überbrachte, die Stellung der Arbeiterpartei und speziell des Bundes, sowohl an gegenwärtigem Augenblick wie für den Fall einer Revolution, entwickelt.

Der Hauptzweck dieses Schreibens ist der Bericht über den Zustand des Bundes.

Die Niederlagen der revolutionairen Partei im vorigen Sommer lösten die Organisation des Bundes für einen Augenblick fast vollständig auf. Die thätigsten Bundesmitglieder, bei den verschiedenen Bewegungen betheiligt, wurden versprengt, die Verbindungen hörten auf, die Adressen waren unbrauchbar geworden, die Korrespondenz wurde dadurch und die Gefahr der Brieferbrechung momentan unmöglich. Die Centralbehörde war so bis gegen Ende des vorigen Jahres zur vollständigen Unthätigkeit verurtheilt.

In dem Maaße, als die erste Nachwirkung der erlittenen Niederlagen allmählig aufhörte, trat überall das Bedürfniß nach einer starken geheimen Opposition der revolutionairen Partei über ganz Deutschland hervor. Dies Bedürfniß, das bei der Centralbehörde den Beschluß der Absendnng eines Emissairs nach Deutschland und der Schweiz hervorrief, rief andererseits den Versuch einer neuen geheimen Verbindung in der Schweiz ins Entsleben, sowie den der Cölner Gemeinde von sich aus, den Bund in Deutschland zu organisiren.

In der Schweiz traten gegen Anfang dieses Jahres mehrere aus den verschiedenen Bewegungen mehr oder weniger bekannte

51

1850 年，马克思和恩格斯在伦敦创办《新莱茵报。政治经济评论》。3—11 月，该杂志在汉堡印刷，共出六期。马克思和恩格斯在杂志上发表了一系列总结 1848—1849 年革命经验的著作，进一步丰富和发展了无产阶级革命理论。(52)

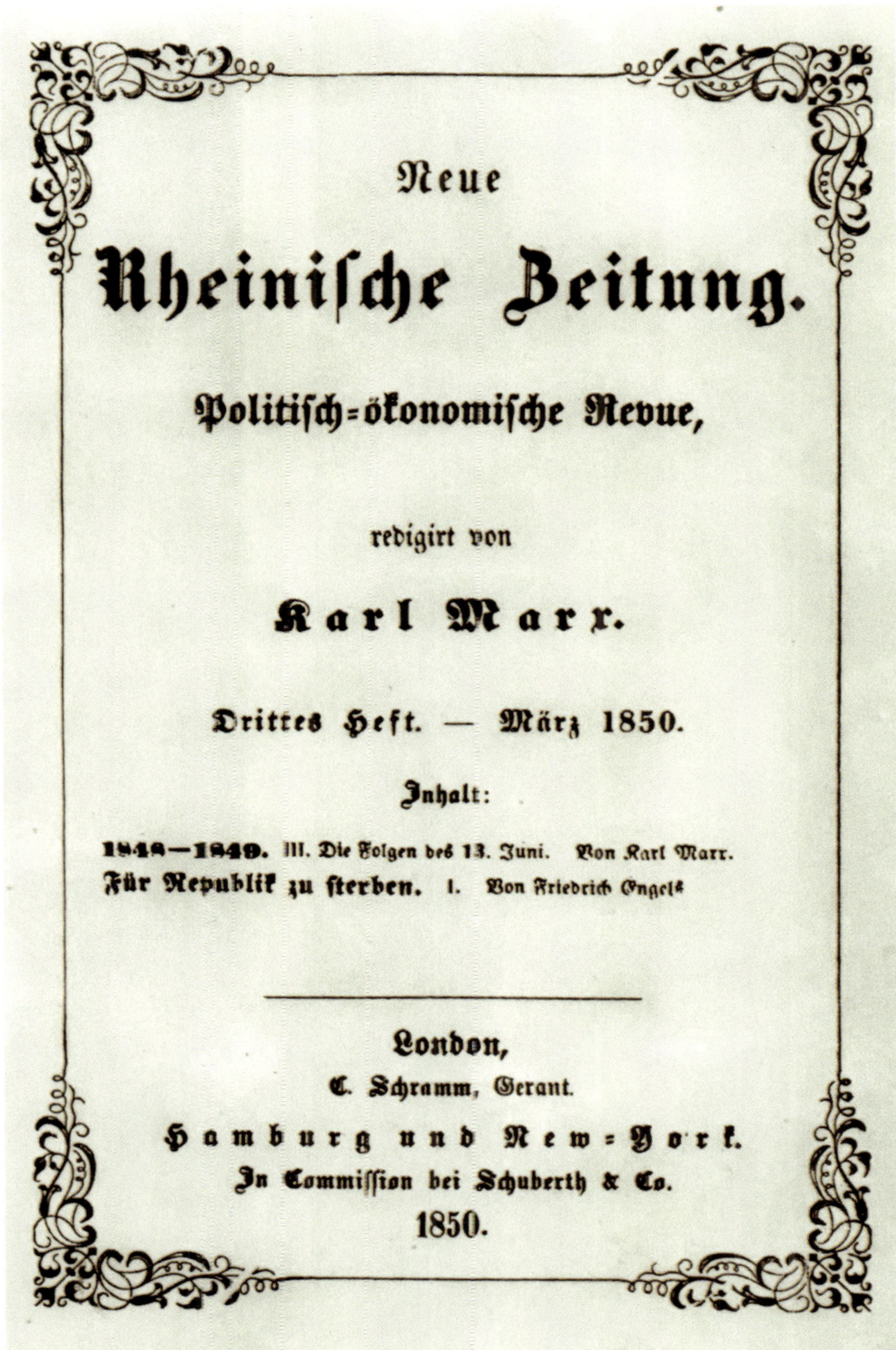

Neue

Rheinische Zeitung.

Politisch-ökonomische Revue,

redigirt von

Karl Marx.

Drittes Heft. — März 1850.

Inhalt:

1848—1849. III. Die Folgen des 13. Juni. Von Karl Marx.
Für Republik zu sterben. I. Von Friedrich Engels

London,
C. Schramm, Gerant.
Hamburg und New-York.
In Commission bei Schuberth & Co.
1850.

52.《新莱茵报。政治经济评论》第 3 期，载有恩格斯《德国维护帝国宪法的运动》一文的第四部分《为共和国捐躯》。

《新莱茵报。政治经济评论》第 5—6 期合刊发表了恩格斯的《德国农民战争》。这是恩格斯总结德国革命经验的重要史学著作。在这部著作中，恩格斯分析了 16 世纪上半叶德国农民战争的性质、根源和重要历史作用，强调工人阶级在现实斗争中必须高度重视和发挥农民的革命积极性。恩格斯还把历史上的农民革命同德国 1848—1849 年革命进行比较，总结了这两次革命失败的原因及其主要经验教训。（53-55）

53. 恩格斯的《德国农民战争》

54. 16 世纪的德国农民战争

55. 1848 年 4 月瓦尔登堡的农民起义

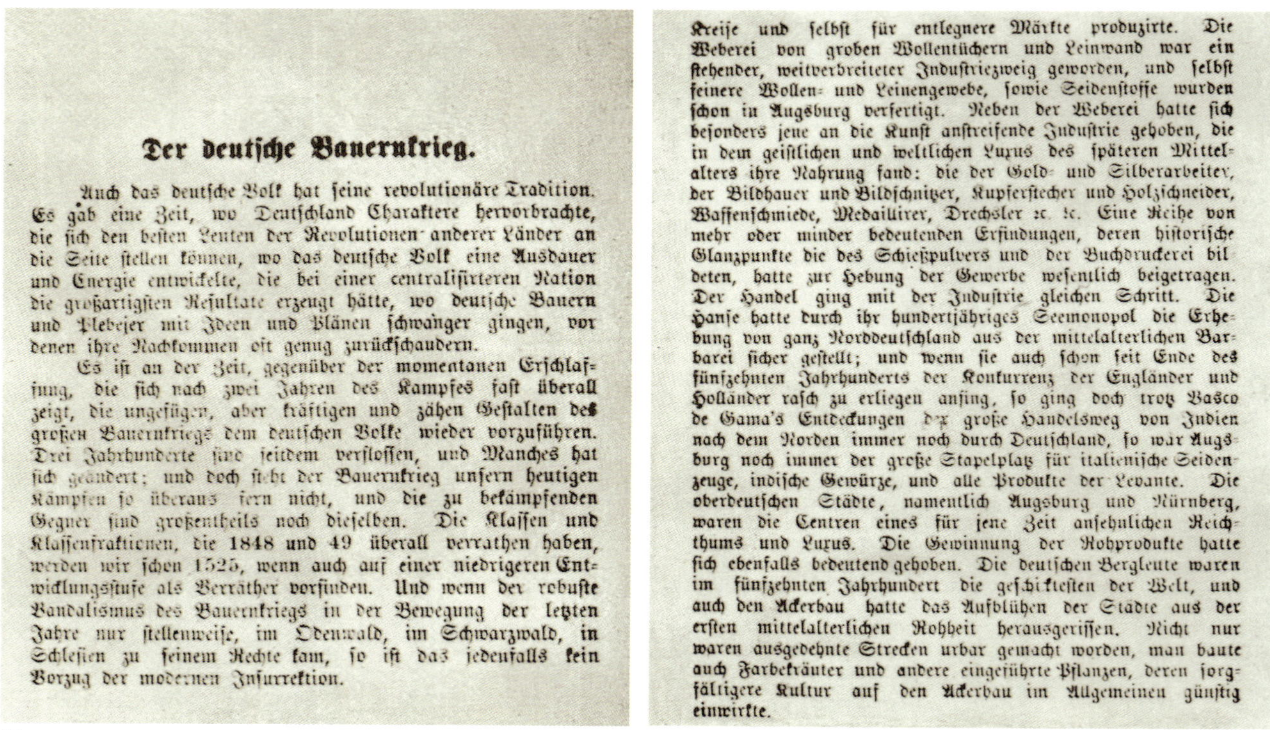

Der deutsche Bauernkrieg.

Auch das deutsche Volk hat seine revolutionäre Tradition. Es gab eine Zeit, wo Deutschland Charaktere hervorbrachte, die sich den besten Leuten der Revolutionen anderer Länder an die Seite stellen können, wo das deutsche Volk eine Ausdauer und Energie entwickelte, die bei einer centralisirteren Nation die großartigsten Resultate erzeugt hätte, wo deutsche Bauern und Plebejer mit Ideen und Plänen schwanger gingen, vor denen ihre Nachkommen oft genug zurückschaudern.

Es ist an der Zeit, gegenüber der momentanen Erschlaffung, die sich nach zwei Jahren des Kampfes fast überall zeigt, die ungefügen, aber kräftigen und zähen Gestalten des großen Bauernkriegs dem deutschen Volke wieder vorzuführen. Drei Jahrhunderte sind seitdem verflossen, und Manches hat sich geändert; und doch steht der Bauernkrieg unsern heutigen Kämpfen so überaus fern nicht, und die zu bekämpfenden Gegner sind großentheils noch dieselben. Die Klassen und Klassenfraktionen, die 1848 und 49 überall verrathen haben, werden wir schon 1525, wenn auch auf einer niedrigeren Entwicklungsstufe als Verräther vorfinden. Und wenn der robuste Vandalismus des Bauernkriegs in der Bewegung der letzten Jahre nur stellenweise, im Odenwald, im Schwarzwald, in Schlesien zu seinem Rechte kam, so ist das jedenfalls kein Vorzug der modernen Insurrektion.

Kreise und selbst für entlegnere Märkte produzirte. Die Weberei von groben Wollentüchern und Leinwand war ein stehender, weitverbreiteter Industriezweig geworden, und selbst feinere Wollen- und Leinengewebe, sowie Seidenstoffe wurden schon in Augsburg verfertigt. Neben der Weberei hatte sich besonders jene an die Kunst anstreifende Industrie gehoben, die in dem geistlichen und weltlichen Luxus des späteren Mittelalters ihre Nahrung fand: die der Gold- und Silberarbeiter, der Bildhauer und Bildschnitzer, Kupferstecher und Holzschneider, Waffenschmiede, Medaillirer, Drechsler &c. &c. Eine Reihe von mehr oder minder bedeutenden Erfindungen, deren historische Glanzpunkte die des Schießpulvers und der Buchdruckerei bildeten, hatte zur Hebung der Gewerbe wesentlich beigetragen. Der Handel ging mit der Industrie gleichen Schritt. Die Hanse hatte durch ihr hundertjähriges Seemonopol die Erhebung von ganz Norddeutschland aus der mittelalterlichen Barbarei sicher gestellt; und wenn sie auch schon seit Ende des fünfzehnten Jahrhunderts der Konkurrenz der Engländer und Holländer rasch zu erliegen anfing, so ging doch trotz Vasco de Gama's Entdeckungen der große Handelsweg von Indien nach dem Norden immer noch durch Deutschland, so war Augsburg noch immer der große Stapelplatz für italienische Seidenzeuge, indische Gewürze, und alle Produkte der Levante. Die oberdeutschen Städte, namentlich Augsburg und Nürnberg, waren die Centren eines für jene Zeit ansehnlichen Reichthums und Luxus. Die Gewinnung der Rohprodukte hatte sich ebenfalls bedeutend gehoben. Die deutschen Bergleute waren im fünfzehnten Jahrhundert die geschicktesten der Welt, und auch den Ackerbau hatte das Aufblühen der Städte aus der ersten mittelalterlichen Rohheit herausgerissen. Nicht nur waren ausgedehnte Strecken urbar gemacht worden, man baute auch Farbekräuter und andere eingeführte Pflanzen, deren sorgfältigere Kultur auf den Ackerbau im Allgemeinen günstig einwirkte.

53

54

55

恩格斯在伦敦期间积极参加德意志工人教育协会、社会民主主义德国流亡者救济委员会的活动，为宪章派刊物撰稿，经常出席民主派兄弟协会组织的集会。(56-58)

56. 伦敦德意志工人教育协会会议大厅
57. 伦敦德意志工人教育协会会址
58. 宪章派杂志《民主评论》

56

57

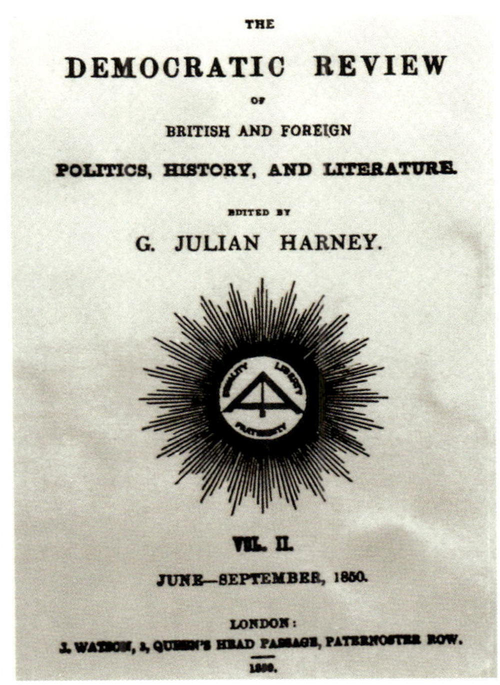

THE
DEMOCRATIC REVIEW
OF
BRITISH AND FOREIGN
POLITICS, HISTORY, AND LITERATURE.
EDITED BY
G. JULIAN HARNEY.

VOL. II.
JUNE—SEPTEMBER, 1850.
LONDON:
J. WATSON, 3, QUEEN'S HEAD PASSAGE, PATERNOSTER ROW.
1850.

58

59

1850 年夏，共产主义者同盟内部形成了以维利希和沙佩尔为首的宗派集团。他们不顾革命处于低潮时期这一实际情况，提出要在德国立即发动革命，夺取政权。马克思和恩格斯坚决反对这种冒险主义行动，认为这是一种脱离实际的宗派策略。在 1850 年 9 月 15 日同盟中央委员会非常会议上，以马克思和恩格斯为代表的多数派同以维利希、沙佩尔为首的少数派进行了坚决斗争。为了防止少数派攫取权力，根据马克思的提议，会议决定把中央委员会迁往科隆。(59-61)

59. 同维利希—沙佩尔集团作斗争 （工笔画） 杨刚
60. 奥古斯特·维利希（1810—1878），原普鲁士军官，共产主义者同盟盟员，1849 年德国维护帝国宪法运动时期起义军的指挥官。
61. 卡尔·沙佩尔（1812—1870），德国工人运动和国际工人运动活动家，伦敦德意志工人教育协会创建人之一。

60

61

如果不是恩格斯牺牲自己而不断给予资助，马克思不但无法写成《资本论》，而且势必会死于贫困。

——列　宁

02

03

恩格斯最初在曼彻斯特欧门—恩格斯公司担任办事员、襄理，1864 年以后成为公司股东。(**04-08**)

04. 欧门—恩格斯公司的棉纺厂
05. 恩格斯摘录的欧门—恩格斯公司账目
06. 1862 年恩格斯与公司签订的合同
07. 欧门—恩格斯公司的股东哥特弗里德·欧门
08. 1864 年恩格斯与公司签订的合同的第 1 页和最后一页

04

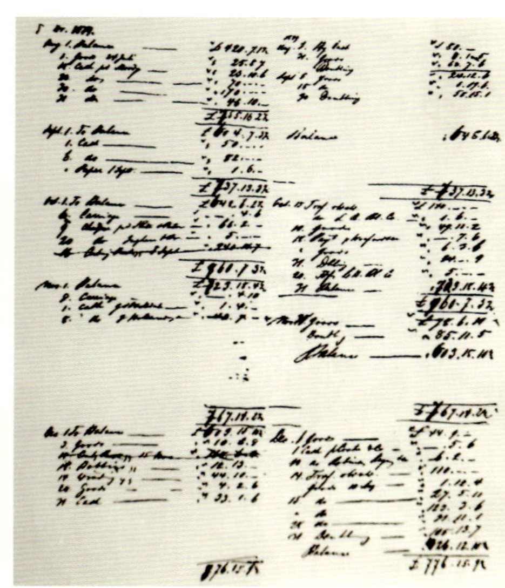
05

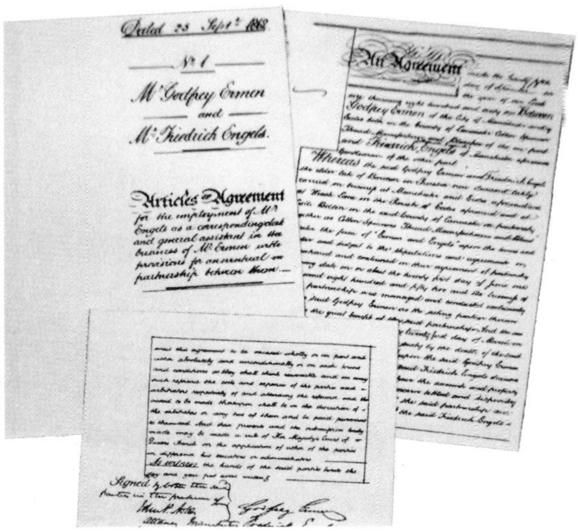

06

07

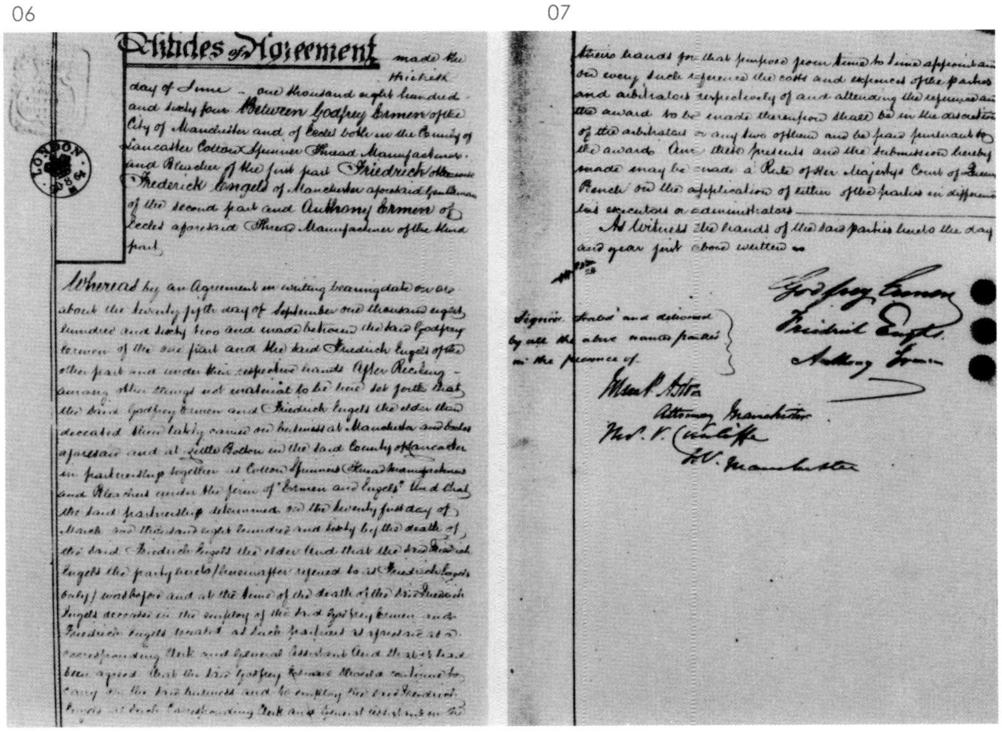

Articles of Agreement made the thirtieth day of June one thousand eight hundred and sixty four Between Godfrey Ermen of the City of Manchester and of Eccles both in the County of Lancaster Cotton Spinner Thread Manufacturer and Bleacher of the first part Friedrich otherwise Frederick Engels of Manchester aforesaid Gentleman of the second part and Anthony Ermen of Eccles aforesaid Thread Manufacturer of the third part

Whereas by an Agreement in writing bearing date on or about the twenty fifth day of September one thousand eight hundred and sixty two ...

As witness the hands of the said parties hereto the day and year first above written

Godfrey Ermen
Friedrich Engels
Anthony Ermen

08

恩格斯作为公司职员，不得不整天同账本和资本家打交道，忍受这种“埃及的幽囚”般的生活。只有在晚间和休息日，他才能回到妻子玛丽身边，享受家庭的温暖，并与来访的革命同志商讨工作。(09)

09. “埃及的幽囚”（油画） 李新 张红年

恩格斯和马克思在将近20年的时间内分住两地，但是他们始终保持着极其密切的联系，几乎每天都有书信往还。（10-16）

10. 马克思（1866年）
11. 恩格斯（19世纪60年代中期）

10

11

我童年时代最初的记忆之一就是曼彻斯特的来信。马克思和恩格斯差不多每天都有书信往还，记得摩尔常常拿着信自言自语，好像写信的人就在面前似的：“嗯，不对，反正情况不是这样……”“在这一点上你对了！”等等。但是特别使我忘不了的是：有时摩尔读着恩格斯的来信，笑得眼泪都流了出来。

——爱琳娜 · 马克思

12. 马克思 1856 年 4 月 16 日给恩格斯的信，信中谈到马克思应邀出席英国宪章派报纸《人民报》创刊四周年宴会并发表演说。
13. 恩格斯在 1857 年 11 月 16 日给马克思的信中所附的奥尔良棉花价格变动表
14. 马克思 1858 年 4 月 29 日给恩格斯的信，信中谈到了他因肝病发作不能写作等情况，以及对俄国农奴解放运动的评价。
15. 恩格斯 1863 年 5 月 20 日给马克思的信，信中表达了因得不到马克思的消息而产生的不安心情，还谈到了他学习塞尔维亚语的情况。

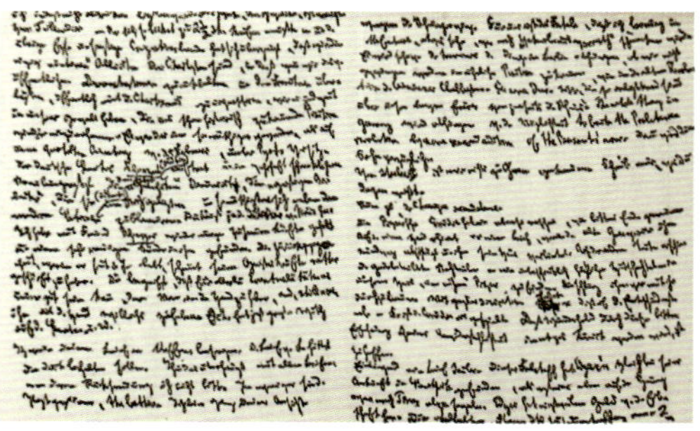

12

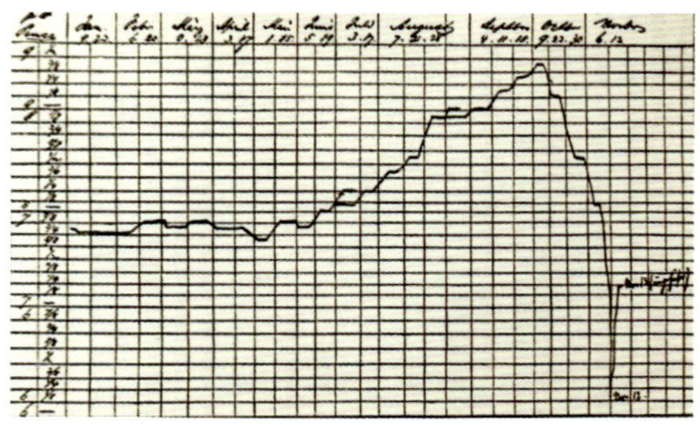

13

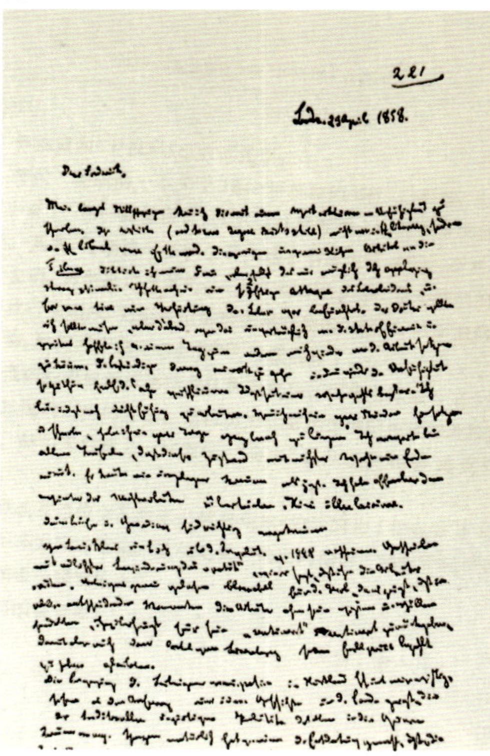

14

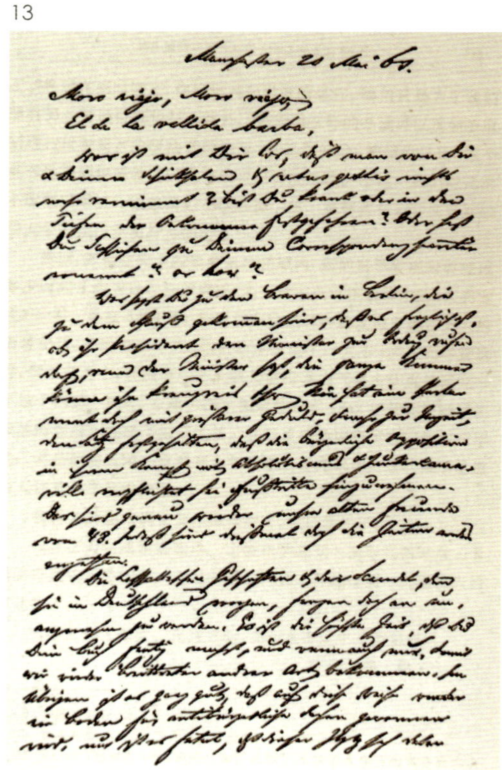

15

16. 伟大的友谊（中国画） 鸥洋 杨之光

没有你，我永远不能完成这部著作。坦白地向你说，我的良心经常像被梦魇压着一样感到沉重，因为你主要是为了我才把你的卓越才能浪费在经商上面，使之荒废，而且还要分担我的一切琐碎的苦恼。

——马克思

《资本论》在大陆上常常被称为“工人阶级的圣经”。任何一个熟悉工人运动的人都不会否认：本书所作的结论日益成为伟大的工人阶级运动的基本原则。

——恩格斯

恩格斯为了使马克思能够完成《资本论》的写作，不仅在经济上给予大力支持，而且在理论研究上也经常提供帮助。马克思在遇到理论难题时，经常同恩格斯交换意见。马克思对恩格斯的帮助怀有无限感激之情。

《资本论》问世后，资产阶级学术界和舆论界以沉默来抵制这部著作。为了冲破这种沉默，恩格斯在报刊上发表了一系列书评，广泛宣传《资本论》。（17-18）

17. 向恩格斯报捷——《资本论》第 1 卷完成（油画）　何孔德
18. 1868 年 3 月 21 日《民主周报》上刊载的恩格斯为《资本论》第 1 卷写的书评

Demokratisches Wochenblatt.

Organ der deutschen Volkspartei.

No. 12. Leipzig, den 21. März 1868.

Das Blatt erscheint jeden Sonnabend. Abonnementspreis vierteljährlich bei allen deutschen Postanstalten sowie hier am Platze einschließlich Bringerlohn 12½ Ngr.; einzelne Nummern 1 Ngr. Abonnements für Leipzig nehmen entgegen die Herren R. Dolge am Markt, C. Reichert Hainstraße 27, G. Hofmann Brühl 40, C. Oehler Neumarkt 6, G. Richter Petersteinweg 7, Leipziger Consumverein Universitätsstraße und die Expedition d. Blattes C. W. Vollrath Windmühlenstr. 14. Für Dresden Filialexpedition F. W. Grellmann Wallstraße 10.

Mit Nr. 13 schließt das erste Quartal unseres Wochenblattes, un[…] die Bestellungen auf das neue Quartal rechtzeitig zu bewirken, damit di[…] brechung erleide.

Inhalt: Politische Uebersicht. — Zur Bergarbeiterfrage. — Ein Rechenexempel. — Zur Charakteristik der gegenwärtigen Theuerung u. Geschäftsstockung. — Die Wiederherstellung Polens. — „Das Kapital" von Marx — Aus England. — Vermischtes. — Beilage: Wahlversammlung in Mainz und Darmstadt.

Politische Uebersicht.

Noch immer die Reise des feisten Plonplon! Wo er jetzt ist, wissen wir nicht und es interessirt uns nicht; wo er noch hin will, wissen wir nicht und es interessirt uns nicht; was er in Berlin gewollt hat, wissen wir nicht und es interessirt uns nicht. Wenn die inneren Verhältnisse Frankreichs der Art sind, daß sie eine Ableitung der Volksleidenschaften für die Dynastie der Napoleoniden zur Nothwendigkeit machen, dann werden wir Krieg bekommen, ob der „Rothe Prinz" sich deutsche Kasernen und deutsche Schlösser betrachtet hat oder nicht. Was wir aber wissen und was uns interessant ist: daß die Wichtigkeit, welche der Reise Plonplon's von der deutschen Presse und dem deutschen Publikum beigelegt wird, das Bewußtsein unserer hülflosen Abhängigkeit von dem Ausland enthüllt.

„Das Kapital" von Marx*).

I.

19 世纪 50—60 年代，恩格斯为了让马克思专心从事政治经济学研究，大力协助马克思为美国《纽约每日论坛报》撰稿，以马克思名义在该报发表的文章有很多出自恩格斯之手。恩格斯总结 1848—1849 年革命经验的重要著作《德国的革命和反革命》就是以马克思名义发表的。他在这部著作中用唯物史观分析了德国革命的起因、性质和失败原因，论述了无产阶级领导权和工农联盟问题，阐明了无产阶级革命斗争的策略原则。恩格斯还为其他报刊积极撰稿。（19-21）

19. 19 世纪 50—60 年代恩格斯为之撰稿的几种报纸

20. 1851 年 10 月 25 日《纽约每日论坛报》发表的《德国的革命和反革命》

21. 燕妮・马克思关于向报刊寄送马克思和恩格斯文章的记载

New-York Tribune.

NEW-YORK, MONDAY, FEBRUARY 1, 1858.

PRICE TWO CENTS.

Neue Oder-Zeitung.

Abonnements-Einladung.

The Free Press.

Vol. III.

SATURDAY, AUGUST 23, 1856.

PRICE ONE PENNY.

Allgemeine Militär-Zeitung.

Herausgegeben von einer Gesellschaft deutscher Offiziere und Militärbeamten.

Neununddreißigster Jahrgang.

Das Volk.

Expedition: 3. Litchfield Street, Soho.

Die Presse.

Abendblatt

Wien, Donnerstag den 3. Juli 1862.

15. Jahrgang.

19

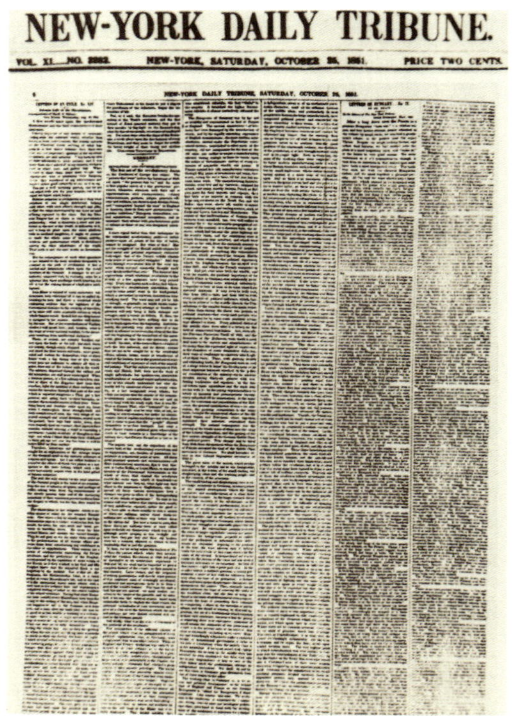

NEW-YORK DAILY TRIBUNE.

PRICE TWO CENTS.

20

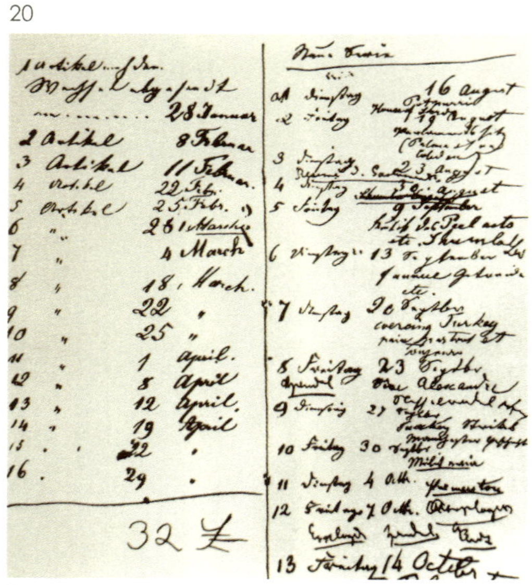

32 £

21

22

19 世纪 50 年代初期，恩格斯积极支持英国宪章派左翼领袖琼斯等人开展反对妥协倾向的斗争。在曼彻斯特的最初几年，恩格斯除继续为革命宪章派刊物撰稿外，还参加了建立宪章派左翼地方组织的工作。(22-23)

22. 恩格斯出席 1851 年 1 月 5 日宪章派曼彻斯特委员会组织的公开集会，支持琼斯同妥协派进行斗争 （油画） 李骏
23. 厄内斯特·查理·琼斯（1819—1869），英国宪章派左翼领袖，马克思和恩格斯的朋友。

23

1852年10月，普鲁士政府以所谓“图谋叛国”罪对科隆共产主义者同盟的一些成员进行审讯。马克思、恩格斯、弗莱里格拉特和沃尔弗于10月28日发表声明驳斥英国《泰晤士报》和《每日新闻》对科隆共产党人的诬蔑。(24-26)

24. 马克思、恩格斯等人写的题为《科隆案件》的声明
25. 刊登马克思、恩格斯等人声明的部分英国报刊的报头
26. 1852—1853年普鲁士警察局档案中的马克思案卷和恩格斯案卷

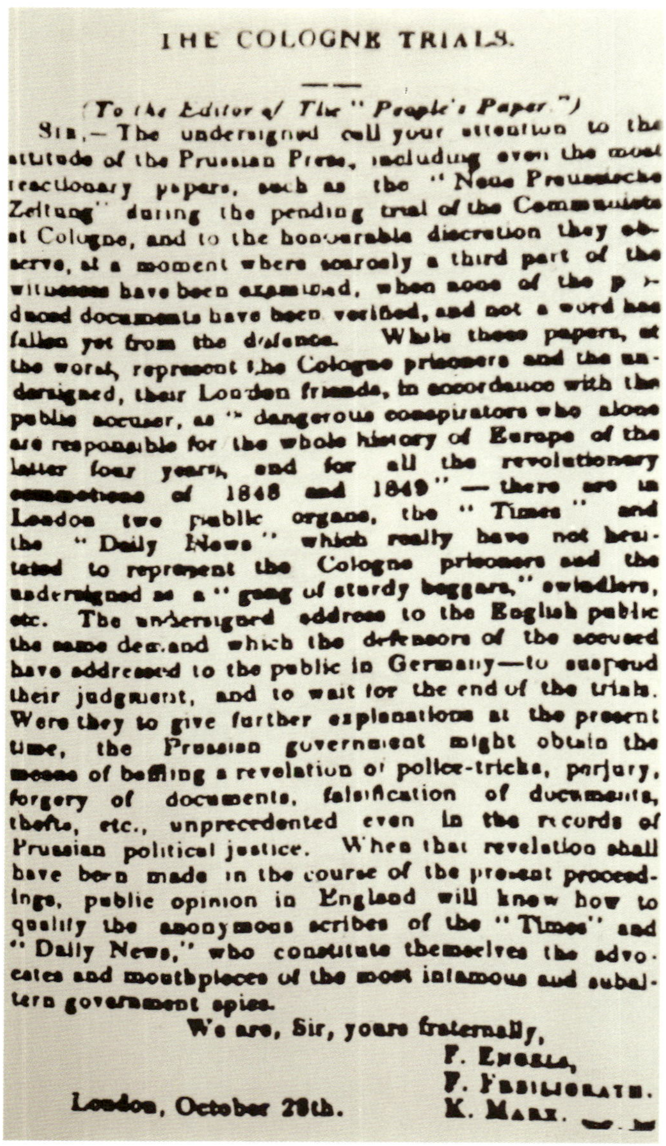

THE COLOGNE TRIALS.

(To the Editor of The "People's Paper.")

SIR,—The undersigned call your attention to the attitude of the Prussian Press, including even the most reactionary papers, such as the "Neue Preussische Zeitung" during the pending trial of the Communists at Cologne, and to the honourable discretion they observe, at a moment where scarcely a third part of the witnesses have been examined, when none of the produced documents have been verified, and not a word has fallen yet from the defence. While these papers, at the worst, represent the Cologne prisoners and the undersigned, their London friends, in accordance with the public accuser, as "dangerous conspirators who alone are responsible for the whole history of Europe of the latter four years, and for all the revolutionary commotions of 1848 and 1849"—there are in London two public organs, the "Times" and the "Daily News" which really have not hesitated to represent the Cologne prisoners and the undersigned as a "gang of sturdy beggars," swindlers, etc. The undersigned address to the English public the same demand which the defensors of the accused have addressed to the public in Germany—to suspend their judgment, and to wait for the end of the trials. Were they to give further explanations at the present time, the Prussian government might obtain the means of baffling a revelation of police-tricks, perjury, forgery of documents, falsification of documents, thefts, etc., unprecedented even in the records of Prussian political justice. When that revelation shall have been made in the course of the present proceedings, public opinion in England will know how to qualify the anonymous scribes of the "Times" and "Daily News," who constitute themselves the advocates and mouthpieces of the most infamous and subaltern government spies.

We are, Sir, yours fraternally,

F. ENGELS,
F. FREILIGRATH,
K. MARX.

London, October 28th.

24

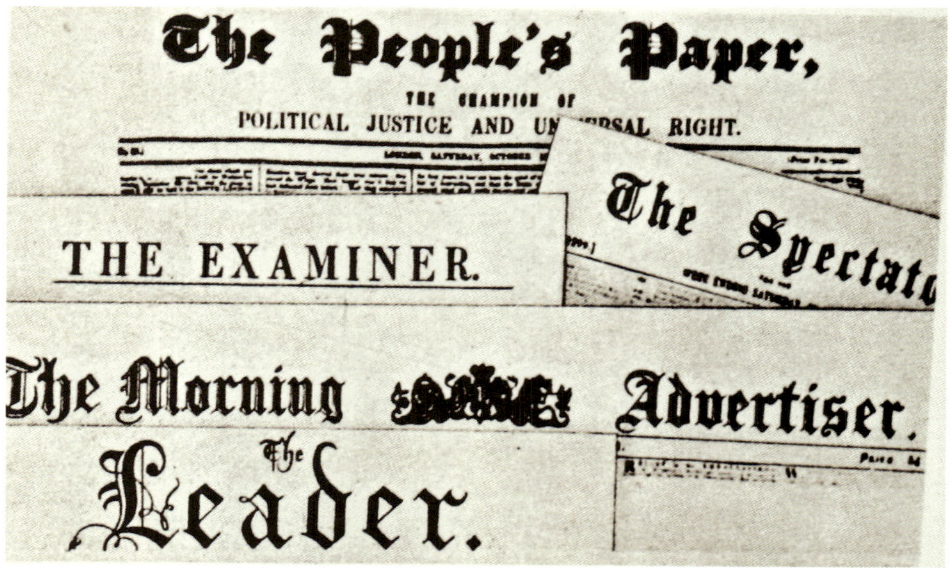

25

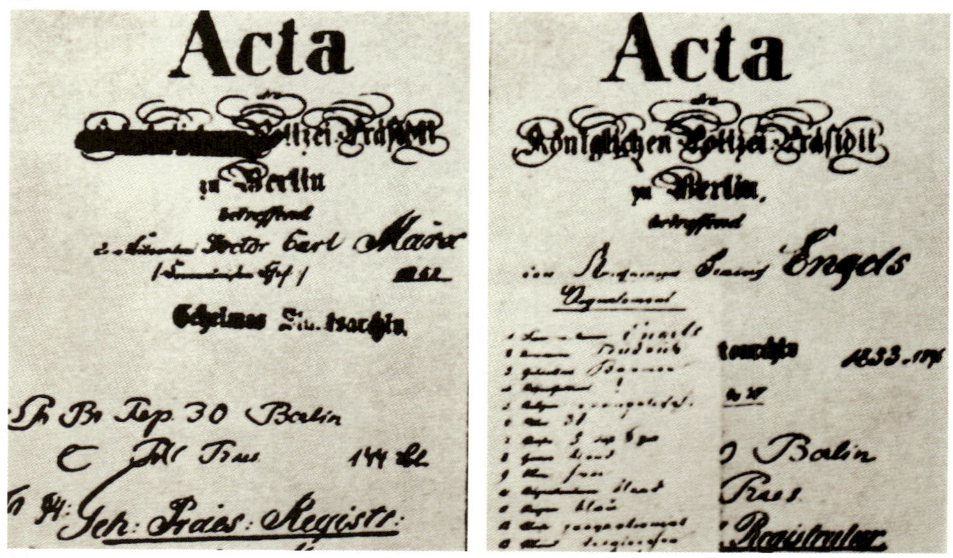

26

1857 年 7 月，恩格斯到海滨疗养。马克思于 10 月初专程前往泽西岛圣赫利尔探望恩格斯，并同恩格斯一起去看望正在患病的老战友康拉德 · 施拉姆。(27-28)

27. 探望亲密战友 （中国画） 谢志高
28. 康拉德 · 施拉姆（1822—1858），德国新闻工作者，共产主义者同盟盟员，《新莱茵报。政治经济评论》的发行负责人。

27

28

恩格斯一贯同情东方被压迫民族的民族解放运动，支持中国人民反抗外国侵略者的斗争。19 世纪 50 年代，他先后发表三篇文章，谴责英国发动第二次鸦片战争，赞颂中国人民反抗列强侵略、争取民族生存的斗争，并预言：“过不了多少年，我们就会亲眼看到世界上最古老的帝国的垂死挣扎，看到整个亚洲新纪元的曙光。”（29-30）

29. 1857 年 6 月 5 日《纽约每日论坛报》发表的恩格斯的《波斯和中国》一文

30. 第二次鸦片战争

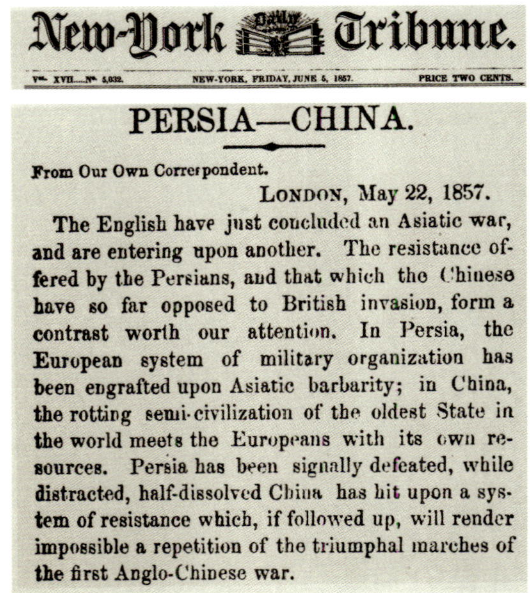

New-York Daily Tribune.

PRICE TWO CENTS.

NEW-YORK, FRIDAY, JUNE 5, 1857.

PERSIA—CHINA.

From Our Own Correspondent.

LONDON, May 22, 1857.

The English have just concluded an Asiatic war, and are entering upon another. The resistance offered by the Persians, and that which the Chinese have so far opposed to British invasion, form a contrast worth our attention. In Persia, the European system of military organization has been engrafted upon Asiatic barbarity; in China, the rotting semi-civilization of the oldest State in the world meets the Europeans with its own resources. Persia has been signally defeated, while distracted, half-dissolved China has hit upon a system of resistance which, if followed up, will render impossible a repetition of the triumphal marches of the first Anglo-Chinese war.

29

30

1857 年印度爆发了反抗英国统治的起义。马克思和恩格斯发表了一系列文章分析起义发生和失败的原因，论述起义的性质和意义。(31-32)

31. 1857 年 12 月 5 日《纽约每日论坛报》发表的恩格斯的《德里的攻占》一文
32. 英军镇压印度起义

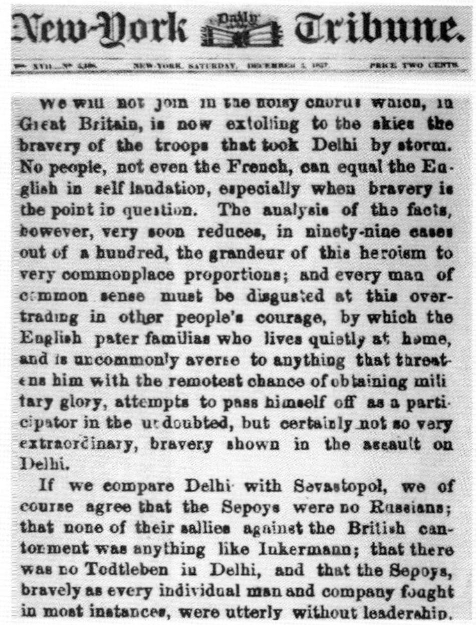

New-York Daily Tribune.

We will not join in the noisy chorus which, in Great Britain, is now extolling to the skies the bravery of the troops that took Delhi by storm. No people, not even the French, can equal the English in self laudation, especially when bravery is the point in question. The analysis of the facts, however, very soon reduces, in ninety-nine cases out of a hundred, the grandeur of this heroism to very commonplace proportions; and every man of common sense must be disgusted at this over-trading in other people's courage, by which the English pater familias who lives quietly at home, and is uncommonly averse to anything that threatens him with the remotest chance of obtaining military glory, attempts to pass himself off as a participator in the undoubted, but certainly not so very extraordinary, bravery shown in the assault on Delhi.

If we compare Delhi with Sevastopol, we of course agree that the Sepoys were no Russians; that none of their sallies against the British cantonment was anything like Inkermann; that there was no Todtleben in Delhi, and that the Sepoys, bravely as every individual man and company fought in most instances, were utterly without leadership.

31

19世纪50年代末60年代初，欧洲资产阶级民主主义运动和民族解放运动重新兴起。恩格斯先后发表了《波河与莱茵河》和《萨瓦、尼斯与莱茵》两篇文章，他运用渊博的军事、历史和语言知识，揭露和批判了欧洲各国统治集团的侵略行为和掠夺政策，阐明了无产阶级政党对德国统一和意大利统一问题的立场。(33-35)

33. 《波河与莱茵河》扉页
34. 《萨瓦、尼斯与莱茵》扉页
35. 1860 年加里波第在马尔萨拉登陆

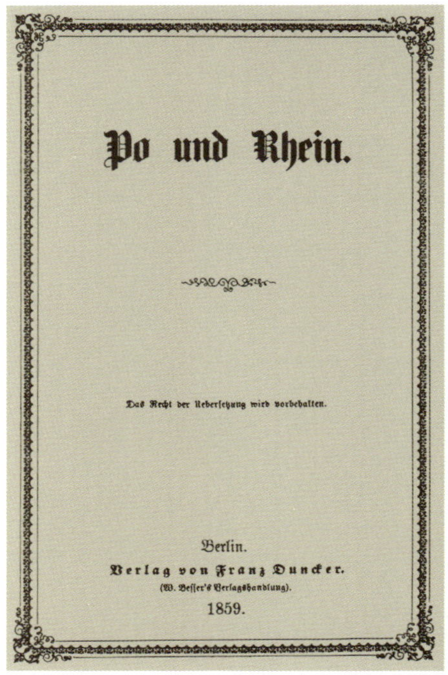

Po und Rhein.

Das Recht der Uebersetzung wird vorbehalten.

Berlin.
Verlag von Franz Duncker.
(W. Besser's Verlagshandlung).
1859.

33

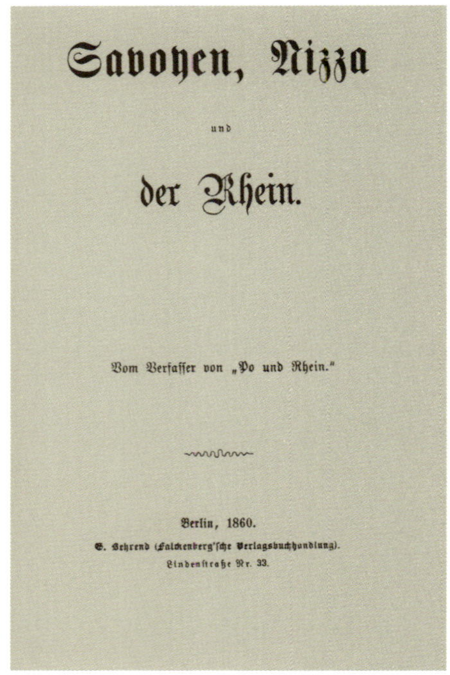

Savoyen, Nizza
und
der Rhein.

Vom Verfasser von „Po und Rhein."

Berlin, 1860.
G. Behrend (Falckenberg'sche Verlagsbuchhandlung).
Lindenstraße Nr. 33.

34

35

恩格斯十分关注19世纪60年代初期爆发的美国内战，强调黑人的解放是同工人阶级密切相关的事业。(36-37)

36. 1862年3月27日《新闻报》发表的马克思和恩格斯的《美国内战》一文

37. 1861年7月21日美国布尔河战役

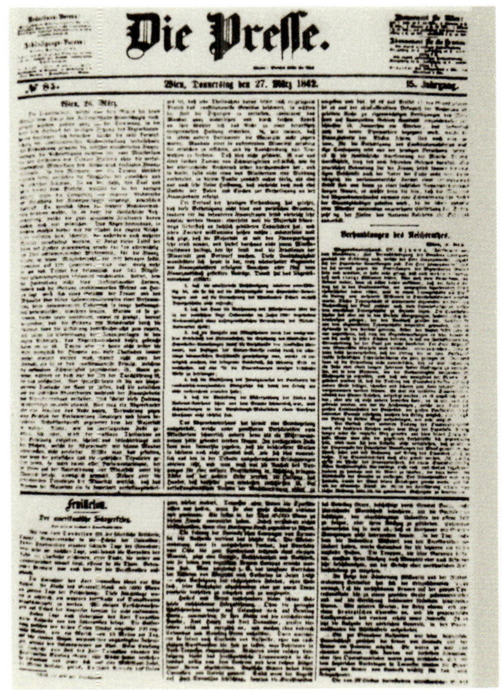

Die Presse.

№ 85. Wien, Donnerstag den 27. März 1862. 15. Jahrgang.

Wien, 26. März.

Verhandlungen des Reichsrathes.

Feuilleton.

36

37

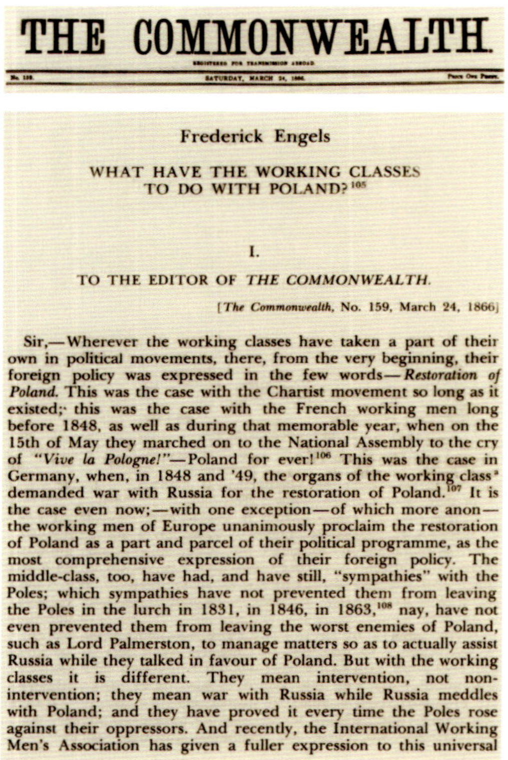

THE COMMONWEALTH

SATURDAY, MARCH 24, 1866.

Frederick Engels

WHAT HAVE THE WORKING CLASSES TO DO WITH POLAND?[105]

I.

TO THE EDITOR OF *THE COMMONWEALTH.*

[*The Commonwealth*, No. 159, March 24, 1866]

Sir,—Wherever the working classes have taken a part of their own in political movements, there, from the very beginning, their foreign policy was expressed in the few words—*Restoration of Poland.* This was the case with the Chartist movement so long as it existed; this was the case with the French working men long before 1848, as well as during that memorable year, when on the 15th of May they marched on to the National Assembly to the cry of *"Vive la Pologne!"*—Poland for ever![106] This was the case in Germany, when, in 1848 and '49, the organs of the working class[a] demanded war with Russia for the restoration of Poland.[107] It is the case even now;—with one exception—of which more anon—the working men of Europe unanimously proclaim the restoration of Poland as a part and parcel of their political programme, as the most comprehensive expression of their foreign policy. The middle-class, too, have had, and have still, "sympathies" with the Poles; which sympathies have not prevented them from leaving the Poles in the lurch in 1831, in 1846, in 1863,[108] nay, have not even prevented them from leaving the worst enemies of Poland, such as Lord Palmerston, to manage matters so as to actually assist Russia while they talked in favour of Poland. But with the working classes it is different. They mean intervention, not non-intervention; they mean war with Russia while Russia meddles with Poland; and they have proved it every time the Poles rose against their oppressors. And recently, the International Working Men's Association has given a fuller expression to this universal

38

39

恩格斯积极支持波兰人民反对沙皇压迫的斗争，并在曼彻斯特为波兰起义者募捐。(38-39)

38. 1866 年 3 月 24 日《共和国》周报报头以及该报发表的恩格斯《工人阶级同波兰有什么关系？》一文
39. 1863 年波兰起义者锻造武器

1864 年 9 月，国际工人协会在伦敦圣马丁堂成立。11 月 4 日，马克思致信恩格斯，详细介绍了成立国际、起草成立宣言和临时章程的经过。恩格斯积极支持国际的活动，并经常就重要问题与马克思交换意见。（47–50）

47. 喜讯传来（中国画） 甘正伦 王庆明
48. 马克思 1864 年 11 月 4 日给恩格斯的信
49. 《国际工人协会成立宣言和临时章程》第 1 版扉页
50. 恩格斯的国际工人协会会员证和会费卡

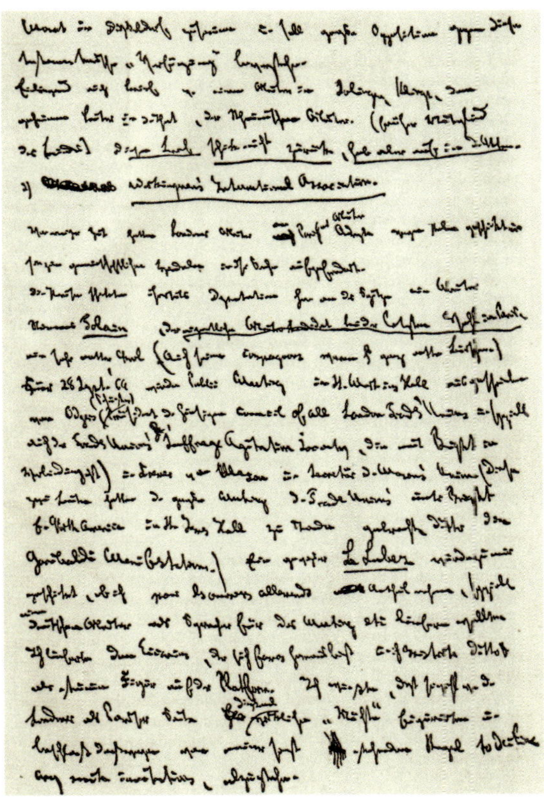

48

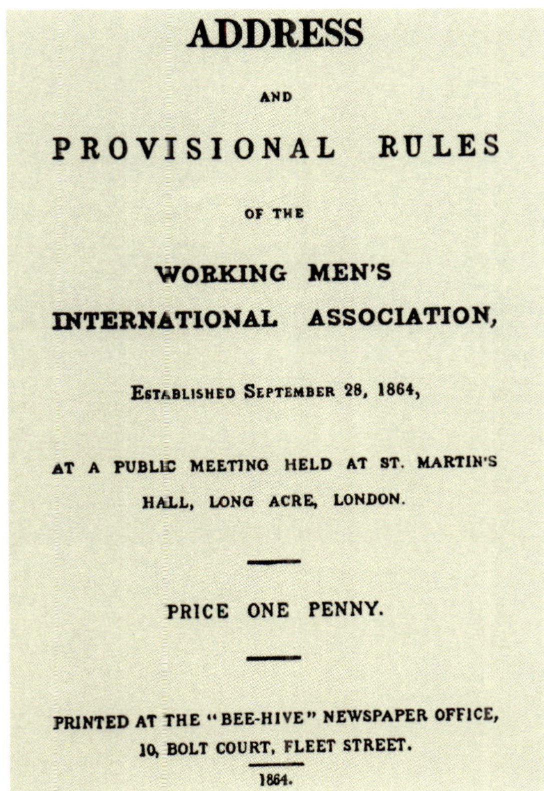

ADDRESS

AND

PROVISIONAL RULES

OF THE

WORKING MEN'S INTERNATIONAL ASSOCIATION,

ESTABLISHED SEPTEMBER 28, 1864,

AT A PUBLIC MEETING HELD AT ST. MARTIN'S HALL, LONG ACRE, LONDON.

PRICE ONE PENNY.

PRINTED AT THE "BEE-HIVE" NEWSPAPER OFFICE, 10, BOLT COURT, FLEET STREET.

1864.

49

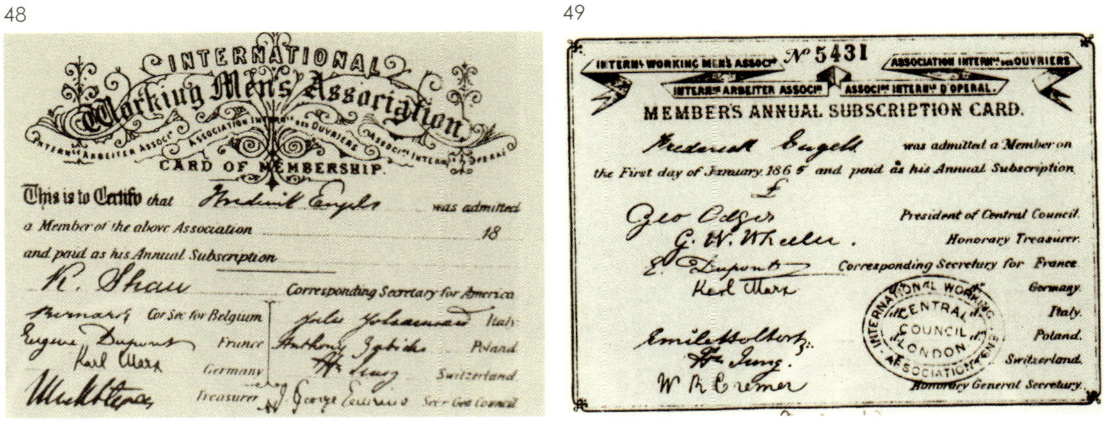

50

我自从迁来曼彻斯特以后，就开始啃军事，我在这里弄到的材料，至少对开端来说是足够了。

——恩格斯

恩格斯在经商之余，广泛进行科学研究，特别是深入研究军事、语言和历史，以及自然科学中的哲学问题。(51-55)

51. 恩格斯在《喀琅施塔得要塞》一文中画的地形图
52. 恩格斯《1852 年神圣同盟对法战争的条件与前景》手稿的第 1 页
53. 恩格斯摘抄和翻译的普希金《叶甫盖尼·奥涅金》的部分段落手迹
54. 黑格尔《自然哲学》1842 年柏林版扉页
55. 达尔文《物种起源》1859 年伦敦版扉页

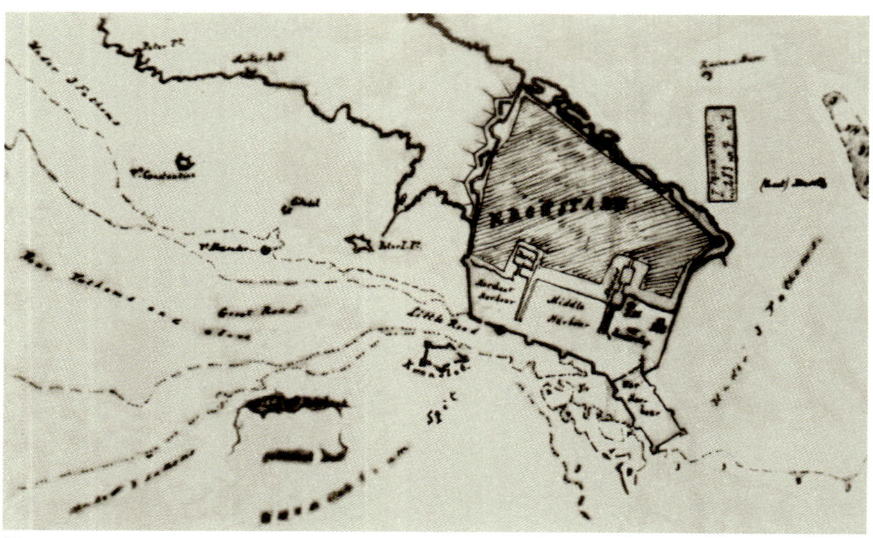

51

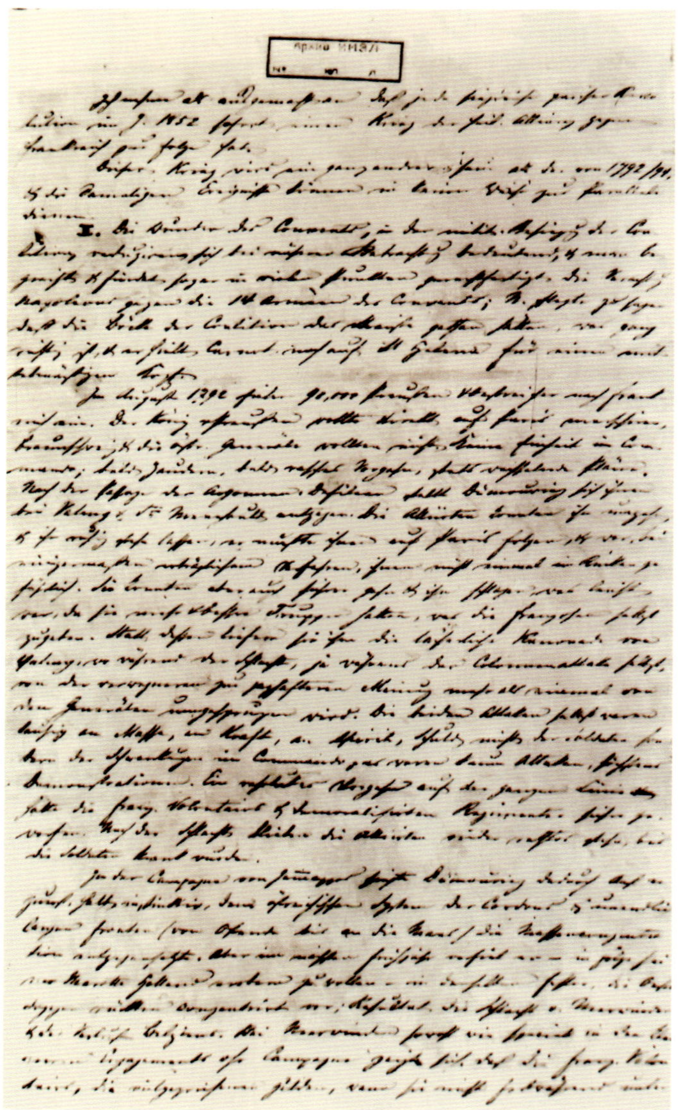

52

最近两个星期我在努力啃俄语，现在差不多学完了语法，再用两三个月丰富必要的词汇，我就可以开始学别的东西了。我必须今年学完斯拉夫语，其实这些语言并不太难。

——恩格斯

请把已经答应给我的黑格尔的《自然哲学》寄来。目前我正在研究一点生理学，并且想与此结合起来研究一下比较解剖学。在这两门科学中包含着许多极富思辨成分的东西，但这全是新近才发现的；我很想看一看，所有这些东西老头子是否一点也没有预见到。

——恩格斯

我现在正在读达尔文的著作，写得简直好极了。目的论过去有一个方面还没有被驳倒，而现在被驳倒了。

——恩格斯

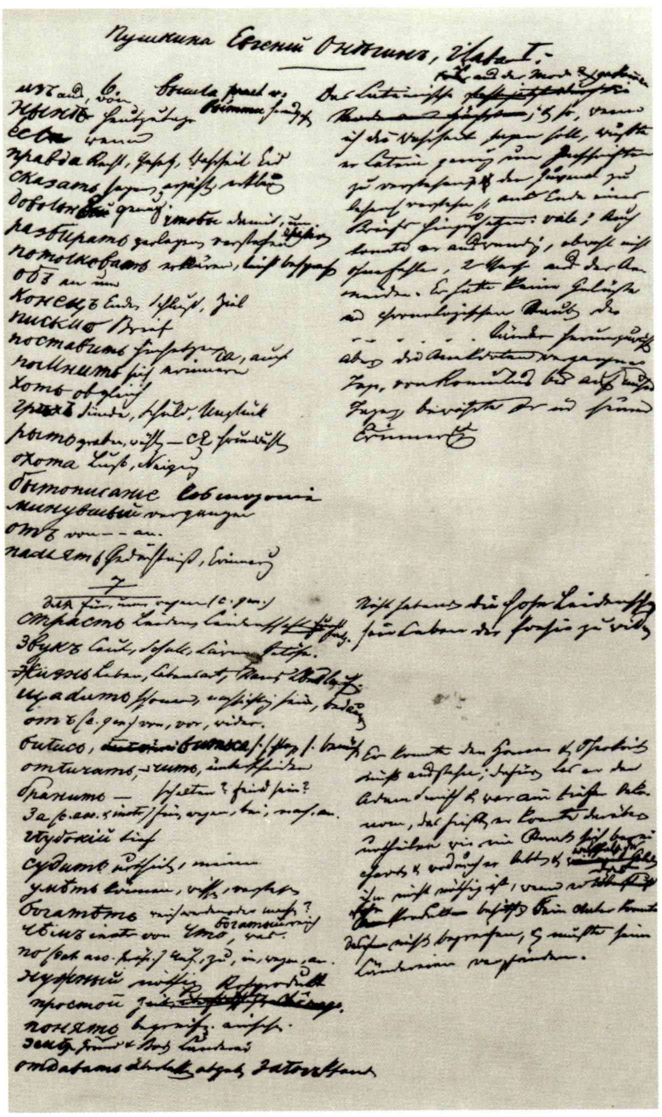

53

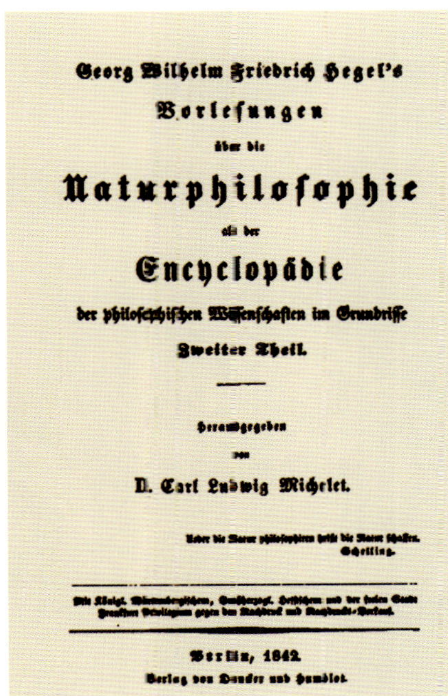

Georg Wilhelm Friedrich Hegel's
Vorlesungen
über die
Naturphilosophie
als der
Encyclopädie
der philosophischen Wissenschaften im Grundrisse
Zweiter Theil.

Herausgegeben
von
D. Carl Ludwig Michelet.

Ueber die Natur philosophiren heißt die Natur schaffen.
Schelling.

Berlin, 1842.
Verlag von Duncker und Humblot.

54

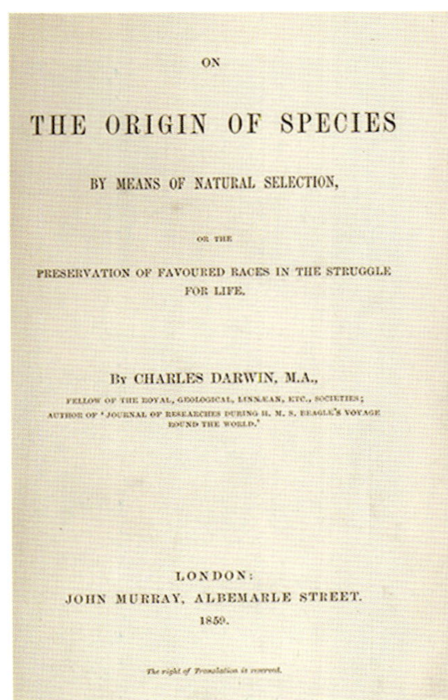

ON
THE ORIGIN OF SPECIES
BY MEANS OF NATURAL SELECTION,
OR THE
PRESERVATION OF FAVOURED RACES IN THE STRUGGLE FOR LIFE.

BY CHARLES DARWIN, M.A.,
FELLOW OF THE ROYAL, GEOLOGICAL, LINNÆAN, ETC., SOCIETIES;
AUTHOR OF 'JOURNAL OF RESEARCHES DURING H. M. S. BEAGLE'S VOYAGE ROUND THE WORLD.'

LONDON:
JOHN MURRAY, ALBEMARLE STREET.
1859.

The right of Translation is reserved.

55

恩格斯在“埃及的幽囚”般的境遇中始终保持着坚定乐观的情怀。对革命的信念、对真理的追求、对大自然的热爱以及对马克思一家的情谊，使恩格斯的内心世界非常充实，也使他的生活丰富多彩。(56-58)

56. 恩格斯（1864 年摄于曼彻斯特）
57. 马克思、恩格斯和马克思的女儿燕妮、劳拉、爱琳娜（1864 年摄于伦敦）
58. 马克思的女儿燕妮送给恩格斯的一张临摹画

56

57

58

当恩格斯来信说他要从曼彻斯特到伦敦来的时候，马克思一家都为此大大欢庆，老是在谈这件事，而当恩格斯来的那一天，马克思等得不耐烦，甚至工作不下去，两个朋友抽烟喝酒，通宵畅谈他们分别后所发生的一切事情。

——保尔·拉法格

在 20 年分住两地的漫长岁月里，恩格斯和马克思见面机会非常有限。难得的短暂欢聚往往使他们忘记了流亡生活的痛苦。(59)

59. 马克思携小女儿爱琳娜在曼彻斯特恩格斯家做客 （工笔画） 杨刚

在艰难困苦的岁月，马克思一家保持着乐观的精神，填写《自白》就是他们全家喜爱的活动。恩格斯也参加了这一活动，在马克思女儿燕妮的纪念册中保存有他的《自白》，这一《自白》从一个侧面反映了他的性格和为人。(60-61)

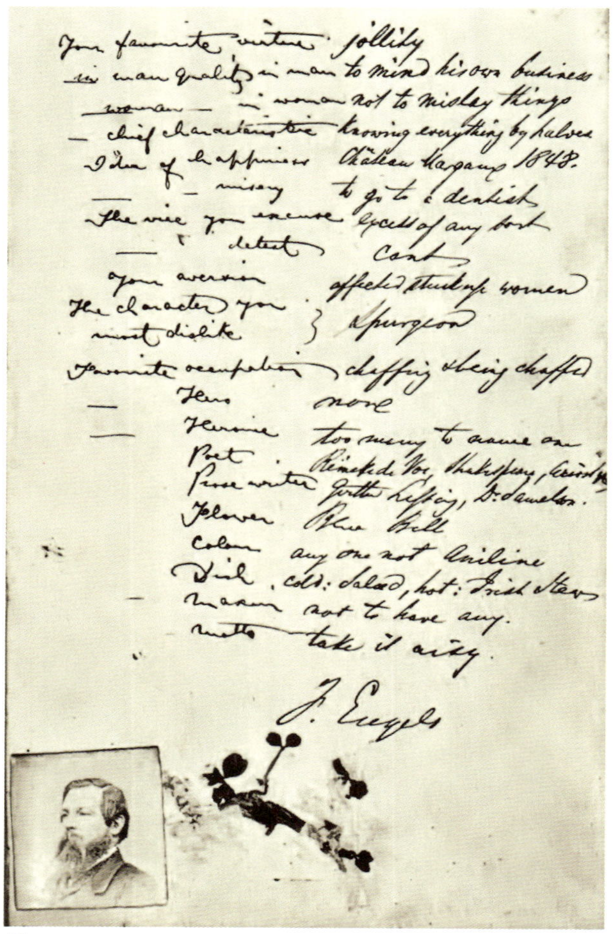

Your favourite virtue jollity
— in man quality in man to mind his own business
— woman — in woman not to mislay things
— chief characteristic knowing everything by halves
Idea of happiness Château Margaux 1848.
— misery to go to a dentist
The vice you excuse Excess of any sort
— detest Cant
Your aversion affected stuck up women
The character you most dislike } Spurgeon
Favourite occupation chaffing & being chaffed
— Hero none
— Heroine too many to name one
Poet Reineke de Vos, Shakespeare, Ariosto
Prose writer Goethe, Lessing, Dr. Samelson.
Flower Blue Bell
Colour any one not Aniline
Dish cold: Salad, hot: Irish Stew
Maxim not to have any.
Motto take it aisy.

F. Engels

60

恩格斯的《自白》

您喜爱的优点……乐观
　男人的优点……用心做好分内的事
　女人的优点……有条不紊
您的特点……天下事都略有所知
您对幸福的理解……饮 1848 年的沙托－马尔高酒
您对不幸的理解……看牙科医生
您能原谅的缺点……各种分寸失当之举
您厌恶的缺点……伪善
您讨厌的……矫揉造作、傲慢不逊的女人
您最不喜欢的人物……斯珀吉翁
您喜欢做的事……捉弄人和被人捉弄
您喜爱的男英雄……一个也没有
您喜爱的女英雄……太多了，一个也举不出来
您喜爱的诗人……“狐狸－莱涅克”、莎士比亚、阿里欧斯托等等
您喜爱的著作家……歌德、莱辛、扎梅耳松博士
您喜爱的花……风铃草
您喜爱的颜色……任何一种，只要不是苯胺染料
您喜爱的菜……凉菜：沙拉；热菜：爱尔兰焖肉
您喜爱的座右铭……一条也没有
您喜爱的格言……从容不迫

61. 恩格斯（1868 年冬摄于曼彻斯特）

恩格斯喜欢骑马和旅行。19 世纪 60 年代他游历过瑞士、意大利、瑞典和丹麦，并且数次到德国旅行。（62–65）

62. 狩猎（油画） 羽向阳
63. 石勒苏益格—荷尔斯泰因东海岸的基尔（1860 年前后）
64. 19 世纪 60 年代的瑞士
65. 斯德哥尔摩（1852 年）

63

64

65

好啊！从今天起再不搞可爱的商业了，我是一个自由的人了。

——恩格斯

最热烈地祝贺你逃出了埃及的幽囚。为了祝贺这件事，我喝了“不该喝的一小杯”。

——马克思

1869 年 6 月 30 日，恩格斯终于实现了多年的愿望，结束了在曼彻斯特欧门—恩格斯公司的工作。从此以后，他把全部时间和精力都用于从事理论研究和革命活动。(66)

66. “一个自由的人”（中国画） 韩国臻

第六章

参与领导第一国际　支持巴黎公社的斗争

1870年9月20日，恩格斯从曼彻斯特移居伦敦，住在马克思家附近。从此他在伦敦一直居住到逝世。

恩格斯移居伦敦以后，在马克思的提议下，被选入国际总委员会，并先后担任多个国家的通讯书记。这时的国际工人协会，已经成为欧洲政治舞台上举足轻重的力量。恩格斯凭借卓越的理论素养、丰富的实践经验和非凡的语言才能，成为马克思最得力的助手。

1870年7月普法战争爆发，恩格斯写了大量军事评论文章，对战争进程作了精辟分析，并对战争结局作了科学预测，因此在同志和朋友中获得了“将军”的美誉。

1871年3月18日，巴黎爆发人民起义，推翻了资产阶级政权。3月28日，巴黎公社宣告成立。马克思和恩格斯坚决站在“冲天的巴黎人”一边，充分肯定巴黎公社的革命创举和伟大意义，揭露资产阶级报刊上的各种谎言，联合各国无产阶级和进步力量声援巴黎人民的革命行动；通过国际工人协会总委员会，向国际的各个支部发出几百封信件，号召他们发起支持公社的运动；密切关注巴黎形势的发展和公社所采取的革命措施，并向公社领导人提出许多重要建议。公社遭到镇压后，马克思和恩格斯积极援助流亡到伦敦的公社社员，同时严厉驳斥反动势力对公社的诽谤。恩格斯把马克思从理论上总结巴黎公社经验教训的重要著作《法兰西内战》译成德文，后来还为该著德文单行本写了导言，在导言中进一步总结了巴黎公社的经验，阐明了巴黎公社的无产阶级专政的性质。

公社失败后，国际工人协会在各国遭到迫害，国际内部的各种错误思潮特别是巴枯宁主义甚嚣尘上。面对严峻的局势，马克思和恩格斯组织召开了国际工人协会的两次重要会议——1871年9月的伦敦代表会议和1872年9月的海牙代表大会。在伦敦代表会议上，马克思和恩格斯抨击了巴枯宁派鼓吹的工人运动应当放弃政治斗争的错误观点，旗帜鲜明地指出，只有实现无产阶级的政治统治，才能达到消灭阶级的目的；为此，无产阶级必须建立独立政党。在海牙代表大会上，马克思和恩格斯揭穿并挫败了巴枯宁分子分裂国际的阴谋。大会决定把巴枯宁派开除出国际，并批准了伦敦代表会议关于无产阶级必须建立独立政党的决议。

19世纪70年代，各国工人运动进入建立无产阶级政党的阶段，国际工人协会完成了历史使命，于1876年宣布解散。恩格斯满怀信心地指出：“下一个国际——在马克思的著作产生了多年的影响以后——将是纯粹共产主义的国际，而且将直截了当地树立起我们的原则。”

恩格斯迁居伦敦后，住在离马克思家不远的瑞琴特公园路，从此两人朝夕相处。(01-02)

01. 伦敦瑞琴特公园路 122 号，1870 年 9 月至 1894 年 10 月恩格斯居住在这里。
02. 恩格斯和马克思在一起（油画） 高泉

01

02

恩格斯来到伦敦后，当选为国际总委员会委员，先后担任总委员会比利时、意大利、西班牙、葡萄牙和丹麦的通讯书记。(03-06)

03. 1870 年 10 月 4 日恩格斯被选入国际总委员会的会议记录

04. 1870 年 9—12 月国际总委员会会议出席登记表

05. 恩格斯担任国际总委员会意大利通讯书记的委托书

06. 恩格斯作为国际总委员会意大利通讯书记给朱泽培·博里安尼的委托书

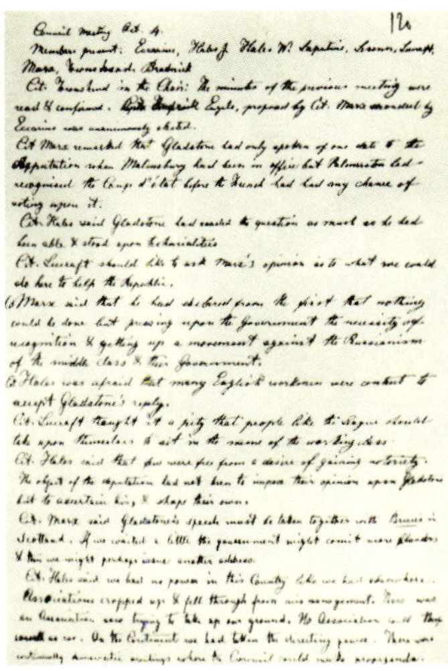

03

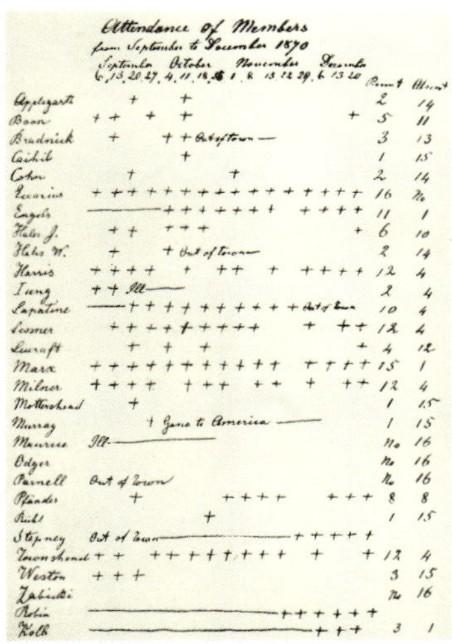

Attendance of Members
from September to December 1870

04

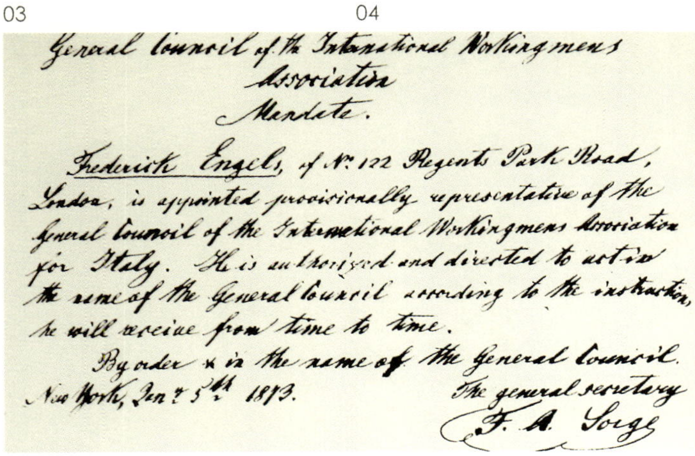

General Council of the International Workingmen's Association

Mandate.

Federick Engels, of No. 122 Regents Park Road, London, is appointed provisionally representative of the General Council of the International Workingmens Association for Italy. He is authorized and directed to act in the name of the General Council according to the instruction he will receive from time to time.

By order & in the name of the General Council.

New York, Jan? 5th 1873.

The general secretary

F. A. Sorge

05

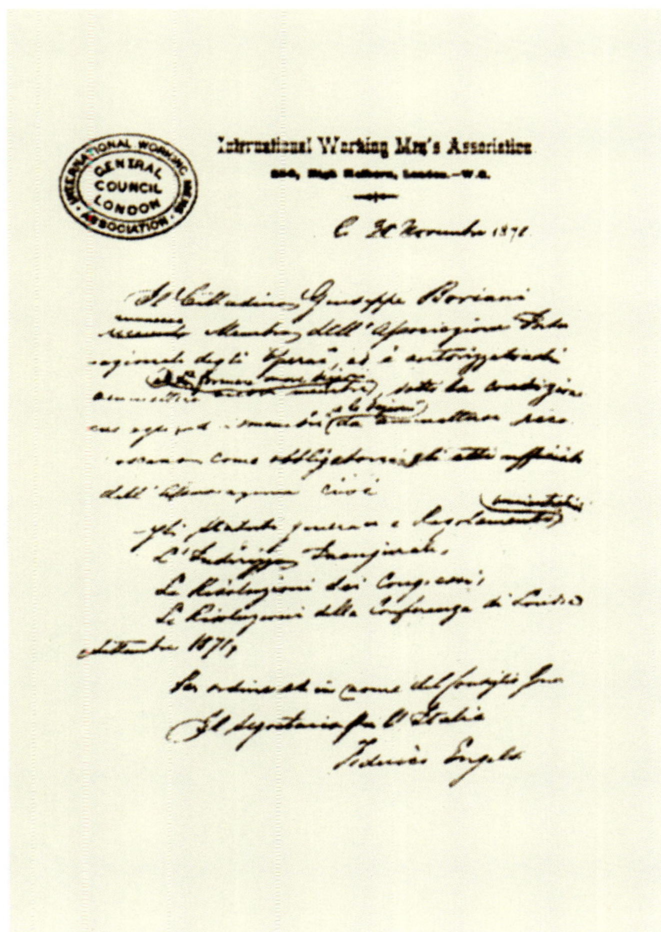

International Working Men's Association

GENERAL COUNCIL LONDON

06

1870 年 7 月，普法战争爆发。9 月初法军在色当大败，拿破仑第三被俘，巴黎人民推翻王朝，宣告法兰西共和国成立。（07-08）

07. 1870 年 9 月 1—2 日的色当会战

08. 1870 年 9 月 4 日法兰西共和国宣告成立

07

08

如果战争再延续一些时候，那你很快会被公认为伦敦的头号军事权威。

——马克思

普法战争爆发后，恩格斯写了大量军事评论，对战争进程作了精辟的分析，并准确地预言了战争的结局。(09-10)

09. “伦敦的头号军事权威”（中国画）　李子侯

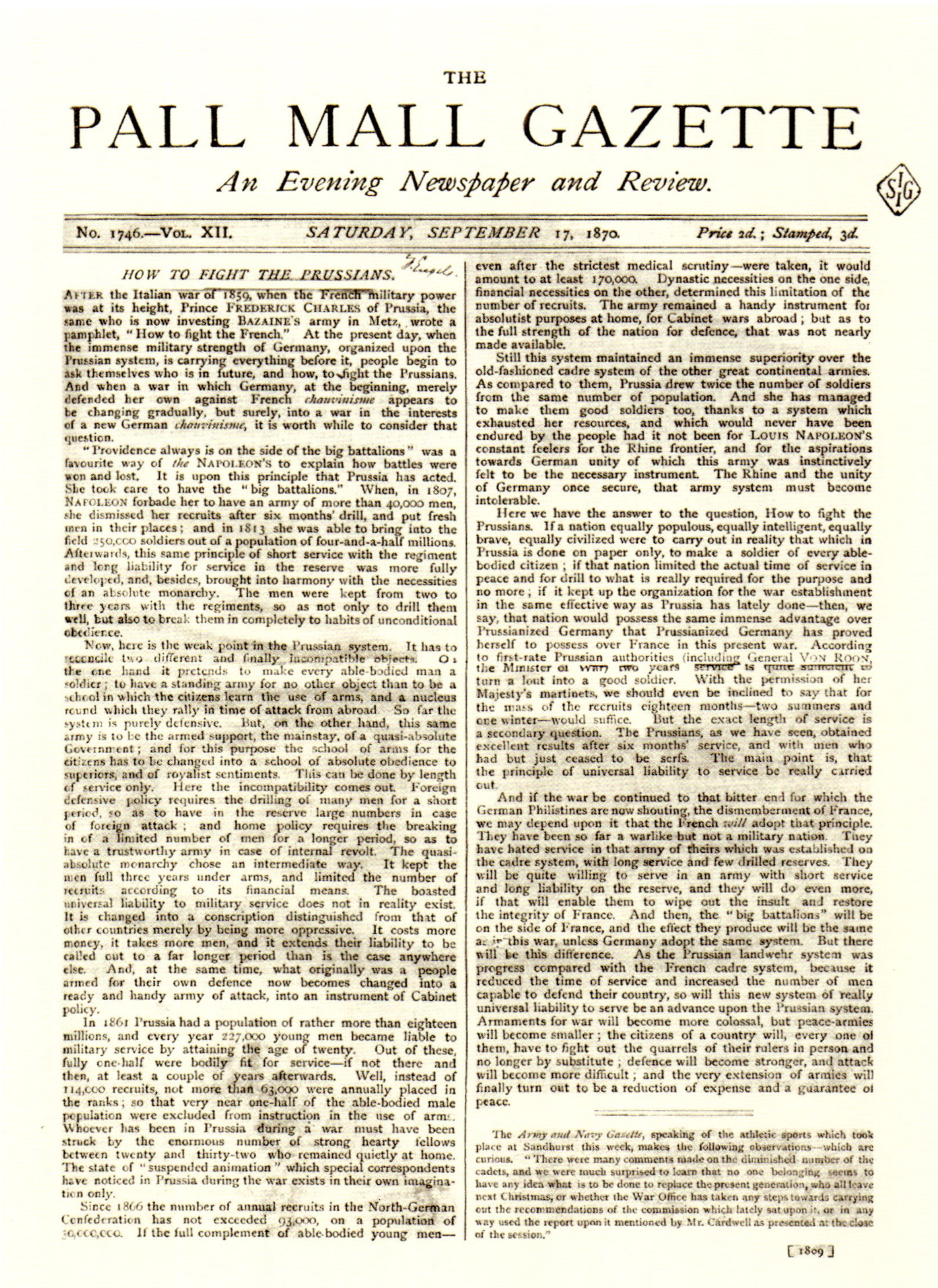

THE
PALL MALL GAZETTE
An Evening Newspaper and Review.

No. 1746.—Vol. XII. *SATURDAY, SEPTEMBER* 17, 1870. *Price 2d.; Stamped, 3d.*

HOW TO FIGHT THE PRUSSIANS. F. Engels.

After the Italian war of 1859, when the French military power was at its height, Prince Frederick Charles of Prussia, the same who is now investing Bazaine's army in Metz, wrote a pamphlet, "How to fight the French." At the present day, when the immense military strength of Germany, organized upon the Prussian system, is carrying everything before it, people begin to ask themselves who is in future, and how, to fight the Prussians. And when a war in which Germany, at the beginning, merely defended her own against French *chauvinisme* appears to be changing gradually, but surely, into a war in the interests of a new German *chauvinisme*, it is worth while to consider that question.

"Providence always is on the side of the big battalions" was a favourite way of *the* Napoleon's to explain how battles were won and lost. It is upon this principle that Prussia has acted. She took care to have the "big battalions." When, in 1807, Napoleon forbade her to have an army of more than 40,000 men, she dismissed her recruits after six months' drill, and put fresh men in their places; and in 1813 she was able to bring into the field 250,000 soldiers out of a population of four-and-a-half millions. Afterwards, this same principle of short service with the regiment and long liability for service in the reserve was more fully developed, and, besides, brought into harmony with the necessities of an absolute monarchy. The men were kept from two to three years with the regiments, so as not only to drill them well, but also to break them in completely to habits of unconditional obedience.

Now, here is the weak point in the Prussian system. It has to reconcile two different and finally incompatible objects. On the one hand it pretends to make every able-bodied man a soldier; to have a standing army for no other object than to be a school in which the citizens learn the use of arms, and a nucleus round which they rally in time of attack from abroad. So far the system is purely defensive. But, on the other hand, this same army is to be the armed support, the mainstay, of a quasi-absolute Government; and for this purpose the school of arms for the citizens has to be changed into a school of absolute obedience to superiors, and of royalist sentiments. This can be done by length of service only. Here the incompatibility comes out. Foreign defensive policy requires the drilling of many men for a short period, so as to have in the reserve large numbers in case of foreign attack; and home policy requires the breaking in of a limited number of men for a longer period, so as to have a trustworthy army in case of internal revolt. The quasi-absolute monarchy chose an intermediate way. It kept the men full three years under arms, and limited the number of recruits according to its financial means. The boasted universal liability to military service does not in reality exist. It is changed into a conscription distinguished from that of other countries merely by being more oppressive. It costs more money, it takes more men, and it extends their liability to be called out to a far longer period than is the case anywhere else. And, at the same time, what originally was a people armed for their own defence now becomes changed into a ready and handy army of attack, into an instrument of Cabinet policy.

In 1861 Prussia had a population of rather more than eighteen millions, and every year 227,000 young men became liable to military service by attaining the age of twenty. Out of these, fully one-half were bodily fit for service—if not there and then, at least a couple of years afterwards. Well, instead of 114,000 recruits, not more than 63,000 were annually placed in the ranks; so that very near one-half of the able-bodied male population were excluded from instruction in the use of arms. Whoever has been in Prussia during a war must have been struck by the enormous number of strong hearty fellows between twenty and thirty-two who remained quietly at home. The state of "suspended animation" which special correspondents have noticed in Prussia during the war exists in their own imagination only.

Since 1866 the number of annual recruits in the North-German Confederation has not exceeded 93,000, on a population of 30,000,000. If the full complement of able-bodied young men—even after the strictest medical scrutiny—were taken, it would amount to at least 170,000. Dynastic necessities on the one side, financial necessities on the other, determined this limitation of the number of recruits. The army remained a handy instrument for absolutist purposes at home, for Cabinet wars abroad; but as to the full strength of the nation for defence, that was not nearly made available.

Still this system maintained an immense superiority over the old-fashioned cadre system of the other great continental armies. As compared to them, Prussia drew twice the number of soldiers from the same number of population. And she has managed to make them good soldiers too, thanks to a system which exhausted her resources, and which would never have been endured by the people had it not been for Louis Napoleon's constant feelers for the Rhine frontier, and for the aspirations towards German unity of which this army was instinctively felt to be the necessary instrument. The Rhine and the unity of Germany once secure, that army system must become intolerable.

Here we have the answer to the question, How to fight the Prussians. If a nation equally populous, equally intelligent, equally brave, equally civilized were to carry out in reality that which in Prussia is done on paper only, to make a soldier of every able-bodied citizen; if that nation limited the actual time of service in peace and for drill to what is really required for the purpose and no more; if it kept up the organization for the war establishment in the same effective way as Prussia has lately done—then, we say, that nation would possess the same immense advantage over Prussianized Germany that Prussianized Germany has proved herself to possess over France in this present war. According to first-rate Prussian authorities (including General Von Roon, the Minister of War) two years' service is quite sufficient to turn a lout into a good soldier. With the permission of her Majesty's martinets, we should even be inclined to say that for the mass of the recruits eighteen months—two summers and one winter—would suffice. But the exact length of service is a secondary question. The Prussians, as we have seen, obtained excellent results after six months' service, and with men who had but just ceased to be serfs. The main point is, that the principle of universal liability to service be really carried out.

And if the war be continued to that bitter end for which the German Philistines are now shouting, the dismemberment of France, we may depend upon it that the French *will* adopt that principle. They have been so far a warlike but not a military nation. They have hated service in that army of theirs which was established on the cadre system, with long service and few drilled reserves. They will be quite willing to serve in an army with short service and long liability on the reserve, and they will do even more, if that will enable them to wipe out the insult and restore the integrity of France. And then, the "big battalions" will be on the side of France, and the effect they produce will be the same as in this war, unless Germany adopt the same system. But there will be this difference. As the Prussian landwehr system was progress compared with the French cadre system, because it reduced the time of service and increased the number of men capable to defend their country, so will this new system of really universal liability to serve be an advance upon the Prussian system. Armaments for war will become more colossal, but peace-armies will become smaller; the citizens of a country will, every one of them, have to fight out the quarrels of their rulers in person and no longer by substitute; defence will become stronger, and attack will become more difficult; and the very extension of armies will finally turn out to be a reduction of expense and a guarantee of peace.

The *Army and Navy Gazette*, speaking of the athletic sports which took place at Sandhurst this week, makes the following observations—which are curious. "There were many comments made on the diminished number of the cadets, and we were much surprised to learn that no one belonging seems to have any idea what is to be done to replace the present generation, who all leave next Christmas, or whether the War Office has taken any steps towards carrying out the recommendations of the commission which lately sat upon it, or in any way used the report upon it mentioned by Mr. Cardwell as presented at the close of the session."

[1809]

10. 1870 年 9 月 17 日《派尔－麦尔新闻》上刊登的恩格斯的《如何击败普军》一文，上有恩格斯的亲笔签名。

法兰西共和国成立后，资产阶级的国防政府对内镇压人民，对外卖国投降，激起巴黎人民强烈不满。1871 年 3 月 18 日，国民自卫军战士和巴黎人民举行武装起义，推翻了资产阶级政府。(11-14)

1. 反动政府把巴黎城门的钥匙交给俾斯麦（当时的讽刺画）
2. 起义前夕的蒙马特尔高地

11

12

13. 巴黎人民夺回自己的大炮
14. 国民自卫军中央委员会 3 月 19 日发布《告人民书》，宣布革命胜利，并号召巴黎人民准备进行公社选举。

13

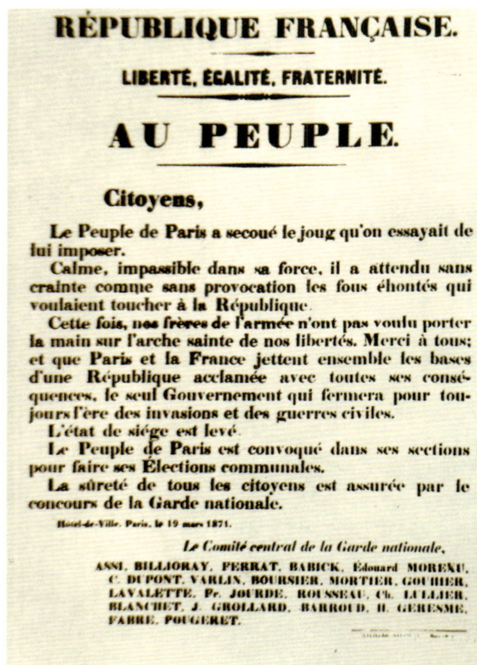

RÉPUBLIQUE FRANÇAISE.

LIBERTÉ, ÉGALITÉ, FRATERNITÉ.

AU PEUPLE.

Citoyens,

Le Peuple de Paris a secoué le joug qu'on essayait de lui imposer.

Calme, impassible dans sa force, il a attendu sans crainte comme sans provocation les fous éhontés qui voulaient toucher à la République.

Cette fois, nos frères de l'armée n'ont pas voulu porter la main sur l'arche sainte de nos libertés. Merci à tous; et que Paris et la France jettent ensemble les bases d'une République acclamée avec toutes ses conséquences, le seul Gouvernement qui fermera pour toujours l'ère des invasions et des guerres civiles.

L'état de siége est levé.

Le Peuple de Paris est convoqué dans ses sections pour faire ses Élections communales.

La sûreté de tous les citoyens est assurée par le concours de la Garde nationale.

Hotel-de-Ville, Paris, le 19 mars 1871.

Le Comité central de la Garde nationale,

ASSI, BILLIORAY, FERRAT, BABICK, Édouard MOREAU, C. DUPONT, VARLIN, BOURSIER, MORTIER, GOUHIER, LAVALETTE, Fr. JOURDE, ROUSSEAU, Ch. LULLIER, BLANCHET, J. GROLLARD, BARROUD, H. GERESME, FABRE, POUGERET.

14

巴黎公社成立后，为把公社建成真正民主的国家政权而采取了一系列重要措施：公社代表和维护劳动群众的利益，由人民直接行使权力；公社的权力机构和人民代表由选举产生，对选民负责，并可随时撤换；武装力量按民主原则组织；司法机关的官吏由选举出来的法官取代；所有公职人员领取相当于熟练工人的工资，等等。(21-25)

21. 英国工人在伦敦海德公园集会声援巴黎公社

22. 巴黎公社《告农村劳动者书》

23. 根据巴黎公社的法令，劳动人民可以无偿地取回自己典当的生活必需品。

21

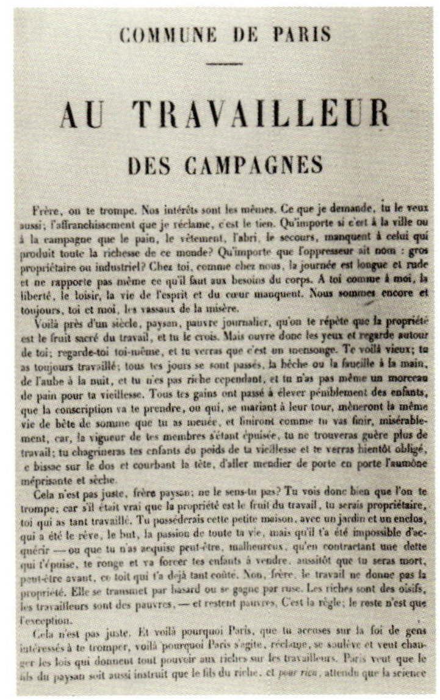

COMMUNE DE PARIS

AU TRAVAILLEUR

DES CAMPAGNES

Frère, on te trompe. Nos intérêts sont les mêmes. Ce que je demande, tu le veux aussi; l'affranchissement que je réclame, c'est le tien. Qu'importe si c'est à la ville ou à la campagne que le pain, le vêtement, l'abri, le secours, manquent à celui qui produit toute la richesse de ce monde? Qu'importe que l'oppresseur ait nom : gros propriétaire ou industriel? Chez toi, comme chez nous, la journée est longue et rude et ne rapporte pas même ce qu'il faut aux besoins du corps. A toi comme à moi, la liberté, le loisir, la vie de l'esprit et du cœur manquent. Nous sommes encore et toujours, toi et moi, les vassaux de la misère.

Voilà près d'un siècle, paysan, pauvre journalier, qu'on te répète que la propriété est le fruit sacré du travail, et tu le crois. Mais ouvre donc les yeux et regarde autour de toi; regarde-toi toi-même, et tu verras que c'est un mensonge. Te voilà vieux; tu as toujours travaillé; tous tes jours se sont passés, la bêche ou la faucille à la main, de l'aube à la nuit, et tu n'es pas riche cependant, et tu n'as pas même un morceau de pain pour ta vieillesse. Tous tes gains ont passé à élever péniblement des enfants, que la conscription va te prendre, ou qui, se mariant à leur tour, mèneront la même vie de bête de somme que tu as menée, et finiront comme tu vas finir, misérablement, car, la vigueur de tes membres s'étant épuisée, tu ne trouveras guère plus de travail; tu chagrineras tes enfants du poids de ta vieillesse et te verras bientôt obligé, le bissac sur le dos et courbant la tête, d'aller mendier de porte en porte l'aumône méprisante et sèche.

Cela n'est pas juste, frère paysan; ne le sens-tu pas? Tu vois donc bien que l'on te trompe; car s'il était vrai que la propriété est le fruit du travail, tu serais propriétaire, toi qui as tant travaillé. Tu posséderais cette petite maison, avec un jardin et un enclos, qui a été le rêve, le but, la passion de toute ta vie, mais qu'il t'a été impossible d'acquérir — ou que tu n'as acquise peut-être, malheureux, qu'en contractant une dette qui t'épuise, te ronge et va forcer tes enfants à vendre, aussitôt que tu seras mort, peut-être avant, ce toit qui t'a déjà tant coûté. Non, frère, le travail ne donne pas la propriété. Elle se transmet par hasard ou se gagne par ruse. Les riches sont des oisifs, les travailleurs sont des pauvres, — et restent pauvres. C'est la règle; le reste n'est que l'exception.

Cela n'est pas juste. Et voilà pourquoi Paris, que tu accuses sur la foi de gens intéressés à te tromper, voilà pourquoi Paris s'agite, réclame, se soulève et veut changer les lois qui donnent tout pouvoir aux riches sur les travailleurs. Paris veut que le fils du paysan soit aussi instruit que le fils du riche, et *pour rien*, attendu que la science

22

23

24. 根据公社 1871 年 4 月 12 日的法令，拆除了旺多姆广场上象征民族沙文主义的凯旋柱。

25. 在伏尔泰纪念碑前焚毁断头台

24

25

盘踞在凡尔赛的梯也尔反动政府勾结普鲁士军队，向巴黎公社疯狂反扑。公社战士们为捍卫公社事业进行了英勇不屈的斗争。1871 年 5 月 28 日，巴黎公社最终失败。（26-33）

26. 巴黎街头筑起街垒
27. 战斗在市区激烈展开
28. 雅罗斯拉夫·东布罗夫斯基（1836—1871），波兰军官，革命民主主义者，公社武装力量总司令。
29. 瓦列里·符卢勃列夫斯基（1836—1908），波兰革命民主主义者，公社将军，国际总委员会委员和波兰通讯书记。

26

28

27

29

30

只是在经过八天的战斗之后，最后一批公社捍卫者才在贝尔维尔和美尼尔芒坦的高地上倒下去，这时对赤手空拳的男女老幼已进行了一个星期的越来越疯狂的屠杀达到了顶点。用后装枪杀人已嫌不够快了，于是便用机关枪去成百上千地屠杀战败者。最后一次大屠杀是在拉雪兹神父墓地上的一堵墙近旁发生的，这堵“公社战士墙”至今还伫立在那里，作为无声的雄辩见证，说明一旦无产阶级敢于起来捍卫自己的权利，统治阶级的疯狂暴戾能达到何种程度。

——恩格斯

30. 公社最后的战斗
31. 拉雪兹神父公墓的战斗
32. 凡尔赛军队屠杀公社战士
33. 反动当局在凡尔赛审判公社社员

31

32

33

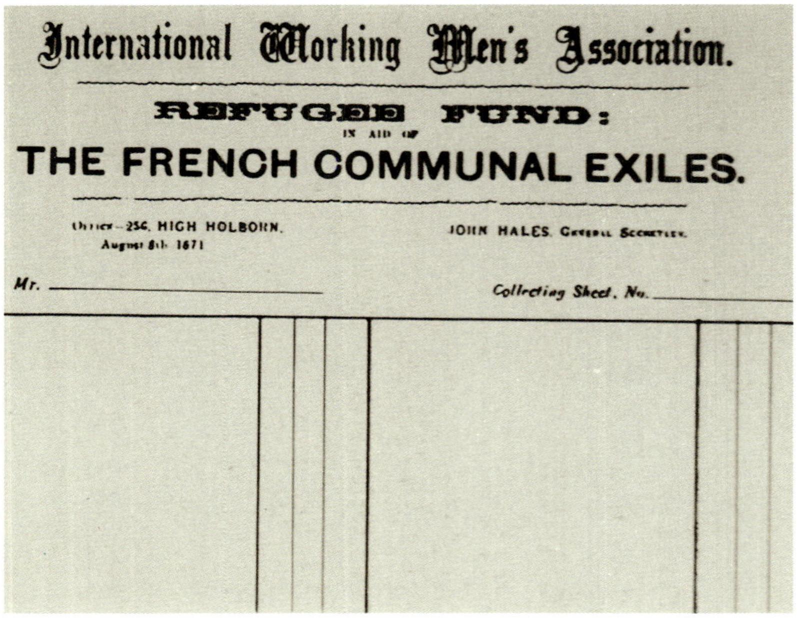

International Working Men's Association.

REFUGEE FUND:

IN AID OF

THE FRENCH COMMUNAL EXILES.

Office—256, HIGH HOLBORN,
August 8th 1871

JOHN HALES, General Secretary.

Mr. ____________

Collecting Sheet, No. ____________

34

公社被镇压后，马克思和恩格斯积极投入救援公社流亡者的活动，他们想方设法营救尚未脱险的公社社员，在伦敦组织公社流亡者委员会，为流亡者安排食宿，谋求职业。（34-35）

34. 公社流亡者委员会的募捐单

35. 在伦敦的巴黎公社流亡者

35

先生们，你们想知道无产阶级专政是什么样子吗？请看巴黎公社。这就是无产阶级专政。

——恩格斯

马克思为总结巴黎公社的经验写了《法兰西内战》这部重要著作，丰富和发展了无产阶级革命和无产阶级专政的理论。这部著作写成后，恩格斯立即将它译成德文，后来还为德文版写了导言，对巴黎公社的经验作了进一步总结。(36-37)

36.《法兰西内战》英文版扉页

37.《法兰西内战》德文版扉页

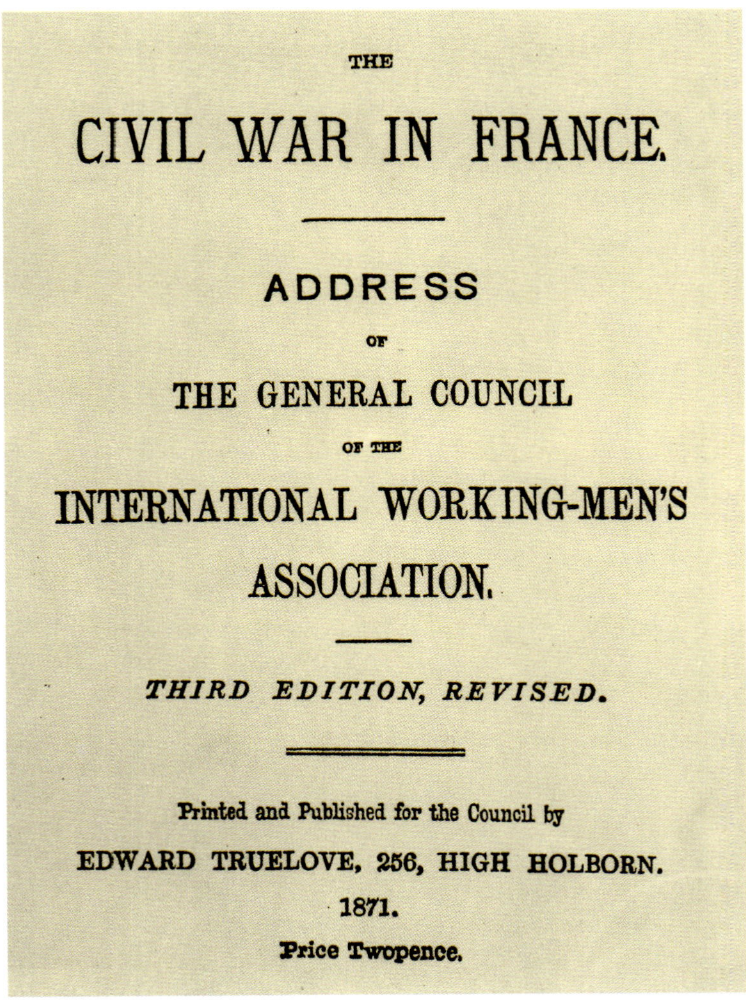
THE

CIVIL WAR IN FRANCE.

ADDRESS

OF

THE GENERAL COUNCIL

OF THE

INTERNATIONAL WORKING-MEN'S ASSOCIATION.

THIRD EDITION, REVISED.

Printed and Published for the Council by

EDWARD TRUELOVE, 256, HIGH HOLBORN.

1871.

Price Twopence.

36

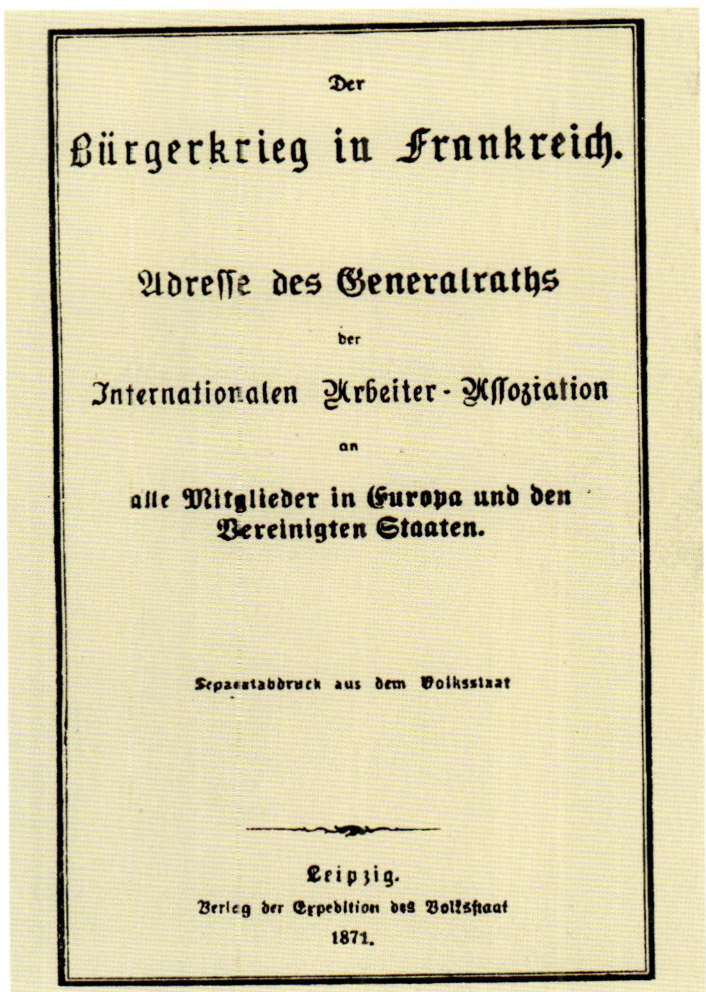
Der

Bürgerkrieg in Frankreich.

Adresse des Generalraths

der

Internationalen Arbeiter-Assoziation

an

alle Mitglieder in Europa und den Vereinigten Staaten.

Separatabdruck aus dem Volksstaat

Leipzig.

Verlag der Expedition des Volksstaat

1871.

37

巴黎公社遭到镇压后不久，幸存的公社委员、工人诗人欧仁·鲍狄埃创作了《国际歌》。1888 年，法国工人作曲家皮埃尔·狄盖特为《国际歌》谱写了曲子，从此这首歌被译成多种语言传遍世界，成为全世界无产者和被压迫人民的战斗歌曲。(38-42)

38. 欧仁·鲍狄埃（1816—1887），法国无产阶级诗人，巴黎公社委员，《国际歌》词作者。
39. 《国际歌》原稿
40. 皮埃尔·狄盖特（1848—1932），法国工人作曲家，《国际歌》曲作者。
41. 《国际歌》曲谱的手稿
42. 中文版《国际歌》的歌词和曲谱

38

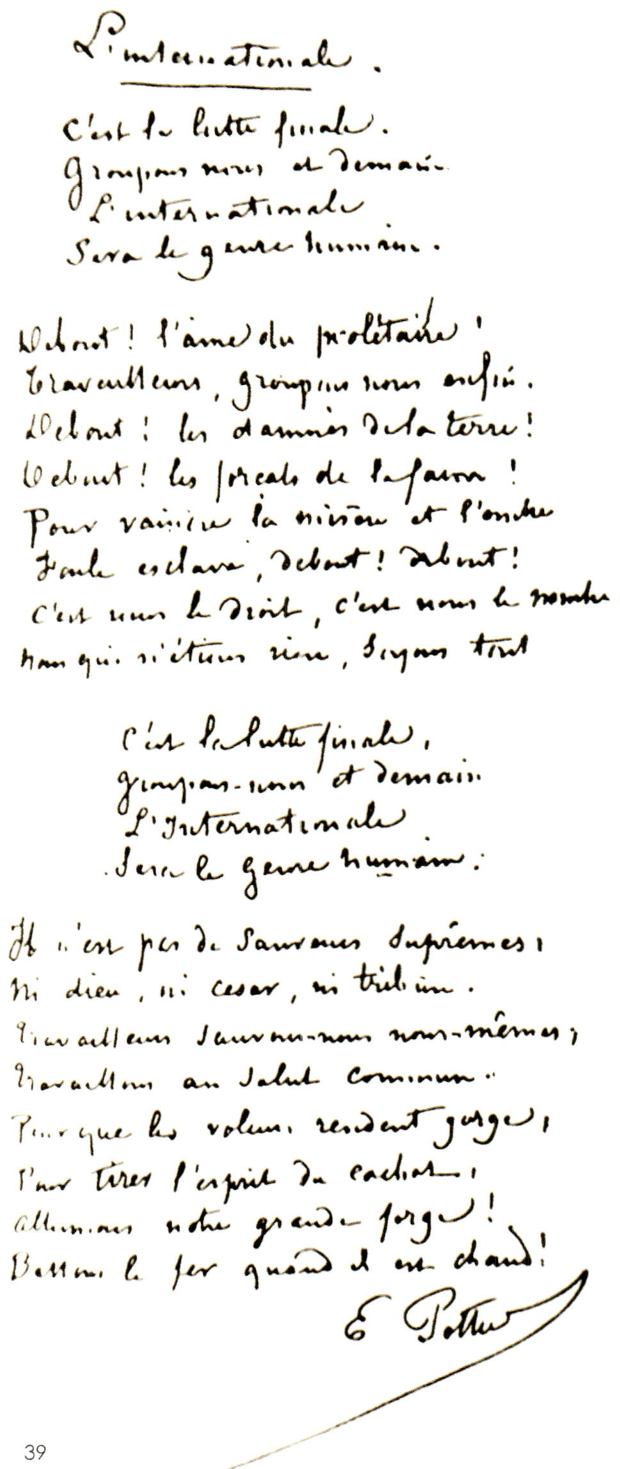

L'Internationale.

C'est la lutte finale.
Groupons nous et demain
L'internationale
Sera le genre humain.

Debout! l'âme du prolétaire!
Travailleurs, groupons nous enfin.
Debout! les damnés de la terre!
Debout! les forçats de la faim!
Pour vaincre la misère et l'ombre
Foule esclave, debout! debout!
C'est nous le droit, c'est nous le nombre.
Nous qui n'étions rien, soyons tout

C'est la lutte finale,
groupons-nous et demain
L'Internationale
Sera le genre humain.

Il n'est pas de sauveurs suprêmes,
Ni dieu, ni césar, ni tribun.
Travailleurs sauvons-nous nous-mêmes,
Travaillons au salut commun.
Pour que les voleurs rendent gorge,
Pour tirer l'esprit du cachot,
Allumons notre grande forge!
Battons le fer quand il est chaud!

E Pottier

39

一个有觉悟的工人，不管他来到哪个国家，不管命运把他抛到哪里，不管他怎样感到自己是异邦人，言语不通，举目无亲，远离祖国，——他都可以凭《国际歌》的熟悉的曲调，给自己找到同志和朋友。

——列　宁

40

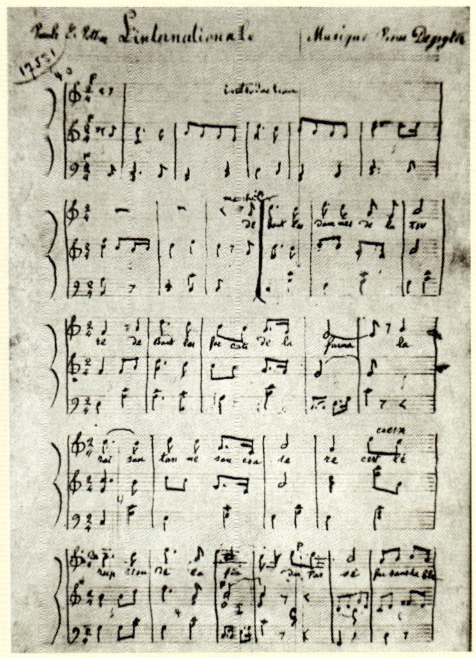

41

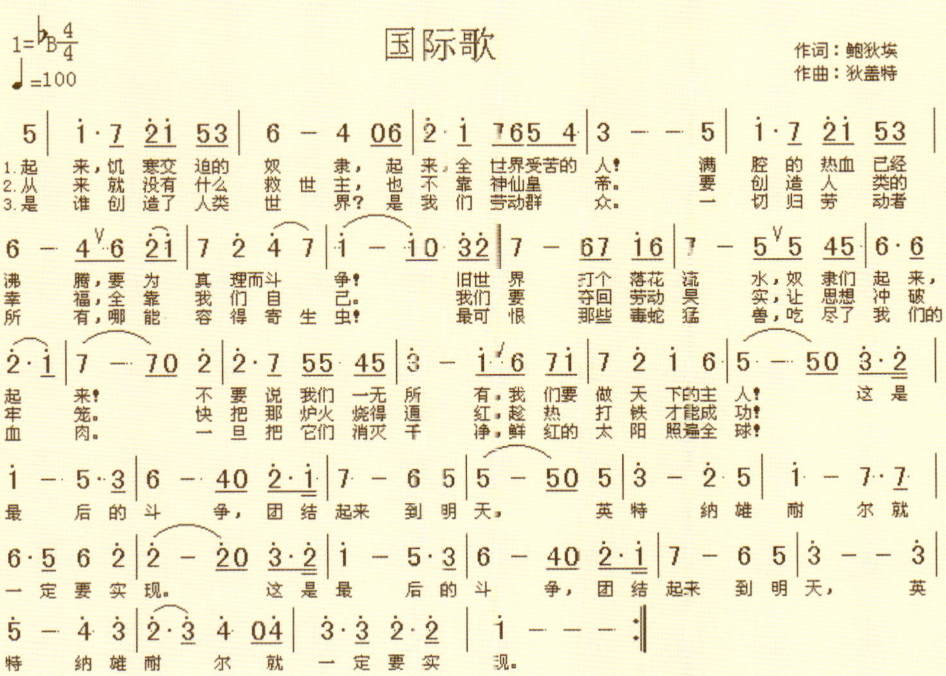

我丝毫没有改变将近30年来所持的观点，这你是知道的；而且每当事变需要，我就不仅会坚持它，在其他方面也会去履行自己的义务，对此想必你也没有感到意外。我要是不这样做，你倒应该为我感到羞愧。

——恩格斯

恩格斯的母亲对儿子怀着深厚的爱，但不赞成儿子的政治观点。她曾写信责备恩格斯公开支持巴黎公社的言行。恩格斯对母亲的担忧表示理解，在回信中委婉而又坚决地表示了自己的无产阶级立场。(43-44)

43. 伊丽莎白（爱利莎）· 弗兰契斯卡 · 毛里齐亚 · 恩格斯（1797—1873），恩格斯的母亲。
44. 恩格斯 1871 年 10 月 21 日给母亲的信的第 1 页

43

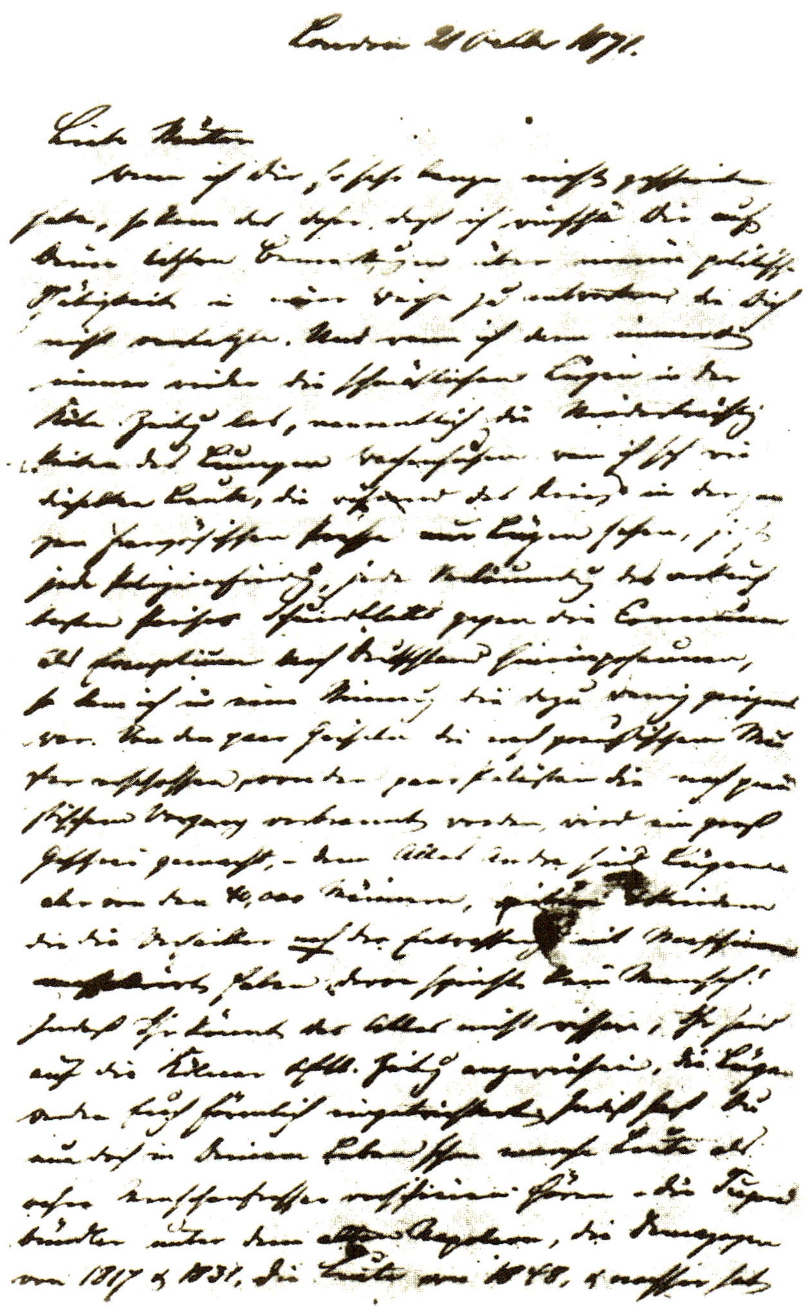

London 21 Octbr 1871.

Liebe Mutter

44

国际工人协会于 1871 年 9 月 17—23 日在伦敦举行秘密代表会议，讨论在新形势下工人阶级的政治行动问题。马克思和恩格斯批判了关于放弃政治行动的无政府主义观点，阐明了无产阶级建立独立政党的必要性。在他们的努力下，会议通过了无产阶级必须建立独立政党的决议。(45-46)

45. 恩格斯在伦敦代表会议上的发言提纲

46. 在伦敦代表会议上　（油画）　李台还

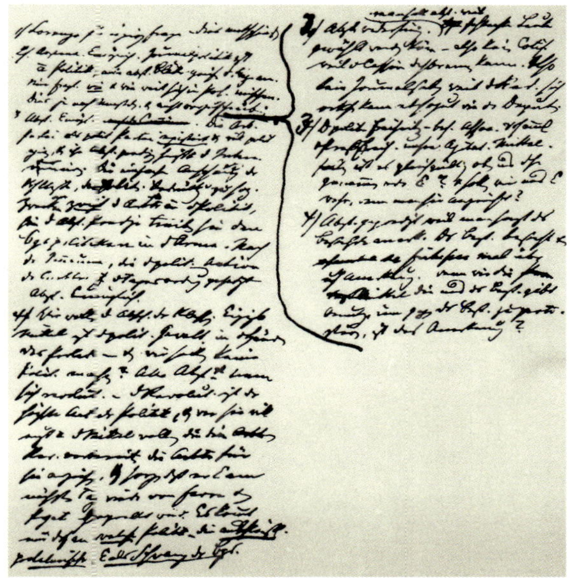

45

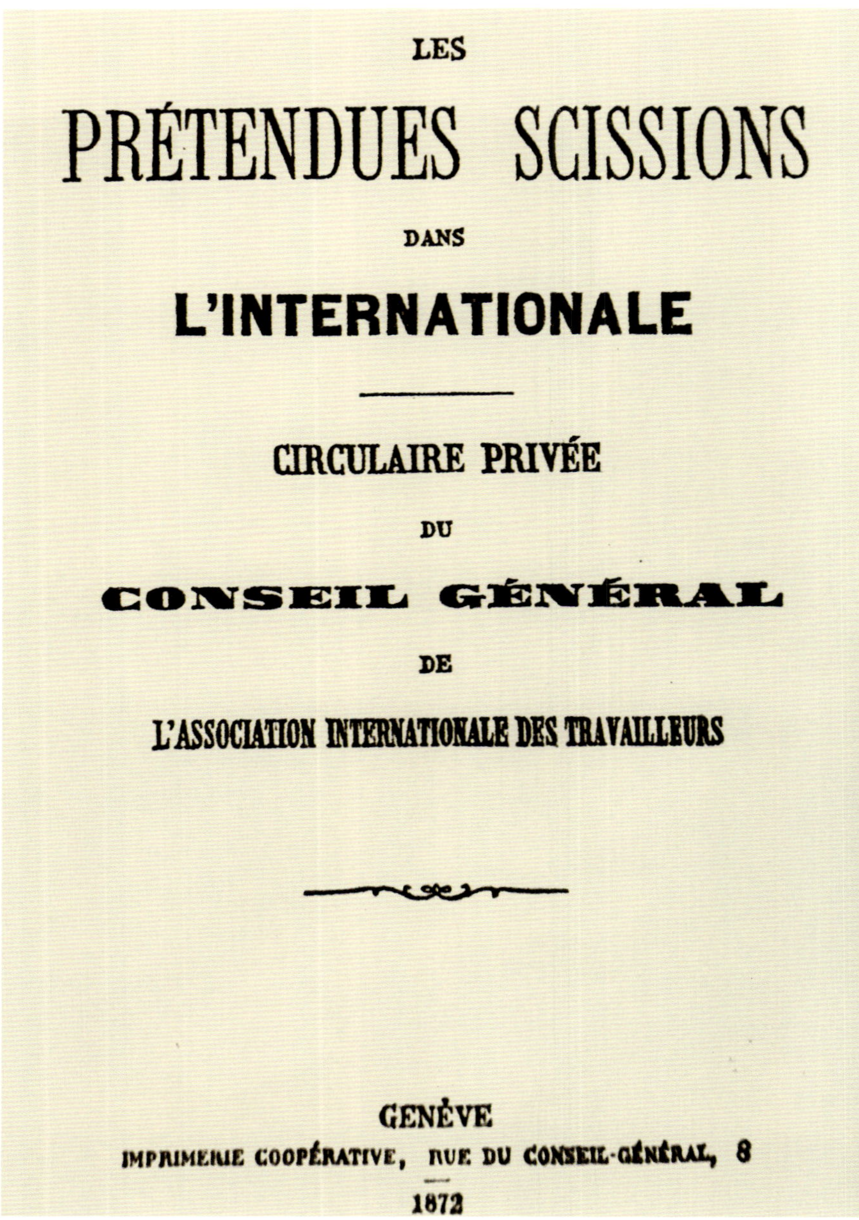

LES
PRÉTENDUES SCISSIONS
DANS
L'INTERNATIONALE

CIRCULAIRE PRIVÉE
DU
CONSEIL GÉNÉRAL
DE
L'ASSOCIATION INTERNATIONALE DES TRAVAILLEURS

GENÈVE
IMPRIMERIE COOPÉRATIVE, RUE DU CONSEIL-GÉNÉRAL, 8
1872

47

伦敦代表会议后，巴枯宁分子加紧进行分裂活动。马克思和恩格斯写了《所谓国际内部的分裂》，揭露了巴枯宁分子的真正目的及其分裂工人运动的宗派活动。(47-48)

47.《所谓国际内部的分裂》扉页

48. 米哈伊尔·亚历山大罗维奇·巴枯宁（1814—1876），俄国无政府主义和民粹主义创始人，国际工人协会中无政府主义派别的首领。

48

1872 年 9 月 1 日，马克思和恩格斯来到荷兰海牙参加国际工人协会代表大会。马克思代表总委员会作了工作报告，恩格斯代表总委员会向大会提交了揭露巴枯宁派秘密团体社会主义民主同盟的报告。大会经过激烈的斗争挫败了巴枯宁分子的分裂阴谋，并决定把巴枯宁等开除出国际。大会批准了伦敦代表会议关于无产阶级必须建立独立政党的决议，并决定把这一内容补入国际工人协会的章程。大会还决定把总委员会驻地迁往纽约。(49-54)

49. 抵达海牙（中国画）　马振声

50. 恩格斯在海牙代表大会上发言 （素描） 茹科夫
51. 国际工人协会纽约支部发给恩格斯出席海牙代表大会的委托书
52. 海牙代表大会代表名单（部分）
53. 海牙代表大会结束后代表们步出会场（当时的版画）
54. 1872 年在伦敦出版的海牙代表大会决议单行本的扉页

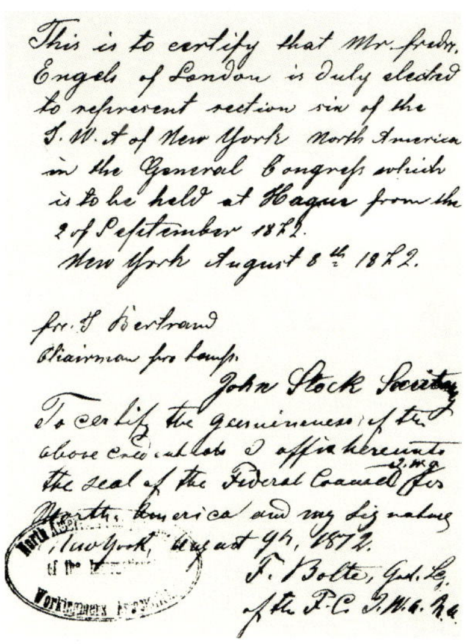

This is to certify that Mr. Fredr. Engels of London is duly elected to represent section six of the I. W. A. of New York North America in the General Congress which is to be held at Hague from the 2 of September 1872.
New York August 8th 1872.

Fr. J. Bertrand
Chairman pro temp.
John Stock Secretary

To certify the genuineness of the above credentials I affix hereunto the seal of the Federal Council for North America and my signature.
New York, August 9th, 1872.
F. Bolte, Gen. Sec.
of the F. C. I. W. A. N. A.

51

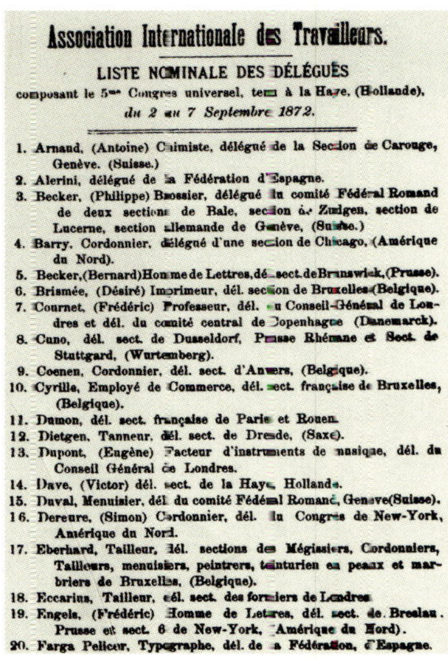

Association Internationale des Travailleurs.

LISTE NOMINALE DES DÉLÉGUÉS
composant le 5me Congrès universel, tenu à la Haye, (Hollande),
du 2 au 7 Septembre 1872.

1. Arnaud, (Antoine) Chimiste, délégué de la Section de Carouge, Genève. (Suisse.)
2. Alerini, délégué de la Fédération d'Espagne.
3. Becker, (Philippe) Brossier, délégué du comité Fédéral Romand de deux sections de Bale, section de Zurigen, section de Lucerne, section allemande de Genève, (Suisse.)
4. Barry, Cordonnier, délégué d'une section de Chicago, (Amérique du Nord).
5. Becker, (Bernard) Homme de Lettres, dél. sect. de Brunswick, (Prusse).
6. Brismée, (Désiré) Imprimeur, dél. section de Bruxelles (Belgique).
7. Cournet, (Frédéric) Professeur, dél. au Conseil-Général de Londres et dél. du comité central de Copenhague (Danemarck).
8. Cuno, dél. sect. de Dusseldorf, Prusse Rhénane et Sect. de Stuttgard, (Wurtemberg).
9. Coenen, Cordonnier, dél. sect. d'Anvers, (Belgique).
10. Cyrille, Employé de Commerce, dél. sect. française de Bruxelles, (Belgique).
11. Dumon, dél. sect. française de Paris et Rouen.
12. Dietgen, Tanneur, dél. sect. de Dresde, (Saxe).
13. Dupont, (Eugène) Facteur d'instruments de musique, dél. du Conseil Général de Londres.
14. Dave, (Victor) dél. sect. de la Haye, Hollande.
15. Duval, Menuisier, dél. du comité Fédéral Romand, Genève (Suisse).
16. Dereure, (Simon) Cordonnier, dél. du Congrès de New-York, Amérique du Nord.
17. Eberhard, Tailleur, dél. sections des Mégissiers, Cordonniers, Tailleurs, menuisiers, peintrers, teinturien en peaux et marbriers de Bruxelles, (Belgique).
18. Eccarius, Tailleur, dél. sect. des formiers de Londres
19. Engels, (Frédéric) Homme de Lettres, dél. sect. de Breslau, Prusse et sect. 6 de New-York, (Amérique du Nord).
20. Farga Pellicer, Typographe, dél. de la Fédération, d'Espagne.

52

53

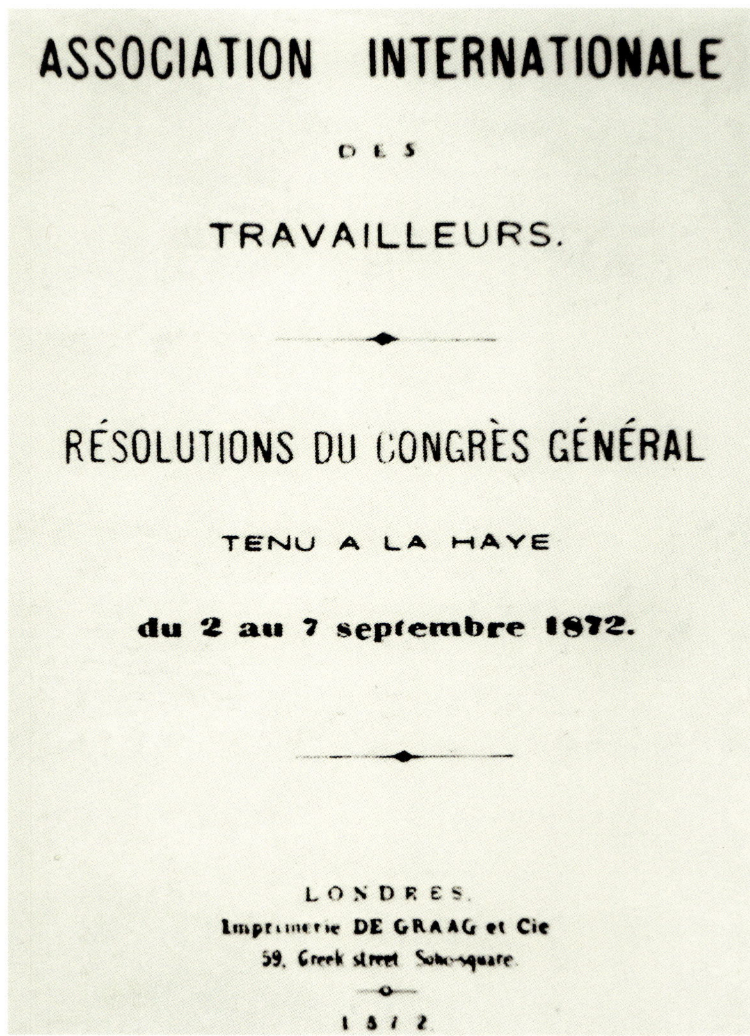

ASSOCIATION INTERNATIONALE

DES

TRAVAILLEURS.

RÉSOLUTIONS DU CONGRÈS GÉNÉRAL

TENU A LA HAYE

du 2 au 7 septembre 1872.

LONDRES.
Imprimerie DE GRAAG et Cie
59, Greek street Soho-square.
1872

54

这些先生见过革命没有？革命无疑是天下最权威的东西。革命就是一部分人用枪杆、刺刀、大炮，即用非常权威的手段强迫另一部分人接受自己的意志。获得胜利的政党如果不愿意失去自己努力争得的成果，就必须凭借它以武器对反动派造成的恐惧，来维持自己的统治。要是巴黎公社面对资产者没有运用武装人民这个权威，它能支持哪怕一天吗？反过来说，难道我们没有理由责备公社把这个权威用得太少了吗？

——恩格斯

海牙代表大会后，马克思和恩格斯继续揭露巴枯宁分子的面目，进一步批判巴枯宁的无政府主义理论。（55-56）

55. 马克思和恩格斯写的《社会主义民主同盟和国际工人协会》扉页

56. 意大利《共和国年鉴》1874年卷及其所载的恩格斯《论权威》一文

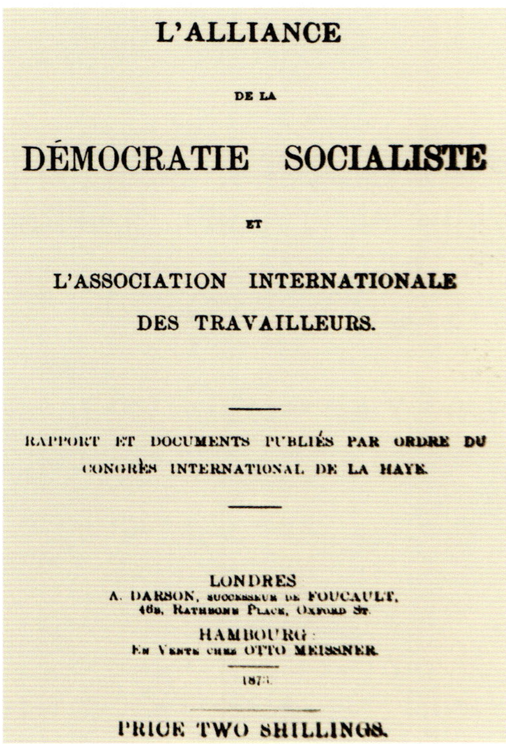

L'ALLIANCE

DE LA

DÉMOCRATIE SOCIALISTE

ET

L'ASSOCIATION INTERNATIONALE

DES TRAVAILLEURS.

RAPPORT ET DOCUMENTS PUBLIÉS PAR ORDRE DU CONGRÈS INTERNATIONAL DE LA HAYE.

LONDRES

A. DARSON, SUCCESSEUR DE FOUCAULT, 46B, RATHBONE PLACE, OXFORD ST.

HAMBOURG:

EN VENTE CHEZ OTTO MEISSNER.

1873.

PRICE TWO SHILLINGS.

55

ALMANACCO REPUBBLICANO

PER

L'ANNO 1874

ANNO TERZO

(PUBBLICAZIONE DEL GIORNALE LA PLEBE)

Compilatore:

ENRICO BIGNAMI.

Collaboratori:

MILANO

E. POLITTI TIPOGRAFO EDITORE

Circonvall. di P. Nuova, N. 120-E.

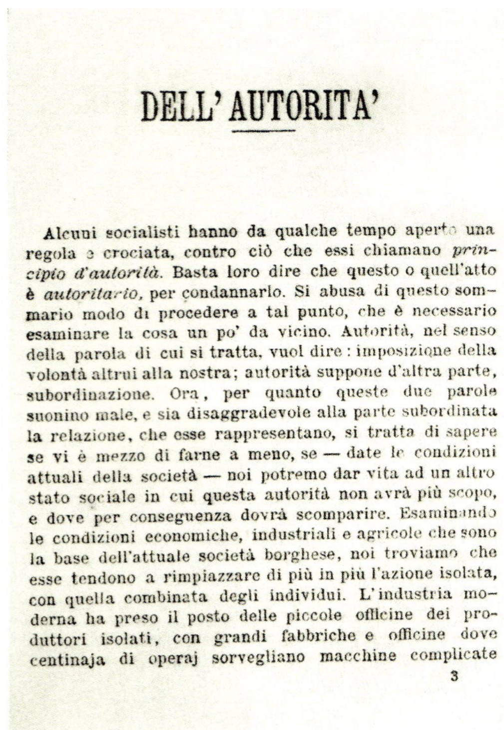

DELL' AUTORITA'

Alcuni socialisti hanno da qualche tempo aperto una regola e crociata, contro ciò che essi chiamano *principio d'autorità*. Basta loro dire che questo o quell'atto è *autoritario*, per condannarlo. Si abusa di questo sommario modo di procedere a tal punto, che è necessario esaminare la cosa un po' da vicino. Autorità, nel senso della parola di cui si tratta, vuol dire: imposizione della volontà altrui alla nostra; autorità suppone d'altra parte, subordinazione. Ora, per quanto queste due parole suonino male, e sia disaggradevole alla parte subordinata la relazione, che esse rappresentano, si tratta di sapere se vi è mezzo di farne a meno, se — date le condizioni attuali della società — noi potremo dar vita ad un altro stato sociale in cui questa autorità non avrà più scopo, e dove per conseguenza dovrà scomparire. Esaminando le condizioni economiche, industriali e agricole che sono la base dell'attuale società borghese, noi troviamo che esse tendono a rimpiazzare di più in più l'azione isolata, con quella combinata degli individui. L'industria moderna ha preso il posto delle piccole officine dei produttori isolati, con grandi fabbriche e officine dove centinaja di operaj sorvegliano macchine complicate

3

56

第七章

与马克思共同奋斗的最后十年

从19世纪70年代开始，马克思和恩格斯为指导欧美国家无产阶级建立自己的政党倾注了大量心血。为了保证马克思克服疾病困扰、继续从事《资本论》的写作，恩格斯越来越多地承担了指导国际工人运动的工作。

马克思和恩格斯一直非常注意提高德国工人运动的理论水平。1872—1873年，恩格斯在德国社会民主工党（爱森纳赫派）机关报《人民国家报》发表《论住宅问题》，批判了蒲鲁东主义者和资产阶级改良主义者提出的种种“救世计划”，阐发了科学社会主义的基本原理。当爱森纳赫派同拉萨尔派（全德工人联合会）酝酿合并的时候，马克思和恩格斯提醒党的领导人必须坚持科学社会主义原则，保持党在思想上的纯洁性。1875年2月两派召开了合并预备会议并拟订了纲领草案，恩格斯立即写信给倍倍尔，严厉批评了爱森纳赫派对拉萨尔派所作的无原则让步和纲领中的拉萨尔主义观点，阐述了科学社会主义的重要思想。这封信在思想上、理论上同马克思的《哥达纲领批判》完全一致，表明了马克思和恩格斯的共同立场。

1876年，德国小资产阶级社会主义者欧根·杜林在哲学、政治经济学和社会主义理论领域宣扬的错误观点对德国社会主义工人党造成严重危害。马克思和恩格斯决定予以反击。恩格斯在1876—1878年撰写了《欧根·杜林先生在科学中实行的变革》（简称《反杜林论》），彻底批判了杜林的错误观点，驳斥了他对马克思主义的歪曲和诋毁，系统地阐述了马克思主义哲学、政治经济学和科学社会主义的基本原理。《反杜林论》在广大工人运动活动家中产生了巨大反响，有力地推进了马克思主义理论的传播。恩格斯把《反杜林论》中的部分章节改编成《社会主义从空想到科学的发展》，马克思称它是“科学社会主义的入门”。

1878年10月，俾斯麦政府为镇压日益壮大的无产阶级革命运动，颁布了反社会党人非常法。马克思和恩格斯针对这部法令实施后德国党内出现的错误思想倾向，一方面批判了不顾现实条件、盲目要求进攻的“左”倾错误，另一方面批判了要求党服从政府法令、走“合法的”改良主义道路的右倾观点。马克思和恩格斯1879年9月在写给倍倍尔、李卜克内西、白拉克等人的通告信中严厉批判了党内的改良主义主张，重申阶级斗争对现代社会变革的巨大作用。

1880年5月，马克思和恩格斯应法国工人党领导人茹·盖得和保·拉法格的请求，帮助该党起草了纲领的理论部分，给新生的法国工人党以有力的理论支持，并进一步阐发和丰富了《共产党宣言》的基本观点。

1873—1882年，恩格斯撰写了《自然辩证法》手稿。这部著作是恩格斯研究自然界和自然科学中的辩证法问题的重要成果，为马克思主义哲学的自然辩证法学科奠定了理论基础。

1883年3月14日，马克思与世长辞。恩格斯在马克思的葬仪上发表了重要讲话，高度评价了马克思作为伟大革命家和思想家的一生，指出：“他的英名和事业将永垂不朽！”

01. 19世纪70年代的马克思和恩格斯（素描） 茹科夫

当资本主义生产方式还存在的时候，企图单独解决住宅问题或其他任何同工人命运有关的社会问题都是愚蠢的。解决办法在于消灭资本主义生产方式，由工人阶级自己占有全部生活资料和劳动资料。

——恩格斯

1872—1873年，恩格斯为批判《人民国家报》上有关住宅问题的几篇文章中的错误观点，写了《论住宅问题》，批判了蒲鲁东主义和资产阶级改良主义，阐发了科学社会主义的基本原理。(02–04)

02. 工人家庭因付不起房租正被赶出住宅

03. 刊载《论住宅问题》第一篇文章《蒲鲁东怎样解决住宅问题》的1872年6月26日《人民国家报》

04. 恩格斯《论住宅问题》1872年莱比锡版单行本扉页，上面有恩格斯赠书给劳拉·拉法格的题词。

02

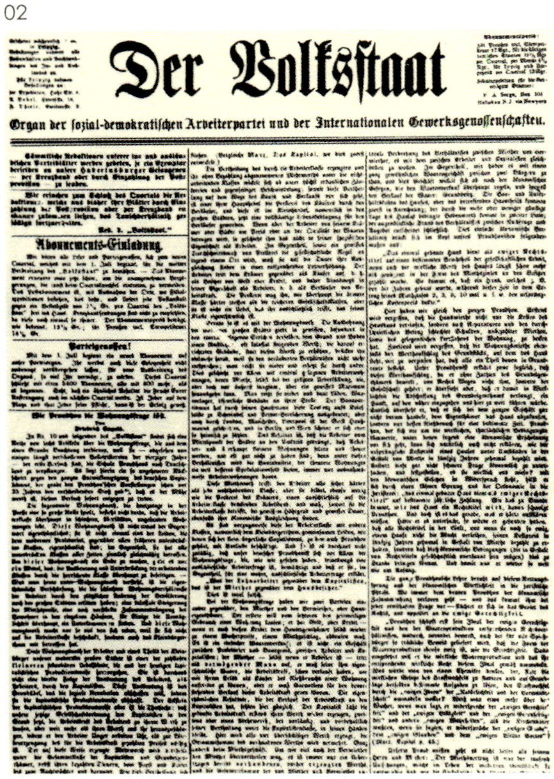

Der Volksstaat

Organ der sozial-demokratischen Arbeiterpartei und der Internationalen Gewerksgenossenschaften.

03

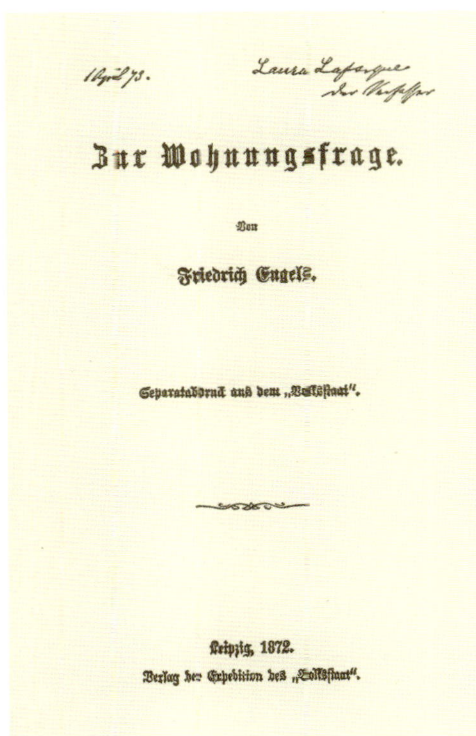

April 73. Laura Lafargue d. Verfasser

Zur Wohnungsfrage.

Von

Friedrich Engels.

Separatabdruck aus dem „Volksstaat".

Leipzig, 1872.

Verlag der Expedition des „Volksstaat".

04

一般说来，一个政党的正式纲领没有它的实际行动那样重要。但是，一个新的纲领毕竟总是一面公开树立起来的旗帜，而外界就根据它来判断这个党。

——恩格斯

1875 年 2 月，德国社会民主工党（爱森纳赫派）和全德工人联合会（拉萨尔派）在哥达召开合并预备会议，并拟订了纲领草案。恩格斯看到纲领草案后立即写信给奥·倍倍尔，严厉批评爱森纳赫派对拉萨尔派作无原则让步。马克思写了《德国工人党纲领批注》，即著名的《哥达纲领批判》，对纲领草案中的拉萨尔主义观点作了系统批判。(05-10)

05. 恩格斯 1875 年 3 月 18—28 日给奥·倍倍尔的信

06. 马克思 1875 年 5 月 5 日给威廉·白拉克的信以及《德国工人党纲领批注》的开头部分

07. 1875 年 5 月 22—27 日在哥达蒂沃利饭店举行的德国社会民主党人合并代表大会

08. 奥古斯特·倍倍尔（1840—1913），国际工人运动活动家，德国社会民主工党（爱森纳赫派）创始人和领导人之一。

09. 威廉·白拉克（1842—1880），德国社会民主工党（爱森纳赫派）创始人和领导人之一。

10. 威廉·李卜克内西（1826—1900），国际工人运动活动家，德国社会民主工党（爱森纳赫派）创始人和领导人之一。

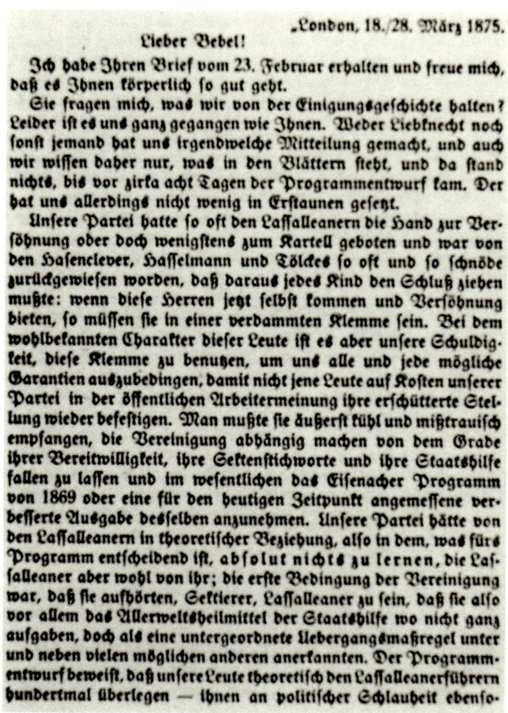

„London, 18./28. März 1875.

Lieber Bebel!

Ich habe Ihren Brief vom 23. Februar erhalten und freue mich, daß es Ihnen körperlich so gut geht.

Sie fragen mich, was wir von der Einigungsgeschichte halten? Leider ist es uns ganz gegangen wie Ihnen. Weder Liebknecht noch sonst jemand hat uns irgendwelche Mitteilung gemacht, und auch wir wissen daher nur, was in den Blättern steht, und da stand nichts, bis vor zirka acht Tagen der Programmentwurf kam. Der hat uns allerdings nicht wenig in Erstaunen gesetzt.

Unsere Partei hatte so oft den Lassalleanern die Hand zur Versöhnung oder doch wenigstens zum Kartell geboten und war von den Hasenclever, Hasselmann und Tölckes so oft und so schnöde zurückgewiesen worden, daß daraus jedes Kind den Schluß ziehen mußte: wenn diese Herren jetzt selbst kommen und Versöhnung bieten, so müssen sie in einer verdammten Klemme sein. Bei dem wohlbekannten Charakter dieser Leute ist es aber unsere Schuldigkeit, diese Klemme zu benutzen, um uns alle und jede mögliche Garantien auszubedingen, damit nicht jene Leute auf Kosten unserer Partei in der öffentlichen Arbeitermeinung ihre erschütterte Stellung wieder befestigen. Man mußte sie äußerst kühl und mißtrauisch empfangen, die Vereinigung abhängig machen von dem Grade ihrer Bereitwilligkeit, ihre Sektenstichworte und ihre Staatshilfe fallen zu lassen und im wesentlichen das Eisenacher Programm von 1869 oder eine für den heutigen Zeitpunkt angemessene verbesserte Ausgabe desselben anzunehmen. Unsere Partei hätte von den Lassalleanern in theoretischer Beziehung, also in dem, was fürs Programm entscheidend ist, absolut nichts zu lernen, die Lassalleaner aber wohl von ihr; die erste Bedingung der Vereinigung war, daß sie aufhörten, Sektierer, Lassalleaner zu sein, daß sie also vor allem das Allerweltsheilmittel der Staatshilfe wo nicht ganz aufgaben, doch als eine untergeordnete Uebergangsmaßregel unter und neben vielen möglichen anderen anerkannten. Der Programmentwurf beweist, daß unsere Leute theoretisch den Lassalleanerführern hundertmal überlegen — ihnen an politischer Schlauheit ebenso-

05

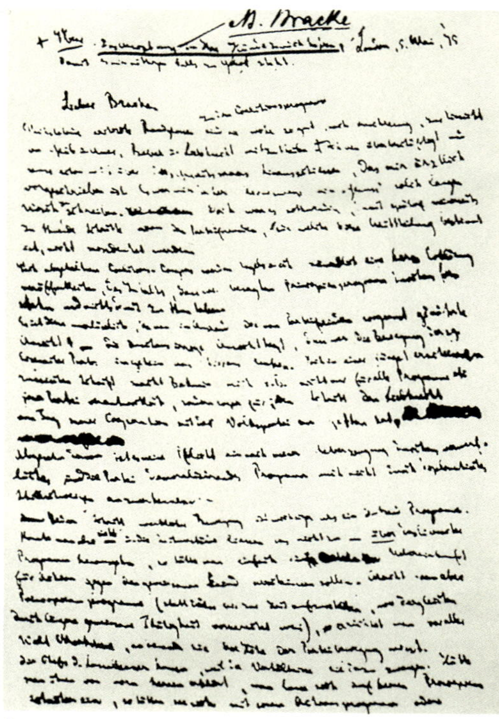

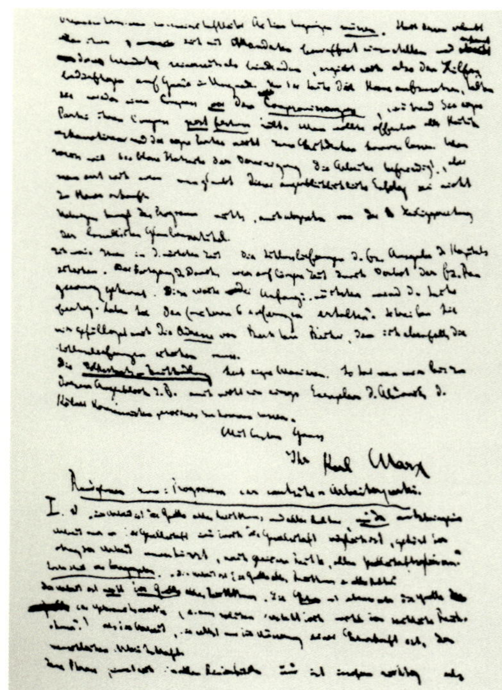

06

07

08

09

10

19 世纪 70 年代中期，德国小资产阶级社会主义者杜林的思想在德国社会主义工人党内广泛传播，给社会主义运动带来严重危害。马克思和恩格斯认为必须对杜林的思想进行揭露和批判。恩格斯用两年时间写了《欧根·杜林先生在科学中实行的变革》（简称《反杜林论》），马克思帮助收集有关资料，并写了第二编第十章《〈批判史〉论述》的初稿《评杜林〈国民经济学批判史〉》。这部著作系统地阐明了马克思主义哲学、政治经济学和科学社会主义的基本原理。(11-16)

11. “啃酸果”——写作《反杜林论》（木刻） 许钦松
12. 恩格斯为写作《反杜林论》作的笔记
13. 马克思《评杜林〈国民经济学批判史〉》手稿的第 1 页
14. 欧根·卡尔·杜林（1833—1921），德国折中主义哲学家和庸俗经济学家，小资产阶级社会主义者。

11

现在恩格斯正忙于写他的批判杜林的著作。这对他来说是一个巨大的牺牲，因为他不得不为此而停写更加重要得多的著作。

……

不仅普通工人和像莫斯特本人那样的、自以为在很短时期内就能知道一切并学会评论一切的曾经是工人的人，而巨真正有科学知识的人，都能够从恩格斯的正面阐述中汲取许多东西。

——马克思

本书所阐述的世界观，绝大部分是由马克思确立和阐发的，而只有极小的部分是属于我的，所以，我的这种阐述不可能在他不了解的情况下进行，这在我们相互之间是不言而喻的。在付印之前，我曾把全部原稿念给他听，而且经济学那一编的第十章（《〈批判史〉论述》）就是马克思写的，只是由于外部的原因，我才不得不很遗憾地把它稍加缩短。在各种专业上互相帮助，这早就成了我们的习惯。

——恩格斯

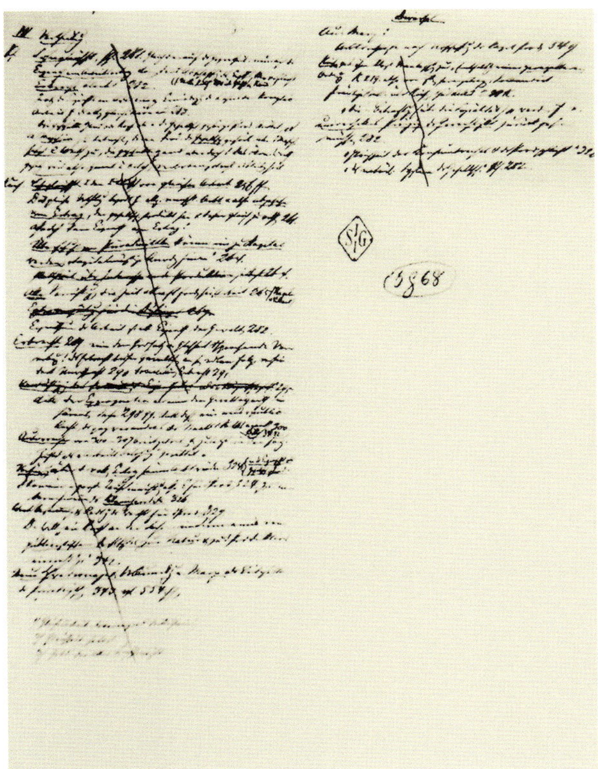

12

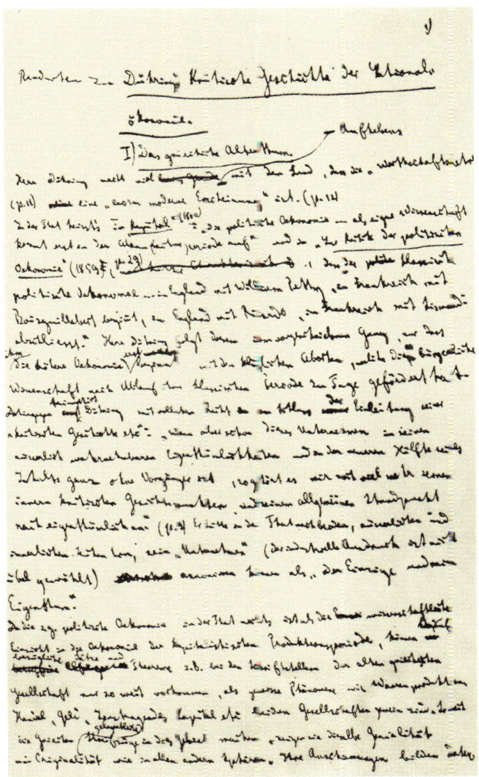

13

14

自从马克思的《资本论》问世以来，这些收拾杜林的文章是党内涌现出来的最重要的科学著作。

——威廉·李卜克内西

70年代下半期的年轻人，至今还记得当时受压制的党在选举中取得的令人自豪的胜利，也还铭记恩格斯的那本不胫而走的书。这部著作引导当时党内许多不甚了解马克思主义伟大思想的人提高了认识，并对后来的发展起了决定性作用。那时，人们的视野变得多么开阔！

——康拉德·施米特

15. 1877年1月3日《欧根·杜林先生在哲学中实行的变革》（即《反杜林论》第一编）开始在《前进报》发表

16. 《反杜林论》单行本第1版扉页

Vorwärts

Central-Organ der Sozialdemokratie Deutschlands.

Nr. 1. Mittwoch, 3. Januar. 1877.

Die feindlichen Brüder.

Herrn Eugen Dühring's Umwälzung der Philosophie.

Von Friedrich Engels.

I.

Parlamentarischer Tugendspiegel.

15

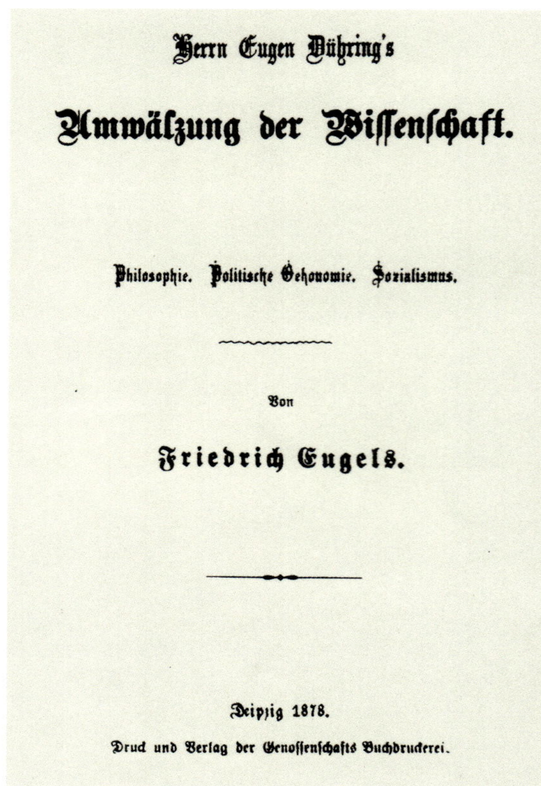

Herrn Eugen Dühring's

Umwälzung der Wissenschaft.

Philosophie. Politische Oekonomie. Sozialismus.

Von

Friedrich Engels.

Leipzig 1878.

Druck und Verlag der Genossenschafts-Buchdruckerei.

16

1880 年，恩格斯把《反杜林论》中的三章改写成一篇独立的通俗著作，由保·拉法格译成法文，以《空想社会主义和科学社会主义》为题发表在《社会主义评论》上，并出版了单行本，马克思在为该著写的前言中称它是“科学社会主义的入门”。1883 年这部著作出版了德文版，书名改为《社会主义从空想到科学的发展》。(17-18)

17. 《空想社会主义和科学社会主义》1880 年法文版扉页

18. 《社会主义从空想到科学的发展》1883 年德文第 1 版扉页，出版时扉页上写的是 1882 年。

Bibliothèque de la REVUE SOCIALISTE

I.

SOCIALISME UTOPIQUE

ET

SOCIALISME SCIENTIFIQUE

PAR

FRÉDÉRIC ENGELS

Traduction française par

PAUL LAFARGUE

Prix : 50 centimes

PARIS

DERVEAUX LIBRAIRE-ÉDITEUR

32, Rue d'Angoulême, 32

1880

17

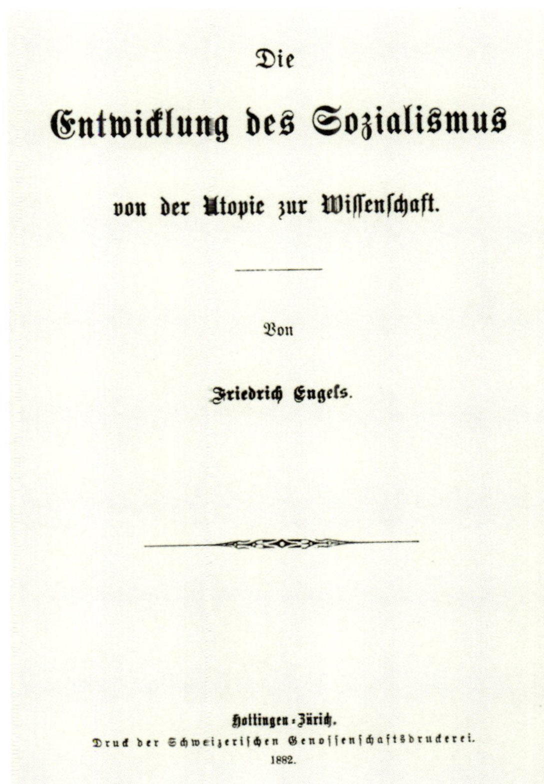

Die

Entwicklung des Sozialismus

von der Utopie zur Wissenschaft.

Von

Friedrich Engels.

Hottingen-Zürich.

Druck der Schweizerischen Genossenschaftsdruckerei.

1882.

18

1873年起，恩格斯深入研究自然界和自然科学中的辩证法问题，拟撰写《自然辩证法》一书。1873—1882年间，他写了大量论文、札记和片断，但这部著作最终没有完成。恩格斯在这部手稿中科学地概括了19世纪中叶自然科学的重要成就，批判了自然科学研究中的形而上学和唯心主义观点，丰富和发展了唯物辩证法。在写作过程中恩格斯广泛研究自然科学的发展历程和最新成果，并同有关自然科学家共同探讨哲学问题。(19-25)

---

19. 恩格斯1873年5月30日给马克思的信，信中论述了关于《自然辩证法》的构思。
20. 《自然辩证法》的总计划草案
21. 《自然辩证法》第一束材料的第1页
22. 恩格斯关于电的量度的札记

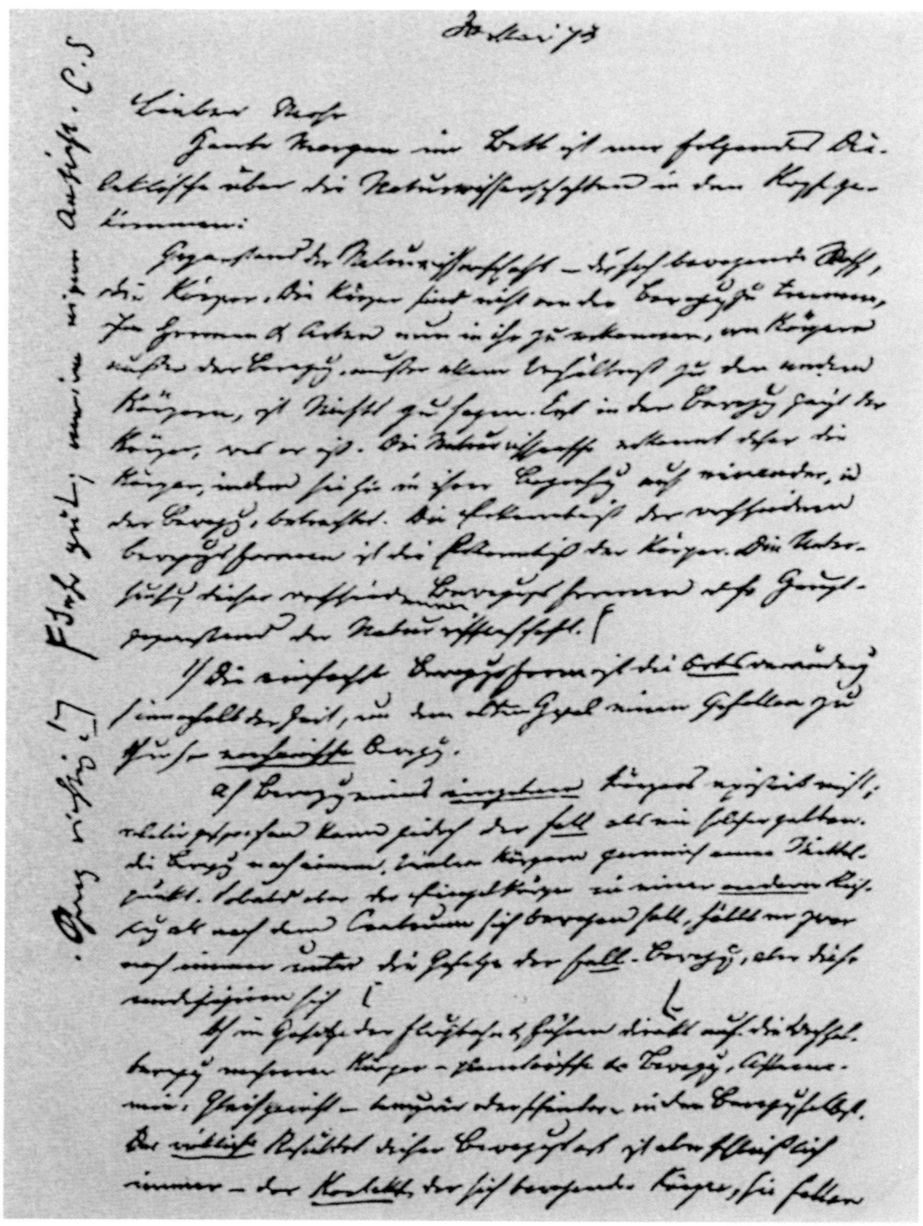

19

我们每走一步都要记住：我们决不像征服者统治异族人那样支配自然界，决不像站在自然界之外的人似的去支配自然界——相反，我们连同我们的肉、血和头脑都是属于自然界和存在于自然界之中的；我们对自然界的整个支配作用，就在于我们比其他一切生物强，能够认识和正确运用自然规律。

——恩格斯

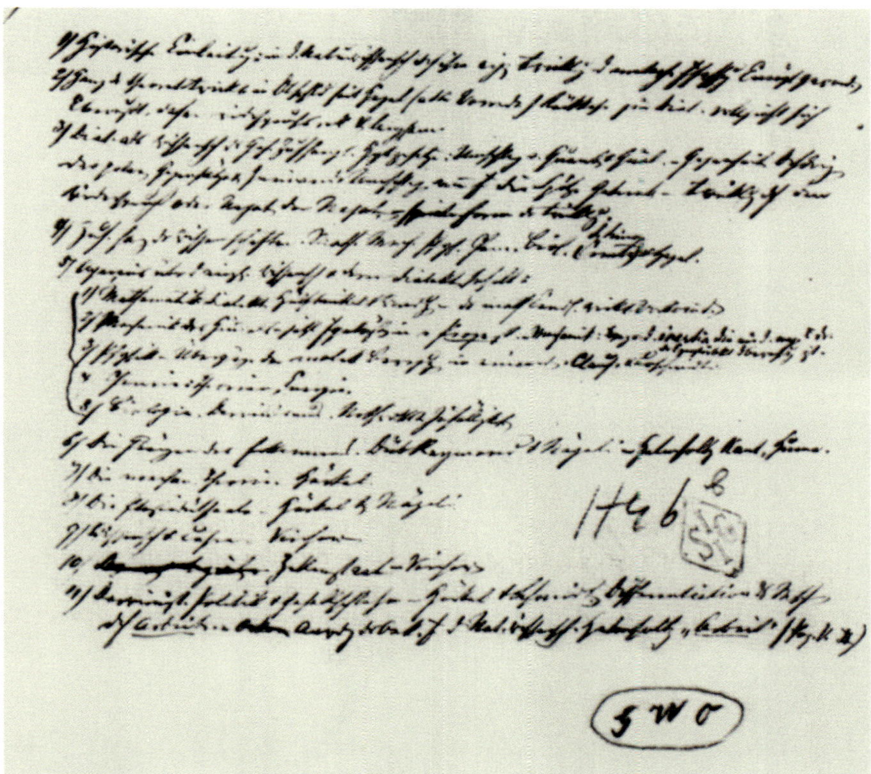

20

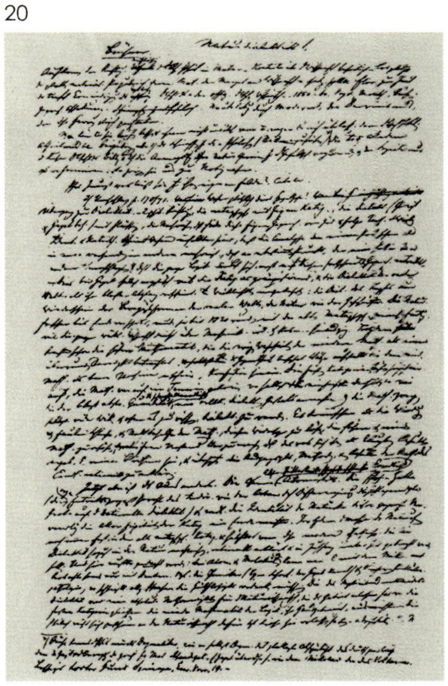

21

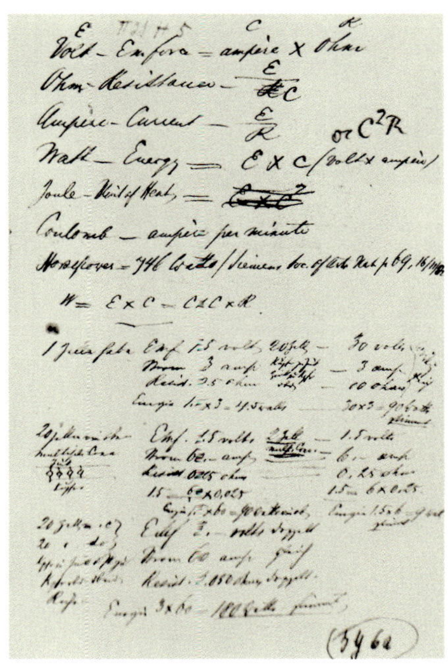

22

23

24

23. 卡尔·肖莱马（1834—1892），德国化学家，马克思和恩格斯经常同他一起讨论自然科学问题。
24. 查理·罗伯特·达尔文（1809—1882），英国自然科学家，生物进化论的奠基人，他的研究成果得到马克思和恩格斯的高度评价。
25. 恩格斯与肖莱马 （木刻） 李以泰

25

1878 年 10 月，俾斯麦政府颁布反社会党人非常法，德国社会主义工人党被宣布为非法，党内出现了以卡尔·赫希柏格、卡尔·奥古斯特·施拉姆、爱德华·伯恩施坦为代表的右倾机会主义倾向。马克思和恩格斯给德国党的领导人写了一封通告信，批评了赫希柏格等人企图把德国党变成改良主义政党的错误主张。（26-28）

26. 马克思和恩格斯 1879 年 9 月 17—18 日给奥·倍倍尔等人通告信的第 1 页
27. 刊载有反社会党人非常法的 1878 年 10 月 22 日《帝国法律报》第 34 期
28. 奥托·俾斯麦（1815—1898），普鲁士首相和德意志帝国首相。

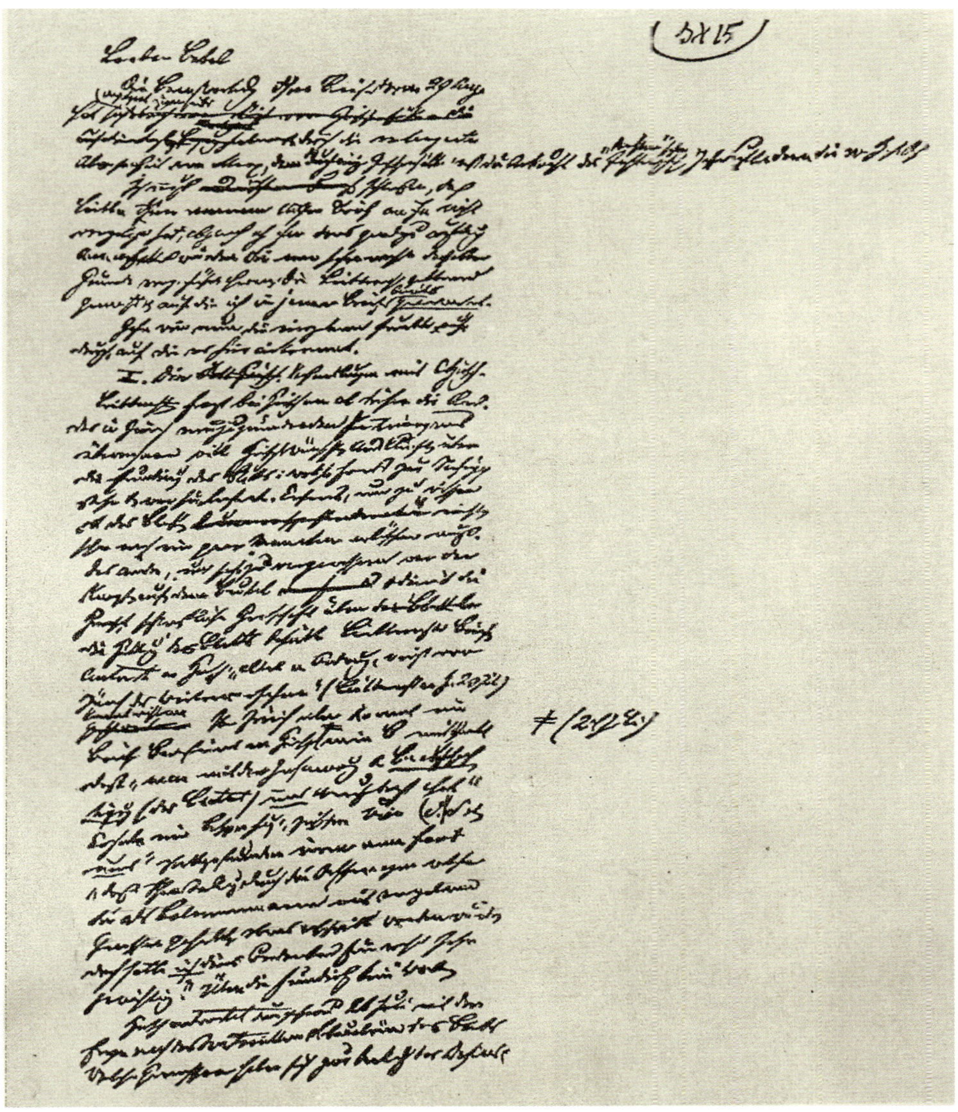

26

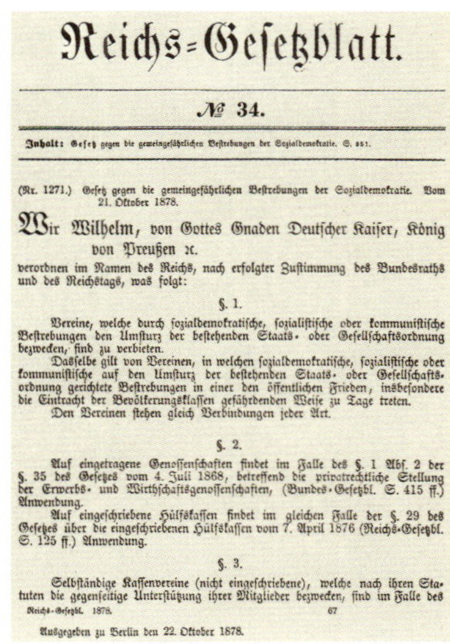

Reichs-Gesetzblatt.

№ 34.

Inhalt: Gesetz gegen die gemeingefährlichen Bestrebungen der Sozialdemokratie. S. 351.

(Nr. 1271.) Gesetz gegen die gemeingefährlichen Bestrebungen der Sozialdemokratie. Vom 21. Oktober 1878.

Wir Wilhelm, von Gottes Gnaden Deutscher Kaiser, König von Preußen rc.

verordnen im Namen des Reichs, nach erfolgter Zustimmung des Bundesraths und des Reichstags, was folgt:

§. 1.

Vereine, welche durch sozialdemokratische, sozialistische oder kommunistische Bestrebungen den Umsturz der bestehenden Staats- oder Gesellschaftsordnung bezwecken, sind zu verbieten.

Dasselbe gilt von Vereinen, in welchen sozialdemokratische, sozialistische oder kommunistische auf den Umsturz der bestehenden Staats- oder Gesellschaftsordnung gerichtete Bestrebungen in einer den öffentlichen Frieden, insbesondere die Eintracht der Bevölkerungsklassen gefährdenden Weise zu Tage treten.

Den Vereinen stehen gleich Verbindungen jeder Art.

§. 2.

Auf eingetragene Genossenschaften findet im Falle des §. 1 Abs. 2 der §. 35 des Gesetzes vom 4. Juli 1868, betreffend die privatrechtliche Stellung der Erwerbs- und Wirthschaftsgenossenschaften, (Bundes-Gesetzbl. S. 415 ff.) Anwendung.

Auf eingeschriebene Hülfskassen findet im gleichen Falle der §. 29 des Gesetzes über die eingeschriebenen Hülfskassen vom 7. April 1876 (Reichs-Gesetzbl. S. 125 ff.) Anwendung.

§. 3.

Selbständige Kassenvereine (nicht eingeschriebene), welche nach ihren Statuten die gegenseitige Unterstützung ihrer Mitglieder bezwecken, sind im Falle des

Reichs-Gesetzbl. 1878. 67

Ausgegeben zu Berlin den 22. Oktober 1878.

27

28

1879 年 10 月，法国工人党成立，委托茹·盖得制定党的纲领。在保·拉法格的建议下，盖得于 1880 年 5 月来到伦敦，向马克思和恩格斯请教。在恩格斯家，马克思和恩格斯帮助盖得和拉法格制定了法国工人党纲领草案，马克思口授了纲领的理论部分《法国工人党纲领导言（草案）》。(29-31)

29. 载有马克思《法国工人党纲领导言（草案）》的 1880 年 6 月 30 日《平等报》第 24 号
30. 茹尔·盖得（1845—1922），国际工人运动活动家，法国工人党创始人之一。
31. 保尔·拉法格（1842—1911），国际工人运动活动家，法国工人党创始人之一。

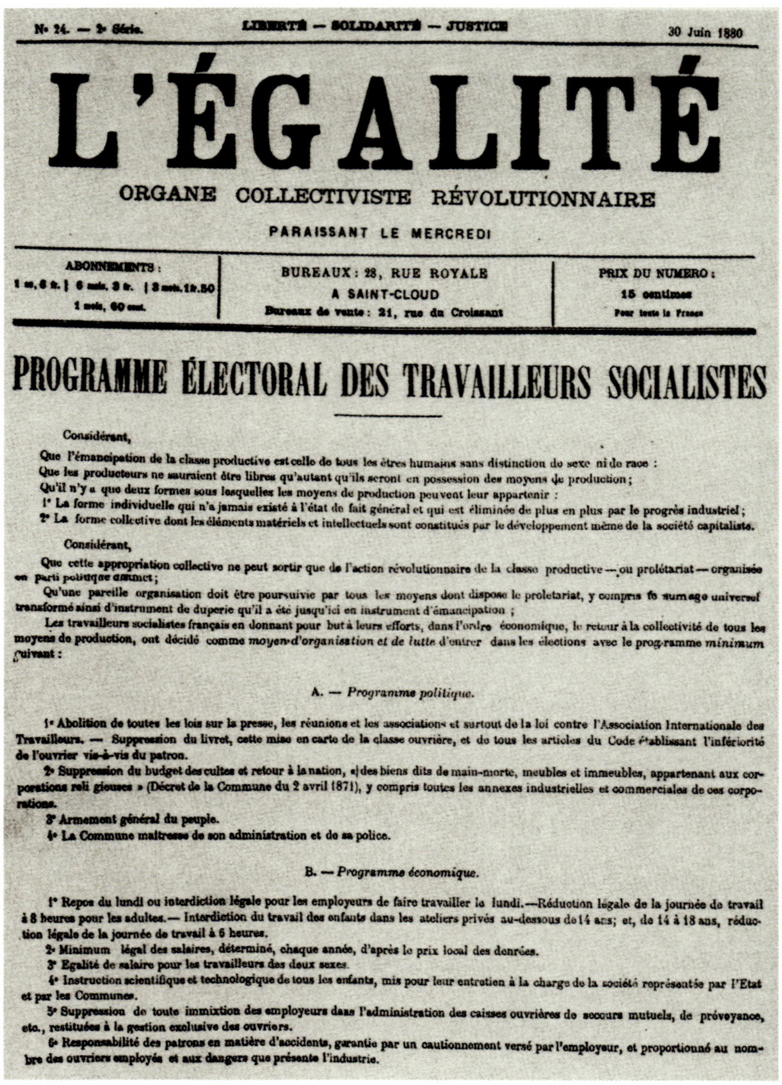

N° 24. — 2e Série. LIBERTÉ — SOLIDARITÉ — JUSTICE 30 Juin 1880

L'ÉGALITÉ

ORGANE COLLECTIVISTE RÉVOLUTIONNAIRE

PARAISSANT LE MERCREDI

ABONNEMENTS : 1 an, 6 fr. | 6 mois, 3 fr. | 3 mois, 1 fr. 50 — 1 mois, 60 cent.	BUREAUX : 28, RUE ROYALE A SAINT-CLOUD — Bureaux de vente : 21, rue du Croissant	PRIX DU NUMERO : 15 centimes — Pour toute la France

PROGRAMME ÉLECTORAL DES TRAVAILLEURS SOCIALISTES

Considérant,

Que l'émancipation de la classe productive est celle de tous les êtres humains sans distinction de sexe ni de race :

Que les producteurs ne sauraient être libres qu'autant qu'ils seront en possession des moyens de production ;

Qu'il n'y a que deux formes sous lesquelles les moyens de production peuvent leur appartenir :

1° La forme individuelle qui n'a jamais existé à l'état de fait général et qui est éliminée de plus en plus par le progrès industriel ;

2° La forme collective dont les éléments matériels et intellectuels sont constitués par le développement même de la société capitaliste.

Considérant,

Que cette appropriation collective ne peut sortir que de l'action révolutionnaire de la classe productive — ou prolétariat — organisée en parti politique distinct ;

Qu'une pareille organisation doit être poursuivie par tous les moyens dont dispose le proletariat, y compris le suffrage universel transformé ainsi d'instrument de duperie qu'il a été jusqu'ici en instrument d'émancipation ;

Les travailleurs socialistes français en donnant pour but à leurs efforts, dans l'ordre économique, le retour à la collectivité de tous les moyens de production, ont décidé comme *moyen d'organisation et de lutte* d'entrer dans les élections avec le programme *minimum* suivant :

A. — Programme politique.

1° Abolition de toutes les lois sur la presse, les réunions et les associations et surtout de la loi contre l'Association Internationale des Travailleurs. — Suppression du livret, cette mise en carte de la classe ouvrière, et de tous les articles du Code établissant l'infériorité de l'ouvrier vis-à-vis du patron.

2° Suppression du budget des cultes et retour à la nation, « des biens dits de main-morte, meubles et immeubles, appartenant aux corporations religieuses » (Décret de la Commune du 2 avril 1871), y compris toutes les annexes industrielles et commerciales de ces corporations.

3° Armement général du peuple.

4° La Commune maîtresse de son administration et de sa police.

B. — Programme économique.

1° Repos du lundi ou interdiction légale pour les employeurs de faire travailler le lundi. — Réduction légale de la journée de travail à 8 heures pour les adultes. — Interdiction du travail des enfants dans les ateliers privés au-dessous de 14 ans ; et, de 14 à 18 ans, réduction légale de la journée de travail à 6 heures.

2° Minimum légal des salaires, déterminé, chaque année, d'après le prix local des denrées.

3° Egalité de salaire pour les travailleurs des deux sexes.

4° Instruction scientifique et technologique de tous les enfants, mis pour leur entretien à la charge de la société représentée par l'Etat et par les Communes.

5° Suppression de toute immixtion des employeurs dans l'administration des caisses ouvrières de secours mutuels, de prévoyance, etc., restituées à la gestion exclusive des ouvriers.

6° Responsabilité des patrons en matière d'accidents, garantie par un cautionnement versé par l'employeur, et proportionné au nombre des ouvriers employés et aux dangers que présente l'industrie.

29

30

31

假如俄国革命将成为西方无产阶级革命的信号而双方互相补充的话，那么现今的俄国土地公有制便能成为共产主义发展的起点。

——马克思　恩格斯

马克思和恩格斯密切关注俄国问题。1875 年，恩格斯写了《论俄国的社会问题》，论述了俄国社会发展和俄国革命前景，驳斥了俄国民粹派的错误主张，强调社会生产力的发展是实行现代社会主义变革的基本前提。(32-33)

32. 恩格斯《论俄国的社会问题》1875 年单行本扉页

33. 马克思和恩格斯共同撰写的《共产党宣言》1882 年俄文版序言手稿第 1 页

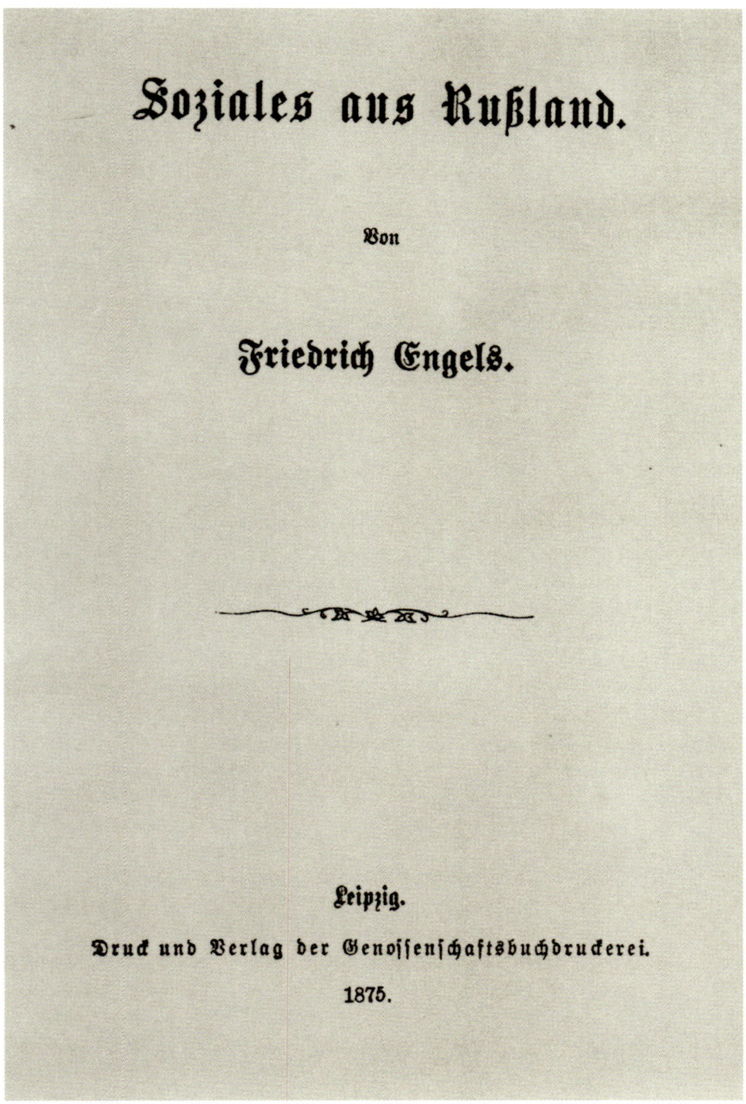

Soziales aus Rußland.

Von

Friedrich Engels.

Leipzig.

Druck und Verlag der Genossenschaftsbuchdruckerei.

1875.

32

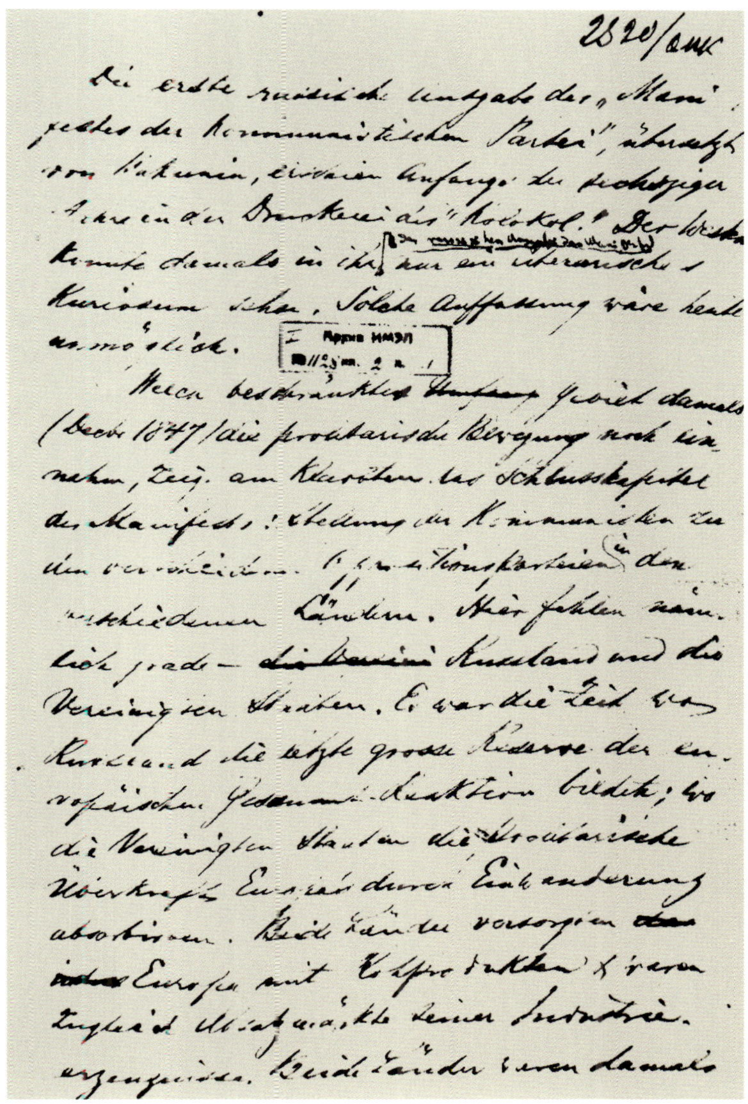

Die erste russische Ausgabe des „Manifestes der Kommunistischen Partei", übersetzt von Bakunin, erschien Anfangs der sechziger Jahre in der Druckerei des „Kolokol". Der Westen konnte damals in ihr nur ein literarisches Kuriosum sehen. Solche Auffassung wäre heute unmöglich.

Welch beschränktes Gebiet damals (Dezbr 1847) die proletarische Bewegung noch einnahm, zeigt am klarsten das Schlusskapitel des Manifests: Stellung der Kommunisten zu den verschiedenen Oppositionsparteien in den verschiedenen Ländern. Hier fehlen nämlich grade — Russland und die Vereinigten Staaten. Es war die Zeit wo Russland die letzte grosse Reserve der europäischen Gesammtreaktion bildete; wo die Vereinigten Staaten die proletarische Überkraft Europas durch Einwanderung absorbiren. Beide Länder versorgten Europa mit Rohprodukten & waren zugleich Absatzmärkte seiner Industrie. Beide Länder waren damals

33

痛失親人
一九八〇年夏月

1878 年 9 月 12 日，恩格斯的妻子莉希因病去世。恩格斯感到极度悲痛。多年以后，他在回忆莉希时深情地写道：“我的妻子也是一个地地道道的血统的爱尔兰无产者，她对本阶级的天赋的热爱，对我是无比珍贵的。”(34-37)

34. 痛失亲人 （中国画） 王为政
35. 莉迪娅（莉希）·恩格斯，父姓白恩士（1827—1878），爱尔兰女工，爱尔兰民族解放运动的参加者。
36. 恩格斯为妻子莉希所作的画像
37. 恩格斯和莉希·白恩士的结婚登记表

35

36

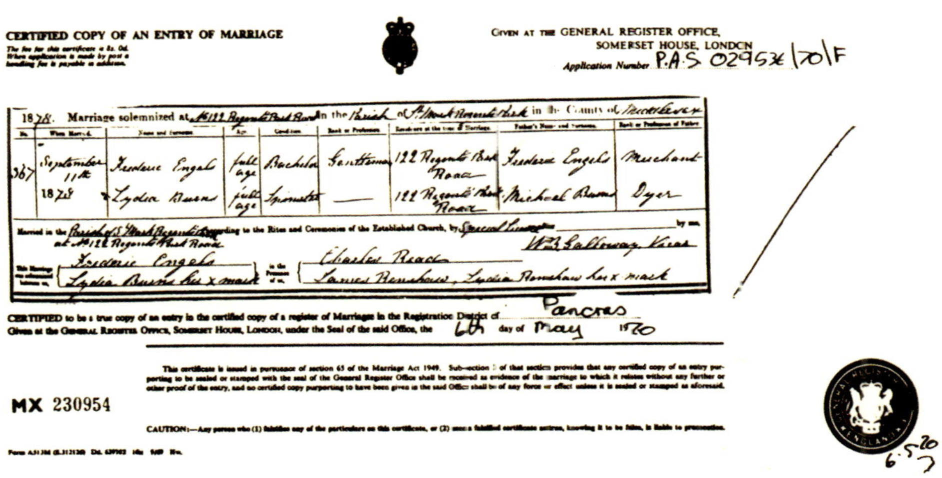

CERTIFIED COPY OF AN ENTRY OF MARRIAGE

GIVEN AT THE GENERAL REGISTER OFFICE, SOMERSET HOUSE, LONDON

Application Number P.A.S 029536/70/F

1878. Marriage solemnized at No 122 Regents Park Road in the Parish of St Mark Regents Park in the County of Middlesex								
No.	When Married	Name and Surname	Age	Condition	Rank or Profession	Residence at the time of Marriage	Father's Name and Surname	Rank or Profession of Father
367	September 11th 1878	Frederic Engels	full age	Bachelor	Gentleman	122 Regents Park Road	Frederic Engels	Merchant
		Lydia Burns	full age	Spinster	—	122 Regents Park Road	Michael Burns	Dyer

Married in the Parish of St Mark Regents Park according to the Rites and Ceremonies of the Established Church, by Special Licence by me, at No 122 Regents Park Road — W. B. Galloway, Vicar

This Marriage was solemnized between us, Frederic Engels, Lydia Burns her x mark; in the Presence of us, Charles Reade, James Renshaw, Lydia Renshaw her x mark

CERTIFIED to be a true copy of an entry in the certified copy of a register of Marriages in the Registration District of Pancras. Given at the General Register Office, Somerset House, London, under the Seal of the said Office, the 6th day of May 1970

MX 230954

CAUTION:—Any person who (1) falsifies any of the particulars on this certificate, or (2) uses a falsified certificate as true, knowing it to be false, is liable to prosecution.

37

38. 马克思（1882 年）
39. 恩格斯（1877 年）

38

39

今天下午两点多钟我去的时候，看到全家都在掉泪，说他异常地虚弱；琳蘅叫我上楼去看他，说他处在半睡的状态，当我上了楼的时候——此时她离开房间不过两分钟光景——他已完全睡着，但是长眠不醒了。19世纪下半叶最伟大的头脑停止思考了。

——恩格斯

1883年3月14日，国际无产阶级的伟大导师马克思与世长辞。从此恩格斯独自挑起领导国际工人运动的重担。(40)

40. 三月十四日（油画） 艾中信

马克思首先是一个革命家。他毕生的真正使命，就是以这种或那种方式参加推翻资本主义社会及其所建立的国家设施的事业，参加现代无产阶级的解放事业，正是他第一次使现代无产阶级意识到自身的地位和需要，意识到自身解放的条件。斗争是他的生命要素。

——恩格斯

1883 年 3 月 17 日，马克思简朴而庄严的葬仪在伦敦海格特公墓举行，他被安葬在他夫人的旁边。恩格斯发表了著名的墓前讲话。(41-43)

41. 简朴的葬仪（丙烯画） 何孔德

42. 恩格斯写的悼词草稿

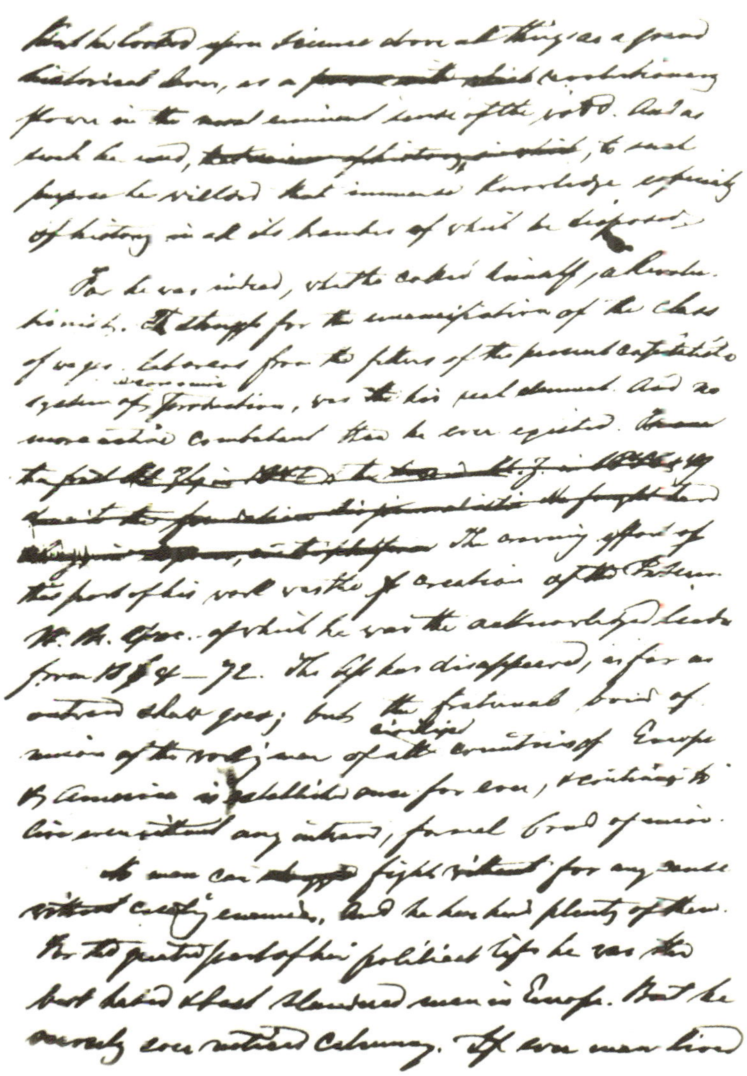

在整个欧洲和美洲，从西伯利亚矿井到加利福尼亚，千百万革命战友无不对他表示尊敬、爱戴和悼念，而我可以大胆地说：他可能有过许多敌人，但未必有一个私敌。他的英名和事业将永垂不朽!

——恩格斯

43. 伦敦海格特公墓中的马克思墓

第八章

为整理出版马克思遗著呕心沥血

马克思逝世后，恩格斯立即投入清理马克思遗稿的工作。在马克思的小女儿爱琳娜协助下，恩格斯用了整整一年时间，仔细清理了马克思留下的大量手稿、笔记、信札，以及各种文件、档案和书刊。这样做是为了妥善保存国际无产阶级的宝贵财富，而更重要的是为了整理出版马克思的遗著。恩格斯在一封信中写道："我们都在努力以应有的方式使摩尔永世长存，这将由而且应该由发表他的遗著开始。"恩格斯所说的"遗著"，首先是指马克思留下的《资本论》手稿。

《资本论》在马克思生前只出版了第一卷。病魔过早地夺去了马克思的生命，使他未能实现《资本论》的全部写作计划。他在逝世前郑重表示，《资本论》手稿应由恩格斯保存，并希望恩格斯进行整理和研究。恩格斯义无反顾地挑起了这副重担。《资本论》手稿篇幅庞大、头绪纷繁，不仅字迹难以辨认，而且许多章节尚未形成连贯、严整的文字表述。要把这些未完成的手稿编辑整理成完整系统而又保持作者原意和风格的著作，是一项极其艰巨的工作，正如恩格斯所说，"这需要花费不少的劳动，因为像马克思这样的人，他的每一个字都贵似金玉"。此后，在长达十余年的时间里，恩格斯始终以坚定不移的信念和百折不挠的毅力从事这种劳动。疾病的折磨和工作的压力没有使他犹豫和退缩，反而激发了他的斗志和热情。他说："我喜欢这种劳动，因为我又和我的老朋友在一起了。"

1884—1885 年，恩格斯完成了《资本论》第二卷手稿的整理工作。属于第二卷的手稿很多，除个别比较完整的文稿外，多半带有片断性质。恩格斯倾注了大量心血，把这些手稿编辑整理成结构完整、论述缜密的著作，使《资本论》第二卷"成为一部只是作者的而不是编者的著作"。1885 年 7 月，《资本论》第二卷出版。

1885—1894 年，恩格斯完成了《资本论》第三卷手稿的整理工作。第三卷只有一个初稿，而且极不完整。为了把这部具有重大理论价值的著作提供给工人阶级，恩格斯殚精竭虑、废寝忘食，进行了近十年的编辑整理工作。他说："在这项工作没有完成的时候，我没有片刻安宁过。"直到 1894 年底，即在恩格斯去世前几个月，《资本论》第三卷终于出版，恩格斯用自己的生命实现了亡友的嘱托。正像列宁所说："这两卷《资本论》是马克思和恩格斯两人的著作。"

恩格斯在整理马克思的遗稿时，还发现了马克思晚年对美国学者摩尔根的《古代社会》一书所作的详细摘要，其中包含马克思自己的许多批语和论述。恩格斯确信，马克思本打算运用历史唯物主义来阐明摩尔根的研究成果，但没有来得及完成。为了完成马克思的遗愿，恩格斯撰写了阐发历史唯物主义理论的著作《家庭、私有制和国家的起源》。

1891 年，恩格斯不顾德国党的某些领导人的反对，以巨大的政治勇气首次公开发表马克思的《哥达纲领批判》，并在序言中阐明了这部著作的重大理论价值和现实指导意义，有力地引导了工人阶级政党肃清机会主义影响，坚持马克思主义原则。

01. 恩格斯（1888 年摄于伦敦）

07

首先要出版《资本论》第二卷，这不是一件小事。第二册的手稿有四稿或五稿，其中只有第一稿是写完了的，而后几稿都只是开了个头。这需要花费不少的劳动，因为像马克思这样的人，他的每一个字都贵似金玉。但是，我喜欢这种劳动，因为我又和我的老朋友在一起了。

——恩格斯

1884年6月，恩格斯正式开始《资本论》第二卷和第三卷的编辑工作。为了加快工作进度，恩格斯请流亡伦敦的德国社会民主党人奥斯卡尔·艾森加尔滕做他的助手。恩格斯口授，艾森加尔滕笔录，尔后恩格斯再进行校改。这样就使这些本来难以辨认的手稿成了清楚易读的编辑稿。(07-15)

07. 口授《资本论》手稿 （中国画） 姚有多

08. 恩格斯为马克思《资本论》第2卷手稿的笔记本所加的目录

09. 马克思《资本论》第2卷手稿第Ⅵ稿的第12页

10.《资本论》第2卷第三篇编辑稿第195页，左栏为艾森加尔滕书写的文字，恩格斯作了修改和补充。

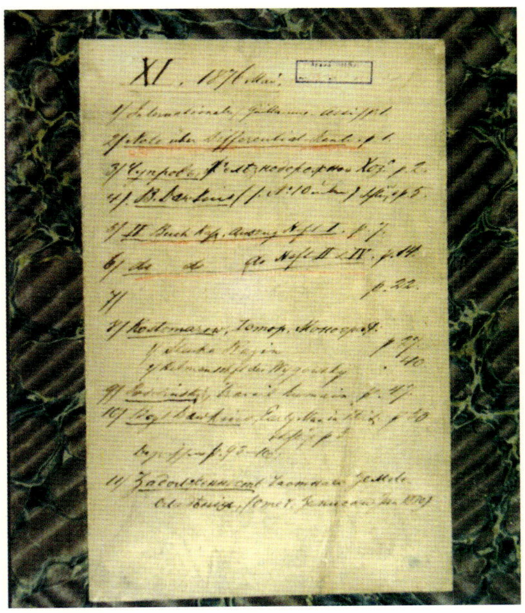

08

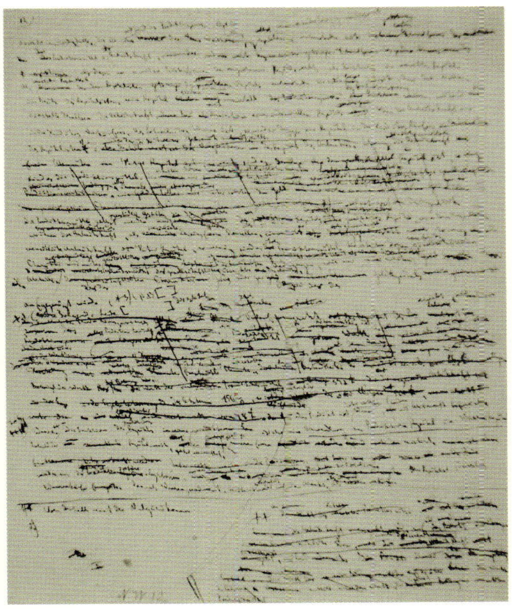

09

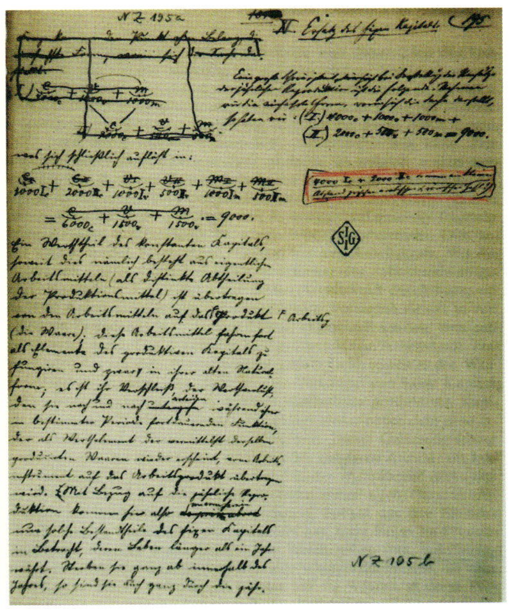

10

第三卷的工作正在全力以赴。这个包含着最后的并且是极其出色的研究成果的第三卷，一定会使整个经济学发生彻底的变革，并将引起巨大的反响。

——恩格斯

11. 马克思《资本论》第 3 卷手稿的一页，上面有恩格斯作的标记。
12. 《资本论》第 3 卷初编稿的一页，上面有恩格斯所作的修改。
13. 赛·穆尔在帮助恩格斯编辑《资本论》第 3 卷时摘录的马克思关于剩余价值率和利润率的公式和计算

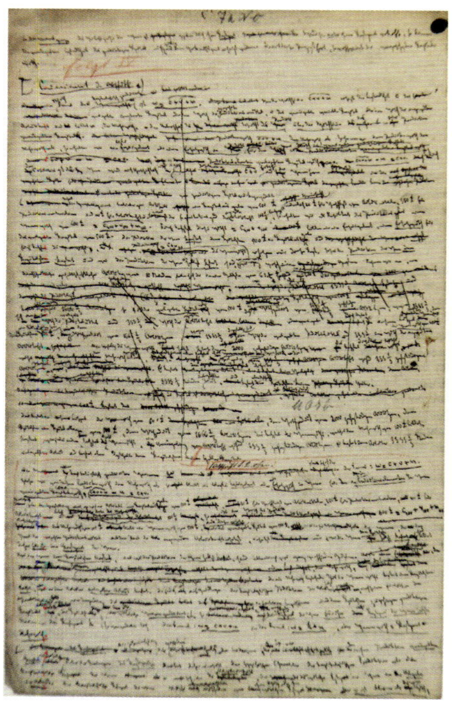
11

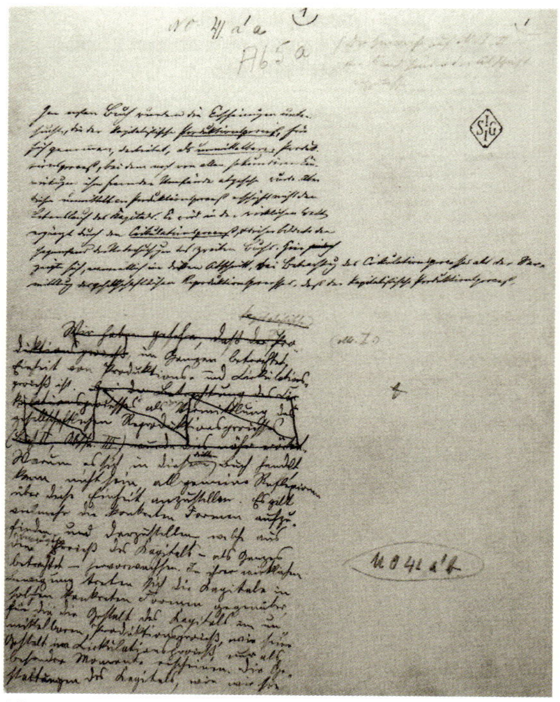
12

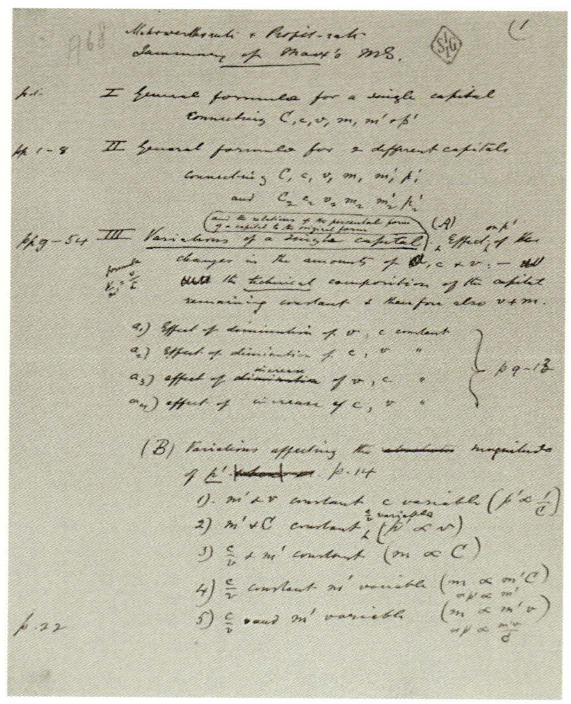
13

整理这两卷《资本论》，是一件很费力的工作。奥地利社会民主党人阿德勒说得很对：恩格斯出版《资本论》第二卷和第三卷，就是替他的天才朋友建立了一座庄严宏伟的纪念碑，无意中也把自己的名字不可磨灭地铭刻在上面了。的确，这两卷《资本论》是马克思和恩格斯两人的著作。

——列　宁

Das Kapital.

Kritik der politischen Oekonomie.

Von

Karl Marx

Zweiter Band.

Buch II: Der Cirkulationsprocess des Kapitals.

Herausgegeben von Friedrich Engels.

Das Recht der Uebersetzung ist vorbehalten.

Hamburg
Verlag von Otto Meissner.
1885.

14

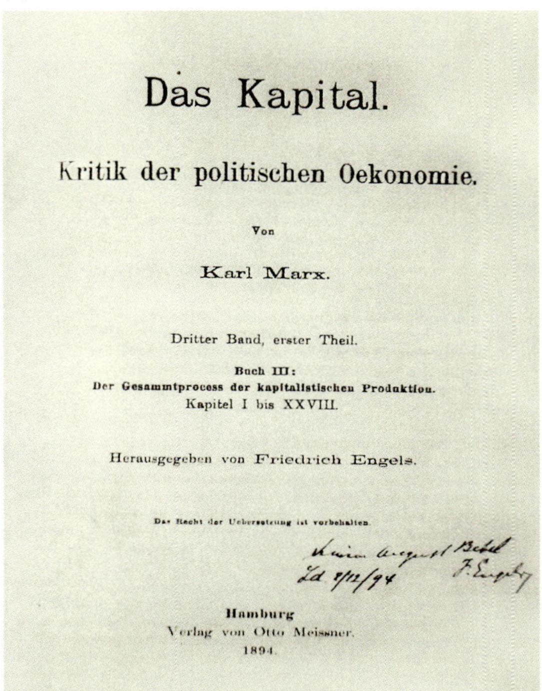

Das Kapital.

Kritik der politischen Oekonomie.

Von

Karl Marx.

Dritter Band, erster Theil.

Buch III:
Der Gesammtprocess der kapitalistischen Produktion.
Kapitel I bis XXVIII.

Herausgegeben von Friedrich Engels.

Das Recht der Uebersetzung ist vorbehalten.

Hamburg
Verlag von Otto Meissner.
1894.

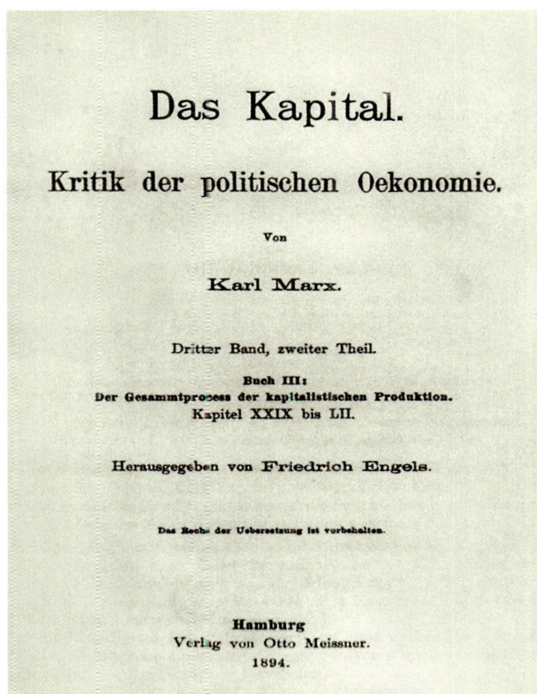

Das Kapital.

Kritik der politischen Oekonomie.

Von

Karl Marx.

Dritter Band, zweiter Theil.

Buch III:
Der Gesammtprocess der kapitalistischen Produktion.
Kapitel XXIX bis LII.

Herausgegeben von Friedrich Engels.

Das Recht der Uebersetzung ist vorbehalten.

Hamburg
Verlag von Otto Meissner.
1894.

15

14. 1885 年出版的《资本论》第 2 卷德文第 1 版扉页
15. 1894 年出版的《资本论》第 3 卷德文第 1 版上册和下册扉页，上册扉页上有恩格斯赠书给倍倍尔的题词。

恩格斯在整理马克思的遗稿时，发现马克思对摩尔根的《古代社会》一书所作的详细摘录和批语。1884 年 3—5 月，恩格斯利用这些材料写了《家庭、私有制和国家的起源》一书，对摩尔根的研究成果作了历史唯物主义的分析和阐发。这部著作在某种意义上实现了马克思的遗愿，列宁称它是“现代社会主义的基本著作之一”。(16-20)

16. 撰写《家庭、私有制和国家的起源》（木刻） 张怀江

在他那里度过一个夜晚总要使人愉快地回忆起与他有往来的朋友和同志们。不论话题是严肃的还是轻松愉快的，谈话总是很活跃的。

——奥古斯特·倍倍尔

马克思逝世后，恩格斯独自挑起了国际工人运动顾问的重担。各国工人运动活动家经常向恩格斯请教，恩格斯家成为他们聚首的场所，在这里，他们聆听恩格斯的教诲，彼此交流情况和讨论问题。(02)

02. 星期日聚会（素描） 袁广

我们无论如何必须保住三个阵地：（1）苏黎世的印刷所和出版社；（2）《社会民主党人报》编辑部；（3）《新时代》编辑部。

——恩格斯

在恩格斯关怀和帮助下，德国社会民主党成为“在欧洲居于领导地位的工人政党”。恩格斯十分重视并积极推进党的思想理论建设，亲自为党的报刊撰写文章。(03-06)

03. 爱德华·伯恩施坦（1850—1932），德国政论家，社会民主党人，《社会民主党人报》主编。

04. 卡尔·考茨基（1854—1938），德国历史学家和政论家，社会民主党人，《新时代》杂志主编。

05. 德国社会民主党中央机关报《社会民主党人报》

06. 德国社会民主党理论杂志《新时代》

03

04

Der Sozialdemokrat

Organ der Sozialdemokratie deutscher Zunge.

05

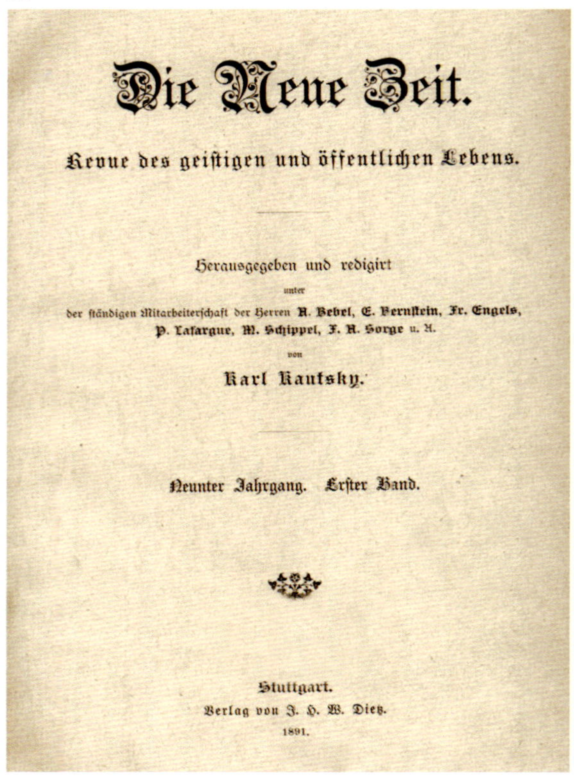

Die Neue Zeit.

Revue des geistigen und öffentlichen Lebens.

Herausgegeben und redigirt

unter

der ständigen Mitarbeiterschaft der Herren A. Bebel, E. Bernstein, Fr. Engels, P. Lafargue, M. Schippel, F. A. Sorge u. A.

von

Karl Kautsky.

Neunter Jahrgang. Erster Band.

Stuttgart.

Verlag von J. H. W. Dietz.

1891.

06

威廉也好，俾斯麦也好，都不得不在十几万罢工工人的大军面前低下头来。单单这一点就已经是一个了不起的成绩了。

——恩格斯

在俾斯麦政府加紧镇压工人运动的形势下，恩格斯引导德国社会民主党坚持正确的斗争方向和斗争策略，采取各种形式推动工人运动不断高涨，迫使政府废除了反社会党人非常法。(07-09)

07. 1881 年李卜克内西和倍倍尔在莱比锡参加社会民主党人秘密会议
08. 倍倍尔、李卜克内西、辛格尔等人在 1890 年 5 月德国国会会议上
09. 1889 年德国鲁尔区罢工工人集会

07

08

09

恩格斯非常关心法国工人阶级政党的建设。在法国工人党反对党内机会主义派别可能派的斗争中，恩格斯坚决支持茹·盖得和保·拉法格等人，在理论上和策略上给予指导，使法国工人党发展壮大，成为法国工人运动的中流砥柱。(10–14)

10. 恩格斯 1889 年 5 月 27 日给拉法格的信的第 1 页，信中充分肯定了法国工人党的斗争策略。
11. 恩格斯 1889 年 11 月 20 日给盖得的信的第 2 页，信中论述了法国工人运动与英国工人运动相互支持的必要性。
12. 1886 年 1 月法国德卡兹维尔矿工罢工
13. 劳拉·拉法格（1845—1911），马克思的二女儿，保尔·拉法格的妻子，法国工人运动活动家，曾把马克思和恩格斯的一些重要著作译成法文。
14. 1888 年 8 月巴黎工人同警察搏斗

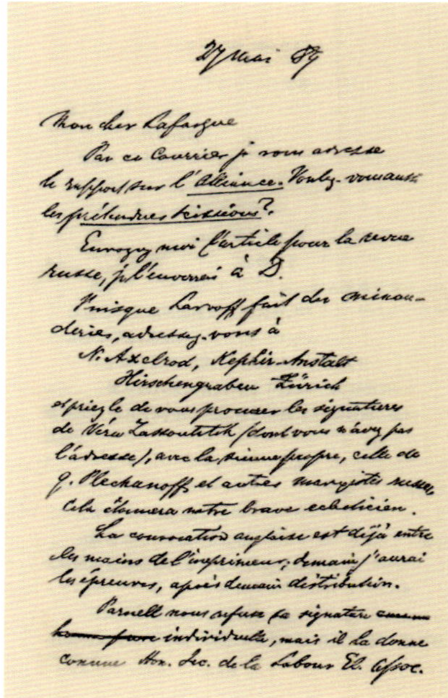

27 mai 89

Mon cher Lafargue

Par ce Courrier je vous adresse le rapport sur l'Alliance. Voulez-vous aussi les prétendues scissions?

Envoyez-moi l'article pour la revue russe, je l'enverrai à D.

Puisque Lavroff fait des minauderies, adressez-vous à

N. Axelrod, Kephir-Anstalt
Hirschengraben Zürich

et priez-le de vous procurer les signatures de Véra Zassoulitch (dont vous n'avez pas l'adresse), avec la sienne propre, celle de G. Plechanoff et autres marxistes russes, cela étonnera notre brave Ecbolicien.

La convocation anglaise est déjà entre les mains de l'imprimeur; demain j'aurai les épreuves, après demain distribution.

Parnell nous refuse sa signature ~~comme homme pour~~ individuelle, mais il la donne comme Hon. Sec. de la Labour El. Assoc.

10

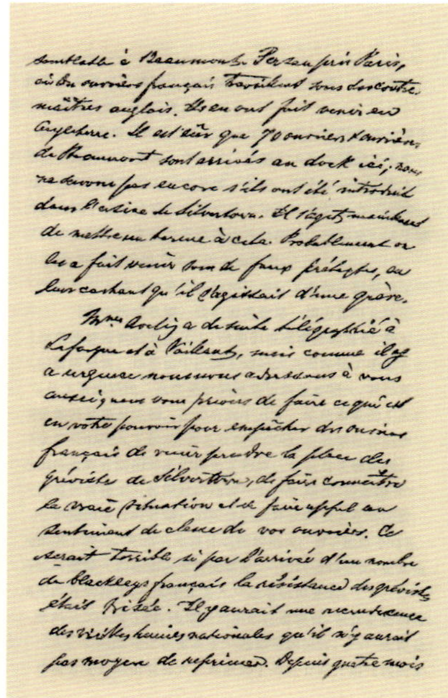

semblable à Beaumont-sur-Oise près Paris, où des ouvriers français travaillent sous des contre-maîtres anglais. Ils en ont fait venir en Angleterre. Il est sûr que 70 ouvriers français de Beaumont sont arrivés au dock ici; nous ne savons pas encore s'ils ont été introduits dans l'usine de Silvertown. Il s'agit maintenant de mettre un terme à cela. Probablement on les a fait venir sous de faux prétextes, en leur cachant qu'il s'agissait d'une grève.

Mrs. Aveling a de suite télégraphié à Lafargue et à Vaillant, mais comme il y a urgence nous nous adressons à vous aussi; nous vous prions de faire ce qui est en votre pouvoir pour empêcher des ouvriers français de venir prendre la place des grévistes de Silvertown, de faire connaître la vraie situation et de faire appel au sentiment de classe de vos ouvriers. Ce serait terrible si par l'arrivée d'un nombre de blacklegs français la résistance des grévistes était brisée. Il y aurait une recrudescence des vieilles haines nationales qu'il n'y aurait pas moyen de réprimer. Depuis quatre mois

11

12

革命的工人社会主义比任何时候都富有生命力，它现在已经是一支使所有掌权者——无论是法国激进派、俾斯麦、美国的交易所巨头，或者是全俄罗斯的沙皇——胆战心惊的力量。

——恩格斯

13

14

恩格斯十分关注英国工人运动，他同英国工人运动活动家保持密切联系，并指导他们把科学的革命理论同无产阶级的群众运动结合起来。得到恩格斯帮助最多的是马克思的小女儿爱琳娜，她在恩格斯的直接指导下积极参加英国工人的斗争和各种活动。(15-18)

15. 爱琳娜(杜西)·马克思(1855—1898)，马克思的小女儿，英国工人运动活动家。
16. 恩格斯对英国北方社会主义联盟纲领所作的修改
17. 1889年伦敦码头工人罢工，工人的妻子也积极参与这场斗争。
18. 1889年8月31日恩格斯发表在《工人选民》上的《关于伦敦码头工人的罢工》一文

15

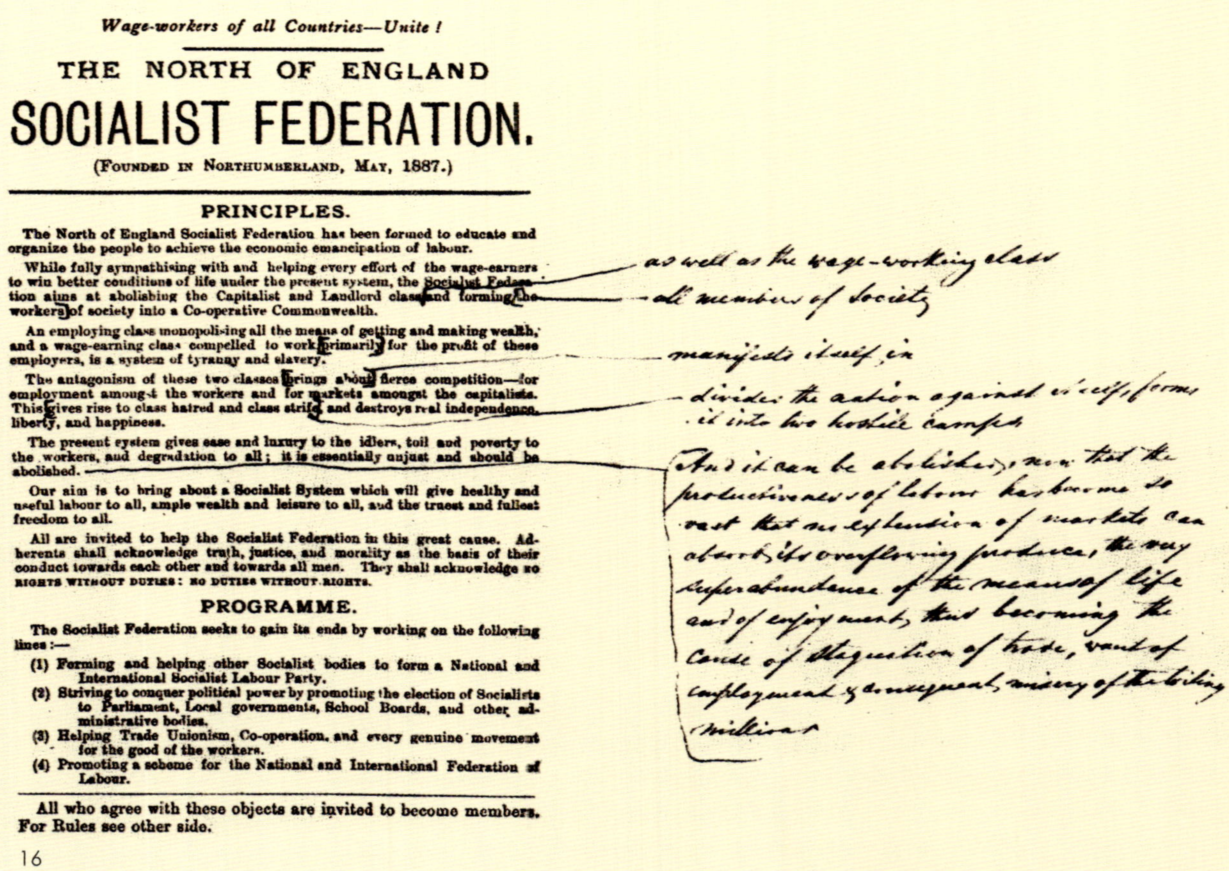

Wage-workers of all Countries—Unite!

THE NORTH OF ENGLAND

SOCIALIST FEDERATION.

(FOUNDED IN NORTHUMBERLAND, MAY, 1887.)

PRINCIPLES.

The North of England Socialist Federation has been formed to educate and organize the people to achieve the economic emancipation of labour.

While fully sympathising with and helping every effort of the wage-earners to win better conditions of life under the present system, the Socialist Federation aims at abolishing the Capitalist and Landlord class and forming the workers of society into a Co-operative Commonwealth.

An employing class monopolising all the means of getting and making wealth, and a wage-earning class compelled to work primarily for the profit of these employers, is a system of tyranny and slavery.

The antagonism of these two classes brings about fierce competition—for employment amongst the workers and for markets amongst the capitalists. This gives rise to class hatred and class strife and destroys real independence, liberty, and happiness.

The present system gives ease and luxury to the idlers, toil and poverty to the workers, and degradation to all; it is essentially unjust and should be abolished.

Our aim is to bring about a Socialist System which will give healthy and useful labour to all, ample wealth and leisure to all, and the truest and fullest freedom to all.

All are invited to help the Socialist Federation in this great cause. Adherents shall acknowledge truth, justice, and morality as the basis of their conduct towards each other and towards all men. They shall acknowledge NO RIGHTS WITHOUT DUTIES: NO DUTIES WITHOUT RIGHTS.

PROGRAMME.

The Socialist Federation seeks to gain its ends by working on the following lines:—

(1) Forming and helping other Socialist bodies to form a National and International Socialist Labour Party.
(2) Striving to conquer political power by promoting the election of Socialists to Parliament, Local governments, School Boards, and other administrative bodies.
(3) Helping Trade Unionism, Co-operation, and every genuine movement for the good of the workers.
(4) Promoting a scheme for the National and International Federation of Labour.

All who agree with these objects are invited to become members. For Rules see other side.

as well as the wage-working class
all members of society
manifests itself in
divides the nation against itself, forms it into two hostile camps
And it can be abolished, now that the productiveness of labour has become so vast that no extension of markets can absorb its overflowing produce, the very superabundance of the means of life and of enjoyment, thus becoming the cause of stagnation of trade, want of employment & consequent misery of the toiling millions

16

我羡慕你们，羡慕你们参加码头工人的罢工。这是我们近年来最有希望的一次运动，我还能看到这次运动，感到很自豪，很高兴。

——恩格斯

17

THE
Labour Elector

(With which is incorporated THE LABOUR LEADER.)

NEW SERIES—VOL. II. No. 35.] SATURDAY, AUGUST 31st, 1889. [PRICE ONE PENNY.

I envy you your work in the Dock Strike. It is the movement of the greatest promise we have had tor years, and I am proud and glad to have lived to see it. If Marx had lived to witness this! If these poor down-trodden men, the dregs of the proletariate, these odds and ends of all trades, fighting every morning at the dock gates for an engagement, if *they* can combine, and terrify by their resolution the mighty Dock Companies, truly then we need not despair of any section of the working class. This is the beginning of real life in the East End, and if successful will transform the whole character of the East End. There—for want of self-confidence, and of organisation among the poor devils grovelling in stagnant misery—*lasciate ogni sperenza.* . . . . If the dockers get organised, all other sections will follow. . . It is a glorious movement and again I envy those that can share in the work.

18

19 世纪 80 年代和 90 年代，恩格斯继续关注并深入研究俄国问题，对俄国的社会变革和发展前景作了深刻的分析和阐述。他同俄国革命家和社会主义者经常接触并保持通信联系，一方面支持他们的革命斗争，一方面引导他们把马克思的科学理论同俄国的实际结合起来。(19-21)

19. 1894 年由俄国劳动解放社出版的《弗里德里希·恩格斯论俄国》一书的扉页。译者是维拉·伊万诺夫娜·查苏利奇。

20. 恩格斯 1894 年为《论俄国的社会问题》写的跋

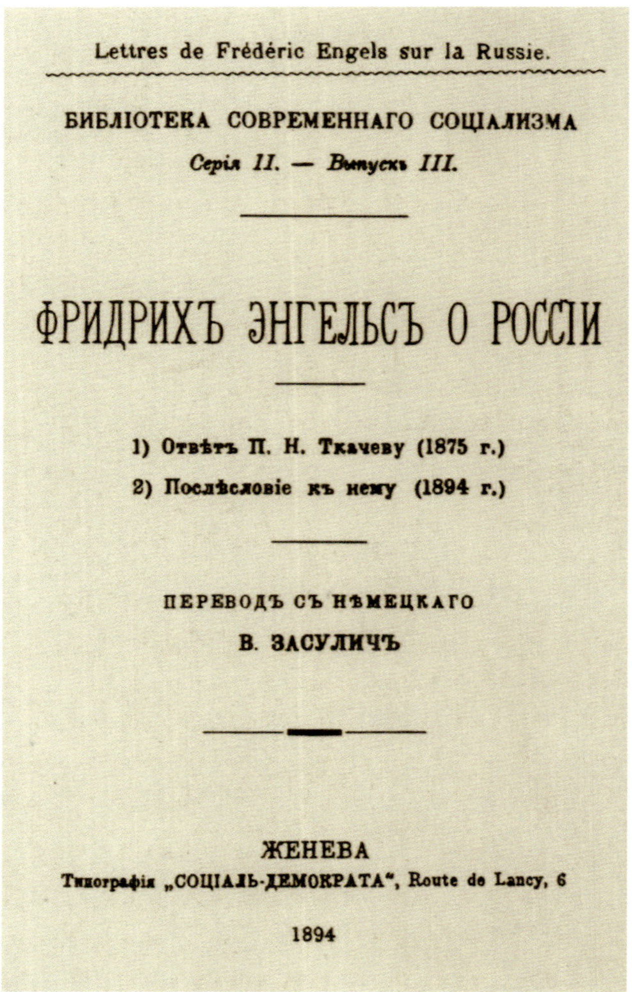

Lettres de Frédéric Engels sur la Russie.

БИБЛIОТЕКА СОВРЕМЕННАГО СОЦIАЛИЗМА

Серiя II. — Выпускъ III.

ФРИДРИХЪ ЭНГЕЛЬСЪ О РОССIИ

1) Отвѣтъ П. Н. Ткачеву (1875 г.)

2) Послѣсловiе къ нему (1894 г.)

ПЕРЕВОДЪ СЪ НѢМЕЦКАГО

В. ЗАСУЛИЧЪ

ЖЕНЕВА

Типографiя „СОЦIАЛЬ-ДЕМОКРАТА", Route de Lancy, 6

1894

19

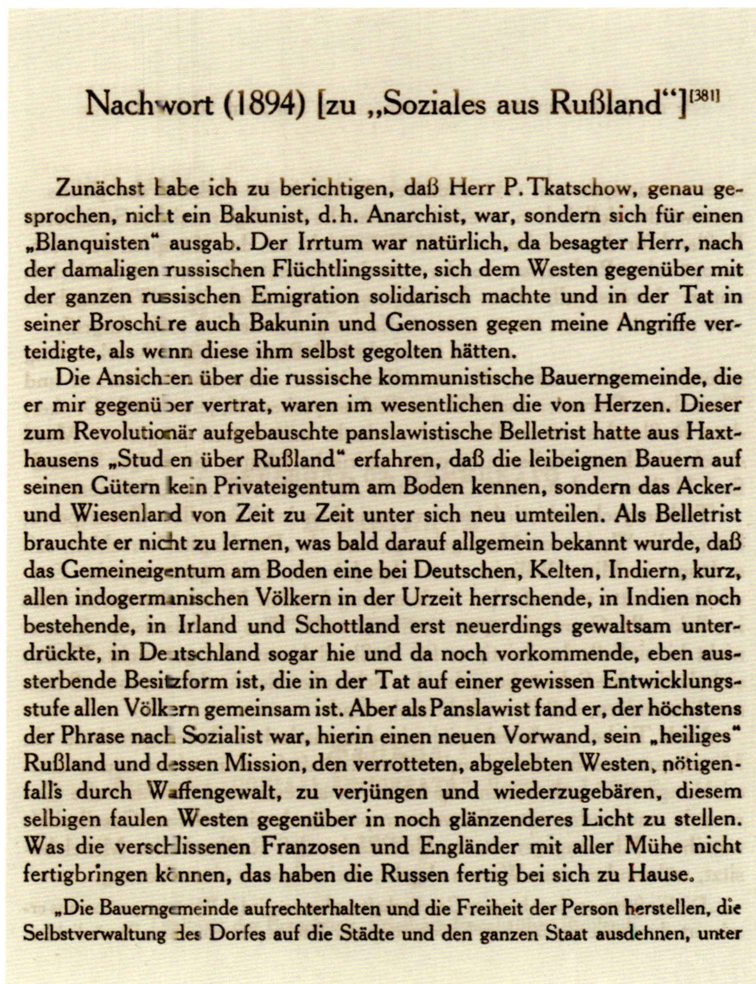

Nachwort (1894) [zu „Soziales aus Rußland"][381]

Zunächst habe ich zu berichtigen, daß Herr P. Tkatschow, genau gesprochen, nicht ein Bakunist, d.h. Anarchist, war, sondern sich für einen „Blanquisten" ausgab. Der Irrtum war natürlich, da besagter Herr, nach der damaligen russischen Flüchtlingssitte, sich dem Westen gegenüber mit der ganzen russischen Emigration solidarisch machte und in der Tat in seiner Broschüre auch Bakunin und Genossen gegen meine Angriffe verteidigte, als wenn diese ihm selbst gegolten hätten.

Die Ansichten über die russische kommunistische Bauerngemeinde, die er mir gegenüber vertrat, waren im wesentlichen die von Herzen. Dieser zum Revolutionär aufgebauschte panslawistische Belletrist hatte aus Haxthausens „Studien über Rußland" erfahren, daß die leibeignen Bauern auf seinen Gütern kein Privateigentum am Boden kennen, sondern das Acker- und Wiesenland von Zeit zu Zeit unter sich neu umteilen. Als Belletrist brauchte er nicht zu lernen, was bald darauf allgemein bekannt wurde, daß das Gemeineigentum am Boden eine bei Deutschen, Kelten, Indiern, kurz, allen indogermanischen Völkern in der Urzeit herrschende, in Indien noch bestehende, in Irland und Schottland erst neuerdings gewaltsam unterdrückte, in Deutschland sogar hie und da noch vorkommende, eben aussterbende Besitzform ist, die in der Tat auf einer gewissen Entwicklungsstufe allen Völkern gemeinsam ist. Aber als Panslawist fand er, der höchstens der Phrase nach Sozialist war, hierin einen neuen Vorwand, sein „heiliges" Rußland und dessen Mission, den verrotteten, abgelebten Westen, nötigenfalls durch Waffengewalt, zu verjüngen und wiederzugebären, diesem selbigen faulen Westen gegenüber in noch glänzenderes Licht zu stellen. Was die verschlissenen Franzosen und Engländer mit aller Mühe nicht fertigbringen können, das haben die Russen fertig bei sich zu Hause.

„Die Bauerngemeinde aufrechterhalten und die Freiheit der Person herstellen, die Selbstverwaltung des Dorfes auf die Städte und den ganzen Staat ausdehnen, unter

20

得知在俄国青年中有一派人真诚地、无保留地接受了马克思的伟大的经济理论和历史理论，并坚决地同他们前辈的一切无政府主义的和带点泛斯拉夫主义的传统决裂，我感到自豪。

——恩格斯

21．与恩格斯经常保持联系的部分俄国革命活动家

维拉·伊万诺夫娜·查苏利奇（1851—1919），俄国民粹运动、社会民主主义运动活动家，劳动解放社创始人之一。

彼得·拉甫罗维奇·拉甫罗夫（1823—1900），俄国社会学家和政论家，民粹派思想家，国际工人协会会员，巴黎公社参加者。

格奥尔吉·瓦连廷诺维奇·普列汉诺夫（1856—1918），俄国革命家和政论家，俄国早期马克思主义理论家，劳动解放社创始人之一。

谢尔盖·米哈伊洛维奇·克拉夫钦斯基(1851—1895)，俄国作家和政论家，民粹派活动家。

格尔曼·亚历山大罗维奇·洛帕廷(1845—1918)，俄国民粹派革命家，国际总委员会委员，马克思《资本论》第1卷俄文版译者之一，马克思和恩格斯的朋友。

尼古拉·弗兰策维奇·丹尼尔逊(1844—1918)，俄国经济学家、政论家和民粹派思想家，马克思《资本论》第1、2、3卷俄文版译者。

恩格斯晚年十分关注美国的社会状况和阶级斗争趋势，并通过旅居美国的弗·阿·左尔格等人了解美国工人运动的情况。恩格斯在许多书信和文章中精辟地阐述了美国工人运动的特点、任务和奋斗目标。(22-24)

22. 恩格斯为1887年在纽约出版的《英国工人阶级状况》美国版写的序言《美国工人运动》
23. 1886年5月4日一份呼吁芝加哥工人参加抗议警察暴行的群众集会的传单
24. 1886年5月美国芝加哥工人示威游行

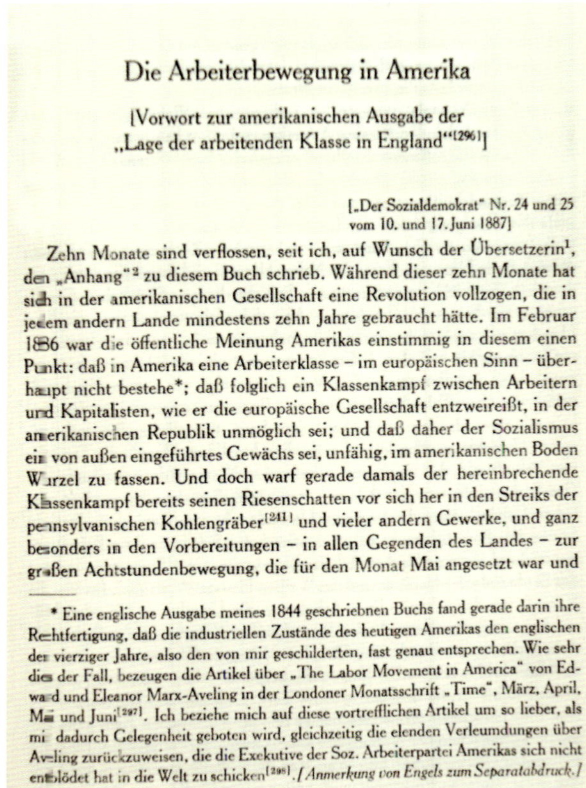

Die Arbeiterbewegung in Amerika

[Vorwort zur amerikanischen Ausgabe der „Lage der arbeitenden Klasse in England"[296]]

[„Der Sozialdemokrat" Nr. 24 und 25 vom 10. und 17. Juni 1887]

Zehn Monate sind verflossen, seit ich, auf Wunsch der Übersetzerin[1], den „Anhang"[2] zu diesem Buch schrieb. Während dieser zehn Monate hat sich in der amerikanischen Gesellschaft eine Revolution vollzogen, die in jedem andern Lande mindestens zehn Jahre gebraucht hätte. Im Februar 1886 war die öffentliche Meinung Amerikas einstimmig in diesem einen Punkt: daß in Amerika eine Arbeiterklasse – im europäischen Sinn – überhaupt nicht bestehe*; daß folglich ein Klassenkampf zwischen Arbeitern und Kapitalisten, wie er die europäische Gesellschaft entzweireißt, in der amerikanischen Republik unmöglich sei; und daß daher der Sozialismus ein von außen eingeführtes Gewächs sei, unfähig, im amerikanischen Boden Wurzel zu fassen. Und doch warf gerade damals der hereinbrechende Klassenkampf bereits seinen Riesenschatten vor sich her in den Streiks der pennsylvanischen Kohlengräber[241] und vieler andern Gewerke, und ganz besonders in den Vorbereitungen – in allen Gegenden des Landes – zur großen Achtstundenbewegung, die für den Monat Mai angesetzt war und

* Eine englische Ausgabe meines 1844 geschriebnen Buchs fand gerade darin ihre Rechtfertigung, daß die industriellen Zustände des heutigen Amerikas den englischen der vierziger Jahre, also den von mir geschilderten, fast genau entsprechen. Wie sehr dies der Fall, bezeugen die Artikel über „The Labor Movement in America" von Edward und Eleanor Marx-Aveling in der Londoner Monatsschrift „Time", März, April, Mai und Juni[297]. Ich beziehe mich auf diese vortrefflichen Artikel um so lieber, als mir dadurch Gelegenheit geboten wird, gleichzeitig die elenden Verleumdungen über Aveling zurückzuweisen, die die Exekutive der Soz. Arbeiterpartei Amerikas sich nicht entblödet hat in die Welt zu schicken[298]. *[Anmerkung von Engels zum Separatabdruck.]*

22

23

24

1888年8月8日—9月29日，恩格斯在爱琳娜、艾威林和肖莱马的陪同下，横渡大西洋去美国和加拿大旅行。恩格斯在美国拜访了老战友弗·阿·左尔格。(25-28)

25. 1888年9月4日恩格斯从尼亚加拉写给左尔格的信

26. 弗里德里希·阿道夫·左尔格（1828—1906），国际工人运动和美国工人运动活动家，国际工人协会美国各支部的组织者，国际总委员会总书记（1872—1874）。

27. 19世纪的纽约

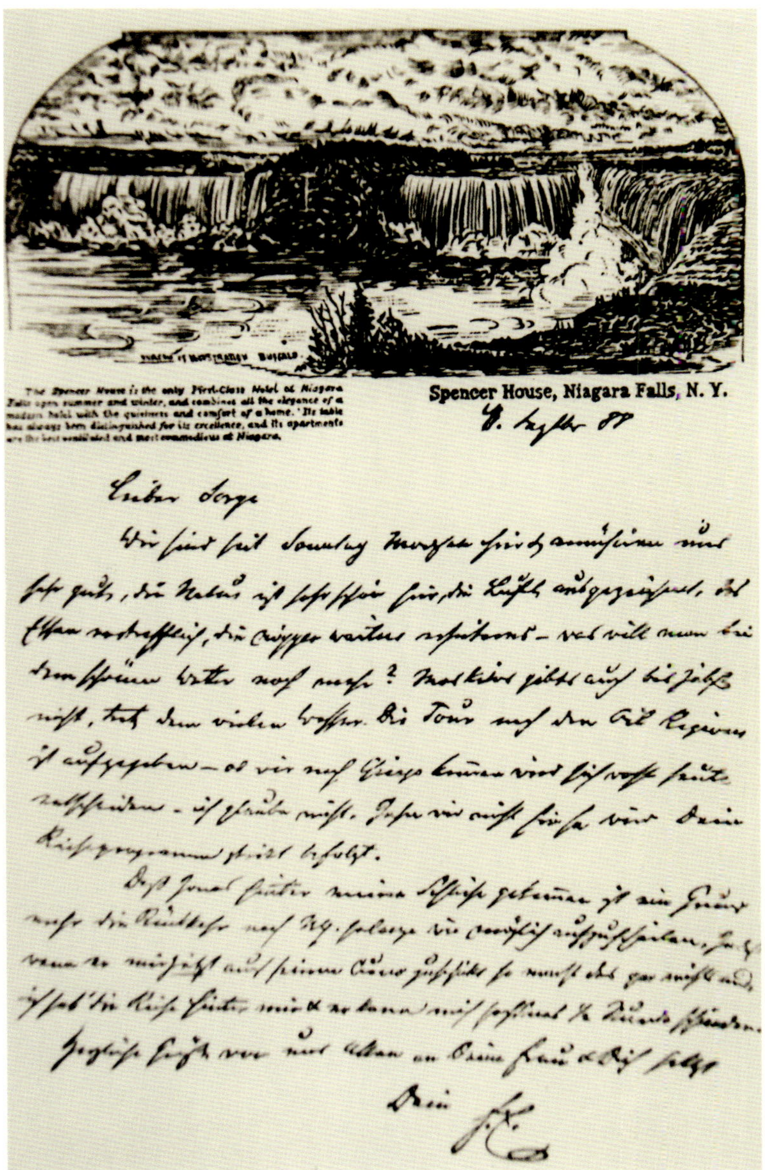

25

26

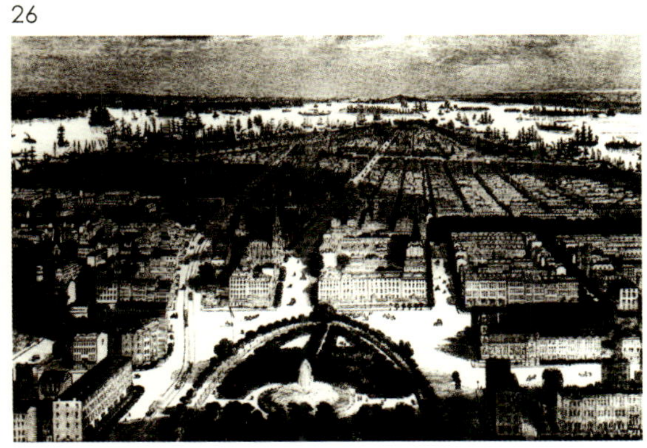

27

28. 恩格斯观赏尼亚加拉瀑布（中国画） 杨力舟 王迎春

代表大会的意义（不管它是否会引起另一次代表大会）就在于：欧洲的各社会主义政党将在全世界面前显示出它们的同心同德。

——恩格斯

在恩格斯的关怀和支持下，国际社会主义工人代表大会于 1889 年 7 月 14—20 日在巴黎举行。来自 22 个国家和地区的 393 名代表出席了这次大会。这次会议的召开标志着第二国际的成立。（**29-31**）

29. 1889 年国际社会主义工人代表大会 （油画） 高虹

30. 1889 年的巴黎

31. 1889 年巴黎出版的《国际社会主义工人代表大会文件汇编》

30

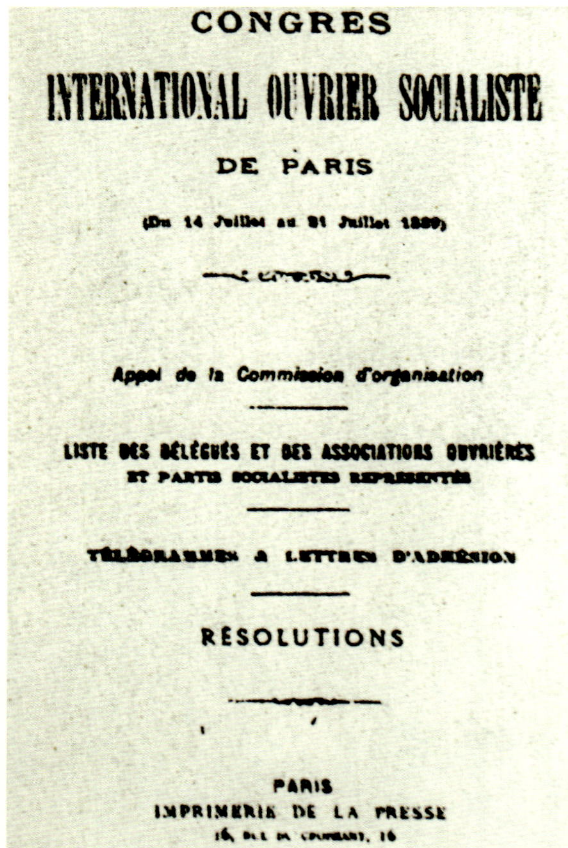

CONGRES

INTERNATIONAL OUVRIER SOCIALISTE

DE PARIS

(Du 14 Juillet au 21 Juillet 1889)

Appel de la Commission d'organisation

LISTE DES DÉLÉGUÉS ET DES ASSOCIATIONS OUVRIÈRES
ET PARTIS SOCIALISTES REPRÉSENTÉS

TÉLÉGRAMMES & LETTRES D'ADHÉSION

RÉSOLUTIONS

PARIS
IMPRIMERIE DE LA PRESSE

31

1889 年国际社会主义工人代表大会决定，每年 5 月 1 日以“大规模的国际示威游行”的方式，争取实行八小时工作制和劳动保护法，并反对剥削阶级的战争计划和战争煽动。从此，5 月 1 日就成为国际无产阶级的节日。恩格斯积极支持并亲自参加庆祝五一节的活动。(32-37)

32. 检阅无产阶级的战斗力量——1890 年 5 月 4 日恩格斯参加伦敦第一次举行的五一节示威活动（水粉画） 杨克山

33

34

35

今天的情景将会使全世界的资本家和地主看到：全世界的无产阶级现在真正联合起来了。

——恩格斯

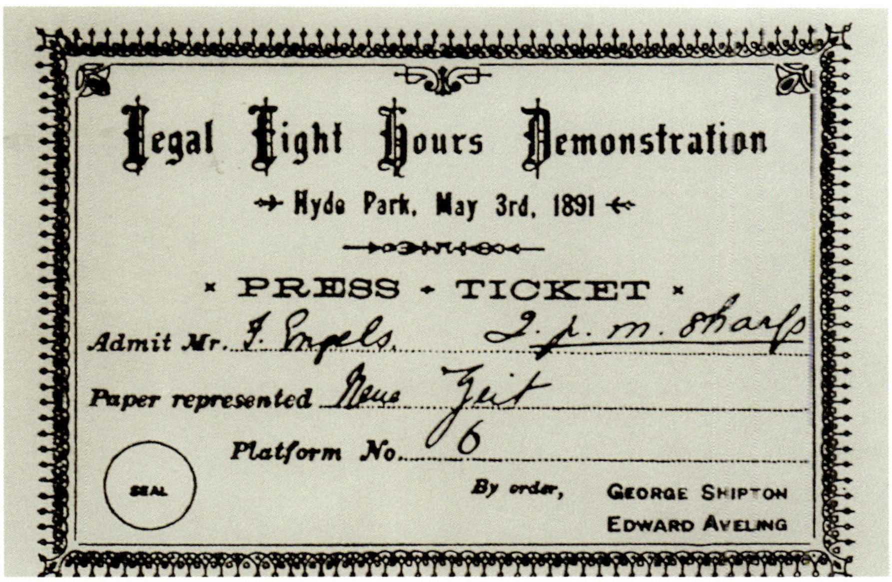

Legal Eight Hours Demonstration

Hyde Park, May 3rd, 1891

PRESS TICKET

Admit Mr. F. Engels 2 p.m. sharp

Paper represented Neue Zeit

Platform No. 6

SEAL

By order, George Shipton
Edward Aveling

36

37

33. 1890 年维也纳五一节游行
34. 1891 年法国富尔米的军队向五一节游行示威活动的群众开枪射击
35. 1893 年德国汉堡举行五一节集会
36. 1891 年 5 月 3 日伦敦海德公园示威游行集会时恩格斯上讲台的记者证
37. 1892 年伦敦海德公园举行五一节游行活动，恩格斯和爱琳娜参加了此次活动。

我只是有幸来收获一位比我伟大的人——卡尔·马克思播种的光荣和荣誉。因此，我只有庄严地许约，要以自己的余生积极地为无产阶级服务，但愿今后尽可能不辜负给予我的荣誉。

——恩格斯

1890 年 11 月 28 日是恩格斯七十寿辰，各国工人阶级政党纷纷表示祝贺。恩格斯衷心感谢朋友和同志们的真挚关怀，并谦逊地把这一切荣誉都归功于马克思。(38-39)

38. 德国索林根工人送给恩格斯的礼物。小刀上刻的字是："献给尊敬的无产阶级战士弗·恩格斯。1890 年。"

39. 祝寿 （中国画） 陈光健

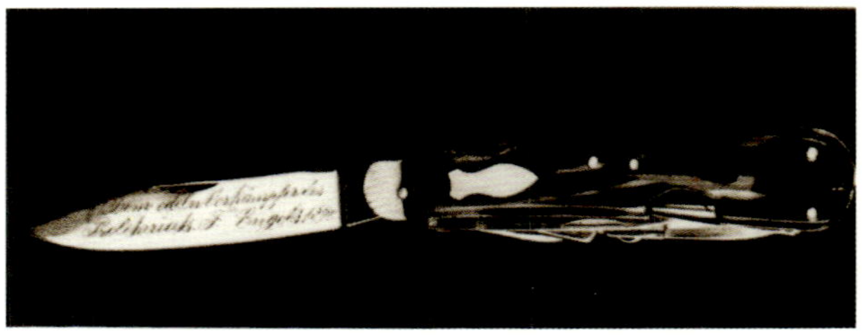

38

39

19 世纪 90 年代，欧洲各国工人党相继邀请恩格斯参加他们的代表大会，希望得到他的指导。（40-42）

40. 1891 年亨利希·肖伊作的恩格斯版画肖像，肖像下方摘引了恩格斯的话：“德国社会主义者以我们不仅继承了圣西门、傅立叶和欧文，而且继承了康德、费希特和黑格尔而感到骄傲。德国的工人运动是德国古典哲学的继承者。”
41. 1890 年匈牙利社会民主党邀请恩格斯参加该党代表大会的请柬
42. 1892 年奥地利社会民主党邀请恩格斯参加该党代表大会的请柬

40

Nr. 1

Herr Friedrich Engels

wird von den Unterzeichneten eingeladen, dem

Parteitag

der

ungarländischen Sozialdemokratie

als Gast beizuwohnen.

Zeit: 7. und 8. Dezember 1890.

Ort: Budapest, alte bürgerl. Schiessstätte, VII. Schiessstätte-Platz.

Budapest, 24. November 1890.

Die Redaktion der „Arbeiter-Wochenchronik,“ Budapest.

Die Redaktion der „Népszava“, Budapest.

41

Nr. 10

Herr Friedrich Engels

in London

wird von den Unterzeichneten eingeladen, dem

Sozialdemokratischen Parteikongreß

als Gast

beizuwohnen, welcher am 5., 6., 7. und 8., eventuell auch 9. Juni 1892 im Saale „In den drei Engeln“ Wien, IV. Große Neugasse 36, tagen wird.

Die Zusammenkunft ist auf Grund des § 2 des Versammlungsgesetzes einberufen und ist darum der Zutritt nur gegen Vorweisung dieser Karte gestattet. Uebertragung derselben ist unstatthaft.

Im Mai 1892.

Die Einberufer: Eduard Rieger, Brünn; Johann Resel, Graz; Heinrich Englisch, Krakau; Anton Mankofsky, Lemberg; Ferdinand Leißner, Wien; Johann Polejß, Wien.

42

你们对我的这种意料之外的盛大接待使我深受感动，我认为这不是对我个人的接待，我只是作为那个肖像就挂在那上面的伟人的战友来接受的。

——恩格斯

1893年8月1日至9月29日，恩格斯在路易莎·考茨基和她的未婚夫路德维希·弗赖贝格尔的陪同下，前往德国、瑞士和奥匈帝国旅行，受到当地工人政党和工人群众的热烈欢迎。8月12日，恩格斯来到苏黎世，参加了第三次国际社会主义工人代表大会的最后一次会议并致闭幕词。(43-44)

43. 在苏黎世第三次国际社会主义工人代表大会上（油画） 何多苓

44. 恩格斯司代表大会的部分代表合影。自左至右：斐迪南·西蒙、弗丽达·西蒙、克拉拉·蔡特金、弗里德里希·恩格斯、尤莉娅·倍倍尔、奥古斯特·倍倍尔、恩斯特·沙特奈尔、雷吉娜·伯恩施坦、爱德华·伯恩施坦。

1893 年 9 月 4 日，恩格斯由倍倍尔陪同动身前往维也纳。奥地利社会民主党在 9 月 11 日为恩格斯和倍倍尔举行了欢迎晚会，9 月 14 日又举行了群众大会，恩格斯发表了演说。(45-46)

45. 奥地利社会民主党机关报《工人报》刊载的关于恩格斯演说的报道

46. 维也纳的环形大街

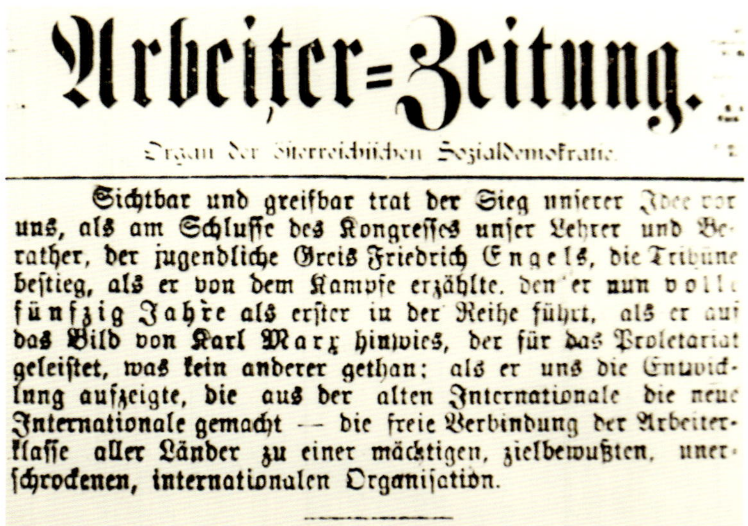

Arbeiter=Zeitung.

Organ der österreichischen Sozialdemokratie.

Sichtbar und greifbar trat der Sieg unserer Idee vor uns, als am Schlusse des Kongresses unser Lehrer und Berather, der jugendliche Greis Friedrich Engels, die Tribüne bestieg, als er von dem Kampfe erzählte, den er nun volle fünfzig Jahre als erster in der Reihe führt, als er auf das Bild von Karl Marx hinwies, der für das Proletariat geleistet, was kein anderer gethan; als er uns die Entwicklung aufzeigte, die aus der alten Internationale die neue Internationale gemacht — die freie Verbindung der Arbeiterklasse aller Länder zu einer mächtigen, zielbewußten, unerschrockenen, internationalen Organisation.

45

46

1893 年 9 月 16 日，恩格斯到达柏林，在火车站受到威廉·李卜克内西、卡尔·李卜克内西父子和理查·费舍等人的欢迎。9 月 22 日社会民主党举行大会欢迎恩格斯，恩格斯发表了演说。(47-53)

47. 在柏林火车站（油画） 马常利

谁为无产阶级事业这么全心全意地尽了责任，作出了这么大的贡献，我们就应该钦佩谁，感谢谁。……我们感谢我们的恩格斯。

——威廉 · 李卜克内西

48. 1893 年 9 月 17 日《前进报》发表的欢迎恩格斯来到柏林的文章
49. 德国社会民主党欢迎恩格斯的大会的请柬
50. 德国社会民主党欢迎恩格斯的大会的节目单
51. 德国社会民主党欢迎恩格斯的大会的入场券
52. 1893 年 10 月 1 日《柏林画报》上刊载的恩格斯在德国社会民主党欢迎大会上发表演说的图片
53. 警察当局 1893 年 9 月 26 日关于社会民主党议员欢迎恩格斯的宴会的报告

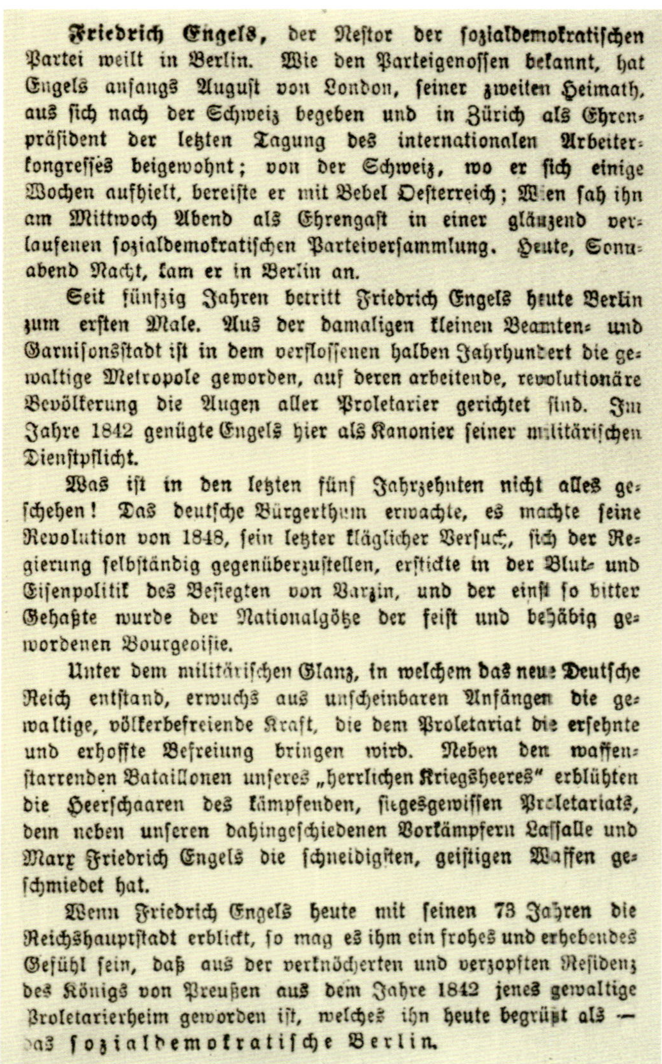

Friedrich Engels, der Nestor der sozialdemokratischen Partei weilt in Berlin. Wie den Parteigenossen bekannt, hat Engels anfangs August von London, seiner zweiten Heimath, aus sich nach der Schweiz begeben und in Zürich als Ehrenpräsident der letzten Tagung des internationalen Arbeiterkongresses beigewohnt; von der Schweiz, wo er sich einige Wochen aufhielt, bereiste er mit Bebel Oesterreich; Wien sah ihn am Mittwoch Abend als Ehrengast in einer glänzend verlaufenen sozialdemokratischen Parteiversammlung. Heute, Sonnabend Nacht, kam er in Berlin an.

Seit fünfzig Jahren betritt Friedrich Engels heute Berlin zum ersten Male. Aus der damaligen kleinen Beamten- und Garnisonsstadt ist in dem verflossenen halben Jahrhundert die gewaltige Metropole geworden, auf deren arbeitende, revolutionäre Bevölkerung die Augen aller Proletarier gerichtet sind. Im Jahre 1842 genügte Engels hier als Kanonier seiner militärischen Dienstpflicht.

Was ist in den letzten fünf Jahrzehnten nicht alles geschehen! Das deutsche Bürgerthum erwachte, es machte seine Revolution von 1848, sein letzter kläglicher Versuch, sich der Regierung selbständig gegenüberzustellen, erstickte in der Blut- und Eisenpolitik des Besiegten von Varzin, und der einst so bitter Gehaßte wurde der Nationalgötze der feist und behäbig gewordenen Bourgeoisie.

Unter dem militärischen Glanz, in welchem das neue Deutsche Reich entstand, erwuchs aus unscheinbaren Anfängen die gewaltige, völkerbefreiende Kraft, die dem Proletariat die ersehnte und erhoffte Befreiung bringen wird. Neben den waffenstarrenden Bataillonen unseres „herrlichen Kriegsheeres“ erblühten die Heerschaaren des kämpfenden, siegesgewissen Proletariats, dem neben unseren dahingeschiedenen Vorkämpfern Lassalle und Marx Friedrich Engels die schneidigsten, geistigen Waffen geschmiedet hat.

Wenn Friedrich Engels heute mit seinen 73 Jahren die Reichshauptstadt erblickt, so mag es ihm ein frohes und erhebendes Gefühl sein, daß aus der verknöcherten und verzopften Residenz des Königs von Preußen aus dem Jahre 1842 jenes gewaltige Proletarierheim geworden ist, welches ihn heute begrüßt als — das sozialdemokratische Berlin.

48

Concordia-Festsäle
Andreas-Strasse 64

Freitag, den 22. September 1893

Grosse Fest-Versammlung

zu Ehren unseres Vor- und Mitkämpfers

Friedrich Engels

arrangirt von der Sozialdemokratischen Partei Berlins.

Anfang punkt 8 Uhr.

49

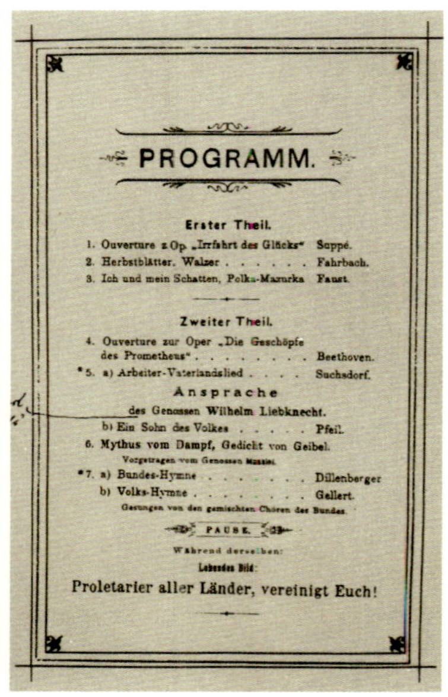

PROGRAMM.

Erster Theil.

1. Ouverture z. Op. „Irrfahrt des Glücks“ Suppé.
2. Herbstblätter. Walzer . . . . . . Fahrbach.
3. Ich und mein Schatten, Polka-Mazurka Faust.

Zweiter Theil.

4. Ouverture zur Oper „Die Geschöpfe des Prometheus“ . . . . Beethoven.
*5. a) Arbeiter-Vaterlandslied . . . . Suchsdorf.

Ansprache des Genossen Wilhelm Liebknecht.

b) Ein Sohn des Volkes . . . . . Pfeil.
6. Mythus vom Dampf, Gedicht von Geibel.

*7. a) Bundes-Hymne . . . . Dillenberger
b) Volks-Hymne . . . . Gellert.

Gesungen von den gemischten Chören des Bundes.

PAUSE.

Während derselben:

Lebendes Bild:

Proletarier aller Länder, vereinigt Euch!

50

Concordia-Festsäle, Andreas-Str. 64.

Freitag, den 22. September 1893, Abends 8 Uhr

Gr. Fest-Versammlung

bestehend in Vocal- und Instrumental-Concert, Ansprache, Vorträgen

Aufführung lebender Bilder

zu Ehren unseres Vor- und Mitkämpfers

Friedrich Engels

arrangirt von der sozialdemokratischen Partei Berlins.

Preis 20 Pf. Das Comité.

51

Berliner Illustrirte Zeitung.

Man abonnirt

Berlin, den 1. Oktober 1893.

Friedrich Engels auf dem sozialdemokratischen Bankett in den Concordiasälen.

Nach der Natur gezeichnet von Hans Leo Arndt.

52

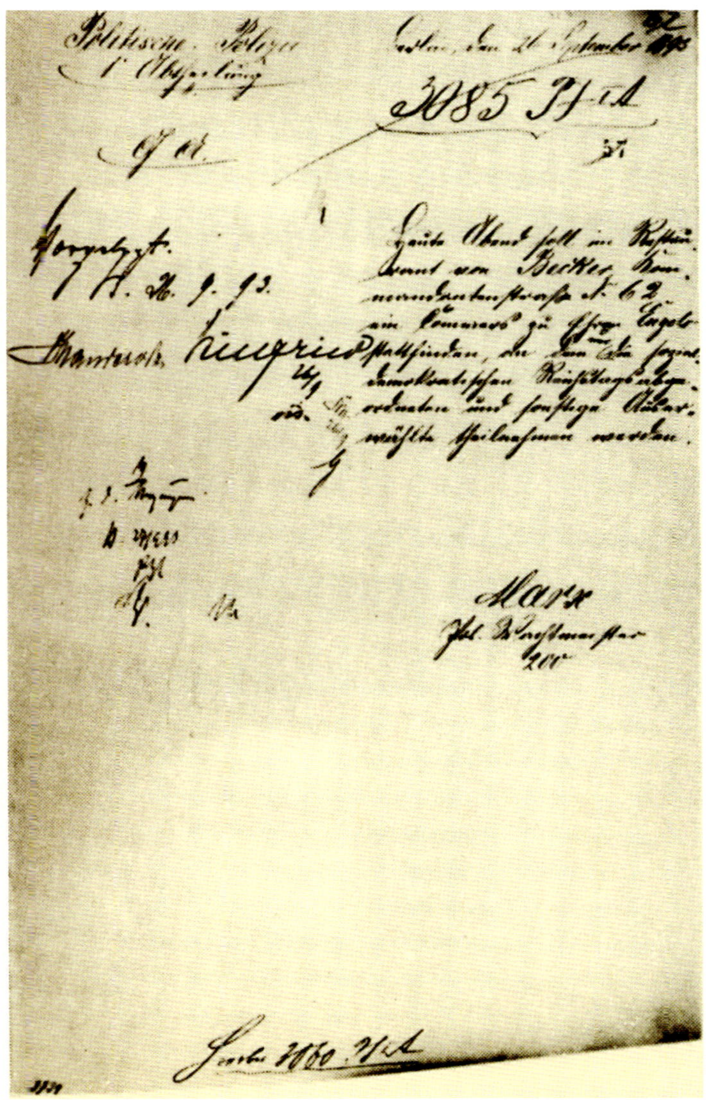

53

恩格斯不仅为指导各国工人政党和国际工人运动殚精竭虑，而且为捍卫和发展马克思主义呕心沥血。他在晚年写的许多著作和书信中提出了一系列新思想和新观点，丰富了马克思主义理论宝库。(54)

54. 在新形势下捍卫和发展马克思主义（木刻） 李焕民

1886 年初，恩格斯撰写了《路德维希·费尔巴哈和德国古典哲学的终结》，精辟论述了马克思主义哲学同德国古典哲学之间的批判继承关系和本质区别，系统阐述了辩证唯物主义和历史唯物主义的基本原理。恩格斯在这部著作单行本的附录中第一次发表了马克思的《关于费尔巴哈的提纲》。(55-57)

55.《新时代》杂志 1886 年第 4 年卷第 4 期上刊登的《路德维希·费尔巴哈和德国古典哲学的终结》

56. 马克思《关于费尔巴哈的提纲》的手稿片断

57. 1888 年出版的《路德维希·费尔巴哈和德国古典哲学的终结》单行本的扉页

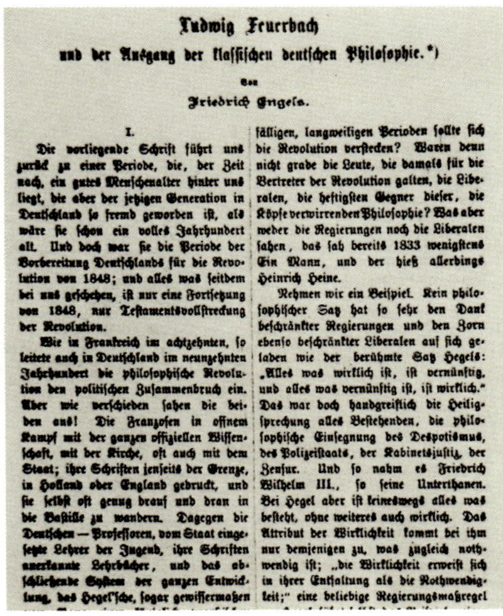

Ludwig Feuerbach

und der Ausgang der klassischen deutschen Philosophie.*)

Von

Friedrich Engels.

I.

Die vorliegende Schrift führt uns zurück zu einer Periode, die, der Zeit nach, ein gutes Menschenalter hinter uns liegt, die aber der jetzigen Generation in Deutschland so fremd geworden ist, als wäre sie schon ein volles Jahrhundert alt. Und doch war sie die Periode der Vorbereitung Deutschlands für die Revolution von 1848; und alles was seitdem bei uns geschehen, ist nur eine Fortsetzung von 1848, nur Testamentsvollstreckung der Revolution.

Wie in Frankreich im achtzehnten, so leitete auch in Deutschland im neunzehnten Jahrhundert die philosophische Revolution den politischen Zusammenbruch ein. Aber wie verschieden sahen die beiden aus! Die Franzosen in offnem Kampf mit der ganzen offiziellen Wissenschaft, mit der Kirche, oft auch mit dem Staat; ihre Schriften jenseits der Grenze, in Holland oder England gedruckt, und sie selbst oft genug drauf und dran in die Bastille zu wandern. Dagegen die Deutschen — Professoren, vom Staat eingesetzte Lehrer der Jugend, ihre Schriften anerkannte Lehrbücher, und das abschließende System der ganzen Entwicklung, das Hegel'sche, sogar gewissermaßen

fälligen, langweiligen Perioden sollte sich die Revolution verstecken? Waren denn nicht grade die Leute, die damals für die Vertreter der Revolution galten, die Liberalen, die heftigsten Gegner dieser, die Köpfe verwirrenden Philosophie? Was aber weder die Regierungen noch die Liberalen sahen, das sah bereits 1833 wenigstens Ein Mann, und der hieß allerdings Heinrich Heine.

Nehmen wir ein Beispiel. Kein philosophischer Satz hat so sehr den Dank beschränkter Regierungen und den Zorn ebenso beschränkter Liberalen auf sich geladen wie der berühmte Satz Hegels: „Alles was wirklich ist, ist vernünftig, und alles was vernünftig ist, ist wirklich." Das war doch handgreiflich die Heiligsprechung alles Bestehenden, die philosophische Einsegnung des Despotismus, des Polizeistaats, der Kabinetsjustiz, der Zensur. Und so nahm es Friedrich Wilhelm III., so seine Unterthanen. Bei Hegel aber ist keineswegs alles was besteht, ohne weiteres auch wirklich. Das Attribut der Wirklichkeit kommt bei ihm nur demjenigen zu, was zugleich nothwendig ist; „die Wirklichkeit erweist sich in ihrer Entfaltung als die Nothwendigkeit;" eine beliebige Regierungsmaßregel

55

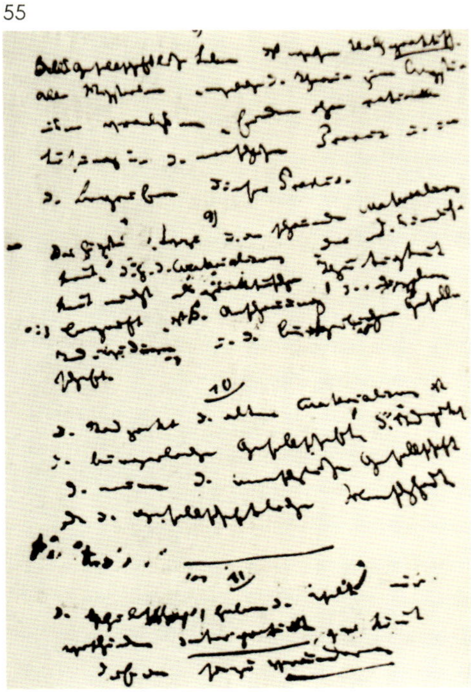

56

LUDWIG FEUERBACH

UND DER AUSGANG DER

KLASSISCHEN DEUTSCHEN PHILOSOPHIE

VON

FRIEDRICH ENGELS

REVIDIRTER SONDER-ABDRUCK AUS DER „NEUEN ZEIT"

MIT ANHANG:

KARL MARX ÜBER FEUERBACH

VOM JAHRE 1845.

STUTTGART

VERLAG VON J. H. W. DIETZ

1888.

57

1891 年 6 月，恩格斯针对德国社会民主党拟提交爱尔福特代表大会通过的新纲领草案，写了《1891 年社会民主党纲领草案批判》。恩格斯在文中批判了当时德国党内出现的德国可以和平“长入”社会主义的机会主义观点，揭露了机会主义的实质，阐明了工人阶级政党的策略原则和斗争方向。（58-59）

58.《1891 年社会民主党纲领草案批判》的手稿

59.《新时代》1901—1902 年第 21 年卷第 1 册第 1 期发表的《1891 年社会民主党纲领草案批判》

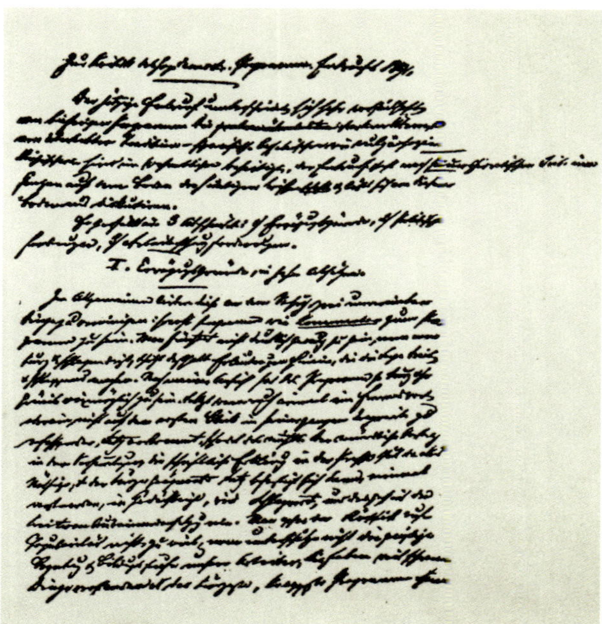

58

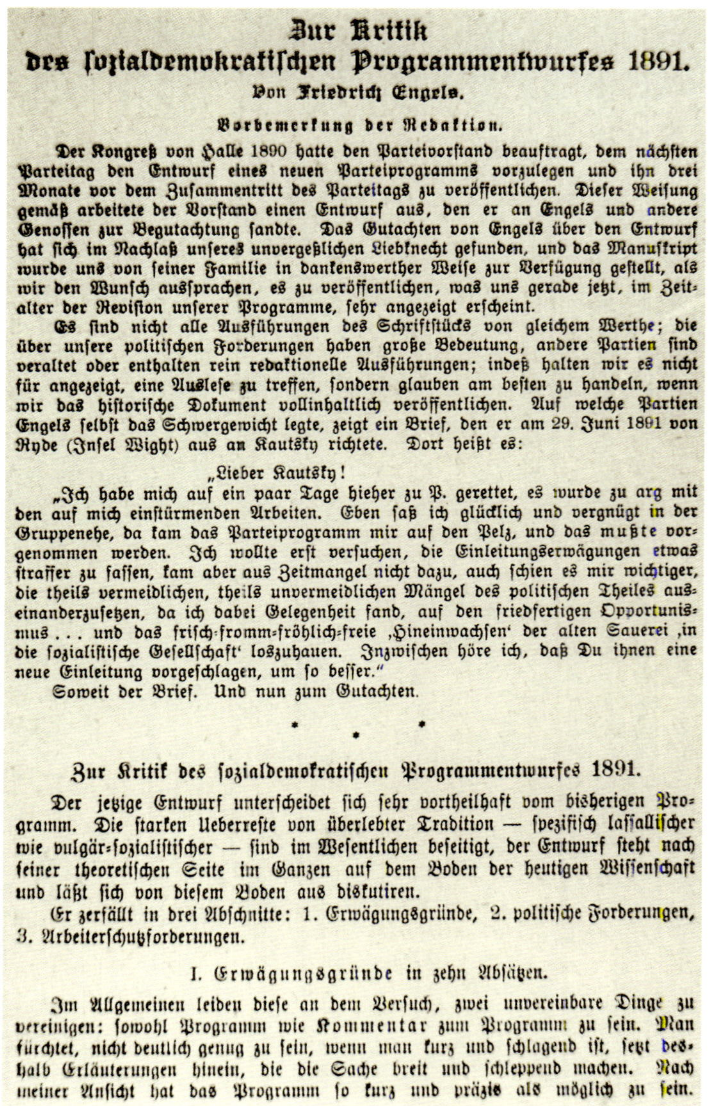

Zur Kritik
des sozialdemokratischen Programmentwurfes 1891.
Von Friedrich Engels.

Vorbemerkung der Redaktion.

Der Kongreß von Halle 1890 hatte den Parteivorstand beauftragt, dem nächsten Parteitag den Entwurf eines neuen Parteiprogramms vorzulegen und ihn drei Monate vor dem Zusammentritt des Parteitags zu veröffentlichen. Dieser Weisung gemäß arbeitete der Vorstand einen Entwurf aus, den er an Engels und andere Genossen zur Begutachtung sandte. Das Gutachten von Engels über den Entwurf hat sich im Nachlaß unseres unvergeßlichen Liebknecht gefunden, und das Manuskript wurde uns von seiner Familie in dankenswerther Weise zur Verfügung gestellt, als wir den Wunsch aussprachen, es zu veröffentlichen, was uns gerade jetzt, im Zeitalter der Revision unserer Programme, sehr angezeigt erscheint.

Es sind nicht alle Ausführungen des Schriftstücks von gleichem Werthe; die über unsere politischen Forderungen haben große Bedeutung, andere Partien sind veraltet oder enthalten rein redaktionelle Ausführungen; indeß halten wir es nicht für angezeigt, eine Auslese zu treffen, sondern glauben am besten zu handeln, wenn wir das historische Dokument vollinhaltlich veröffentlichen. Auf welche Partien Engels selbst das Schwergewicht legte, zeigt ein Brief, den er am 29. Juni 1891 von Ryde (Insel Wight) aus an Kautsky richtete. Dort heißt es:

„Lieber Kautsky!

„Ich habe mich auf ein paar Tage hieher zu P. gerettet, es wurde zu arg mit den auf mich einstürmenden Arbeiten. Eben saß ich glücklich und vergnügt in der Gruppenehe, da kam das Parteiprogramm mir auf den Pelz, und das mußte vorgenommen werden. Ich wollte erst versuchen, die Einleitungserwägungen etwas straffer zu fassen, kam aber aus Zeitmangel nicht dazu, auch schien es mir wichtiger, die theils vermeidlichen, theils unvermeidlichen Mängel des politischen Theiles auseinanderzusetzen, da ich dabei Gelegenheit fand, auf den friedfertigen Opportunismus . . . und das frisch-fromm-fröhlich-freie ‚Hineinwachsen' der alten Sauerei ‚in die sozialistische Gesellschaft' loszuhauen. Inzwischen höre ich, daß Du ihnen eine neue Einleitung vorgeschlagen, um so besser."

Soweit der Brief. Und nun zum Gutachten.

* * *

Zur Kritik des sozialdemokratischen Programmentwurfes 1891.

Der jetzige Entwurf unterscheidet sich sehr vortheilhaft vom bisherigen Programm. Die starken Ueberreste von überlebter Tradition — spezifisch lassallischer wie vulgär-sozialistischer — sind im Wesentlichen beseitigt, der Entwurf steht nach seiner theoretischen Seite im Ganzen auf dem Boden der heutigen Wissenschaft und läßt sich von diesem Boden aus diskutiren.

Er zerfällt in drei Abschnitte: 1. Erwägungsgründe, 2. politische Forderungen, 3. Arbeiterschutzforderungen.

I. Erwägungsgründe in zehn Absätzen.

Im Allgemeinen leiden diese an dem Versuch, zwei unvereinbare Dinge zu vereinigen: sowohl Programm wie Kommentar zum Programm zu sein. Man fürchtet, nicht deutlich genug zu sein, wenn man kurz und schlagend ist, setzt deshalb Erläuterungen hinein, die die Sache breit und schleppend machen. Nach meiner Ansicht hat das Programm so kurz und präzis als möglich zu sein.

59

1894 年 11 月，恩格斯写了《法德农民问题》，批判了法、德工人政党内部在农民问题上的错误观点，阐明了工农联盟在无产阶级革命中的重要性，论述了无产阶级取得政权后对待农民问题的方针政策。（60）

Die Neue Zeit.

Nr. 10. XIII. Jahrgang, I. Band. 1894-95

Die Bauernfrage in Frankreich und Deutschland.

Von Friedrich Engels.

Die bürgerlichen und reaktionären Parteien wundern sich ungemein, daß jetzt plötzlich und überall bei den Sozialisten die Bauernfrage auf die Tagesordnung kommt. Sie sollten sich, von rechtswegen, wundern, daß dies nicht längst geschehn. Von Irland bis Sizilien, von Andalusien bis Rußland und Bulgarien, ist der Bauer ein sehr wesentlicher Faktor der Bevölkerung, der Produktion und der politischen Macht. Nur zwei westeuropäische Gebiete bilden eine Ausnahme. Im eigentlichen Großbritannien hat Großgrundbesitz und große Agrikultur den selbstwirthschaftenden Bauer total verdrängt; im ostelbischen Preußen ist derselbe Prozeß seit Jahrhunderten im Gang, und auch hier wird der Bauer mehr und mehr entweder „gelegt" oder doch ökonomisch und politisch in den Hintergrund gedrängt.

60.《新时代》1894—1895 年第 13 年卷第 1 册第 10 期发表的《法德农民问题》

我们的历史观首先是进行研究工作的指南，并不是按照黑格尔学派的方式构造体系的杠杆。

——恩格斯

恩格斯晚年的书信是马克思主义思想宝库的重要组成部分。他在许多重要书信中批判了把马克思主义庸俗化、教条化的错误倾向，强调马克思主义是发展的理论和行动的指南，进一步论述了历史唯物主义的基本原理和指导意义。(61)

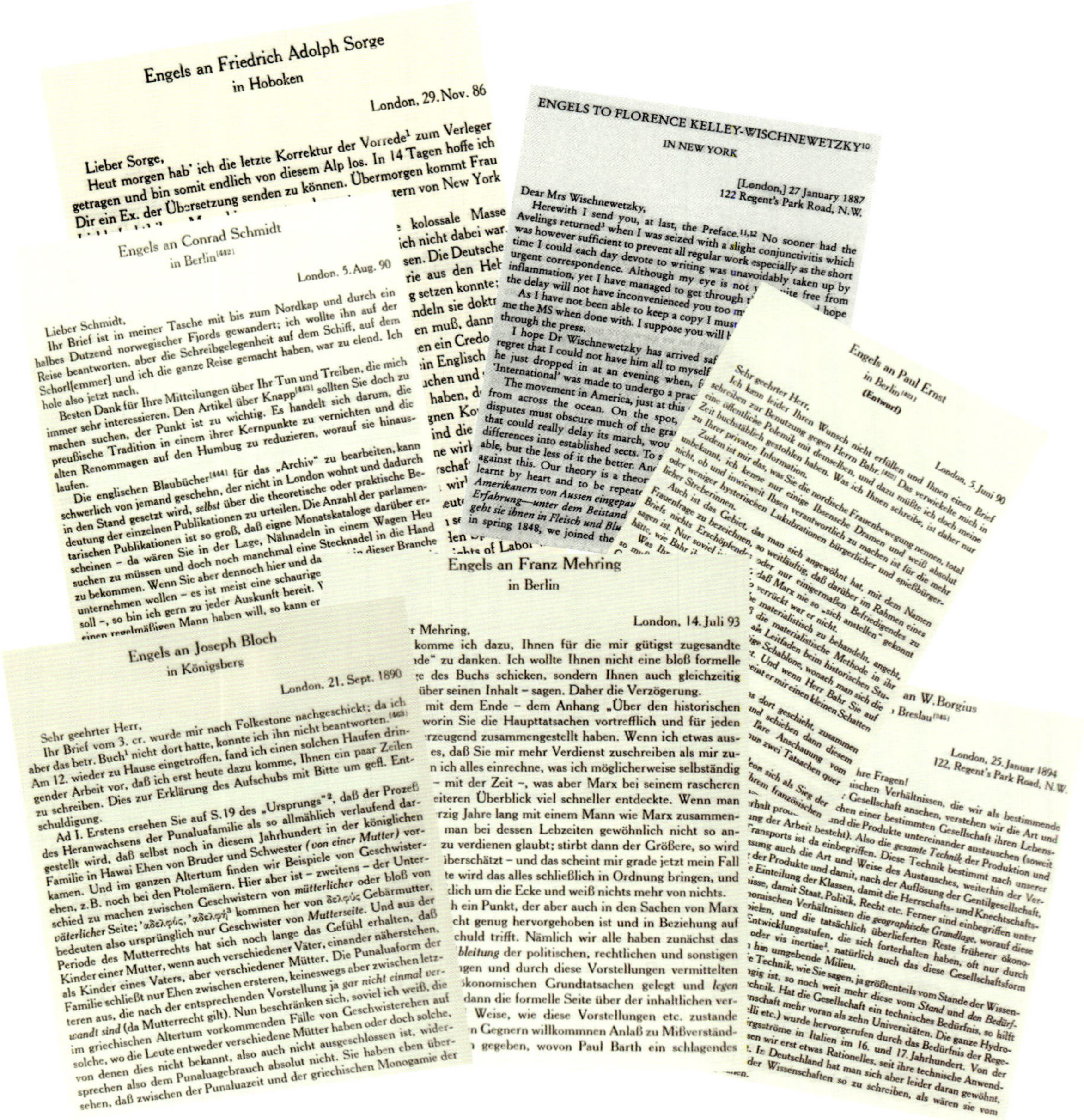

61．恩格斯给弗里德里希·阿道夫·左尔格、弗洛伦斯·凯利－威士涅威茨基、保尔·恩斯特、康拉德·施米特、约瑟夫·布洛赫、弗兰茨·梅林和瓦尔特·博尔吉乌斯的信

62. 恩格斯在工作（素描） 茹科夫

恩格斯在晚年重新出版了马克思和他本人的一些重要著作，并为这些著作写了序言、导言。他在这些序言、导言中进一步阐发了无产阶级革命和无产阶级专政的基本理论，并根据资本主义发展的新情况和工人运动的新经验为无产阶级政党制定了新的策略原则。(63-73)

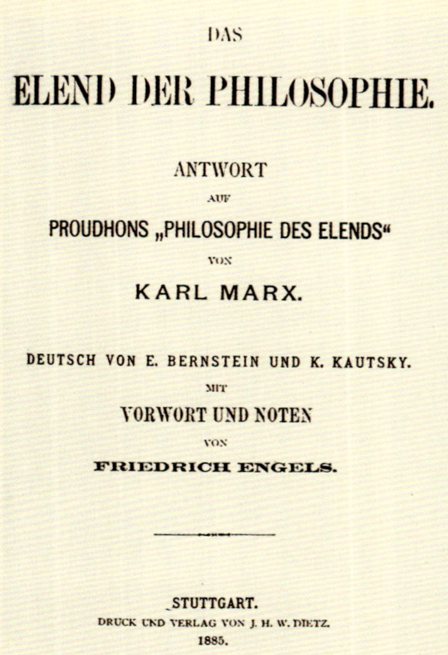
DAS
ELEND DER PHILOSOPHIE.
ANTWORT
AUF
PROUDHONS „PHILOSOPHIE DES ELENDS"
VON
KARL MARX.
DEUTSCH VON E. BERNSTEIN UND K. KAUTSKY.
MIT
VORWORT UND NOTEN
VON
FRIEDRICH ENGELS.
STUTTGART.
DRUCK UND VERLAG VON J. H. W. DIETZ.
1885.

63

CAPITAL:
A CRITICAL ANALYSIS OF CAPITALIST PRODUCTION
BY KARL MARX
TRANSLATED FROM THE THIRD GERMAN EDITION, BY SAMUEL MOORE AND EDWARD AVELING
AND EDITED BY
FREDERICK ENGELS
VOL. I.
LONDON:
SWAN SONNENSCHEIN, LOWREY, & CO.,
PATERNOSTER SQUARE
1887.

64

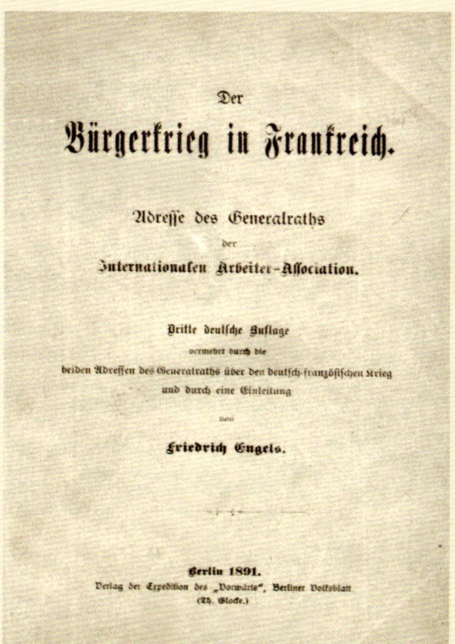
Der
Bürgerkrieg in Frankreich.
Adresse des Generalraths
der
Internationalen Arbeiter-Association.
Dritte deutsche Auflage
vermehrt durch die
beiden Adressen des Generalraths über den deutsch-französischen Krieg
und durch eine Einleitung
von
Friedrich Engels.
Berlin 1891.
Verlag der Expedition des „Vorwärts", Berliner Volksblatt
(Th. Glocke.)

65

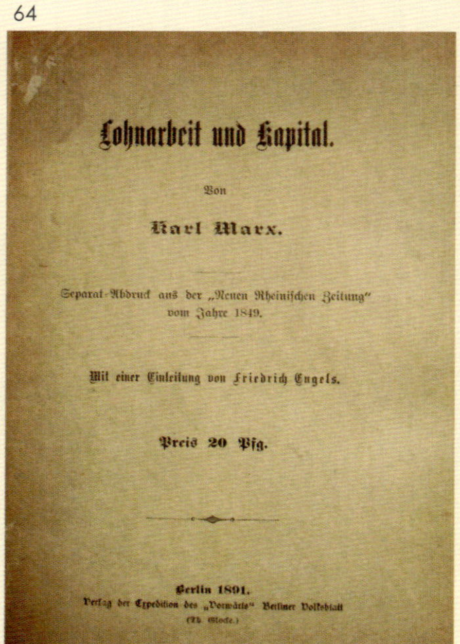
Lohnarbeit und Kapital.
Von
Karl Marx.
Separat-Abdruck aus der „Neuen Rheinischen Zeitung"
vom Jahre 1849.
Mit einer Einleitung von Friedrich Engels.
Preis 20 Pfg.
Berlin 1891.
Verlag der Expedition des „Vorwärts" Berliner Volksblatt
(Th. Glocke.)

66

63.《哲学的贫困》1885 年德文版，恩格斯校订译文并写了序言。

64.《资本论》第 1 卷 1887 年英文版，恩格斯校订译文并写了序言。

65.《法兰西内战》1891 年德文版，恩格斯写了导言。

66.《雇佣劳动与资本》1891 年德文版，恩格斯写了导言。

67.《社会主义从空想到科学的发展》1892 年英文版简名页，上面有恩格斯赠书给左尔格的题词。

68.《社会主义从空想到科学的发展》1892 年英文版扉页和恩格斯写的导言

我的状况是：74 岁了，我开始感觉到这一点，而工作之多需要两个 40 岁的人来做。真的，如果我能够把自己分成一个 40 岁的弗·恩格斯和一个 34 岁的弗·恩格斯，两人合在一起恰好 74 岁，那么一切都会很快就绪。但是在现有的条件下我所能做的，就是继续我现在的工作，并尽可能做得多些好些。

——恩格斯

恩格斯作为伟大的学者和战士真正做到了生命不息、战斗不止。他顽强地克服疾病带来的痛苦，抓紧一切时间工作，努力为无产阶级解放事业多作贡献。（74-81）

74. 恩格斯（1891 年）
75. 恩格斯的起居室
76. 恩格斯逝世前在伦敦居住的房子（瑞琴特公园路 41 号）
77. 路易莎·考茨基（1860—1950），奥地利社会主义者，卡尔·考茨基的第一个妻子，1890 年后担任恩格斯的秘书并协助料理家务。

75

76

77

78. 1895 年 6 月恩格斯到伊斯特本海滨疗养（油画） 汤小铭
79. 恩格斯 1893 年 7 月 29 日写的遗嘱
80. 恩格斯 1894 年 11 月 14 日给劳拉和爱琳娜的信，信中对他的遗嘱作了说明。
81. 恩格斯 1895 年 7 月 23 日给劳拉的信，这是恩格斯的最后一封亲笔信。

78

我至望将我的遗体火化，而我的骨灰，一有可能就把它沉于海中。

——恩格斯

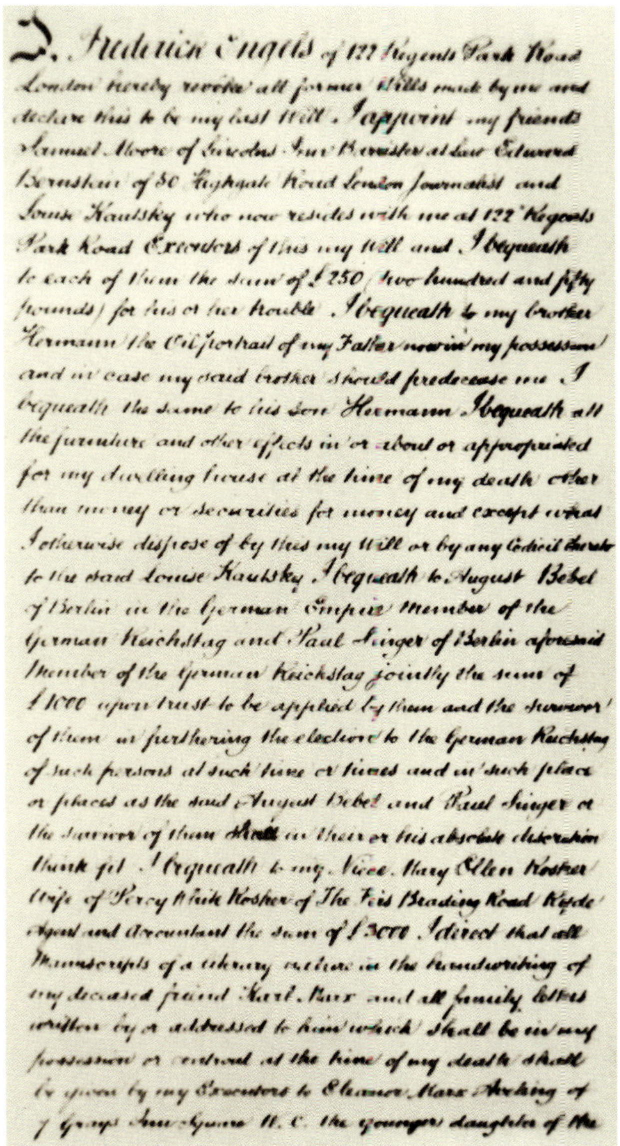

I, Frederick Engels of 122 Regents Park Road London hereby revoke all former Wills made by me and declare this to be my last Will. I appoint my friends Samuel Moore of Lincolns Inn Barrister at law Edward Bernstein of 50 Highgate Road London journalist and Louise Kautsky who now resides with me at 122 Regents Park Road Executors of this my Will and I bequeath to each of them the sum of £250 (two hundred and fifty pounds) for his or her trouble. I bequeath to my brother Hermann the Oil portrait of my Father now in my possession and in case my said brother should predecease me I bequeath the same to his son Hermann. I bequeath all the furniture and other effects in or about or appropriated for my dwelling house at the time of my death other than money or securities for money and except what I otherwise dispose of by this my Will or by any Codicil hereto to the said Louise Kautsky. I bequeath to August Bebel of Berlin in the German Empire Member of the German Reichstag and Paul Singer of Berlin aforesaid Member of the German Reichstag jointly the sum of £1000 upon trust to be applied by them and the survivor of them in furthering the election to the German Reichstag of such persons at such time or times and in such place or places as the said August Bebel and Paul Singer or the survivor of them shall in their or his absolute discretion think fit. I bequeath to my Niece Mary Ellen Rosher wife of Percy White Rosher of The Firs Reading Road Ryde Agent and Accountant the sum of £3000. I direct that all Manuscripts of a literary nature in the handwriting of my deceased friend Karl Marx and all family letters written by or addressed to him which shall be in my possession or control at the time of my death shall be given by my Executors to Eleanor Marx Aveling of 7 Grays Inn Square W.C. the youngest daughter of the

79

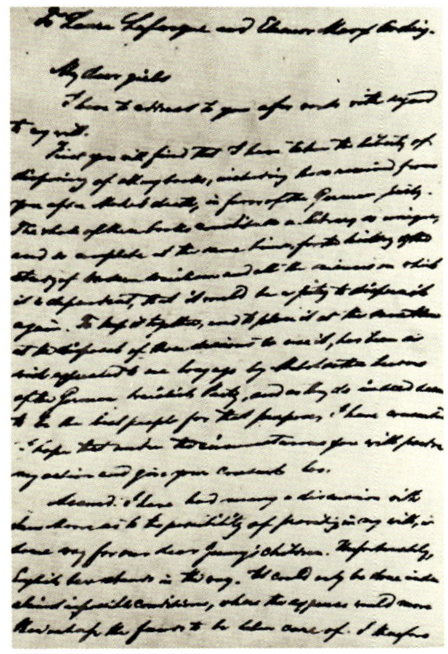

80

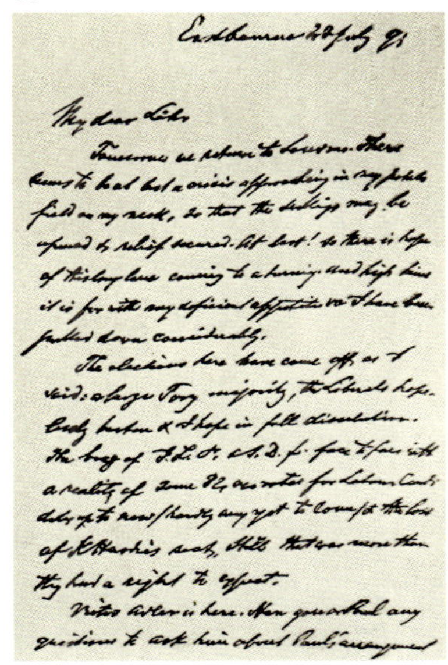

81

1895 年 8 月 5 日晚 10 时 30 分，国际无产阶级的伟大导师恩格斯因病逝世。(82-83)

82. 恩格斯生前最后的照片（1893 年）
83. 恩格斯的死亡证

82

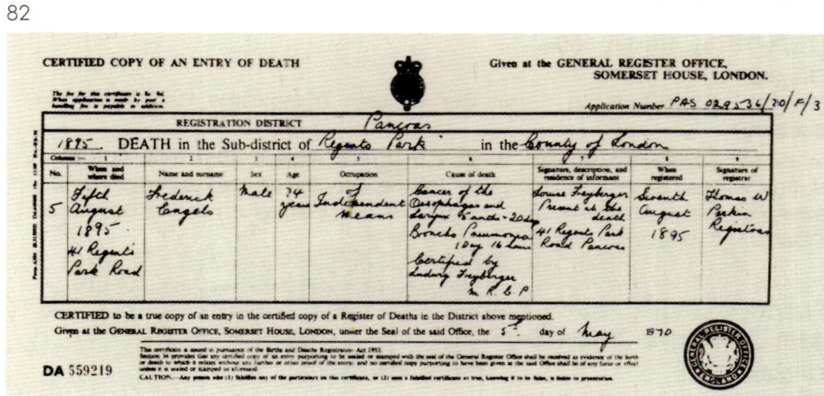

CERTIFIED COPY OF AN ENTRY OF DEATH

Given at the GENERAL REGISTER OFFICE, SOMERSET HOUSE, LONDON.

Application Number PAS 029536/70/F/3

REGISTRATION DISTRICT Pancras

1895. DEATH in the Sub-district of Regents Park in the County of London

No.	When and where died	Name and surname	Sex	Age	Occupation	Cause of death	Signature, description, and residence of informant	When registered	Signature of registrar
5	Fifth August 1895 41 Regents Park Road	Frederick Engels	Male	74 years	Independent Means	Cancer of the Oesophagus and Larynx 5 months - 20 days Broncho Pneumonia 1 Day 16 hours Certified by Ludwig Freyberger M.R.C.P.	Louise Freyberger Present at the death 41 Regents Park Road Pancras	Seventh August 1895	Thomas W Parkin Registrar

CERTIFIED to be a true copy of an entry in the certified copy of a Register of Deaths in the District above mentioned.

Given at the General Register Office, Somerset House, London, under the Seal of the said Office, the 5th day of May 1970

DA 559219

83

你给我们指出了战斗的场所，你给了我们武器和口号。我们将斗争下去，我们一定会胜利!

——保尔·拉法格

他既是启路人，又是带路人，既是领袖，又是战士。在他身上体现出了理论与实践的结合。

——威廉·李卜克内西

1895 年 8 月 10 日，恩格斯的追悼会在伦敦威斯敏斯特的滑铁卢车站大厅举行。威·李卜克内西、奥·倍倍尔和保·拉法格等在追悼会上讲话。(84)

84. 悼念一代伟人（油画） 闻立鹏

恩格斯逝世后，欧美各国无产阶级为失去伟大导师而感到万分悲恸，决心继承恩格斯的遗志，把马克思和恩格斯开创的事业继续推向前进。列宁在恩格斯逝世后不久撰写的悼念文章中回顾了恩格斯的光辉一生，阐述了他的理论贡献，高度评价了他为无产阶级解放事业而斗争的不朽功绩。(85-86)

85. 列宁于1895年9月写的悼念恩格斯的文章《弗里德里希·恩格斯》，载于俄国《工作者》文集1896年第1—2期合刊。

86. 各国社会主义报刊刊登的悼念恩格斯的文章

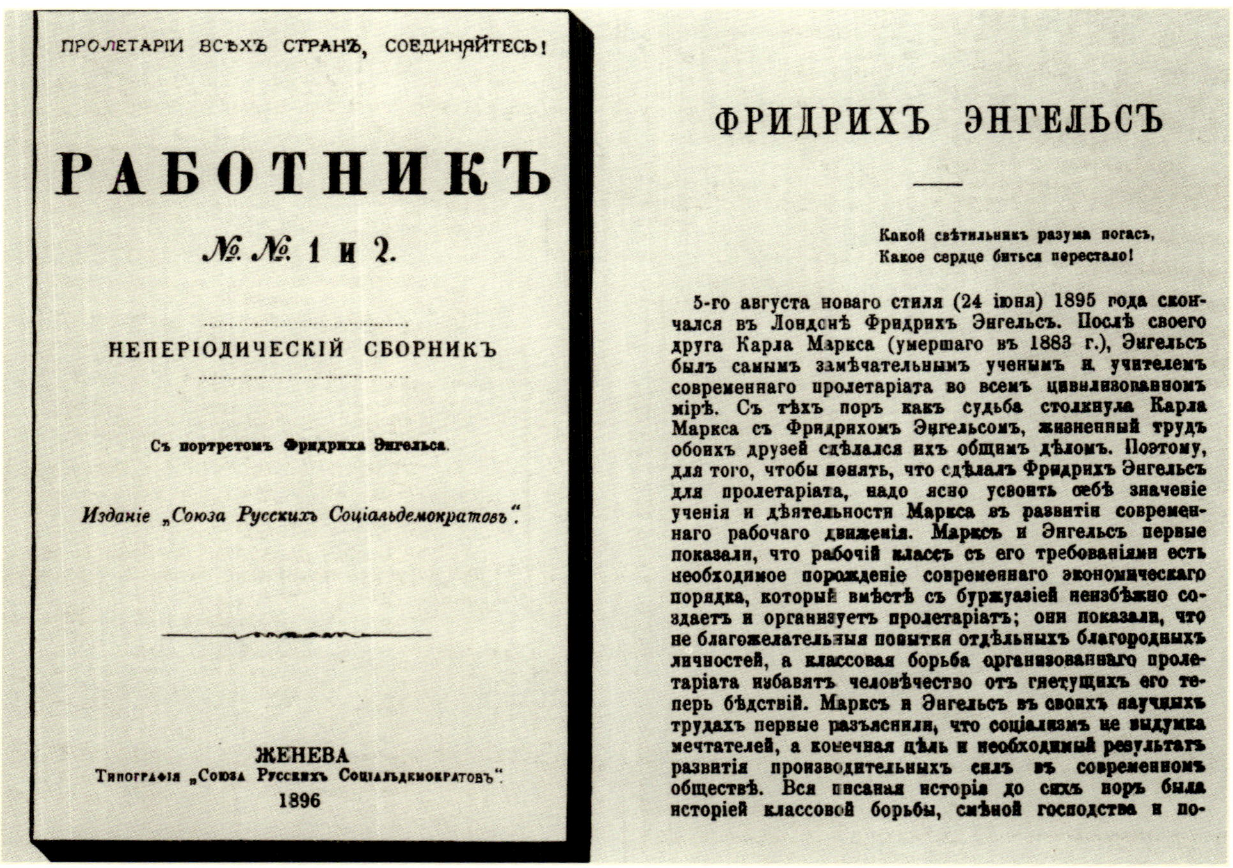

ПРОЛЕТАРІИ ВСѢХЪ СТРАНЪ, СОЕДИНЯЙТЕСЬ!

РАБОТНИКЪ

№№ 1 и 2.

НЕПЕРІОДИЧЕСКІЙ СБОРНИКЪ

Съ портретомъ Фридриха Энгельса.

Изданіе „Союза Русскихъ Соціальдемократовъ“.

ЖЕНЕВА
Типографія „Союза Русскихъ Соціальдемократовъ“.
1896

ФРИДРИХЪ ЭНГЕЛЬСЪ

Какой свѣтильникъ разума погасъ,
Какое сердце биться перестало!

5-го августа новаго стиля (24 іюня) 1895 года скончался въ Лондонѣ Фридрихъ Энгельсъ. Послѣ своего друга Карла Маркса (умершаго въ 1883 г.), Энгельсъ былъ самымъ замѣчательнымъ ученымъ и учителемъ современнаго пролетаріата во всемъ цивилизованномъ мірѣ. Съ тѣхъ поръ какъ судьба столкнула Карла Маркса съ Фридрихомъ Энгельсомъ, жизненный трудъ обоихъ друзей сдѣлался ихъ общимъ дѣломъ. Поэтому, для того, чтобы понять, что сдѣлалъ Фридрихъ Энгельсъ для пролетаріата, надо ясно усвоить себѣ значеніе ученія и дѣятельности Маркса въ развитіи современнаго рабочаго движенія. Марксъ и Энгельсъ первые показали, что рабочій классъ съ его требованіями есть необходимое порожденіе современнаго экономическаго порядка, который вмѣстѣ съ буржуазіей неизбѣжно создаетъ и организуетъ пролетаріатъ; они показали, что не благожелательныя попытки отдѣльныхъ благородныхъ личностей, а классовая борьба организованнаго пролетаріата избавитъ человѣчество отъ гнетущихъ его теперь бѣдствій. Марксъ и Энгельсъ въ своихъ научныхъ трудахъ первые разъяснили, что соціализмъ не выдумка мечтателей, а конечная цѣль и необходимый результатъ развитія производительныхъ силъ въ современномъ обществѣ. Вся писаная исторія до сихъ поръ была исторіей классовой борьбы, смѣной господства и по-

85

СОЦИАЛИСТЪ

ОРГАНЪ НА РАБОТНИЧЕСКАТА СОЦИАЛЪ-ДЕМОКРАТИЧЕСКА ПАРТИЯ.

Фридрихъ Енгелсъ умрѣ!

Friedrich Engels' Gedächtnißfeier

Vorwärts

Berliner Volksblatt

Friedrich Engels todt!

DER WAHRE JACOB

86

1895年秋，爱琳娜·马克思、弗·列斯纳、爱·伯恩施坦和爱·艾威林遵照恩格斯的遗愿，在伊斯特本海岸把恩格斯的骨灰罐投入大海。（87-88）

87. 伊斯特本海滨

马克思和恩格斯对工人阶级的功绩，可以这样简单地来表达：他们教会了工人阶级自我认识和自我意识，用科学代替了幻想。

正因为如此，恩格斯的名字和生平，是每个工人都应该知道的。

——列　宁

88. 英名长存（中国画）　郭全忠

十月革命一声炮响，给我们送来了马克思列宁主义。

——毛泽东

20 世纪初，半殖民地半封建的中国灾难日益深重。一批爱国的先进分子积极地向西方学习，以寻找救国救民之道。他们当中的一些人在介绍欧洲各种社会主义学说时，也零星地介绍了马克思和恩格斯的思想。1917 年俄国十月革命的伟大胜利，迅速激起中国人民对马克思主义的热烈向往。在十月革命的鼓舞下，随着工人运动的兴起和五四运动的爆发，马克思主义开始在中国广泛传播，成为中国人民彻底改变中华民族命运、争取独立富强的强大思想武器。(02)

02. 在全俄苏维埃第二次代表大会上（油画） 谢罗夫

五四运动前后，以陈独秀、李大钊、毛泽东等为代表的先进分子相继组织马克思主义研究团体和共产主义小组，创办报纸杂志，歌颂俄国十月社会主义革命，积极宣传马克思列宁主义。(03-09)

03. 马克思列宁主义在中国的早期传播者、中国共产党创始人之一陈独秀

04. 陈独秀创办并主编的《新青年》（创刊时名为《青年杂志》）封面

05. 马克思列宁主义在中国的早期传播者、中国共产党创始人之一李大钊

06. 李大钊主持的马克思学说研究会的办公室和图书馆亢慕义斋（“亢慕义”为英文 Communism 的音译，意为“共产主义”）

07. 载有李大钊《我的马克思主义观》的《新青年》杂志

03

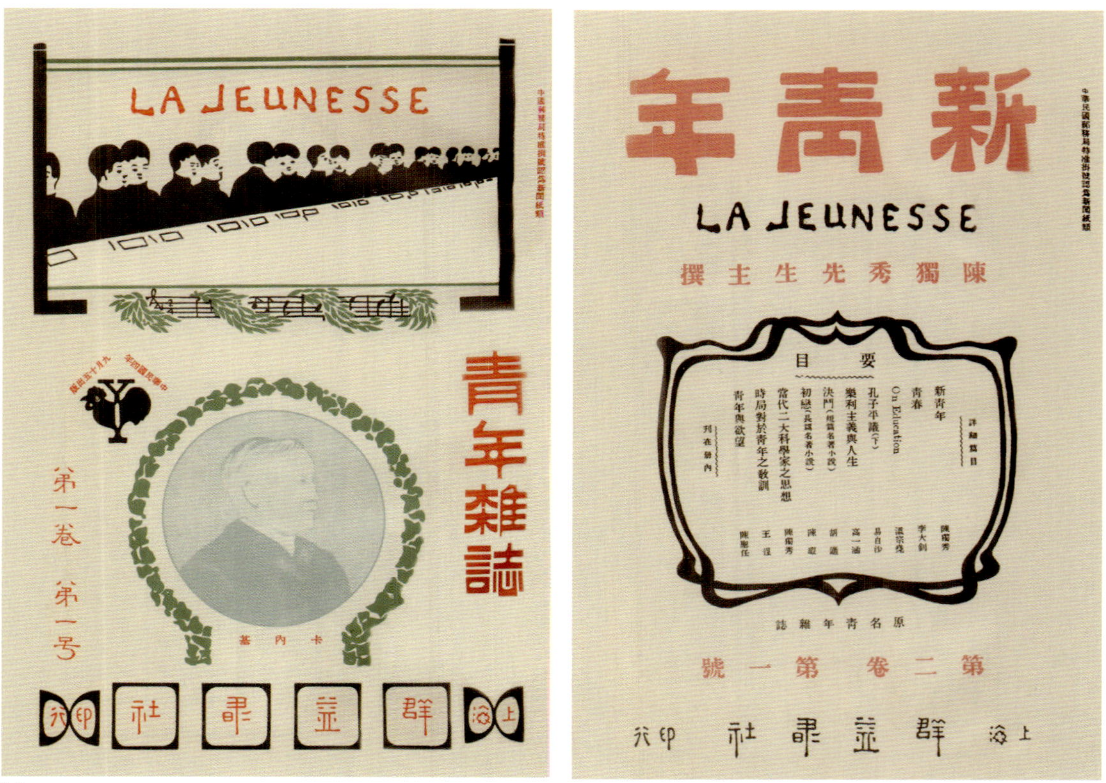

04

试看将来的环球，必是赤旗的世界！
——李大钊

05

06

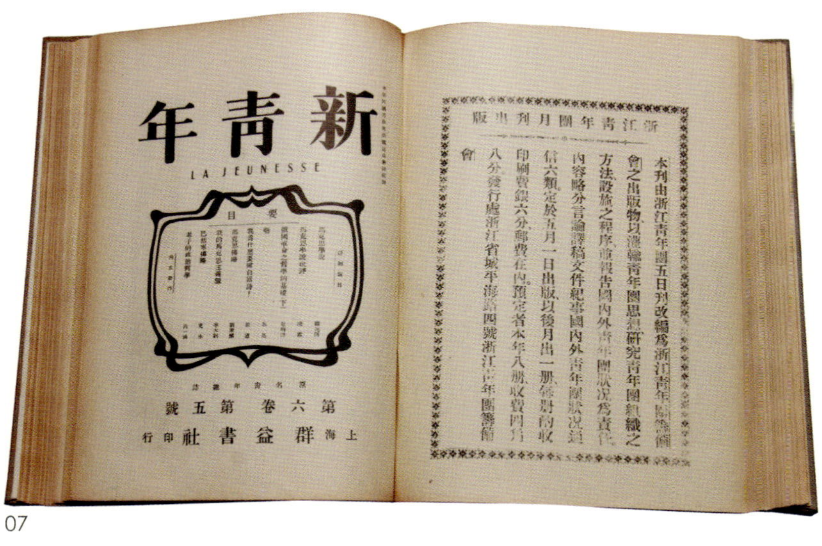

07

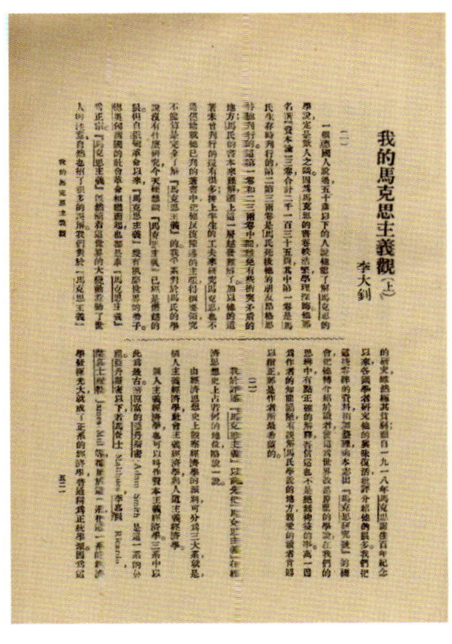

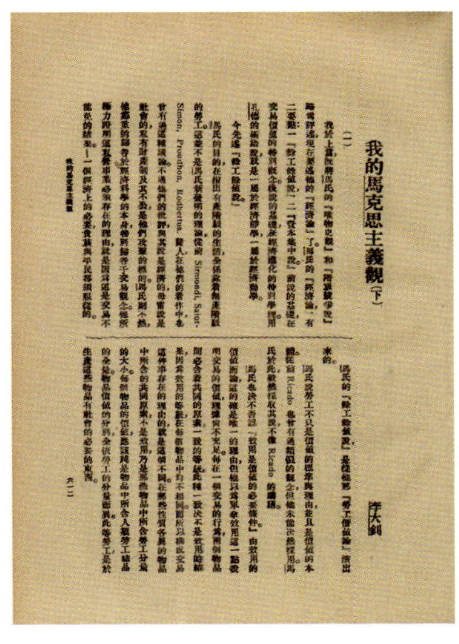

自从中国人学会了马克思列宁主义以后，中国人在精神上就由被动转入主动。从这时起，近代世界历史上那种看不起中国人，看不起中国文化的时代应当完结了。

——毛泽东

08

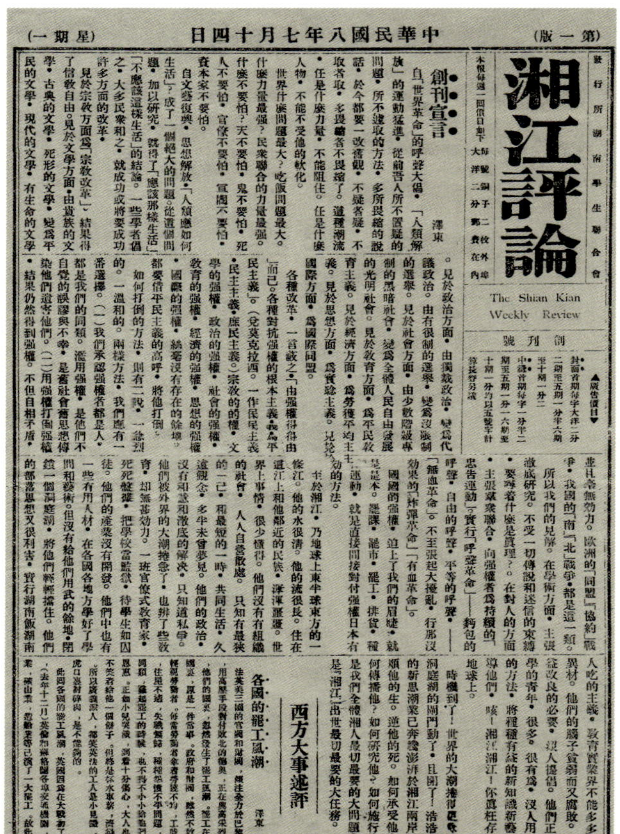

(第一版)　中華民國八年七月十四日　(星期一)

湘江評論

發行所湖南學生聯合會

本報每週一期價目如下：每號銅子二枚，外埠每號大洋二分，郵費在內

The Shian Kian Weekly Review

創刊號

▲廣告價目▼ 封面首期每字大洋二分，二期至五期一分半，六期至十期一分二。中縫首期每字一分半，二期至五期一分一，六期至十期一分。均以五號字計，餘長登另議

創刊宣言

澤東

自「世界革命」的呼聲大倡，「人類解放」的運動猛進，從前吾人所不置疑的問題，所不遽取的方法，多所畏縮的說話，於今都要一改舊觀，不疑者疑，不取者取，多畏縮者不畏縮了。這種潮流，任是什麼力量，不能阻住。任是什麼人物，不能不受他的軟化。

世界什麼問題最大？吃飯問題最大。什麼力量最强？民衆聯合的力量最强。什麼不要怕？天不要怕，鬼不要怕，死人不要怕，官僚不要怕，軍閥不要怕，資本家不要怕。

自文藝復興，思想解放，「人類應如何生活？」成了一個絕大的問題。從這個問題，加以研究，就得了「應該那樣生活」「不應該這樣生活」的結論。一些學者倡之，大多民衆和之，就成功或將要成功許多方面的改革。

見於宗教方面，爲「宗教改革」，結果得了信教自由。見於文學方面，由貴族的文學，古典的文學，死形的文學，變爲平民的文學，現代的文學，有生命的文學。見於政治方面，由獨裁政治，變爲代議政治。由有限制的選舉，變爲沒限制的選舉。見於社會方面，由少數階級專制的黑暗社會，變爲全體人民自由發展的光明社會。見於教育方面，爲平民教育主義。見於經濟方面，爲勞獲平均主義。見於思想方面，爲實驗主義。見於國際方面，爲國際同盟。

各種改革，一言蔽之，「由强權得自由」而已。各種對抗强權的根本主義，爲「平民主義」。（兌莫克拉西，一作民本主義，民主主義，庶民主義。）宗教的强權，文學的强權，政治的强權，社會的强權，教育的强權，經濟的强權，思想的强權，國際的强權，絲毫沒有存在的餘地。都要借平民主義的高呼，將他打倒。

如何打倒的方法，則有二說。一急烈的。一溫和的。兩樣方法，我們應有一番選擇。（一）我們承認强權者都是人，都是我們的同類。濫用强權，是他們不自覺的誤謬與不幸，是舊社會舊思想傳染他們，遺害他們。（二）用强權打倒强權，結果仍然得到强權。不但自相矛盾，並且毫無效力。歐洲的「同盟」「協約」戰爭，我國的「南」「北」戰爭，都是這一類。所以我們的見解，在學術方面，主張徹底研究。不受一切傳說和迷信的束縛，要尋着什麼是眞理？。在對人的方面，主張羣衆聯合，向强權者爲持續的「忠告運動」，實行「呼聲革命」——麵包的呼聲，自由的呼聲，平等的呼聲，——「無血革命」。不至張起大擾亂，行那沒效果的「炸彈革命」「有血革命」。國際的强權，迫上了我們的眉睫，就是日本。罷課，罷市，罷工，排貨，種種運動，就是直接間接對付强權日本有效的方法。

至於湘江，乃地球上東半球東方的一條江。他的水很清。他的流很長。住在這江上和他鄰近的民族，渾渾噩噩。世界上事情，很少懂得。他們沒有有組織的社會，人人自營散處。只知有最狹的一己，和最短的一時，共同生活，久遠觀念，多半未曾夢見。他們的政治，沒有和意和澈底的解決，只知道私爭。他們被外界的大潮捲急了，也辦了些教育，却無甚効力。一班官僚式教育家，死死盤據，把學校當監獄，待學生如囚徒。他們的產業沒有開發。他們中也有一些有用人材，在各國各地方學好了學問和藝術。但沒有給他們用武的餘地，閉鎖一個洞庭湖，將他們輕輕擋住。他們的部落思想又很利害，實行湖南飯湖南人吃的主義，教育實業界不能多多容納異材。他們的腦子貧弱而又腐敗。有增益改良的必要，沒人提倡。他們正在求學的青年，很多。很有爲，沒人用有効的方法，將種種有益的新知識新藝術啓導他們。咳！湘江湘江！你眞枉存在於地球上。

時機到了！世界的大潮捲得更急了！洞庭湖的閘門動了，且開了！浩浩蕩蕩的新思潮業已奔騰澎湃於湘江兩岸了！順他的生。逆他的死。如何承受他？如何傳播他？如何研究他？如何施行他？是我們全體湘人最切最要的大問題。即是「湘江」出世最切最要的大任務。

西方大事述評

澤東

各國的罷工風潮

法英美三國的官閥和財閥，傾注全力於巴黎和會，用高壓手段對付敗北的德奧，正在興高采烈時候，他們的國裏，忽然發生了罷工風潮。罷工在他們國裏，原是一件常事。政府和財閥，雖然不敢十分輕視勞動者，[illegible]

09

08. 马克思列宁主义在中国的早期传播者、中国共产党创始人之一毛泽东

09. 毛泽东主编的《湘江评论》

1920 年 8 月，上海共产主义小组成员陈望道翻译的《共产党宣言》正式出版发行，这是《共产党宣言》在中国的第一个全译本，也是马克思恩格斯著作在中国出版的第一个单行本。(10-11)

10. 1920 年 8 月出版的《共产党宣言》中译本（书名错印为《共党产宣言》）

11. 陈望道（1920 年）

10

11

中国共产党自成立之日起，就把马克思列宁主义作为指导思想。1921 年 9 月，党在上海创建了第一个出版机构——人民出版社，由李达负责。该社成立后首先确定出版《马克思全书》和《列宁全书》。1923 年 11 月又成立了上海书店，并以此为中心在全国建立了传播马列著作和革命书籍的发行网。(12-17)

12. 中国共产党第一次全国代表大会会址
13. 党的第一个出版机构——人民出版社旧址（原上海成都南路辅德里 625 号）
14. 李达
15.《马克思全书》第二种：《工钱劳动与资本》，今译《雇佣劳动与资本》。
16. 党的第二个出版发行机构——上海书店旧址（原上海小北门人民路振业里 11 号何大房号）
17.《马克思全书》目录

12

13

14

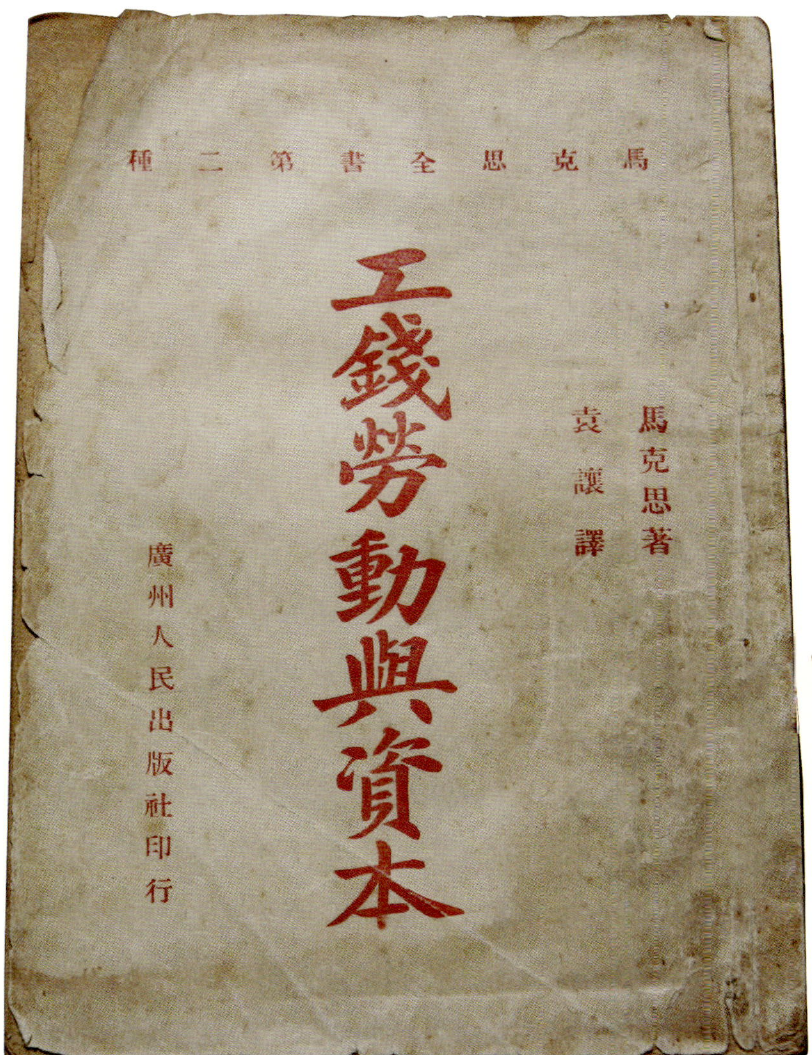

15

16

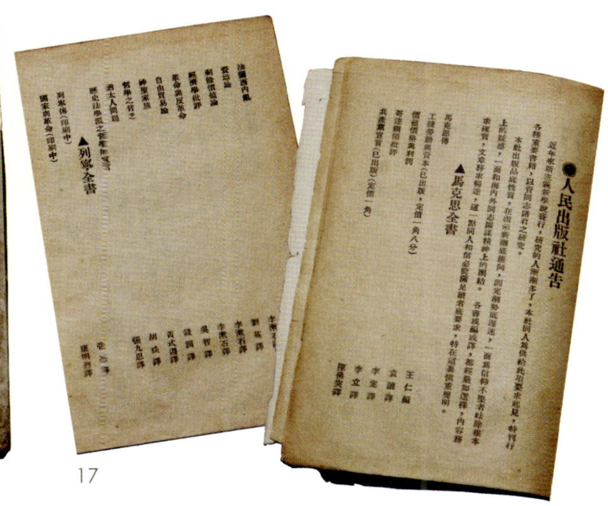

17

20世纪20—30年代，在物质条件极端困难的情况下，在国民党反动统治者查禁进步书刊的白色恐怖下，我们党组织力量编译出版了马克思、恩格斯的数十种重要著作。不少进步知识分子出于对真理的向往，自觉地投身于马克思主义著作的编译事业，为传播马克思主义作出了重要贡献。(18-20)

18. 20世纪20—30年代编译出版的马克思恩格斯著作部分中译本

19. 20世纪30年代出版的《资本论》中译本

18

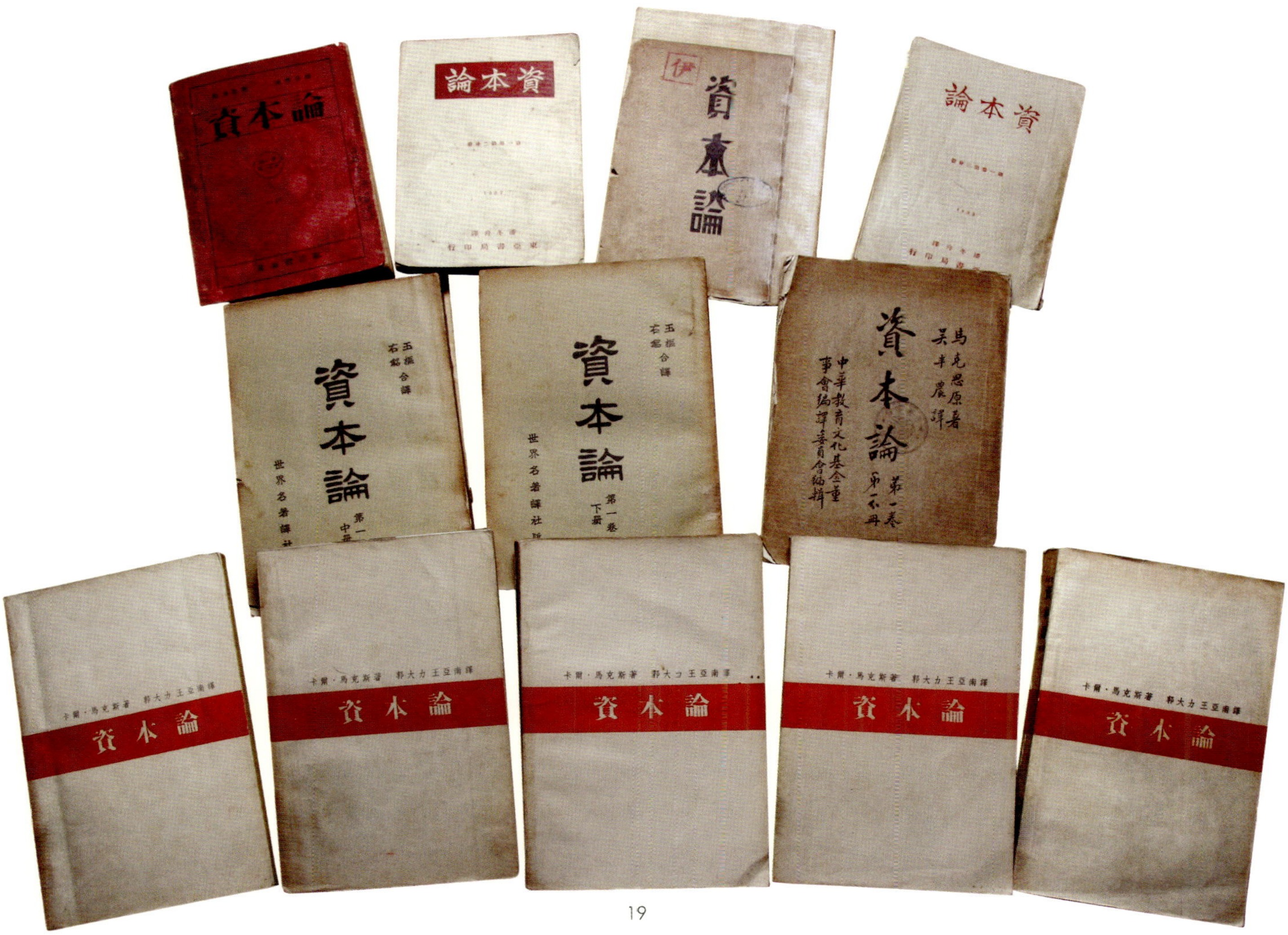
資本論
資本論
資本論
資本論
資本論
世界名著譯社
資本論
第一卷 下册
世界名著譯社
資本論
馬克思原著
吴半農譯
中華教育文化基金董事會編譯委員會編輯
第一卷 第一分册
卡爾·馬克斯著 郭大力 王亞南譯
資本論

20. 20 世纪 20—30 年代伪装出版的革命书刊

党中央和毛泽东同志高度重视马列著作编译工作。1938 年 5 月 5 日，延安马列学院成立，学院下设马列主义经典著作编译部，由张闻天同志兼任主任。马列学院编译部是由党中央正式组建的第一个经典著作编译机构。(21-23)

21. 延安马列学院旧址（蓝家坪）
22. 革命根据地的印刷厂
23. 张闻天

21

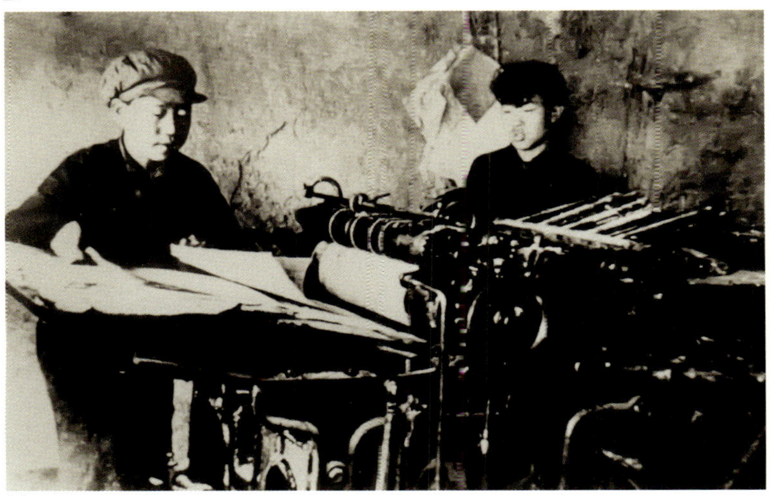

22

23

做翻译工作的同志很重要，不要认为翻译工作不好。我们现在需要大翻译家。我是一个土包子，要懂一点国外的事还靠翻译。我们党内能直接看外国书的人很少，凡能直接看外国书的人，首先要翻译马、恩、列、斯的著作，翻译苏联先进的东西和各国马克思主义者的东西。

——毛泽东

1943年5月，在毛泽东同志提议下，党中央作出关于加强马列主义经典著作翻译工作的决定，毛泽东同志亲自审定了决定的内容。决定要求重新校阅已经出版的马列经典著作，并强调了这些工作的极端重要性。毛泽东同志经常与翻译工作者研讨经典著作的理论要旨和译文表述问题。（24）

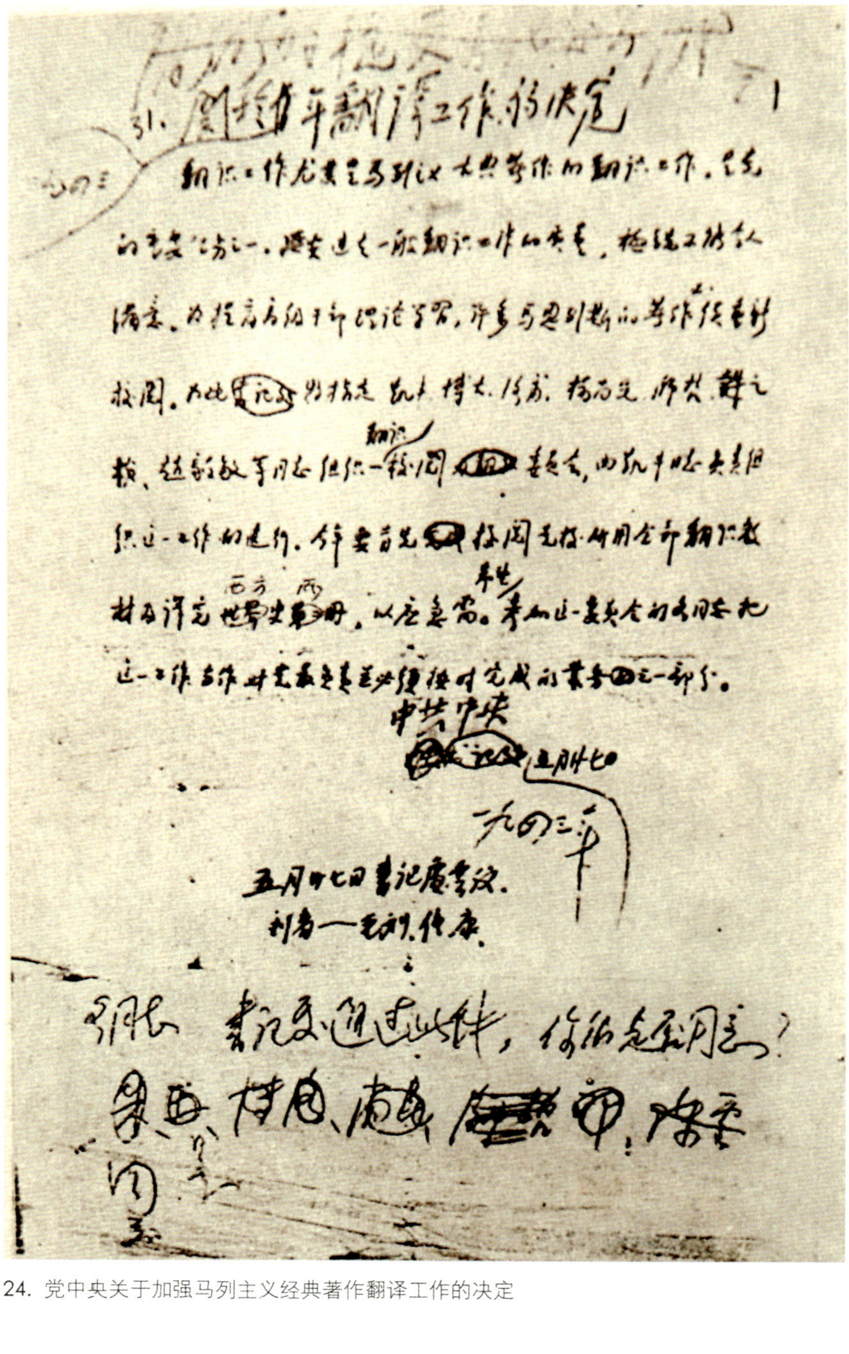

24. 党中央关于加强马列主义经典著作翻译工作的决定

25

26

马列学院编译部成立后，在党中央的正确领导和关心支持下，马列著作的编译出版工作呈现出前所未有的气象和规模。编译工作者不畏艰难，不辱使命，在极其艰苦的条件下翻译了大量经典著作，推动了中国共产党领导的争取民族独立和人民解放的伟大事业。从 1938 年到 1942 年，延安解放社陆续出版了《马克思恩格斯丛书》10 种、《列宁选集》16 卷。到新中国成立前，我国公开出版的马列著作达 530 种，马克思和恩格斯的最重要的著作都译成了中文。(25-26)

25. 八路军战士认真阅读马列著作

26. 《马克思恩格斯丛书》

中国共产党历来重视学习和宣传马克思列宁主义，党的领导人率先垂范，并一再号召全党认真学习马列著作。(27-30)

27. 毛泽东同志在抗大成立三周年纪念大会上讲话
28. 毛泽东同志批示印发的干部必读书目
29. 解放社出版的《干部必读》丛书

27

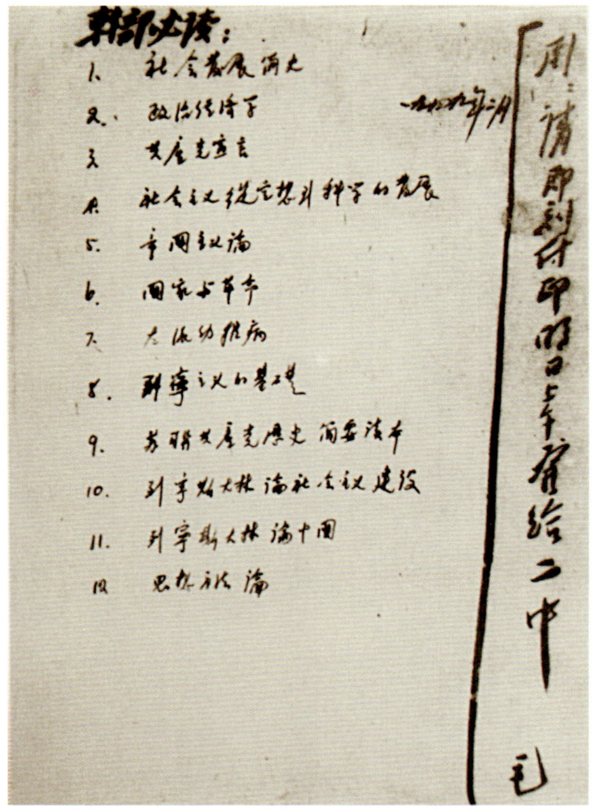
干部必读：
1. 社会发展简史
2. 政治经济学
3. 共产党宣言
4. 社会主义从空想到科学的发展
5. 帝国主义论
6. 国家与革命
7. 左派幼稚病
8. 列宁主义的基础
9. 苏联共产党史简要读本
10. 列宁斯大林论社会主义建设
11. 列宁斯大林论中国
12. 思想方法论
周：请即刻付印，明日上午发给二中
一九四九年三月
毛

28

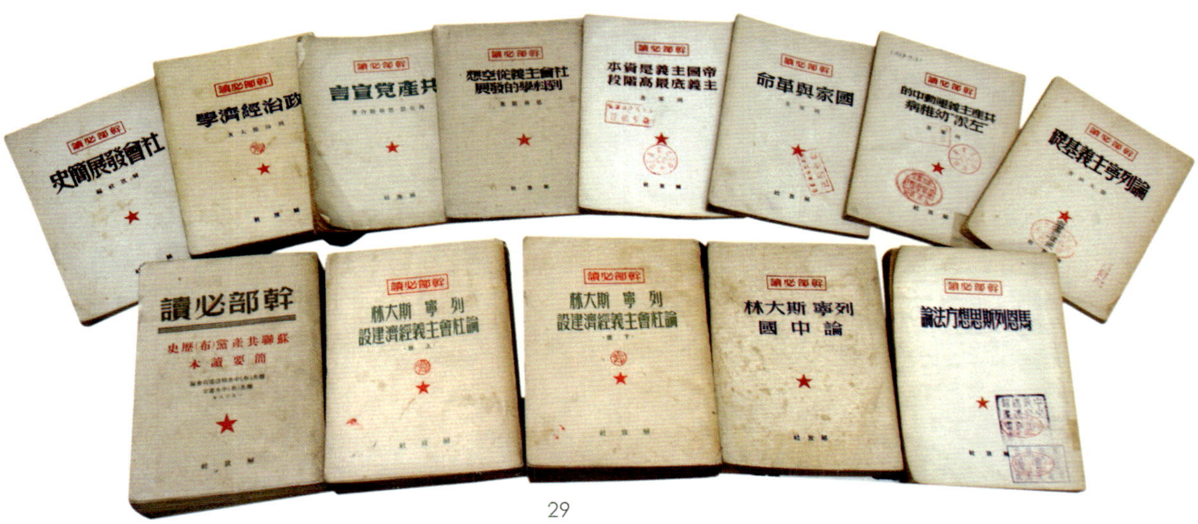

29

30. 毛泽东、周恩来、刘少奇、朱德读过的马克思恩格斯著作

毛泽东读过的《资本论》

周恩来读过的《共产党宣言》

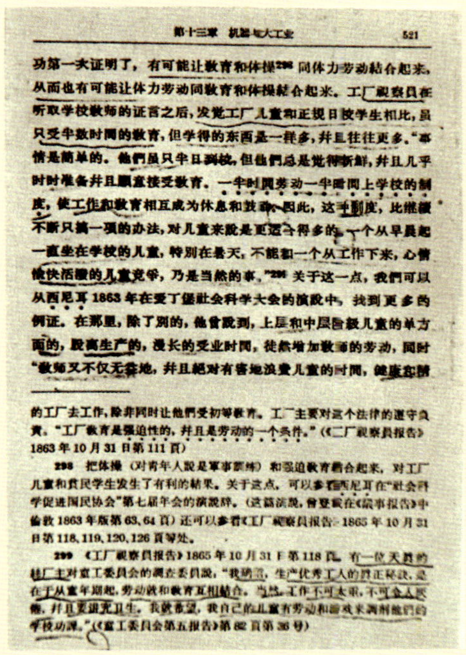
第十三章 机器与大工业 521

功第一次证明了，有可能让教育和体操[298]同体力劳动結合起来，从而也有可能让体力劳动同教育和体操結合起来。工厂視察員在听取学校教师的证言之后，发觉工厂儿童和正规日校学生相比，虽只受半数时間的教育，但学得的东西是一样多，并且往往更多。“事情是簡单的。他們虽只半日到校，但他們总是觉得新鮮，并且几乎时时准备并且願意接受教育。一半时間劳动一半時間上学校的制度，使工作和教育相互成为休息和鼓舞。因此，这种制度，比继續不断只搞一項的办法，对儿童来說是更适合得多的。一个从早晨起一直坐在学校的儿童，特别在暑天，不能和一个从工作下来，心情愉快活潑的儿童竞爭，乃是当然的事。”[299] 关于这一点，我們可以从西尼耳1863年在爱丁堡社会科学大会的演說中，找到更多的例证。在那里，除了别的，他曾說到，上层和中层階級儿童的单方面的，脫离生产的，漫长的受业时間，徒然增加教师的劳动，同时“教师又不仅无益地，并且絕对有害地浪費儿童的时間，健康和精

的工厂去工作，除非同时让他們受初等教育。工厂主要对这个法律的遵守负責。“工厂教育是强迫性的，并且是劳动的一个条件。”（《工厂視察員报告》1863年10月31日第111頁）

298 把体操（对青年人說是軍事訓练）和强迫教育結合起来，对工厂儿童和貧民学生发生了有利的結果。关于这点，可以参看西尼耳在“社会科学促进国民协会”第七屆年会的演說辞。（这篇演說，曾登載在《議事报告》中，倫敦1863年版第63、64頁）还可以参看《工厂視察員报告》1865年10月31日第118、119、120、126頁等处。

299 《工厂視察員报告》1865年10月31日第118頁。有一位天真的絲厂主对童工委員会的調查委員說，“我確信，生产优秀工人的真正秘訣，就在于从童年期起，劳动就和教育互相結合。当然，工作不可太重，不可令人厭倦，并且要讲究卫生。我就希望，我自己的儿童有劳动和游戏来調剂他們的学校功課。”（《童工委員会第五报告》第82頁第36号）

刘少奇读过的《资本论》

朱德读过的《马克思恩格斯全集》

1949 年 10 月 1 日中华人民共和国成立。中国人民革命和建设事业的发展，为马克思主义经典著作编译事业的整体推进提供了前所未有的条件，同时也提出了更高的要求。(31)

31. 开国大典 （油画） 董希文

领导我们事业的核心力量是中国共产党。指导我们思想的理论基础是马克思列宁主义。

——毛泽东

1953年1月29日，经毛泽东同志亲自批示，中央决定成立中共中央马克思恩格斯列宁斯大林著作编译局，以便有系统有计划地编译马克思、恩格斯、列宁、斯大林的全部著作，从此马克思主义经典著作在中国的传播进入一个全新的历史阶段。(32–34)

32. 毛泽东同志在开国大典上讲话
33. 党中央关于成立马恩列斯著作编译局的决定
34. 毛泽东同志为中央编译局题写的《学习译丛》刊名

32

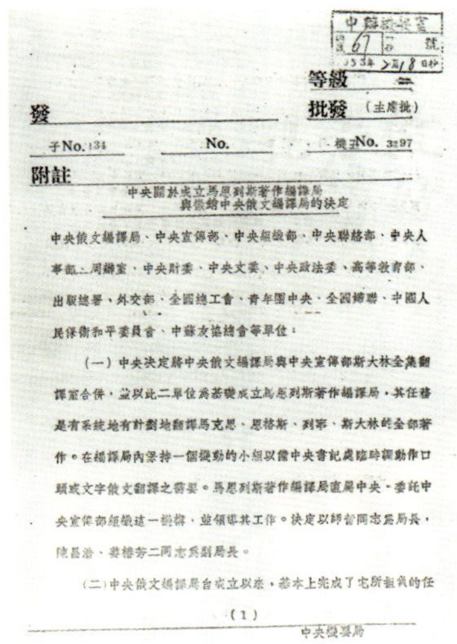

等級 二

發　　　　批發（主席批）

子No.134　No.　機子No. 3297

附註

中央關於成立馬恩列斯著作編譯局與撤銷中央俄文編譯局的決定

中央俄文編譯局、中央宣傳部、中央組織部、中央聯絡部、中央人事部、周辦室、中央財委、中央文委、中央政法委、高等教育部、出版總署、外交部、全國總工會、青年團中央、全國婦聯、中國人民保衛和平委員會、中蘇友協總會等單位：

(一)中央決定將中央俄文編譯局與中央宣傳部斯大林全集翻譯室合併，並以此二單位為基礎成立馬恩列斯著作編譯局，其任務是有系統地有計劃地翻譯馬克思、恩格斯、列寧、斯大林的全部著作。在編譯局內保持一個機動的小組以備中央書記處臨時調動作口頭或文字俄文翻譯之需要。馬恩列斯著作編譯局直屬中央，委託中央宣傳部組織這一機構，並領導其工作。決定以師哲同志為局長，陳昌浩、姜椿芳二同志為副局長。

(二)中央俄文編譯局自成立以來，基本上完成了它所擔負的任

(1)

中央機要局

33

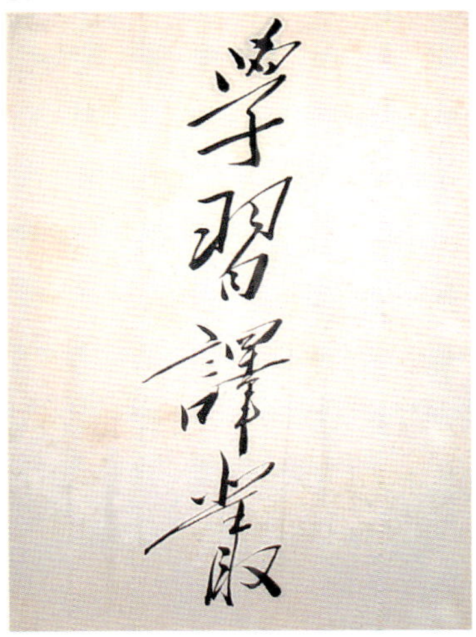

34

35

36

中央编译局成立后，按照党中央要求有系统地、有计划地编译出版马克思主义经典作家的著作，为研究、学习和宣传马克思主义提供扎实可靠的文本基础，有力地推动了马克思主义中国化的进程。(35-36)

35. 中央编译局旧貌

36. 中央编译局今貌

新中国成立后，马克思主义经典著作的传播事业不断推进。在党的领导下，思想界、理论界和新闻出版界通过各种形式广泛宣传马克思主义经典作家的生平事业和科学理论，并积极收藏马克思恩格斯的手稿。(37-42)

37. 新中国成立后在北京举办的纪念马克思的展览

38. 1954年中央编译局首次举办的“马克思列宁主义经典著作在中国的传播”展览

37

38

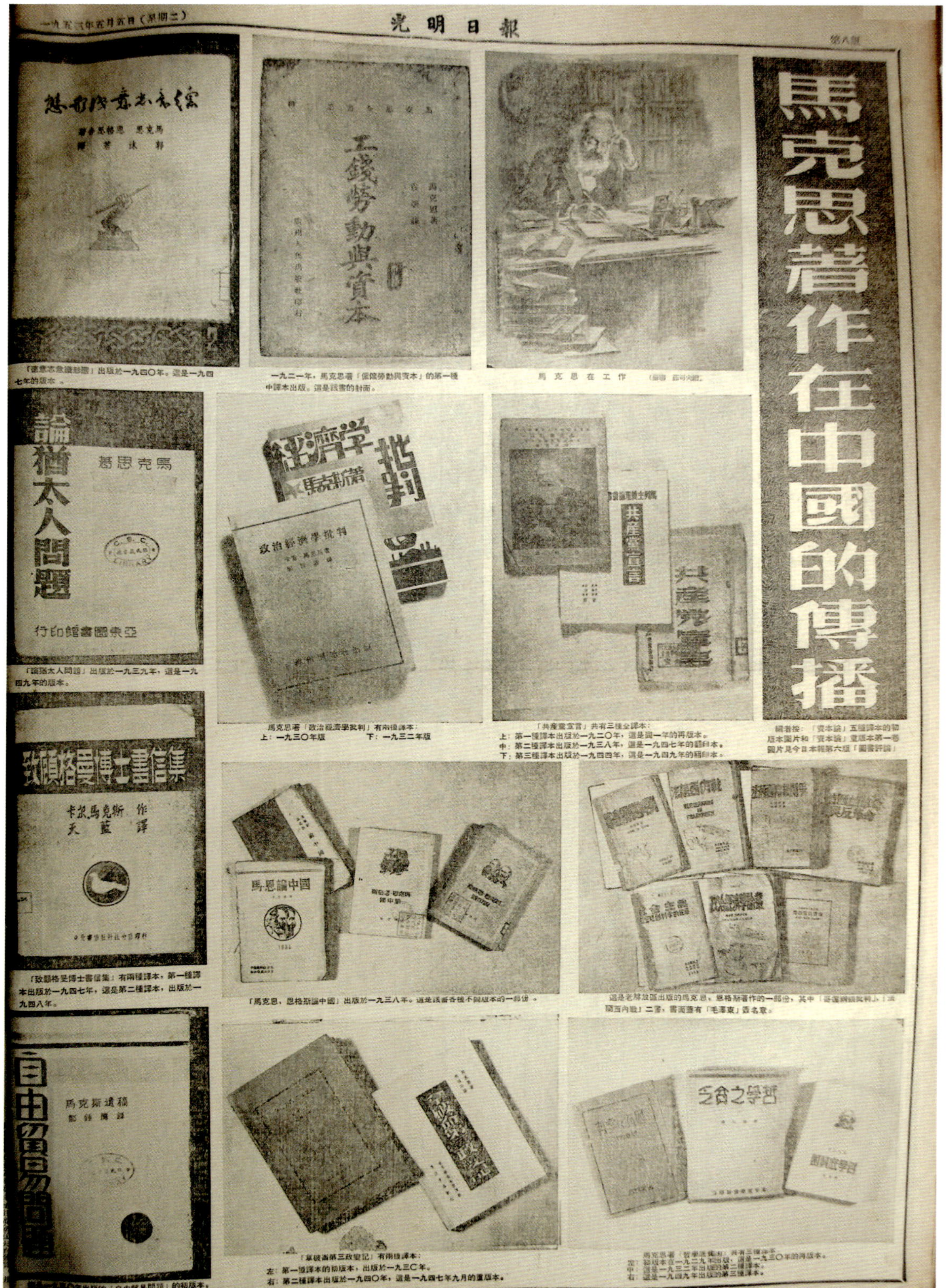

光明日報

馬克思著作在中國的傳播

「德意志意識形態」出版於一九四〇年。這是一九四七年的版本。

一九二一年，馬克思著「僱傭勞動與資本」的第一種中譯本出版。這是該書的封面。

馬克思在工作

「論猶太人問題」出版於一九三九年，這是一九四九年的版本。

馬克思著「政治經濟學批判」有兩種譯本：
上：一九三〇年版　下：一九三二年版

「共產黨宣言」共有三種全譯本：
上：第一種譯本出版於一九二〇年，這是同一年的再版本。
中：第二種譯本出版於一九三八年，這是一九四七年的翻印本。
下：第三種譯本出版於一九四四年，這是一九四九年的翻印本。

編者按：「資本論」五種譯本的初版本圖片和「資本論」豐版本第一卷圖片見今日本報第六版「圖書評論」

「致顧格曼博士書信集」有兩種譯本，第一種譯本出版於一九四七年，這是第二種譯本，出版於一九四八年。

「馬克思、恩格斯論中國」出版於一九三八年。這是該書各種不同版本的一部份。

這是老解放區出版的馬克思、恩格斯著作的一部份，其中……二書，書面蓋有「毛澤東」簽名章。

「拿破崙第三政變記」有兩種譯本：
左：第一種譯本的初版本，出版於一九三〇年。
右：第二種譯本出版於一九四〇年，這是一九四七年九月的重版本。

馬克思著「哲學的貧困」共有三種譯本。

……一九三〇年出版的「自由貿易問題」的初版本。

39. 1953 年 5 月 5 日《光明日报》关于马克思著作在中国传播情况的图片介绍

40

40. 群众在书店踊跃购买马克思的各种著作

41. 20 世纪 50 年代各大报纸纪念马克思的部分文章

41

42. 中国收藏的部分马克思手稿

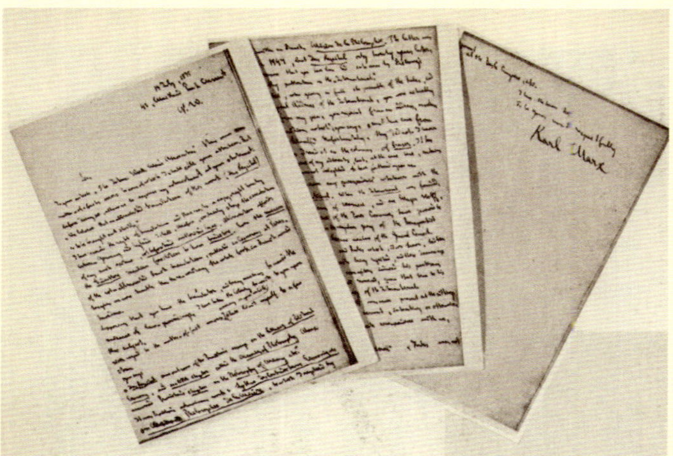

马克思致玛蒂尔达·贝瑟姆－爱德华兹的信（中央档案馆收藏）

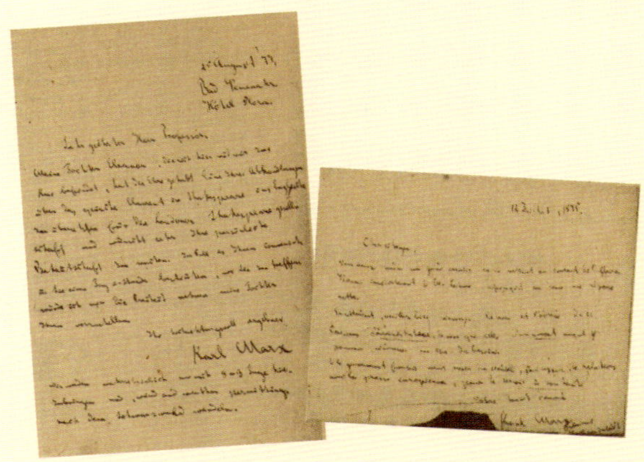

马克思致尼古劳斯·德利乌斯和致茹斯特·韦努伊埃的信（国家图书馆收藏）

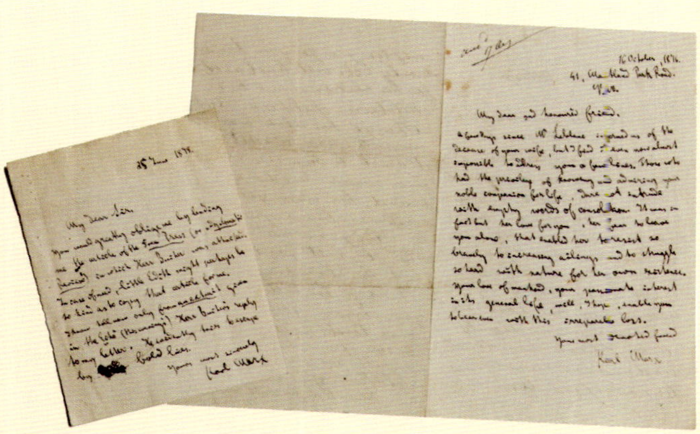

马克思致科勒特·多布森·科勒特和致托马斯·奥尔索普的信（中央编译局收藏）

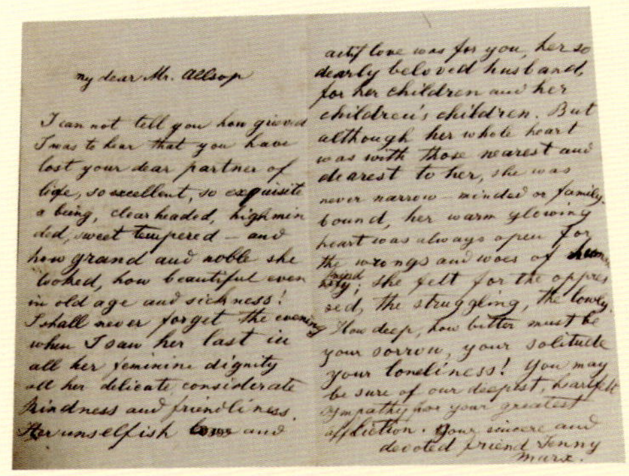

my dear Mr. Allsop

I can not tell you how grieved I was to hear that you have lost your dear partner of life, so excellent, so exquisite a being, clear headed, high minded, sweet tempered — and how grand and noble she looked, how beautiful even in old age and sickness! I shall never forget the evening when I saw her last in all her feminine dignity all her delicate considerate kindness and friendliness. Her unselfish love and active love was for you, her so dearly beloved husband, for her children and her children's children. But although her whole heart was with those nearest and dearest to her, she was never narrow-minded or family-bound, her warm glowing heart was always open for the wrongs and woes of humanity; she felt for the oppressed, the struggling, the lowly. How deep, how bitter must be your sorrow, your solitude your loneliness! You may be sure of our deepest, heartfelt sympathy for your greatest affliction. Your sincere and devoted friend Jenny Marx.

马克思致托马斯·奥尔索普的信背面所附的燕妮·马克思的信

20 世纪 50—70 年代，中央编译局根据苏共中央马列主义研究院编辑的《马克思恩格斯全集》俄文第二版，编译了《马克思恩格斯全集》中文第一版第 1—39 卷，由人民出版社出版，并大量发行。为适应不同读者、不同部门的需求，中央编译局和国内有关单位还大量编辑出版了选集、文集、专题读本和单行本，推动了马克思主义的宣传和普及事业。（43-47）

43. 《马克思恩格斯全集》中文第 1 版第 1 卷
44. 20 世纪 50 年代的人民出版社
45. 《马克思恩格斯全集》中文第 1 版第 1—39 卷

43

44

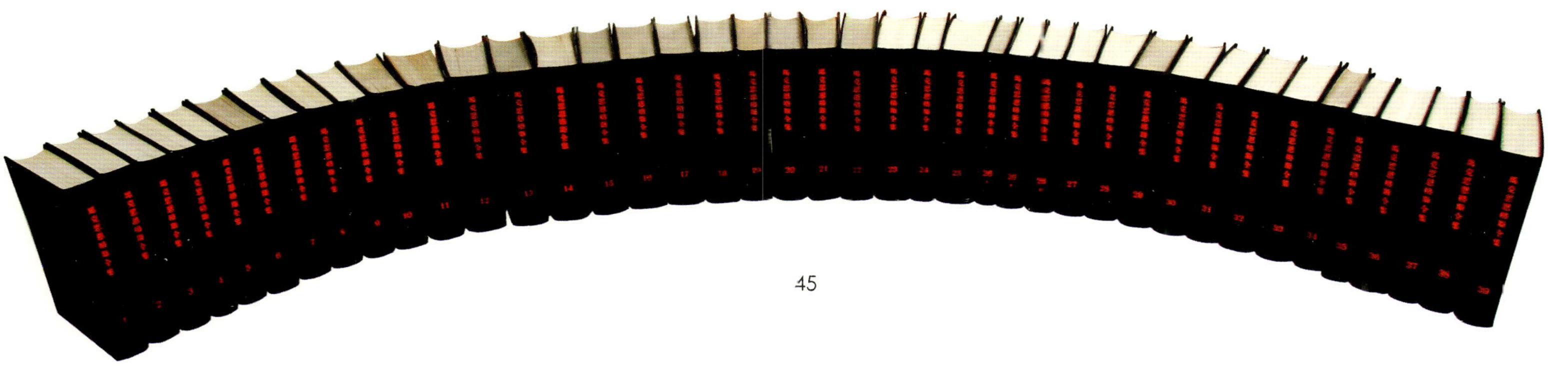

45

46

47

46. 《马克思恩格斯选集》1972 年第 1 版（四卷本）
47. 20 世纪 50—70 年代编译出版的马克思恩格斯著作各种文集本、专题读本和单行本

我们搞改革开放，把工作重心放在经济建设上，没有丢马克思，没有丢列宁，也没有丢毛泽东。老祖宗不能丢啊！问题是要把什么叫社会主义搞清楚，把怎么样建设和发展社会主义搞清楚。

——邓小平

48

1978年底召开的具有重大历史意义的中共十一届三中全会，开启了中国改革开放的历史新时期。在建设中国特色社会主义的伟大进程中，马克思主义经典著作编译出版事业呈现出前所未有的新局面。(48-49)

48. 邓小平同志在中共十一届三中全会上讲话

49. 中共十一届三中全会会场

49

改革开放以后，中央编译局继续做好《马克思恩格斯全集》中文第一版补卷的编译工作。至 1985 年，中文第一版出齐，共 50 卷，总计 3200 余万字。这是马克思主义诞生后首次在中国出版的比较完整的马恩著作中文全集本，是马克思主义传播史上的一个重要里程碑。(50-51)

50.《马克思恩格斯全集》中文第 1 版第 40—50 卷
51.《马克思恩格斯全集》中文第 1 版第 1—50 卷

50

51

加强党的思想建设，要在全党系统地深入地进行马列主义、毛泽东思想基本理论的教育，特别是马克思主义哲学的教育……我们要组织党员特别是党员领导干部，联系国际国内的形势和矛盾斗争，有的放矢地选读马克思主义经典著作。

——江泽民

52

面对新时期的任务和挑战，党中央明确强调要加强党的思想理论建设，坚持和巩固马克思主义在我国意识形态领域的指导地位，坚持马克思主义的科学原理和科学精神、创新精神，紧密结合中国特色社会主义的伟大实践，不断丰富和发展马克思主义，不断增强马克思主义理论的说服力和战斗力。(52-53)

52. 江泽民同志在中国共产党第十六次全国代表大会上作报告
53. 江泽民同志为中央编译局成立四十周年题词

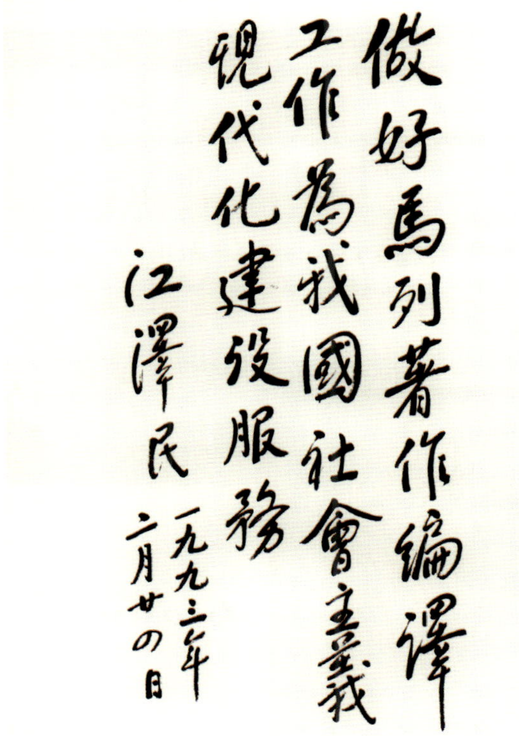

经中共中央书记处批准，中央编译局 1986 年 7 月启动了《马克思恩格斯全集》中文第二版的编译工作。该版全集以《马克思恩格斯全集》历史考证版（MEGA²）为蓝本，同时参考德文版、英文版、俄文版等版本进行编译，力求做到收文更齐全、编辑更合理、译文更准确、资料更翔实。该版总计 70 卷，从 1995 年至今已出版 21 卷。(54-56)

54.《马克思恩格斯全集》中文第 2 版第 1 卷
55. 1995 年 10 月 27 日《人民日报》关于新版马列著作出版的报道
56.《马克思恩格斯全集》中文第 2 版已出版的卷次

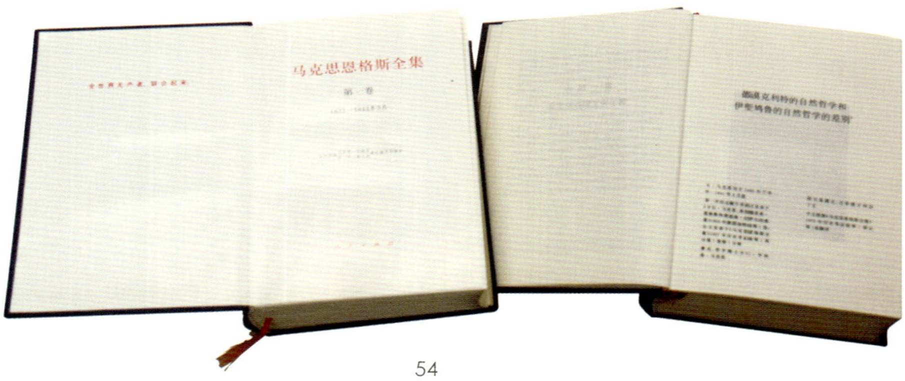

54

人民日报
RENMIN RIBAO
1995年10月 27 星期五
人民日报社出版

马克思主义经典著作编译和研究最新成果
新版马列著作出版

新华社北京10月26日电 （记者刘思扬）由中共中央马克思恩格斯列宁斯大林著作编译局编译的新版马列著作——《马克思恩格斯全集》中文第2版首批第1、11、30卷和《马克思恩格斯选集》中文第2版、《列宁选集》中文第3版，最近由人民出版社出版，这批著作总计约835万字，反映了马克思主义经典著作编译和研究工作的最新成果。

《马克思恩格斯全集》中文第2版是1986年7月中央决定由中央编译局编译的，计划出60余卷，正文总字数4000万字。

新版《马恩全集》的编译工作是一项跨世纪的宏伟工程，预计每年出2至3卷，下个世纪20年代出齐。已经问世的第1卷收入马克思从1833年到1843年3月所写的著作，包括博士论文、政论文章以及中学作文和早年的文学习作。第11卷收入马克思和恩格斯从1851年8月至1853年3月的著述，包括总结1848—1849年欧洲革命经验的著作和政论文章。第30卷收入马克思为自己准备创作的政治经济学巨著撰写的《导言》、未完成的手稿《巴师夏和凯里》以及《政治经济学批判》（1857年—1858年经济学手稿）的前半部分。

据介绍，《马恩全集》中文第2版的所有著作，都根据原文翻译或重新校订，与第1版比，新版《全集》译文质量更高、文献更全、资料更齐、编排更合理，可长期供理论研究、教学、宣传工作者使用。

《马克思恩格斯选集》中文第2版共4卷，约265万字，是中央编译局自1972年编译出版《选集》中文第1版后，向全国理论界和广大读者提供的新版本。新版《选集》对第1版篇目作了较大幅度调整，力求更全面、完整地反映马克思和恩格斯创立的科学理论体系；对全部译文作了认真校订，力求更准确、更忠实地表达原文的意蕴；同时，对注释和索引作了大量增补和修订，力求为读者提供更加翔实的资料。

《列宁选集》中文第3版是继1960年《列宁选集》第1版、1972年第2版之后的新版本。新版《列宁选集》共4卷，约320万字，反映了列宁对马克思主义三个组成部分的贡献，以及列宁的主要理论观点和策略思想的形成和发展。新版《选集》增加了列宁晚期有关社会主义建设理论的著作和书信，增收了列宁有关马克思主义方法论的论述，压缩了部分著作篇幅，对内容相近的文献作了调整。

55

56

为了在新时期进一步推进马克思主义的中国化时代化大众化，中央编译局于1995年编译出版《马克思恩格斯选集》第二版。中央编译局和国内有关单位还编辑出版了各种专题读本、单行本以及少数民族语言的译本。(57-60)

57.《马克思恩格斯选集》1995年第2版（四卷本）

58. 用少数民族语言出版的《马克思恩格斯选集》

59. 用少数民族语言出版的《资本论》

57

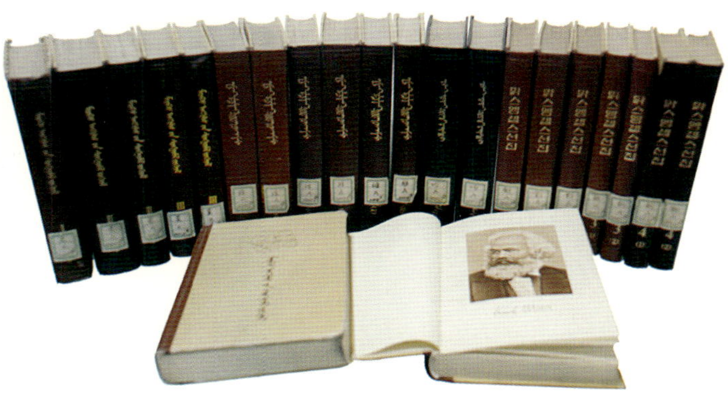

58

59

60. 改革开放以来编译出版的马克思恩格斯著作各种文集本、专题读本和单行本

要坚持把党的思想理论建设放在首位，继续认真学习马克思列宁主义、毛泽东思想、邓小平理论、“三个代表”重要思想以及科学发展观，在实践中不断丰富和发展中国特色社会主义理论体系，努力开拓马克思主义新境界，切实提高全党运用科学理论改造主观世界和客观世界的能力。

——胡锦涛

61

党的十六大以来，党中央高度重视党的思想理论建设，进一步巩固马克思主义在意识形态领域中的指导地位。2004年，中央作出实施马克思主义理论研究和建设工程的重大战略决策。2004年4月27日，中央召开实施马克思主义理论研究和建设工程工作会议。胡锦涛同志在会见会议代表时指出，中央决定实施马克思主义理论研究和建设工程，这是关系党和国家事业发展的战略任务，是中央加强党的理论建设的重大举措。(61-62)

---

61. 胡锦涛同志在中共十六届一中全会上讲话
62. 2004年4月29日《人民日报》关于胡锦涛同志会见中央实施马克思主义理论研究和建设工程工作会议代表的报道

人民日报

RENMIN RIBAO

2004年4月
29
星期四
甲申年三月十一
北京地区天气预报
白天 多云转阴有小雨
降水概率 60%
风向 偏东
风力 二、三级
夜间 阴有雨
降水概率 70%
风向 偏东
风力 一、二级
温度 17℃/8℃

今日16版(华东、华南地区20版)
人民网网址：http://www.people.com.cn
http://www.peopledaily.com.cn
国内统一刊号：CN11-0065
第20382期 (代号1-1)
人民日报社出版

胡锦涛在会见中央实施马克思主义理论研究和建设工程工作会议代表时强调

高扬马克思主义理论伟大旗帜
凝聚全党全国人民共同奋斗

李长春参加会见

62

中央组织实施的马克思主义理论研究和建设工程，把编译十卷本《马克思恩格斯文集》和五卷本《列宁专题文集》列为重点项目。2009年12月两部文集正式出版发行。中央召开了出版座谈会，对两部文集的编译工作给予高度评价，指出两部文集是中央实施马克思主义理论研究和建设工程的标志性成果，是学习马克思主义经典著作的权威性教材，要进一步学习好运用好马克思主义经典著作，推动用发展着的马克思主义指导新的实践。(63-66)

63. 2009年12月26日《人民日报》关于《马克思恩格斯文集》《列宁专题文集》出版座谈会的报道
64. 《马克思恩格斯文集》（十卷本）和《列宁专题文集》（五卷本）
65. 《马克思恩格斯文集》《列宁专题文集》出版座谈会会场
66. 《人民日报》和《光明日报》有关两部文集的报道

人民日报

RENMIN RIBAO

人民网　网址：http://www.people.com.cn　手机：http://wap.people.com.cn

2009年12月 26 星期六 己丑年十一月十一 人民日报社出版 国内统一连续出版物号 CN 11-0065 第22449期（代号1-1） 今日8版

李长春在《马克思恩格斯文集》《列宁专题文集》出版座谈会上强调

进一步学习好运用好马克思主义经典著作 推动用发展着的马克思主义指导新的实践

本报北京12月25日电 （记者廖文根）《马克思恩格斯文集》《列宁专题文集》出版座谈会25日在京举行。中共中央政治局常委李长春出席会议并讲话。他强调，马克思主义经典著作是人类文明的瑰宝，是马克思主义政党的精神支柱和强大思想武器，要紧密联系中国特色社会主义伟大事业，紧密联系用科学理论武装全党、教育人民的长期任务，学习好运用好马克思主义经典著作，不断推动用发展着的马克思主义指导新的实践。

李长春指出，高度重视马克思主义理论的学习研究宣传，是我们党的优良传统。党的十六大以来，以胡锦涛同志为总书记的党中央，作出了实施马克思主义理论研究和建设工程的重大战略决策。其中一项重要任务，就是组织最强的力量，重新修订和编译马克思主义经典作家的重要著作。做好这项工作，既是当代中国共产党人义不容辞的职责，也是进一步深化马克思主义研究、更好地用马克思主义指导实践的需要。 （下转第四版）

（四版刊登评论员文章《建设马克思主义学习型政党的重要教材》）

63

64

《马克思恩格斯文集》《列宁专题文集》出版座谈会

65

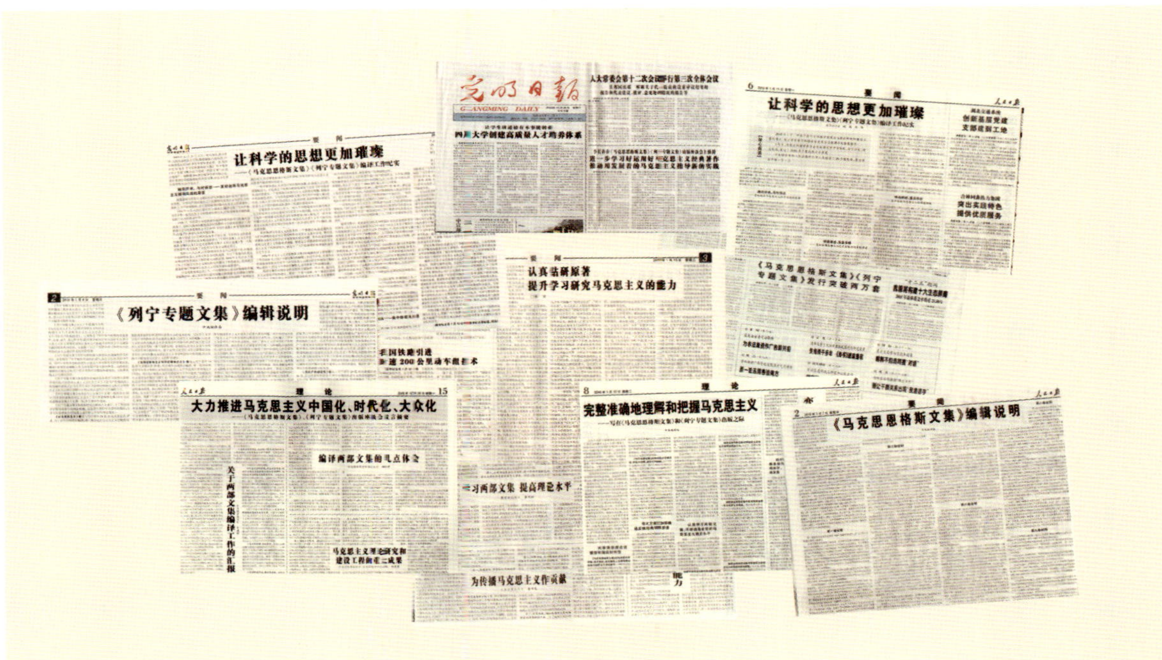
光明日报
让科学的思想更加璀璨
《列宁专题文集》编辑说明
大力推进马克思主义中国化、时代化、大众化
认真读原著
提升学习研究马克思主义的能力
完整准确地理解和把握马克思主义
《马克思恩格斯文集》编辑说明

66

卡·马克思
1818-1883
弗

5月24—26日 马克思和恩格斯鉴于德国小资产阶级社会主义者欧·杜林的思想对德国社会主义工人党的危害日益严重，商讨开展对杜林思想的批判。

1876年9月—1878年4月 恩格斯撰写《欧根·杜林先生在科学中实行的变革》（即《反杜林论》）。

1878年

约1—4月之间 恩格斯撰写《自然辩证法》中的《神灵世界中的自然研究》。

1878年中—1882年8月之间 恩格斯研究德国史，收集资料并撰写《论德意志人的古代历史》和《法兰克时代》。

8月或9月初 恩格斯写完《反杜林论》以后，打算着手系统地整理《自然辩证法》的材料，为此他拟订了这一著作的总计划草案。

9月12日 恩格斯的第二个夫人莉希·白恩士在伦敦逝世。

1879年

不早于9月 恩格斯撰写《自然辩证法》中的《辩证法》。

9月17—18日 马克思和恩格斯共同起草给奥·倍倍尔、威·李卜克内西、威·白拉克等人的通告信，批评在反社会党人法实施以后德国社会主义工人党内出现的机会主义倾向。

1880年

1月—3月上半月 恩格斯应保·拉法格的请求，把《反杜林论》的三章内容（《引论》的第一章、第三编的第一章和第二章）改编为一篇独立的通俗著作，由拉法格译成法文，书名为《空想社会主义和科学社会主义》，1883年出版德文单行本时书名改为《社会主义从空想到科学的发展》。

5月10日前后 马克思、恩格斯应保·拉法格和茹·盖得的请求，帮助制定法国工人党纲领。马克思口授了法国工人党纲领导言，即纲领的理论部分。

1881年

8月17—18日 恩格斯研究马克思的数学手稿，并在信中对马克思的观点给予高度评价。

12月2日 马克思的夫人燕妮·马克思在伦敦逝世。恩格斯于12月5日在燕妮的葬礼上发表讲话。

1882年

1月21日 马克思和恩格斯为格·瓦·普列汉诺夫翻译的《共产党宣言》俄译本撰写序言。

4月下半月 恩格斯撰写《布鲁诺·鲍威尔和原始基督教》。

9月中—12月 恩格斯为出版《社会主义从空想到科学的发展》德文第一版进行工作。

1883年

3月14日 卡尔·马克思在伦敦逝世。

3月17日 马克思的葬仪在伦敦海格特公墓举行。恩格斯发表墓前讲话。

3月下半月 恩格斯放下自己的科学研究工作，着手整理马克思的遗稿。

6月28日 恩格斯为《共产党宣言》1883年德文版撰写序言。

1883年12月—1884年10月 恩格斯审定马克思的著作《哲学的贫困》的德译本，为这个版本撰写序言和注释。

1884年

2月初 恩格斯完成了马克思的《资本论》第一卷的修订工作后，出版了该书德文第三版。

2月中—3月初 恩格斯撰写《马克思和〈新莱茵报〉(1848—1849年)》。

3月底—5月26日 恩格斯撰写《家庭、私有制和国家的起源》。

1884年6月—1885年2月 恩格斯正式进行《资本论》第二卷的编辑工作。

1885年

2月23日 恩格斯完成《资本论》第二卷最后一部分手稿的整理工作，并把它寄给出版社。

2月底 恩格斯开始整理《资本论》第三卷手稿。这一工作持续了近十年时间。

7月 恩格斯编辑的马克思《资本论》第二卷在汉堡出版。

10月8日 恩格斯写完《关于共产主义者同盟的历史》，作为马克思的著作《揭露科隆共产党人案件》德文第三版的引言。

1886年

年初 恩格斯撰写《路德维希·费尔巴哈和德国古典哲学的终结》。

3月15日 恩格斯写信给法国社会主义者，在纪念巴黎公社十五周年之际表示与他们团结一致。

1887年

1月初 经恩格斯审定的《资本论》第一卷英文版出版。

1月26日　恩格斯写完《英国工人阶级状况》一书美国版的序言。这篇序言后经恩格斯译成德文以《美国工人运动》为题单独发表。

1887年3月—1888年1月　恩格斯审定《共产党宣言》的英译本，为这个版本作注和撰写序言。

1887年12月下半月—1888年4月　恩格斯撰写《暴力在历史中的作用》。

1888年

4月—5月9日　恩格斯审定马克思《关于自由贸易问题的演说》的英译文，并撰写序言。序言以《保护关税制度和自由贸易》为题先期单独发表。

5月上半月　《路德维希·费尔巴哈和德国古典哲学的终结》一书的单行本出版。

8月8日—9月29日　恩格斯和爱琳娜·马克思、爱·艾威林、卡·肖莱马到美国和加拿大旅行。

1889年

1—7月　恩格斯积极参加定于7月14日在巴黎召开的国际社会主义工人代表大会的筹备工作。这次代表大会标志着第二国际的成立。

1889年12月—1890年2月　恩格斯鉴于法德之间矛盾激化，法俄之间出现相互接近的迹象，以及爆发全欧战争的危险日益增长，研究欧洲局势，撰写《俄国沙皇政府的对外政策》。

1890年

2月21日—4月12日　恩格斯在文章和书信中高度评价社会民主党在德意志帝国国会选举中获得胜利的意义。

4月—5月初　恩格斯密切关注根据1889年国际社会主义工人代表大会决议在伦敦举行五一节示威游行和群众大会的准备工作。

5月1日　恩格斯为《共产党宣言》1890年德文版撰写序言。

5月4日　恩格斯参加在伦敦举行的五一节示威游行和群众大会。

7月1—26日　恩格斯和卡·肖莱马到挪威旅行。

10月底11月初　经恩格斯审定的《资本论》第一卷德文第四版出版。

11月28日　恩格斯70岁生日。各国社会主义政党和工人组织及其活动家向恩格斯表示祝贺。

1890年12月—1891年1月6日　恩格斯整理发表马克思于1875年写的《哥达纲领批判》的手稿，并撰写序言。

1891年

3月14日　恩格斯写完为纪念巴黎公社二十周年而准备出版的马克思的著作《法兰西内战》德文第三版的导言。

4月30日　恩格斯为马克思《雇佣劳动与资本》新版单行本撰写导言。

5月3日　恩格斯参加伦敦庆祝五一节的示威游行和群众大会。

6月16日　恩格斯写完《家庭、私有制和国家的起源》第四版序言，序言以《关于原始家庭的历史（巴霍芬、麦克伦南、摩尔根）》为题先期发表。

6月19—27日之间　恩格斯撰写《1891年社会民主党纲领草案批判》。

9月8—23日左右　恩格斯和路易莎·考茨基、玛丽·埃伦·罗舍到爱尔兰和苏格兰旅行。

10月13—22日之间　恩格斯撰写《德国的社会主义》。

1892年

2月10日　恩格斯为《共产党宣言》波兰文版撰写序言。

4月20日　恩格斯写完《〈社会主义从空想到科学的发展〉英文版导言》。

5月1日　恩格斯参加在伦敦举行的五一节示威游行和群众大会。

11月9—25日之间　恩格斯为《政治科学手册》撰写马克思传略。

1892年11月—1893年7月　恩格斯准备出版《资本论》第二卷德文第二版。

1893年

1月底—4月　恩格斯写信给奥地利、德国、捷克、西班牙和法国工人庆祝五一节，指出庆祝这一节日对无产阶级国际团结的意义。

2月1日　恩格斯撰写《共产党宣言》意大利文版序言。

2月13—23日之间　恩格斯撰写题为《欧洲能否裁军？》的一组文章。

3月31日　根据恩格斯的倡议，德国、法国和英国的社会主义者议员奥·倍倍尔、保·拉法格和约·白恩士在恩格斯家里会晤。恩格斯认为这次会晤本身证明国际工人运动取得了巨大成就。

5月7日　恩格斯参加伦敦的五一节示威游行。

5月11日　恩格斯对法国《费加罗报》记者发表谈话。

7月15日　恩格斯为《资本论》第二卷德文第二版撰写序言。

8月1日—9月29日　恩格斯在路易莎·考茨基和路·弗赖贝格尔的陪同下到德国、瑞士和奥匈帝国旅行。参加在苏黎世举行的国际社会主义工人代表大会的最后一次会议并发表演说；出席社会民主党人在维也纳和柏林举行的欢迎会和庆祝会并发表演说。

12月19日　恩格斯写信祝贺在日内瓦举行的国际社会主义者大学生代表大会。

1894年

1月3日　恩格斯为《〈人民国家报〉国际问题论文集（1871—1875）》撰写序言，论文集收录了1871—1875年他在《人民国家报》上发表的文章。恩格斯专门为这本论文集中《论俄国的社会问题》一文写了跋。

1月26日　恩格斯撰写《未来的意大利革命和社会党》。

6 月 19 日—7 月 16 日之间 恩格斯撰写《论原始基督教的历史》。

10 月 4 日 恩格斯写完《资本论》第三卷序言; 表达了继续整理《资本论》第四卷即《剩余价值理论》的愿望。

11 月 12—29 日之间 恩格斯撰写《法德农民问题》。

12 月初 恩格斯编辑的《资本论》第三卷在汉堡出版。

1895 年

上半年 恩格斯就出版马克思和他自己的著作的全集和文集同路·库格曼、理·费舍、弗·梅林等人通信。

2 月 14 日—3 月 6 日之间 恩格斯为马克思的著作《1848 年至 1850 年的法兰西阶级斗争》单行本撰写导言。

4 月初—6 月初 恩格斯写《资本论》第三册增补。

5 月 恩格斯开始出现食道癌的症状。

6 月中—7 月 24 日 恩格斯最后一次在伊斯特本休养。

8 月 5 日 弗里德里希·恩格斯在伦敦逝世。

8 月 10 日 恩格斯的追悼会在伦敦威斯敏斯特的滑铁卢车站大厅举行。

9 月 27 日 恩格斯的骨灰罐投葬在伊斯特本海滨的岩崖附近的海中。

编后记

经过编委会全体人员两年多的共同努力，《恩格斯画传》终于正式出版了。这部画传是在马克思主义中国化时代化大众化的伟大事业不断推进的形势下，为适应广大干部群众学习和研究马克思主义的需要而编纂的。与以往出版的同类著作相比，它应当体现更加鲜明的时代特色和更加自觉的创新意识。为了实现这个目标，我们在编纂画传的过程中重新研读马克思主义经典著作，认真汲取和借鉴各种已有的成果，努力形成贴近广大读者需求的新颖的编辑思路和独特的学术风格。

在史实记叙方面，我们改变历来沿袭的单纯按时间顺序编排的模式，尝试开辟一条使编年叙事与专题介绍有机结合、相互补充的新路，并按照历史与逻辑相统一的原则，在全书总序和各章导言中对恩格斯的革命生涯进行简练的综述和概括，以便更加真实完整地反映恩格斯的生平事业。在理论阐述方面，我们注意避免史论分离和重史轻论的倾向，力求全面清晰地再现马克思主义形成和发展的历程，同时充分利用十卷本《马克思恩格斯文集》的编译和研究成果，简明而又准确地介绍恩格斯重要著作的写作背景和思想精髓。在整部画传中，我们着力展现恩格斯的光辉业绩和杰出贡献，同时也注重展示这位伟人的高尚品质和博大胸怀，尽可能让读者全方位地了解恩格斯的伟大一生。

我们的工作离不开前人通过辛勤劳动奠定的基础。只有博采众长，才能有所创造。在搜集史料、稽考史实、精选图片、编排图文的过程中，我们从各个特定角度参考了国内出版的相关文献，其中最重要的是中共中央编译局编辑的《弗・恩格斯画传》（1985 年人民美术出版社版，参加编辑工作的有吴惕安、杨启潾、陈慧生、孙魁、王宏道、王栋华、罗铁鸽、沈渊）。我们还查阅了国外出版的有关著作，从中获取有益的启示，其中主要有《卡尔・马克思和弗里德里希・恩格斯。他们的生平和他们的时代》（KARL MARX UND FRIEDRICH ENGELS. IHR LEBEN UND IHRE ZEIT）1978 年柏林狄茨出版社版、《弗里德里希・恩格斯的生平事业。文献和照片》（FREDERICK ENGELS, HIS LIFE AND WORK. DOCUMENTS AND PHOTOGRAPHS）1987 年莫斯科进步出版社版。此外，马克思恩格斯著作编辑学家、德国柏

中共中央马克思恩格斯列宁斯大林著作编译局 编

重庆出版集团 重庆出版社

中央编译出版社

《马克思画传》
《恩格斯画传》 编纂委员会
《列 宁 画 传》

主　编　韦建桦

常务副主编　顾锦屏

副主编　魏海生　王学东

编　委（按姓氏音序排列）

柴方国　陈兴芜　李桂兰　罗小卫　吴立平

徐　洋　喻　杨　翟民刚　张海滨

《列宁画传》编纂人员

韦建桦　顾锦屏　魏海生　王学东　翟民刚

张海滨　李桂兰　张忠耀　侯静娜

总 序

走近马克思恩格斯列宁的壮丽人生

韦建桦

在人类历史上，马克思、恩格斯、列宁是对世界现代文明进程影响最深远的思想家和革命家。他们创立的马克思列宁主义科学体系，是人类数千年来优秀思想文化的结晶，是工人阶级及其政党的战斗旗帜和指路明灯，是中国各族人民团结奋斗的共同思想基础。为了帮助广大读者了解他们进行理论创造和革命实践的历程，认识他们在艰苦卓绝的斗争和跌宕起伏的生活中展现的崇高品德与革命情操，我们编纂了《马克思画传》、《恩格斯画传》和《列宁画传》。

在三部画传中，我们力求完整而又具体地描述三位伟人的人生轨迹。

马克思、恩格斯、列宁的一生是在波澜壮阔的无产阶级革命中度过的。他们的实践活动是国际共产主义运动史的重要篇章，同时也是感人肺腑、催人奋进的生动教材。

一百六十多年前，马克思和恩格斯在起草科学社会主义的纲领性文献《共产党宣言》时，还不满三十岁。他们并不是什么先知先觉的圣人。他们从小面对的也是一个充满矛盾的现实世界，在家庭、学校和社会的影响下，他们也曾接受过在那个时代占主流地位的唯心主义和资产阶级民主主义思想。是现存社会的物质和经济的事实，特别是资本主义制度的弊端和劳动群众渴求解放的呼声，促使他们立志进行社会变革，并走上探求科学真理的道路。在社会进步思想的启发下，他们通过孜孜不倦的理论研究和社会实践，实现了向唯物主义和共产主义的彻底转变。他们不仅为工人阶级创立了科学的世界观，而且亲身投入工人阶级和劳动人民推翻旧世界、建设新世界的伟大斗争。从创建共产主义者同盟，到参加 1848—1849 年欧洲革命；从领导国际工人协会的斗争，到支持巴黎公社革命；从指导无产阶级政党建设，团结和壮大国际无产阶级革命力量，到推进世界各被压迫民族的独立和解放运动，马克思和恩格斯始终站在国际共产主义运动前沿，为无产阶级革命奉献了毕生的精力和智慧。

列宁同马克思、恩格斯一样，早在青年时代就关注劳动人民的命运，积极参与推翻剥削阶级统治的斗争。他刻苦钻研马克思恩格斯著作，在长期的斗争实践中锻炼成为坚定的马克思主义者和卓越的无产阶级革命领袖。他创造性地运用马克思主义，在俄国建立了新型无产阶级政党，领导党和人民群众夺取了十月社会主义革命的胜利，创建了世界上第一个社会主义国家，使社会主义从理论变为现实。他热情支持各国无产阶级革命和被压迫民

族解放运动，同时以锲而不舍的精神对社会主义建设道路进行卓有成效的探索，为世界社会主义运动的发展作出了划时代的贡献。

马克思、恩格斯、列宁把全部生命融入了人类进步事业，他们的英名和功绩将永垂青史。德国工人运动领袖威廉·李卜克内西曾在马克思的葬礼上深情地说："马克思是属于无产阶级的。他的一生都献给全世界无产者了。全世界能够思考的、有思想的无产者都对他表示感激和尊敬。"（参看《马克思恩格斯全集》第2版第25卷第600—601页）这段话是马克思伟大一生的真实写照；人们也可以用同样简洁的语言来概括恩格斯和列宁的革命生涯。我们的画传正是以凝练的笔触再现他们的生命航程。

在三部画传中，我们力求准确而又简明地介绍三位伟人的理论贡献。

马克思、恩格斯、列宁在大量著述中揭示了人类历史发展规律、无产阶级革命和社会主义建设规律、无产阶级政党建设规律，并作了经典的表述。在人类思想史上，这是一次辉煌的日出。

马克思和恩格斯研究了欧洲资本主义经济和政治发展状况，总结了欧洲工人运动经验，吸收和改造了人类思想文化成果，特别是18世纪和19世纪上半期哲学社会科学和自然科学的最新成果，创立了包括马克思主义哲学、政治经济学和科学社会主义在内的理论体系。他们用唯物史观阐明了人类社会演进的普遍规律，用剩余价值理论揭示了资本主义剥削的秘密和资本主义社会存在的基础。随着唯物史观和剩余价值理论的发现，社会主义实现了从空想到科学的发展。马克思和恩格斯论证了资本主义为社会主义、共产主义取代的历史必然性，指出无产阶级是实现这一历史使命的伟大阶级，而无产阶级政党就是领导这个事业的核心力量。他们阐述了无产阶级革命和无产阶级专政学说，并在科学分析资本主义现实的基础上，提出了关于未来社会发展和建设的基本原则。他们的科学体系以理论和实践相统一为特征，在实践中不断丰富和发展。

列宁就是在新的历史条件下发展马克思主义的典范。他在总结俄国无产阶级革命和社会主义建设经验的基础上，把马克思主义推进到列宁主义阶段。他深入研究资本主义发展的新趋势，创立了关于帝国主义的理论，提出了社会主义可能首先在少数甚至在单独一个资本主义国家内获得胜利的科学论断。他制定了无产阶级新型政党的理论，捍卫和发展了马克思主义的无产阶级专政学说。十月革命胜利后，他在实践中深入研究如何在经济文化落后的俄国建设社会主义的时代命题，研究如何加强苏维埃政权建设和执政党建设等重大战略问题，提出了一系列精辟见解，丰富了科学社会主义的理论宝库。

历史已经证明并将继续证明，马克思、恩格斯、列宁创立的理论是颠扑不破的真理。时代的发展和国际风云的变幻，只会使这个理论显示出愈益强大的生命力。正如列宁所说：

“即将来临的历史时期，定会使马克思主义这个无产阶级的学说获得更大的胜利。”（见《列宁全集》第 2 版第 23 卷第 4 页）我们的画传正是以确凿的事实证明列宁的科学论断。

在三部画传中，我们力求真实而又鲜明地展示三位伟人的精神境界。

马克思、恩格斯、列宁留给后人的宝贵遗产，不只是科学的理论，而且还有崇高的风范。他们的品节、风骨与胸襟使一代又一代追求真理的人们获得启迪，受到震撼，汲取奋进的动力。

青年时代的马克思、恩格斯、列宁凭借家庭的条件、聪颖的禀赋和卓异的才识，完全有可能跻身于“上流社会”。但是，他们对金钱、权位和资产阶级的奢靡享乐不屑一顾。他们舍弃了舒适安定的生活，毅然选择了充满艰难险阻的革命道路。反动势力一次又一次的驱逐、通缉、构陷、监禁和利诱，没有动摇他们的信念，反而使他们更加矢志不渝地为坚持真理而斗争。

斗争是他们的生命要素。他们毫不妥协地与反动统治阶级进行斗争，与影响工人运动健康发展的各种社会思潮进行斗争，与工人政党内部的错误倾向进行斗争，表现出无与伦比的胆略和睿智。他们长期承担超负荷的繁重工作，但总是保持高昂的斗志和蓬勃的朝气，充满乐观旷达和自我牺牲的精神。即使在疾病缠身或遭遇不幸的时候，他们也仍然从容镇静、严谨缜密、一丝不苟地对待每一项工作。正是在这种日夜兼程的奋斗中，他们呕心沥血，勤奋耕耘，撰写了卷帙浩繁的著作、论文、书信、笔记和手稿，为无产阶级和全人类创造了无比珍贵的精神财富。

他们的深邃思想来自实践，也来自长期的学习和积累。从青少年时代直到晚年，他们始终把学习当成人生使命和最大快乐。无论是在流亡或流放的动荡年代，还是在与病痛作斗争的艰难时刻，他们都密切关注社会科学和自然科学的发展，通过博览群书、研精覃思，站在理论和学术的制高点，在许多领域都有独到的发现和重要的建树。他们在科学的道路上不断开拓的恒心和勇气，来源于对劳苦大众解放事业的忠诚。恩格斯认为，在他生活的那种到处都有政治压迫、思想钳制、物质诱惑和市侩习气的社会环境中，要始终保持高尚纯洁的理论兴趣，就必须做到“对职位、牟利，对上司的恩典，没有任何考虑。相反，科学越是毫无顾忌和大公无私，它就越符合工人的利益和愿望”（见《马克思恩格斯文集》第 4 卷第 313 页）。事实证明，这种毫无顾忌的胆识和大公无私的胸怀，正是马克思、恩格斯、列宁求知和治学的共同特征，是他们透过繁芜丛杂的社会现象洞悉历史本质的重要原因。

他们在工人政党和广大群众中享有无与伦比的崇高威望，但他们始终把自己定位为同大家患难与共、风雨同舟的战士。马克思说过：“由于厌恶一切个人崇拜，在国际存在的时候，我从来都不让公布那许许多多来自各国的、使我厌烦的歌功颂德的东西；我从来也不予答复，偶尔答复，也只是加以斥责。恩格斯和我最初参加共产主义者秘密团体时的必要条件是：摒弃章程中一切助长迷信权威的东西。”（见《马克思恩格斯文集》第10卷第422—423页）这些话不仅反映了无产阶级革命家的谦逊品格和民主精神，而且昭示了他们高扬党内正气、扫除鄙俗之风的坚强决心。在与同志们的日常交往中，他们襟怀恢廓，坦率真诚，显示出勇于任事、乐于助人、质朴刚健、幽默诙谐的个性。在战友们的心目中，他们是领袖，更是可亲可敬的良师益友。他们从事着伟大的事业，同时也深深地热爱平凡的生活。他们喜爱文学艺术，向往生机无限的大自然，珍视纯洁深挚的爱情、亲情和友情，并从这些人间至情中获得温暖和力量。

确实，除了大量的著作之外，马克思、恩格斯、列宁还用一生言行为我们诠释了如何做人的道理。我们的画传正是以素朴的情节折射他们的人格光辉，并且以此来印证马克思的名言：“人只有为同时代人的完美、为他们的幸福而工作，自己才能达到完美。”（见《马克思恩格斯全集》第2版第1卷第459页）

在三部画传中，我们还力求全面而又集中地反映三位伟人对中华民族前途的关注，介绍他们的著作在中国传播的情况。

马克思、恩格斯、列宁生前高度评价中华民族的灿烂文明，深切同情中国人民遭受的苦难和屈辱，热情支持中国人民反抗列强侵略、反对封建压迫的斗争。他们对中国革命寄予殷切期望，并且满怀深情地预言：随着新中国的崛起，整个亚洲将升起历史新纪元的曙光，中华民族必将对人类进步作出应有的贡献。三位伟人的预言，在中国共产党领导的革命、建设和改革事业中一步一步地变成了现实。我们党从成立时起就把马克思列宁主义作为指导思想，高度重视党的理论武装和思想建设，积极推进经典著作的传播和研究，并在实践中创造性地运用和发展马克思、恩格斯、列宁创立的科学理论，形成了马克思主义中国化的理论成果，即毛泽东思想和包括邓小平理论、“三个代表”重要思想以及科学发展观等重大战略思想在内的中国特色社会主义理论体系。正是在这些光辉理论成果的指引下，我们的祖国发生了翻天覆地的巨变。今天，中国各族人民正在用社会主义现代化建设的业绩，向全世界进一步证明马克思列宁主义真理的无限生机。我们的画传正是以特定的角度表达对无产阶级导师的景仰和追怀。

编纂画传的构想，最初是在我们编译十卷本《马克思恩格斯文集》和五卷本《列宁专题文集》期间提出的。三位导师的画传必须达到思想性、理论性和知识性、艺术性的高度统一，编纂工作要求很高、任务很重、难点很多。因此，我们在2007年先行启动了搜集整理文献资料和各类图片的基础性工作。2009年两部文集的编译工作顺利完成。这两部文集是中央实施马克思主义理论研究和建设工程的重点项目和标志性成果，是广大干部群众学习马克思主义经典著作的权威性教材。两部文集的编译过程，使我们更加深刻地体悟到三位伟人的思想融通今古，博大精深，蕴含着无限生机和魅力；两部文集出版后引起的强烈反响，使我们更加清晰地认识到采用生动亲切、鲜明直观的形式帮助广大读者了解三位伟人的思想理论和斗争历程的必要性。于是，我们在最初构想的基础上，进一步研究确定了三部画传的编纂宗旨和具体思路，并且本着尊重历史、贴近时代、一丝不苟、勇于创新的原则全面展开了各项工作。可以说，是真理的巨大力量、社会的实际需要和我们的责任意识共同催生了这三部画传。

三部画传的特点是以文为经，以图为纬；经纬交织，图文互补，构成一种立体的叙事语言。

我们要用这种立体的叙事语言向读者讲述鲜活真实的历史。真实是我们这部作品的灵魂。只有保证史实记叙和理论阐述的准确，三部画传才能对学习经典著作具有切实的参考价值，同时对研究经典作家具有独立的学术价值。因此，我们要求自己用编译经典著作的科学态度从事编纂画传的工作。我们重温了马克思、恩格斯、列宁的一系列重要著述，广泛搜集并认真研读了涉及三位伟人生平事业的各种史料和研究成果，对画传的总体方案、条贯脉络、篇章结构、各章导言、各节提要和大事年表进行了反复斟酌和推敲，对反映历史事件、人物、组织、著述和文稿的大量图片进行了审慎的考证和精选。我们按照编年顺序和逻辑顺序相统一的原则，将文字和图片进行合理编排，以确保全书内容的完整性、连贯性和逻辑性。我们还选录了马克思、恩格斯、列宁的重要言论以及他们的亲人和战友的生动回忆，让读者对三位伟人的思想和品格获得更加深刻的感悟、更加真切的印象。在装帧和版面设计方面，我们作了多方面的创新尝试，努力形成一种庄重朴素、清新典雅的整体风格，以便更好地体现全书的丰富内涵，使思想的感召力与艺术的感染力有机地结合起来。画传汇集了中外名家的许多美术作品，其中有的描绘恢弘的历史场景，有的表现重大的革命题材，也有的反映动人的生活细节。这些精美的作品与珍贵历史图片、简要说明文字融为一体，组成了讴歌马克思、恩格斯、列宁壮丽人生的交响诗。

我们希望这三部画传能帮助广大读者走近三位伟人生活的时代，走近他们的心灵。如果我们的读者在感动的同时进行深入的思考，进而以浓厚的理论兴趣去阅读马克思、恩格斯、列宁的著作，直接聆听他们关于历史与未来、自然与社会、宇宙与人生的教诲，那么，本书编者将感到无比欣幸，因为这正是我们齐心协力编纂三部画传的初衷。

2012 年 3 月
定稿于中共中央编译局

目录

第一章

童年和中学时代

弗拉基米尔·伊里奇·列宁（原姓乌里扬诺夫）1870 年 4 月 22 日（俄历 4 月 10 日）诞生于俄国伏尔加河畔的辛比尔斯克（现称乌里扬诺夫斯克）。列宁的父亲伊里亚·尼古拉耶维奇·乌里扬诺夫是平民知识分子，曾任中学教员、省国民教育视察员和总监。母亲玛丽亚·亚历山德罗夫娜出身于医生家庭，喜爱音乐和文学。列宁从小就受到良好的家庭教育。1879 年，列宁进入辛比尔斯克古典中学学习。他勤奋好学，各科成绩优异，每次升级都受到学校的奖励。

19 世纪下半叶，正是俄国历史上最黑暗的时期。广大农民强烈的不满情绪和多次发生的反抗事件，使沙皇政府不得不在 1861 年颁布法令废除农奴制度。然而农民的生活境况并没有什么改善，大批农民反而失去土地，地主的剥削变本加厉。许多破产和贫困农民背井离乡、外出谋生，沦为工厂主的廉价劳动力。虽然俄国废除农奴制度后，资本主义得到迅速发展，但是沙皇专制制度的反动统治更加残酷。劳动人民依然生活在水深火热之中。

少年列宁目睹辛比尔斯克城市贫民和附近农民的困苦生活和悲惨遭遇，内心激起了对劳动群众的深切同情和对社会现状的强烈不满。他广泛阅读进步书籍，特别是俄国革命民主主义者别林斯基、车尔尼雪夫斯基等人的著作，深受革命民主主义思想的影响。在中学高年级的时候，他阅读了在彼得堡上大学的哥哥亚历山大带回家的《资本论》，开始接触马克思主义。

1887 年 5 月，在列宁即将中学毕业之际，哥哥亚历山大因参与民意党组织的谋刺沙皇的行动被反动当局逮捕杀害。哥哥的英勇就义使 17 岁的列宁坚定了反对沙皇专制制度的决心，并思考未来要走的革命道路。

弗拉基米尔·伊里奇·列宁（原姓乌里扬诺夫）1870 年 4 月 22 日（俄历 4 月 10 日）出生于俄国辛比尔斯克市（现称乌里扬诺夫斯克市）的一个知识分子家庭。(01-11)

01. 四岁的列宁
02. 列宁出生的房子（辛比尔斯克射手街）
03. 19 世纪末的辛比尔斯克
04. 父亲伊里亚·尼古拉耶维奇·乌里扬诺夫（1831—1886）
05. 母亲玛丽亚·亚历山德罗夫娜·乌里扬诺娃（1835—1916）
06. 乌里扬诺夫一家合影（1879 年辛比尔斯克）
07. 列宁的出生证

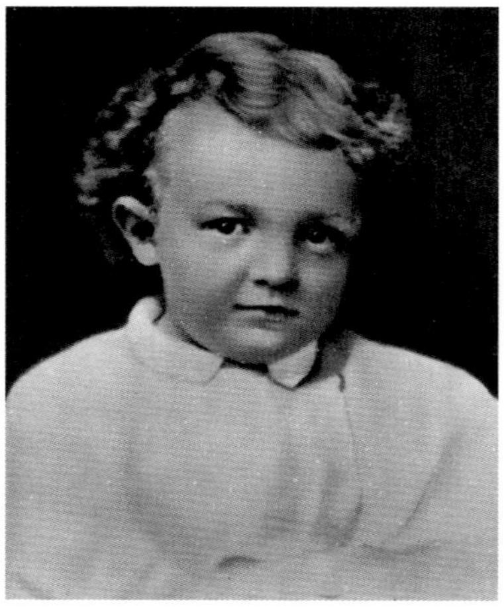

01

02

03

04

05

06

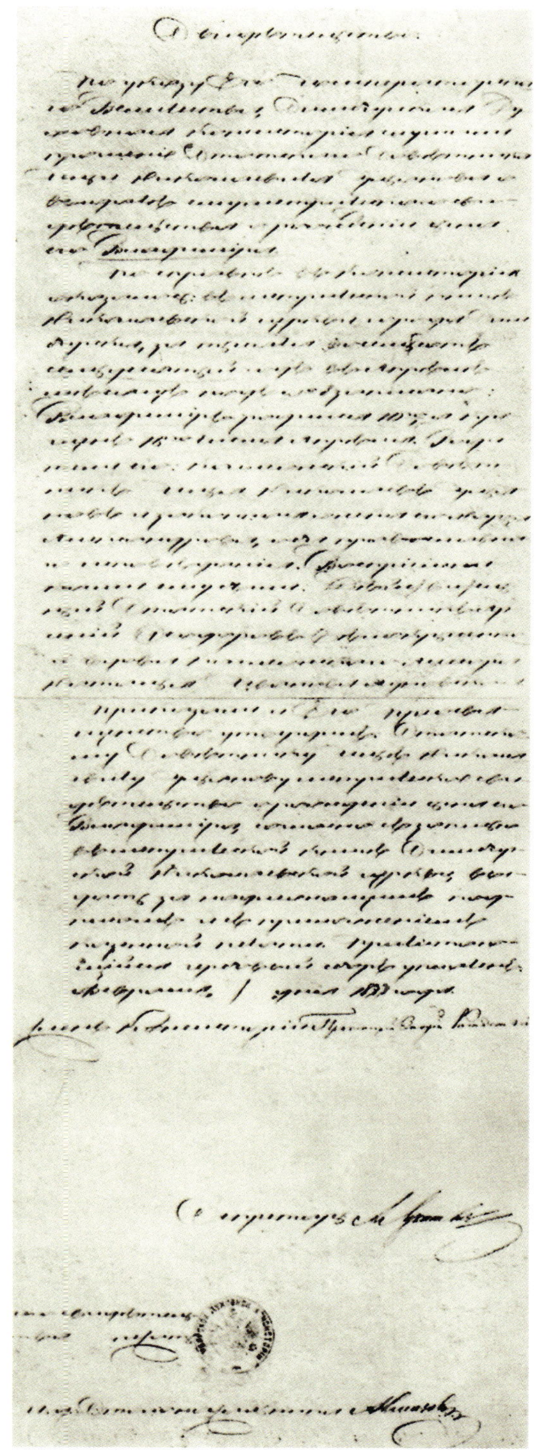

07

08. 姐姐安娜和哥哥亚历山大
09. 列宁和妹妹奥丽珈
10. 弟弟德米特里和妹妹玛丽亚

08

09

10

11．少年时代的列宁（中国画） 高莽

12

13

14

乌里扬诺夫一家从 1878 年 8 月起居住在辛比尔斯克的莫斯科街，一直到 1887 年 6 月。列宁在这里完成了中学学业，学习成绩优异，屡受奖励。(12-18)

12. 辛比尔斯克莫斯科街乌里扬诺夫一家的住所
13. 列宁的卧室
14. 乌里扬诺夫一家经常散步的花园
15. 列宁 1879—1887 年就读的辛比尔斯克古典中学
16. 列宁 1882 年在古典中学获得的奖状
17. 列宁 1887 年古典中学毕业时获得的金质奖章
18. 列宁的古典中学毕业证书

15

ПОХВАЛЬНЫЙ ЛИСТЪ

Педагогическій Совѣтъ Классической Гимназіи, уважая отличные успѣхи, прилежаніе и похвальное поведеніе воспитанника III класса Ульянова Владиміра наградилъ его симъ похвальнымъ листомъ. Симбирскъ, Іюня 10 дня 1882 года.

Директоръ Симбирской Гимназіи

Инспекторъ

Преподаватели:

16

17

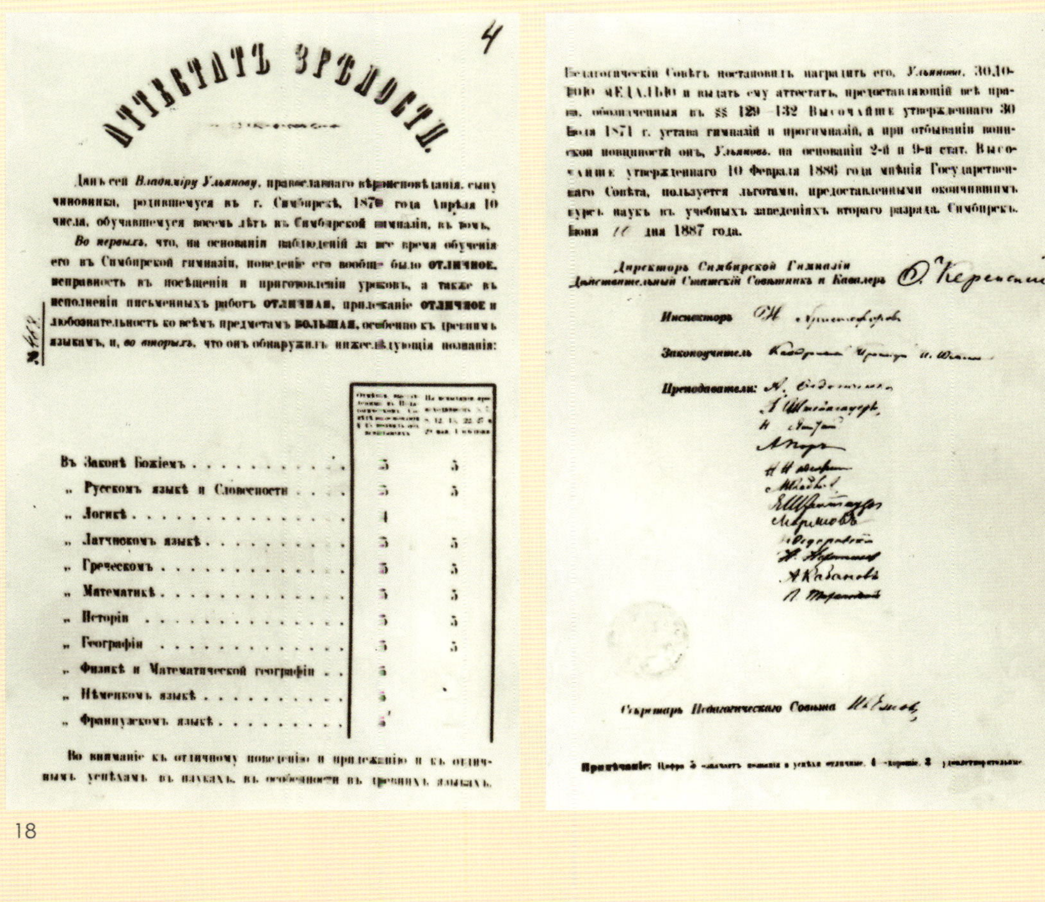

АТТЕСТАТЪ ЗРѢЛОСТИ.

Данъ сей Владиміру Ульянову, православнаго вѣроисповѣданія, сыну чиновника, родившемуся въ г. Симбирскѣ, 1870 года Апрѣля 10 числа, обучавшемуся восемь лѣтъ въ Симбирской гимназіи, въ томъ,

Во первыхъ, что, на основаніи наблюденій за все время обученія его въ Симбирской гимназіи, поведеніе его вообще было **ОТЛИЧНОЕ**, исправность въ посѣщеніи и приготовленіи уроковъ, а также въ исполненіи письменныхъ работъ **ОТЛИЧНАЯ**, прилежаніе **ОТЛИЧНОЕ** и любознательность ко всѣмъ предметамъ **БОЛЬШАЯ**, особенно къ древнимъ языкамъ, и, во вторыхъ, что онъ обнаружилъ нижеслѣдующія познанія:

Въ Законѣ Божіемъ	5	5
„ Русскомъ языкѣ и Словесности	5	5
„ Логикѣ	4	
„ Латинскомъ языкѣ	5	5
„ Греческомъ	5	5
„ Математикѣ	5	5
„ Исторіи	5	5
„ Географіи	5	5
„ Физикѣ и Математической географіи	5	
„ Нѣмецкомъ языкѣ	5	
„ Французскомъ языкѣ	5	

Во вниманіе къ отличному поведенію и прилежанію и къ отличнымъ успѣхамъ въ наукахъ, въ особенности въ древнихъ языкахъ,

Педагогическій Совѣтъ постановилъ наградить его, Ульянова, ЗОЛОТОЮ МЕДАЛЬЮ и выдать ему аттестатъ, предоставляющій всѣ права, обозначенныя въ §§ 129–132 Высочайше утвержденнаго 30 Іюля 1871 г. устава гимназій и прогимназій, а при отбываніи воинской повинности онъ, Ульяновъ, на основаніи 2-й и 9-й стат. Высочайше утвержденнаго 10 Февраля 1886 года мнѣнія Государственнаго Совѣта, пользуется льготами, предоставленными окончившимъ курсъ наукъ въ учебныхъ заведеніяхъ втораго разряда. Симбирскъ. Іюня 10 дня 1887 года.

Директоръ Симбирской Гимназіи Дѣйствительный Статскій Совѣтникъ и Кавалеръ

Инспекторъ

Законоучитель

Преподаватели:

Секретарь Педагогическаго Совѣта

Примѣчаніе:

18

少年时代的列宁就酷爱读书，别林斯基、赫尔岑、车尔尼雪夫斯基、杜勃罗留波夫、皮萨列夫等革命民主主义者的著作对他的思想产生了重大影响。(19-20)

19. 列宁少年时代读过的一些书籍

20. 俄国革命民主主义者

维・格・别林斯基

亚・伊・赫尔岑

尼・加・车尔尼雪夫斯基

尼・亚・杜勃罗留波夫

德・伊・皮萨列夫

1887 年 5 月，列宁的哥哥亚历山大谋刺沙皇未遂，英勇就义。列宁既为哥哥反对专制制度的大无畏革命精神所激励，又深刻认识到，要推翻沙皇专制制度，必须寻求正确的革命道路。(21-22)

21. 列宁的哥哥亚历山大・伊里奇・乌里扬诺夫

22. 我们不走这条路！（油画）
П. 别洛乌索夫

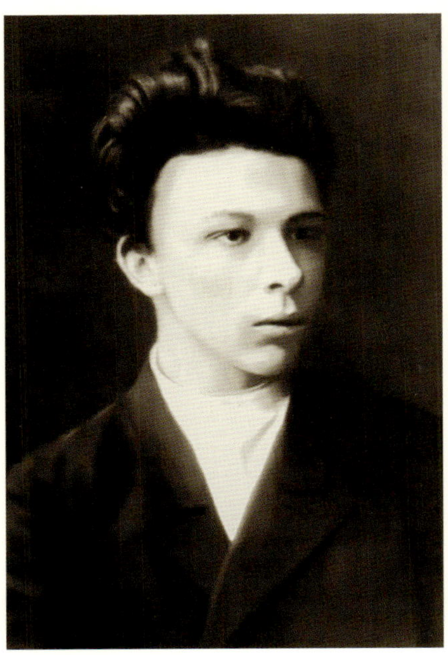

21

22

1887 年 7 月，列宁一家由辛比尔斯克迁往喀山。(23-24)

23. 列宁（1887 年）
24. 再见吧，辛比尔斯克！（素描）　尼·茹科夫

23

24

第二章

早期的革命活动

1887 年 7 月，列宁随全家来到喀山定居。8 月，列宁进喀山大学法律系学习，年底因参加进步学生运动被捕并遭放逐。翌年秋列宁返回喀山，加入费多谢耶夫组织的马克思主义小组，开始系统学习和研究马克思和恩格斯的著作，成为马克思主义者。

1889 年，列宁随全家迁居萨马拉。他顽强自修，在一年半时间内学完了大学四年的课程，1891 年以校外生资格通过彼得堡大学法律系考试，获得该校毕业证书并取得律师助理资格。他经常在萨马拉地方法院出庭为贫苦农民辩护。1892 年，列宁组织了萨马拉第一个马克思主义小组，积极开展马克思主义学习和宣传活动。

1893 年 9 月，列宁来到彼得堡。他组织和领导马克思主义小组活动，积极传播马克思主义，同工人运动中的错误思潮作斗争。1894 年列宁撰写《什么是"人民之友"以及他们如何攻击社会民主党人？》，批判了自由主义民粹派的理论观点和政治纲领，系统阐述了马克思创立的唯物史观的基本原理；阐明了人民群众是历史的创造者，阶级斗争是阶级社会发展的动力；论述了无产阶级的历史地位和伟大使命，提出了建立工人政党的任务。

1895 年春，列宁出国同俄国的马克思主义团体劳动解放社领导人普列汉诺夫等人建立联系并考察西欧工人运动。同年 10 月，列宁回国后将彼得堡的所有马克思主义小组联合起来，成立彼得堡工人阶级解放斗争协会，第一次在俄国实现了社会主义和工人运动的结合。1895 年底列宁因内奸告密而被捕入狱，1897 年 5 月被流放到西伯利亚东部舒申斯克村。1898 年娜·康·克鲁普斯卡娅也因在彼得堡从事革命活动被流放到这里。在流放地列宁与克鲁普斯卡娅结成终身伴侣。

列宁在流放地完成了他在彼得堡监狱时就开始写作的《俄国资本主义的发展》一书。列宁在书中运用马克思主义的经济学说，全面考察了俄国资本主义的发展历程，科学分析了俄国的社会经济制度和阶级结构，阐明了一系列与俄国资本主义发展相关的重大理论问题，指出资本主义既有打破封建桎梏的历史进步性，也有阻碍社会发展、必然走向衰亡的历史暂时性；俄国资本主义的发展为社会主义革命创造了物质前提，准备了阶级力量。这部著作批判了自由主义民粹派和右翼社会民主党人的理论错误，指出俄国革命的正确发展方向只能是依靠工人阶级和农民群众对整个社会进行真正的和根本的社会主义改造。

列宁在流放地密切关注俄国社会民主运动的发展。他撰写了《俄国社会民主党人的任务》，呼吁建立统一的社会民主工党，强调革命理论对于无产阶级解放斗争的重要意义。他还同俄国工人运动中的机会主义派别经济派进行针锋相对的斗争。经济派主张工人只进行经济斗争，否认工人阶级政党的领导作用，崇拜工人运动的自发性。1899 年列宁看到经济派的纲领后立即写了《俄国社会民主党人抗议书》，揭露了经济派的机会主义面目。

01. 列宁（1897 年）

1887 年 8 月，列宁进入喀山大学学习，并积极参加进步学生运动，开始投身于反对沙皇专制的革命斗争。(02-06)

02. 19 世纪的喀山
03. 乌里扬诺夫一家在喀山的住所
04. 列宁的喀山大学出入证
05. 喀山大学
06. 辛比尔斯克古典中学校长为列宁进入喀山大学所写的推荐信

02

03

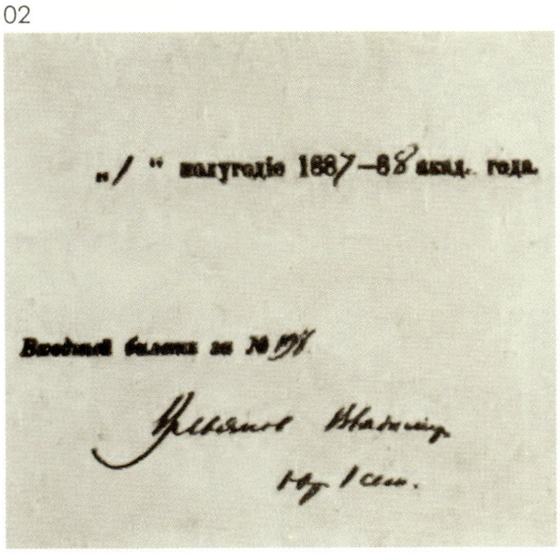

„I" полугодіе 1887–88 акад. года.

Входной билетъ за № 191

04

05

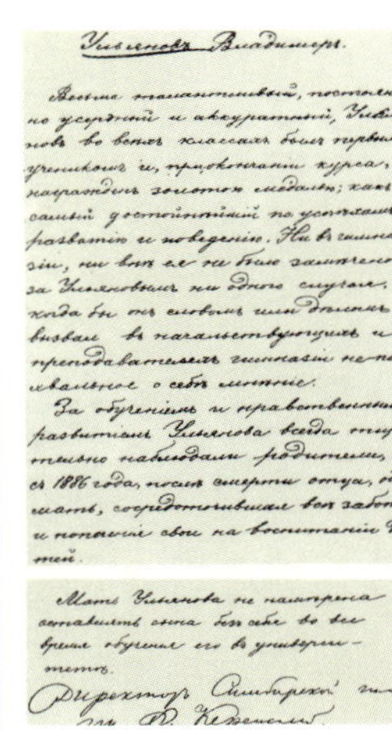

06

1887 年 12 月 17 日（俄历 12 月 5 日）凌晨，列宁因参加进步学生运动被捕并遭放逐。(07-11)

07．列宁在 1887 年 12 月 17 日（俄历 12 月 5 日）写给喀山大学校长的退学申请
08．1887 年 12 月 17 日（俄历 12 月 5 日）列宁在这所房子里被捕
09．1887 年羁押过列宁的喀山监狱
10．列宁第一次被放逐的地方（喀山省莱舍夫县科库什基诺村）
11．列宁在学潮中 （油画） O．韦什尼亚科夫

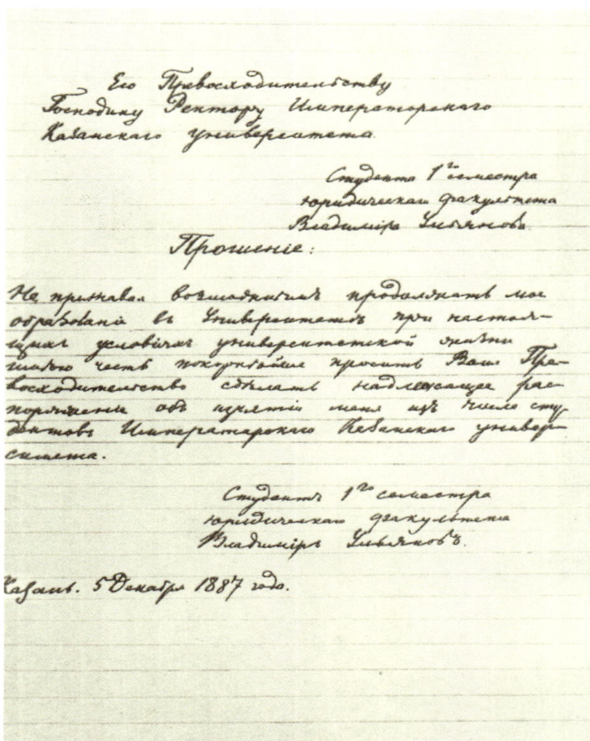

Его Превосходительству
Господину Ректору Императорскаго
Казанскаго университета

Студента 1го семестра
юридическаго факультета
Владиміра Ульянова

Прошеніе:

Не признавая возможнымъ продолжать мое образованіе въ Университетѣ при настоящихъ условіяхъ университетской жизни, имѣю честь покорнѣйше просить Ваше Превосходительство сдѣлать надлежащее распоряженіе объ исключеніи меня изъ числа студентовъ Императорскаго Казанскаго университета.

Студентъ 1го семестра
юридическаго факультета
Владиміръ Ульяновъ.

Казань. 5 Декабря 1887 года.

07

08

09

10

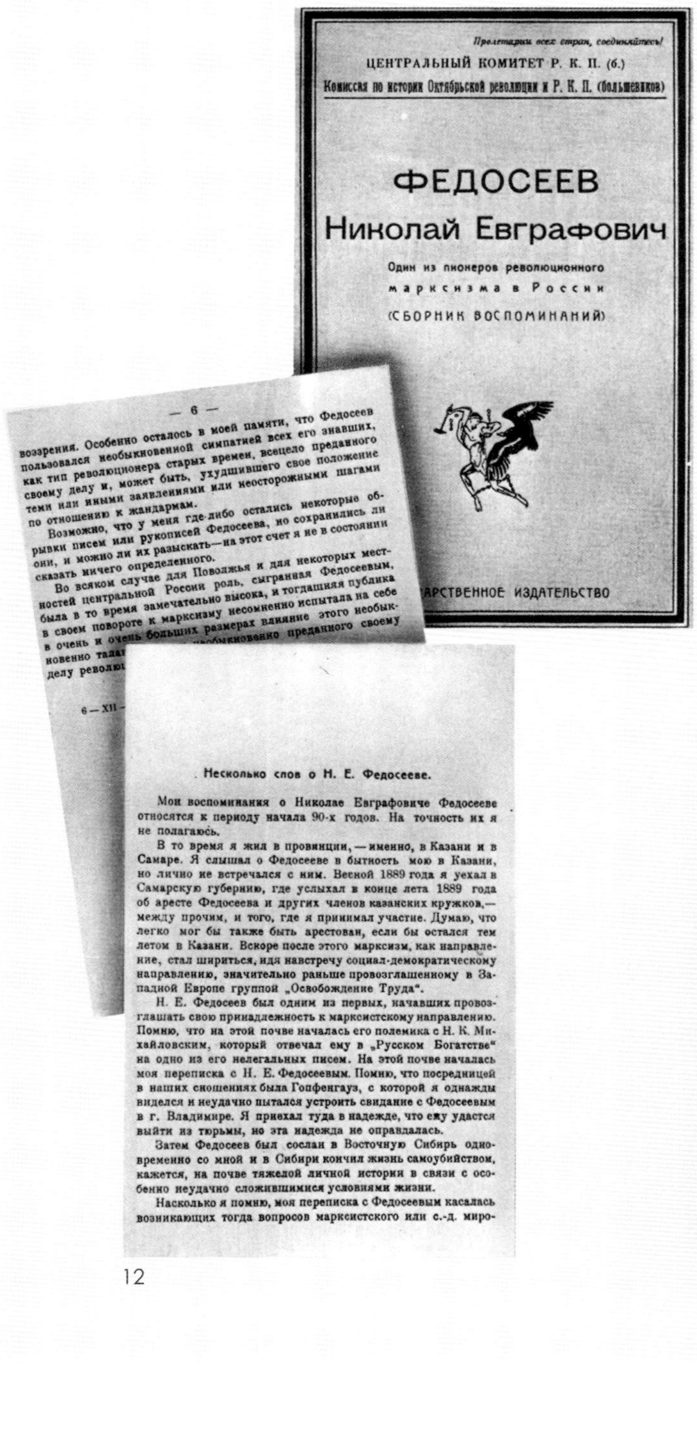

Пролетарии всех стран, соединяйтесь!

ЦЕНТРАЛЬНЫЙ КОМИТЕТ Р. К. П. (б.)

Комиссия по истории Октябрьской революции и Р. К. П. (большевиков)

ФЕДОСЕЕВ

Николай Евграфович

Один из пионеров революционного марксизма в России

(СБОРНИК ВОСПОМИНАНИЙ)

...АРСТВЕННОЕ ИЗДАТЕЛЬСТВО

Несколько слов о Н. Е. Федосееве.

Мои воспоминания о Николае Евграфовиче Федосееве относятся к периоду начала 90-х годов. На точность их я не полагаюсь.

В то время я жил в провинции, — именно, в Казани и в Самаре. Я слышал о Федосееве в бытность мою в Казани, но лично не встречался с ним. Весной 1889 года я уехал в Самарскую губернию, где услыхал в конце лета 1889 года об аресте Федосеева и других членов казанских кружков, — между прочим, и того, где я принимал участие. Думаю, что легко мог бы также быть арестован, если бы остался тем летом в Казани. Вскоре после этого марксизм, как направление, стал шириться, идя навстречу социал-демократическому направлению, значительно раньше провозглашенному в Западной Европе группой „Освобождение Труда“.

Н. Е. Федосеев был одним из первых, начавших провозглашать свою принадлежность к марксистскому направлению. Помню, что на этой почве началась его полемика с Н. К. Михайловским, который отвечал ему в „Русском Богатстве“ на одно из его нелегальных писем. На этой почве началась моя переписка с Н. Е. Федосеевым. Помню, что посредницей в наших сношениях была Гопфенгауз, с которой я однажды виделся и неудачно пытался устроить свидание с Федосеевым в г. Владимире. Я приехал туда в надежде, что ему удастся выйти из тюрьмы, но эта надежда не оправдалась.

Затем Федосеев был сослан в Восточную Сибирь одновременно со мной и в Сибири кончил жизнь самоубийством, кажется, на почве тяжелой личной истории в связи с особенно неудачно сложившимися условиями жизни.

Насколько я помню, моя переписка с Федосеевым касалась возникающих тогда вопросов марксистского или с.-д. миро-

— 6 —

воззрения. Особенно осталось в моей памяти, что Федосеев пользовался необыкновенной симпатией всех его знавших, как тип революционера старых времен, всецело преданного своему делу и, может быть, ухудшившего свое положение теми или иными заявлениями или неосторожными шагами по отношению к жандармам.

Возможно, что у меня где-либо остались некоторые обрывки писем или рукописей Федосеева, но сохранились ли они, и можно ли их разыскать—на этот счет я не в состоянии сказать ничего определенного.

Во всяком случае для Поволжья и для некоторых местностей центральной России роль, сыгранная Федосеевым, была в то время замечательно высока, и тогдашняя публика в своем повороте к марксизму несомненно испытала на себе в очень и очень больших размерах влияние этого необык-...

6 — XII —

12

13

1888 年秋，列宁获准返回喀山。不久他加入了费多谢耶夫建立的马克思主义小组，并积极从事革命活动。(12-13)

12.《忆费多谢耶夫》一书所载的列宁回忆文章，文中称费多谢耶夫是对革命事业无限忠诚的革命家。

13. 尼·叶·费多谢耶夫

马克思和恩格斯的学说不是我们死背硬记的教条，应该把它当做行动的指南。

——列宁

在喀山期间，列宁系统地研读马克思和恩格斯的著作，在革命斗争实践中锻炼成为坚定的马克思主义者。(14-16)

14. 19 世纪 60 年代的马克思和恩格斯
15. 《资本论》1867 年德文版的扉页
16. 《共产党宣言》1848 年德文版封面（左）和 1882 年俄文版封面（右）

14

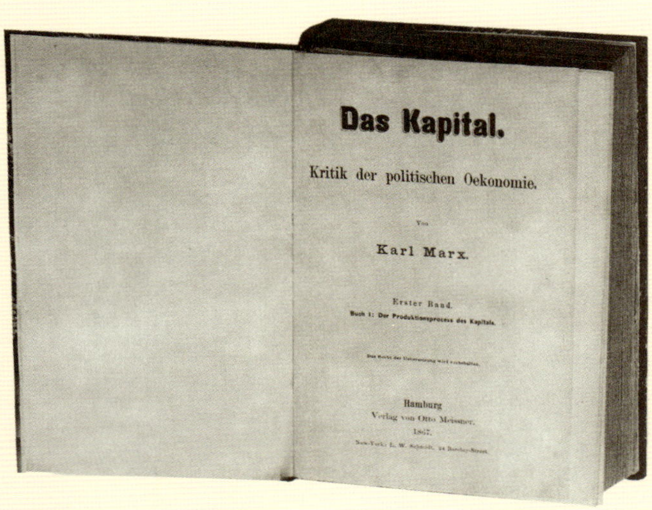

15

16

1889 年 5 月，列宁一家迁往萨马拉，先后在郊区和市内居住。(17-19)

17. 19 世纪末的萨马拉
18. 列宁一家在萨马拉的住所
19. 列宁一家在萨马拉郊区阿拉卡耶夫卡村附近购置的田庄

17

18

19

1891 年，列宁曾两次前往彼得堡，以校外生资格参加彼得堡大学法律系课程的春季和秋季国家考试，并获得该校一级毕业证书。(20-22)

20. 19 世纪的彼得堡大学

21. 列宁的彼得堡大学毕业证书

22. 应试（油画） B. 奥列什尼科夫

20

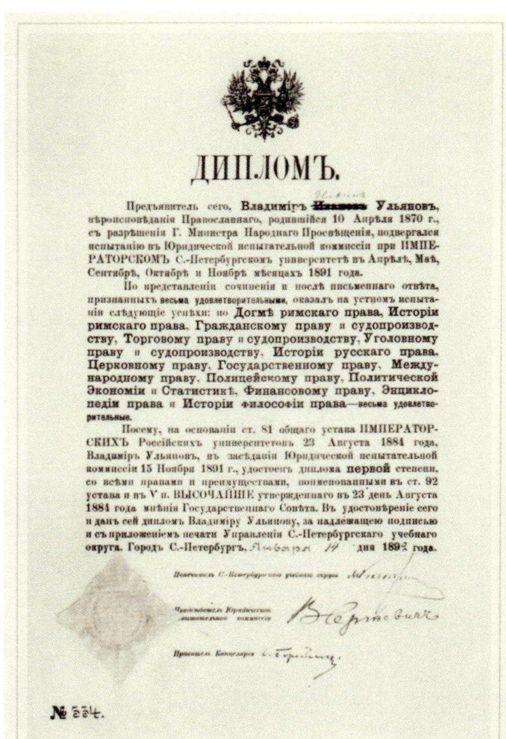

ДИПЛОМЪ.

Предъявитель сего, Владиміръ Ульяновъ, вѣроисповѣданія Православнаго, родившійся 10 Апрѣля 1870 г., съ разрѣшенія Г. Министра Народнаго Просвѣщенія, подвергался испытанію въ Юридической испытательной коммиссіи при ИМПЕРАТОРСКОМЪ С.-Петербургскомъ университетѣ въ Апрѣлѣ, Маѣ, Сентябрѣ, Октябрѣ и Ноябрѣ мѣсяцахъ 1891 года.

По представленіи сочиненія и послѣ письменнаго отвѣта, признанныхъ весьма удовлетворительными, оказалъ на устномъ испытаніи слѣдующіе успѣхи: по Догмѣ римскаго права, Исторіи римскаго права, Гражданскому праву и судопроизводству, Торговому праву и судопроизводству, Уголовному праву и судопроизводству, Исторіи русскаго права, Церковному праву, Государственному праву, Международному праву, Полицейскому праву, Политической Экономіи и Статистикѣ, Финансовому праву, Энциклопедіи права и Исторіи философіи права—весьма удовлетворительные.

Посему, на основаніи ст. 81 общаго устава ИМПЕРАТОРСКИХЪ Россійскихъ университетовъ 23 Августа 1884 года, Владиміръ Ульяновъ, въ засѣданіи Юридической испытательной коммиссіи 15 Ноября 1891 г., удостоенъ диплома первой степени, со всѣми правами и преимуществами, поименованными въ ст. 92 устава и въ V п. ВЫСОЧАЙШЕ утвержденнаго въ 23 день Августа 1884 года мнѣнія Государственнаго Совѣта. Въ удостовѣреніе сего и данъ сей дипломъ Владиміру Ульянову, за надлежащею подписью и съ приложеніемъ печати Управленія С.-Петербургскаго учебнаго округа. Городъ С.-Петербургъ. Января 14 дня 1892 года.

21

22

1892 年和 1893 年，列宁领到了萨马拉地方法院诉讼案件承办证书，他承办了许多诉讼案件，并多次出庭为农民辩护。(23-24)

23. 列宁的诉讼案件承办证书

24. 萨马拉地方法院

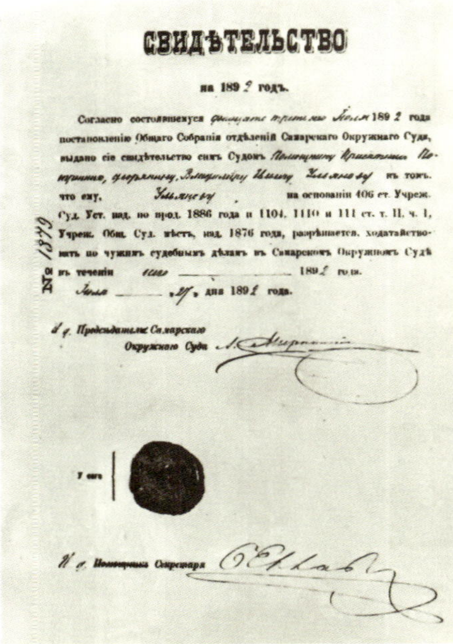

СВИДѢТЕЛЬСТВО

на 1892 годъ.

Согласно состоявшемуся ... 1892 года постановленію Общаго Собранія отдѣленій Самарскаго Окружнаго Суда, выдано сіе свидѣтельство симъ Судомъ ... въ томъ, что ему, Ульянову, на основаніи 406 ст. Учреж. Суд. Уст. изд. по прод. 1886 года и 1104, 1110 и 111 ст. т. II. ч. 1, Учреж. Общ. Суд. мѣстъ, изд. 1876 года, разрѣшается ходатайствовать по чужимъ судебнымъ дѣламъ въ Самарскомъ Окружномъ Судѣ въ теченіи ... 1892 года.

... дня 1892 года.

Предсѣдателя Самарскаго Окружного Суда

№ 1879

23

24

1892年，列宁在萨马拉建立当地第一个马克思主义研究和宣传小组，其成员有斯克利亚连科、拉拉扬茨等人。(25-28)

25. 在萨马拉马克思主义小组里（油画） A. 莫拉沃夫
26. 阿・巴・斯克利亚连科
27. 伊・克・拉拉扬茨
28. 萨马拉公共图书馆，列宁曾在此从事研究和写作。

25

26

27

28

1893 年 9 月，列宁前往首都彼得堡，不久便加入了以工艺学院学生为主的秘密马克思主义小组，积极宣传马克思恩格斯的学说。(29-33)

29. 19 世纪末的彼得堡

30. 彼得堡学生马克思主义小组的主要成员

列宁

阿・亚・瓦涅耶夫

彼・库・扎波罗热茨

格・波・克拉辛

格・马・克尔日扎诺夫斯基

娜・康・克鲁普斯卡娅

亚・列・马尔琴科

季・巴・涅夫佐罗娃

斯・伊・拉德琴科

米・亚・西尔文

瓦・瓦・斯塔尔科夫

31. 1893 年列宁《农民生活中新的经济变动》手稿第 1 页，这是现存列宁最早的一篇著作。
32. 1893 年秋列宁《论所谓市场问题》手稿第 1 页
33. 彼得堡新亚历山大街 23 号，列宁曾在此为马克思主义小组讲课。

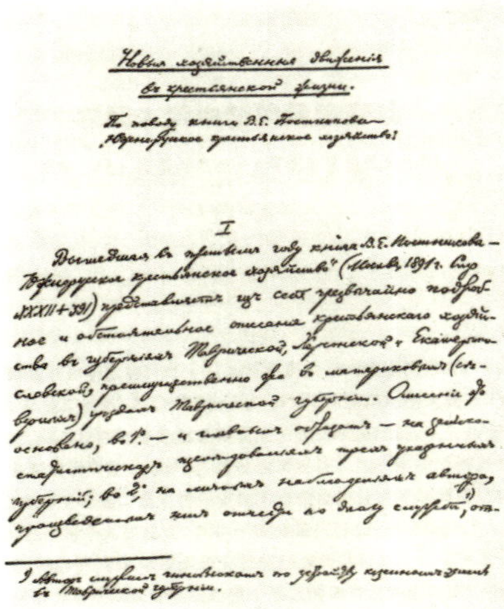

31

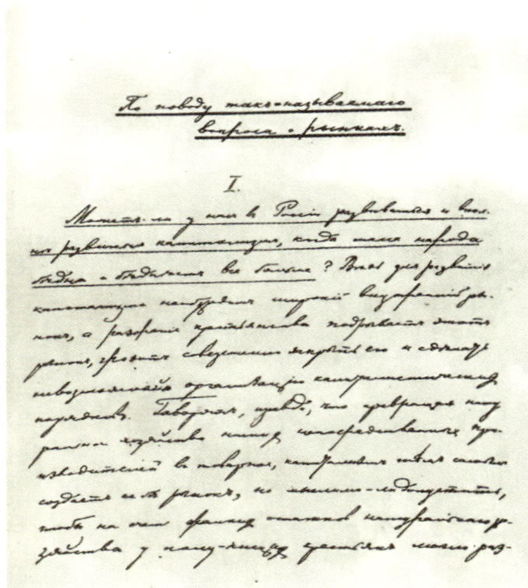

32

33

列宁深入工人群众，在彼得堡、莫斯科等地参加进步工人集会，组织并领导工人小组，撰写革命传单，进行宣传鼓动。（34-35）

34. 列宁在1893—1895年领导的工人小组的主要成员

伊·瓦·巴布什金

阿·伊·博德罗夫

普·斯·格里巴金

波·伊·季诺维也夫

菲·伊·博德罗夫

弗·阿·克尼亚泽夫

瓦·安·舍尔古诺夫

伊·伊·雅科夫列夫

35. 第一张传单 （油画） Φ. 哥卢勃科夫

1894 年 3 月上旬，列宁在彼得堡马克思主义者的一次集会上与克鲁普斯卡娅相识。克鲁普斯卡娅出身于革命知识分子家庭，当时在工人星期日夜校任教，共同的理想和斗争使她同列宁结成革命伴侣。(36-37)

36. 娜·康·克鲁普斯卡娅（1895 年）
37. 彼得堡涅瓦关卡外的工人星期日夜校旧址

36

37

1893—1895 年期间，列宁撰写文章和专著，并在萨马拉、彼得堡、莫斯科等地的一些集会上作报告，揭露和批判自由主义民粹派的错误观点，积极宣传马克思主义。(38)

38. 在秘密集会上批判民粹派 （油画） A. 莫拉沃夫

1894年列宁写了《什么是“人民之友”以及他们如何攻击社会民主党人？》一书，批判了自由主义民粹派思想家米海洛夫斯基的唯心史观，阐述了唯物史观和唯物辩证法的基本原理。(39-40)

39.《什么是“人民之友”以及他们如何攻击社会民主党人？》一书胶印本第三编封面

40.《什么是“人民之友”以及他们如何攻击社会民主党人？》第一编第3版和第二编第1版印刷的地方（弗拉基米尔省哥尔克镇阿·亚·甘申的住所）

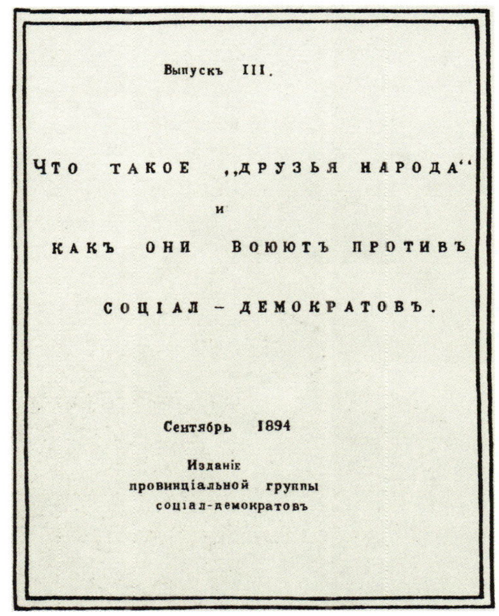

Выпускъ III.

Что такое „друзья народа“ и какъ они воюютъ противъ социал-демократовъ.

Сентябрь 1894

Изданiе провинцiальной группы социал-демократовъ

39

40

1895年5月，列宁出国考察西欧工人运动，并同在国外的俄国劳动解放社建立联系。他在日内瓦会见了劳动解放社的领导人普列汉诺夫，在巴黎和柏林会见了国际工人运动的著名活动家拉法格和李卜克内西。(41-44)

41. 保·拉法格
42. 威·李卜克内西
43. 列宁与普列汉诺夫（素描） A. 亚尔－克拉夫琴科

41

42

43

“劳动解放社”……为俄国社会民主党奠定了基础，为党在理论上和实践上的发展做了许多事情。

——列宁

44. 劳动解放社成员

格·瓦·普列汉诺夫

帕·波·阿克雪里罗得

维·伊·查苏利奇

列·格·捷依奇

瓦·尼·伊格纳托夫

卡尔·马克思（1883年逝世）之后，恩格斯是整个文明世界中最卓越的学者和现代无产阶级的导师。

——列宁

1895年9月，列宁为悼念恩格斯逝世撰写了《弗里德里希·恩格斯》一文，高度评价了恩格斯同马克思一起创立马克思主义理论和为无产阶级解放事业而斗争的不朽功绩，赞颂了恩格斯的崇高品格以及他同马克思的伟大友谊。（45-47）

45. 晚年恩格斯
46. 劳动解放社编辑的《工作者》文集第1—2期合刊
47. 《工作者》文集刊载的列宁《弗里德里希·恩格斯》一文

45

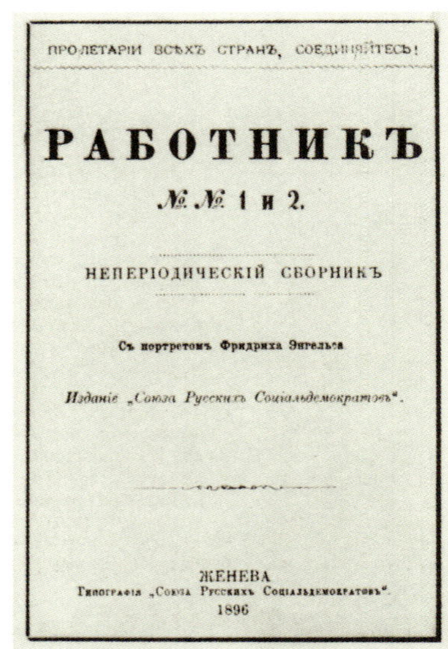

ПРОЛЕТАРИИ ВСѢХЪ СТРАНЪ, СОЕДИНЯЙТЕСЬ!

РАБОТНИКЪ

№№ 1 и 2.

НЕПЕРІОДИЧЕСКІЙ СБОРНИКЪ

Съ портретомъ Фридриха Энгельса

Изданіе „Союза Русскихъ Соціальдемократовъ".

ЖЕНЕВА

Типографія „Союза Русскихъ Соціальдемократовъ".

1896

46

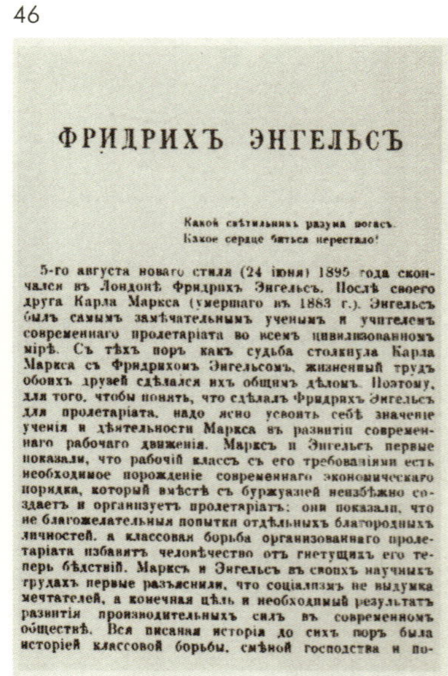

ФРИДРИХЪ ЭНГЕЛЬСЪ

Какой свѣтильникъ разума погасъ,
Какое сердце биться перестало!

5-го августа новаго стиля (24 іюля) 1895 года скончался въ Лондонѣ Фридрихъ Энгельсъ. Послѣ своего друга Карла Маркса (умершаго въ 1883 г.), Энгельсъ былъ самымъ замѣчательнымъ ученымъ и учителемъ современнаго пролетаріата во всемъ цивилизованномъ мірѣ. Съ тѣхъ поръ какъ судьба столкнула Карла Маркса съ Фридрихомъ Энгельсомъ, жизненный трудъ обоихъ друзей сдѣлался ихъ общимъ дѣломъ. Поэтому, для того, чтобы понять, что сдѣлалъ Фридрихъ Энгельсъ для пролетаріата, надо ясно усвоить себѣ значеніе ученія и дѣятельности Маркса въ развитіи современнаго рабочаго движенія. Марксъ и Энгельсъ первые показали, что рабочій классъ съ его требованіями есть необходимое порожденіе современнаго экономическаго порядка, который вмѣстѣ съ буржуазіей неизбѣжно создаетъ и организуетъ пролетаріатъ; они показали, что не благожелательныя попытки отдѣльныхъ благородныхъ личностей, а классовая борьба организованнаго пролетаріата избавитъ человѣчество отъ гнетущихъ его теперь бѣдствій. Марксъ и Энгельсъ въ своихъ научныхъ трудахъ первые разъяснили, что соціализмъ не выдумка мечтателей, а конечная цѣль и необходимый результатъ развитія производительныхъ силъ въ современномъ обществѣ. Вся писанная исторія до сихъ поръ была исторіей классовой борьбы, смѣной господства и по-

47

1895 年 10 月，列宁返回彼得堡后，联合所有马克思主义小组，成立彼得堡工人阶级解放斗争协会，在俄国第一次实现了社会主义和工人运动的结合。(48-50)

48. 彼得堡旗帜街，工人阶级解放斗争协会的成员曾在这条街上的克鲁普斯卡娅住处集会。

49. 彼得堡维堡区辛比尔斯克街，列宁同彼得堡马克思主义者曾在此楼内商定建立工人阶级解放斗争协会。

50. 彼得堡工人阶级解放斗争协会领导成员，从左至右为：瓦·瓦·斯塔尔科夫、格·马·克尔日扎诺夫斯基、亚·列·马尔琴科、列宁、彼·库·扎波罗热茨、尤·奥·马尔托夫、阿·亚·瓦涅耶夫（1897 年 2 月）。

43

49

1895 年 12 月，列宁因组织彼得堡工人阶级解放斗争协会开展革命活动而被捕，在狱中继续领导协会的斗争，为工人撰写各种宣传品。(51-53)

51. 在狱中写作（木刻）　高荣生
52. 沙皇当局保安处案卷中保存的列宁被捕后的照片
53. 彼得堡拘留所内拘押列宁的 193 号囚室

51

52

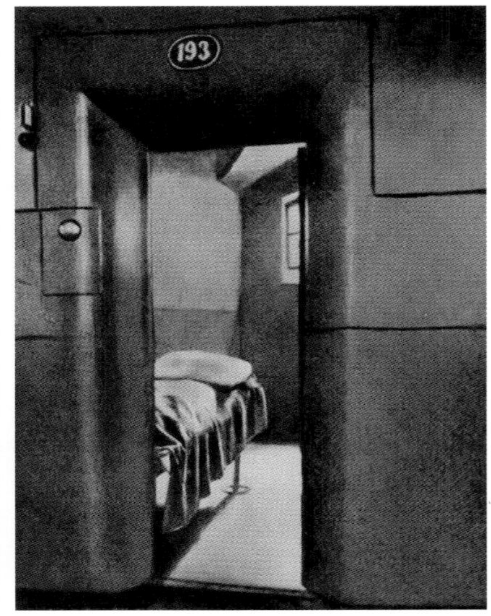

53

1897 年 2 月，列宁被判处流放三年。3 月 1 日，他从彼得堡启程前往西伯利亚东部的流放地，途中曾在莫斯科等地停留，5 月抵达流放地——叶尼塞斯克省米努辛斯克县的舒申斯克村。(54-57)

54. 列宁（1897 年）
55. 流放地舒申斯克村
56. 列宁流放途中由克拉斯诺亚尔斯克到米努辛斯克时乘坐的“圣尼古拉号”汽船
57. 列宁在舒申斯克村居住过的农民阿·济里亚诺夫的房屋

54

55

56

57

1898 年，克鲁普斯卡娅因参加彼得堡工人阶级解放斗争协会的活动被判流放西伯利亚三年，当年 5 月由母亲陪伴到达舒申斯克村，7 月同列宁在流放地举行了婚礼。(58-61)

58. 19 世纪 90 年代的克鲁普斯卡娅
59. 克鲁普斯卡娅和母亲伊丽莎白・瓦西里耶夫娜（1898 年）
60. 列宁婚后居住的舒申斯克村农妇 П. 彼得罗娃的房屋

58

59

60

61. 列宁和克鲁普斯卡娅在舒申斯克村 （油画） И. 提尤提科夫

列宁在流放地完成了他早在彼得堡就开始写作的《俄国资本主义的发展》一书。该书揭示了资本主义不仅在工业中，而且在农业中迅速发展的进程；批判了自由主义民粹派和右翼社会民主党人的理论错误；指出俄国资本主义的发展为社会主义革命创造了物质前提，准备了阶级力量。该书的写作和出版得到了姐姐的全力帮助。（62-66）

62. 《俄国资本主义的发展》一书封面（1899 年彼得堡第 1 版）
63. 列宁的姐姐安娜
64. 列宁的姐夫马尔克·季莫费耶维奇·叶利扎罗夫

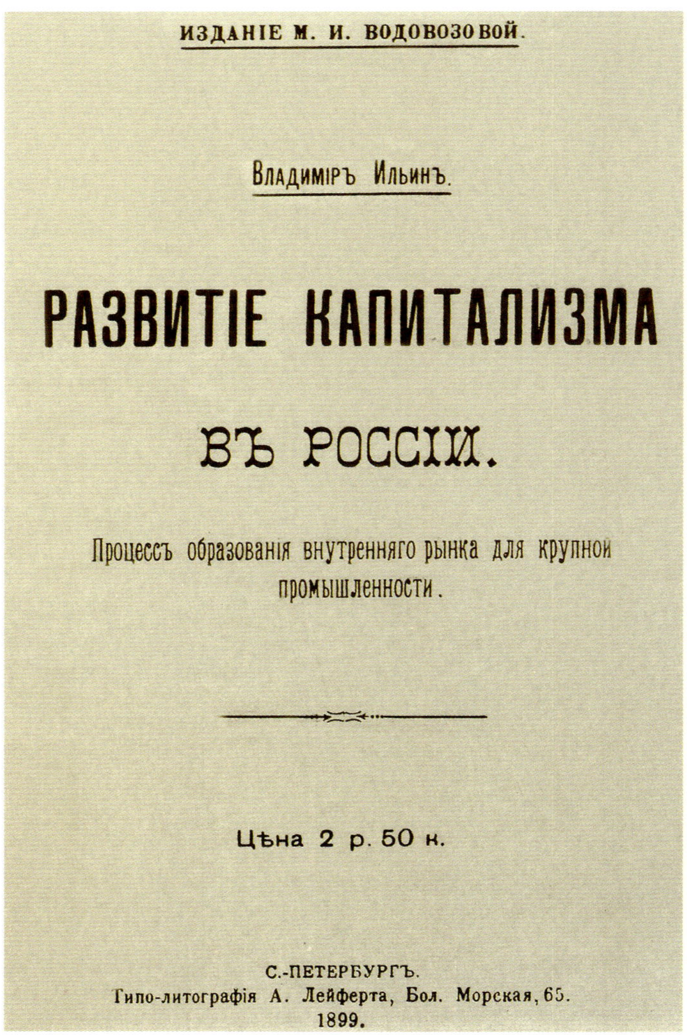

ИЗДАНІЕ М. И. ВОДОВОЗОВОЙ.

ВЛАДИМІРЪ ИЛЬИНЪ.

РАЗВИТІЕ КАПИТАЛИЗМА

ВЪ РОССІИ.

Процессъ образованія внутренняго рынка для крупной промышленности.

Цѣна 2 р. 50 к.

С.-ПЕТЕРБУРГЪ.
Типо-литографія А. Лейферта, Бол. Морская, 65.
1899.

62

63

64

65. 打猎归来（油画） 孙向阳

66. 在农民中间（油画） B．巴索夫

列宁在流放期间密切关注俄国社会民主运动的发展。1897 年底，他撰写了《俄国社会民主党人的任务》，呼吁建立统一的社会民主工党，强调革命理论对于无产阶级解放斗争的重要意义。1899 年他草拟的《俄国社会民主党人抗议书》，批判了经济派的错误观点，揭露了他们的机会主义面目。(67-70)

67. 列宁在流放期间撰写的《俄国社会民主党人的任务》一书（1898 年日内瓦版）

68. 《俄国社会民主党人抗议书》及刊载该文的《〈工人事业〉编辑部指南》文集封面（1900 年日内瓦版）

69. 米努辛斯克专区叶尔马科夫斯克村的一所农舍，17 名被流放的俄国社会民主党人在此讨论和签署列宁草拟的《俄国社会民主党人抗议书》。

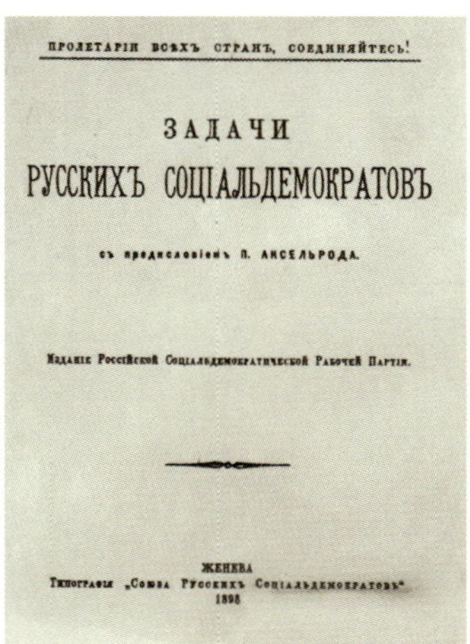
Пролетаріи всѣхъ странъ, соединяйтесь!

ЗАДАЧИ

РУССКИХЪ СОЦІАЛЬДЕМОКРАТОВЪ

съ предисловіемъ П. Аксельрода.

Изданіе Россійской Соціальдемократической Рабочей Партіи.

Женева

Типографія „Союза Русскихъ Соціальдемократовъ"

1898

67

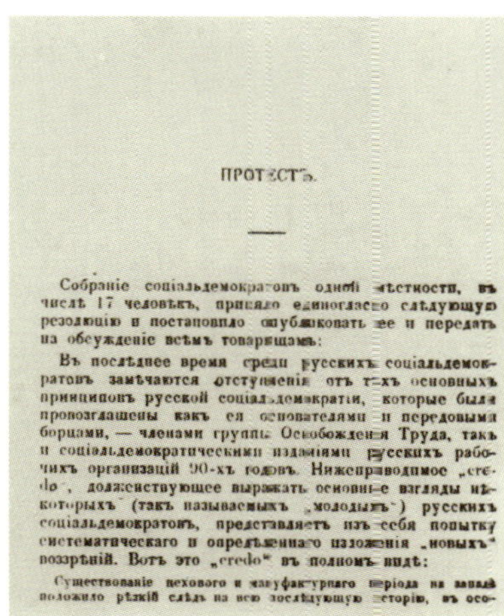
ПРОТЕСТЪ.

Собраніе соціальдемократовъ одной мѣстности, въ числѣ 17 человѣкъ, приняло единогласно слѣдующую резолюцію и постановило опубликовать ее и передать на обсужденіе всѣмъ товарищамъ:

Въ послѣднее время среди русскихъ соціальдемократовъ замѣчаются отступленія отъ тѣхъ основныхъ принциповъ русской соціальдемократіи, которые были провозглашены какъ ея основателями и передовыми борцами, — членами группы Освобожденія Труда, такъ и соціальдемократическими изданіями русскихъ рабочихъ организацій 90-хъ годовъ. Нижеприводимое „credo", долженствующее выражать основные взгляды нѣкоторыхъ (такъ называемыхъ „молодыхъ") русскихъ соціальдемократовъ, представляетъ изъ себя попытку систематическаго и опредѣленнаго изложенія „новыхъ" воззрѣній. Вотъ это „credo" въ полномъ видѣ:

Существованіе цехового и мануфактурнаго періода на западѣ положило рѣзкій слѣдъ на всю послѣдующую исторію, въ осо-

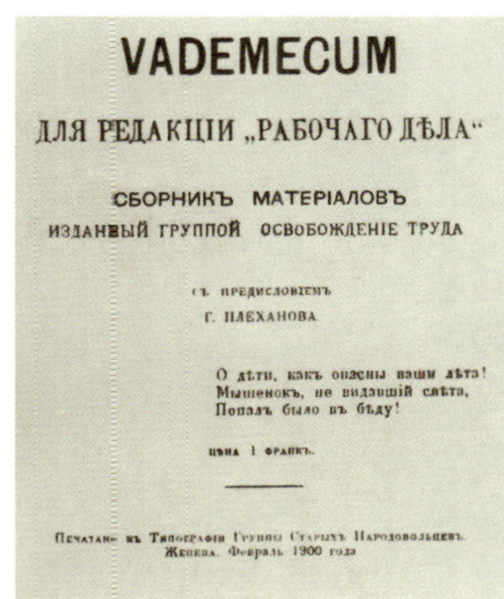
VADEMECUM

ДЛЯ РЕДАКЦІИ „РАБОЧАГО ДѢЛА"

СБОРНИКЪ МАТЕРІАЛОВЪ

ИЗДАННЫЙ ГРУППОЙ ОСВОБОЖДЕНІЕ ТРУДА

съ предисловіемъ

Г. Плеханова

О дѣти, какъ опасны ваши лѣта!
Мышенокъ, не видавшій свѣта,
Попалъ было въ бѣду!

Цѣна 1 франкъ.

Печатано въ Типографіи Группы Старыхъ Народовольцевъ.
Женева. Февраль 1900 года

68

69

70. 在列宁起草的《俄国社会民主党人抗议书》上签名的 16 位俄国社会民主党人

叶·瓦·巴拉姆津

阿·亚·瓦涅耶夫

多·瓦·瓦涅耶娃

格·马·克尔日扎诺夫斯基

季·巴·克尔日扎诺夫斯卡娅

娜·康·克鲁普斯卡娅

维·康·库尔纳托夫斯基

弗·威·林格尼克

奥·波·勒柏辛斯卡娅

潘·尼·勒柏辛斯基

H. H. 帕宁

米·亚·西尔文

瓦·瓦·斯塔尔科夫

A. M. 斯塔尔科娃

亚·西·沙波瓦诺夫

奥·亚·恩格贝格

列宁在流放地的活动一直受到当地警方的监视，但是列宁通过各种方式与流放地的俄国社会民主党人保持密切联系，探讨俄国革命问题。(71-72)

71. 新年聚会（油画） 潘世勋

72. 警察搜查列宁和克鲁普斯卡娅在舒申斯克村的住所（油画） B. 拉夫罗娃－索尔达托娃

1900 年 2 月列宁流放期满，因被禁止在彼得堡、莫斯科等大城市和工业中心居住，便选择在离彼得堡较近的普斯科夫定居。列宁不顾沙皇当局的禁令仍秘密前往彼得堡、莫斯科、里加等地进行革命活动，又被警方逮捕并被押送到母亲的住处——莫斯科附近的波多利斯克。同年 6 月，他同母亲和姐姐前往乌法探望在那里流放的妻子克鲁普斯卡娅。（73-77）

73. 列宁在普斯科夫的住所

74. 克鲁普斯卡娅在乌法流放时的住所

75. 列宁的亲属（左起：姐夫叶利扎罗夫、母亲玛丽亚·亚历山德罗夫娜、弟弟德米特里、妹妹玛丽亚）

73

74

75

76. 1900 年春列宁来到里加（油画） B. 基里洛夫
77. 1900 年列宁与流放乌法的社会民主党人会面（油画） A. 莫拉沃夫

76

77

第三章

为建立和巩固新型无产阶级政党而斗争

1900 年 7 月，列宁摆脱沙皇警察当局的监视，到国外筹办俄国马克思主义者的第一份全俄政治报纸《火星报》，为建立新型无产阶级政党作思想和组织准备。

1900 年 12 月，《火星报》在莱比锡正式创刊。此后，列宁随该报编辑部的迁移辗转于慕尼黑、伦敦、日内瓦等地。1901—1902 年列宁写了《怎么办？》一书，指出经济主义是伯恩施坦修正主义在俄国的变种，批判俄国经济派崇拜工人运动自发性、否定工人阶级政党领导地位和革命理论指导作用的机会主义观点，强调只有以先进理论为指南的党，才能实现先进战士的作用。在 1903 年俄国社会民主工党第二次代表大会上，因组织原则上的尖锐分歧，形成了以列宁为首的布尔什维克派（多数派）和以马尔托夫为首的孟什维克派（少数派）。1904 年列宁写了《进一步，退两步》一书，揭露了孟什维克在党的组织问题上的机会主义，系统阐述了无产阶级政党学说，指出党是工人阶级的先进的有觉悟的有组织的部队，是用马克思主义武装起来的部队。

1905 年初俄国爆发资产阶级民主革命。4 月列宁在伦敦主持召开了俄国社会民主工党第三次代表大会，制定了党在民主革命中的策略路线。7 月列宁写成《社会民主党在民主革命中的两种策略》一书，批判了孟什维克的机会主义策略，全面阐述了布尔什维克的革命策略，对无产阶级在民主革命中的领导权、工农联盟、工农民主专政、民主革命转变为社会主义革命等重大问题作了深刻论述，丰富和发展了马克思主义关于无产阶级革命和无产阶级专政的理论。11 月列宁由国外回到彼得堡，直接领导革命。

1907 年 6 月，俄国第一次资产阶级民主革命失败。列宁于年底再度出国，在国外为团结和教育布尔什维克干部做了大量工作。1908 年列宁写了《唯物主义和经验批判主义》一书。列宁在这部著作中驳斥了俄国马赫主义者对马克思主义的攻击，揭露了马赫主义的唯心主义实质，系统阐明了辩证唯物主义和历史唯物主义的基本原理，特别是对辩证唯物主义认识论作了深刻的论证。这部著作对于布尔什维克党坚持以马克思主义科学世界观为指导起了重要作用。

这期间列宁还致力于总结俄国革命经验，领导布尔什维克党实行秘密工作和合法工作相结合的斗争策略，同召回派和孟什维克取消派进行斗争。1912 年列宁在布拉格主持召开俄国社会民主工党第六次代表会议，把孟什维克取消派清除出党。在列宁的领导下，布尔什维克党在思想上和组织上得到巩固和发展，成为领导俄国革命的核心力量。

01．列宁（1900年）

1898 年 3 月，俄国社会民主工党在明斯克召开的第一次代表大会上宣告成立。但是大会既没有制定党纲和党章，也没有建立起严密的组织，党实际上并没有真正建立起来。为了建立一个真正按照马克思主义原则组织起来的无产阶级政党，列宁于 1900 年 7 月到国外开展建党活动，并于 12 月在莱比锡创办全俄秘密政治报纸《火星报》。此后，随着该报编辑部的迁移，列宁先后在慕尼黑、伦敦、日内瓦等地居住。(02-09)

02. 1900 年 12 月 24 日在莱比锡出版的《火星报》创刊号

03. 俄国社会民主工党第一次代表大会会址（1898 年明斯克）

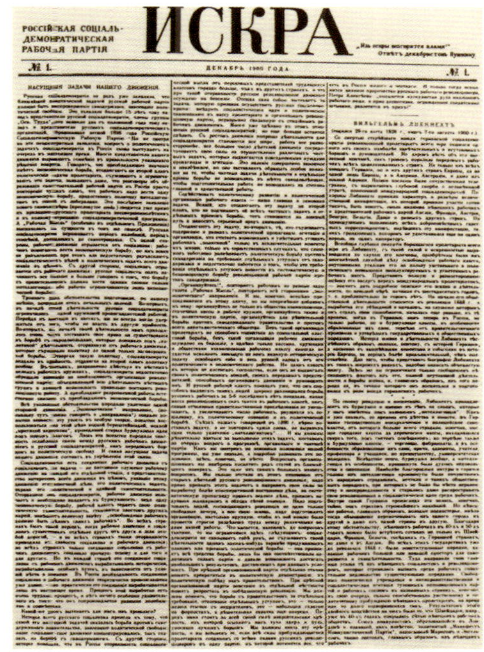
РОССІЙСКАЯ СОЦІАЛЬ-ДЕМОКРАТИЧЕСКАЯ РАБОЧАЯ ПАРТІЯ

ИСКРА

№ 1.

02

03

04. 1900—1902 年《火星报》编辑部经常开会的地方（慕尼黑利奥波德大街 41 号）
05. 列宁 1900 年 9 月—1901 年 4 月在慕尼黑居住过的地方
06. 列宁 1902—1903 年编辑《火星报》的地方（伦敦克勒肯韦尔草坪甲 37 号）
07. 列宁 1902—1903 年在伦敦居住的地方（伦敦霍尔福广场 30 号）

04

05

06

07

08.《火星报》编委

列宁

格·瓦·普列汉诺夫

尤·奥·马尔托夫

维·伊·查苏利奇

帕·波·阿克雪里罗得

亚·尼·波特列索夫

娜·康·克鲁普斯卡娅（编辑部秘书）

09. 支持《火星报》出版的一些外国革命者

克·蔡特金（德国和国际工人运动活动家）

阿·布劳恩（德国社会民主党人）

尤·马尔赫列夫斯基（侨居慕尼黑的波兰革命者，印刷工人）

《火星报》的印刷、运送和发行都是秘密进行的，组织领导这些工作是列宁在这一时期革命活动的一个重要方面。(10-12)

10. 《火星报》创刊号的印刷所（德国莱比锡俄国街 48 号）
11. 设在基什尼奥夫的俄国第一个《火星报》秘密印刷所
12. 用来秘密运送《火星报》的物品

10

11

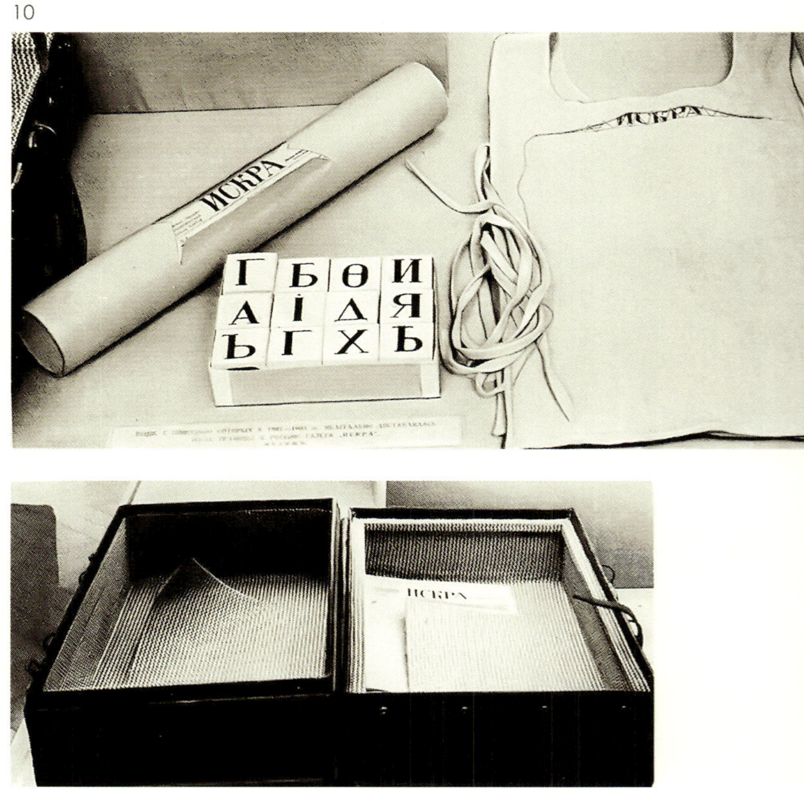

12

报纸的作用并不只限于传播思想、进行政治教育和争取政治上的同盟者。报纸不仅是集体的宣传员和集体的鼓动员，而且是集体的组织者。

——列宁

列宁以《火星报》为依托进行建党的宣传和组织工作，通过在国内的职业革命家、《火星报》代办员组建火星派小组和委员会，培养党的骨干，团结和壮大党的力量。(13)

13. 《火星报》国内代办员

伊·巴·巴布什金　叶·瓦·巴拉姆津　尼·埃·鲍曼

策·萨·博勃罗夫斯卡娅　格·马·克尔日扎诺夫斯基　季·巴·克尔日扎诺夫斯卡娅

弗·扎·克茨霍韦利　马·马·李维诺夫　弗·威·林格尼克

潘·尼·勒柏辛斯基

维·巴·诺根

格·伊·奥库洛娃

约·阿·波亚特尼茨基

伊·伊·拉德琴柯

米·亚·西尔文

叶·德·斯塔索娃

彼·格·斯米多维奇

玛·伊·乌里扬诺娃

1902年3月，列宁的《怎么办？》一书在斯图加特出版。这部著作全面论述了在俄国建立新型无产阶级政党的重要意义；彻底批判了俄国经济派崇拜工人运动自发性、轻视革命理论和革命家组织的机会主义观点；强调没有革命的理论，就不会有革命的运动，只有以先进理论为指南的党，才能实现先进战士的作用。（14-16）

14.《怎么办？》一书封面（1902年斯图加特版）

15.《怎么办？》一书的出版者德国社会民主党人约·狄茨

16. 沙皇警察当局关于《怎么办？》一书的案卷

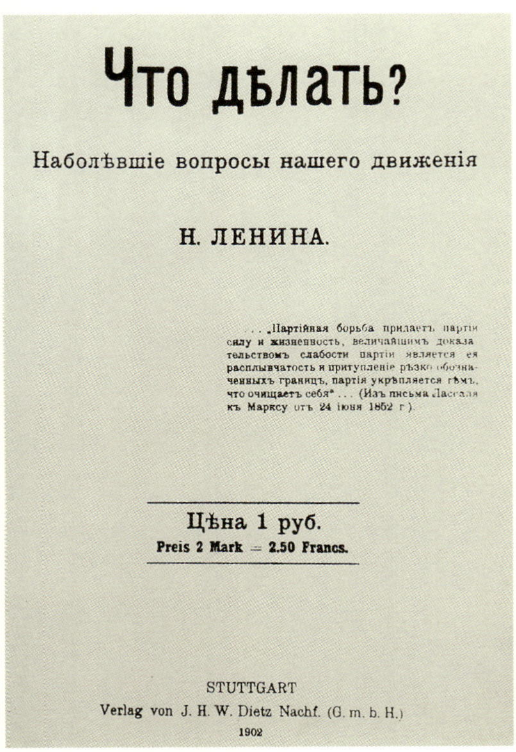

Что дѣлать?

Наболѣвшіе вопросы нашего движенія

Н. ЛЕНИНА.

... „Партійная борьба придаетъ партіи силу и жизненность, величайшимъ доказательствомъ слабости партіи является ея расплывчатость и притупленіе рѣзко обозначенныхъ границъ, партія укрѣпляется тѣмъ, что очищаетъ себя" ... (Изъ письма Лассаля къ Марксу отъ 24 іюня 1852 г.).

Цѣна 1 руб.
Preis 2 Mark = 2.50 Francs.

STUTTGART
Verlag von J. H. W. Dietz Nachf. (G. m. b. H.)
1902

14

15

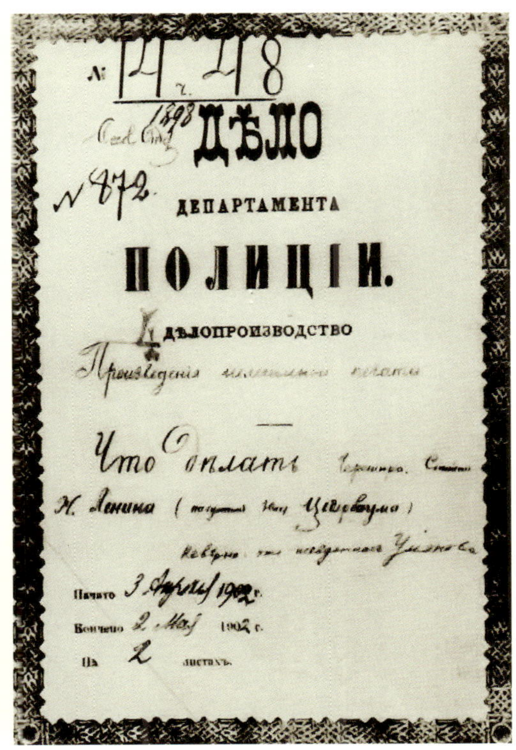

16

1903 年 7 月 30 日—8 月 23 日，俄国社会民主工党第二次代表大会先后在布鲁塞尔和伦敦举行。列宁参加了这次会议，并发表了重要讲话。这次代表大会在党的建设方面具有重要历史意义。大会经过激烈的争论，通过了列宁和普列汉诺夫起草的党纲和党章。(17-23)

17. 1903 年的布鲁塞尔
18. 1903 年的伦敦
19. 在俄国社会民主工党第二次代表大会上 （油画） Ю. 维诺格拉多夫

17

18

19

给我们一个革命家组织，我们就能把俄国翻转过来。

——列宁

20. 俄国社会民主工党第二次代表大会主席团成员

21.《俄国社会民主工党第二次代表大会记录》一书封面

22. 俄国社会民主工党第二次代表大会通过的党纲（1905 年日内瓦版）

23. 1902 年列宁《俄国社会民主工党纲领草案》手稿

列宁

格・瓦・普列汉诺夫

彼・阿・克拉西科夫

20

Россiйская Соц.-Дем. Рабочая Партiя.
ПРОЛЕТАРIИ ВСѢХЪ СТРАНЪ, СОЕДИНЯЙТЕСЬ!

ПОЛНЫЙ ТЕКСТЪ
ПРОТОКОЛОВЪ.

Второй очередной съѣздъ
Росс. Соц.-Дем. Рабочей Партiи.

Изданiе
Центральнаго Ком.

Типографiя Партiи. Genève, Coulouvrenière, 27.

21

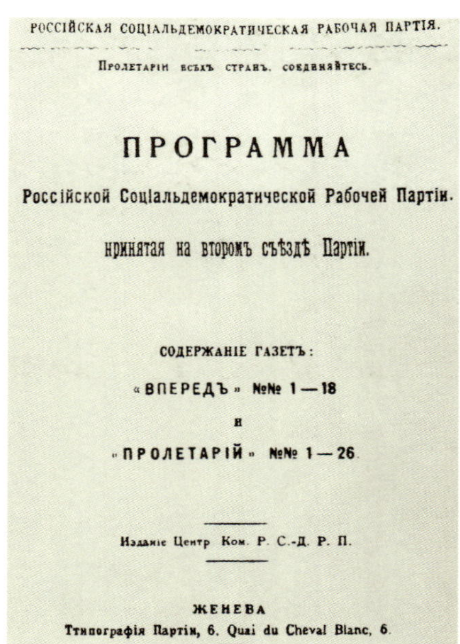

РОССIЙСКАЯ СОЦIАЛЬДЕМОКРАТИЧЕСКАЯ РАБОЧАЯ ПАРТIЯ.

Пролетарiи всѣхъ странъ, соединяйтесь.

ПРОГРАММА
Россiйской Соцiальдемократической Рабочей Партiи.
принятая на второмъ съѣздѣ Партiи.

СОДЕРЖАНIЕ ГАЗЕТЪ:
«ВПЕРЕДЪ» №№ 1—18
и
«ПРОЛЕТАРIЙ» №№ 1—26.

Изданiе Центр Ком. Р. С.-Д. Р. П.

ЖЕНЕВА
Типографiя Партiи, 6. Quai du Cheval Blanc, 6.
1905

22

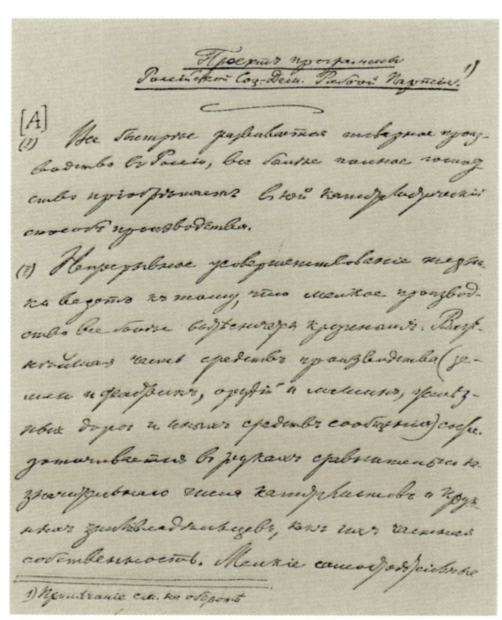

Проектъ программы
Россiйской Соц.-Дем. Рабочей Партiи. 1)

[A]
(I) Все быстрѣе развивается товарное производство въ Россiи, все болѣе полное господство прiобрѣтаетъ въ ней капиталистическiй способъ производства.
(II) Непрерывное усовершенствованiе техники ведетъ къ тому, что мелкое производство все болѣе вытѣсняется крупнымъ. Всѣ большая часть средствъ производства (земли и фабрикъ, орудiй и машинъ, желѣзныхъ дорогъ и иныхъ средствъ сообщенiя) сосредоточивается въ рукахъ сравнительно незначительнаго числа капиталистовъ и крупныхъ землевладѣльцевъ, какъ ихъ частная собственность. Мелкiе самостоятельные

1) Примѣчанiе см. на оборотѣ

23

俄国社会民主党人在党的第二次代表大会上发生分裂，在选举党的领导机关时拥护列宁的人占多数，被称为布尔什维克（即多数派），反对列宁的人则被称为孟什维克（即少数派）。列宁指出，布尔什维主义作为一种政治思潮，作为一个政党而存在，是从 1903 年开始的。(24-25)

24. 俄国社会民主工党第二次代表大会选出的中央机关报成员

列宁

格・瓦・普列汉诺夫

尤・奥・马尔托夫

25. 俄国社会民主工党第二次代表大会选出的中央委员会成员

格・马・克尔日扎诺夫斯基

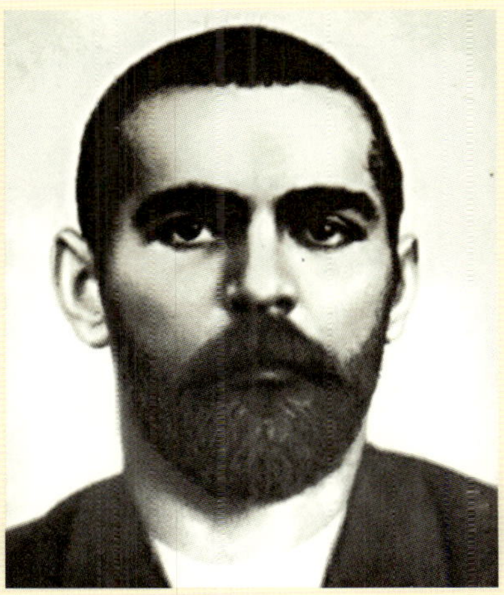

弗・威・林格尼克

弗・亚・诺斯科夫

俄国社会民主工党第二次代表大会结束后，列宁和多数派代表到伦敦海格特公墓拜谒马克思墓。(26)

26. 在马克思墓前（油画） A.莫拉沃夫

列宁在党的第二次代表大会后退出了被孟什维克控制的《火星报》编辑部，并同孟什维克拒不执行第二次代表大会的决议、破坏党的团结的行为进行针锋相对的斗争。1904 年 2—5 月，他写了《进一步，退两步》一书，批判孟什维克在组织问题上的机会主义，阐述了马克思主义政党的组织原则，强调指出：无产阶级在争取政权的斗争中，除了组织，没有别的武器。(27-30)

27. 列宁《我为什么退出了〈火星报〉编辑部？给〈火星报〉编辑部的信》(1903 年 12 月在日内瓦印成单页)
28. 《进一步，退两步》一书封面 (1904 年日内瓦版)
29. 列宁填写的图书馆登记表 (1904 年 12 月 12 日)
30. 日内瓦大学图书馆阅览室，列宁曾在此写作《进一步，退两步》一书。

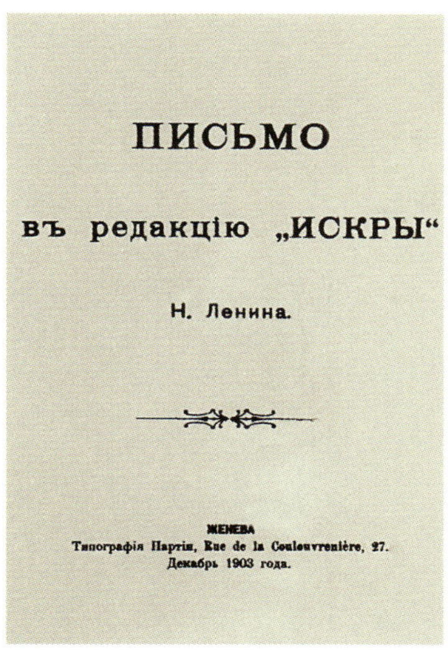

ПИСЬМО

въ редакцію „ИСКРЫ“

Н. Ленина.

ЖЕНЕВА
Типографія Партіи, Rue de la Coulouvrenière, 27.
Декабрь 1903 года.

27

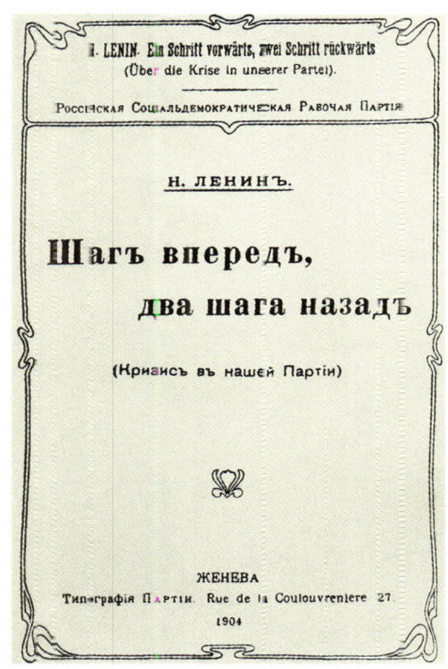

N. LENIN. Ein Schritt vorwärts, zwei Schritt rückwärts
(Über die Krise in unserer Partei).

Россійская Соціальдемократическая Рабочая Партія

Н. ЛЕНИНЪ.

Шагъ впередъ, два шага назадъ

(Кризисъ въ нашей Партіи)

ЖЕНЕВА
Типографія Партіи. Rue de la Coulouvrenière 27.
1904

28

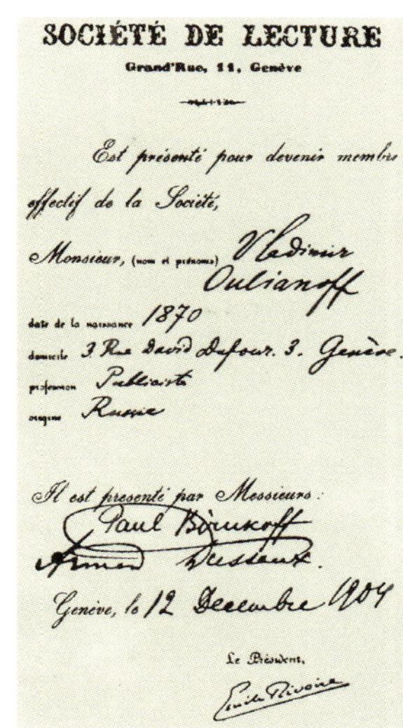

SOCIÉTÉ DE LECTURE
Grand'Rue, 11, Genève

Est présenté pour devenir membre effectif de la Société,

Monsieur, (nom et prénoms) Vladimir Oulianoff

date de la naissance 1870
domicile 3 Rue David Dufour. 3. Genève.
profession Publiciste
origine Russie

Il est présenté par Messieurs:
Paul Birukoff

Genève, le 12 Décembre 1904

Le Président,

29

30

俄国社会民主工党第二次代表大会后，孟什维克的分裂活动日益加剧。列宁认为摆脱党内危机的出路在于召开党的第三次代表大会。1904年8月，列宁在日内瓦的卡鲁日主持召开了有22位布尔什维克参加的会议，为召开党的第三次代表大会作准备。同年9—12月间，俄国国内的多数派委员会常务局也呼吁召开第三次代表大会。（31-34）

31. 多数派委员会常务局成员

列宁

亚・亚・波格丹诺夫

谢・伊・古谢夫

罗・萨・捷姆利亚奇卡

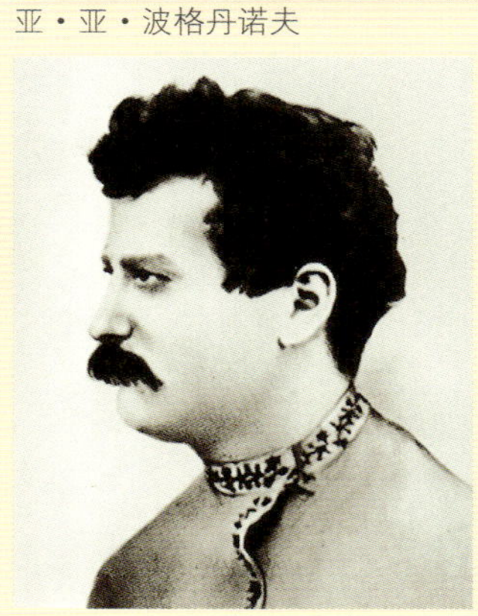
马・马・李维诺夫

马・尼・利亚多夫

彼・彼・鲁勉采夫

32. 日内瓦的兰多尔特咖啡馆，列宁 1903—1904 年常在这里会见俄国社会民主党人。
33. 列宁设计的保存秘密文件的有暗箱的棋桌
34. 日内瓦的卡鲁日

32

33

34

1905 年 1 月 4 日—5 月 18 日，布尔什维克的第一份秘密报纸《前进报》（周报）在日内瓦出版。在列宁的领导下，该报在准备召开党的第三次代表大会方面起了巨大作用。(35-37)

35. 载有列宁《专制制度和无产阶级》一文的《前进报》创刊号

36. 《前进报》的征订广告

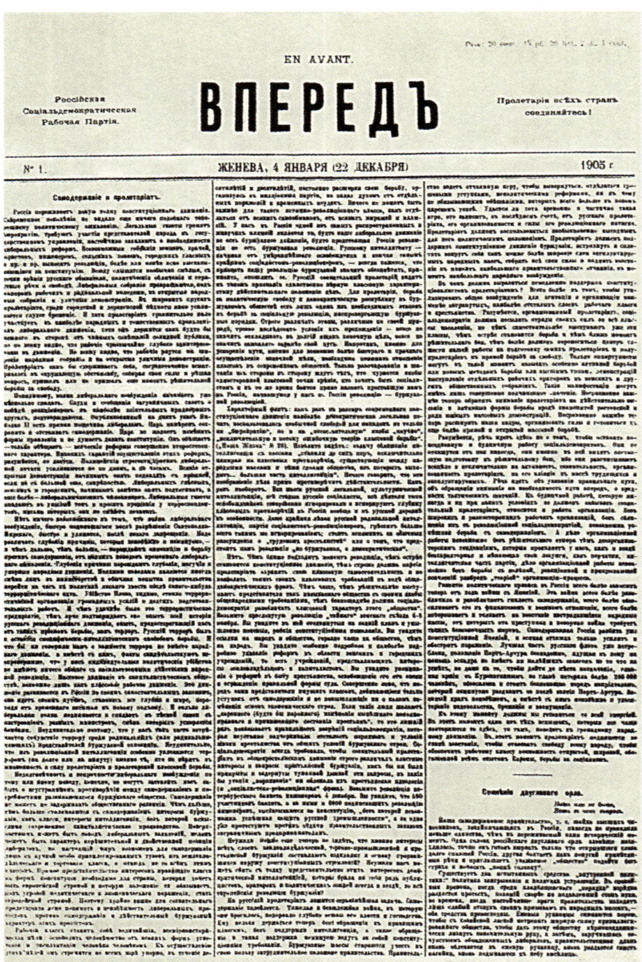

EN AVANT.

ВПЕРЕДЪ

Россiйская Соцiальдемократическая Рабочая Партiя.

Пролетарiи всѣхъ странъ соединяйтесь!

№ 1. ЖЕНЕВА, 4 ЯНВАРЯ (22 ДЕКАБРЯ) 1905 г.

Самодержавie и пролетарiатъ.

35

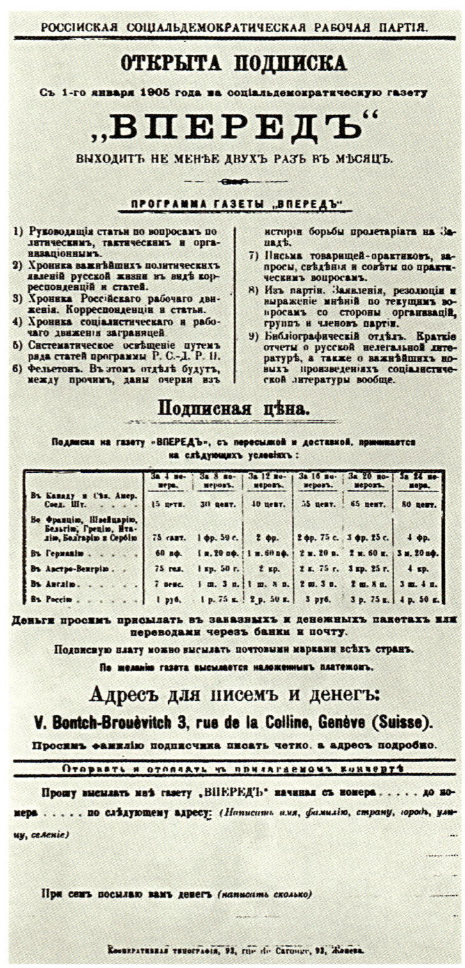

РОССIИСКАЯ СОЦIАЛЬДЕМОКРАТИЧЕСКАЯ РАБОЧАЯ ПАРТIЯ.

ОТКРЫТА ПОДПИСКА

Съ 1-го января 1905 года на соцiальдемократическую газету

„ВПЕРЕДЪ“

ВЫХОДИТЪ НЕ МЕНѢЕ ДВУХЪ РАЗЪ ВЪ МѢСЯЦЪ.

ПРОГРАММА ГАЗЕТЫ „ВПЕРЕДЪ“

1) Руководящiя статьи по вопросамъ политическимъ, тактическимъ и организацiоннымъ.
2) Хроника важнѣйшихъ политическихъ явленiй русской жизни въ видѣ корреспонденцiй и статей.
3) Хроника Россiйскаго рабочаго движенiя. Корреспонденцiи и статьи.
4) Хроника соцiалистическаго и рабочаго движенiя заграницей.
5) Систематическое освѣщенiе путемъ ряда статей программы Р. С.-Д. Р. П.
6) Фельетонъ. Въ этомъ отдѣлѣ будутъ, между прочимъ, даны очерки изъ исторiи борьбы пролетарiата на Западѣ.
7) Письма товарищей-практиковъ, запросы, свѣдѣнiя и совѣты по практическимъ вопросамъ.
8) Изъ партiи. Заявленiя, резолюцiи и выраженiе мнѣнiй по текущимъ вопросамъ со стороны организацiй, группъ и членовъ партiи.
9) Библiографическiй отдѣлъ. Краткiе отчеты о русской нелегальной литературѣ, а также о важнѣйшихъ новыхъ произведенiяхъ соцiалистической литературы вообще.

Подписная цѣна.

Подписка на газету «ВПЕРЕДЪ», съ пересылкой и доставкой, принимается на слѣдующихъ условiяхъ:

	За 4 номера.	За 8 номеровъ.	За 12 номеровъ.	За 16 номеровъ.	За 20 номеровъ.	За 24 номера.
Въ Канаду и Сѣв. Амер. Соед. Шт.	15 цент.	30 цент.	40 цент.	55 цент.	65 цент.	80 цент.
Во Францiю, Швейцарiю, Бельгiю, Грецiю, Италiю, Болгарiю и Сербiю	75 сант.	1 фр. 50 с.	2 фр.	2 фр. 75 с.	3 фр. 25 с.	4 фр.
Въ Германiю	60 пф.	1 м. 20 пф.	1 м. 60 пф.	2 м. 20 п.	2 м. 60 п.	3 м. 20 пф.
Въ Австро-Венгрiю	75 гел.	1 кр. 50 г.	2 кр.	2 к. 75 г.	3 кр. 25 г.	4 кр.
Въ Англiю	7 пенс.	1 ш. 3 п.	1 ш. 8 п.	2 ш. 3 п.	2 ш. 8 п.	3 ш. 4 п.
Въ Россiю	1 руб.	1 р. 75 к.	2 р. 50 к.	3 руб.	3 р. 75 к.	4 р. 50 к.

Деньги просимъ присылать въ заказныхъ и денежныхъ пакетахъ или переводами черезъ банки и почту.

Подписную плату можно высылать почтовыми марками всѣхъ странъ.

По желанiю газета высылается наложеннымъ платежомъ.

Адресъ для писемъ и денегъ:

V. Bontch-Brouèvitch 3, rue de la Colline, Genève (Suisse).

Просимъ фамилiю подписчика писать четко, а адресъ подробно.

Оторвать и отослать въ прилагаемомъ конвертѣ

Прошу высылать мнѣ газету „ВПЕРЕДЪ“ начиная съ номера . . . . . до номера . . . . . по слѣдующему адресу: *(Написать имя, фамилiю, страну, городъ, улицу, селенiе)*

При семъ посылаю вамъ денегъ *(написать сколько)*

Кооперативная типографiя, 93, rue de Carouge, 93, Женева.

36

37.《前进报》编辑部成员

列宁

弗·德·邦契－布鲁耶维奇

瓦·瓦·沃罗夫斯基

维·阿·卡尔宾斯基

阿·瓦·卢那察尔斯基

米·斯·奥里明斯基

1905 年初，俄国爆发了革命。1 月 22 日（俄历 1 月 9 日）沙皇军队镇压了彼得堡和平请愿的工人群众。这一天是星期日，史称“流血星期日”。这一事件揭开了俄国第一次资产阶级民主革命的序幕。(38-40)

38. 1905 年 1 月 22 日（俄历 1 月 9 日）彼得堡普梯洛夫工厂门前的罢工群众
39. 1905 年 1 月 22 日（俄历 1 月 9 日）沙皇军队在彼得堡冬宫前向和平请愿的工人开枪
40. 彼得堡瓦西里耶夫岛的“流血星期日”（油画）　B. 马科夫斯基

38

39

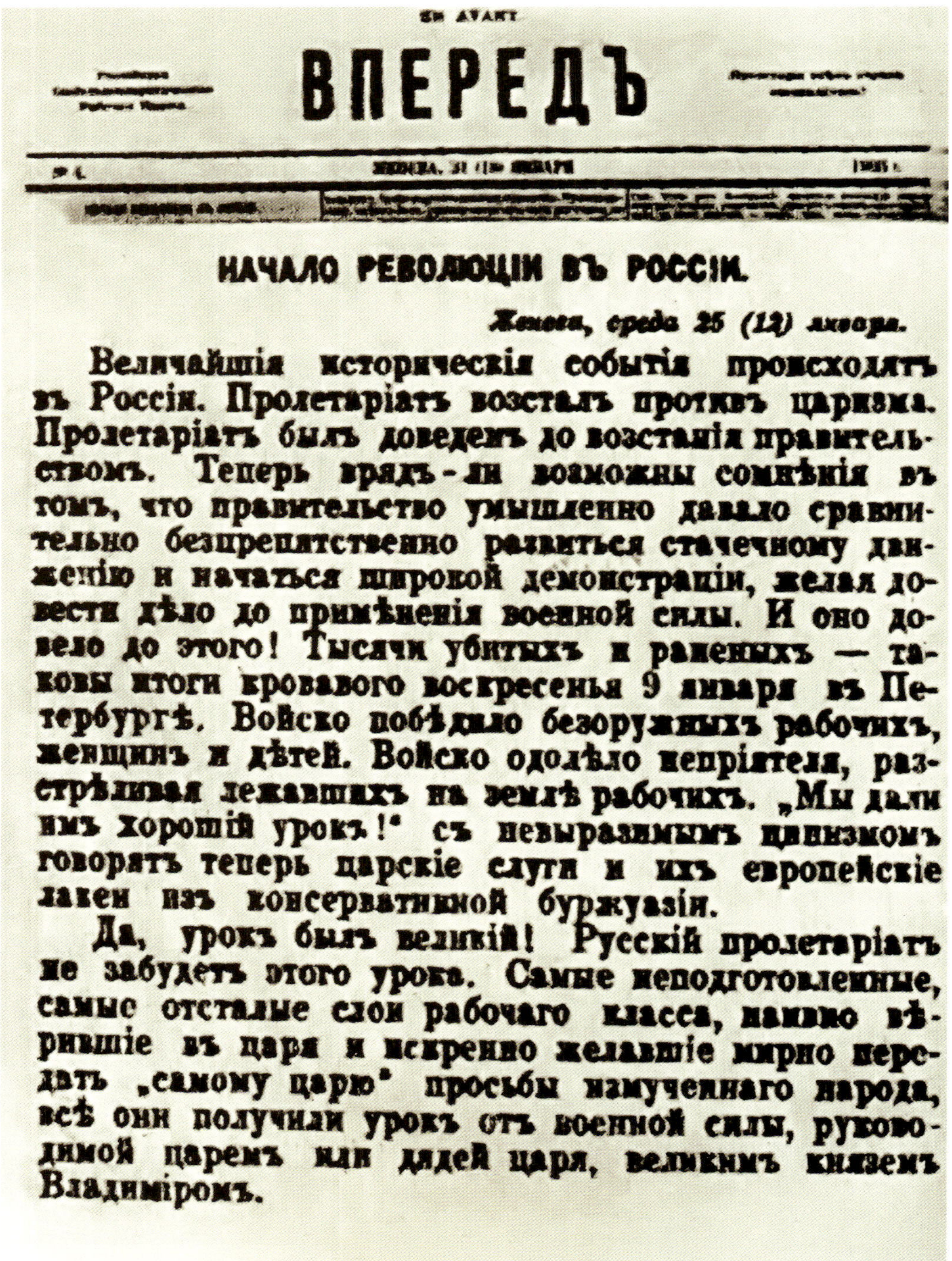

ВПЕРЕДЪ

№ 4. ЖЕНЕВА, 31 (18) ЯНВАРЯ 1905 г.

НАЧАЛО РЕВОЛЮЦІИ ВЪ РОССІИ.

Женева, среда 25 (12) января.

Величайшія историческія событія происходятъ въ Россіи. Пролетаріатъ возсталъ противъ царизма. Пролетаріатъ былъ доведенъ до возстанія правительствомъ. Теперь врядъ-ли возможны сомнѣнія въ томъ, что правительство умышленно давало сравнительно безпрепятственно развиться стачечному движенію и начаться широкой демонстраціи, желая довести дѣло до примѣненія военной силы. И оно довело до этого! Тысячи убитыхъ и раненыхъ — таковы итоги кроваваго воскресенья 9 января въ Петербургѣ. Войско побѣдило безоружныхъ рабочихъ, женщинъ и дѣтей. Войско одолѣло непріятеля, разстрѣливая лежавшихъ на землѣ рабочихъ. „Мы дали имъ хорошій урокъ!" съ невыразимымъ цинизмомъ говорятъ теперь царскіе слуги и ихъ европейскіе лакеи изъ консервативной буржуазіи.

Да, урокъ былъ великій! Русскій пролетаріатъ не забудетъ этого урока. Самые неподготовленные, самые отсталые слои рабочаго класса, наивно вѣрившіе въ царя и искренно желавшіе мирно передать „самому царю" просьбы измученнаго народа, всѣ они получили урокъ отъ военной силы, руководимой царемъ или дядей царя, великимъ княземъ Владиміромъ.

41

"流血星期日"事件发生后，列宁在《前进报》先后发表《俄国革命》、《俄国革命的开始》等文章，对事件作了评述，号召工人和农民奋起斗争，推翻沙皇专制制度。(41)

41.《俄国革命的开始》一文，载于1905年1月31日（俄历1月18日）《前进报》第4号。

1905 年 4 月，俄国社会民主工党第三次代表大会在伦敦召开，孟什维克拒不参加这次代表大会，而在日内瓦单独召开了自己的代表会议。列宁为大会起草了主要的决议，并多次在会上作报告和发言。这次代表大会制定了党在革命中的策略路线，谴责了孟什维克分裂党的行动。(42-44)

42. 在俄国社会民主工党第三次代表大会上 （油画） A. 柳比莫夫
43. 列宁出席俄国社会民主工党第三次代表大会的代表证书
44. 《俄国社会民主工党第三次代表大会记录》封面（1906 年日内瓦版）

42

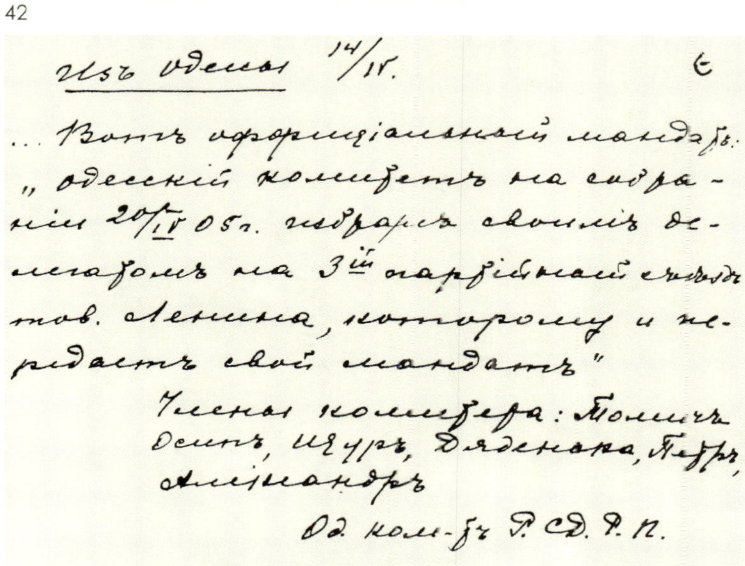

Изъ Одессы 14/IV.

...Вотъ оффиціальный мандатъ: „Одесскій комитетъ на собраніи 20/IV 05 г. избралъ своимъ делегатомъ на 3й партійный съѣздъ тов. Ленина, которому и передаетъ свой мандатъ"

Члены комитета: Томичъ, Осипъ, Щуръ, Дяденька, Петръ, Александръ

Од. ком-тъ Р.С.Д.Р.П.

43

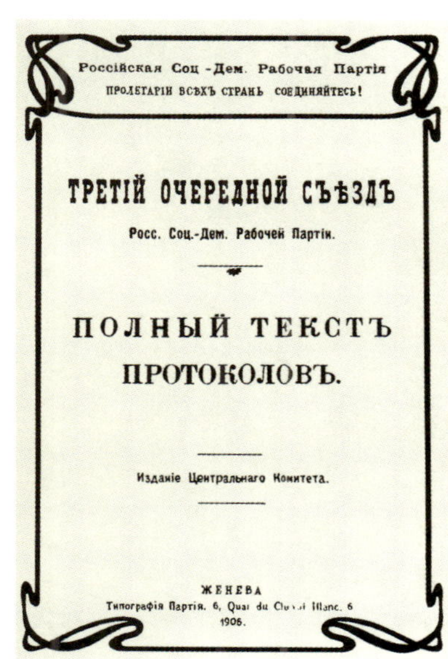

Россійская Соц.-Дем. Рабочая Партія

Пролетаріи всѣхъ странъ, соединяйтесь!

ТРЕТІЙ ОЧЕРЕДНОЙ СЪѢЗДЪ

Росс. Соц.-Дем. Рабочей Партіи.

ПОЛНЫЙ ТЕКСТЪ ПРОТОКОЛОВЪ.

Изданіе Центральнаго Комитета.

ЖЕНЕВА

Типографія Партіи. 6, Quai du Cheval Blanc. 6

1906.

44

列宁于 1905 年 6—7 月在日内瓦写成《社会民主党在民主革命中的两种策略》一书，全面阐述了布尔什维克的革命策略，丰富和发展了马克思主义关于无产阶级革命的理论。(45-46)

45.《社会民主党在民主革命中的两种策略》一书封面（1905 年日内瓦版）

46.《社会民主党在民主革命中的两种策略》手稿第 1 页

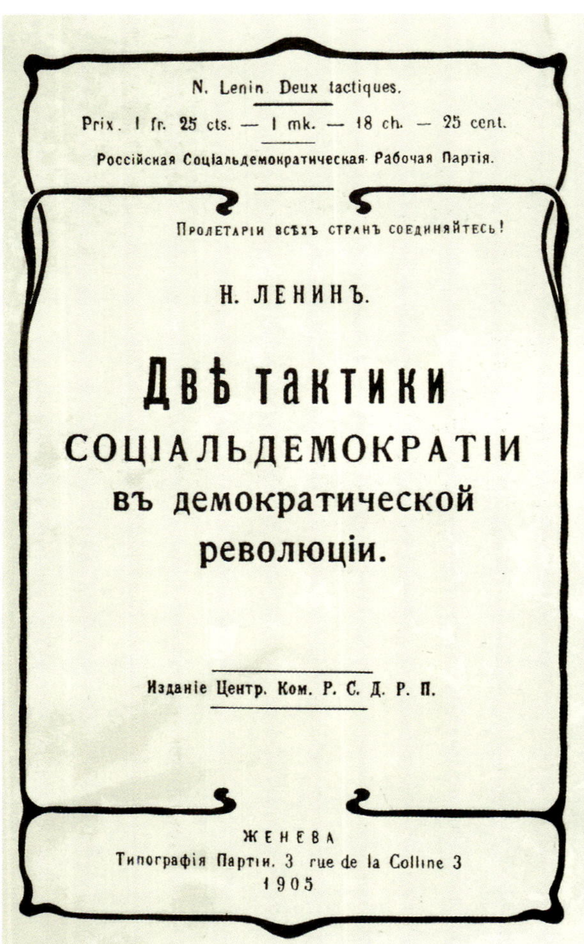

N. Lenin Deux tactiques.

Prix. 1 fr. 25 cts. — 1 mk. — 18 ch. — 25 cent.

Россійская Соціальдемократическая Рабочая Партія.

Пролетаріи всѣхъ странъ соединяйтесь!

Н. ЛЕНИНЪ.

Двѣ тактики

СОЦІАЛЬДЕМОКРАТІИ

въ демократической революціи.

Изданіе Центр. Ком. Р. С. Д. Р. П.

ЖЕНЕВА

Типографія Партіи. 3 rue de la Colline 3

1905

45

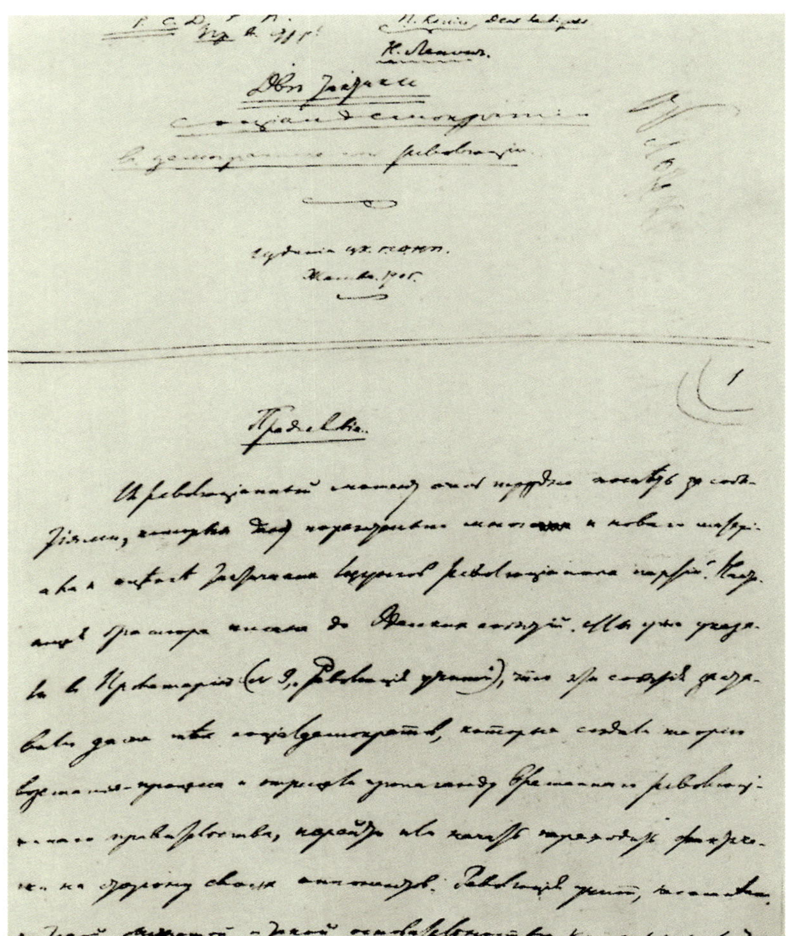

46

革命军队之所以必要，是因为只有靠暴力才能解决伟大的历史问题。

——列宁

1905年，工人罢工风起云涌，农民运动蓬勃发展，军队中的革命情绪也不断高涨。6月，沙俄海军的“波将金号”装甲舰举行起义。列宁对起义给予高度评价。他在《革命军队和革命政府》一文中指出，这次起义标志着反对专制制度的革命运动的发展又向前迈进了一大步。（47-51）

47.《革命军队和革命政府》一文手稿

48.“波将金号”装甲舰

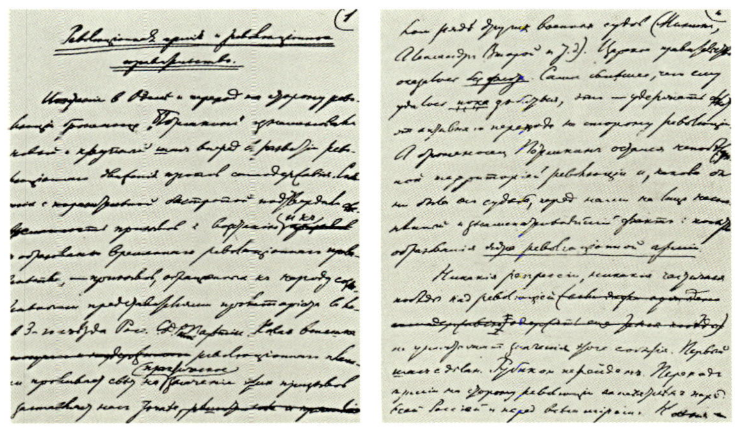

47

48

49. “波将金号”装甲舰起义（油画） H. 舍斯托帕洛夫
50. “波将金号”装甲舰起义的领导者和组织者
51. 列宁1905年在日内瓦会见水兵阿·恩·马秋申科
（油画） M. 特鲁法诺夫 H. 捷列波夫

水兵阿·恩·马秋申科　　水兵格·尼·瓦库连丘克

50

莫斯科的革命事变，是暴风雨来临时的第一道闪电，它照亮了一个新的战场。

——列宁

1905 年 10 月，俄国出现了革命高潮，在全国形成了政治总罢工的形势。(52-54)

52. 1905 年 11 月 2 日（俄历 10 月 20 日）莫斯科民众举行示威，为在游行中遇害的布尔什维克革命家尼・埃・鲍曼送葬。
53. 1905 年 10 月基辅人民的集会
54. 1905 年 10 月彼得堡工人举行游行示威

52

53

54

55. 回国途中（素描）

1905 年 11 月，列宁从国外回到彼得堡，主持布尔什维克的合法报纸《新生活报》的工作，该报实际上成了俄国社会民主工党的中央机关报。(55-57)

56. 布尔什维克的合法报纸《新生活报》创刊号

57.《新生活报》的出版者和主要撰稿人

ГОД ПЕРВЫЙ.

№ 1

УСЛОВИЯ ПОДПИСКИ с пересылкой и доставкой:

Въ России

На 1 г. На 4 м. На 3 м. На 2 м. На 1 м.
9 р. 4 р. 50 к. 3 р. 25 к. 1 р. 50 к. 80 к.

За границей

На 1 г. На 4 м. На 3 м. На 2 м. На 1 м.
12 р. 6 р. 3 р. — к. — к.

Отдельный номер стоит 5 коп.

ПЛАТА ЗА ОБ'ЯВЛЕНИЯ: за строку нонпарели за 1 раз впереди текста 50 коп., позади текста 20 коп. За об'явления о предложении труда половинная плата. Плата за перемену адреса 30 копеек.

НОВАЯ ЖИЗНЬ

С.-ПЕТЕРБУРГ.

ЧЕТВЕРГ, 27 ОКТЯБРЯ (9 ноября) 1905 г.

Выходит ежедневно, кроме дней послепраздничных.

КОНТОРА (Невский, 68) открыта для подписки и приема об'явлений по будням от 10 до 5, по праздникам от 12 до 2.

РЕДАКЦИЯ (Невский, 68) открыта для личных об'яснений от 3 до 5 дня.

Рукописи, доставленные без обозначения условий, оплачиваются в случае напечатания по усмотрению редакции.

ОТКРЫТА ПОДПИСКА

на большую ежедневную политическую и литературную газету

„НОВАЯ ЖИЗНЬ".

Издается при ближайшем постоянном участии

МАКСИМА ГОРЬКОГО.

В газете принимают участие: Б. Авилов, Ю. Адамович, Л. Андреев, В. Базаров, К. Бальмонт, А. Богданов, И. Бунин, З. Венгерова, В. Вересаев, Л. Вилькина, А. Вольский, Л. Габрилович (Галич), Н. Гарин, И. Гольденберг, М. Горький, В. Ксандров, М. Ландау, Н. Ленин, А. Луначарский, М. Лунц, Л. Львов П. Малянтович, П. Маслов, Н. Минский, М. Ольминский, К. Платонов, Н. Покровский, Б. Радин (Русов), Н. Рожков, Н. В. Романов, П. Румянцев, Т. Семенов, А. Серафимович, Скиталец, И. Степанов, Тэффи (Бучинская), Е. Чириков, Г. Чулков, В. Шанцер, С. Юшкевич и мн. др.

Газета ставит своей задачей быть выразительницей политических и экономических интересов рабочего класса. Большое внимание будет уделено научным, эстетическим и философским вопросам.

Подписка принимается с первого ноября; подписавшимся с первого ноября все номера, вышедшие в октябре, будут высланы без приплаты. Подписная цена с пересылкой и доставкой:

	на 1 г.	на ½ г.	на 3 мес.	на 2 мес.
В России	9 р. — к.	[illegible] р. 50 к.	2 р. 25 к.	1 р. 50 к.
За границу . . .	12 р. — к.	6 р. — к.	3 р. — к.	— р. — к.

На один месяц с пересылкой и доставкой 80 к.

Подписка принимается: в Петербурге, в главной конторе, Невский, 68, с 10 часов утра до 5 часов дня; в Москве: 1) Тверская улица, дом 38, книжный магазин „Труд", 2) Моховая улица книгоиздательство „Колокол", и во всех книжных магазинах России.

Редактор-издатель *Н. М. Минский.*

Издательница *М. Ф. Андреева.*

К читателям-товарищам.

Начиная трудное и ответственное дело издания ежедневного органа, который ставит своей задачей выражать политические и экономические интересы рабочего класса, редакция сознает, что выполнить удовлетворительно эту задачу она сможет только при деятельной и дружной поддержке читателей. Прошли те времена, когда, по выражению Щедрина, „писатель пописывал, а читатель почитывал". Только тесный союз редакции газеты со всеми ее единомышленниками обеспечит конечный успех общего дела. Поэтому редакция обращается ко всем читателям-товарищам — и в особенности к товарищам-рабочим — с просьбой присылать статьи и заметки, как сообщающие факты современной общественной жизни, так и освещающие их значение, не стесняясь литературной формой. В частности, мы обращаем эту просьбу к провинциальным товарищам, от которых всецело зависит осветить жизнь всех углов России и тем помочь делу ее освобождения.

Вследствие спешности выпуска, в настоящем номере „Новой Жизни" отсутствуют некоторые постоянные отделы.

С.-Петербург.

27-го октября.

Заря новой жизни загорается над Россией. В муках революции рождается эта новая Россия. Из недр народа поднялась великая сила обновления. Она столкнулась с упорным сопротивлением умирающего режима. И из этого столкновения развилось то движение, колебаниями которого живет теперь не только вся Россия, но и весь мир.

Какова задача российской великой революции? Демократизация всего общественного и государственного строя. В управлении страной на место абсолютизма должно стать народное правительство. В отношениях между гражданами и государством полицейско-чиновничий произвол должна заменить охрана законом свободы вероисповедания, слова устного и печатного, собраний и союзов и неприкосновенности личности и жилища. В отношениях граждан между собой должны быть уничтожены все привилегии одних и ограничения других, связанные с принадлежностью к тому или другому сословию, племени, вероисповеданию, полу; все совершеннолетние и правоспособные граждане должны быть равны в правах и обязанностях.

Эти демократические требования до известной степени об'единили собой различные классы общества — и буржуазные и пролетарские. Но степень полноты и решительности, с какой выставляются эти требования, различна у отдельных классов. Точно так же неодинаково для отдельных классов и значение совершающегося демократического переворота; для буржуазии — это конечная цель движения, для пролетариата — это только этап на пути к социальному перевороту.

1

56

列宁

玛・费・安德列耶娃

瓦・瓦・沃罗夫斯基

阿・马・高尔基

阿・瓦・卢那察尔斯基

米・斯・奥里明斯基

伊・伊・斯克沃尔佐夫－斯捷潘诺夫

57

ПРОЛЕТАРІЙ

Россійская Соціальдемократическая Рабочая Партія.

Вторникъ, 29 августа 1906 г.

Органъ Московскаго и С.-Петербургскаго Комитетовъ Россійской Соц.-Дем. Раб. Партіи.

Уроки московскаго возстанія

58

1905 年 12 月，莫斯科的政治总罢工转变为武装起义，遭到沙皇军队的血腥镇压。1906 年 9 月 11 日（俄历 8 月 29 日），列宁在《无产者报》上发表文章，对莫斯科起义的经验教训作了总结，明确指出：我们要记住，伟大的群众性的斗争就要到来了。这将是武装起义。它应当尽可能同时发动。应当在群众中发扬视死如归的精神，以确保斗争的胜利。觉悟的无产阶级的政党应当履行它在这一伟大斗争中的职责。(58-59)

58. 列宁《莫斯科起义的教训》，载于 1906 年 9 月 11 日（俄历 8 月 29 日）《无产者报》第 2 号。

59. 1905 年 12 月的莫斯科街垒战　（油画）　Г. 萨维茨基

59

1906年4月，俄国社会民主工党第四次（统一）代表大会在瑞典斯德哥尔摩举行。列宁在会上就土地问题、革命形势问题、杜马（议会）问题以及武装起义问题作了报告。这次大会是布尔什维克和孟什维克联合召开的，但两派在思想上并没有实现真正的统一。大会结束后，列宁起草了告全党书，针对一系列重大问题阐述了布尔什维克的基本立场和策略原则。（60-63）

60. 俄国社会民主工党第四次（统一）代表大会会址（瑞典斯德哥尔摩人民宫）
61. 列宁《关于俄国社会民主工党统一代表大会的报告》封面（1906年莫斯科版）
62. 列宁《修改工人政党的土地纲领》封面（1906年彼得堡版）

60

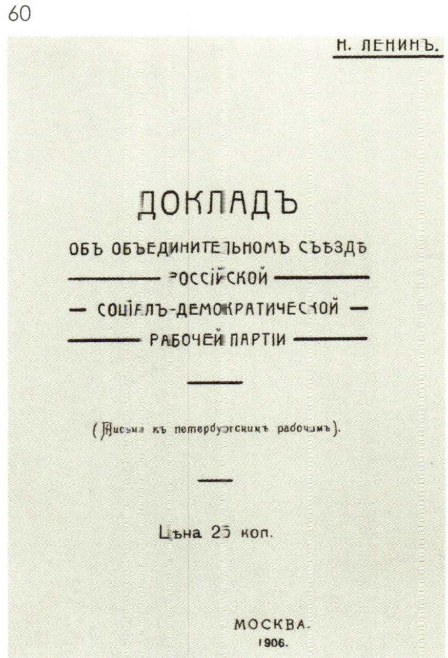

Н. ЛЕНИНЪ.

ДОКЛАДЪ

ОБЪ ОБЪЕДИНИТЕЛЬНОМЪ СЪѢЗДѢ

РОССІЙСКОЙ

СОЦІАЛЪ-ДЕМОКРАТИЧЕСКОЙ

РАБОЧЕЙ ПАРТІИ

(Письма къ петербургскимъ рабочимъ).

Цѣна 25 коп.

МОСКВА.
1906.

61

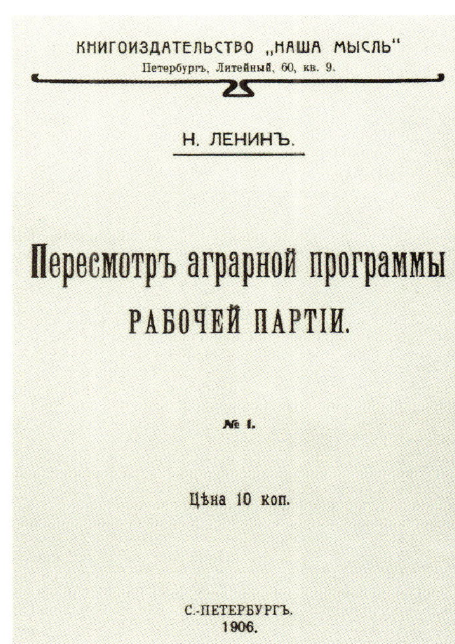

КНИГОИЗДАТЕЛЬСТВО „НАША МЫСЛЬ“
Петербургъ, Литейный, 60, кв. 9.

Н. ЛЕНИНЪ.

Пересмотръ аграрной программы
РАБОЧЕЙ ПАРТІИ.

№ 1.

Цѣна 10 коп.

С.-ПЕТЕРБУРГЪ.
1906.

62

如果全俄国的无产阶级能够紧密地团结起来，如果无产阶级善于把一切真正革命的、能够进行斗争而不搞妥协的人民阶层发动起来，如果它能够很好地进行战斗准备，正确地选择为争取自由而进行决战的时机，那么，胜利一定属于无产阶级。

——列宁

63. 参加俄国社会民主工党第四次（统一）代表大会的布尔什维克代表在列宁起草的告全党书上签名 （油画） H. 帕夫洛夫

1906年5月22日（俄历5月9日），列宁化名卡尔波夫在彼得堡帕宁娜伯爵夫人民众文化馆群众大会上发表演说，阐明布尔什维克对待国家杜马的策略。大会通过了列宁提出的决议案，强调无产阶级将一如既往地站在革命群众的最前列。(64)

64. 在彼得堡帕宁娜伯爵夫人民众文化馆群众大会上发表演说（油画） M.索科洛夫

65

66

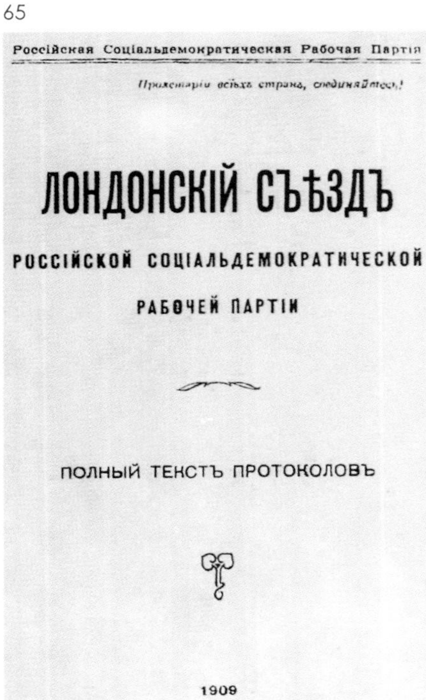

Россійская Соціальдемократическая Рабочая Партія

Пролетаріи всѣхъ странъ, соединяйтесь!

ЛОНДОНСКІЙ СЪѢЗДЪ

РОССІЙСКОЙ СОЦІАЛЬДЕМОКРАТИЧЕСКОЙ

РАБОЧЕЙ ПАРТІИ

ПОЛНЫЙ ТЕКСТЪ ПРОТОКОЛОВЪ

1909

67

1907 年 5 月，俄国社会民主工党第五次代表大会在伦敦召开。列宁被选入大会主席团，并就对资产阶级政党的态度问题作了报告。(65-67)

65. 俄国社会民主工党第五次代表大会会址（伦敦兄弟会教堂）
66. 伦敦英国博物馆的阅览大厅，俄国社会民主工党第五次代表大会后列宁曾在此校订他在代表大会上的发言速记稿。
67. 《俄国社会民主工党伦敦代表大会记录》封面（1909 年版）

1907年6月16日（俄历6月3日），沙皇政府解散第二届国家杜马，大臣会议主席斯托雷平实施白色恐怖政策，史称“六三政变”，这标志着俄国第一次资产阶级民主革命的结束和斯托雷平反动时期的开始。这一时期，革命人民遭到摧残，成千上万革命者被流放，被投入监狱或被处死。革命的工人组织不能公开存在，无产阶级革命政党只得转入地下。(68-69)

68. 俄国第一次革命失败后被监禁或流放的一些布尔什维克革命家

69. 车里雅宾斯克州监狱转移犯人

68

69

70

71

72

1906 年夏—1907 年冬，列宁为摆脱沙皇警察的迫害，曾在芬兰的库奥卡拉、赫尔辛福斯、斯季尔苏坚等地居住。1907 年底，列宁再度流亡国外。(70-73)

70. 列宁 1906 年夏—1907 年冬住过的库奥卡拉的瓦萨别墅
71. 列宁和克鲁普斯卡娅 1907 年 6—7 月居住过的斯季尔苏坚村舍
72. 列宁 1907 年 11 月在赫尔辛福斯附近奥盖尔比住过的地方

73. 踏过薄冰，流亡国外 （油画） A.李洛夫

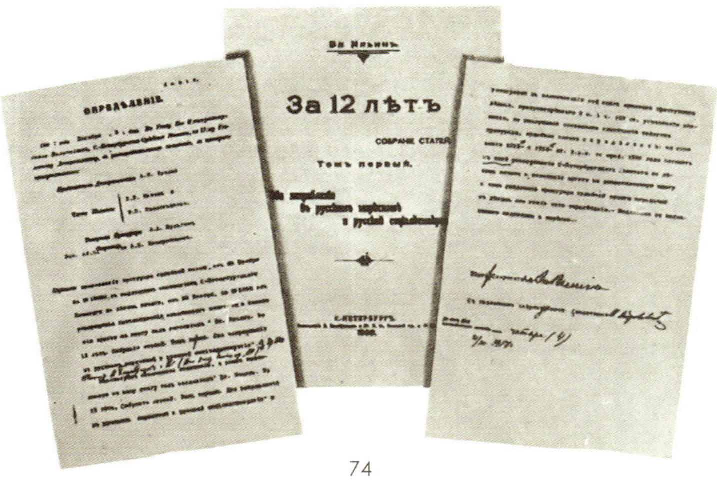

74

列宁在颠沛流离的革命生涯中从未间断理论著述活动。1907 年 11 月他审阅了自己的《十二年来》文集第 1 卷的校样并作修改，出国途中在瑞典斯德哥尔摩短暂停留时（1907 年 12 月间），他还到皇家图书馆进行研究工作。(74-75)

74. 《十二年来》文集的封面及彼得堡高等法院查禁该书的决定

75. 斯德哥尔摩皇家图书馆的主阅览厅（左上角为列宁在登记簿上的签名：约・弗雷）

75

1908年1月初，列宁和克鲁普斯卡娅来到瑞士日内瓦，开始了近十年的第二次国外流亡生活。列宁根据布尔什维克中央的决定，把布尔什维克的秘密报纸《无产者报》迁往日内瓦继续出版，并主持该报的工作。(76-78)

76.《无产者报》编辑部旧址（日内瓦）

77. 载有列宁《革命和反革命》、《第三届杜马》、《新土地政策》、《世界政治中的易燃物》等文章的《无产者报》

76

ПРОЛЕТАРІЙ

РОССІЙСКАЯ СОЦІАЛЬДЕМОКРАТИЧ. РАБОЧАЯ ПАРТІЯ

Пролетаріи всѣхъ странъ, соединяйтесь

Суббота, 20-го октября.

Органъ Моск., СПБ., Моск. Окр., Казанск., Курск. и Пермск. комитетовъ Р. С.-Д. Р. П.

Революція и контръ-революція.

Цѣна 10 коп. Москва, 1907 годъ. № 18.

ПРОЛЕТАРІЙ

РОССІЙСКАЯ СОЦІАЛЬДЕМОКРАТИЧ. РАБОЧАЯ ПАРТІЯ.

Понедѣльникъ, 29-го октября.

Органъ Моск., СПБ., Моск. Окр., Казанск., Курск. и Пермск. комитетовъ Р. С.-Д. Р. П.

Третья Дума.

Цѣна 25 сант.
Prix: 25 centimes.
Preis: 20 Pfennig.
Price: 2½ d.

LE PROLÉTAIRE, organe russe social-democrate, hebdomadaire.

ЕЖЕНЕД. ГАЗЕТА, ВЫХОДИТЪ ПО СРЕДАМЪ.

№ 22.

ПРОЛЕТАРІЙ

Россійская Соціальдемократическая Рабочая Партія

Пролетаріи всѣхъ странъ, соединяйтесь.

GENEVE. СРЕДА, (4 мар.) 19 ФЕВРАЛЯ 1908 г.

Органъ С.-Петербургскаго и Московскаго комитетовъ Р. С.-Д. Р. П.

НОВАЯ АГРАРНАЯ ПОЛИТИКА.

Цѣна 25 сант.

LE PROLÉTAIRE, organe russe social-democrate.

№ 33

ПРОЛЕТАРІЙ

Россійская Соціальдемократическая Рабочая Партія.

ЖЕНЕВА, Среда, (5 авг.) 23 Іюля 1908

Органъ С.-Петербургскаго и Московскаго комитетовъ Р. С.-Д. Р. П.

Горючій матеріалъ въ мировой политикѣ.

77

78.《无产者报》编辑部成员和撰稿人

列宁

米·费·弗拉基米尔斯基

瓦·瓦·沃罗夫斯基

阿·马·高尔基

娜·康·克鲁普斯卡娅

阿·瓦·卢那察尔斯基

尼·亚·谢马什柯

1908年4月，列宁应侨居意大利的俄国革命作家阿·高尔基的邀请，到卡普里岛小住。列宁同高尔基有着深厚的革命友谊。在卡普里岛，列宁同亚·亚·波格丹诺夫、阿·瓦·卢那察尔斯基等人就哲学问题展开争论。（79-81）

79. 列宁和高尔基 （素描） П. 瓦西里耶夫

80. 列宁与亚·亚·波格丹诺夫对弈

81. 列宁和高尔基在卡普里岛与渔民在一起 （油画） Д. 纳尔班江

79

80

俄国 1905 年革命失败后，思想和理论战线出现了十分混乱的现象，唯心主义哲学猖獗一时。列宁于 1908 年撰写《唯物主义和经验批判主义》一书，驳斥了俄国马赫主义者对马克思主义的攻击，系统阐明了辩证唯物主义和历史唯物主义的基本原理，特别是对辩证唯物主义认识论作了深刻的论证。这部著作对布尔什维克党坚持以马克思主义科学世界观为指导起了重要作用。(82-85)

---

82. 《唯物主义和经验批判主义》一书封面 (1909 年莫斯科版)
83. 列宁为《无产者报》编辑部成员杜勃洛文斯基参加哲学问题报告会、批判波格丹诺夫等人的哲学观点而草拟的《向报告人提十个问题》的手稿
84. 《向报告人提十个问题》的发言人约・费・杜勃洛文斯基

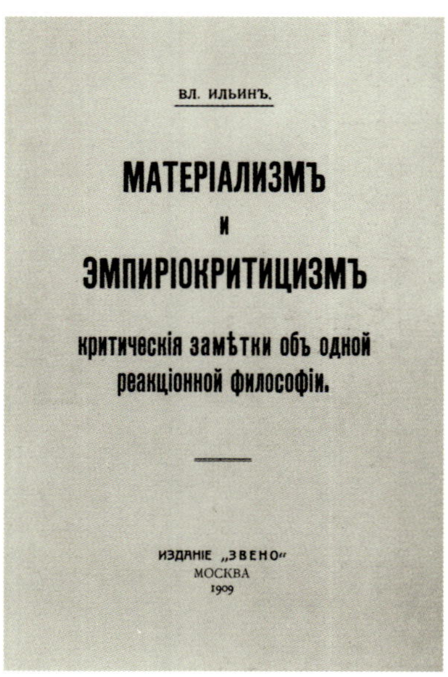

82

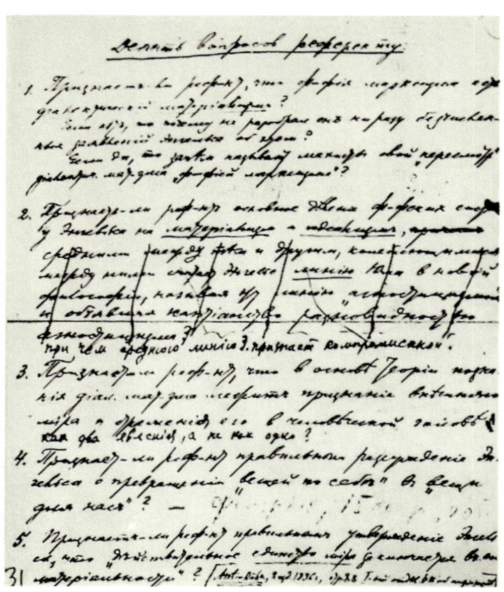

83

84

生活、实践的观点，应该是认识论的首要的和基本的观点。

——列宁

85. 在日内瓦图书馆撰写《唯物主义和经验批判主义》（油画） П. 别洛乌索夫

1908 年 12 月，列宁迁居法国巴黎。1909 年 1 月，列宁参加俄国社会民主工党第五次代表会议并作《关于目前形势和党的任务》的报告，领导布尔什维克同召回派和孟什维克取消派进行了坚决的斗争。(86–88)

86. 俄国社会民主工党第五次代表会议的主要决议以及列宁论述这次代表会议意义的《走上大路》一文
87. 俄国社会民主工党第五次代表会议会址（巴黎阿列西亚街 99 号）
88. 巴黎国立图书馆，列宁 1909—1912 年曾在此从事写作和研究。

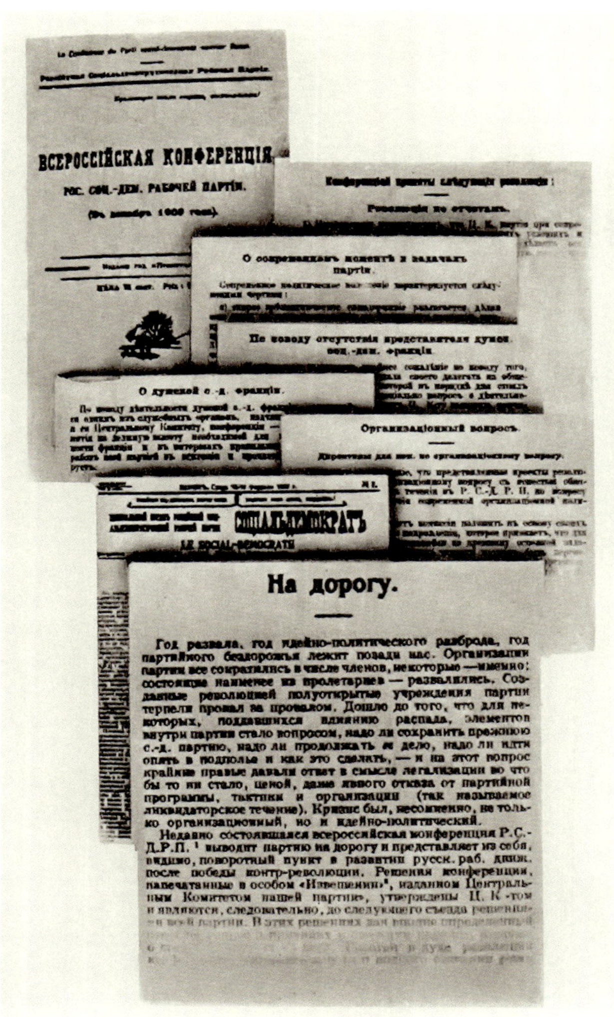

ВСЕРОССІЙСКАЯ КОНФЕРЕНЦІЯ
РОС. СОЦ.-ДЕМ. РАБОЧЕЙ ПАРТІИ.

О современномъ моментѣ и задачахъ партіи.

По поводу отсутствія представителя думской соц.-дем. фракціи.

О думской с.-д. фракціи.

Организаціонный вопросъ.

СОЦІАЛЪ-ДЕМОКРАТЪ

LE SOCIAL-DEMOCRATE

На дорогу.

Год развала, год идейно-политического разброда, год партийного бездорожья лежит позади нас. Организации партии все сократились в числе членов, некоторые — именно: состоящие наименее из пролетариев — развалились. Созданные революцией полуоткрытые учреждения партии терпели провал за провалом. Дошло до того, что для некоторых, поддавшихся влиянию распада, элементов внутри партии стало вопросом, надо ли сохранить прежнюю с.-д. партию, надо ли продолжать ее дело, надо ли идти опять в подполье и как это сделать, — и на этот вопрос крайние правые давали ответ в смысле легализации во что бы то ни стало, ценой, даже явного отказа от партийной программы, тактики и организации (так называемое ликвидаторское течение). Кризис был, несомненно, не только организационный, но и идейно-политический.

Недавно состоявшаяся всероссийская конференция Р.С.-Д.Р.П. [1] выводит партию на дорогу и представляет из себя, видимо, поворотный пункт в развитии русск. раб. движ. после победы контр-революции. Решения конференции, напечатанные в особом «Извещении», изданном Центральным Комитетом нашей партии, утверждены Ц. К-том и являются, следовательно, до следующего съезда решениями всей партии.

86

87

88

1909 年 6 月，在列宁的领导下，《无产者报》扩大编辑部会议在巴黎举行。会议批判了无产阶级政党内部的各种机会主义派别和错误倾向，并在一系列决议中阐明了马克思主义的思想路线和策略原则。（89-90）

89.《无产者报》扩大编辑部会议会址（原巴黎卡皮特咖啡馆）
90. 列宁为《无产者报》扩大编辑部会议起草的一些决议

89

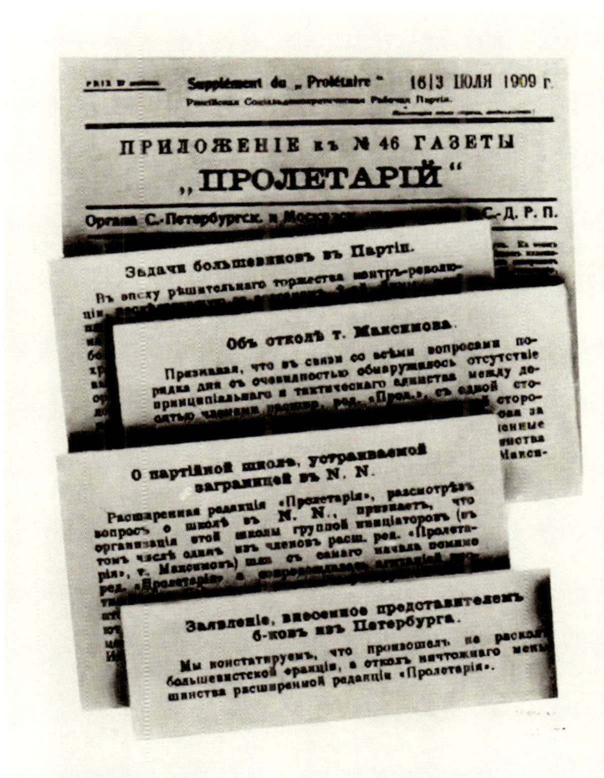

Supplément du „Prolétaire" 16|3 ІЮЛЯ 1909 г.

ПРИЛОЖЕНІЕ къ № 46 ГАЗЕТЫ

„ПРОЛЕТАРІЙ"

Органъ С.-Петербургск. и Москов... С.-Д. Р. П.

Задачи большевиковъ въ Партіи.

Въ эпоху рѣшительнаго торжества контръ-револю-...

Объ откол̂ѣ т. Максимова.

Признавая, что въ связи со всѣми вопросами по-рядка дня съ очевидностью обнаружилось отсутствіе между до... принципіальнаго и тактическаго единства ... «Прол.», съ одной сто-роны ... сторо-...

О партійной школѣ, устраиваемой заграницей въ N. N.

Расширенная редакція «Пролетарія», разсмотрѣвъ вопросъ о школѣ въ N. N., признаетъ, что организація этой школы группой инціаторовъ (въ томъ числѣ одинъ изъ членовъ расш. ред. «Пролетарія», т. Максимовъ) ... съ самаго начала помимо ред. «Пролетарія» ...

Заявленіе, внесенное представителемъ б-ковъ изъ Петербурга.

Мы констатируемъ, что произошелъ не расколъ большевистской фракціи, а откол̂ъ ничтожнаго мень-шинства расширенной редакціи «Пролетарія».

90

1911 年春，列宁为了培养党的干部，在巴黎郊区的隆瑞莫创建了一所党校。(91-94)

91. 隆瑞莫党校的隐秘入口

92. 列宁和克鲁普斯卡娅在巴黎郊区隆瑞莫的住所

91

92

93. 列宁和克鲁普斯卡娅在巴黎郊外的公园里（水粉画） 古元

94. 思考 （素描） П. 瓦西里耶夫

1911 年 6 月，列宁在巴黎主持俄国社会民主工党中央委员（侨居国外的中央委员）会议，呼吁尽快召开中央全会和全党代表会议。1912 年 1 月，列宁参加了在布拉格举行的俄国社会民主工党第六次全国代表会议，并领导了会议的工作。这次代表会议总结了布尔什维克同孟什维克的斗争，把孟什维克取消派驱逐出党，确定了党在新的革命高涨形势下的政治路线和策略，对建设布尔什维克党起了重要作用。（95-99）

95. 俄国社会民主工党中央委员会议的会址（巴黎）

96. 俄国社会民主工党第六次全国代表会议会址（布拉格吉别恩街 7 号）

97. 俄国社会民主工党第六次全国代表会议开会的房间

98. 《俄国社会民主工党第六次全国代表会议文件汇编》封面（1912 年巴黎版）

99. 列宁和来自彼得堡的工人代表奥努夫里耶夫在布拉格街头（素描） П. 别洛乌索夫

95

96

97

La Conférence des délégues des organisations du Parti Social-démocrate ouvrier de Russie.

Россійская Соціаль-демократическая Рабочая Партія.

Пролетаріи всѣхъ странъ, соединяйтесь!

ВСЕРОССІЙСКАЯ КОНФЕРЕНЦІЯ

Рос. Соц.-Дем. Раб. Партіи

1912 года.

ИЗДАНІЕ ЦЕНТРАЛЬНАГО КОМИТЕТА.

PARIS

Кооперативная типографія « ИДЕАЛЪ »

110, Avenue d'Orléans. (XIV).

1912.

98

第四章

反对第二国际机会主义 捍卫和发展马克思主义

列宁从 1907 年起成为社会党国际局成员，多次出席国际局会议、国际社会党代表大会和代表会议，团结各国左派同第二国际的机会主义作坚决斗争。1907 年和 1910 年，国际社会党代表大会先后在斯图加特和哥本哈根举行。这两次会议是在各帝国主义国家疯狂扩军备战、战争危机四伏的形势下召开的。反对军国主义、反对帝国主义战争成了会议的中心议题。列宁在会上批驳了战争问题上的机会主义观点，阐明了未来战争的帝国主义性质，强调无产阶级在帝国主义战争中决不能保卫资产阶级的祖国，而应当尽力反对和制止战争，如果战争爆发，应当利用战争来加速资产阶级统治的崩溃。在列宁和蔡特金、卢森堡等左派领导人的共同努力下，大会制定了各国社会主义政党反对帝国主义战争的正确策略。

1914 年 8 月第一次世界大战爆发，各交战国社会党和第二国际多数领袖背弃国际社会党代表大会反对帝国主义战争的决议，纷纷支持本国政府进行战争，成为社会沙文主义者。9 月列宁在伯尔尼召开了布尔什维克会议，会议通过了列宁起草的《革命的社会民主党在欧洲大战中的任务》的决议，严厉谴责第二国际领袖对马克思主义的背叛，阐明了布尔什维克对这场战争的态度。列宁还提出了“变帝国主义战争为国内战争”的口号。1915 年和 1916 年分别在瑞士的齐美尔瓦尔德和昆塔尔召开了左派社会党人参加的国际社会党第一次和第二次代表会议，列宁在会上进一步批判第二国际领袖的背叛行径，揭露“保卫祖国”口号的欺骗性。列宁还写了《第二国际的破产》和《社会主义与战争》等著作，指出第二国际右派和中派领袖的社会沙文主义是“登峰造极的机会主义”，批驳了他们为战争辩护的种种谬论，系统阐述了关于战争问题的马克思主义观点，强调必须研究战争的性质，严格区分正义战争和非正义战争。

这一时期列宁为批判修正主义和机会主义、捍卫和发展马克思主义，开展了广泛的创造性的理论研究工作。他写了《马克思主义和修正主义》、《马克思学说的历史命运》、《马克思主义的三个来源和三个组成部分》、《马克思主义和改良主义》、《卡尔·马克思》等重要文章，系统阐述了马克思主义科学体系的内涵和马克思主义的基本原理，揭露了修正主义、机会主义的实质。列宁深入研究唯物辩证法，写了《黑格尔〈逻辑学〉一书摘要》等哲学笔记，对唯物辩证法作了全面阐发，丰富和发展了马克思主义哲学。列宁总结了《资本论》问世半个世纪以来世界资本主义的新变化，写了《帝国主义是资本主义的最高阶段》这部重要著作，全面分析了帝国主义的本质、特征和基本矛盾，揭示了它产生、发展和灭亡的客观规律，指出帝国主义是无产阶级社会主义革命的前夜。他研究了帝国主义时代的民族殖民地问题，写了《社会主义革命和民族自决权（提纲）》等著作，丰富和发展了马克思主义的民族问题理论。他还在《论欧洲联邦口号》一文中根据帝国主义时代资本主义经济和政治发展不平衡的规律，第一次提出了社会主义可能首先在少数甚至在单独一个资本主义国家内获得胜利的重要论断，丰富和发展了马克思主义的无产阶级革命理论。

01. 列宁（素描） H.安德列耶夫

1907 年 8 月，列宁作为俄国社会民主工党代表团成员出席了在德国斯图加特举行的国际社会党代表大会（第二国际第七次代表大会），被选入大会主席团并参加了军国主义和国际冲突问题决议起草委员会的工作。大会期间，他同克·蔡特金、奥·倍倍尔、罗·卢森堡等国际工人运动著名活动家并肩战斗。(02-05)

02. 第二国际第七次代表大会会议大厅

03. 国际工人运动著名活动家

奥·倍倍尔

克·蔡特金

罗·卢森堡

04. 俄国社会民主工党中央委员会指定列宁为该党在社会党国际局的代表的决定

05. 出席第二国际第七次代表大会的部分布尔什维克代表

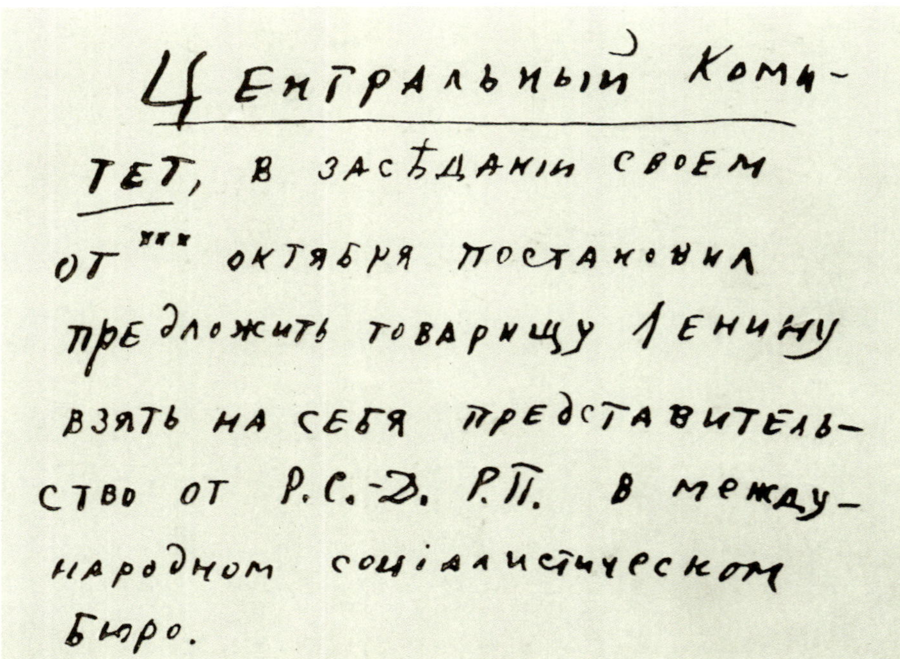

Центральный Коми-
тет, в засѣдании своем
от *** октября постановил
предложить товарищу Ленину
взять на себя представитель-
ство от Р.С.-Д.Р.П. в между-
народном социалистическом
Бюро.

04

列宁　波·米·克努尼扬茨　马·马·李维诺夫

阿·瓦·卢那察尔斯基　尼·亚·谢马什柯　米·格·茨哈卡雅

05

1910 年 8 月，列宁出席了在哥本哈根召开的第二国际第八次代表大会，并参加代表大会合作社委员会的工作。会上，列宁联合第二国际中的社会民主党左派，同机会主义进行斗争。(06–08)

06. 20 世纪初的哥本哈根
07. 第二国际第八次代表大会代表合影（1910 年哥本哈根）
08. 列宁起草的《哥本哈根代表大会俄国社会民主党代表团关于合作社的决议草案》

06

07

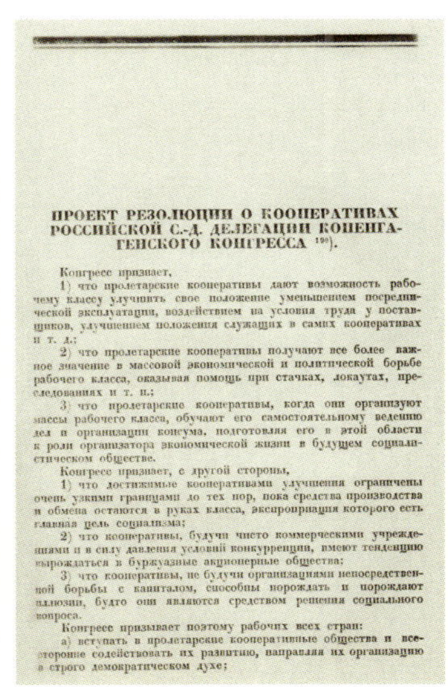

ПРОЕКТ РЕЗОЛЮЦИИ О КООПЕРАТИВАХ РОССИЙСКОЙ С.-Д. ДЕЛЕГАЦИИ КОПЕНГАГЕНСКОГО КОНГРЕССА [190]).

Конгресс признает,

1) что пролетарские кооперативы дают возможность рабочему классу улучшить свое положение уменьшением посреднической эксплуатации, воздействием на условия труда у поставщиков, улучшением положения служащих в самих кооперативах и т. д.;

2) что пролетарские кооперативы получают все более важное значение в массовой экономической и политической борьбе рабочего класса, оказывая помощь при стачках, локаутах, преследованиях и т. п.;

3) что пролетарские кооперативы, когда они организуют массы рабочего класса, обучают его самостоятельному ведению дел и организации консума, подготовляя его в этой области к роли организатора экономической жизни в будущем социалистическом обществе.

Конгресс признает, с другой стороны,

1) что достижимые кооперативами улучшения ограничены очень узкими границами до тех пор, пока средства производства и обмена остаются в руках класса, экспроприация которого есть главная цель социализма;

2) что кооперативы, будучи чисто коммерческими учреждениями и в силу давления условий конкуренции, имеют тенденцию вырождаться в буржуазные акционерные общества;

3) что кооперативы, не будучи организациями непосредственной борьбы с капиталом, способны порождать и порождают иллюзии, будто они являются средством решения социального вопроса.

Конгресс призывает поэтому рабочих всех стран:

а) вступать в пролетарские кооперативные общества и всесторонне содействовать их развитию, направляя их организацию в строго демократическом духе;

08

09

10

1914 年 6 月 28 日，奥匈帝国皇储弗兰茨·斐迪南大公在萨拉热窝遇刺，这一事件成为第一次世界大战的导火索。8 月初大战爆发，侨居波罗宁的列宁被诬为间谍而遭奥地利当局逮捕，被关入新塔尔格县监狱。克鲁普斯卡娅曾前往探视。列宁入狱 11 天后获释，然后携家属离开奥匈帝国。（09-13）

09. 奥匈帝国皇储弗兰茨·斐迪南大公在萨拉热窝遇刺（油画） 黑兹尔顿

10. 1914 年 7 月底德国当局在柏林街头向市民宣布战争开始

11．克鲁普斯卡娅探监 （油画） M．索科洛夫

12. 列宁 1914 年 8 月 7 日发给克拉科夫警察局长的电报：抗议非法拘留，要求证明自己的政治侨民身份。

13. 1914 年 8 月 8—19 日关押列宁的新塔尔格县监狱第五号牢房

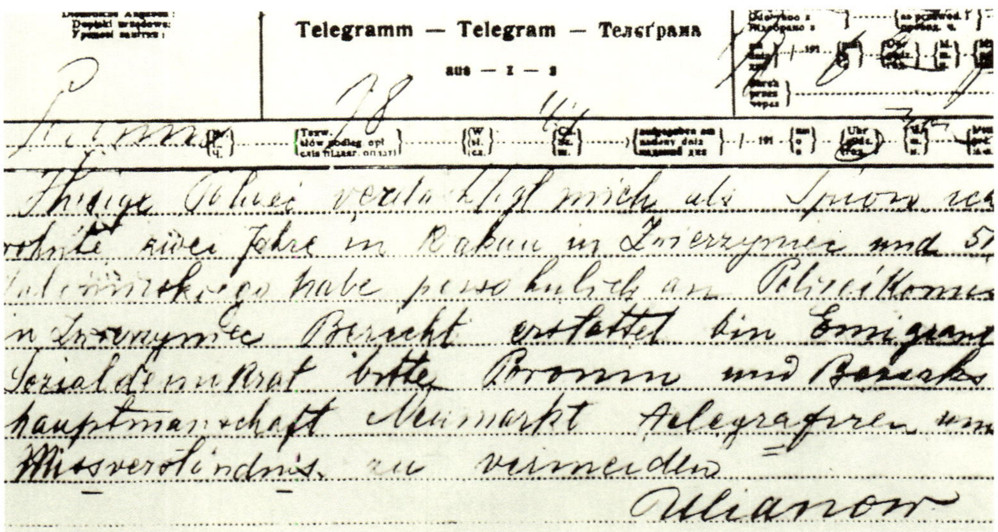

Telegramm — Telegram — Телеґрама

Poronin

Hiesige Polizei verdächtigt mich als Spion

wohnte zwei Jahre in Krakau in Zwierzyniec und 51

Lubomirskiego habe persönlich an Polizeikommiss

in Zwierzyniec Bericht erstattet bin Emigrant

Sozialdemokrat bitte Poronin und Bezirks

hauptmannschaft Neumarkt telegrafieren um

Missverständnis zu vermeiden

Ulianow

12

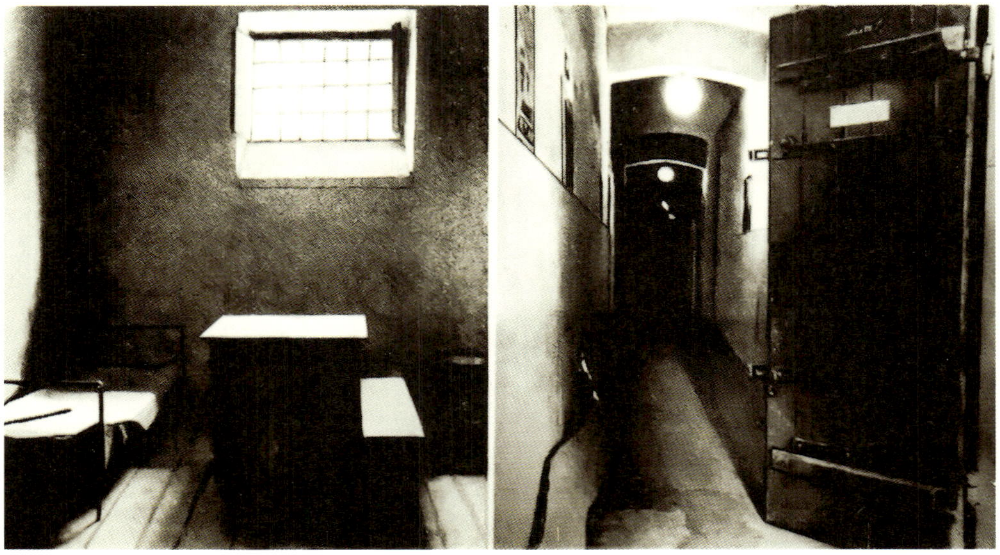

13

14

1914 年 9 月 5 日，列宁抵达中立国瑞士的伯尔尼，第二天即召集在伯尔尼的布尔什维克开会，并根据事先所拟定的《革命的社会民主党在欧洲大战中的任务》提纲作报告，阐述了布尔什维克对这次战争的态度。提纲被会议作为决议通过，分寄给其他几个布尔什维克国外支部。(14-17)

14. 瑞士伯尔尼

15. 列宁 1914 年 10 月在伯尔尼的住所（伯尔尼迪斯特路 11 号）

15

必须把枪口对准各国反动的资产阶级政府和政党，而不是对准自己的弟兄——其他国家的雇佣奴隶。

——列宁

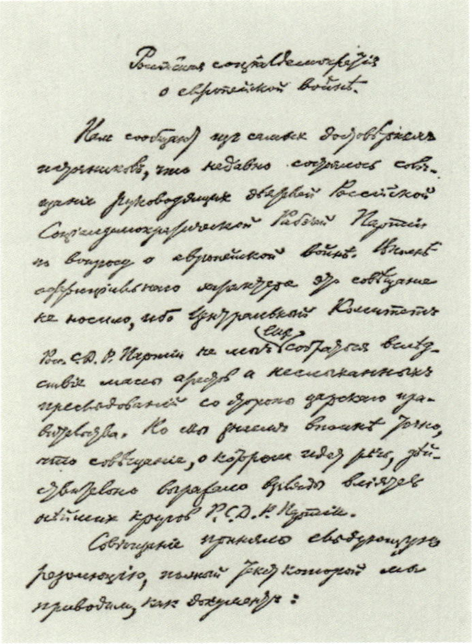

Российская социалдемократия
о европейской войне.

Нам сообщают из самых достоверных источников, что недавно состоялось совещание руководящих деятелей Российской Социалдемократической Рабочей Партии по вопросу о европейской войне. Вполне официального характера это совещание не носило, ибо Центральный Комитет Рос. С.Д.Р. Партии не мог еще собраться вследствие массы арестов и неслыханных преследований со стороны царского правительства. Но мы знаем вполне точно, что совещание, о котором идет речь, действительно выражало взгляды влиятельнейших кругов Р.С.Д.Р. Партии.

Совещание приняло следующую резолюцию, полный текст которой мы приводим, как документ:

16

17

16.《革命的社会民主党在欧洲大战中的任务》提纲的引言手稿

17. 在伯尔尼布尔什维克小组的会议上 （油画） П. 阿利亚克林斯基

1914年秋，列宁先后在瑞士的洛桑、日内瓦、苏黎世等地作反对世界帝国主义战争的演说。11月列宁在日内瓦恢复出版俄国社会民主工党的秘密中央机关报《社会民主党人报》。1915年列宁又在日内瓦创办《共产党人》杂志。这些报纸杂志在宣传布尔什维克的反战主张、揭露资产阶级民族主义和社会沙文主义方面起了重要作用。(18-23)

18. 1914年11月1日复刊的《社会民主党人报》第33号，该号刊载了列宁起草的俄国社会民工党中央委员会反战宣言《战争和俄国社会民主党》。
19. 1915年8月列宁《反战传单》手稿第1页
20. 苏黎世民众文化馆，列宁曾在此发表演说。
21. 1914年10月15日俄国社会民主工党日内瓦支部关于列宁作题为《欧洲大战和社会主义》演讲的通知
22. 刊载列宁《第二国际的破产》一文的《共产党人》杂志第1—2期
23. 反战演说 （油画） 许宝中

Россійская Соціаль-Демократическая Рабочая Партія. LE SOCIAL-DÉMOCRATE Пролетаріи всѣхъ странъ, соединяйтесь!

СОЦІАЛЬДЕМОКРАТЪ

ЦЕНТРАЛЬНЫЙ ОРГАНЪ РОССІЙСКОЙ СОЦІАЛЬДЕМОКРАТИЧЕСКОЙ РАБОЧЕЙ ПАРТІИ

№ 33. Женева, 1 Ноября 1914. Цѣна 10 ст.

ВОЙНА И РОССІЙСКАЯ СОЦІАЛЬДЕМОКРАТІЯ.

18

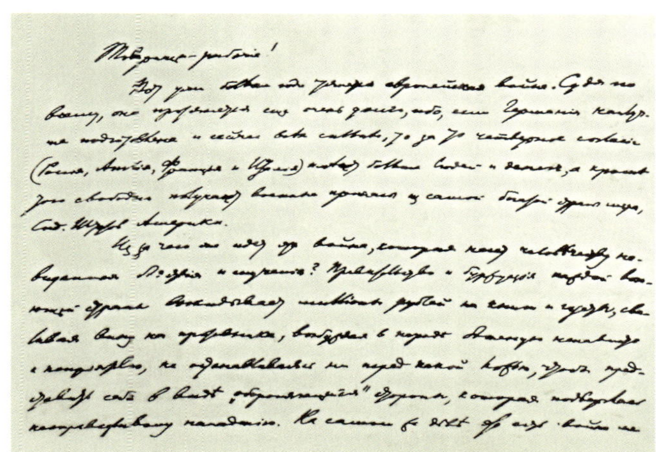
Товарищи-рабочие!

19

20

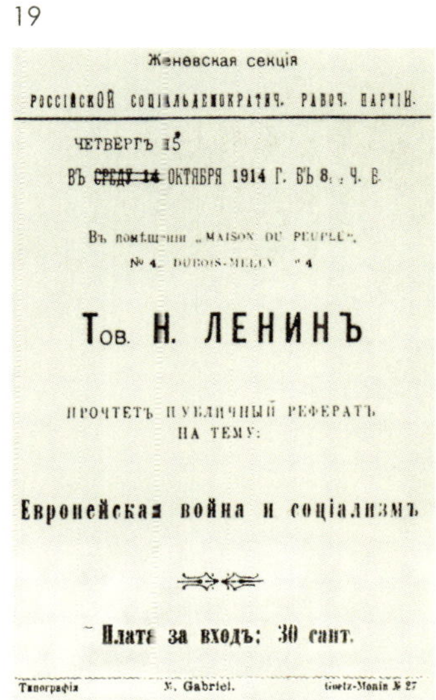
Женевская секція
Россійской Соціальдемократич. Рабоч. Партіи

Четвергъ 15
Въ ~~среду 14~~ октября 1914 г. въ 8½ ч. в.

Въ помѣщеніи „Maison du Peuple“,
№ 4, Dubois-Melly, 4

Тов. Н. ЛЕНИНЪ

прочтетъ публичный рефератъ на тему:

Европейская война и соціализмъ

Плата за входъ: 30 сант.

Типографія У. Gabriel. Goetz-Monin № 27

21

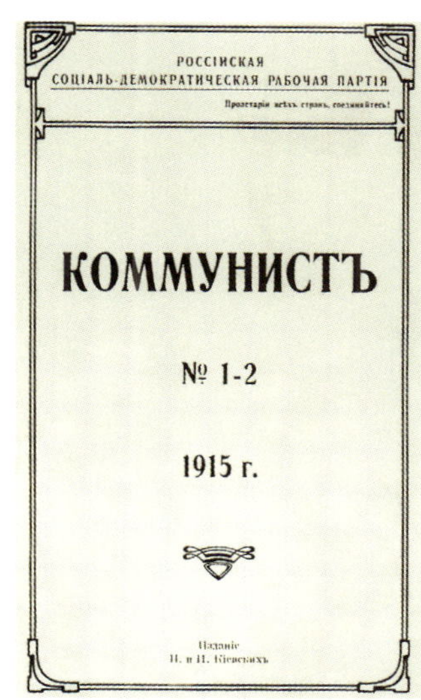
РОССИЙСКАЯ
СОЦІАЛЬ-ДЕМОКРАТИЧЕСКАЯ РАБОЧАЯ ПАРТІЯ
Пролетаріи всѣхъ странъ, соединяйтесь!

КОММУНИСТЪ

№ 1-2

1915 г.

22

1915 年 9 月，列宁出席了在瑞士齐美尔瓦尔德举行的国际社会党第一次代表会议即齐美尔瓦尔德会议。会上形成了齐美尔瓦尔德左派，建立了以列宁为首的齐美尔瓦尔德左派常务局。1916 年 4 月，列宁又出席了在瑞士昆塔尔举行的国际社会党第二次代表会议即昆塔尔会议。(24-27)

24. 国际社会党第一次代表会议即齐美尔瓦尔德会议会址
25. 列宁 1915 年 7 月起草的《左派社会民主党人为国际社会党第一次代表会议准备的决议草案》手稿
26. 国际社会党第二次代表会议即昆塔尔会议会址
27. 列宁参与创办的齐美尔瓦尔德左派的机关刊物《先驱》杂志第 1 期和该期刊载的列宁《机会主义与第二国际的破产》一文

24

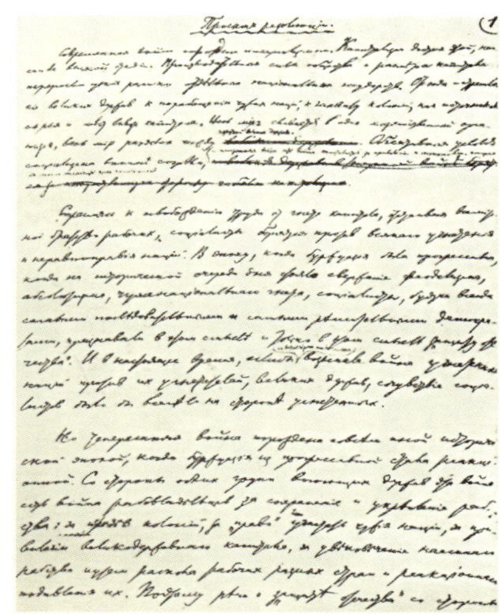

25

26

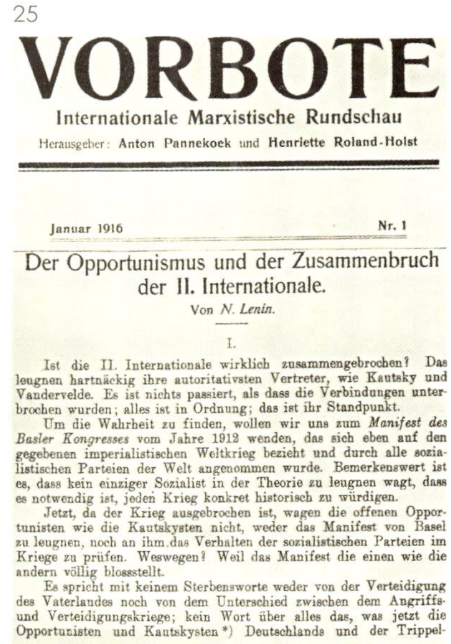

VORBOTE

Internationale Marxistische Rundschau

Herausgeber: Anton Pannekoek und Henriette Roland-Holst

Januar 1916 Nr. 1

Der Opportunismus und der Zusammenbruch der II. Internationale.

Von *N. Lenin.*

I.

Ist die II. Internationale wirklich zusammengebrochen? Das leugnen hartnäckig ihre autoritativsten Vertreter, wie Kautsky und Vandervelde. Es ist nichts passiert, als dass die Verbindungen unterbrochen wurden; alles ist in Ordnung; das ist ihr Standpunkt.

Um die Wahrheit zu finden, wollen wir uns zum *Manifest des Basler Kongresses* vom Jahre 1912 wenden, das sich eben auf den gegebenen imperialistischen Weltkrieg bezieht und durch alle sozialistischen Parteien der Welt angenommen wurde. Bemerkenswert ist es, dass kein einziger Sozialist in der Theorie zu leugnen wagt, dass es notwendig ist, jeden Krieg konkret historisch zu würdigen.

Jetzt, da der Krieg ausgebrochen ist, wagen die offenen Opportunisten wie die Kautskysten nicht, weder das Manifest von Basel zu leugnen, noch an ihm das Verhalten der sozialistischen Parteien im Kriege zu prüfen. Weswegen? Weil das Manifest die einen wie die andern völlig blossstellt.

Es spricht mit keinem Sterbensworte weder von der Verteidigung des Vaterlandes noch von dem Unterschied zwischen dem Angriffs- und Verteidigungskriege; kein Wort über alles das, was jetzt die Opportunisten und Kautskysten *) Deutschlands und der Trippel-

27

这一时期，列宁为批判修正主义和机会主义、捍卫和发展马克思主义，开展了广泛的创造性的理论研究工作，撰写了《马克思主义和修正主义》、《马克思学说的历史命运》、《马克思主义的三个来源和三个组成部分》、《卡尔·马克思》等重要文章。同时，列宁潜心研究哲学问题，特别是唯物辩证法问题，并写了大量笔记。(28-31)

28. 伯尔尼市立图书馆阅览厅，列宁曾在此研究哲学问题。
29. 1914 年 9—12 月列宁《黑格尔〈逻辑学〉一书摘要》第 1 册笔记的封面
30. 1914 年 11 月列宁《卡尔·马克思》手稿第 1 页

28

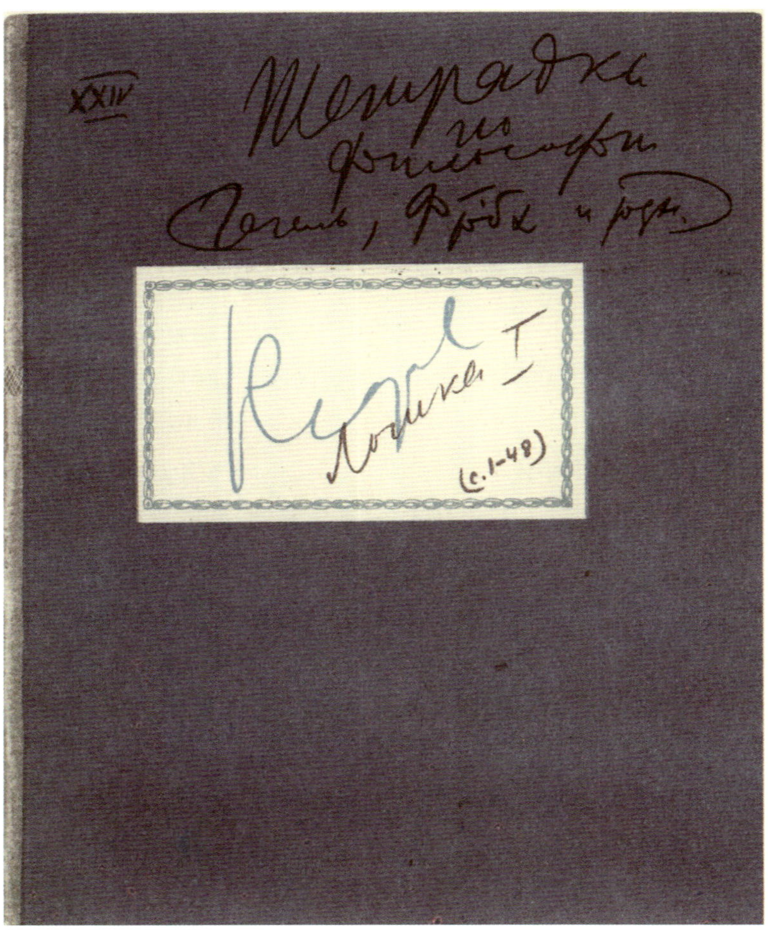

29

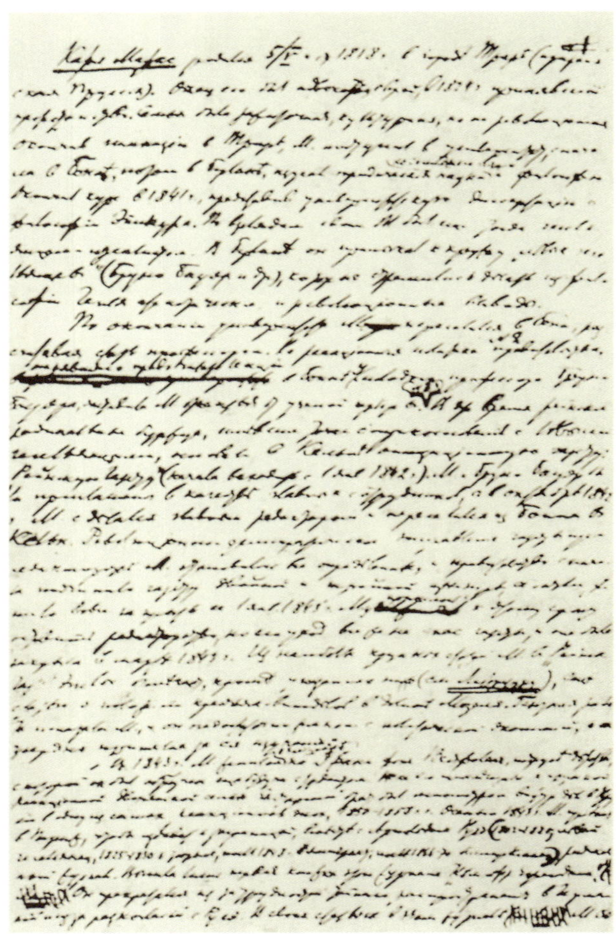

30

31. 在图书馆（素描） 尼·茹科夫

1916 年 2 月，列宁和克鲁普斯卡娅由伯尔尼迁居苏黎世。(32-35)

32. 瑞士苏黎世
33. 苏黎世社会文献图书馆，列宁 1916—1917 年曾在此从事写作和研究。
34. 苏黎世中央图书馆，列宁 1916—1917 年曾在此从事写作和研究。
35. 苏黎世明镜巷 14 号，列宁 1916—1917 年在此居住。

32

33

34

35

第一次世界大战爆发后，列宁集中精力研究帝国主义问题，作了大量笔记。1915 年在《论欧洲联邦口号》一文中，他根据帝国主义经济政治发展不平衡的规律，第一次提出了“社会主义可能首先在少数甚至在单独一个资本主义国家内获得胜利”的论断。1916 年，列宁撰写了《帝国主义是资本主义的最高阶段》一书，全面分析了帝国主义的本质、特征和基本矛盾，揭示了它产生、发展和灭亡的客观规律，指出帝国主义是无产阶级社会主义革命的前夜。(36-39)

36. 1915 年 8 月 23 日《社会民主党人报》第 44 号发表的《论欧洲联邦口号》一文
37. 《帝国主义是资本主义的最高阶段》一书提纲的手稿
38. 《帝国主义是资本主义的最高阶段》一书封面（1917 年版）
39. 在图书馆研究帝国主义问题 （油画） B.彼列利曼

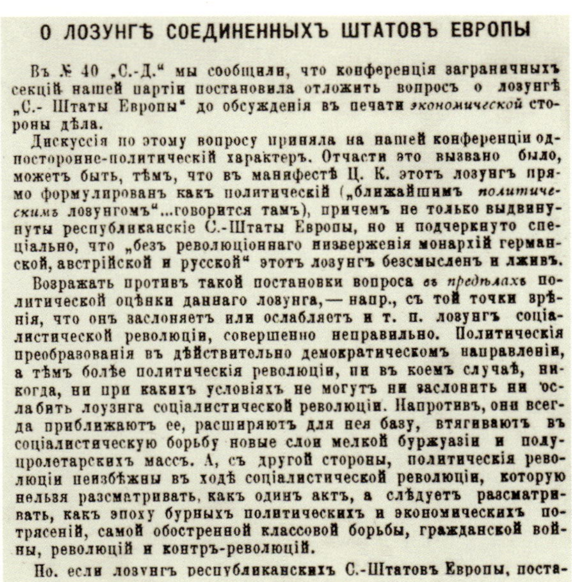

О ЛОЗУНГѢ СОЕДИНЕННЫХЪ ШТАТОВЪ ЕВРОПЫ

Въ № 40 „С.-Д.“ мы сообщили, что конференція заграничныхъ секцій нашей партіи постановила отложить вопросъ о лозунгѣ „С.- Штаты Европы“ до обсужденія въ печати *экономической* стороны дѣла.

Дискуссія по этому вопросу приняла на нашей конференціи односторонне-политическій характеръ. Отчасти это вызвано было, можетъ быть, тѣмъ, что въ манифестѣ Ц. К. этотъ лозунгъ прямо формулированъ какъ политическій („ближайшимъ *политическимъ* лозунгомъ“...говорится тамъ), причемъ не только выдвинуты республиканскіе С.-Штаты Европы, но и подчеркнуто специально, что „безъ революціоннаго низверженія монархій германской, австрійской и русской“ этотъ лозунгъ безсмысленъ и лживъ.

Возражать противъ такой постановки вопроса *въ предѣлахъ* политической оцѣнки даннаго лозунга,— напр., съ той точки зрѣнія, что онъ заслоняетъ или ослабляетъ и т. п. лозунгъ соціалистической революціи, совершенно неправильно. Политическія преобразованія въ дѣйствительно демократическомъ направленіи, а тѣмъ болѣе политическія революціи, ни въ коемъ случаѣ, никогда, ни при какихъ условіяхъ не могутъ ни заслонить ни ослабить лоузнга соціалистической революціи. Напротивъ, они всегда приближаютъ ее, расширяютъ для нея базу, втягиваютъ въ соціалистическую борьбу новые слои мелкой буржуазіи и полупролетарскихъ массъ. А, съ другой стороны, политическія революціи неизбѣжны въ ходѣ соціалистической революціи, которую нельзя разсматривать, какъ одинъ актъ, а слѣдуетъ разсматривать, какъ эпоху бурныхъ политическихъ и экономическихъ потрясеній, самой обостренной классовой борьбы, гражданской войны, революцій и контръ-революцій.

Но, если лозунгъ республиканскихъ С.-Штатовъ Европы, поста-

36

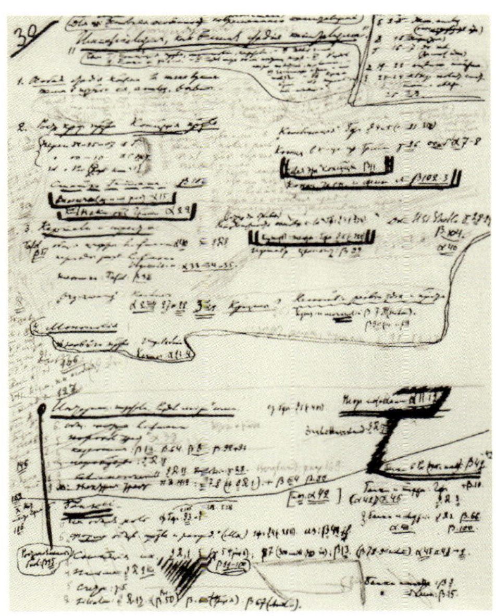

37

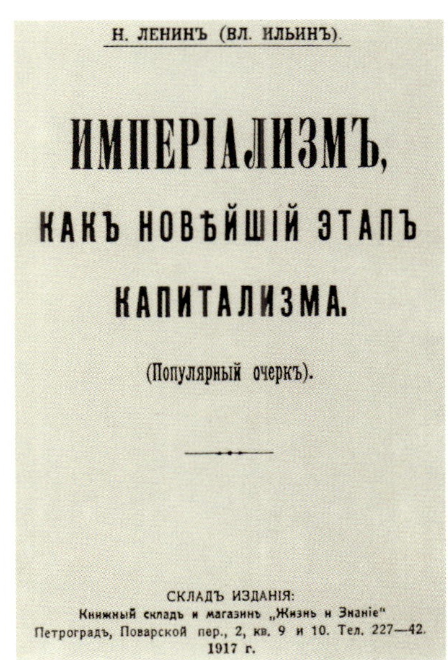

38

1917 年 3 月中旬，列宁在瑞士得知俄国爆发二月革命、沙皇专制政权被推翻的消息后，准备尽快回国。他在为《真理报》写的以《远方来信》为题的系列文章中对这次革命作了评述和分析，指出了布尔什维克所应采取的策略。(02-03)

02. 在俄国二月革命的日子里 （宣传画）

03. 列宁 1917 年 3 月间所写的一组《远方来信》

02

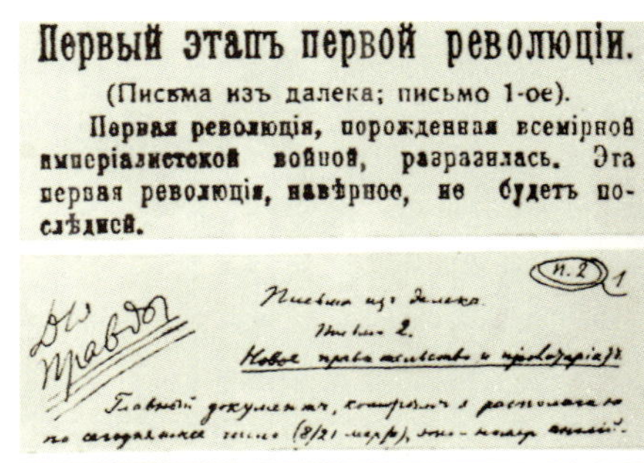

Первый этапъ первой революціи.

(Письма изъ далека; письмо 1-ое).

Первая революція, порожденная всемірной имперіалистской войной, разразилась. Эта первая революція, навѣрное, не будетъ послѣдней.

03

1917 年 4 月上旬，列宁和克鲁普斯卡娅由瑞士启程，取道德国、瑞典和芬兰返回俄国。与此同时，在国外的一些布尔什维克以及其他俄国流亡者也陆续回国。为帮助列宁和其他布尔什维克安全通过德国国境，瑞士社会民主党人普拉滕作了很大努力。(04-08)

04. 回国前夕 （油画） И. 别利亚科夫

05. 瑞士社会民主党书记弗·普拉滕

06. 瑞典轮船“维多利亚号”，列宁和俄国政治流亡者乘此船由德国抵达瑞典特雷勒堡港。

07. 1917 年 4 月 13 日（俄历 3 月 31 日）列宁抵达斯德哥尔摩

05

06

07

08. 在回国途中的列车上 （油画） C. 斯库布科

1917年4月16日(俄历4月3日)深夜,列宁抵达彼得格勒芬兰车站,受到热烈欢迎。列宁站在装甲车上向欢迎群众发表演说,号召他们为社会主义革命进行斗争。第二天,列宁宣布了《论无产阶级在这次革命中的任务》的提纲,即《四月提纲》,提出了使资产阶级民主革命转变为社会主义革命的一系列原则。(09-11)

09. 在装甲车上发表演说 (油画) И. 托伊德泽

10

10. 列宁在塔夫利达宫向出席全俄工兵代表苏维埃会议的布尔什维克代表作报告

11. 《四月提纲初稿》手稿

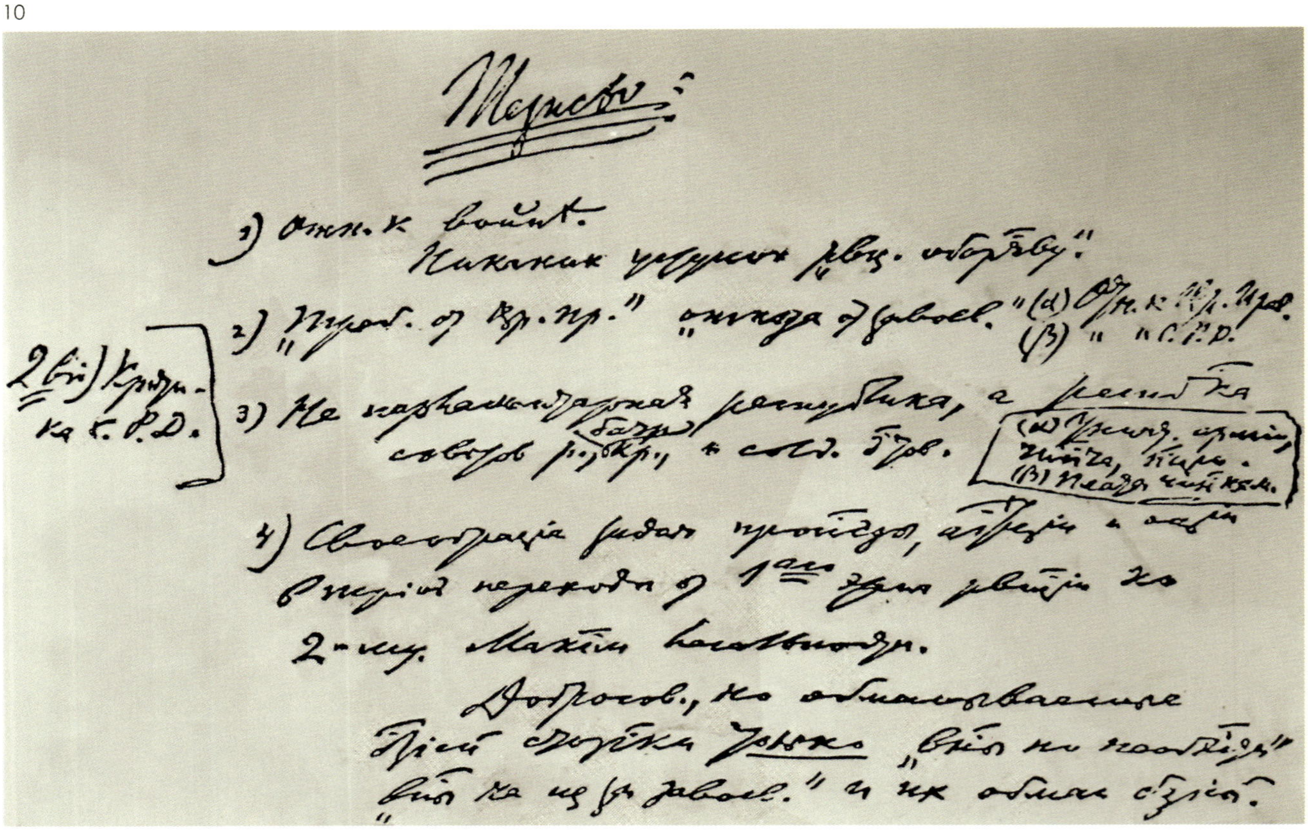

11

鉴于二月革命后出现了资产阶级临时政府和工兵代表苏维埃两个政权并存的局面，列宁认为布尔什维克的方针是力争和平实现全部政权归苏维埃。5 月 7—12 日（俄历 4 月 24—29 日），他主持召开俄国社会民主工党（布）第七次全国代表会议，即四月代表会议，以《四月提纲》为基础，提出党在战争和革命问题上的路线。(12-16)

12. 俄国社会民主工党（布）第七次全国代表会议（四月代表会议）会址
13. 在四月代表会议上 （油画） A. 科罗廖夫

12

13

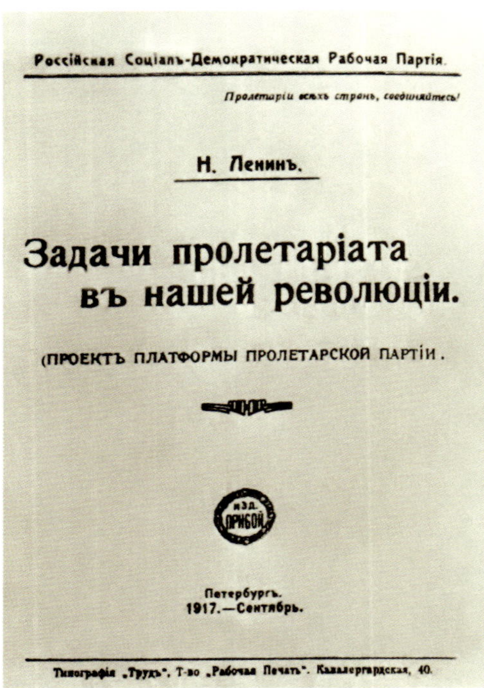

Россiйская Соцiалъ-Демократическая Рабочая Партiя

Пролетарiи всѣхъ странъ, соединяйтесь!

Н. Ленинъ.

Задачи пролетарiата въ нашей революцiи.

(ПРОЕКТЪ ПЛАТФОРМЫ ПРОЛЕТАРСКОЙ ПАРТIИ.

ИЗД. ПРИБОЙ

Петербургъ. 1917.—Сентябрь.

Типографiя „Трудъ". Т-во „Рабочая Печать". Кавалергардская, 40.

14

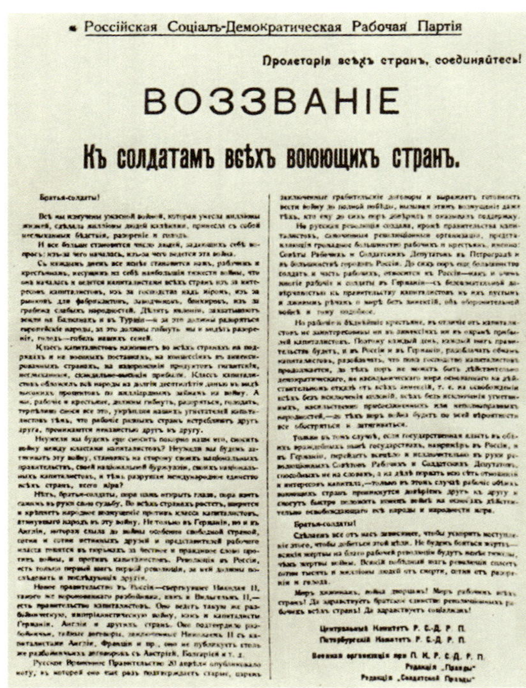

Россiйская Соцiалъ-Демократическая Рабочая Партiя

Пролетарiя всѣхъ странъ, соединяйтесь!

ВОЗЗВАНIЕ

Къ солдатамъ всѣхъ воюющихъ странъ.

15

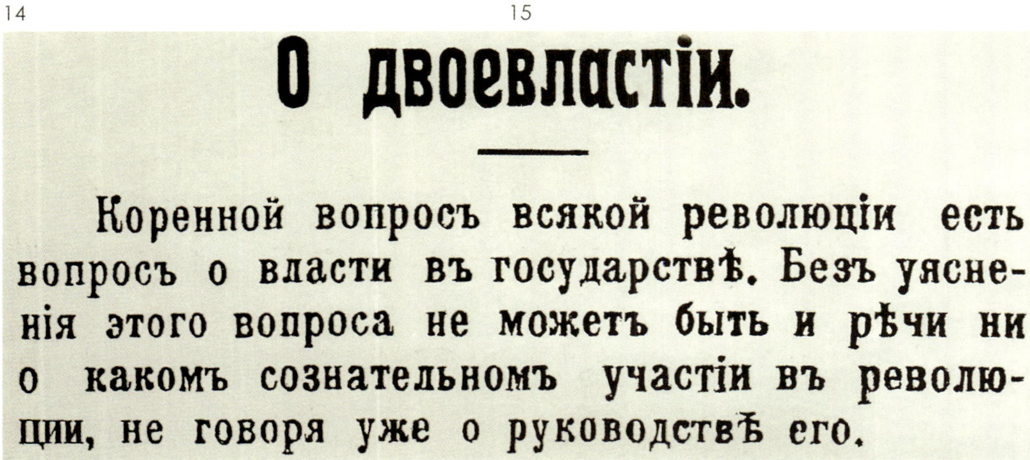

О двоевластiи.

Коренной вопросъ всякой революцiи есть вопросъ о власти въ государствѣ. Безъ уясненiя этого вопроса не можетъ быть и рѣчи ни о какомъ сознательномъ участiи въ революцiи, не говоря уже о руководствѣ его.

16

14. 列宁为召开四月代表会议而写的《无产阶级在我国革命中的任务》封面（1917年9月彼得堡版）

15. 列宁起草的《告各交战国士兵书》，载于1917年5月4日（俄历4月21日）《真理报》第37号。

16. 列宁《论两个政权》，载于1917年4月22日（俄历4月9日）《真理报》第28号。

列宁领导了二月革命后复刊的《真理报》的工作，该报作为俄国社会民主工党（布）中央委员会和彼得格勒委员会的机关报，虽屡遭资产阶级临时政府的查禁，仍改换报头坚持出版，在推进无产阶级革命事业发展的进程中发挥了重要作用。(17-20)

17. 《真理报》1917年用过的几个报头：《工人日报》、《工人和士兵报》、《〈真理报〉小报》、《真理报》。

18. 在《真理报》编辑部（素描） П．瓦西里耶夫

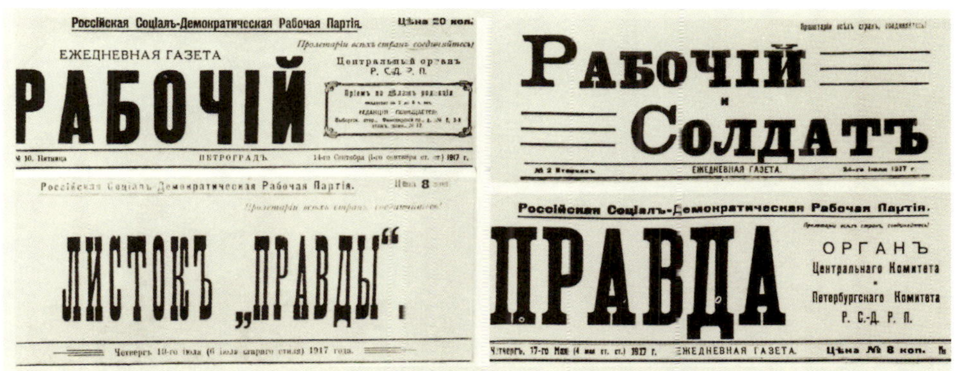

Россійская Соціалъ-Демократическая Рабочая Партія.

ЕЖЕДНЕВНАЯ ГАЗЕТА

РАБОЧІЙ

ПЕТРОГРАДЪ

РАБОЧІЙ и СОЛДАТЪ

ЕЖЕДНЕВНАЯ ГАЗЕТА

Россійская Соціалъ-Демократическая Рабочая Партія.

ЛИСТОКЪ „ПРАВДЫ“.

Россійская Соціалъ-Демократическая Рабочая Партія.

ПРАВДА

ОРГАНЪ Центральнаго Комитета и Петербургскаго Комитета Р. С.-Д. Р. П.

ЕЖЕДНЕВНАЯ ГАЗЕТА.

17

18

19

20

19.《真理报》编辑部所在地（彼得格勒莫伊卡滨河路 32/2 号）

20. 彼得格勒皇宫广场上的《真理报》售报亭

列宁经常向工人、农民和士兵发表演说，阐释布尔什维克党实现社会主义革命的策略方针，引导广大人民群众积极投入革命。(21-22)

21. 在全俄农民第一次代表大会上讲话（素描） П．瓦西里耶夫
22. 在彼得格勒的普梯洛夫工厂发表演说（油画） И．布罗茨基

21

22

23

24

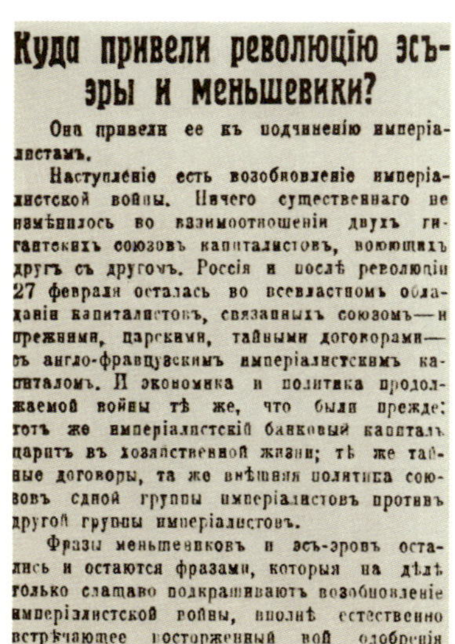

Куда привели революцію эсъ-эры и меньшевики?

Онв привели ее къ подчиненію имперіалистамъ.

Наступленіе есть возобновленіе имперіалистской войны. Ничего существеннаго не измѣнилось во взаимоотношеніи двухъ гигантскихъ союзовъ капиталистовъ, воюющихъ другъ съ другомъ. Россія и послѣ революціи 27 февраля осталась во всевластномъ обладаніи капиталистовъ, связанныхъ союзомъ—и прежними, царскими, тайными договорами—съ англо-французскимъ имперіалистскимъ капиталомъ. И экономика и политика продолжаемой войны тѣ же, что были прежде: тотъ же имперіалистскій банковый капиталъ царитъ въ хозяйственной жизни; тѣ же тайные договоры, та же внѣшняя политика союзовъ одной группы имперіалистовъ противъ другой группы имперіалистовъ.

Фразы меньшевиковъ и эсъ-эровъ остались и остаются фразами, которыя на дѣлѣ только слащаво подкрашиваютъ возобновленіе имперіалистской войны, вполнѣ естественно встрѣчающее восторженный вой одобренія всѣхъ контръ-революціонеровъ, всей буржуазіи

25

1917年4、6、7月（俄历），群众对资产阶级临时政府继续进行帝国主义战争强烈不满，先后掀起三次声势浩大的游行示威，导致资产阶级临时政府面临三次政治危机。7月的游行示威遭到临时政府残酷镇压，史称“七月事变”。列宁根据形势的发展变化为布尔什维克党制定相应的策略，引导群众斗争沿着正确的方向发展。(23-28)

23. 1917年5月4日（俄历4月21日）彼得格勒卫戍部队的革命士兵举行游行示威
24. 1917年7月1日（俄历6月18日）彼得格勒工人举行游行示威
25. 列宁《社会革命党人和孟什维克把革命引向何处？》，载于1917年7月5日（俄历6月22日）《真理报》第88号。
26. 1917年7月17日（俄历7月4日）彼得格勒游行示威的工人和士兵遭到枪杀
27. 彼得格勒克舍辛斯卡娅公馆，布尔什维克党中央和彼得格勒委员会所在地，列宁经常在此发表演说。
28. 在彼得格勒克舍辛斯卡娅公馆的阳台上向示威群众发表演说（版画）　H. 诺沃谢里斯卡娅

26

27

28

29

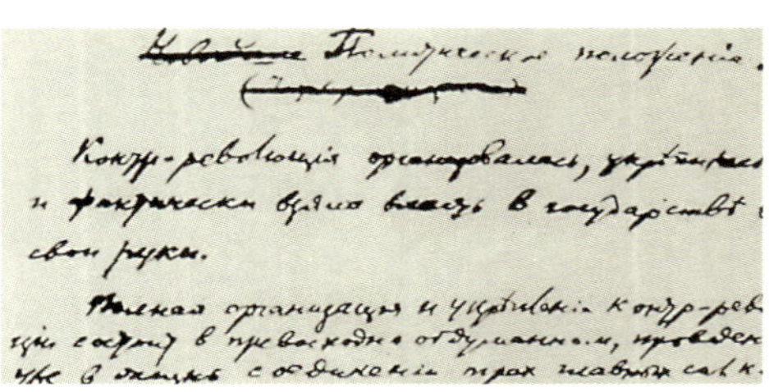

30

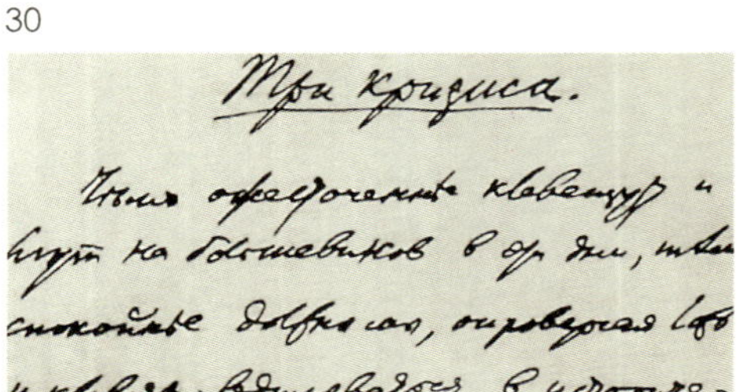

31

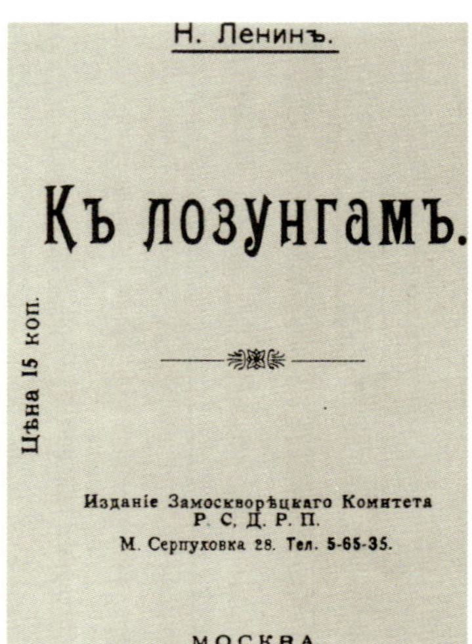

32

“七月事变”后，资产阶级临时政府对布尔什维克党和工人组织实行白色恐怖。革命和平发展已不可能，武装起义提上了日程，列宁根据党的决定转入地下。(29-39)

29. 转入地下（油画） Д. 纳尔班江
30. 1917 年 7 月列宁《政治形势》一文手稿
31. 1917 年 7 月列宁《三次危机》一文手稿
32. 列宁《论口号》封面（1917 年莫斯科版）
33. 化装后的列宁
34. 化装后的克鲁普斯卡娅
35. 列宁转入地下时使用的谢斯特罗列茨克兵工厂的证件（化名科・彼・伊万诺夫）

33

34

Сестрорѣцкій Оружейн Заводъ.

№

Предъявителю сего Константину Петровичу Иванову

Разрѣшается входъ въ Механическую маст. Завода до 1 Января 1918 года.

Примѣчаніе:

1) Билетъ всегда имѣть при себѣ и предъявлять по первому требованію администраціи завода.

2) Билетъ долженъ быть предъявленъ въ контору завода для записи въ книгу.

Помощникъ Начальника Сестр. Оруж. Завода по технической части

Печать

2170 76-70

35

36. 拉兹利夫车站附近列宁匿居过的木棚
37. 拉兹利夫湖畔列宁匿居过的草棚

36

37

38. 受党中央委托负责安排列宁转入地下工作的布尔什维克

谢·雅·阿利卢耶夫

尼·亚·叶梅利亚诺夫

格·康·奥尔忠尼启则

亚·瓦·绍特曼

埃·阿·拉希亚

39. 列宁转入地下工作时给予协助的芬兰社会民主党人

A. 布卢姆克维斯特

尤·拉图卡

古·谢·罗维奥

Л. Г. 雅拉瓦

胡·雅拉瓦

1917 年 7 月下旬至 8 月下旬，列宁在匿居彼得格勒附近的拉兹利夫湖畔时继续潜心研究马克思主义国家学说，开始写《国家与革命》一书。这是列宁系统阐述马克思主义国家学说、无产阶级革命和无产阶级专政理论的重要著作。(40-43)

40. 在拉兹利夫湖畔匿居地写作《国家与革命》（油画） M. 索科洛夫
41. 《国家与革命》一书封面（1918 年彼得格勒版）
42. 《国家与革命》第 1 版序言第 1 页手稿
43. 列宁《马克思主义论国家》的笔记本封面

40

谁要是仅仅承认阶级斗争，那他还不是马克思主义者……只有承认阶级斗争，同时也承认无产阶级专政的人，才是马克思主义者。

——列宁

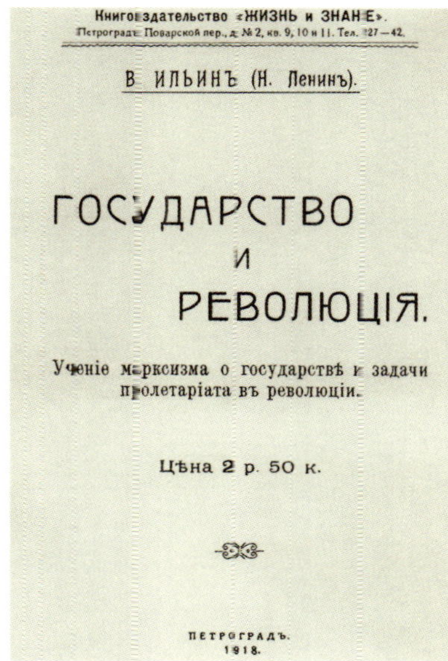

Книгоиздательство «ЖИЗНЬ и ЗНАНІЕ».
Петроградъ: Поварской пер., д. № 2, кв. 9, 10 и 11. Тел. 127—42.

В. ИЛЬИНЪ (Н. Ленинъ).

ГОСУДАРСТВО И РЕВОЛЮЦІЯ.

Ученіе марксизма о государствѣ и задачи пролетаріата въ революціи.

Цѣна 2 р. 50 к.

ПЕТРОГРАДЪ.
1918.

41

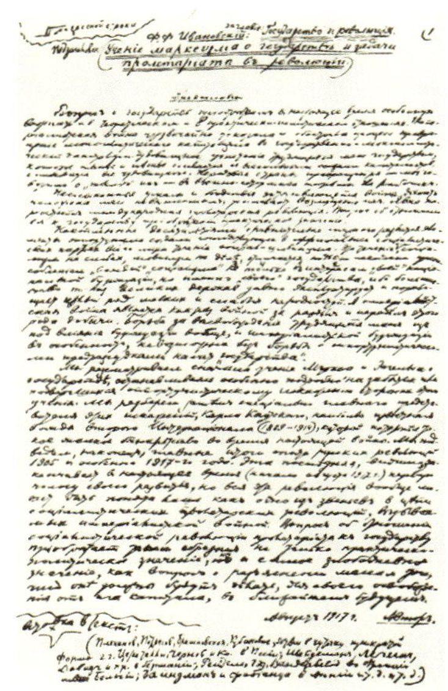

42

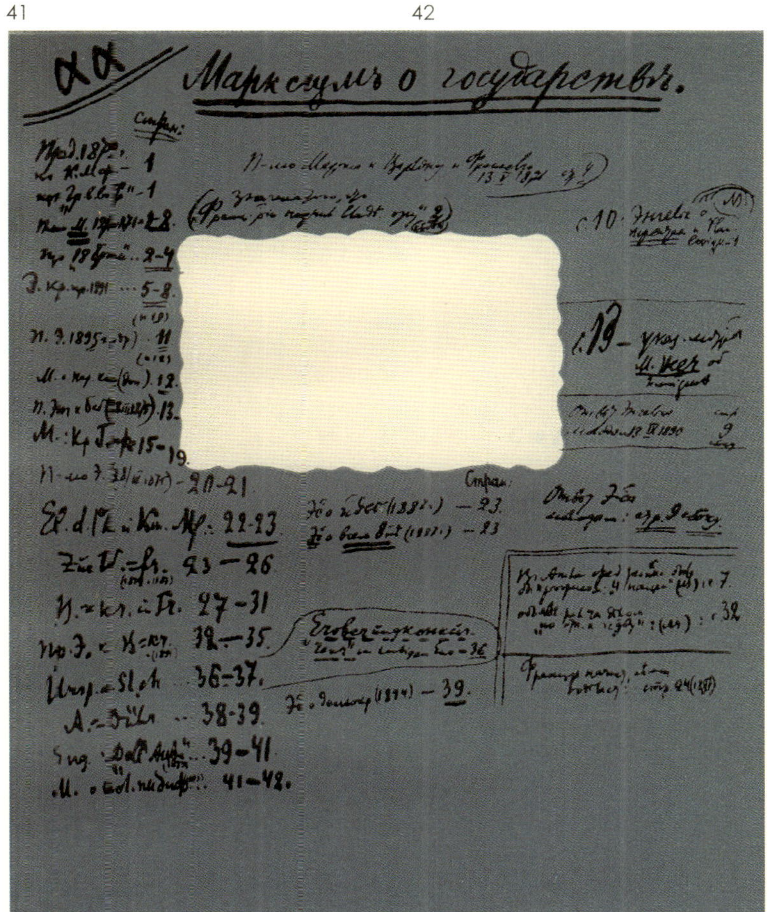

43

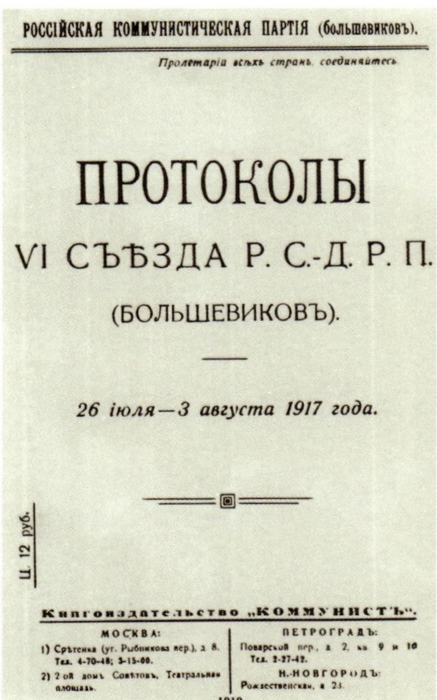

РОССІЙСКАЯ КОММУНИСТИЧЕСКАЯ ПАРТІЯ (большевиковъ).

Пролетаріи всѣхъ странъ, соединяйтесь.

ПРОТОКОЛЫ

VI СЪѢЗДА Р. С.-Д. Р. П.

(БОЛЬШЕВИКОВЪ).

26 іюля—3 августа 1917 года.

Ц. 12 руб.

Книгоиздательство „КОММУНИСТЪ".

МОСКВА: 1) Срѣтенка (уг. Рыбникова пер.), д. 8. Тел. 4-70-48; 3-15-00. 2) 2 ой домъ Совѣтовъ, Театральная площадь.

ПЕТРОГРАДЪ: Поварской пер., д. 2, кв. 9 и 10. Тел. 2-27-42.

Н.-НОВГОРОДЪ: Рождественская, д. 2.

1919.

44

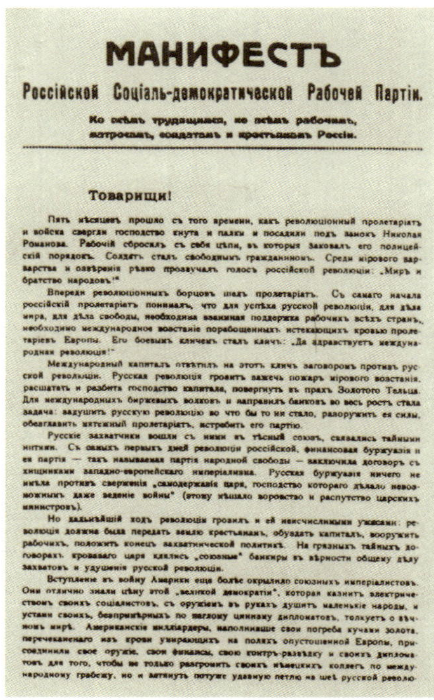

МАНИФЕСТЪ

Россійской Соціаль-демократической Рабочей Партіи.

Ко всѣмъ трудящимся, ко всѣмъ рабочимъ, матросамъ, солдатамъ и крестьянамъ Россіи.

Товарищи!

Пять мѣсяцевъ прошло съ того времени, какъ революціонный пролетаріатъ и войска свергли господство кнута и палки и посадили подъ замокъ Николая Романова. Рабочій сбросилъ съ себя цѣпи, въ которыя заковалъ его полицейскій порядокъ. Солдатъ сталъ свободнымъ гражданиномъ. Среди мірового варварства и озвѣренія рѣзко прозвучалъ голосъ россійской революціи: „Миръ и братство народовъ!"

Впереди революціонныхъ борцовъ шелъ пролетаріатъ. Съ самаго начала россійскій пролетаріатъ понималъ, что для успѣха русской революціи, для дѣла мира, для дѣла свободы, необходима взаимная поддержка рабочихъ всѣхъ странъ, необходимо международное возстаніе порабощенныхъ истекающихъ кровью пролетаріевъ Европы. Его боевымъ кличемъ сталъ кличъ: „Да здравствуетъ международная революція!"

Международный капиталъ отвѣтилъ на этотъ кличъ заговоромъ противъ русской революціи. Русская революція грозитъ зажечь пожаръ мірового возстанія, расшатать и разбить господство капитала, повергнуть въ прахъ Золотого Тельца. Для международныхъ биржевыхъ волковъ и заправилъ банковъ во весь ростъ стала задача: задушить русскую революцію во что бы то ни стало, разоружить ея силы, обезглавить мятежный пролетаріатъ, истребить его партію.

Русскіе захватчики вошли съ ними въ тѣсный союзъ, связались тайными нитями. Съ самыхъ первыхъ дней революціи россійской, финансовая буржуазія и ея партія — такъ называемая партія народной свободы — заключила договоръ съ хищниками западно-европейскаго имперіализма. Русская буржуазія ничего не имѣла противъ сверженія „самодержавія царя, господство котораго дѣлало невозможнымъ даже веденіе войны" (этому мѣшало воровство и распутство царскихъ министровъ).

Но дальнѣйшій ходъ революціи грозилъ и ей неисчислимыми ужасами: революція должна была передать землю крестьянамъ, обуздать капиталъ, вооружить рабочихъ, положить конецъ захватнической политикѣ. На грязныхъ тайныхъ договорахъ кроваваго царя клялись „союзные" банкиры въ вѣрности общему дѣлу захватовъ и удушенія русской революціи.

Вступленіе въ войну Америки еще болѣе окрылило союзныхъ имперіалистовъ. Они отлично знали цѣну этой „великой демократіи", которая казнитъ электричествомъ своихъ соціалистовъ, съ оружіемъ въ рукахъ душитъ маленькіе народы, и устами своихъ, беспримѣрныхъ по наглому цинизму дипломатовъ, толкуетъ о вѣчномъ мирѣ. Американскіе миллiардеры, наполнившіе свои погреба кучами золота, перечеканенаго изъ крови умирающихъ на поляхъ опустошенной Европы, присоединили свое оружіе, свои финансы, свою контръ-развѣдку и своихъ дипломатовъ для того, чтобы не только разгромить своихъ нѣмецкихъ коллегъ по международному грабежу, но и затянуть потуже удавную петлю на шеѣ русской револю-

45

46

1917年8月8—16日（俄历7月26日—8月3日），俄国社会民主工党（布）举行第六次代表大会，大会通过了列宁提出的准备武装起义、争取社会主义革命胜利的方针，列宁缺席当选为中央委员。（44-46）

44. 《俄国社会民主工党（布）第六次代表大会记录》封面（1919年版）
45. 俄国社会民主工党宣言《告俄国全体劳动者、全体工人、士兵和农民书》（传单）
46. 俄国社会民主工党（布）第六次代表大会会址（彼得格勒维堡区萨姆普桑大街）

1917 年 9 月上旬，沙俄将军科尔尼洛夫发动叛乱。布尔什维克党根据列宁的要求，组织和领导人民群众反对科尔尼洛夫叛乱，同时揭露临时政府的反革命阴谋。9 月中旬列宁写了一系列文章，指出必须实行社会主义革命，立即着手武装起义的实际准备工作。(47–49)

47. 列宁《大难临头，出路何在？》封面（1917 年彼得格勒版）

48. 列宁《布尔什维克应当夺取政权》一文打字稿

49. 反对科尔尼洛夫叛乱的革命水兵和士兵

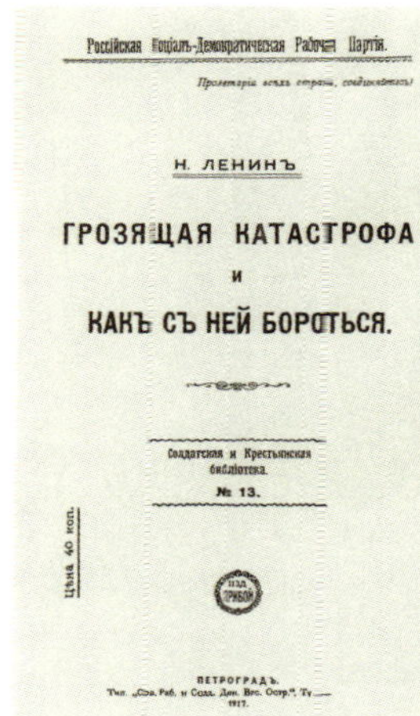
Россійская Соціалъ-Демократическая Рабочая Партія.

Пролетаріи всѣхъ странъ, соединяйтесь!

Н. ЛЕНИНЪ

ГРОЗЯЩАЯ КАТАСТРОФА
И
КАКЪ СЪ НЕЙ БОРОТЬСЯ.

Солдатская и Крестьянская библіотека.
№ 13.

Цѣна 40 коп.

ПЕТРОГРАДЪ.
1917.

47

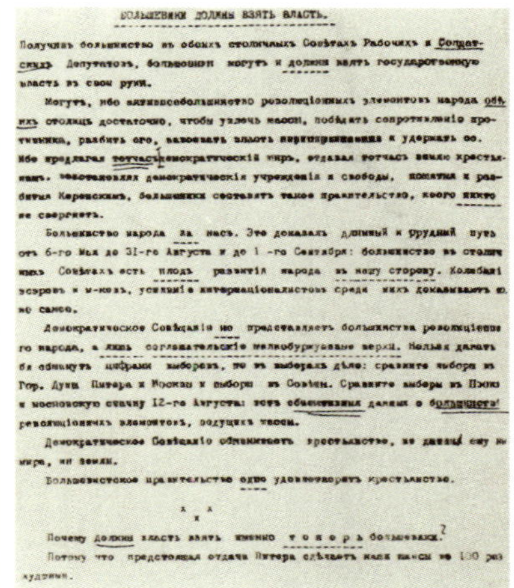
БОЛЬШЕВИКИ ДОЛЖНЫ ВЗЯТЬ ВЛАСТЬ.

Получивъ большинство въ обоихъ столичныхъ Совѣтахъ Рабочихъ и Солдатскихъ Депутатовъ, большевики могутъ и должны взять государственную власть въ свои руки.

Большинство народа за насъ.

Почему должны власть взять именно теперь большевики?

48

49

1917 年 10 月 20 日（俄历 10 月 7 日），为领导武装起义，列宁从芬兰秘密返回彼得格勒。(50-55)

50. 列宁返回彼得格勒时所搭乘的 293 号机车
51. 维堡区亚历山德罗夫街 15 号，列宁返回彼得格勒时曾在此居住。
52. 彼得格勒皇族车站，1917 年 10 月 20 日（俄历 10 月 7 日）晚，列宁抵达这里。
53. 谢尔多博尔街 1/92 号（玛・瓦・福法诺娃家），列宁返回彼得格勒后曾在此居住。

50

51

52

53

54. 返回彼得格勒 （油画） A. 洛普霍夫

55. 十月的风 （油画） E. 杰维亚托夫

1917 年 10 月 23 日（俄历 10 月 10 日），列宁主持召开俄国社会民主工党（布）中央委员会会议，会议通过了列宁起草的关于武装起义的决议草案。29 日（俄历 16 日），列宁出席俄国社会民主工党（布）中央委员会扩大会议，就中央委员会 10 月 23 日会议通过的关于武装起义的决议作报告，坚持立即准备武装起义的方针。在这次会议上成立了军事革命总部，作为领导核心参加彼得格勒工兵代表苏维埃军事革命委员会，实际领导武装起义。(56-60)

56. 列宁起草的关于武装起义的决议案手稿

57. 俄国社会民主工党（布）中央委员会 10 月 23 日（俄历 10 月 10 日）会议会址（彼得格勒卡尔波夫卡河沿岸街苏汉诺娃的住所）

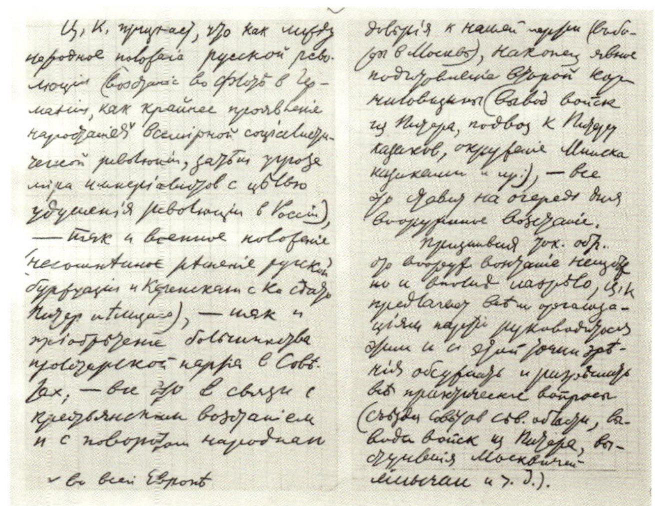

Ц. К. признает, что как международное положение русской революции (восстание во флоте в Германии, как крайнее проявление нарастания во всей Европе всемирной социалистической революции, затем угроза мира империалистов с целью удушения революции в России), — так и военное положение (несомненное решение русской буржуазии и Керенского с К° сдать Питер немцам), — так и приобретение большинства пролетарской партией в Советах, — все это в связи с крестьянским восстанием и с поворотом народного доверия к нашей партии (выборы в Москве), наконец явное подготовление второй корниловщины (вывод войск из Питера, подвоз к Питеру казаков, окружение Минска казаками и пр.), — все это ставит на очередь дня вооруженное восстание.

Признавая т. обр., что вооруженное восстание неизбежно и вполне назрело, Ц. К. предлагает всем организациям партии руководиться этим и с этой точки зрения обсуждать и разрешать все практические вопросы (съезда Советов Сев. области, вывода войск из Питера, выступления москвичей и минчан и т. д.).

56

57

58. 在俄国社会民主工党（布）中央委员会会议上　（油画）　　李天祥　倪志琪

59. 俄国社会民主工党（布）中央委员会 1917 年 10 月 29 日（俄历 10 月 16 日）扩大会议会址（彼得格勒列斯诺伊－乌杰尔宁斯卡区杜马大楼）

60. 1917 年 10 月 29 日党中央扩大会议成立的军事革命总部成员

59

安·谢·布勒诺夫

费·埃·捷尔任斯基

雅·米·斯维尔德洛夫

约·维·斯大林

莫·索·乌里茨基

1917年11月6日（俄历10月24日）晚，列宁写信给布尔什维克党中央委员，要求立即夺取政权，强调指出拖延武装起义等于自取灭亡。当天深夜，他来到起义领导中心斯莫尔尼宫，直接领导彼得格勒的工人、士兵和水兵的起义。(61-64)

61. 列宁《给中央委员的信》
62. 彼得格勒斯莫尔尼宫
63. 彼得格勒大街上的赤卫队
64. 列宁在斯莫尔尼宫（1917年）（油画） B．谢洛夫

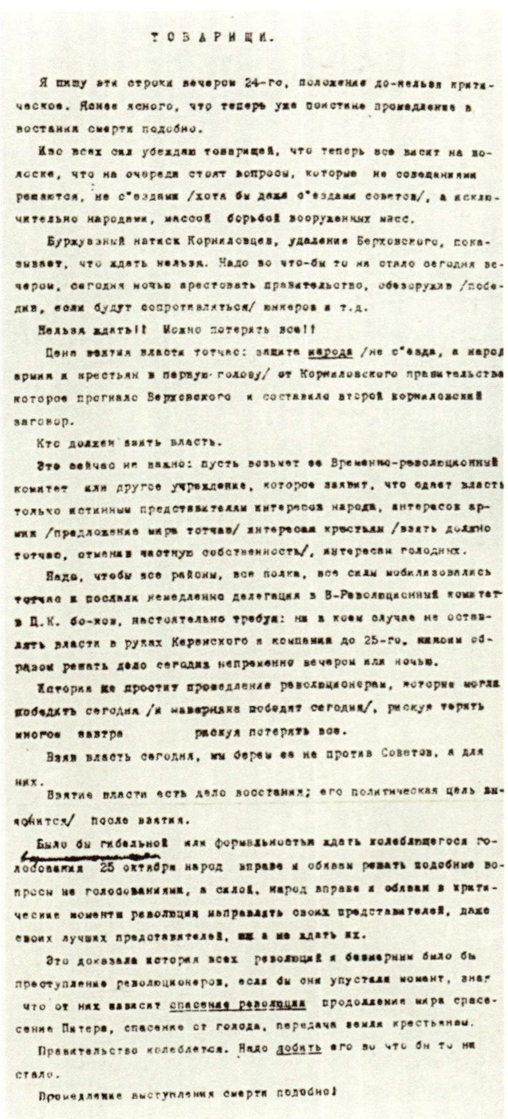

ТОВАРИЩИ.

Я пишу эти строки вечером 24-го, положение до-нельзя критическое. Яснее ясного, что теперь уже поистине промедление в востании смерти подобно.

Изо всех сил убеждаю товарищей, что теперь все висит на волоске, что на очереди стоят вопросы, которые не совещаниями решаются, не с"ездами /хотя бы даже с"ездами советов/, а исключительно народами, массой борьбой вооруженных масс.

Буржуазный натиск Корниловцев, удаление Верховского, показывает, что ждать нельзя. Надо во что-бы то ни стало сегодня вечером, сегодня ночью арестовать правительство, обезоружив /победив, если будут сопротивляться/ юнкеров и т.д.

Нельзя ждать!! Можно потерять все!!

Цена взятия власти тотчас: защита народа /не с"езда, а народ армии и крестьян в первую голову/ от Корниловского правительства которое прогнало Верховского и составило второй корниловский заговор.

Кто должен взять власть.

Это сейчас не важно: пусть возьмет ее Военно-революционный комитет или другое учреждение, которое заявит, что сдаст власть только истинным представителям интересов народа, интересов армии /предложение мира тотчас/ интересам крестьян /взять должно тотчас, отменив частную собственность/, интересам голодных.

Надо, чтобы все районы, все полки, все силы мобилизовались тотчас и послали немедленно делегация в В-Революционный комитет в Ц.К. бо-ков, настоятельно требуя: ни в коем случае не оставлять власти в руках Керенского и компании до 25-го, никоим образом решать дело сегодня непременно вечером или ночью.

История не простит промедление революционерам, которые могли победить сегодня /и наверняка победят сегодня/, рискуя терять многое завтра рискуя потерять все.

Взяв власть сегодня, мы берем ее не против Советов, а для них.

Взятие власти есть дело восстания; его политическая цель выяснится/ после взятия.

Было бы гибельной или формальностью ждать колеблющегося голосования 25 октября народ вправе и обязан решать подобные вопросы не голосованиями, а силой, народ вправе и обязан в критические моменты революции направлять своих представителей, даже своих лучших представителей, и а не ждать их.

Это доказала история всех революций и безмерным было бы преступление революционеров, если бы они упустили момент, зная что от них зависит спасение революции продолжения мира спасение Питера, спасение от голода, передача земли крестьянам.

Правительство колеблется. Надо добить его во что бы то ни стало.

Промедление выступления смерти подобно!

61

62

63

1917 年 11 月 7 日（俄历 10 月 25 日）晨，彼得格勒已被赤卫队和革命士兵所控制。列宁以彼得格勒工兵代表苏维埃军事革命委员会的名义起草《告俄国公民书》，宣告资产阶级临时政府被推翻，政权转到军事革命委员会手中。当天下午，起义队伍执行列宁的指示，开始攻打冬宫。翌日凌晨，占领冬宫，武装起义获得胜利。随后革命迅速向全国扩展，第二首都莫斯科的武装起义也获得成功。(65-68)

65. 列宁 1917 年 11 月 7 日（俄历 10 月 25 日）起草的《告俄国公民书》的手稿
66. 发出进攻冬宫信号的“阿芙乐尔号”巡洋舰
67. 攻打冬宫
68. 攻打克里姆林宫 （油画）　　B．梅什科夫

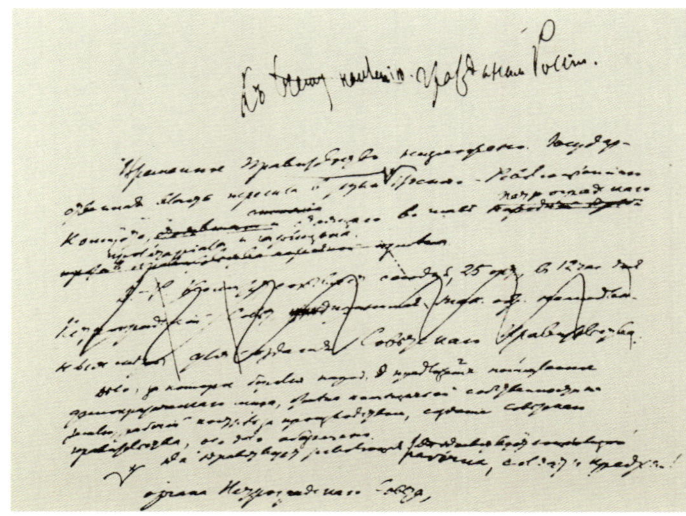
К гражданам России.

65

66

67

68

1917年11月7日（俄历10月25日）晚，全俄工兵代表苏维埃第二次代表大会在斯莫尔尼宫召开，列宁被选入主席团。大会通过了列宁起草的《告工人、士兵和农民书》。翌日晚，列宁在苏维埃第二次代表大会的第二次会议上作报告。大会通过了列宁起草的《和平法令》、《土地法令》和《关于成立工农政府的决定》。大会宣布组成以列宁为主席的第一届工农政府——人民委员会。世界上第一个社会主义国家宣告诞生。(69-75)

69. 列宁起草的《和平法令》
70. 列宁起草的《土地法令》
71. 列宁起草的《告工人、士兵和农民书》，载于1917年11月8日（俄历10月26日）《工人和士兵报》第9号。
72. 列宁起草的《关于成立工农政府的决定》，载于1917年11月9日（俄历10月27日）《工人和士兵报》第10号。
73. 人民委员会主席列宁签署的《俄国各族人民权利宣言》

ИЗВѢСТІЯ
Центральнаго Исполнительнаго Комитета
и Петроградскаго Совѣта
Рабочихъ и Солдатскихъ Депутатовъ.

Декретъ о мирѣ,
принятый единогласно на засѣданіи Всероссійскаго Съѣзда Совѣтовъ Рабочихъ, Солдатскихъ и Крестьянскихъ Депутатовъ 26 октября 1917 г.

69

ИЗВѢСТІЯ
Центральнаго Исполнительнаго Комитета
и Петроградскаго Совѣта
Рабочихъ и Солдатскихъ Депутатовъ.

ДЕКРЕТЪ О ЗЕМЛѢ

70

РАБОЧІЙ и СОЛДАТЪ

РАБОЧИМЪ, СОЛДАТАМЪ и КРЕСТЬЯНАМЪ!

Солдаты, окажите активное противодѣйствіе корниловцу Керенскому! Будьте на сторожѣ!
Желѣзнодорожники, останавливайте всѣ эшелоны, посылаемые Керенскимъ на Петроградъ!
Солдаты, рабочіе, служащіе, — въ вашихъ рукахъ судьба революціи и судьба демократическаго мира!
ДА ЗДРАВСТВУЕТЪ РЕВОЛЮЦІЯ!

71

РАБОЧІЙ и СОЛДАТЪ

СОВѢТЪ
НАРОДНЫХЪ КОМИССАРОВЪ.

Всероссійскій Съѣздъ Совѣтовъ Рабочихъ, Солдатскихъ и Крестьянскихъ Депутатовъ, постановляетъ:

Образовать для управленія страной, впредь до созыва Учредительнаго Собранія, временное рабочее и крестьянское правительство, которое будетъ именоваться Совѣтомъ Народныхъ Комиссаровъ. Завѣдываніе отдѣльными отраслями государственной жизни поручается комиссіямъ, составъ которыхъ долженъ обезпечить проведеніе въ жизнь провозглашенной Съѣздомъ программы въ тѣсномъ единеніи съ массовыми организаціями рабочихъ, работницъ, матросовъ, солдатъ, крестьянъ и служащихъ. Правительственная власть принадлежитъ коллегіи предсѣдателей этихъ комиссій, т. е. Совѣту Народныхъ Комиссаровъ.

Контроль надъ дѣятельностью народныхъ комиссаровъ и право смѣщенія ихъ принадлежитъ Всероссійскому Съѣзду Совѣтовъ Рабочихъ, Крестьянскихъ и Солдатскихъ Депутатовъ и его Центральн. Исп. Комитету.

Въ настоящій моментъ Совѣтъ Народныхъ Комиссаровъ составляется изъ слѣдующихъ лицъ:

Предсѣдатель Совѣта — Владимиръ Ульяновъ (Ленинъ)

72

Декларація правъ народовъ Россіи.

Октябрьская революція рабочихъ и крестьянъ началась подъ общимъ знаменемъ раскрѣпощенія.

Раскрѣпощаются КРЕСТЬЯНЕ отъ власти помѣщиковъ, ибо нѣтъ больше помѣщичьей собственности на землю — она упразднена. Раскрѣпощаются СОЛДАТЫ и МАТРОСЫ отъ власти самодержавныхъ генераловъ, ибо генералы отнынѣ будутъ выборными и смѣняемыми. Раскрѣпощаются РАБОЧІЕ отъ капризовъ и произвола капиталистовъ, ибо отнынѣ будетъ установленъ контроль рабочихъ надъ заводами и фабриками. Все живое и жизнеспособное раскрѣпощается отъ ненавистныхъ оковъ.

Остаются только НАРОДЫ РОССІИ, терпѣвшіе и терпящіе гнетъ и произволъ, къ раскрѣпощенію которыхъ должно быть приступлено немедленно, освобожденіе которыхъ должно быть проведено рѣшительно и безповоротно.

За эпоху царизма народы Россіи систематически натравливались другъ на друга. Результаты такой политики извѣстны: рѣзня и погромы, съ одной стороны, рабство народовъ — съ другой.

Этой позорной политикѣ натравливанія нѣтъ и не должно быть возврата. Отнынѣ она должна быть замѣнена политикой ДОБРОВОЛЬНАГО и ЧЕСТНАГО союза народовъ Россіи.

Въ періодъ имперіализма, послѣ февральской революціи, когда власть перешла въ руки кадетской буржуазіи, неприкрытая политика натравливанія уступила мѣсто политикѣ трусливаго недовѣрія къ народамъ Россіи, политикѣ придирокъ и провокаціи, прикрывающейся словесными заявленіями о «свободѣ» и «равенствѣ» народовъ. Результаты такой политики извѣстны: усиленіе національной вражды, подрывъ взаимнаго довѣрія.

Этой недостойной политикѣ лжи и недовѣрія, придирокъ и провокаціи долженъ быть положенъ конецъ. Отнынѣ она должна быть замѣнена открытой и честной политикой, ведущей къ ПОЛНОМУ ВЗАИМНОМУ ДОВѢРІЮ народовъ Россіи.

Только въ результатѣ такого довѣрія можетъ сложиться честный и прочный союзъ народовъ Россіи.

Только въ результатѣ такого союза могутъ быть спаяны рабочіе и крестьяне народовъ Россіи въ одну революціонную силу, способную устоять противъ всякихъ покушеній со стороны имперіалистско-аннексіонистской буржуазіи.

Исходя изъ этихъ положеній, первый Съѣздъ Совѣтовъ въ іюнѣ этого года провозгласилъ право народовъ Россіи на свободное самоопредѣленіе.

Второй Съѣздъ Совѣтовъ въ октябрѣ этого года подтвердилъ это неотъемлемое право народовъ Россіи болѣе рѣшительно и опредѣленно.

Исполняя волю этихъ Съѣздовъ, Совѣтъ Народныхъ Комиссаровъ рѣшилъ положить въ основу своей дѣятельности по вопросу о національностяхъ Россіи слѣдующія начала:

1. РАВЕНСТВО и СУВЕРЕННОСТЬ НАРОДОВЪ РОССІИ.
2. ПРАВО НАРОДОВЪ РОССІИ НА СВОБОДНОЕ САМООПРЕДѢЛЕНІЕ, ВПЛОТЬ ДО ОТДѢЛЕНІЯ и ОБРАЗОВАНІЯ САМОСТОЯТЕЛЬНАГО ГОСУДАРСТВА.
3. ОТМѢНА ВСѢХЪ и ВСЯКИХЪ НАЦІОНАЛЬНЫХЪ и НАЦІОНАЛЬНО-РЕЛИГІОЗНЫХЪ ПРИВИЛЛЕГІЙ и ОГРАНИЧЕНІЙ.
4. СВОБОДНОЕ РАЗВИТІЕ НАЦІОНАЛЬНЫХЪ МЕНЬШИНСТВЪ и ЭТНОГРАФИЧЕСКИХЪ ГРУППЪ, НАСЕЛЯЮЩИХЪ ТЕРРИТОРІЮ РОССІИ.

Вытекающіе отсюда конкретные декреты будутъ выработаны немедленно послѣ конструированія комиссіи по дѣламъ національностей.

Именемъ Республики Россійской Народный Комиссаръ по дѣламъ національностей ІОСИФЪ ДЖУГАШВИЛИ-СТАЛИНЪ.

Предсѣдатель Совѣта Народныхъ Комиссаровъ В. УЛЬЯНОВЪ (Ленинъ)

2 ноября 1917 г.

73

74. 人民委员会组成人员（铁道人民委员人选空缺）

主席：弗拉基米尔·乌里扬诺夫（列宁）

内务人民委员：阿·伊·李可夫

农业人民委员：弗·巴·米柳亭

劳动人民委员：亚·加·施略普尼柯夫

陆海军人民委员会成员：弗·亚·奥弗申柯（安东诺夫）

陆海军人民委员会成员：尼·瓦·克雷连柯

陆海军人民委员会成员：帕·叶·德宾科

工商业人民委员：维·巴·诺根

国民教育人民委员：阿·瓦·卢那察尔斯基

财政人民委员：伊·伊·斯克沃尔佐夫（斯捷潘诺夫）

外交人民委员：列·达·勃朗施坦（托洛茨基）

司法人民委员：格·伊·奥波科夫（洛莫夫）

粮食人民委员：伊·阿·泰奥多罗维奇

邮电人民委员：尼·巴·阿维洛夫（格列博夫）

民族事务委员会主席：约·维·朱加施维里（斯大林）

75. 在全俄苏维埃第二次代表大会上 （油画） B．谢罗夫

十月革命胜利后，列宁领导布尔什维克党立即投入捍卫和巩固苏维埃政权、规划社会主义建设事业的斗争。（02-11）

02. 列宁（1918 年）

03. 彼得格勒斯莫尔尼宫——人民委员会所在地

02

03

04. 斯莫尔尼宫内列宁的办公室
05. 列宁在斯莫尔尼宫主持人民委员会会议（1918 年）
06. 在办公室 （油画） И．布罗茨基
07. 列宁同普梯洛夫工厂的工人谈话 （素描） П．瓦西里耶夫

04

05

06

07

08. 同农民代表谈话（油画） B．谢罗夫

09. 列宁《被剥削劳动人民权利宣言》手稿
10. 列宁《工人监督条例草案》手稿
11. 1917 年 11 月列宁《答复农民的问题》手稿

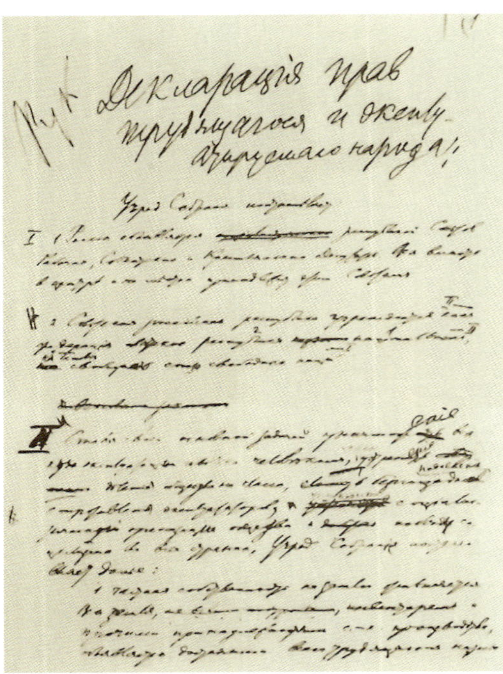

09

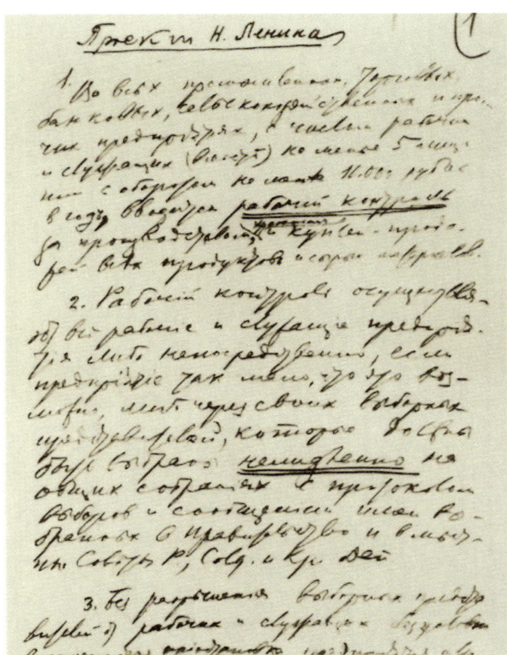

10

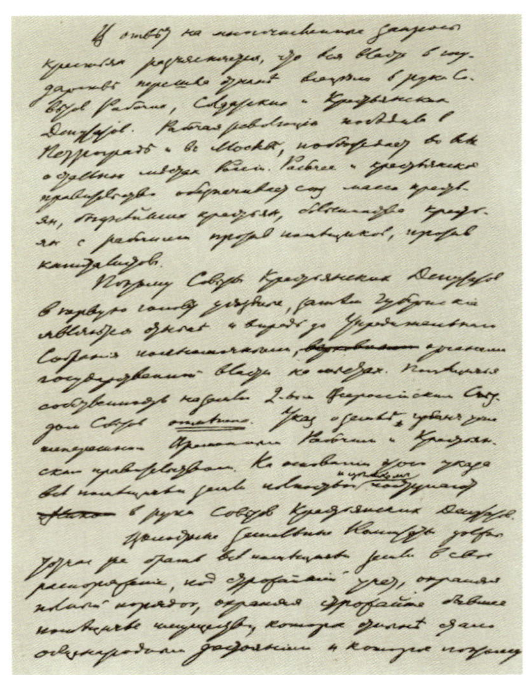

11

1918 年 2 月，德国军队大举进攻，苏维埃俄国的生存受到巨大威胁，工农政权迅速组建了新的革命军队来迎击德军的侵犯。为了赢得和平喘息时机，以巩固政权，列宁坚决主张同德国签订和约。(12-15)

12. 列宁修改过的《关于组建工农红军的法令》的打字稿
13. 同红军战士谈话（油画） M．索科洛夫

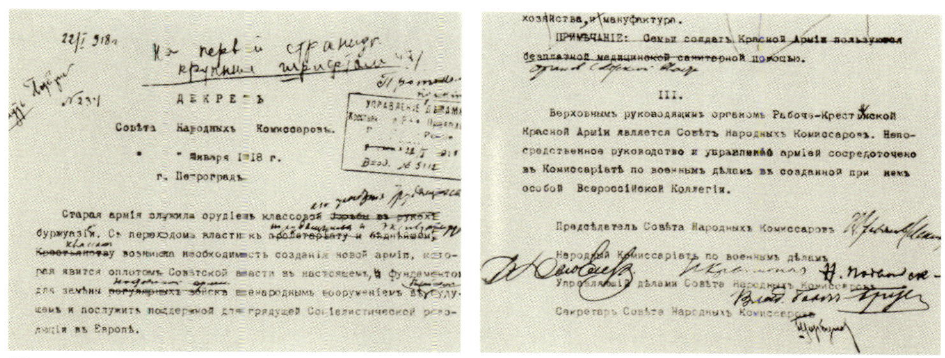

ДЕКРЕТЪ

Совѣта Народныхъ Комиссаровъ.

" Января 1918 г.

г. Петроградъ

Старая армія служила орудіемъ классовой угнетенія трудящихся буржуазіей. Съ переходомъ власти къ трудящимся и эксплуатируемымъ классамъ возникла необходимость созданія новой арміи, которая явится оплотомъ Совѣтской власти въ настоящемъ, фундаментомъ для замѣны постоянной арміи всенароднымъ вооруженіемъ въ ближайшемъ будущемъ и послужитъ поддержкой для грядущей Соціалистической революціи въ Европѣ.

хозяйства, и мануфактуры.

ПРИМѢЧАНІЕ: Семьи солдатъ Красной Арміи пользуются безплатной медицинской санитарной помощью.

III.

Верховнымъ руководящимъ органомъ Рабоче-Крестьянской Красной Арміи является Совѣтъ Народныхъ Комиссаровъ. Непосредственное руководство и управленіе арміей сосредоточено въ Комиссаріатѣ по военнымъ дѣламъ въ созданной при немъ особой Всероссійской Коллегіи.

Предсѣдатель Совѣта Народныхъ Комиссаровъ

Народный Комиссаріатъ по военнымъ дѣламъ

Управляющій дѣлами Совѣта Народныхъ Комиссаровъ

Секретарь Совѣта Народныхъ Комиссаровъ

12

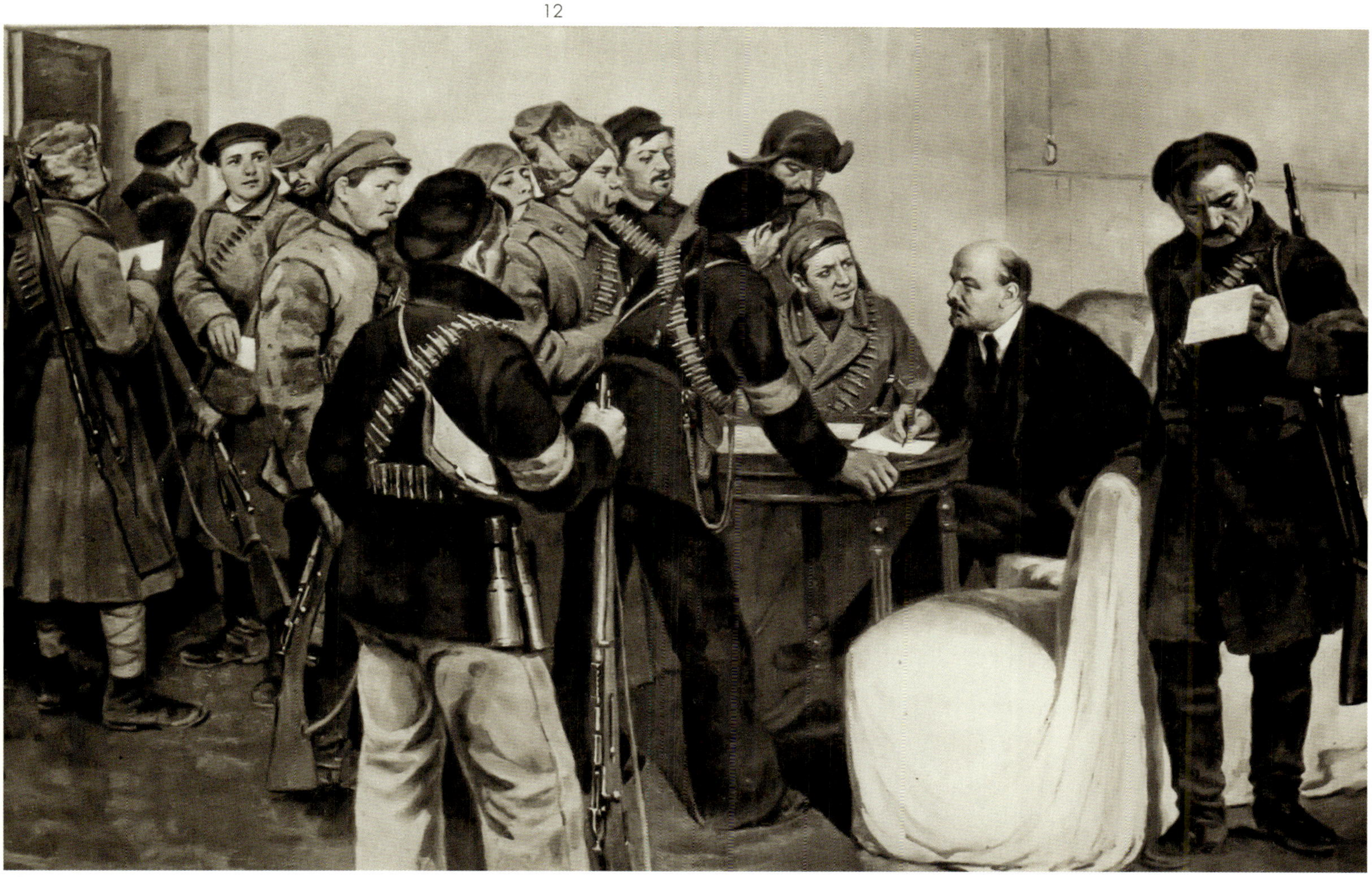

13

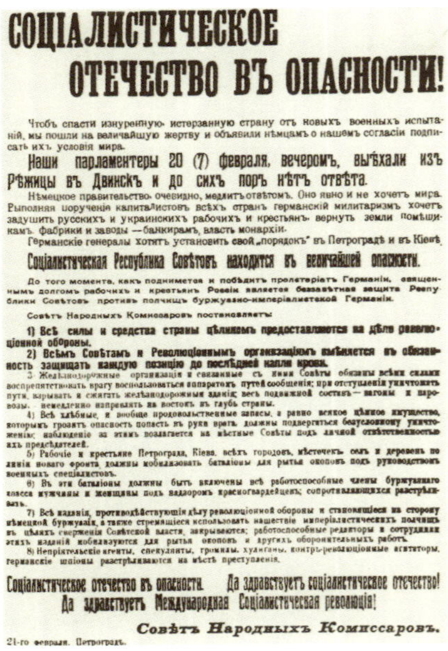

СОЦІАЛИСТИЧЕСКОЕ ОТЕЧЕСТВО ВЪ ОПАСНОСТИ!

Чтобъ спасти изнуренную, истерзанную страну отъ новыхъ военныхъ испытаній, мы пошли на величайшую жертву и объявили нѣмцамъ о нашемъ согласіи подписать ихъ условія мира.

Наши парламентеры 20 (7) февраля, вечеромъ, выѣхали изъ Рѣжицы въ Двинскъ и до сихъ поръ нѣтъ отвѣта.

Нѣмецкое правительство, очевидно, медлитъ отвѣтомъ. Оно явно и не хочетъ мира. Выполняя порученіе капиталистовъ всѣхъ странъ, германскій милитаризмъ хочетъ задушить русскихъ и украинскихъ рабочихъ и крестьянъ, вернуть земли помѣщикамъ, фабрики и заводы — банкирамъ, власть монархіи.

Германскіе генералы хотятъ установить свой „порядокъ" въ Петроградѣ и въ Кіевѣ.

Соціалистическая Республика Совѣтовъ находится въ величайшей опасности.

До того момента, какъ поднимется и побѣдитъ пролетаріатъ Германіи, священнымъ долгомъ рабочихъ и крестьянъ Россіи является беззавѣтная защита Республики Совѣтовъ противъ полчищъ буржуазно-имперіалистской Германіи.

Совѣтъ Народныхъ Комиссаровъ постановляетъ:

1) Всѣ силы и средства страны цѣликомъ предоставляются на дѣло революціонной обороны.

2) Всѣмъ Совѣтамъ и Революціоннымъ организаціямъ вмѣняется въ обязанность защищать каждую позицію до послѣдней капли крови.

3) Желѣзнодорожныя организаціи и связанные съ ними Совѣты обязаны всѣми силами воспрепятствовать врагу воспользоваться аппаратомъ путей сообщенія; при отступленіи уничтожать пути, взрывать и сжигать желѣзнодорожныя зданія; весь подвижной составъ — вагоны и паровозы — немедленно направлять на востокъ въ глубь страны.

4) Всѣ хлѣбные и вообще продовольственные запасы, а равно всякое цѣнное имущество, которымъ грозитъ опасность попасть въ руки врага, должны подвергаться безусловному уничтоженію; наблюденіе за этимъ возлагается на мѣстные Совѣты подъ личной отвѣтственностью ихъ председателей.

5) Рабочіе и крестьяне Петрограда, Кіева, всѣхъ городовъ, мѣстечекъ, селъ и деревень по линіи новаго фронта должны мобилизовать баталіоны для рытья окоповъ подъ руководствомъ военныхъ спеціалистовъ.

6) Въ эти баталіоны должны быть включены всѣ работоспособные члены буржуазнаго класса, мужчины и женщины, подъ надзоромъ красногвардейцевъ; сопротивляющихся разстрѣливать.

7) Всѣ изданія, противодѣйствующія дѣлу революціонной обороны и становящіеся на сторону нѣмецкой буржуазіи, а также стремящіеся использовать нашествіе имперіалистическихъ полчищъ въ цѣляхъ сверженія Совѣтской власти, закрываются; работоспособные редакторы и сотрудники этихъ изданій мобилизуются для рытья окоповъ и другихъ оборонительныхъ работъ.

8) Непріятельскіе агенты, спекулянты, громилы, хулиганы, контръ-революціонные агитаторы, германскіе шпіоны разстрѣливаются на мѣстѣ преступленія.

Соціалистическое отечество въ опасности. Да здравствуетъ соціалистическое отечество! Да здравствуетъ Международная Соціалистическая революція!

Совѣтъ Народныхъ Комиссаровъ.

21-го февраля. Петроградъ.

14

15

14. 列宁起草的人民委员会法令《社会主义祖国在危急中！》

15. 整装待发的苏俄红军战士

1918 年 3 月上旬，列宁主持召开了布尔什维克党执政后的第一次代表大会——俄共（布）第七次（紧急）代表大会。大会通过了列宁草拟的关于签订布列斯特和约问题的决议即《关于战争与和平的决议》。大会还采纳列宁的建议，把党的名称改为“俄国共产党（布尔什维克）”，并决定修改党纲。(16-18)

16. 列宁《关于战争与和平的决议》手稿第 1 页

17. 列宁《关于更改党的名称和修改党纲的决议》手稿第 1 页

18. 在俄共（布）第七次（紧急）代表大会上 （油画） A．库兹涅佐夫

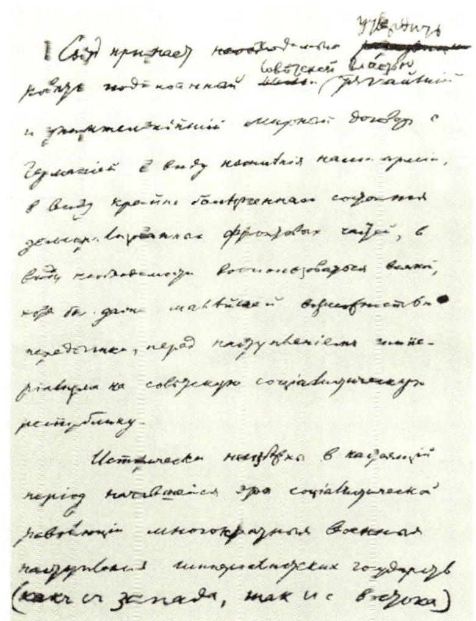

16

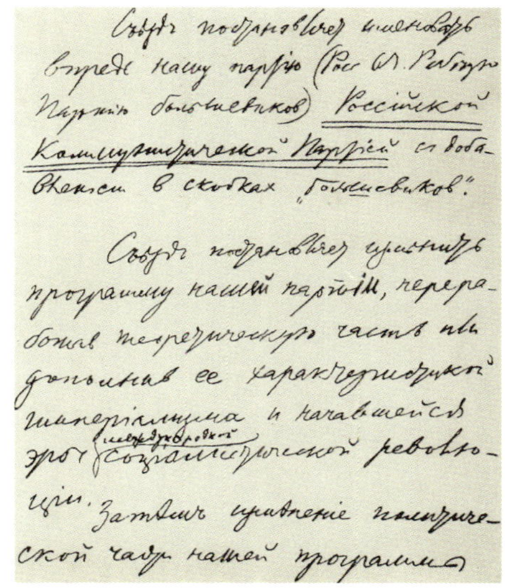

17

俄共（布）第七次（紧急）代表大会后，苏维埃俄国将首都由彼得格勒迁往莫斯科。(19-22)

19. 莫斯科克里姆林宫中的俄罗斯社会主义联邦苏维埃共和国政府大厦
20. 列宁在克里姆林宫办公室
21. 克里姆林宫内列宁的起居室
22. 列宁阅读《真理报》（中国画）　蒋兆和

19

乐于吸取外国的好东西：苏维埃政权＋普鲁士的铁路秩序＋美国的技术和托拉斯组织＋美国的国民教育等等等等＋＋＝总和＝社会主义。

——列宁

20

21

1918年春，在苏维埃政权赢得短暂的和平之际，列宁写了《苏维埃政权的当前任务》、《论“左派”幼稚性和小资产阶级性》等重要著作，对社会主义经济建设作了最初的构想。(23-25)

23. 列宁《苏维埃政权的当前任务》封面（1918年莫斯科版）
24. 列宁《科学技术工作计划草稿》手稿第1页
25. 列宁在工作中

23

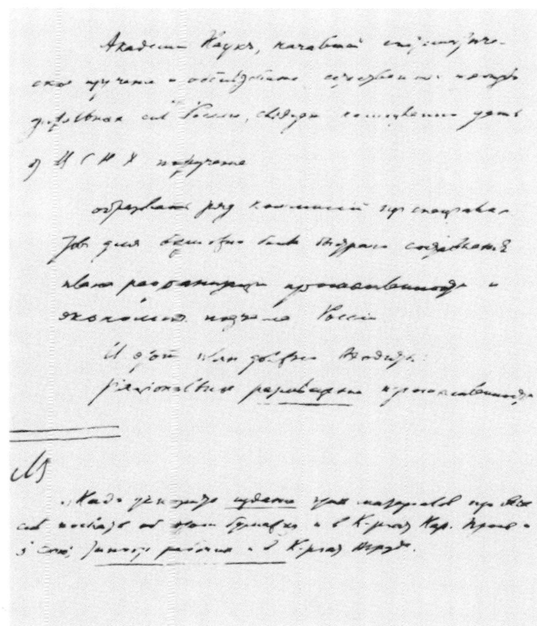
24

25

连年帝国主义战争给俄国经济造成严重破坏。1918 年春夏，饥荒日益加剧，列宁决定对粮食实行国家专卖制，并派出工人征粮队到农村征集粮食。他在 1918 年 7 月上旬召开的全俄苏维埃第五次代表大会上作了政府工作报告，论述了如何同饥荒和经济破坏现象作斗争的问题。这次大会通过了俄罗斯社会主义联邦苏维埃共和国宪法。(26-30)

26. 列宁《工人同志们！大家都来进行最后的斗争！》手稿第 1 页
27. 列宁《论饥荒》，载于 1918 年 5 月 24 日《真理报》第 101 号。
28. 同第一批工人征粮队的代表谈话 （油画）　B. 韦特罗贡斯基
29. 俄罗斯社会主义联邦苏维埃共和国宪法（1918 年）
30. 列宁与妹妹前往莫斯科大剧院出席全俄苏维埃第五次代表大会

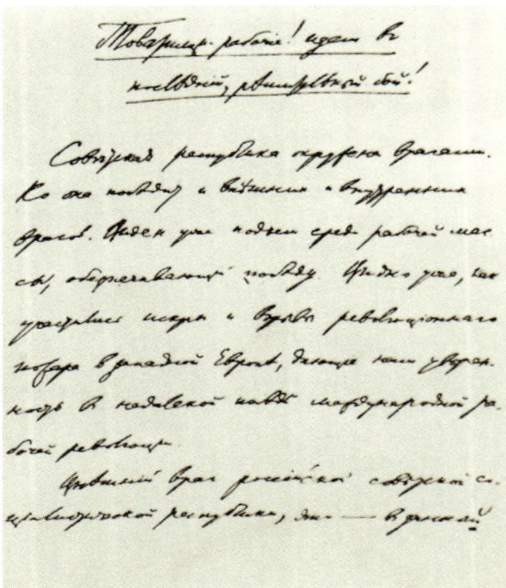
Товарищи-рабочие! Идем в последний, решительный бой!

26

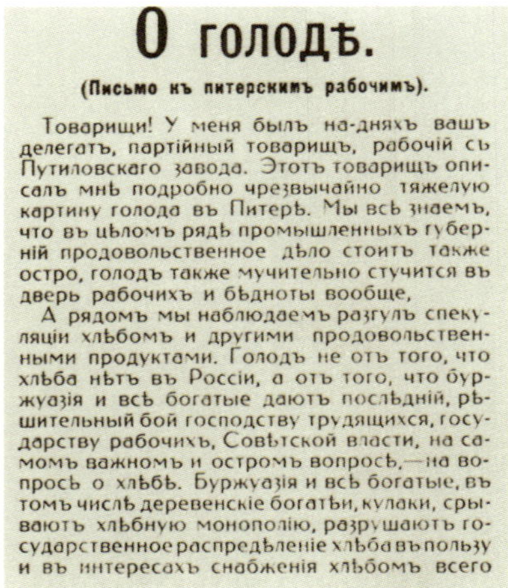
О голодѣ.

(Письмо къ питерскимъ рабочимъ).

Товарищи! У меня былъ на-дняхъ вашъ делегатъ, партійный товарищъ, рабочій съ Путиловскаго завода. Этотъ товарищъ описалъ мнѣ подробно чрезвычайно тяжелую картину голода въ Питерѣ. Мы всѣ знаемъ, что въ цѣломъ рядѣ промышленныхъ губерній продовольственное дѣло стоитъ также остро, голодъ также мучительно стучится въ дверь рабочихъ и бѣдноты вообще,

А рядомъ мы наблюдаемъ разгулъ спекуляціи хлѣбомъ и другими продовольственными продуктами. Голодъ не отъ того, что хлѣба нѣтъ въ Россіи, а отъ того, что буржуазія и всѣ богатые даютъ послѣдній, рѣшительный бой господству трудящихся, государству рабочихъ, Совѣтской власти, на самомъ важномъ и остромъ вопросѣ,—на вопросѣ о хлѣбѣ. Буржуазія и всѣ богатые, въ томъ числѣ деревенскіе богатѣи, кулаки, срываютъ хлѣбную монополію, разрушаютъ государственное распредѣленіе хлѣба въ пользу и въ интересахъ снабженія хлѣбомъ всего

27

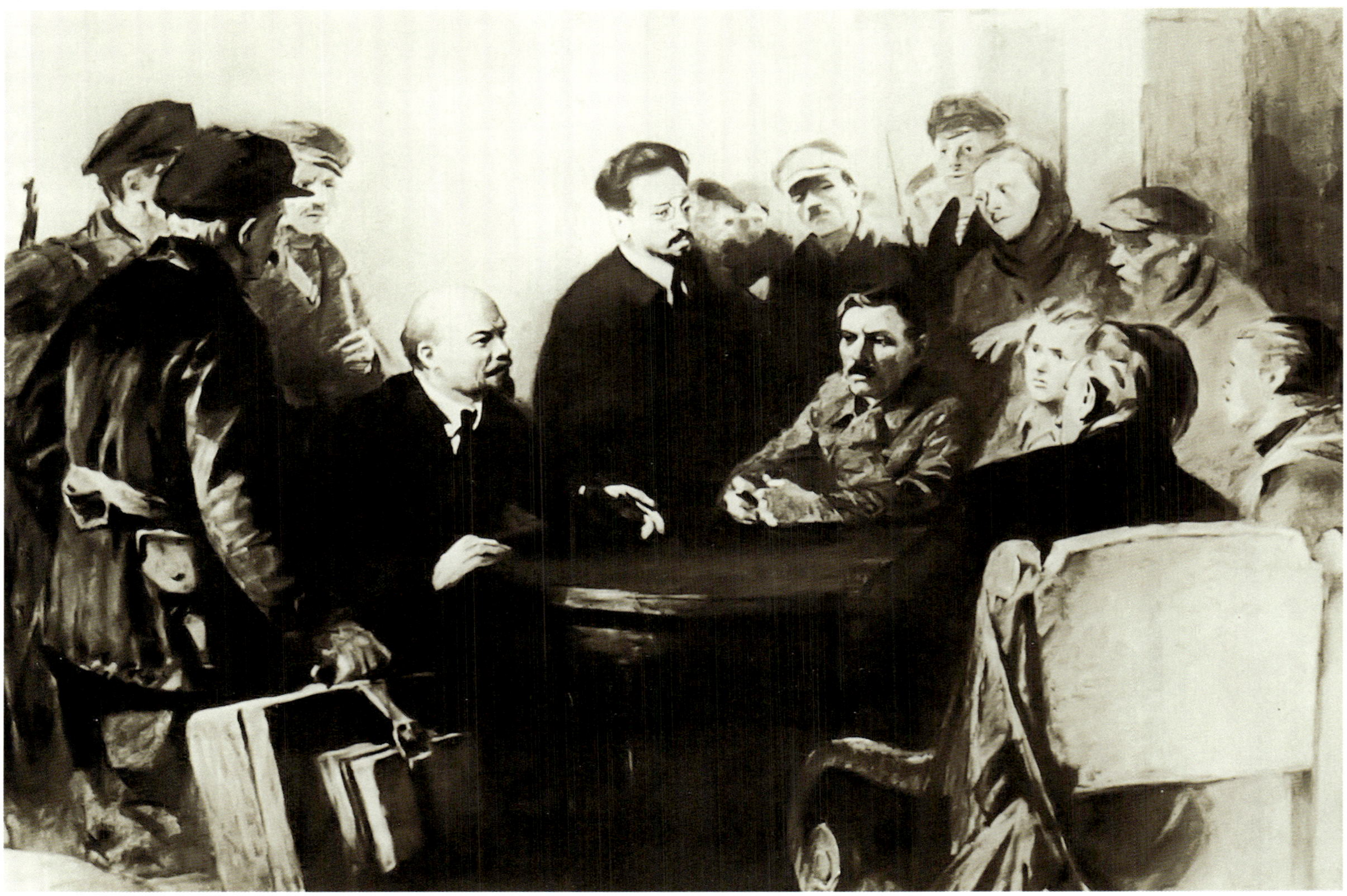

28

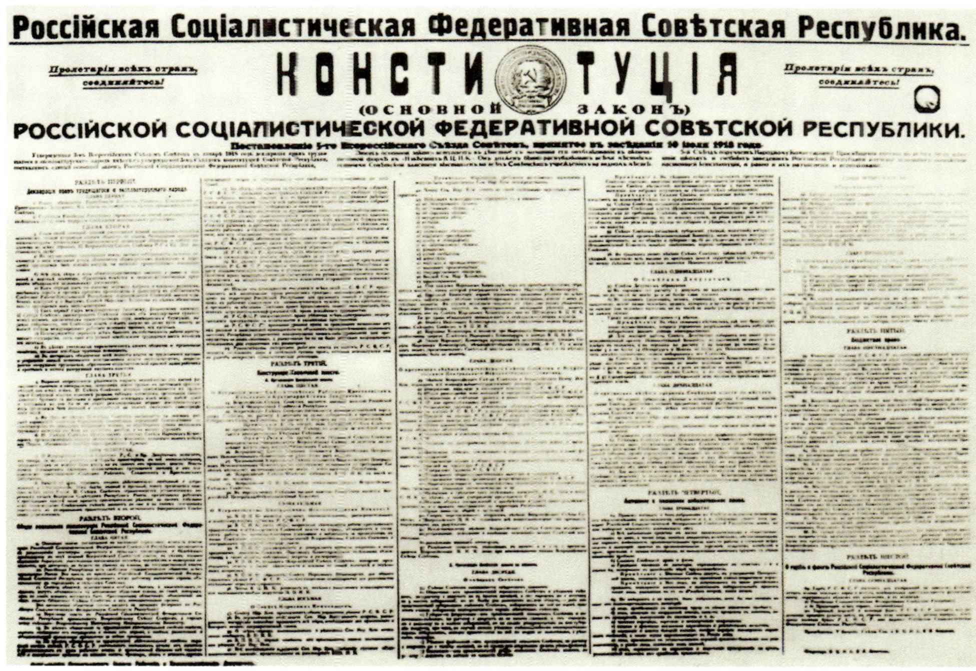

Россійская Соціалистическая Федеративная Совѣтская Республика.

Пролетаріи всѣхъ странъ, соединяйтесь!

КОНСТИТУЦІЯ

(ОСНОВНОЙ ЗАКОНЪ)

РОССІЙСКОЙ СОЦІАЛИСТИЧЕСКОЙ ФЕДЕРАТИВНОЙ СОВѢТСКОЙ РЕСПУБЛИКИ.

Постановленіе 5-го Всероссійскаго Съѣзда Совѣтовъ, принятое въ засѣданіи 10 іюля 1918 года.

29

30

列宁在社会主义建设中高度重视劳动者文化程度的提高，十分关心教育事业的发展和对下一代的培养。（31-34）

31. 列宁1918年8月28日在全俄教育工作第一次代表大会上发表讲话
32. 列宁签署的人民委员会关于扫除文盲等文化教育的法令和决定
33. 列宁《人民委员会关于俄罗斯联邦高等学校招生问题的决定草案》手稿（1918年8月2日）

31

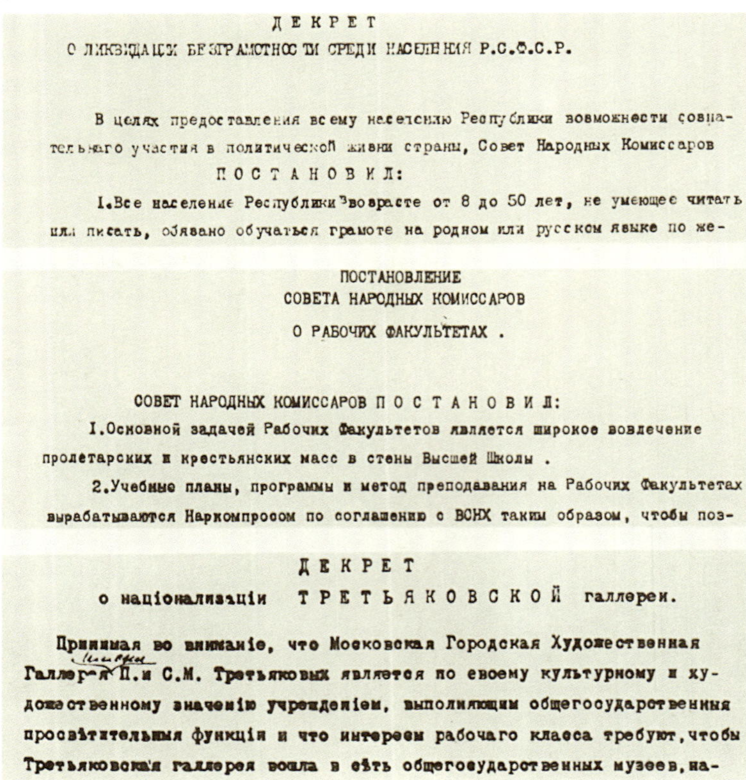

ДЕКРЕТ

О ЛИКВИДАЦИИ БЕЗГРАМОТНОСТИ СРЕДИ НАСЕЛЕНИЯ Р.С.Ф.С.Р.

В целях предоставления всему населению Республики возможности сознательного участия в политической жизни страны, Совет Народных Комиссаров

ПОСТАНОВИЛ:

1. Все население Республики в возрасте от 8 до 50 лет, не умеющее читать или писать, обязано обучаться грамоте на родном или русском языке по же-

ПОСТАНОВЛЕНИЕ
СОВЕТА НАРОДНЫХ КОМИССАРОВ
О РАБОЧИХ ФАКУЛЬТЕТАХ.

СОВЕТ НАРОДНЫХ КОМИССАРОВ ПОСТАНОВИЛ:

1. Основной задачей Рабочих Факультетов является широкое вовлечение пролетарских и крестьянских масс в стены Высшей Школы.

2. Учебные планы, программы и метод преподавания на Рабочих Факультетах вырабатываются Наркомпросом по соглашению с ВСНХ таким образом, чтобы поз-

ДЕКРЕТ

о національзаціи ТРЕТЬЯКОВСКОЙ галлереи.

Принимая во вниманіе, что Московская Городская Художественная Галлерея имени П. и С.М. Третьяковых является по своему культурному и художественному значенію учрежденіем, выполняющим общегосударственныя просвѣтительныя функціи и что интересы рабочаго класса требуют, чтобы Третьяковская галлерея вошла в сѣть общегосударственных музеев, на-

32

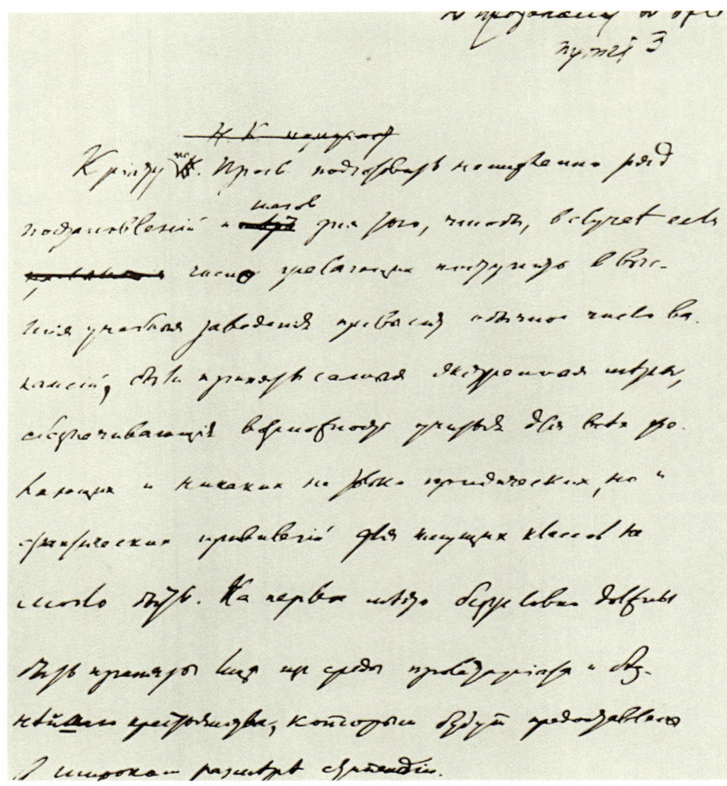

33

34. 和儿童在一起（素描） 尼·茹科夫

1918 年夏，美、英、法、日、德等帝国主义国家相继入侵苏俄，国内的反革命势力也乘机发动叛乱。列宁领导工农群众奋起抗击外国武装干涉，粉碎反革命叛乱。(35-40)

35. 你报名参军了吗? （宣传画） Д. 莫尔
36. 1918 年首批开赴前线的红军
37. 列宁听取前线来电 （油画） И. 格拉巴里
38. 列宁听取关于东方面军的战况汇报 （油画） Н. 索洛明
39. 列宁与前线往来的电报和信件
40. 即将开赴前线的苏俄红军中国支队

35

36

37

38

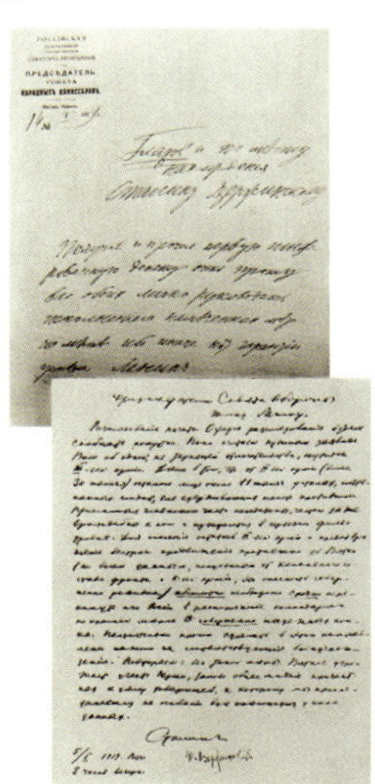
39

ДА ЗДРАВСТВУЕТ
РОССИЙСКАЯ КОММУНИСТИЧЕСКАЯ
(БОЛЬШЕВИКОВ)
40

1918 年 8 月 30 日，列宁在莫斯科河南岸区米歇尔逊工厂群众大会上讲话后，离开工厂时遭到社会革命党人卡普兰枪击而受重伤。他在养伤期间仍操劳国事，勤于著述，写出了论述无产阶级革命和无产阶级专政学说的重要著作《无产阶级革命和叛徒考茨基》。（41-45）

41. 列宁在米歇尔逊工厂发表讲话（油画） Б. 弗拉基米尔斯基

42. 列宁被刺（油画） A. 格拉西莫夫

43. 列宁受伤后在莫斯科市郊的哥尔克村疗养时的住所

44. 有列宁亲笔签名的《无产阶级革命和叛徒考茨基》一书封面（1918 年莫斯科—彼得格勒版）

45. 在养伤中（石版画） 李宏仁

41

42

考茨基主义不是偶然现象，而是第二国际各种矛盾的社会产物，是既要在口头上忠实于马克思主义又要在实际上屈服于机会主义的社会产物。

——列宁

43

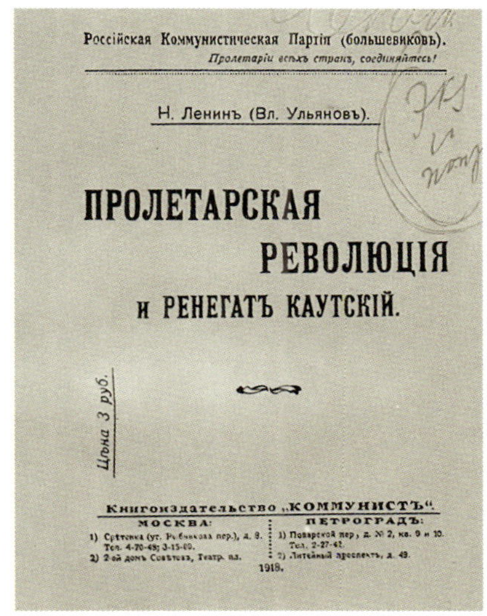

Россiйская Коммунистическая Партiя (большевиковъ).

Пролетарiи всѣхъ странъ, соединяйтесь!

Н. Ленинъ (Вл. Ульяновъ).

ПРОЛЕТАРСКАЯ РЕВОЛЮЦIЯ и РЕНЕГАТЪ КАУТСКIЙ.

Цѣна 3 руб.

Книгоиздательство „КОММУНИСТЪ".

МОСКВА: 1) Срѣтенка (уг. Рыбникова пер.), д. 8. Тел. 4-70-48; 3-15-60. 2) 2-ой домъ Совѣтовъ, Театр. пл.

ПЕТРОГРАДЪ: 1) Поварской пер., д. № 2, кв. 9 и 10. Тел. 2-27-42. 2) Литейный проспектъ, д. 48.

1918.

44

45

46

47

1918 年 9 月中旬，列宁尚未完全康复就投入了繁忙的国事活动。11 月 6 日，他在全俄苏维埃第六次（非常）代表大会第一次会议上发表庆祝十月革命一周年的讲话，第二天他又参加庆祝十月革命一周年的一系列活动。(46-50)

46. 1918 年 10 月 17 日列宁主持人民委员会会议

47. 列宁同全俄苏维埃第六次（非常）代表大会的代表一起步入会场——莫斯科大剧院

48. 1918 年 11 月 7 日列宁在马克思恩格斯纪念碑揭幕典礼上发表讲话

1919年3月下旬，列宁主持召开俄共（布）第八次代表大会。大会通过了列宁草拟的新党纲，这是俄共（布）执政后的第一个党纲，也是俄共（布）历史上的第二个党纲。（53-55）

53. 俄共（布）第八次代表大会通过的党纲的单行本封面（1919年莫斯科版）
54. 列宁修改过的《俄国共产党（布尔什维克）纲领》的校样
55. 列宁在出席俄共（布）第八次代表大会期间同作家杰·别德内依和乌克兰代表弗·潘菲洛夫合影

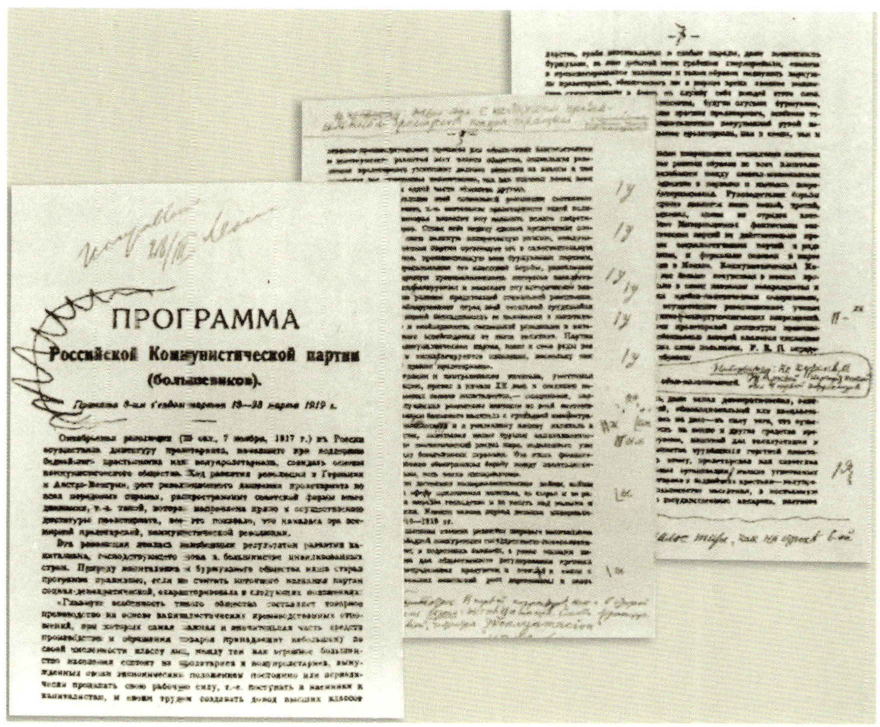

ПРОГРАММА

Российской Коммунистической партии (большевиков).

54

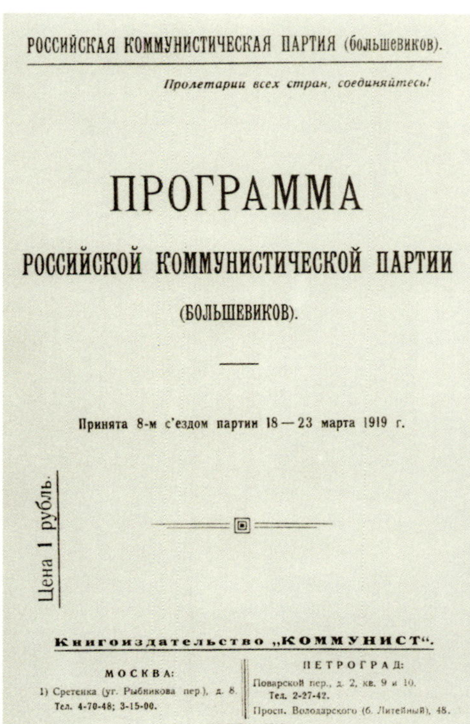

РОССИЙСКАЯ КОММУНИСТИЧЕСКАЯ ПАРТИЯ (большевиков).

Пролетарии всех стран, соединяйтесь!

ПРОГРАММА

РОССИЙСКОЙ КОММУНИСТИЧЕСКОЙ ПАРТИИ

(БОЛЬШЕВИКОВ).

Принята 8-м с'ездом партии 18—23 марта 1919 г.

Цена 1 рубль.

Книгоиздательство „КОММУНИСТ".

МОСКВА:
1) Сретенка (уг. Рыбникова пер.), д. 8.
Тел. 4-70-48; 3-15-00.

ПЕТРОГРАД:
Поварской пер., д. 2, кв. 9 и 10.
Тел. 2-27-42.
Просп. Володарского (б. Литейный), 48.

МОСКВА—1919.

53

55

列宁高度重视苏维埃国家武装力量的建设，亲自动员红军战士奔赴前线，视察军事院校指导工作，组织普遍军训培养后备部队。1919 年 5 月 1 日，列宁出席在莫斯科红场举行的五一阅兵式和庆祝游行，并发表讲话，向莫斯科和全世界无产阶级祝贺节日，分析反对外国武装干涉和国内战争的形势，指出苏维埃政权必将取得最后胜利。(56-60)

56. 列宁 1919 年 4 月 5 日和红军重炮指挥员训练班首批学员合影
57. 列宁在莫斯科红场向普遍军训战士发表讲话
58. 列宁在莫斯科红场检阅即将开赴前线的部队
59. 列宁 1919 年在庆祝五一国际劳动节大会上发表讲话
60. 1919 年 5 月 1 日列宁和克鲁普斯卡娅在莫斯科红场同游行群众在一起

56

57

58

59

60

61

1919—1921 年期间，列宁多次灌制录音讲话，阐释党和国家的方针政策，论述国际共产主义运动的重大问题。(61-62)

61. 列宁在灌制录音讲话（1919 年 3 月）
62. 列宁同为其录音的中央出版物发行处工作人员合影

62

从 1919 年春开始，全国掀起星期六义务劳动的热潮。列宁高度评价星期六义务劳动是“伟大的创举”，认为这是共产主义新社会的萌芽，是比推翻资产阶级更困难、更重大、更深刻、更有决定意义的变革的开端。(63-65)

63. 列宁《伟大的创举》封面（1919 年莫斯科版）
64. 列宁的劳动手册
65. 列宁在克里姆林宫参加星期六义务劳动 （油画） M. 索科洛夫

Российская Социалистическая Федеративная Советская Республика.
„Пролетарии всех стран, соединяйтесь!"
Н. ЛЕНИН.
ВЕЛИКИЙ ПОЧИН.
(О ГЕРОИЗМЕ РАБОЧИХ В ТЫЛУ. ПО ПОВОДУ „КОММУНИСТИЧЕСКИХ СУББОТНИКОВ").
ГОСУДАРСТВЕННОЕ ИЗДАТЕЛЬСТВО.
Москва.—1919.

63

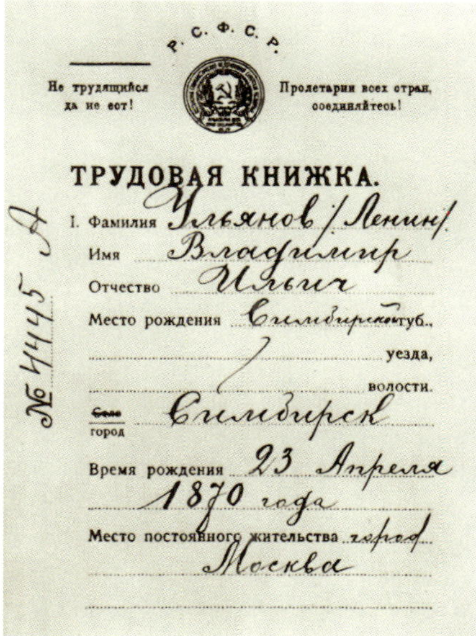
Р. С. Ф. С. Р.
Не трудящийся да не ест!
Пролетарии всех стран, соединяйтесь!
ТРУДОВАЯ КНИЖКА.
№ 4445 Л
I. Фамилия Ульянов (Ленин)
Имя Владимир
Отчество Ильич
Место рождения Симбирской губ.
уезда,
волости.
город Симбирск
Время рождения 23 Апреля 1870 года
Место постоянного жительства город Москва

64

1919 年夏秋，邓尼金匪帮配合外国武装干涉者向莫斯科和彼得格勒进逼，社会主义共和国处于危急关头。列宁号召俄共（布）党员上前线和参加星期六义务劳动，以实际行动帮助国家渡过难关。彼得格勒和莫斯科的党组织先后举行了征收党员周，吸收工人、红军战士和农民入党。(66-71)

66. 列宁《大家都去同邓尼金作斗争！》，载于 1919 年 7 月 9 日《俄共（布）中央通报》第 4 期。
67. 列宁《为战胜邓尼金告乌克兰工农书》手稿第 1 页
68. 列宁和克鲁普斯卡娅同即将开赴前线的社会教育训练班学员合影（1919 年 10 月 28 日）
69. 报纸上刊登的有关征收党员周的消息
70. 列宁 1919 年 10 月 16 日在莫斯科苏维埃大楼阳台上对应征入伍的工人共产党员讲话

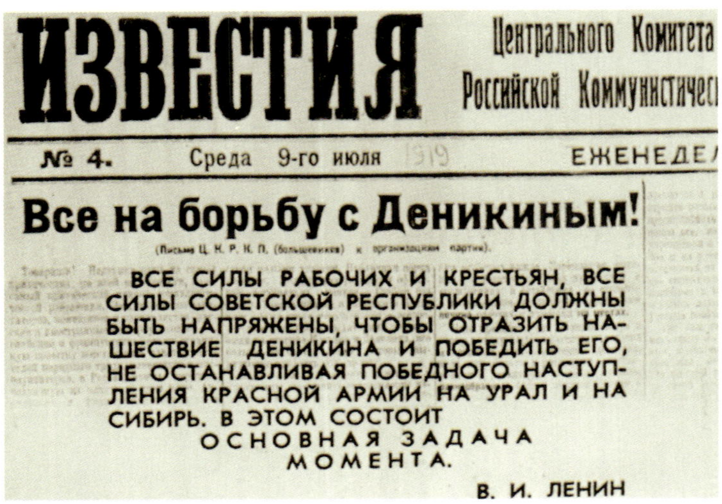

ИЗВЕСТИЯ Центрального Комитета Российской Коммунистичес

№ 4. Среда 9-го июля 1919 ЕЖЕНЕДЕ

Все на борьбу с Деникиным!

(Письмо Ц. К. Р. К. П. (большевиков) к организациям партии).

ВСЕ СИЛЫ РАБОЧИХ И КРЕСТЬЯН, ВСЕ СИЛЫ СОВЕТСКОЙ РЕСПУБЛИКИ ДОЛЖНЫ БЫТЬ НАПРЯЖЕНЫ, ЧТОБЫ ОТРАЗИТЬ НАШЕСТВИЕ ДЕНИКИНА И ПОБЕДИТЬ ЕГО, НЕ ОСТАНАВЛИВАЯ ПОБЕДНОГО НАСТУПЛЕНИЯ КРАСНОЙ АРМИИ НА УРАЛ И НА СИБИРЬ. В ЭТОМ СОСТОИТ ОСНОВНАЯ ЗАДАЧА МОМЕНТА.

В. И. ЛЕНИН

66

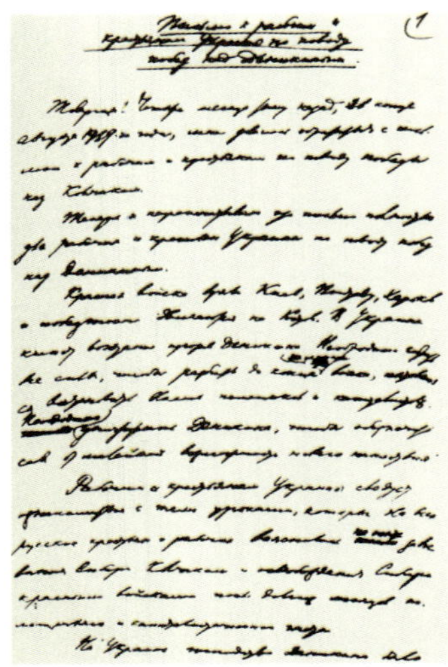

67

68

Партийная неделя.

Государство рабочих и партийная неделя.

Партийная неделя в Москве совпала с трудным временем для Советской власти. Успехи Деникина вызвали отчаянное усиление заговоров со стороны помещиков, капиталистов и их друзей, усиление потуг буржуазии посеять панику, подорвать всяческими средствами твердость Советской власти. Колеблющиеся, шаткие, несознательные обыватели, а с ними интеллигенты, с.-р., меньшевики стали, как водится, еще более шаткими, и первые дали себя напугать капиталистам.

Но я считаю, что совпаде[illegible]

чтобы оставить в партии только сознательных и искренно преданных коммунизму. Мы пользовались и мобилизациями на фронт, и субботниками, чтобы очистить партию от тех, кто хочет только «попользоваться» выгодами от положения членов правительственной партии, кто не хочет нести тягот самоотверженной работы на пользу коммунизма.

И теперь, когда производится усиленная мобилизация на фронт, партийная неделя хороша тем, что не дает соблазна желающим при[illegible]

[illegible] угнетавшихся при капитализме масс. Только таких членов партии нам и надо.

Не для рекламы, а для серьезной работы нужны нам новые члены партии. Их мы зовем в партию. Трудящимся мы открываем широко ее двери.

Советская власть есть власть трудящихся, борющаяся за полное свержение ига капитала. Не эту борьбу первый поднялся рабочий класс городов и фабричных центров. Он одержал первую победу и завоевал государственную власть.

Он присоединяет к себе большинство крестьян. Ибо на сторону капитала, на сторону буржуазии [illegible]

могать выдвинуться и взяться за работу строительства социализма. Найти эти новые, скромные, невидные таланты нелегко. Нелегко привлечь к государственной работе рядовых рабочих и крестьян, которых веками подавляли и запугивали помещики и капиталисты.

Но именно эту нелегкую работу нам надо, обязательно надо производить, чтобы глубже черпать новые силы из рабочего класса, из трудящегося крестьянства.

Идите в партию, товарищи беспартийные рабочие и трудящиеся крестьяне! Мы не сулим вам выгод от этого, мы зовем вас на трудную работу, на работу государ[illegible]

[illegible] бойтесь новизны и трудности ее, не смущайтесь старым предрассудком, будто эта работа посильна только тем, кто превзошел казенное образование.

Это неправда. Руководить работой строительства социализма могут и должны во все большем числе рядовые рабочие и крестьяне-труженики.

Масса трудящихся за нас. В этом наша сила. В этом источник непобедимости всемирного коммунизма. Больше новых работников из массы в ряды партии, для самостоятельного участия в строительстве новой жизни—таков наш призыв борьбы со всеми трудностя[illegible]

Пролетариат разбросан здесь группами по большой территории. Приходится тратить много времени из рабочих [illegible]. И [illegible], организация опередила [illegible]. Такой результат для губернии нужно признать вполне хорошим.

Этот успех был достигнут, главным образом, не речами приезжающих из Москвы [illegible] агитаторов, а трудами рядовых местных работников, подготовивших почву в узких окружающих их товарищей. Только при наличии такой подготовки речь агитатора приводила к тому, что немедленно десятки, а иногда и сотни рабочих с одной фабрики записывались членами Коммунистической Партии.

69

70

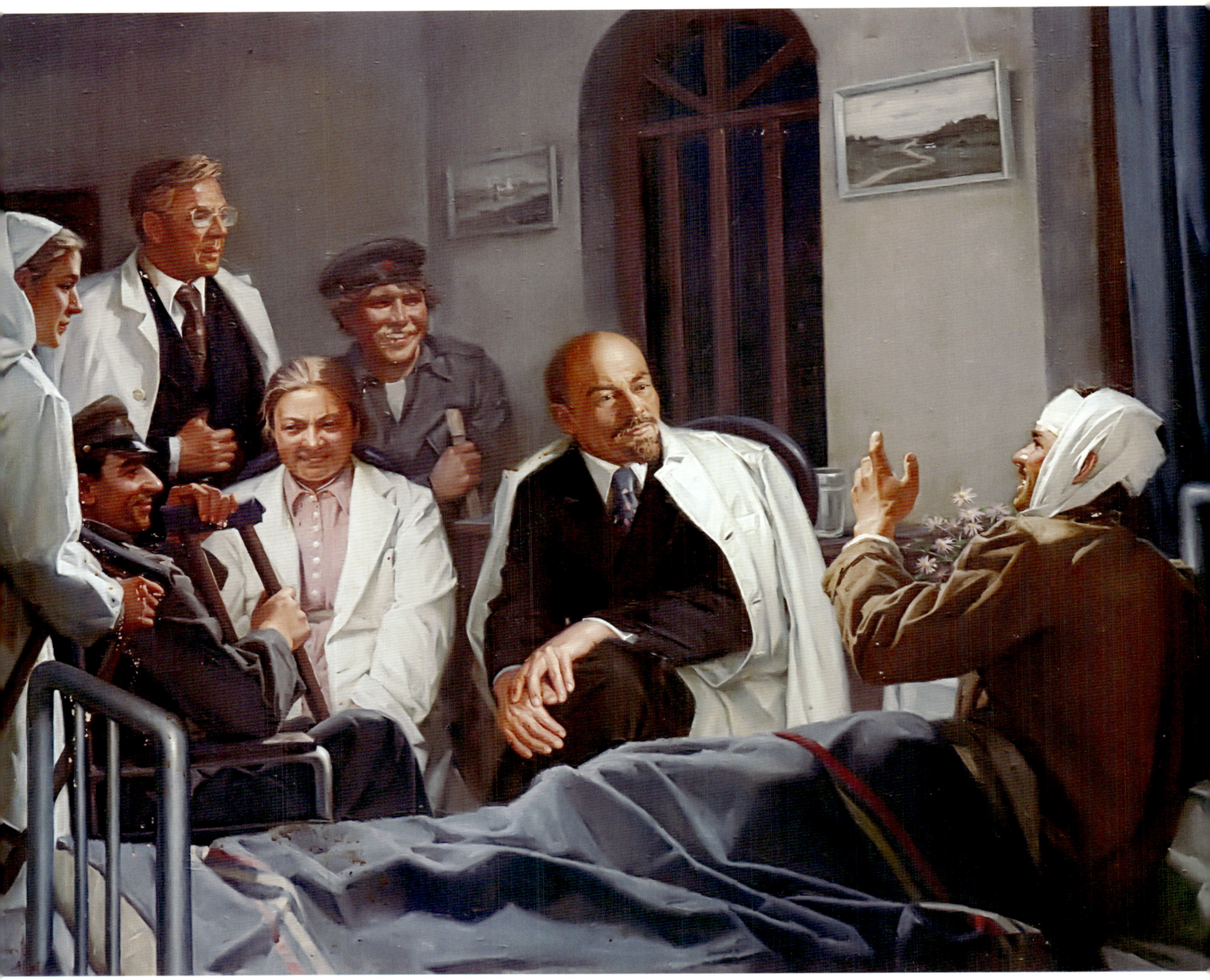

71．慰问红军伤病员（油画）　彭彬

列宁领导了1920年3月底—4月初在莫斯科举行的俄共（布）第九次代表大会的工作，并向大会作中央委员会的报告。大会的中心议题是经济建设问题。(72-73)

72. 列宁在俄共（布）第九次代表大会上

73. 列宁填写的俄共（布）第九次代表大会代表履历表（1920年3月29日）

72

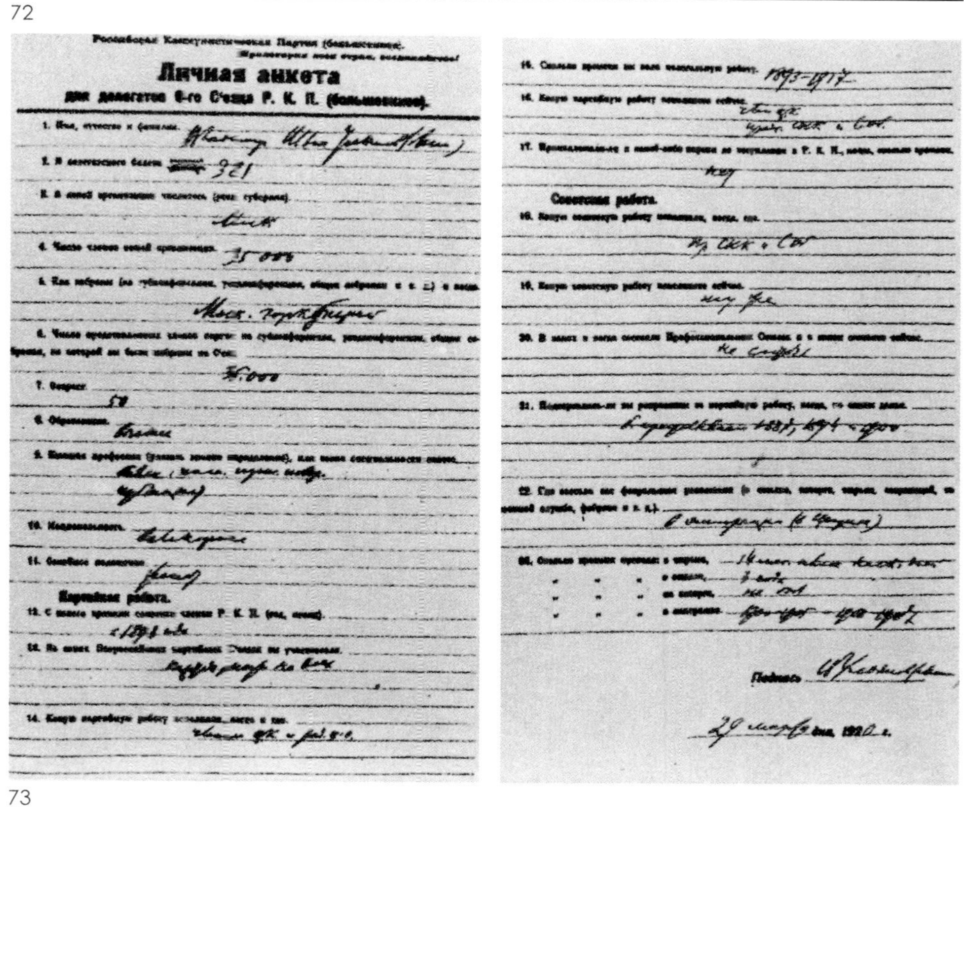

Российская Коммунистическая Партия (большевиков).

Пролетарии всех стран, соединяйтесь!

Личная анкета

для делегатов 9-го Съезда Р. К. П. (большевиков).

Партийная работа.

Советская работа.

Подпись

29 марта 1920 г.

73

1920 年春，外国武装干涉者对苏维埃国家发动新的进攻，西线军事形势趋于紧张，列宁和俄共（布）再次号召苏维埃人民集中力量给敌人以毁灭性的打击。经过两年多的浴血奋战，俄国人民粉碎了外国武装干涉和国内反革命的武装叛乱，保卫了新生的苏维埃政权。(74-75)

74. 列宁在莫斯科斯维尔德洛夫广场对开赴前线的红军战士讲话（1920 年 5 月 5 日）
75. 列宁检阅莫斯科机枪指挥员训练班第 11 届毕业学员（1920 年 5 月 12 日）

74

75

第七章

支持各国无产阶级革命运动和被压迫民族解放运动

十月革命胜利后，列宁在领导俄国人民保卫苏维埃政权和反对外国武装干涉的艰苦斗争时期，密切关注和支持欧洲国家的无产阶级革命运动。1918年德国爆发十一月革命，推翻了霍亨索伦王朝。列宁高度重视这次革命，号召俄国无产阶级尽力援助德国工人。1919年1月德国无产阶级的革命领袖卡·李卜克内西和罗·卢森堡惨遭反动当局杀害。列宁在莫斯科工人和红军部队举行的抗议集会上发表讲话，强烈谴责这一暴行。他积极声援奥匈帝国的革命运动，1918年11月3日在庆祝奥匈革命的游行大会上发表了热情洋溢的讲话；1918年11月29日他指示红军必须千方百计支持拉脱维亚、爱斯兰、乌克兰和立陶宛的苏维埃政府；1919年3月匈牙利无产阶级取得政权，建立了匈牙利苏维埃共和国，列宁立即发去贺电，还写了《向匈牙利工人致敬》一文，高度评价匈牙利无产阶级革命的意义，阐明了无产阶级专政的实质。

第一次世界大战爆发后，随着第二国际的破产，列宁为建立共产国际即第三国际做了理论上和组织上的准备工作。1919年3月初，共产国际成立大会即第一次代表大会在莫斯科举行，列宁宣读了关于资产阶级民主和无产阶级专政的提纲并作报告，大会通过了《共产国际行动纲领》等文件。1920—1922年，列宁领导共产国际召开了第二次、第三次和第四次代表大会，制定了国际共产主义运动的战略策略原则，确定了共产国际的行动纲领和基本任务，拟定了解决民族和殖民地问题的基本原则。列宁高度重视殖民地和被压迫民族的解放运动，在共产国际第二次代表大会上提出了民族和殖民地问题的纲要，阐述了全世界无产者与被压迫民族联合起来的思想，强调无产阶级政党应当积极支持殖民地、半殖民地国家的民族民主运动，西欧无产阶级要同东方各殖民地和一切落后国家的农民运动结成紧密联盟。他还写了《共产主义运动中的"左派"幼稚病》这部重要著作，批评了当时西欧一些新成立的共产党内出现的以教条主义和冒险主义为特征的"左"倾思潮，阐述了马克思主义关于策略问题的一系列重要思想。这部著作对各国共产党如何运用马克思主义策略原则领导本国人民进行革命斗争具有重要指导意义。

01. 列宁（1921 年）

列宁在领导俄国人民保卫苏维埃政权和反对外国武装干涉的艰苦斗争时期，密切关注和支持各国无产阶级革命运动和被压迫民族的解放运动。他声讨德国反动当局杀害德国无产阶级革命领袖卡·李卜克内西和罗·卢森堡的暴行，指示红军支持拉脱维亚、爱斯兰、乌克兰和立陶宛的苏维埃政府，声援波兰和捷克斯洛伐克人民的革命运动，高度评价匈牙利人民建立的无产阶级政权。(02-11)

02. 卡·李卜克内西 1918 年在柏林游行集会上演讲

03. 列宁在德国无产阶级革命领袖卡·李卜克内西、罗·卢森堡纪念碑奠基典礼上讲话（1920 年 7 月 19 日彼得格勒）

02

03

04. 列宁与匈牙利苏维埃共和国副国防人民委员蒂・萨穆利在红场上（1919 年 5 月 25 日）
05. 1918 年波兰华沙街头的游行示威
06. 布拉格民众在瓦茨拉夫广场集会庆祝独立的捷克斯洛伐克共和国成立（1918 年 10 月 28 日）
07. 列宁《向匈牙利工人致敬》手稿第 1 页（1919 年 5 月 27 日）
08. 匈牙利革命社会主义者 1917 年 11 月发出以布尔什维克为榜样的号召（传单）

04

05

06

无产阶级专政的实质不仅在于暴力，而且主要不在于暴力。它的主要实质在于劳动者的先进部队、先锋队、唯一领导者即无产阶级的组织性和纪律性。无产阶级的目的是建成社会主义，消灭社会的阶级划分，使社会全体成员成为劳动者，消灭一切人剥削人现象的基础。

——列宁

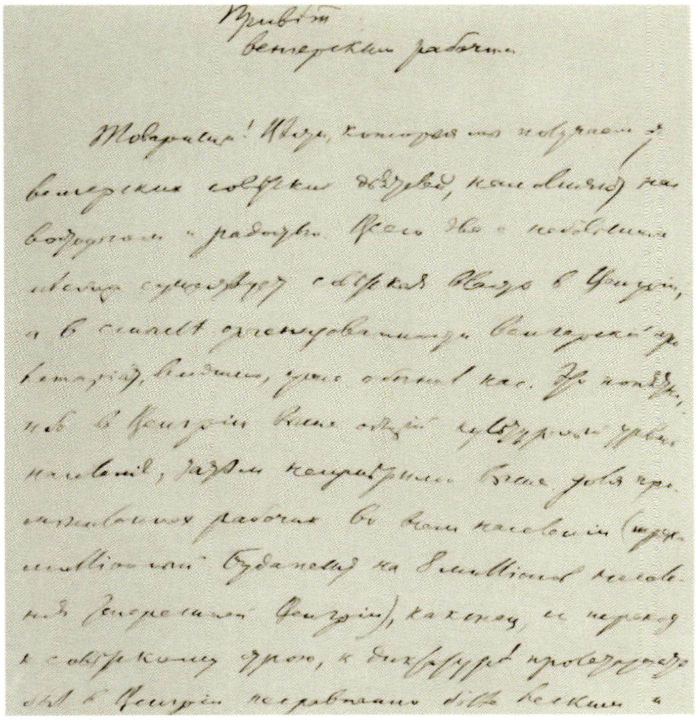

Привет
венгерским рабочим

07

08

09. 1921 年苏俄政府支援亚美尼亚人民的粮食和油料
10. 1922 年苏俄政府援助土耳其斯坦的食品
11. 1922 年乌克兰人民援助伏尔加河流域饥民的粮食

09

10

11

列宁为推动各国无产阶级革命运动和被压迫民族解放运动，积极筹建共产国际即第三国际。1919 年 3 月初，共产国际第一次代表大会在莫斯科举行，列宁宣读了关于资产阶级民主和无产阶级专政的提纲并作报告，大会通过了《共产国际行动纲领》等文件。（12-14）

12. 列宁在共产国际第一次代表大会上（1919 年 3 月）
13. 列宁为《共产国际》杂志创刊号撰写的《第三国际及其在历史上的地位》手稿（1919 年 4 月 15 日）
14. 《共产国际》杂志创刊号封面（1919 年 5 月 1 日）

12

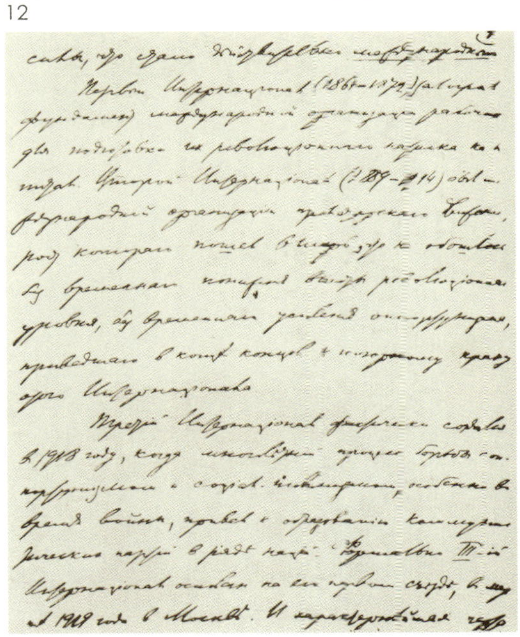

13

14

1920 年 4—5 月，列宁撰写了《共产主义运动中的“左派”幼稚病》一书，批评了当时西欧一些新成立的共产党内出现的以教条主义和冒险主义为特征的“左”倾思潮，阐述了马克思主义关于策略问题的一系列重要思想。该书以及列宁草拟的《民族和殖民地问题提纲初稿》、《土地问题提纲初稿》等多项文件，为共产国际第二次代表大会的召开作了充分准备。这次大会于同年 7 月 19 日—8 月 7 日先后在彼得格勒和莫斯科召开，列宁被选入大会主席团，并在大会上多次作报告和发言。(15-18)

15. 列宁在共产国际第二次代表大会第一次会议上作《关于国际形势和共产国际基本任务的报告》（1920 年 7 月 19 日）
16. 列宁《共产主义运动中的“左派”幼稚病》封面（1920 年彼得格勒版）
17. 列宁参加共产国际第二次代表大会东方各国代表的讨论会
18. 列宁与参加共产国际第二次代表大会的代表座谈

15

16

17

18

1921 年 6 月 22 日—7 月 12 日，共产国际第三次代表大会在莫斯科举行。列宁当选为大会名誉主席，参与了大会主要决议的制定，并在大会上作了关于俄共（布）策略的报告和关于共产国际策略问题的讲话。(19-21)

19. 列宁在共产国际第三次代表大会上作报告（1921 年 6—7 月莫斯科）
20. 列宁在共产国际第三次代表大会上作笔记

19

20

21. 参加共产国际第三次代表大会的部分国家共产党组织的代表

恩・台尔曼（德国）

克・蔡特金（德国）

格・季米特洛夫（保加利亚）

奥・库西宁（芬兰）

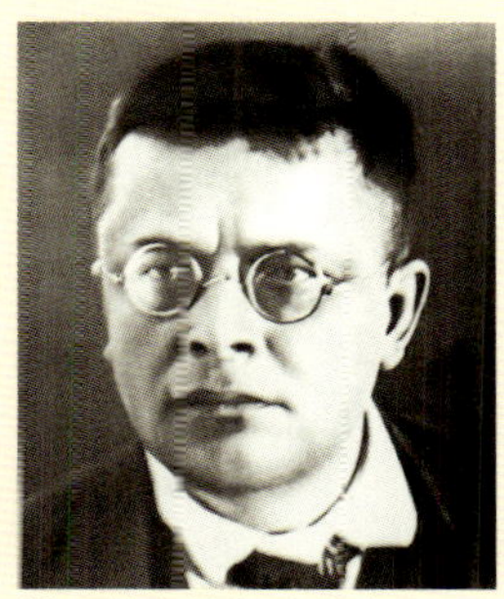
博・什麦拉尔（捷克）

亨・瓦列茨基（波兰）

瓦・柯拉罗夫（保加利亚）

库恩・贝拉（匈牙利）

保・瓦扬－古久里（法国）

托・贝尔（英国）

威・加拉赫（英国）

翁・特拉奇尼（意大利）

马・加香（法国）

1922 年 11 月 5 日—12 月 5 日，共产国际第四次代表大会先后在彼得格勒和莫斯科举行。列宁当选为大会主席团成员，参加了大会重要决议的起草工作。11 月 13 日他用德语向大会作了《俄国革命的五年和世界革命的前途》的报告。这是列宁最后一次参加共产国际的代表大会。(22-24)

22. 列宁在共产国际第四次代表大会上
23. 列宁在共产国际第四次代表大会上的报告《俄国革命的五年和世界革命的前途》，载于 1922 年 11 月 15 日《真理报》第 258 号。
24. 列宁《俄国革命的五年和世界革命的前途》提纲手稿（片段）

ПРАВДА

IV конгресс Коминтерна.

Пять лет русской революции и перспективы мировой революции.

Доклад тов. Ленина.

ТЯЖЕЛАЯ ИНДУСТРИЯ.

Мы знаем, что спасением для России является не только хороший урожай в крестьянском хозяйстве, — этого еще мало, — не только хорошее состояние легкой промышленности, поставляющей крестьянству предметы потребления,— и этого тоже еще мало: нам необходима также тяжелая индустрия. потребуется несколько лет работы, чтобы привести ее в хорошее состояние. Тяжелая индустрия нуждается в государственных субсидиях. Если у нас не найдется этих субсидий, то мы, как цивилизованное государство,—я уже не говорю, как социалистическое,—погибли. И в этом отношении мы сделали решительный шаг. А именно, мы начали накапливать средства, необходимые для того, чтобы поставить тяжелую индустрию на ноги. Для начала в этом году мы накопили еще очень мало, немногом больше двадцати миллионов золотых рублей. Но, во всяком случае, эта сумма имеется, и мы используем ее не иначе, как для того, чтобы поднять нашу тяжелую индустрию.

Я думаю, что в общем я вкратце, как это обещал, изложил главные элементы нашего народного хозяйства. И мне кажется, что из всего этого можно сделать вывод, что новая экономическая политика уже теперь дала плюс. Уже теперь мы имеем доказательство того, что мы, как государство, в состоянии вести торговлю, сохранить за собою самую сильную позицию сельского хозяйства и индустрии и итти вперед. Практическая деятельность это доказала. Я думаю, что этого для нас пока достаточно. Нам придется еще многому учиться, и мы поняли, что нам еще необходимо учиться. Пять лет мы держим власть, и притом в течение всех этих пяти лет мы находимся в состоянии войны.

22

23

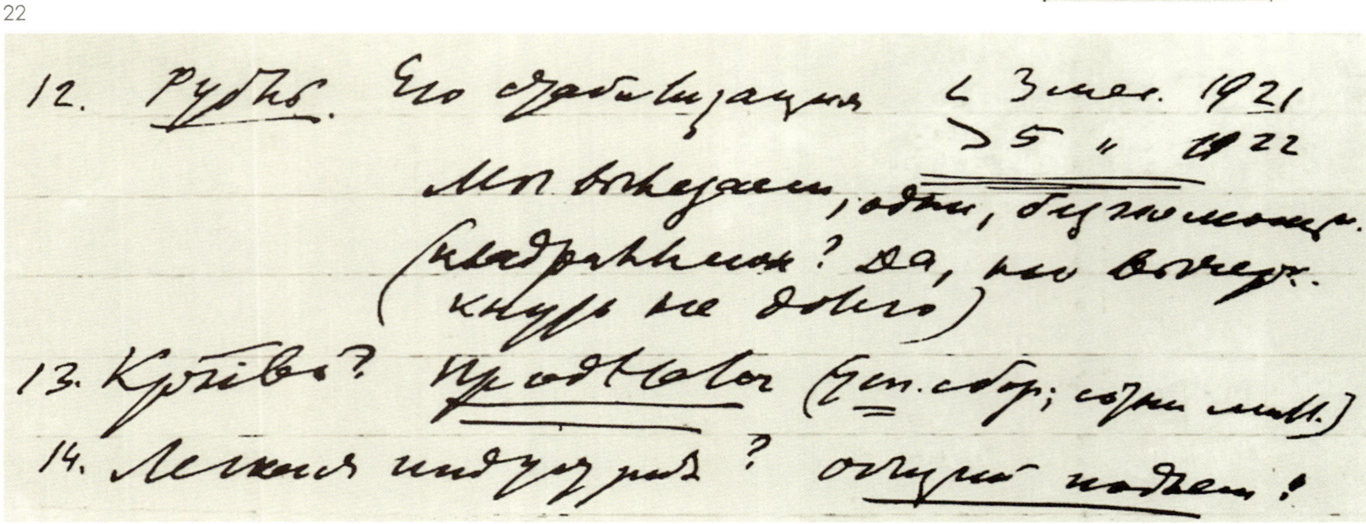

24

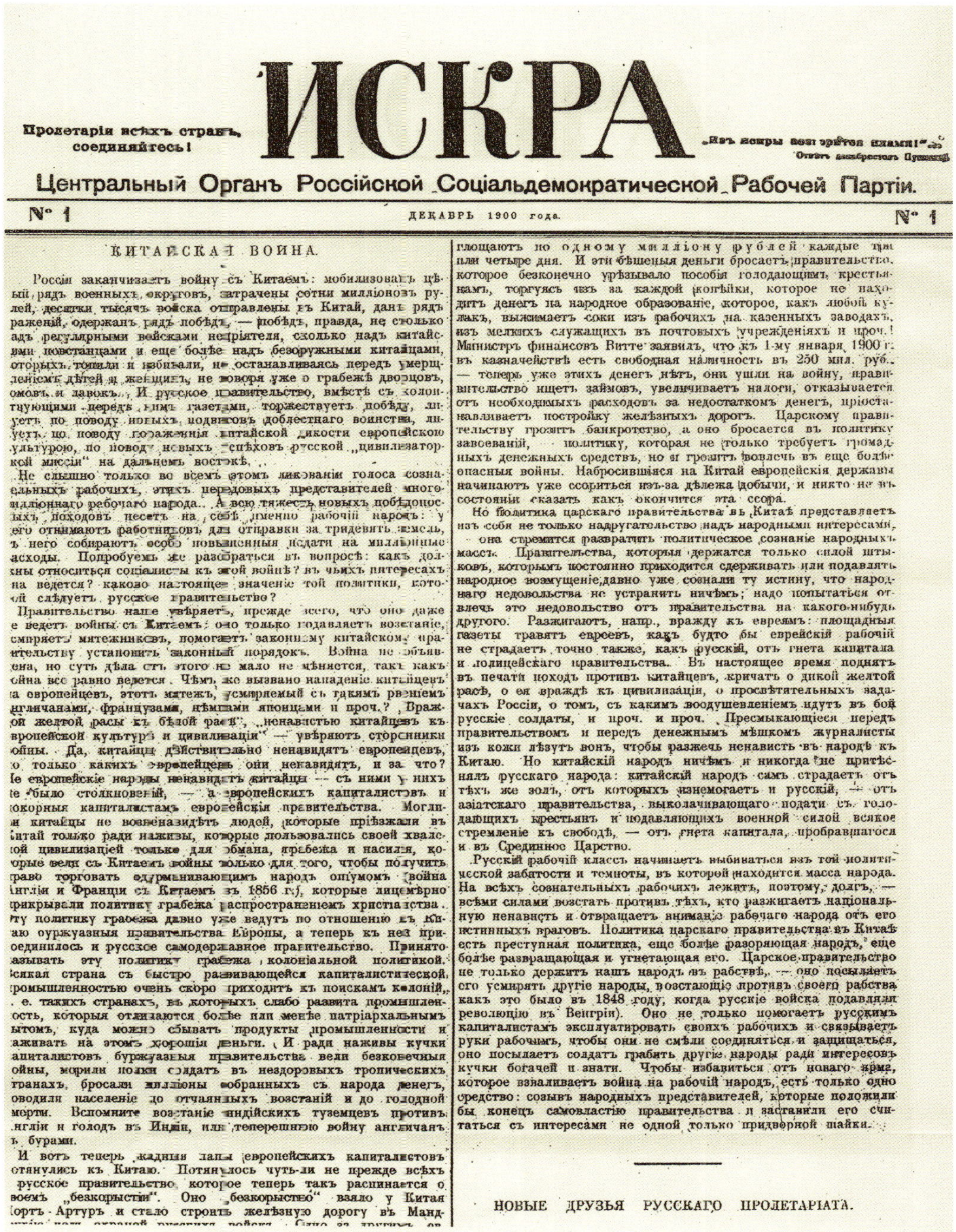

Пролетаріи всѣхъ странъ, соединяйтесь!

ИСКРА

„Изъ искры возгорится пламя!" Отвѣтъ декабристовъ Пушкину.

Центральный Органъ Россійской Соціальдемократической Рабочей Партіи.

№ 1 ДЕКАБРЬ 1900 года. № 1

КИТАЙСКАЯ ВОЙНА.

Россія заканчиваетъ войну съ Китаемъ: мобилизованъ цѣлый рядъ военныхъ округовъ, затрачены сотни милліоновъ рублей, десятки тысячъ войска отправлены въ Китай, данъ рядъ сраженій, одержанъ рядъ побѣдъ, — побѣдъ, правда, не столько надъ регулярными войсками непріятеля, сколько надъ китайскими повстанцами и еще болѣе надъ безоружными китайцами, которыхъ топили и избивали, не останавливаясь передъ умерщвленіемъ дѣтей и женщинъ, не говоря уже о грабежѣ дворцовъ, домовъ и лавокъ. И русское правительство, вмѣстѣ съ колонтирующими передъ нимъ газетами, торжествуетъ побѣду, ликуетъ по поводу новыхъ подвиговъ доблестнаго воинства, ликуетъ по поводу пораженія китайской дикости европейскою культурою, по поводу новыхъ успѣховъ русской „цивилизаторской миссіи" на дальнемъ востокѣ.

Не слышно только во всемъ этомъ ликованіи голоса сознательныхъ рабочихъ, этихъ передовыхъ представителей многомилліоннаго рабочаго народа. А всю тяжесть новыхъ побѣдоносныхъ походовъ несетъ на себѣ именно рабочій народъ: у него отнимаютъ работниковъ для отправки за тридевять земель, съ него собираютъ особо повышенныя подати на милліонные расходы. Попробуемъ же разобраться въ вопросѣ: какъ должны относиться соціалисты къ этой войнѣ? въ чьихъ интересахъ она ведется? каково настоящее значеніе той политики, которой слѣдуетъ русское правительство?

Правительство наше увѣряетъ, прежде всего, что оно даже не ведетъ войны съ Китаемъ: оно только подавляетъ возстаніе, смиряетъ мятежниковъ, помогаетъ законному китайскому правительству установить законный порядокъ. Война не объявлена, но суть дѣла отъ этого ни мало не мѣняется, такъ какъ война все равно ведется. Чѣмъ же вызвано нападеніе китайцевъ на европейцевъ, этотъ мятежъ, усмиряемый съ такимъ рвеніемъ англичанами, французами, нѣмцами японцами и проч.? „Враждой желтой расы къ бѣлой расѣ", „ненавистью китайцевъ къ европейской культурѣ и цивилизаціи" — увѣряютъ сторонники войны. Да, китайцы дѣйствительно ненавидятъ европейцевъ, но только какихъ европейцевъ они ненавидятъ, и за что? Не европейскіе народы ненавидятъ китайцы — съ ними у нихъ не было столкновеній, — а европейскихъ капиталистовъ и покорныя капиталистамъ европейскія правительства. Могли ли китайцы не возненавидѣть людей, которые пріѣзжали въ Китай только ради наживы, которые пользовались своей хваленой цивилизаціей только для обмана, грабежа и насилія, которые вели съ Китаемъ войны только для того, чтобы получить право торговать одурманивающимъ народъ опіумомъ (война Англіи и Франціи съ Китаемъ въ 1856 г.), которые лицемѣрно прикрывали политику грабежа распространеніемъ христіанства. Эту политику грабежа давно уже ведутъ по отношенію къ Китаю буржуазныя правительства Европы, а теперь къ нимъ присоединилось и русское самодержавное правительство. Принято называть эту политику грабежа колоніальной политикой. Всякая страна съ быстро развивающейся капиталистической промышленностью очень скоро приходитъ къ поискамъ колоній, т. е. такихъ странахъ, въ которыхъ слабо развита промышленность, которыя отличаются болѣе или менѣе патріархальнымъ бытомъ, куда можно сбывать продукты промышленности и наживать на этомъ хорошія деньги. И ради наживы кучки капиталистовъ буржуазныя правительства вели безконечныя войны, морили полки солдатъ въ нездоровыхъ тропическихъ странахъ, бросали милліоны собранныхъ съ народа денегъ, доводили населеніе до отчаянныхъ возстаній и до голодной смерти. Вспомните возстаніе индійскихъ туземцевъ противъ Англіи и голодъ въ Индіи, или теперешнюю войну англичанъ съ бурами.

И вотъ теперь жадныя лапы европейскихъ капиталистовъ протянулись къ Китаю. Потянулось чуть-ли не прежде всѣхъ русское правительство, которое теперь такъ распинается о своемъ „безкорыстіи". Оно „безкорыстно" взяло у Китая Портъ-Артуръ и стало строить желѣзную дорогу въ Манд-[illegible]

глощаютъ по одному милліону рублей каждые три или четыре дня. И эти бѣшеныя деньги бросаетъ правительство, которое безконечно урѣзывало пособія голодающимъ крестьянамъ, торгуясь изъ за каждой копѣйки, которое не находитъ денегъ на народное образованіе, которое, какъ любой кулакъ, выжимаетъ соки изъ рабочихъ на казенныхъ заводахъ, изъ мелкихъ служащихъ въ почтовыхъ учрежденіяхъ и проч.! Министръ финансовъ Витте заявилъ, что къ 1-му января 1900 г. въ казначействѣ есть свободная наличность въ 250 мил. руб. — теперь уже этихъ денегъ нѣтъ, они ушли на войну, правительство ищетъ займовъ, увеличиваетъ налоги, отказывается отъ необходимыхъ расходовъ за недостаткомъ денегъ, пріостанавливаетъ постройку желѣзныхъ дорогъ. Царскому правительству грозитъ банкротство, а оно бросается въ политику завоеваній, — политику, которая не только требуетъ громадныхъ денежныхъ средствъ, но и грозитъ вовлечь въ еще болѣе опасныя войны. Набросившіяся на Китай европейскія державы начинаютъ уже ссориться изъ-за дѣлежа добычи, и никто не въ состояніи сказать какъ окончится эта ссора.

Но политика царскаго правительства въ Китаѣ представляетъ изъ себя не только надругательство надъ народными интересами, — она стремится развратить политическое сознаніе народныхъ массъ. Правительства, которыя держатся только силой штыковъ, которымъ постоянно приходится сдерживать или подавлять народное возмущеніе, давно уже сознали ту истину, что народнаго недовольства не устранить ничѣмъ; надо попытаться отвлечь это недовольство отъ правительства на какого-нибудь другого. Разжигаютъ, напр., вражду къ евреямъ: площадныя газеты травятъ евреевъ, какъ будто бы еврейскій рабочій не страдаетъ точно также, какъ русскій, отъ гнета капитала и полицейскаго правительства. Въ настоящее время подняли въ печати походъ противъ китайцевъ, кричатъ о дикой желтой расѣ, о ея враждѣ къ цивилизаціи, о просвѣтительныхъ задачахъ Россіи, о томъ, съ какимъ воодушевленіемъ идутъ въ бой русскіе солдаты, и проч. и проч. Пресмыкающіеся передъ правительствомъ и передъ денежнымъ мѣшкомъ журналисты изъ кожи лѣзутъ вонъ, чтобы разжечь ненависть въ народѣ къ Китаю. Но китайскій народъ ничѣмъ и никогда не притѣснялъ русскаго народа: китайскій народъ самъ страдаетъ отъ тѣхъ же золъ, отъ которыхъ изнемогаетъ и русскій, — отъ азіатскаго правительства, выколачивающаго подати съ голодающихъ крестьянъ и подавляющихъ военной силой всякое стремленіе къ свободѣ, — отъ гнета капитала, пробравшагося и въ Срединное Царство.

Русскій рабочій классъ начинаетъ выбиваться изъ той политической забитости и темноты, въ которой находится масса народа. На всѣхъ сознательныхъ рабочихъ лежитъ, поэтому, долгъ, — всѣми силами возстать противъ тѣхъ, кто разжигаетъ національную ненависть и отвращаетъ вниманіе рабочаго народа отъ его истинныхъ враговъ. Политика царскаго правительства въ Китаѣ есть преступная политика, еще болѣе разоряющая народъ, еще болѣе развращающая и угнетающая его. Царское правительство не только держитъ нашъ народъ въ рабствѣ, — оно посылаетъ его усмирять другіе народы, возстающіе противъ своего рабства (какъ это было въ 1848 году, когда русскіе войска подавляли революцію въ Венгріи). Оно не только помогаетъ русскимъ капиталистамъ эксплуатировать своихъ рабочихъ и связываетъ руки рабочимъ, чтобы они не смѣли соединяться и защищаться, — оно посылаетъ солдатъ грабить другіе народы ради интересовъ кучки богачей и знати. Чтобы избавиться отъ новаго ярма, которое взваливаетъ война на рабочій народъ, есть только одно средство: созывъ народныхъ представителей, которые положили бы конецъ самовластію правительства и заставили его считаться съ интересами не одной только придворной шайки.

НОВЫЕ ДРУЗЬЯ РУССКАГО ПРОЛЕТАРІАТА.

列宁十分重视东方被压迫民族解放运动，深切同情在帝国主义和封建主义双重压迫下遭受苦难和屈辱的中国人民。早在1900年12月，列宁就在《火星报》创刊号上发表了有关中国问题的文章《对华战争》，谴责八国联军在中国的暴行，痛斥沙皇政府的掠夺政策。(25)

---

25. 列宁《对华战争》，载于1900年12月俄国社会民主工党机关报《火星报》创刊号。

没有真诚的民主主义的高涨，中国人民就不可能摆脱历来的奴隶地位而求得真正的解放，只有这种高涨才能激发劳动群众，使他们创造奇迹。

——列宁

1911 年中国发生辛亥革命，推翻了清王朝的专制统治，列宁在《涅瓦明星报》和《真理报》上发表《新生的中国》等文章，高度评价中国人民的觉醒，并对中国革命的胜利寄予殷切的希望。(26-27)

26. 列宁的《中国的民主主义和民粹主义》、《新生的中国》、《中华民国的巨大胜利》、《中国各党派的斗争》、《亚洲的觉醒》、《落后的欧洲和先进的亚洲》等文章先后刊载于《涅瓦明星报》和《真理报》。

27. 1911 年 10 月 11 日革命党人在武昌起义胜利后组建了第一个资产阶级革命政权——中华民国湖北军政府

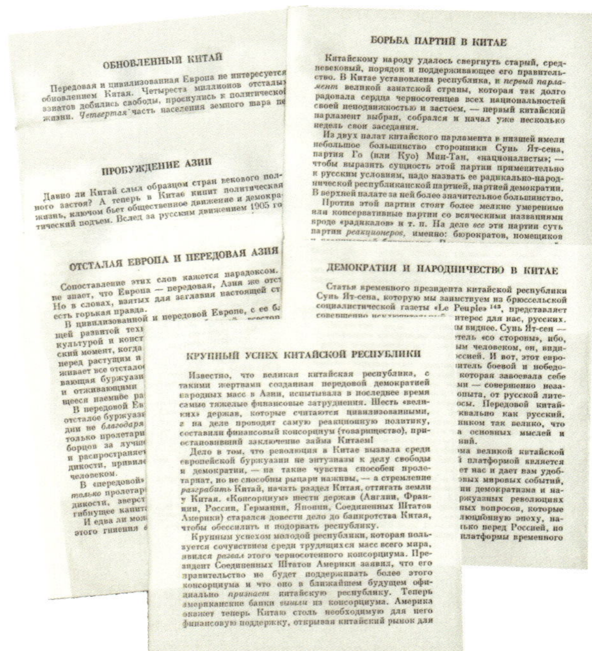

ОБНОВЛЕННЫЙ КИТАЙ

ПРОБУЖДЕНИЕ АЗИИ

ОТСТАЛАЯ ЕВРОПА И ПЕРЕДОВАЯ АЗИЯ

БОРЬБА ПАРТИЙ В КИТАЕ

Китайскому народу удалось свергнуть старый, средневековый, порядок и поддерживающее его правительство. В Китае установлена республика, и *первый парламент* великой азиатской страны, которая так долго радовала сердца черносотенцев всех национальностей своей неподвижностью и застоем, — первый китайский парламент выбран, собрался и начал уже несколько недель свои заседания.

Из двух палат китайского парламента в низшей имели небольшое большинство сторонники Сунь Ят-сена, партия Го (или Куо) Мин-Тан, «националисты»; — чтобы выразить сущность этой партии применительно к русским условиям, надо назвать ее радикально-народнической республиканской партией, партией демократии. В верхней палате за ней более значительное большинство.

Против этой партии стоят более мелкие умеренные или консервативные партии со всяческими названиями вроде «радикалов» и т. п. На деле *все* эти партии суть партии *реакционеров*, именно: бюрократов, помещиков

ДЕМОКРАТИЯ И НАРОДНИЧЕСТВО В КИТАЕ

Статья временного президента китайской республики Сунь Ят-сена, которую мы заимствуем из брюссельской социалистической газеты «Le Peuple» [142], представляет

КРУПНЫЙ УСПЕХ КИТАЙСКОЙ РЕСПУБЛИКИ

Известно, что великая китайская республика, с такими жертвами созданная передовой демократией народных масс в Азии, испытывала в последнее время самые тяжелые финансовые затруднения. Шесть «великих» держав, которые считаются цивилизованными, а на деле проводят самую реакционную политику, составили финансовый консорциум (товарищество), приостановивший заключение займа Китаем!

Дело в том, что революция в Китае вызвала среди европейской буржуазии не энтузиазм к делу свободы и демократии, — на такие чувства способен пролетариат, но не способны рыцари наживы, — а стремление *разграбить* Китай, начать раздел Китая, оттягать земли у Китая. «Консорциум» шести держав (Англии, Франции, России, Германии, Японии, Соединенных Штатов Америки) старался довести дело до банкротства Китая, чтобы обессилить и подорвать республику.

Крупным успехом молодой республики, которая пользуется сочувствием среди трудящихся масс всего мира, явился *развал* этого черносотенного консорциума. Президент Соединенных Штатов Америки заявил, что его правительство не будет поддерживать более этого консорциума и что оно в ближайшем будущем официально *признает* китайскую республику. Теперь американские банки *вышли* из консорциума. Америка окажет теперь Китаю столь необходимую для него финансовую поддержку, открывая китайский рынок для

26

27

为了打破帝国主义的政治和经济封锁，争取苏维埃国家的平等国际地位，列宁亲自为苏维埃政权制定了和平外交政策。1922 年 4 月，苏俄首次参加重要的国际财政经济会议——热那亚会议。列宁认为，这次会议对于巩固和平和发展各国相互关系会起重大作用。他为这次复杂的外交斗争作了细致准备，为苏俄代表团周密地制定了工作纲领和斗争策略。（21-23）

21．1921 年 11 月 28 日列宁在办公室接见美国经济学家克里斯坦森（右一）

22．1922 年出席热那亚国际会议的苏俄代表团部分成员：瓦・瓦・沃罗夫斯基、马・马・李维诺夫、格・瓦・契切林。

23．1922 年 2 月 1 日列宁《给热那亚代表团副团长和全体团员的指示草案》手稿第 1 页

21

22

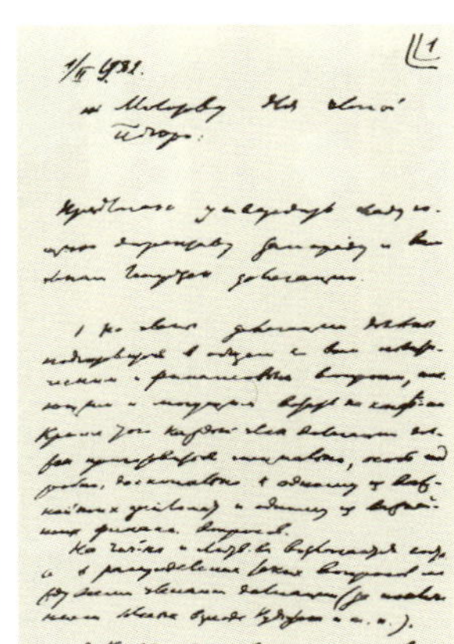

23

1922年3月27日—4月2日，列宁主持召开俄共（布）第十一次代表大会，并作了中央委员会政治报告，对执行新经济政策一年来的工作进行了总结。这是列宁亲自领导的最后一次党代表大会。（24-27）

24. 列宁在俄共（布）第十一次代表大会上的闭幕讲话手稿
25. 列宁向俄共（布）第十一次代表大会作的中央委员会政治报告的提纲手稿第1页
26. 列宁出席俄共（布）第十一次代表大会的代表证和列宁的党证

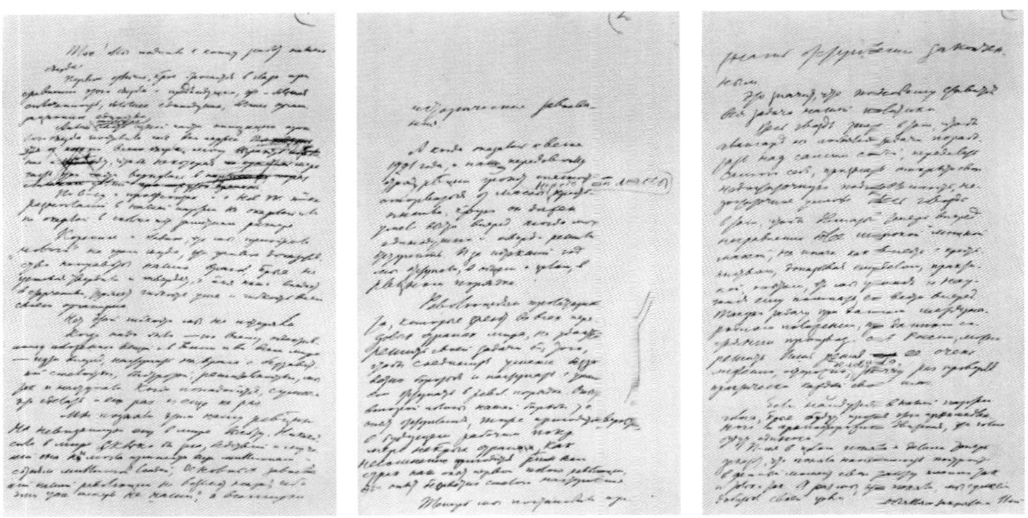

24

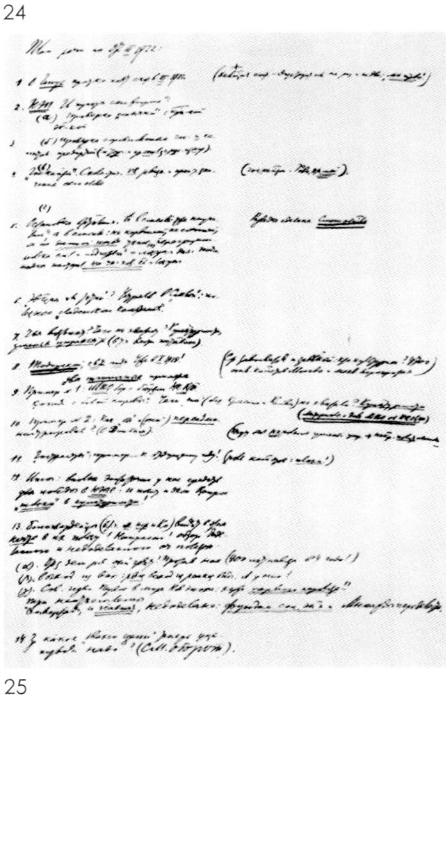

25

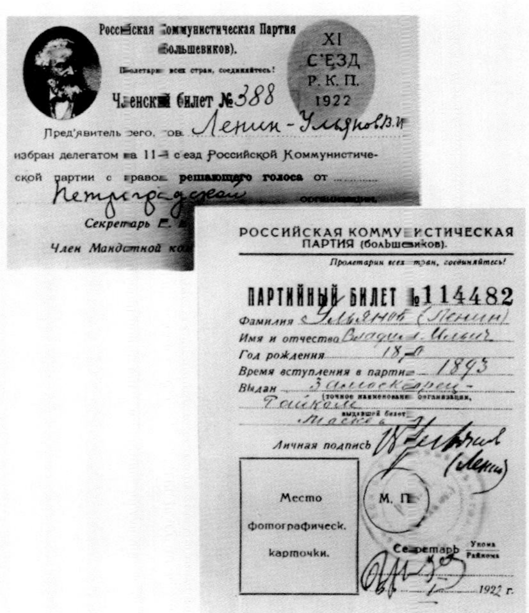

Российская Коммунистическая Партия (большевиков).
Пролетарии всех стран, соединяйтесь!
XI С'ЕЗД Р. К. П. 1922
Членский билет №388
Пред'явитель сего, тов. Ленин-Ульянов В.И.
избран делегатом на 11-й с'езд Российской Коммунистической партии с правом решающего голоса от ......
Секретарь
Член Мандатной ком

РОССИЙСКАЯ КОММУНИСТИЧЕСКАЯ ПАРТИЯ (большевиков).
Пролетарии всех стран, соединяйтесь!
ПАРТИЙНЫЙ БИЛЕТ №114482
Фамилия Ульянов (Ленин)
Имя и отчество Владим. Ильич
Год рождения 1870
Время вступления в партию 1893
Выдан
Личная подпись
Место фотографическ. карточки.
М. П.
Секретарь
1922 г.

26

30

31

32

1922年10月2日，列宁从哥尔克村返回莫斯科，投入紧张的工作，主持各种会议，批阅和起草文件。(33-35)

33. 列宁主持人民委员会会议（1922年10月3日）
34. 列宁出席俄共（布）中央全会（1922年10月5日）
35. 列宁从哥尔克村返回莫斯科时乘坐的机动雪橇

33

34

35

1922 年 11 月 20 日，列宁出席莫斯科苏维埃全会，并作了重要讲话。这是他一生中最后一次对公众讲话。(36-37)

36. 最后一次讲话　（油画）　E. 伊利英

37. 《真理报》刊载的列宁《在莫斯科苏维埃全会上的讲话》(1922 年 11 月 20 日)

36

ПРАВДА

СЕГОДНЯ В НОМЕРЕ:

Речь тов. Ленина на пленуме Московского Совета.

37

1922 年 12 月 30 日召开的苏联苏维埃第一次代表大会宣告苏维埃社会主义共和国联盟成立，列宁因病未能出席大会。1923 年 7 月 6 日，第一届苏联中央执行委员会第二次会议选举列宁为苏联人民委员会主席。(38-40)

38. 苏联人民委员会主席列宁（1923 年 7 月 6 日）
39. 关于苏维埃社会主义共和国联盟（简称苏联）成立的宣言和条约（1922 年 12 月 30 日）
40. 《苏维埃社会主义共和国联盟宪法》封面（1924 年莫斯科版）

38

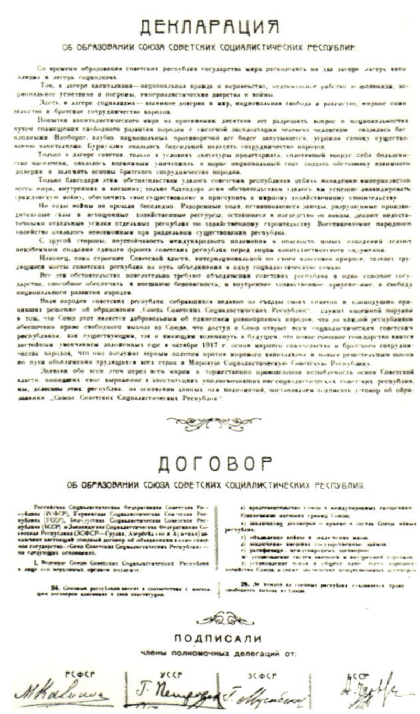
ДЕКЛАРАЦИЯ

ОБ ОБРАЗОВАНИИ СОЮЗА СОВЕТСКИХ СОЦИАЛИСТИЧЕСКИХ РЕСПУБЛИК

ДОГОВОР

ОБ ОБРАЗОВАНИИ СОЮЗА СОВЕТСКИХ СОЦИАЛИСТИЧЕСКИХ РЕСПУБЛИК

ПОДПИСАЛИ

члены полномочных делегаций от:

РСФСР УССР ЗСФСР БССР

39

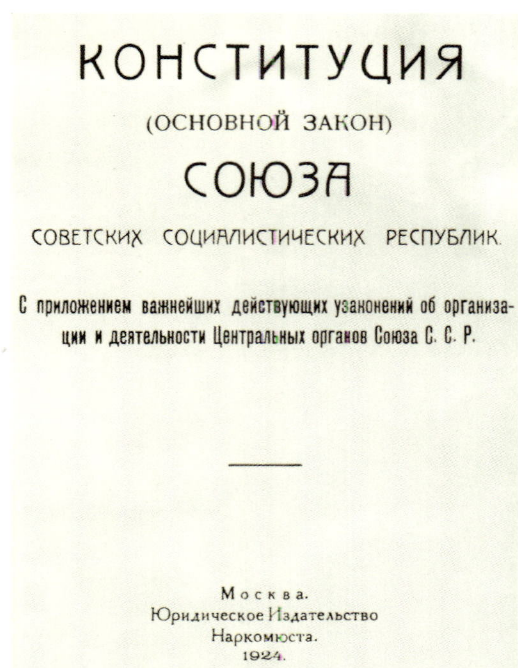
КОНСТИТУЦИЯ

(ОСНОВНОЙ ЗАКОН)

СОЮЗА

СОВЕТСКИХ СОЦИАЛИСТИЧЕСКИХ РЕСПУБЛИК.

С приложением важнейших действующих узаконений об организации и деятельности Центральных органов Союза С. С. Р.

Москва.
Юридическое Издательство
Наркомюста.
1924.

40

1922 年 12 月中旬，列宁病重。从 1922 年 12 月下旬至 1923 年 3 月上旬，列宁同疾病进行了顽强的斗争，以惊人的毅力陆续口授了有关党和国家前途命运问题的一系列重要文章和文件。(41-44)

41. 病中口授文件（油画） 李骏

在东方那些人口无比众多、社会情况无比复杂的国家里，今后的革命无疑会比俄国革命带有更多的特殊性。

——列宁

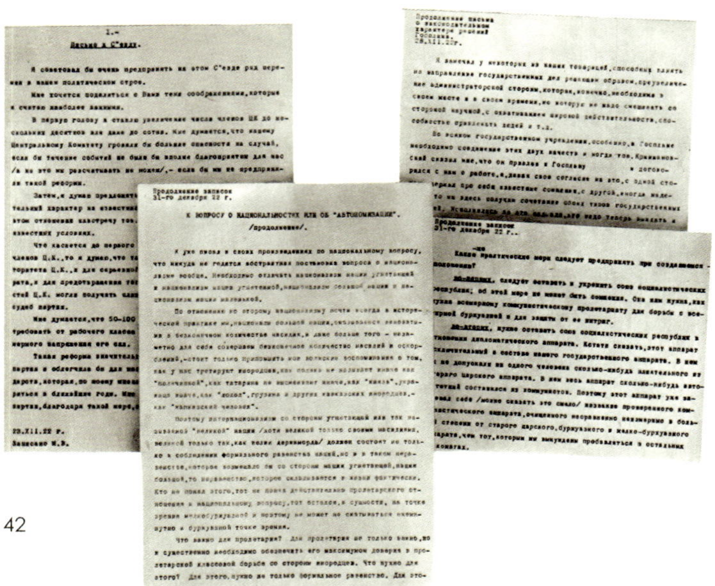
К ВОПРОСУ О НАЦИОНАЛЬНОСТЯХ ИЛИ ОБ "АВТОНОМИЗАЦИИ".

42

ПРАВДА

Странички из дневника.

О НАШЕЙ РЕВОЛЮЦИИ.

Как нам реорганизовать Рабкрин.

Н. ЛЕНИН

О КООПЕРАЦИИ

ЛУЧШЕ МЕНЬШЕ, ДА ЛУЧШЕ.

43

42. 列宁1922年12月下旬口授的《给代表大会的信》等文件
43. 列宁1923年1—3月口授的文章:《日记摘录》、《论合作社》、《论我国革命》、《我们怎样改组工农检查院》、《宁肯少些，但要好些》。
44. 列宁在哥尔克村（1923年夏）

45

Пролетарии всех стран соединяйтесь!

От Центрального Комитета Российской Коммунистической партии (большевиков).

К партии.

Ко всем трудящимся.

ДА ЗДРАВСТВУЕТ, ДА ЖИВЕТ И ПОБЕЖДАЕТ НАША ПАРТИЯ!

ДА ЗДРАВСТВУЕТ РАБОЧИЙ КЛАСС!

Центральный Комитет РКП.

46

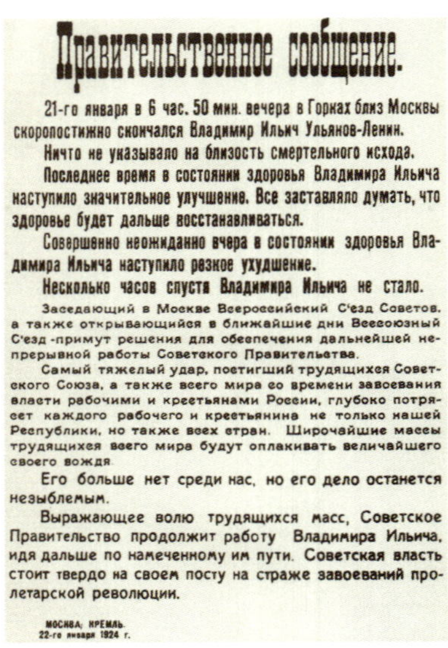

Правительственное сообщение.

21-го января в 6 час. 50 мин. вечера в Горках близ Москвы скоропостижно скончался Владимир Ильич Ульянов-Ленин.

Ничто не указывало на близость смертельного исхода.

Последнее время в состоянии здоровья Владимира Ильича наступило значительное улучшение. Все заставляло думать, что здоровье будет дальше восстанавливаться.

Совершенно неожиданно вчера в состоянии здоровья Владимира Ильича наступило резкое ухудшение.

Несколько часов спустя Владимира Ильича не стало.

Заседающий в Москве Всероссийский С'езд Советов, а также открывающийся в ближайшие дни Всесоюзный С'езд -примут решения для обеспечения дальнейшей непрерывной работы Советского Правительства.

Самый тяжелый удар, постигший трудящихся Советского Союза, а также всего мира со времени завоевания власти рабочими и крестьянами России, глубоко потрясет каждого рабочего и крестьянина не только нашей Республики, но также всех стран. Широчайшие массы трудящихся всего мира будут оплакивать величайшего своего вождя.

Его больше нет среди нас, но его дело останется незыблемым.

Выражающее волю трудящихся масс, Советское Правительство продолжит работу Владимира Ильича, идя дальше по намеченному им пути. Советская власть стоит твердо на своем посту на страже завоеваний пролетарской революции.

МОСКВА, КРЕМЛЬ.
22-го января 1924 г.

47

1924 年 1 月 21 日 18 时 50 分，列宁在哥尔克村不幸逝世。(45–49)

45. 列宁与世长辞
46. 1924 年 1 月 22 日俄共（布）中央就列宁逝世发布的《告全党和全体劳动人民书》
47. 1924 年 1 月 22 日苏联政府关于列宁逝世的公告
48. 1924 年 1 月 22—23 日苏联苏维埃第二次代表大会的代表到哥尔克村向列宁的遗体告别
49. 列宁的灵柩安放在莫斯科工会大厦圆柱大厅，1924 年 1 月 23—27 日苏联各界人士及国外政治组织代表前往悼念。

48

49

1924 年 1 月 27 日，苏联党和政府在莫斯科红场为列宁隆重举行国葬。(50-53)

50. 苏联民众为列宁送殡
51. 在红场举行的列宁灵柩安放仪式
52. 临时的列宁陵墓
53. 莫斯科红场上的列宁墓

50

51

52

世界各国共产党的报纸刊登了列宁逝世的讣告，各国革命组织和劳动群众纷纷拍发唁电、寄送唁函、举行追悼大会、出版纪念专集，对列宁逝世表示哀悼。（54-58）

54．德国共产主义青年中央机关报发表的悼念列宁的文章
55．各国共产党报纸刊登的列宁逝世的讣告
56．各国报刊关于列宁逝世的报道
57．1924 年 1 月在柏林举行的哀悼列宁逝世的大会
58．布拉格街头哀悼列宁逝世的人们

Die Junge Garde

Zentralorgan der Kommunistischen Jugend Deutschlands / Sektion der Kommunistischen Jugendinternationale

Nr. 11. ◆ 5. Jahrgang. | Berlin, den 15. Februar 1924. | Preis 10 Goldpfennig.

Zum Tode Lenins.

An die arbeitende Jugend Deutschlands!

Junge Arbeiter und Arbeiterinnen! Genossen und Genossinnen!

Zentrale der Kommunistischen Jugend Deutschlands.

54

Číslo 20. | V Praze ve středu dne 23. ledna 1924. | Ročník V.

RUDÉ PRÁVO

ÚSTŘEDNÍ ORGÁN KOMUNISTICKÉ STRANY V ČESKOSLOVENSKU.

(SEKCE III. KOMUNISTICKÉ INTERNACIONÁLY.)

Soudruh Lenin mrtev.

Die Rote Fahne

Organ der KPD. – Begründet von Karl Liebknecht und Rosa Luxemburg

Erscheint nach Bedarf | Januar 1924 • Nr. 27

Unser Lenin gestorben.

20 Centimes | 20 Centimes

l'Humanité

ORGANE CENTRAL DU PARTI COMMUNISTE (S. F. I. C.)

Fondateur: JEAN JAURÈS

LÉNINE EST MORT

Norrskensflamman

Tidning för det arbetande folket.

Nr 19. | Onsdagen den 23 Jan. 1924.

† LENIN †

ARBEJDERBLADET

KLASSEKAMPEN

FREDAG DEN 1. FEBRUAR.

UDGIVET AF DANMARKS KOMMUNISTISKE PARTI

La Antorcha

ORGANO DEL PARTIDO COMUNISTA DE ESPAÑA (S.E. de la III Internacional.)

EL DIA 21 DEL PASADO ENERO MURIO LENIN

¡Ante el cadáver del que fué alma, guía, lumbrera y brazo de la Revolución proletaria.

55

l'Humanité
LÉNINE EST MORT
Aux Travailleurs de France
RUDÉ PRÁVO
Soudruh Lenin mrtev.
DE TRIBUNE
WLADIMIR ILJITSJ OELJANOW LENIN
Norrskensflamman
† L E N I N †
DĚLNICKÝ DENÍK
Největší revolucionář světa mrtev.
Die Junge Garde
Zum Tode Lenins.
ARBEJDER BLADET
KLASSEKAMPEN
Lenin som vor udødelige Fører!
Det mægtigste Fakkeltog i Mands Minde.
Die Rote Fahne
Unser Lenin gestorben.
MŁODZIEŻ ROBOTNICZA
Schylmy czoła!
La Antorcha
EL DIA 21 DEL PASADO ENERO MURIO LENIN
SOCIALISMUL
TOVARAŞUL N. LENIN A MURIT
Dar Revoluţia Proletară Inaintează
Зарубежные газеты с сообщением
о смерти В. И. Ленина.
56

57

58

中国人民获悉列宁逝世的噩耗深感悲痛，并以各种方式表示悼念。(59-64)

59. 中国共产党哀悼列宁的唁电
60. 1924 年 2 月 24 日孙中山为追悼列宁大会书写的挽幛
61. 中国广东丝织工人为悼念列宁逝世赠送给苏联工人的列宁绣像
62. 1924 年 3 月为悼念列宁出版的《列宁纪念册》
63. 1925 年 4 月 22 日中共中央机关刊物《新青年》为纪念列宁逝世一周年出版的专号

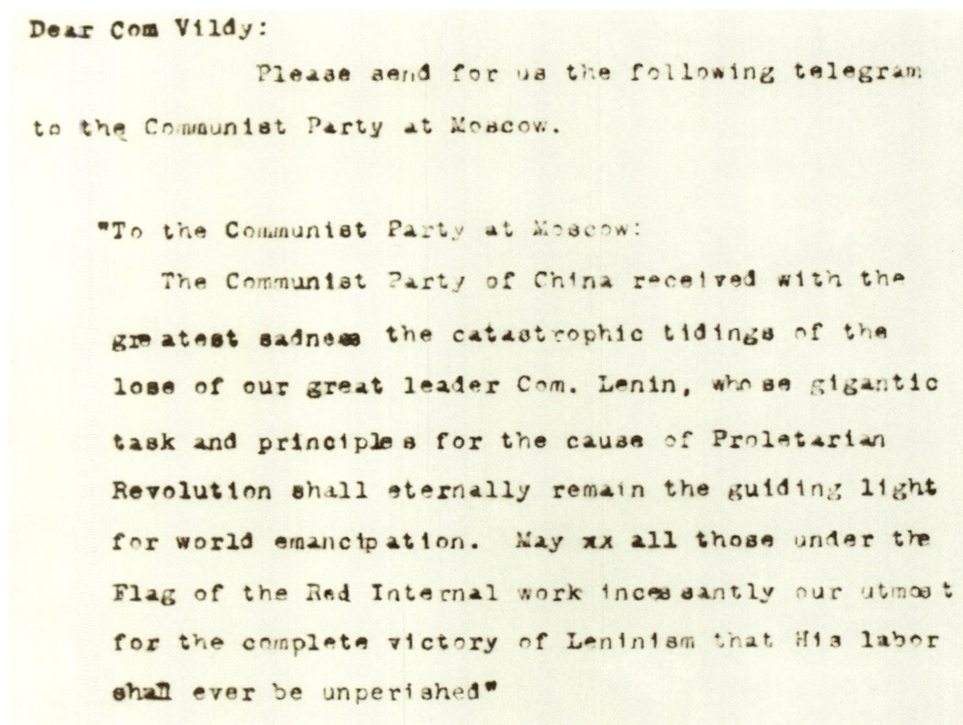

Dear Com Vildy:

Please send for us the following telegram to the Communist Party at Moscow.

"To the Communist Party at Moscow:

The Communist Party of China received with the greatest sadness the catastrophic tidings of the loss of our great leader Com. Lenin, whose gigantic task and principles for the cause of Proletarian Revolution shall eternally remain the guiding light for world emancipation. May xx all those under the Flag of the Red Internal work incessantly our utmost for the complete victory of Leninism that His labor shall ever be unperished"

59

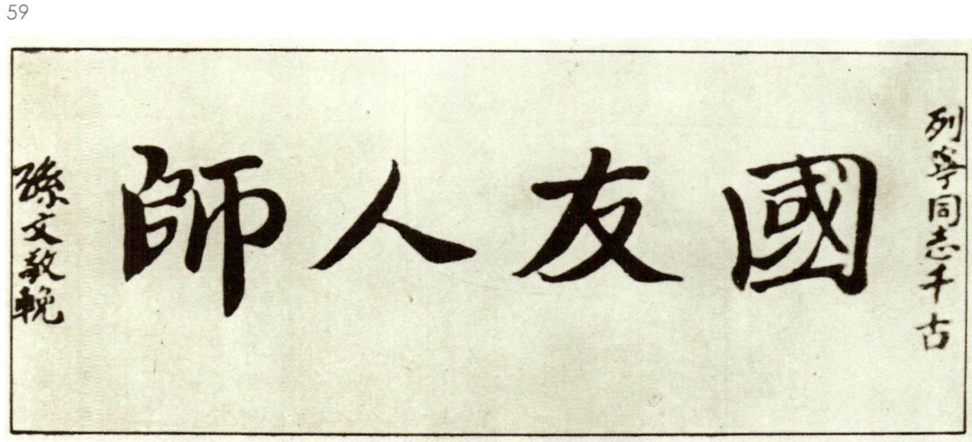

60

1917年俄国十月革命胜利后，列宁的思想和著作开始在中国传播，正如毛泽东同志所说："十月革命一声炮响，给我们送来了马克思列宁主义。"中国共产党从成立时起就把马克思列宁主义作为指导思想。在革命、建设和改革的伟大历程中，我们党坚持把马克思列宁主义基本原理同中国实际相结合，创造性地运用和发展马克思列宁主义，形成了中国化马克思主义的理论成果，即毛泽东思想和包括邓小平理论、"三个代表"重要思想以及科学发展观等重大战略思想在内的中国特色社会主义理论体系。

中国共产党为了用科学理论武装全党，历来十分重视马列主义经典著作的编译出版。党成立后，立即组织力量翻译出版马列主义经典著作。在反动统治者查禁进步书刊的白色恐怖中，党的理论工作者和一批进步知识分子克服千难万险，传播真理之火，为马列主义经典著作的翻译出版事业作出了宝贵贡献。抗日战争和解放战争时期，延安成为马列著作编译出版中心。1938年5月，马列学院在延安成立，内设编译部，专门负责马列著作的编译工作，在极其艰苦的条件下，编译出版了一批重要的马列著作，推动了党的理论武装工作。新中国成立前，公开出版的马列著作已达530余种，列宁的一些最主要的著作都被译成了中文，为我们党领导的人民革命事业提供了强大的思想武器。

新中国成立不久，党中央于1953年1月决定成立中共中央马克思恩格斯列宁斯大林著作编译局，有系统有计划地翻译马克思、恩格斯、列宁、斯大林的全部著作，有力地促进了列宁著作在中国的传播。中央编译局成立后，编译了《列宁全集》第1版共39卷和《列宁全集》第2版共60卷；还编译了《列宁选集》第1版、第2版和第3版，以及各种单行本和专题读本。列宁的这些著作由人民出版社出版并大量发行。列宁的主要著作还被译成少数民族文字出版。《列宁全集》和《列宁选集》的出版，为学习和研究马克思列宁主义提供了基础文本，对推进党的思想理论建设发挥了重要作用。

1978年12月召开的具有重大历史意义的党的十一届三中全会，开启了中国改革开放的历史新时期。在建设中国特色社会主义的伟大进程中，马列主义经典著作编译出版事业呈现出前所未有的新局面。党的十六大以来，为进一步加强党的思想理论建设，巩固马克思主义在意识形态领域的指导地位，繁荣和发展哲学社会科学事业，中央作出实施马克思主义理论研究和建设工程的重大战略决策，并把编译十卷本《马克思恩格斯文集》和五卷本《列宁专题文集》列为理论工程的重点项目。2009年底，由中央编译局编译的两部文集正式出版。这两部文集选文精当、译文准确、资料翔实，是马克思主义理论研究和建设工程的标志性成果，是广大干部群众学习马克思主义经典著作的权威性教材，对于建设马克思主义学习型政党，推进马克思主义中国化、时代化和大众化，具有十分重要的意义。

01

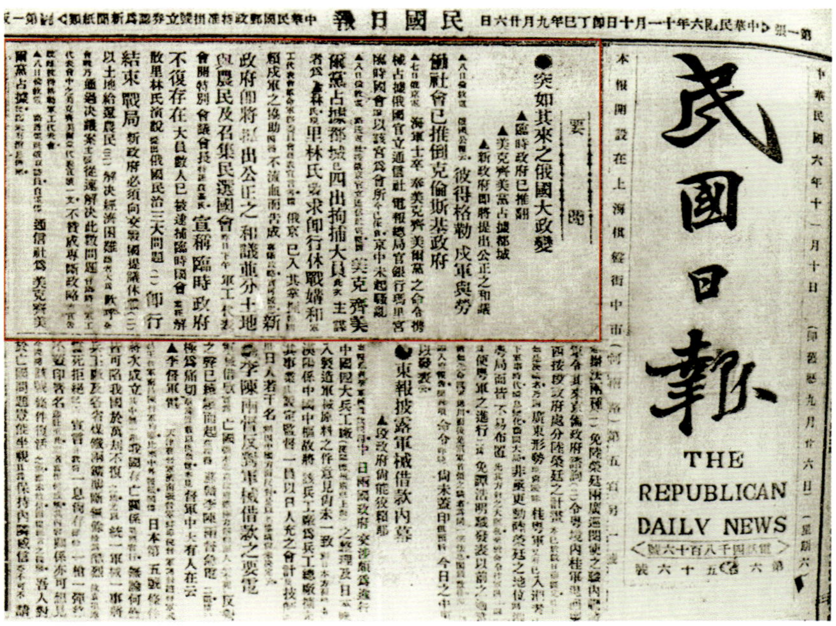
民國日報
THE REPUBLICAN DAILY NEWS
突如其來之俄國大政變

03

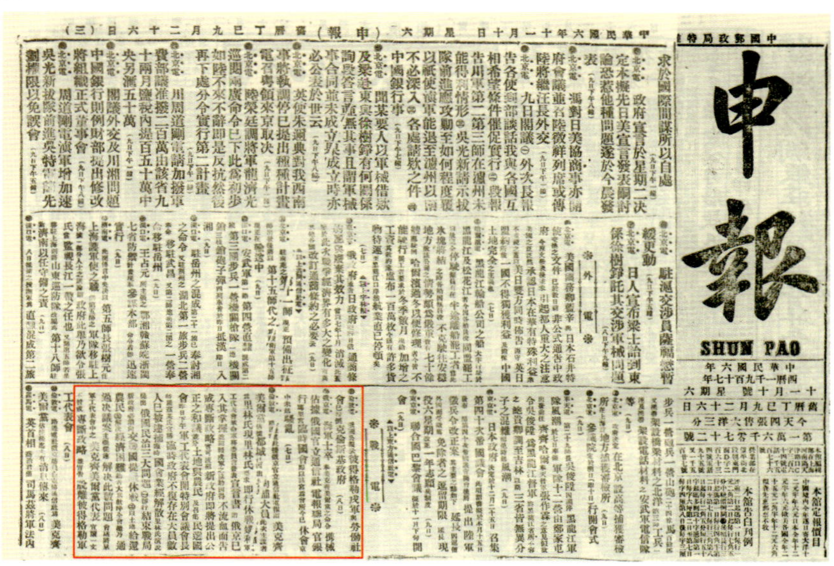
申報
SHUN PAO

04

列宁领导的俄国十月社会主义革命胜利后的第三天，中国的报纸即作出反应，报道了这一伟大事件。(03-04)

03. 1917 年 11 月 10 日上海《民国日报》报道了俄国十月革命胜利的消息

04. 1917 年 11 月 10 日上海《申报》报道了俄国十月革命胜利的消息

党中央和毛泽东同志高度重视马列著作编译出版工作。1938 年 5 月 5 日党中央在延安成立了马列学院，内设编译部，这是我们党历史上第一个编译马列主义经典著作的专门机构。马列学院院长张闻天兼任该部主任。（25-27）

25. 延安时期的张闻天
26. 革命根据地的印刷厂
27. 延安马列学院旧址（蓝家坪）

25

26

1943 年 5 月 27 日，党中央根据毛泽东同志的提议作出了关于加强翻译工作的决定。决定指出，“翻译工作尤其是马列主义古典著作的翻译工作是党的重要任务之一”，为提高“高级干部理论学习，许多马恩列斯的著作必须重新校阅”。在党中央和毛泽东同志的关怀下，马列著作编译出版工作取得丰硕成果。1937—1949 年编译出版了列宁著作 90 余种。(28-32)

28. 延安解放社出版的《列宁选集》（16 卷，原计划出版 20 卷）
29. 1943 年中共中央关于加强翻译工作的决定
30. 六卷本《列宁文选》（部分版本）
31. 两卷本《列宁文选》（部分版本）
32. 各种版本的《列宁选集》

28

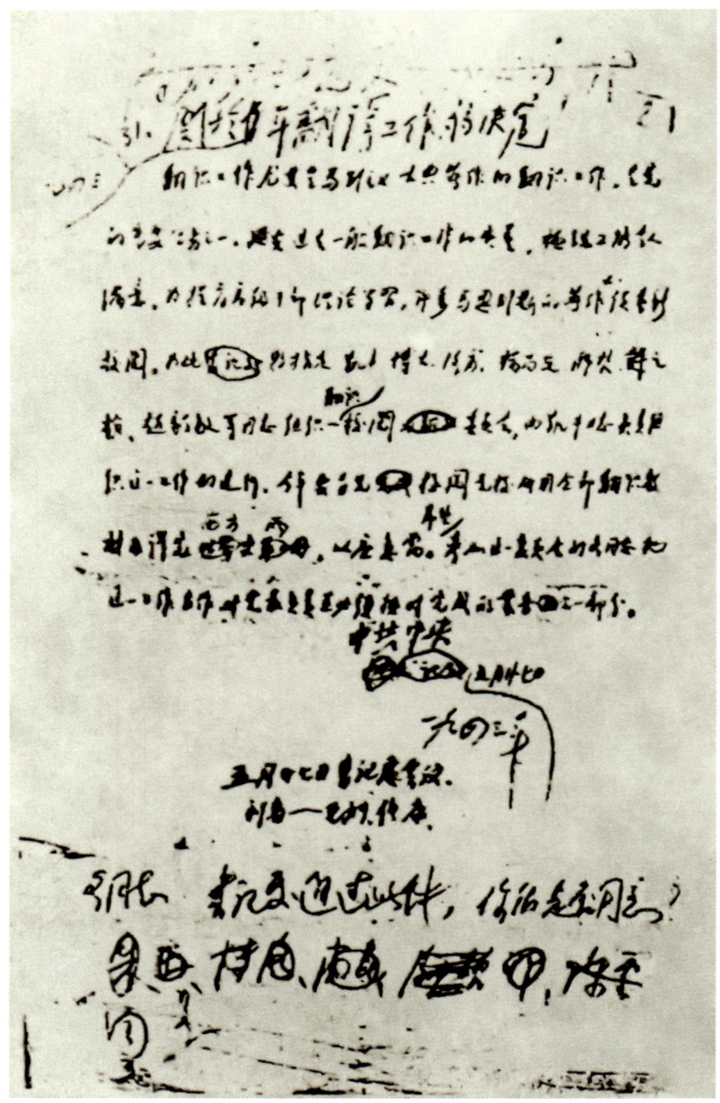

29

列寧文選
列寧文選
列寧文選
列寧文選
列寧文選
列寧文選
列寧文選
列寧文選
列寧文選
列寧文選
30

列寧文選
列寧文選
列寧文選
31

列寧選集
列寧選集
列寧選集
列寧選集
列寧選集
列寧選集
列寧選集
列寧選集
32

中国共产党历来重视学习和宣传马克思列宁主义，党的领导人率先垂范，并一再号召全党认真学习马列著作。(33-39)

33. 毛泽东 1942 年在延安给八路军干部作报告
34. 毛泽东亲笔批示印发的干部必读书目
35. 解放社出版的干部必读的三种列宁著作

33

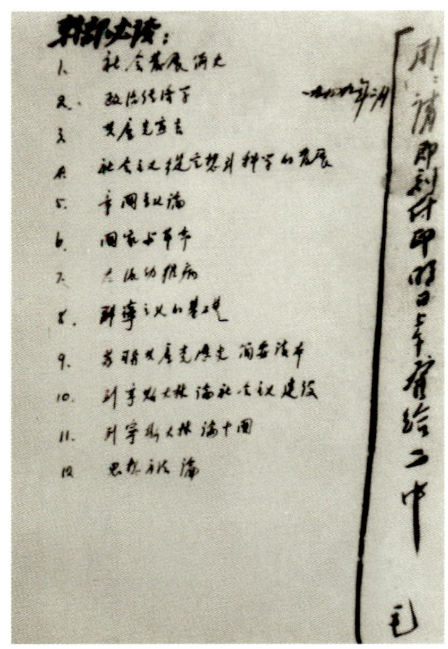

34

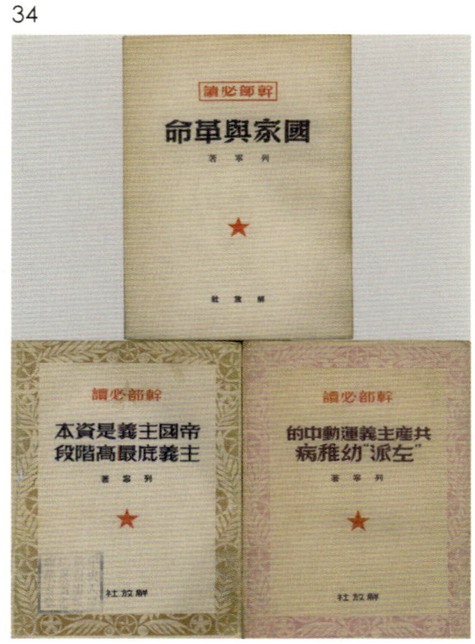

35

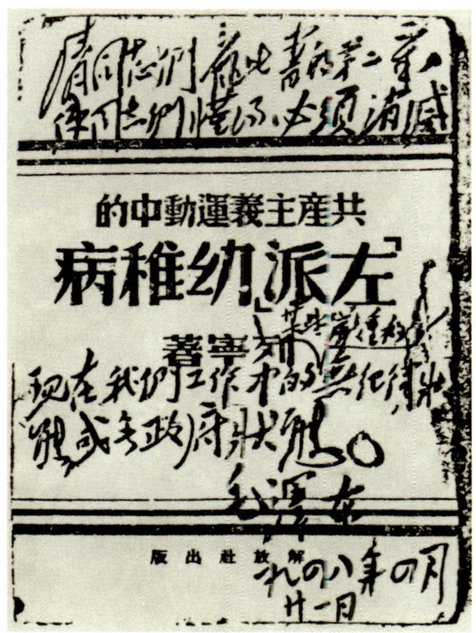

36

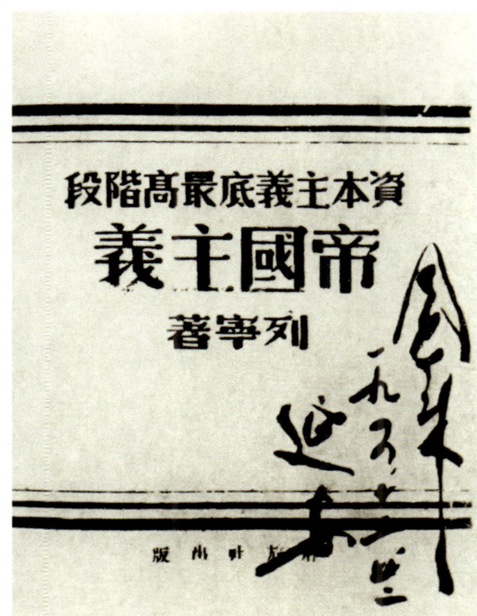

37

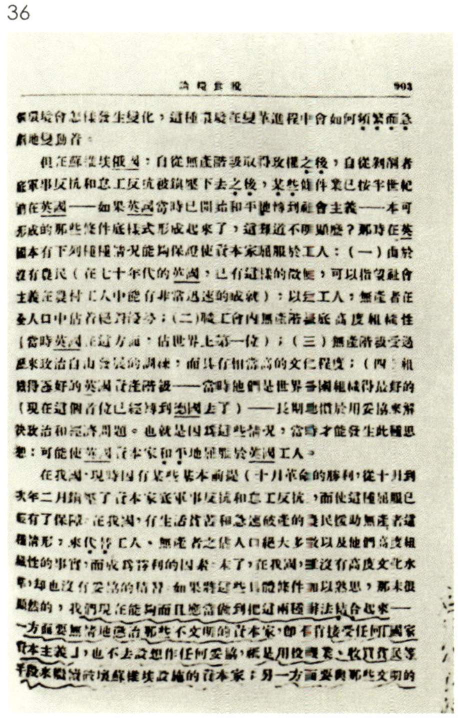

38

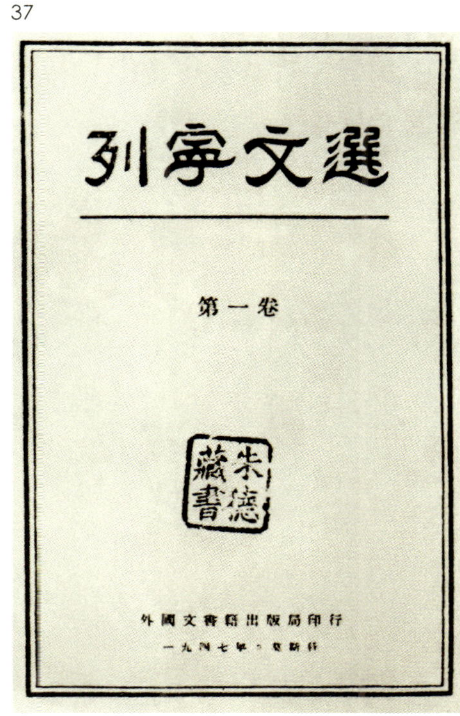

39

36. 毛泽东读过的列宁著作
37. 周恩来读过的列宁著作
38. 刘少奇读过的列宁著作
39. 朱德读过的列宁著作

新中国成立前编译出版的部分列宁著作。(40-44)

40　1929—1949 年编译出版的列宁《社会民主党在民主革命中的两种策略》部分版本
41　1930—1949 年编译出版的列宁《唯物主义和经验批判主义》部分版本
42.　1925—1949 年编译出版的列宁《帝国主义是资本主义的最高阶段》部分版本
43.　1929—1949 年编译出版的列宁《国家与革命》部分版本
44.　1927—1949 年编译出版的列宁《共产主义运动中的“左派”幼稚病》部分版本

40

41

42

43

1949 年 10 月 1 日，毛泽东主席在天安门城楼上庄严宣告：“中华人民共和国中央人民政府今天成立了！”中国人民革命的胜利和中华人民共和国的建立，开启了中国历史发展的新纪元。(45)

45. 开国大典（油画）　董希文

领导我们事业的核心力量是中国共产党。指导我们思想的理论基础是马克思列宁主义。

——毛泽东

1953年1月29日，经毛泽东同志亲自批示，中央决定成立中共中央马克思恩格斯列宁斯大林著作编译局，以便有系统地有计划地翻译马克思主义经典作家的全部著作。从此，马列主义经典著作在中国的传播进入一个全新的历史阶段。(46-48)

46. 毛泽东在开国大典上讲话
47. 党中央关于成立马恩列斯著作编译局的决定
48. 毛泽东为中央编译局题写的《学习译丛》刊名

46

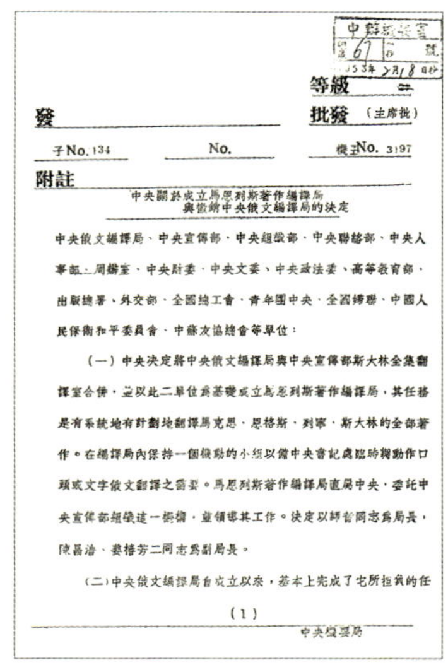

等級 二

發　　批發（主席批）

子No. 134　No.　機字No. 3197

附註

中央關於成立馬恩列斯著作編譯局與撤銷中央俄文編譯局的決定

中央俄文編譯局、中央宣傳部、中央組織部、中央聯絡部、中央人事部、周辦室、中央財委、中央文委、中央政法委、高等教育部、出版總署、外交部、全國總工會、青年團中央、全國婦聯、中國人民保衛和平委員會、中蘇友協總會等單位：

（一）中央決定將中央俄文編譯局與中央宣傳部斯大林全集翻譯室合併，並以此二單位為基礎成立馬恩列斯著作編譯局，其任務是有系統地有計劃地翻譯馬克思、恩格斯、列寧、斯大林的全部著作。在編譯局內保持一個機動的小組以備中央書記處臨時調動作口頭或文字俄文翻譯之需要。馬恩列斯著作編譯局直屬中央，委託中央宣傳部組織這一機構，並領導其工作。決定以師哲同志為局長，陳昌浩、姜椿芳二同志為副局長。

（二）中央俄文編譯局自成立以來，基本上完成了它所擔負的任

（1）

中央機要局

47

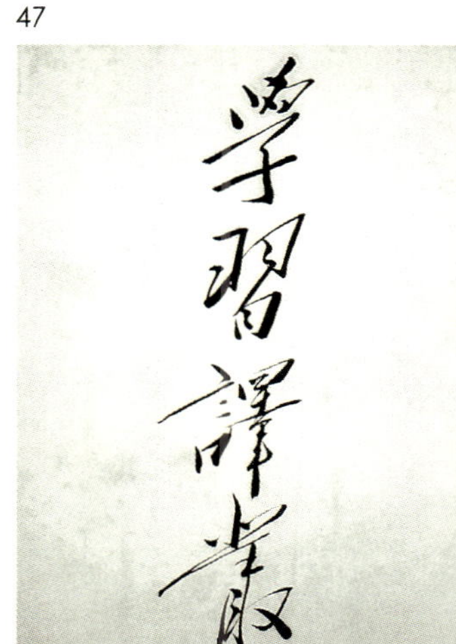

48

中央编译局成立后，按照党中央要求，有系统地有计划地编译出版马克思主义经典作家的著作，为学习、宣传和研究马克思主义提供了扎实可靠的文本基础，有力地推动了马克思主义中国化的进程。(49-53)

49. 20世纪50年代的中央编译局
50. 今日的中央编译局
51. 1954年中央编译局首次举办的“马克思列宁主义经典著作在中国的传播”展览
52. 1955年中央编译局主办的“列宁生平事业展览”
53. 朱德参观“列宁生平事业展览”后的题词

49

50

51

52

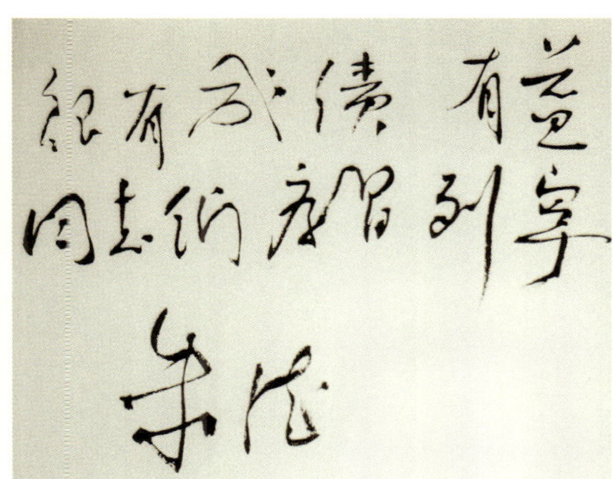

53

中央编译局根据中央决定，1978 年以前先后编译了《列宁全集》第 1 版共 39 卷、《列宁选集》第 1 版和第 2 版以及各种单行本和专题读本，由人民出版社出版并大量发行。列宁的主要著作还被译成少数民族文字出版。(54-61)

54. 《列宁全集》第 1 版（共 39 卷）
55. 20 世纪 50 年代的人民出版社
56. 《人民日报》1959 年 10 月为《列宁全集》第 1 版第 1—38 卷出版刊发的公告（第 39 卷 1963 年出版）
57. 1960 年编译出版的《列宁选集》第 1 版（四卷本）
58. 1972 年编译出版的《列宁选集》第 2 版（四卷本）
59. 为纪念列宁诞辰 90 周年而编译出版的列宁专题论著

54

55

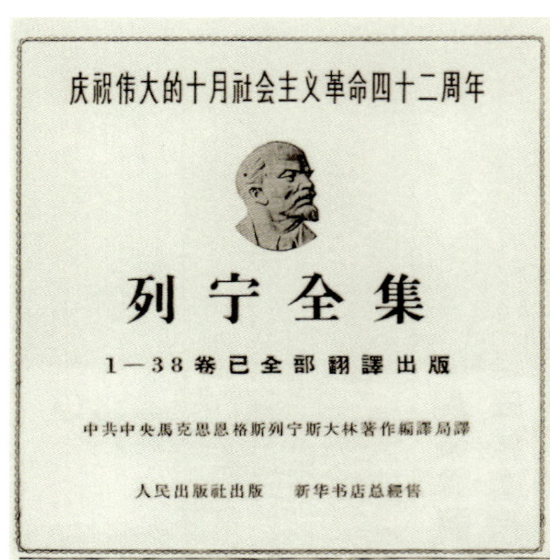
庆祝伟大的十月社会主义革命四十二周年

列宁全集

1—38 卷已全部翻譯出版

中共中央馬克思恩格斯列宁斯大林著作編譯局譯

人民出版社出版　新华书店总經售

56

列宁选集
列宁选集
列宁选集
列宁选集
列宁选集
列宁选集

57

列宁选集

58

纪念列宁诞生九十周年
1870—1960
列宁論帝国主义是无产阶級社会主义革命的前夜
1870—1960
列宁論无产阶級革命和无产阶級专政
1870—1960
列宁論新型的革命的无产阶級政党
纪念列宁诞生九十周年
1870—1960
列宁論民族解放运动
纪念列宁诞生九十周年
1870—1960
列宁論战争与和平
纪念列宁诞生九十周年
1870—1960
列宁論反对修正主义

59

60. 新中国成立以来编译出版的部分列宁专题读本

61. 新中国成立以来编译出版的列宁著作部分单行本

60

61

我们搞改革开放、把工作重心放在经济建设上，没有丢马克思，没有丢列宁，也没有丢毛泽东。老祖宗不能丢啊！问题是要把什么叫社会主义搞清楚，把怎么样建设和发展社会主义搞清楚。

——邓小平

62

1978 年 12 月召开的具有重大历史意义的党的十一届三中全会，开启了中国改革开放的历史新时期。在建设中国特色社会主义的伟大进程中，马列主义经典著作编译出版事业呈现出前所未有的新局面。(62-63)

62. 邓小平在党的十一届三中全会上讲话
63. 中国共产党十一届三中全会会场

63

1975 年，中央编译局为编译《列宁全集》第 2 版，开始筹划并认真做好各方面的准备工作。1982 年经党中央批准，《列宁全集》第 2 版 60 卷的编译工作全面展开，1990 年底全部出齐。这个版本是我国自行编辑的第一部列宁著作全集本，共收入列宁著述和各种文献 9289 件。2001 年根据新发现的列宁文献，又编译出版了《列宁全集补遗》。(**64-65**)

64.《列宁全集》第 2 版（共 60 卷）及《列宁全集补遗》

65. 在编译《列宁全集》第 2 版过程中出版的《列宁文稿》（共 17 卷）

64

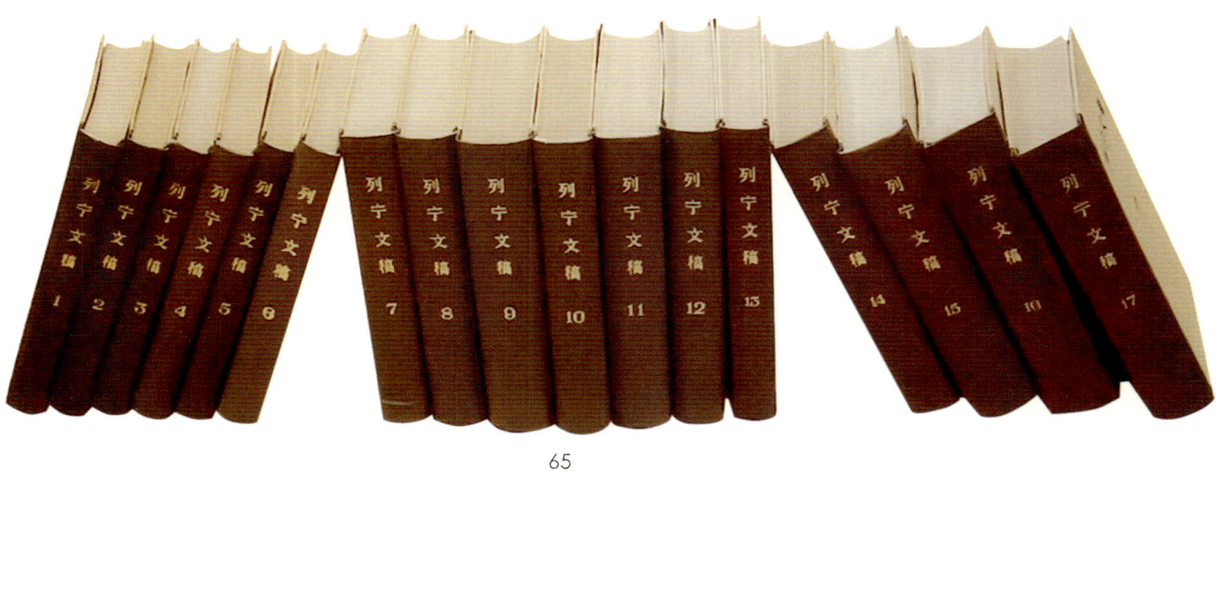

65

加强党的思想建设，要在全党系统地深入地进行马列主义、毛泽东思想基本理论的教育，特别是马克思主义哲学的教育……我们要组织党员特别是党员领导干部，联系国际国内的形势和矛盾斗争，有的放矢地选读马克思主义经典著作。

——江泽民

《列宁全集》第 2 版出版后，中央给予高度评价，认为这是马列著作编译出版事业的一大成果，也是中国共产党人对传播马列主义的一大贡献。江泽民同志在 1991 年 7 月 1 日庆祝中国共产党成立七十周年大会的重要讲话中指出，《列宁全集》第 2 版的出版是我国政治生活和党的建设中的大事。(66-70)

66. 江泽民在中国共产党第十六次全国代表大会上作报告
67. 江泽民为中央编译局成立四十周年题词

66

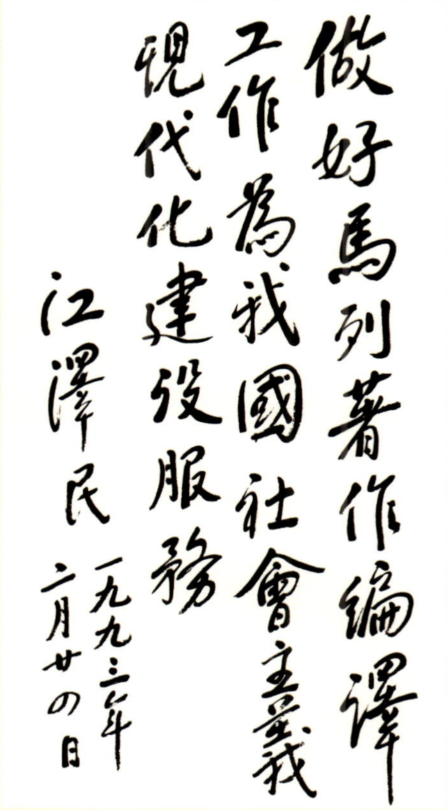

67

68

69

68. 1995 年编译出版的《列宁选集》第 3 版（四卷本）
69. 新中国成立后编译出版的少数民族语文版《列宁选集》
70. 1995 年 10 月 27 日《人民日报》关于新版马列著作出版的报道

人民日报
RENMIN RIBAO

1995年10月 27

马克思主义经典著作编译和研究最新成果

新版马列著作出版

把各方面积极性引导好保护好发挥好
——论「第七条方针」

70

要坚持把党的思想理论建设放在首位，继续认真学习马克思列宁主义、毛泽东思想、邓小平理论、“三个代表”重要思想以及科学发展观，在实践中不断丰富和发展中国特色社会主义理论体系，努力开拓马克思主义新境界，切实提高全党运用科学理论改造主观世界和客观世界的能力。

——胡锦涛

71

人民日报

RENMIN RIBAO

今日16版（华东、华南地区20版）

人民网网址：http://www.people.com.cn
http://www.peopledaily.com.cn

国内统一刊号：CN11-0065
第20382期 （代号1-1）

人民日报社出版

2004年4月
29
星期四
甲申年三月十一

北京地区天气预报
白天 多云转阴有小雨
降水概率60%
风向 偏东
风力 二、三级
夜间 阴有雨
降水概率70%
风向 偏东
风力 一、二级
温度 17℃/8℃

胡锦涛在会见中央实施马克思主义理论研究和建设工程工作会议代表时强调

高扬马克思主义理论伟大旗帜 凝聚全党全国人民共同奋斗

李长春参加会见

72

党的十六大以来，党中央高度重视马克思主义在意识形态领域的指导地位。为进一步加强党的思想理论建设，2004年中央作出实施马克思主义理论研究和建设工程的重大战略决策。同年4月27日，中央召开实施马克思主义理论研究和建设工程工作会议。胡锦涛同志在会见会议代表时指出，中央决定实施马克思主义理论研究和建设工程，这是关系党和国家事业发展的战略任务，是中央加强党的理论建设的重大举措。（71-72）

71. 胡锦涛在中共十六届一中全会上讲话
72. 2004年4月29日《人民日报》关于胡锦涛会见中央实施马克思主义理论研究和建设工程工作会议代表的报道

中央组织实施的马克思主义理论研究和建设工程，把编译十卷本《马克思恩格斯文集》和五卷本《列宁专题文集》列为重点项目。2009 年 12 月两部文集正式出版发行，中央召开了出版座谈会，对两部文集的编译工作给予高度评价，指出两部文集是中央实施马克思主义理论研究和建设工程的标志性成果，是学习马克思主义经典著作的权威性教材，要进一步学习好运用好马克思主义经典著作，推动用发展着的马克思主义指导新的实践。(73-76)

73. 2009 年 12 月 26 日《人民日报》关于《马克思恩格斯文集》《列宁专题文集》出版座谈会的报道

74. 《马克思恩格斯文集》（十卷本）和《列宁专题文集》（五卷本）

75. 《马克思恩格斯文集》《列宁专题文集》出版座谈会会场（2009 年 12 月 25 日）

76. 《人民日报》和《光明日报》有关两部文集的报道

人民日报

RENMIN RIBAO

人民网 网址：http://www.people.com.cn 手机：http://wap.people.com.cn

2009 年 12 月 26 星期六

人民日报社出版

今日 8 版

李长春在《马克思恩格斯文集》《列宁专题文集》出版座谈会上强调

进一步学习好运用好马克思主义经典著作 推动用发展着的马克思主义指导新的实践

73

74

《马克思恩格斯文集》《列宁专题文集》出版座谈会

75

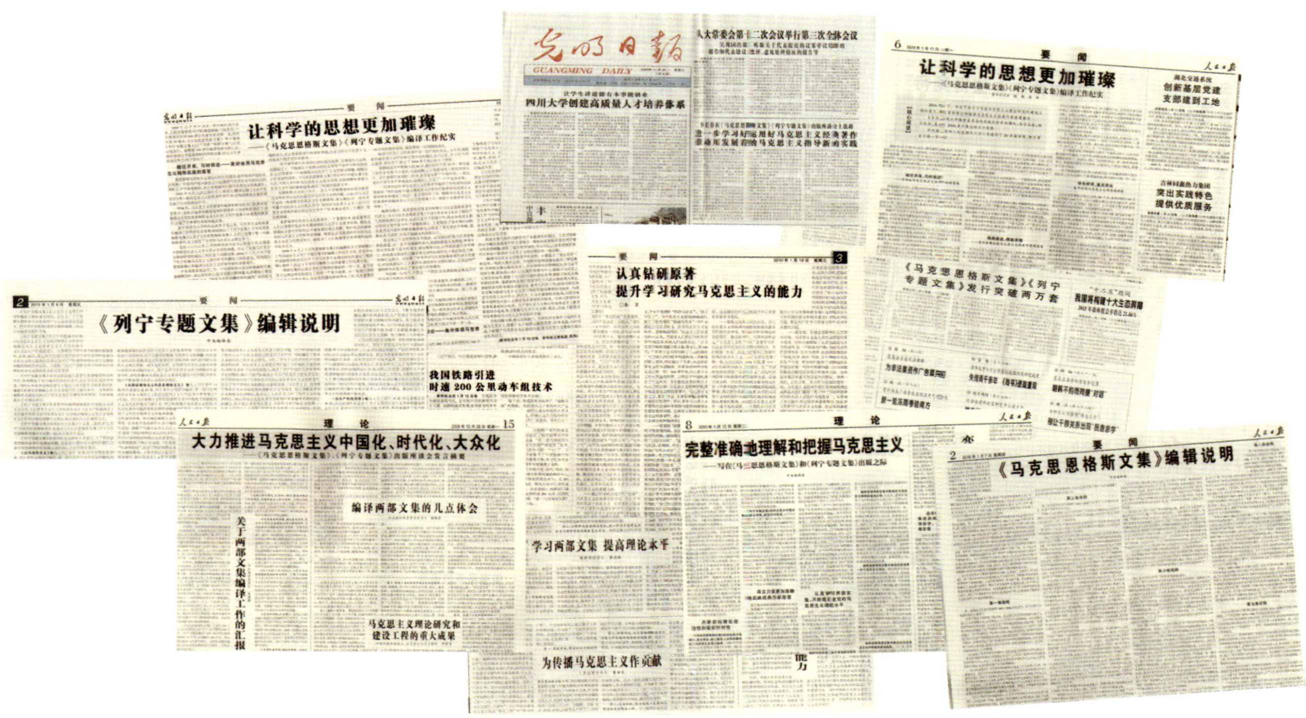
光明日报
GUANGMING DAILY
四川大学创建高质量人才培养体系
让科学的思想更加璀璨
——《马克思恩格斯文集》《列宁专题文集》编译工作纪实
认真钻研原著
提升学习研究马克思主义的能力
《列宁专题文集》编辑说明
我国铁路引进时速200公里动车组技术
《马克思恩格斯文集》《列宁专题文集》发行突破两万套
大力推进马克思主义中国化、时代化、大众化
编译两部文集的几点体会
关于两部文集编译工作的汇报
学习两部文集 提高理论水平
马克思主义理论研究和建设工程的重大成果
为传播马克思主义作贡献
完整准确地理解和把握马克思主义
《马克思恩格斯文集》编辑说明

76

列　宁
生平大事年表

1870 年

4 月 22 日（俄历 10 日）　弗拉基米尔·伊里奇·乌里扬诺夫（列宁）诞生于俄国辛比尔斯克市（现名乌里扬诺夫斯克市）。

1879 年

8 月 28 日（俄历 16 日）　入辛比尔斯克古典中学。

1887 年

6 月 22 日（俄历 10 日）　中学毕业，在校时学习成绩优异，曾获金质奖章。

8 月 25 日（俄历 13 日）　入喀山大学法律系学习。

12 月 17 日（俄历 5 日）　因参加学潮被捕。

12 月 19 日（俄历 7 日）　被喀山大学开除学籍，并被放逐到喀山省莱舍夫县科库什基诺村。

1888 年

1888 年秋—1889 年 5 月以前　获准回喀山居住，在喀山参加尼·叶·费多谢耶夫组织的马克思主义小组。

1889 年

5 月 15 日（俄历 3 日）　随同全家迁往萨马拉。

1891 年

1891 年　两次前往彼得堡，以校外生资格参加彼得堡大学法律系课程的春季和秋季国家考试，获得该校一级毕业证书。

1892 年

2 月 11 日（俄历 1 月 30 日）　注册为律师助理。

1892 年　组织并领导萨马拉马克思主义小组。

1893 年

春天　撰写《农民生活中新的经济变动（评弗·叶·波斯特尼柯夫〈南俄农民经济〉一书）》一文。

9 月 1 日（俄历 8 月 20 日）　从萨马拉启程前往彼得堡。

秋天　撰写《论所谓市场问题》一文，并在马克思主义小组会上宣读。

1894 年

1 月 21 日（俄历 9 日）　在莫斯科的一次秘密集会上发言，批判民粹派分子瓦·巴·沃龙佐夫的观点。

3 月上旬　参加彼得堡马克思主义者在克拉松工程师家里的集会，第一次同娜·康·克鲁普斯卡娅见面。

春夏　撰写《什么是"人民之友"以及他们如何攻击社会民主党人？》一书。

秋冬　领导彼得堡的进步工人小组，给维堡、涅瓦关卡等地的工人小组讲课，并参加工人集会。

1894 年底—1895 年初　撰写《民粹主义的经济内容及其在司徒卢威先生的书中受到的批评》一文。

1895 年

5 月 7 日（俄历 4 月 25 日）　为了同在国外的俄国马克思主义团体劳动解放社建立联系并考察西欧工人运动，由莫斯科启程出国。

5 月 15 日和 6 月 8 日（俄历 5 月 3 日和 27 日）之间　在瑞士访问劳动解放社的成员（在日内瓦访问格·瓦·普列汉诺夫；在苏黎世访问帕·波·阿克雪里罗得），商谈建立经常联系和在国外出版《工作者》文集等问题。

6 月　在巴黎访问工人运动和国际工人运动活动家、马克思的女婿保·拉法格。

9月14日和19日（俄历2日和7日）之间　在柏林访问德国社会民主党领袖威·李卜克内西。

9月19日（俄历7日）以后　撰写《弗里德里希·恩格斯》一文。

10月11日（俄历9月29日）以后　回国后主持彼得堡革命马克思主义者会议。在这次会议上成立了彼得堡全市社会民主党人组织。同年12月27日（俄历15日），该组织正式定名为"工人阶级解放斗争协会"。

12月20日（俄历8日）　由于内奸告密而被捕。

1895年底—1899年1月　在监禁和流放期间撰写《俄国资本主义的发展》一书。

1897年

3月1日—5月20日（俄历2月17日—5月8日）　从彼得堡启程经莫斯科前往西伯利亚流放地舒申斯克村。

1898年

7月22日（俄历10日）　同娜·康·克鲁普斯卡娅在流放地舒申斯克村举行婚礼。

1899年

9月1—3日（俄历8月20—22日）　在叶尔马科夫斯克村召集在米努辛斯科专区流放的马克思主义者开会，批判经济派的《信条》。与会者17人一致通过列宁起草的《俄国社会民主党人抗议书》。

1900年

2月10日（俄历1月29日）　流放期满，离开舒申斯克村。

不晚于7月26日（俄历13日）　启程出国筹办俄国马克思主义者的第一份全俄政治报纸《火星报》，为建立新型无产阶级政党作思想和组织准备。

12月24日（俄历11日）　《火星报》创刊号在莱比锡出版。

1901年

1901年秋—1902年2月　撰写《怎么办?（我们运动中的迫切问题）》一书。

1903年

7月30日—8月23日（俄历7月17日—8月10日）　参加先后在布鲁塞尔和伦敦举行的俄国社会民主工党第二次代表大会的工作。会上，俄国社会民主工党分裂为多数派（布尔什维克）和少数派（孟什维克）。

12月8日（俄历11月25日）　声明退出《火星报》编辑部。

1904年

2月—5月19日(俄历6日)　撰写《进一步，退两步(我们党内的危机)》一书。

1905年

1—5月　主持布尔什维克秘密报纸《前进报》的工作。

1月23日(俄历10日)　在日内瓦得知彼得堡发生1月9日流血事件后，写文章进行评述，号召准备武装起义。

4月25日—5月10日（俄历4月12—27日）　出席在伦敦举行的俄国社会民主工党第三次代表大会，当选大会主席，被任命为《无产者报》的主编和中央委员会驻国外代表。

5月10日（俄历4月27日）以后　在伦敦海格特公墓拜谒马克思墓。在巴黎拜谒"公社战士墙"。

6—7月　撰写《社会民主党在民主革命中的两种策略》一书。

11月15—21日（俄历2—8日）　从日内瓦启程，经斯德哥尔摩回到俄国首都彼得堡。

11月22日和12月16日（俄历11月9日和12月3日）之间　主持《新生活报》编辑部的工作。

12月25—30日（俄历12—17日）　领导在芬兰塔墨尔福斯召开的俄国社会民主工党第一次代表会议的工作。

1906年

1月　从彼得堡秘密到达莫斯科，以了解莫斯科十二月武装起义后的形势。

4月23日—5月8日（俄历4月10—25日）　参加在斯德哥尔摩举行的俄国社会民主工党第四次（统一）代表大会的工作，被选入代表大会主席团。

11月16日（俄历3日）　在俄国社会民主工党第二次代表会议（第一次全国代表会议）上被选入主席团。

1907年

5月13日—6月1日（俄历4月30日—5月19日）　领导在伦敦举行的俄国社会民主工党第五次代表大会的工作。

8月3—5日（俄历7月21—23日）　出席在芬兰科特卡召开的俄国社会民主工党第三次代表会议（第二次全国代表会议）。

8月18—24日（俄历5—11日）　参加在德国斯图加特举行的第二国际第七次代表大会的工作，任大会主席团成员以及关于军国主义和国际冲突问题决议起草委员会成员。

9月2日（俄历8月20日） 在俄国社会民主工党中央委员会的会议上被选为党中央机关报《社会民主党人报》的主编。

11月18—25日（俄历5—12日） 出席在芬兰赫尔辛福斯召开的俄国社会民主工党第四次代表会议（第三次全国代表会议）。

12月 第二次流亡国外。由芬兰的奥布（图尔库）启程，在前往纳古岛时，徒步走过海峡薄冰层，险些遇难。从纳古岛乘轮船前往斯德哥尔摩。

1908年

1月初 同克鲁普斯卡娅一起经瑞典、德国抵达瑞士的日内瓦，主持迁移到日内瓦继续出版的布尔什维克秘密报纸《无产者报》的工作。

2—10月 撰写《唯物主义和经验批判主义》一书。

3月底—4月16日（俄历3月下半月—4月3日） 撰写《马克思主义和修正主义》一文。

4月23日和30日（俄历10日和17日）之间 应阿·马·高尔基的邀请，由日内瓦去意大利的卡普里岛小住。同亚·亚·波格丹诺夫、弗·亚·巴扎罗夫和阿·瓦·卢那察尔斯基争论哲学问题。

12月14日（俄历1日） 同克鲁普斯卡娅由日内瓦迁居巴黎。

1909年

1月3—9日（俄历1908年12月21—27日） 出席在巴黎举行的俄国社会民主工党第五次全国代表会议。

6月21—30日（俄历8—17日） 主持《无产者报》扩大编辑部会议。

夏天 同克鲁普斯卡娅到巴黎近郊德拉韦尔拜访拉法格夫妇。

1911年

春天和8月30日（俄历17日）之间 创建和领导设在巴黎的隆瑞莫党校，并亲自讲课。

12月27—30日（俄历14—17日） 在巴黎主持布尔什维克国外小组会议。

1912年

1月18—30日（俄历5—17日） 出席俄国社会民主工党第六次（布拉格）全国代表会议并主持各次会议。

5月5日（俄历4月22日）以前 筹备出版合法的布尔什维克日报《真理报》。

5月5日（俄历4月22日） 《真理报》第1号在彼得堡出版。

6月13日（俄历5月31日） 在俄国社会民主工党国外组织巴黎支部会议上作报告。

6月22日（俄历9日） 同克鲁普斯卡娅由巴黎迁居波兰的加里西亚地区（当时属奥匈帝国），抵达克拉科夫。

1913年

1月8—14日（俄历1912年12月26日—1913年1月1日） 在克拉科夫主持召开有党的工作者参加的俄国社会民主工党中央委员会会议。

3月14日（俄历1日） 在《真理报》第50号上发表《马克思学说的历史命运》一文。

3月 撰写《马克思主义的三个来源和三个组成部分》一文。

9月25日（俄历12日） 在《劳动真理报》第2号上发表《马克思主义和改良主义》一文。

10月6—14日（俄历9月23日—10月1日） 在波罗宁主持召开有党的工作者参加的俄国社会民主工党中央委员会会议。

1914年

1月26日—2月2日（俄历1月13—20日） 参加拉脱维亚边疆区社会民主党第四次代表大会的工作，代表俄国社会民主工党中央委员会在代表大会上作报告。

8月8—19日（俄历7月26日—8月6日） 被诬从事间谍活动，遭奥地利当局逮捕入狱。

9月5日（俄历8月23日） 出狱后获准去瑞士，携全家到达伯尔尼。

9月5—6日（俄历8月23—24日） 撰写关于战争问题的提纲《革命的社会民主党在欧洲大战中的任务》。

9月6—8日（俄历8月24—26日） 领导在伯尔尼举行的布尔什维克会议，作关于布尔什维克党对战争的态度问题的报告。

9—12月 作黑格尔《逻辑学》一书的摘要。

11月14日（俄历1日） 写完《卡尔·马克思（传略和马克思主义概述）》一文。

1915年

5—8月 撰写《第二国际的破产》、《社会主义与战争（俄国社会民主工党对战争的态度）》、《论欧洲联邦口号》等著作。

9月5—8日（俄历8月23—26日） 出席在瑞士齐美尔瓦尔德举行的国际社会党代表会议，会上形成了齐美尔瓦尔德左派，建立了以列宁为首的齐美尔瓦尔德左派常务局。

1916年

2月初 携全家由伯尔尼迁居苏黎世。

4月24—30日（俄历11—17日） 出席在瑞士昆塔尔举行的国际社会党代表会议。

7月2日（俄历6月19日） 写完《帝国主义是资本主义的最高阶段》一书。

1917 年

3 月 15 日（俄历 2 日） 获悉俄国二月革命取得胜利，决定立即回国。

3 月 20 日（俄历 7 日） 开始为《真理报》撰写总标题为《远方来信》的一组文章。

4 月 9 日（俄历 3 月 27 日） 同克鲁普斯卡娅和一批政治流亡者一起离开瑞士，取道德国、瑞典、芬兰回国。

4 月 16 日（俄历 3 日） 撰写《四月提纲初稿》。深夜抵达彼得格勒芬兰车站，站在装甲车上向欢迎群众发表演说。

4 月 17 日（俄历 4 日） 在塔夫利达宫作报告，逐条阐述《四月提纲》。

5 月 7—12 日（俄历 4 月 24—29 日） 主持俄国社会民主工党（布）第七次全国代表会议（四月代表会议）。

6 月 4 日（俄历 5 月 22 日） 出席全俄农民第一次代表大会，发表关于土地问题的讲话。

6 月 16 日—7 月 7 日（俄历 6 月 3—24 日） 参加在彼得格勒举行的全俄工兵代表苏维埃第一次代表大会的工作。

7 月 18 日—11 月 6 日（俄历 7 月 5 日—10 月 24 日） 由于“七月事变”后资产阶级临时政府实行白色恐怖，为避开搜捕而转入地下。

7 月 23 日（俄历 10 日） 撰写《政治形势》一文，明确提出布尔什维克党准备武装起义以及夺取政权的策略路线。

8 月 8—16 日（俄历 7 月 26 日—8 月 3 日） 在匿居状态下间接领导俄国社会民主工党（布）第六次代表大会的工作，并被选为大会的名誉主席和党中央委员。

8 月 22 日（俄历 9 日）晚 乘火车秘密前往芬兰。

8—9 月 撰写《国家与革命》一书。

9 月下旬 写小册子《大难临头，出路何在？》和《布尔什维克应当夺取政权》、《马克思主义和起义》两封信。

10 月 20 日（俄历 7 日） 从芬兰秘密回到彼得格勒。

10 月 23 日（俄历 10 日） 参加俄国社会民主工党（布）中央委员会会议，提出关于武装起义的决议案。在这次会议上，成立了以列宁为首的中央政治局，对起义进行政治领导。

10 月 29 日（俄历 16 日） 出席俄国社会民主工党（布）中央委员会扩大会议，就武装起义的方针问题作报告。在这次会议上成立了起义领导机构——军事革命总部。

11 月 6 日（俄历 10 月 24 日） 写信给中央委员会，认为拖延武装起义等于自取灭亡。深夜来到起义领导中心斯莫尔尼宫，直接领导彼得格勒工人、士兵和水兵的武装起义。

11 月 7 日（俄历 10 月 25 日） 以彼得格勒工兵代表苏维埃军事革命委员会的名义起草《告俄国公民书》，宣告资产阶级临时政府已被推翻，政权转到军事革命委员会手中。

11 月 8 日（俄历 10 月 26 日） 出席全俄工兵代表苏维埃第二次代表大会第二次会议。大会通过列宁起草的《和平法令》、《土地法令》和《关于成立工农政府的决定》。大会宣布组成世界上第一个工农政府——以列宁为首的人民委员会。

11 月 9 日（俄历 10 月 27 日） 主持人民委员会第一次会议。

11 月 15 日（俄历 2 日） 签署《俄国各族人民权利宣言》。

不早于 12 月 27 日（俄历 14 日） 拟《关于实行银行国有化及有关必要措施的法令草案》。作关于苏维埃国家经济政策问题的笔记。

1918 年

1 月 6—9 日（俄历 1917 年 12 月 24—27 日） 在同妻子和妹妹一起度假期间撰写《怎样组织竞赛？》等多篇文章。

1 月 23—31 日（俄历 10—18 日） 领导全俄工兵农代表苏维埃第三次代表大会的工作，当选为大会名誉主席。

1 月 28 日（俄历 15 日） 签署人民委员会关于建立工农红军的法令。

2 月 18 日 出席俄国社会民主工党（布）中央委员会会议，在会上两次讲话，主张立即接受德国提出的和约条件。

2 月 21 日 起草人民委员会的法令《社会主义祖国在危急中！》。

3 月 6—8 日 出席俄共（布）第七次（紧急）代表大会，作《关于修改党纲和更改党的名称的报告》，提出关于战争与和平的决议草案。

3 月 10 日 由于迁都，离开彼得格勒前往莫斯科。

3 月 11—16 日 领导全俄工兵农代表苏维埃第四次（非常）代表大会的工作。大会通过列宁起草的以共产党党团名义提出的关于批准布列斯特和约的决议。

4—5 月 撰写《苏维埃政权的当前任务》、《论“左派”幼稚性和小资产阶级性》等文章。

5 月 1 日 在霍登卡广场检阅部队。

5 月 8 日 主持人民委员会会议，撰写《关于粮食专卖法令的要点》。

6 月 4 日 在全俄中央执行委员会、莫斯科苏维埃和工会联席会议上作《关于同饥荒作斗争的报告》和总结发言。

7 月 5 日 在全俄苏维埃第五次代表大会上作人民委员会工作报告。

7 月 10 日 同约·约·瓦采季斯谈东线的局势、苏维埃共和国的国防体系和红军建设等问题。

8 月 6 日以后 撰写号召书《工人同志们！大家都来进行最后的斗争！》。

8 月 28 日 在全俄教育工作第一次代表大会上发表讲话。

8 月 30 日 在莫斯科河南岸区米歇尔逊工厂群众大会上发表讲话。离开工厂时，遭社会革命党人范·卡普兰枪击，受重伤。

8 月 30 日—9 月 15 日 受伤后接受治疗。

10—11 月 撰写《无产阶级革命和叛徒考茨基》一书。

11 月 6 日 出席全俄工人、农民、哥萨克和红军代表苏维埃第六次（非常）代表大会第一次会议，当选为大会名誉主席，发表庆祝十月革命一周年的讲话。

11 月 7 日 先后在马克思恩格斯纪念碑揭幕典礼和十月革命烈士纪念碑揭幕典礼上讲话。

11 月 19 日 在全俄女工第一次代表大会上讲话。

11月30日 签署全俄中央执行委员会关于成立工农国防委员会的决定。

1919年

3月2日 出席共产国际第一次代表大会并致开幕词，当选为大会主席团常务主席。

3月18日 在全俄中央执行委员会举行的雅·米·斯维尔德洛夫追悼会上致悼词。

3月18—23日 出席俄共（布）第八次代表大会，致开幕词，并代表中央委员会作总结报告和关于党纲的报告。

3月底 多次灌制录音讲话。

5月1日 在红场的阅兵式和庆祝大会上讲话。

5月6日 在全俄社会教育第一次代表大会上致贺词。

5月25日 参加在红场举行的庆祝普遍军训一周年的群众大会，检阅工人营、各区共产主义分队和莫斯科军事学校学员，并发表讲话。

6月28日 写完小册子《伟大的创举（论后方工人的英雄主义。论“共产主义星期六义务劳动”）》。

7月4日和7日之间 代表俄共（布）中央给各级党组织写《大家都去同邓尼金作斗争！》一信。

10月11日 撰写《工人国家和征收党员周》一文。

10月16日 在莫斯科苏维埃大楼阳台上对应征入伍的工人共产党员发表讲话。

10月30日 撰写《无产阶级专政时代的经济和政治》一文。

11月19日 接见旅俄华工联合会会长刘绍周（刘泽荣）。

12月2—4日 领导俄共（布）第八次全国代表会议的工作。

1920年

1月23日 写信给格·马·克尔日扎诺夫斯基，建议他在为《真理报》写的文章中阐述国家电气化计划。

2月 接受美国《世界报》记者林·埃尔的采访。

3月底—4月初 领导俄共（布）第九次代表大会的工作，并作报告和发言。

4—5月 撰写《共产主义运动中的“左派”幼稚病》一书。

5月1日 在克里姆林宫院内参加星期六义务劳动。

7月19日 在共产国际第二次代表大会开幕会上作报告。

9月下旬 主持俄共（布）第九次全国代表会议。

10月2日 出席俄国共产主义青年团第三次全国代表大会，发表《青年团的任务》的讲话。

10月6日 接见英国学者赫·威尔斯。

秋天 接见苏俄红军中国团团长任辅臣烈士的遗属。

11月14日 同克鲁普斯卡娅一起参加莫斯科省沃洛科拉姆斯克县卡希诺村电站的落成典礼。

12月22—29日 领导全俄苏维埃第八次代表大会的工作。

1921年

1月28日和2月2日之间 两次接见全俄矿工第二次代表大会的代表。

2月8日 出席俄共（布）中央政治局会议。在讨论春播运动和农民生活状况时，撰写《农民问题提纲初稿》，规划从战时共产主义向新经济政策的转变。

3月8—16日 领导俄共（布）第十次代表大会的工作，作关于以实物税代替余粮收集制的报告。这次代表大会标志着苏维埃俄国从战时共产主义政策转向新经济政策。

3月17日 写信给美国实业家华·万德利普，表示苏维埃俄国愿意同美国建立贸易关系和事务关系。

3月底—4月21日 撰写《论粮食税（新政策的意义及其条件）》一书。

5月26—28日 领导俄共（布）第十次全国代表会议的工作。

6月14日和22日之间 同德国统一共产党出席共产国际第三次代表大会的代表克·蔡特金谈话。

6月22日—7月12日 领导共产国际第三次代表大会的工作，当选为大会名誉主席，并在大会上作报告。

不晚于7月6日 在共产国际第三次代表大会会议休息时，同中国《晨报》记者瞿秋白交谈。

10月14日 撰写《十月革命四周年》一文。

10月17日 在全俄政治教育委员会第二次代表大会上作题为《新经济政策和政治教育委员会的任务》的报告。

10月22日 就租让谈判事宜接见美国实业家阿·哈默。观看全俄第一部电犁试验。

10月29日 出席莫斯科省第七次党代表会议，作关于新经济政策的报告。

11月5日 撰写《论黄金在目前和在社会主义完全胜利后的作用》一文。

11月28日 同美国社会活动家、法学家和经济学家帕·克里斯坦森交谈。

12月23—28日 领导全俄苏维埃第九次代表大会的工作。

1922年

3月27日—4月2日 领导俄共（布）第十一次代表大会的工作，被选入主席团，作政治报告，当选为俄共（布）中央委员。

4月3日 出席俄共（布）中央全会会议，被选为中央政治局委员。全会通过关于设立党中央总书记和两名书记的职务的决定，任命约·维·斯大林为党中央总书记。

5月下旬—10月初 因健康状况不佳在莫斯科近郊的哥尔克村休养，但仍未放下工作。

10月3日 结束休养后第一次主持人民委员会会议。

10月5日 出席俄共（布）中央全会会议。

11 月 13 日　出席共产国际第四次代表大会，用德语作《俄国革命的五年和世界革命的前途》的报告。

11 月 20 日　出席莫斯科苏维埃全会并作一生中最后一次对公众的讲话。

12 月 30 日　因病未能参加苏联苏维埃第一次代表大会，被选为大会名誉主席。这次代表大会宣布成立苏维埃社会主义共和国联盟，并选举列宁为第一届苏联中央执行委员会委员。

1922 年 12 月—1923 年 3 月　病中口授一生中最后的书信和文章:《给代表大会的信》、《关于赋予国家计划委员会以立法职能》、《关于民族或"自治化"问题》、《日记摘录》、《论合作社》、《论我国革命（评尼·苏汉诺夫的札记）》、《我们怎样改组工农检查院（向党的第十二次代表大会提出的建议）》和《宁肯少些，但要好些》。

1923 年

3 月上旬　病情恶化，丧失语言能力，右半身瘫痪加重。

4 月 17 日　俄共（布）第十二次代表大会开幕。列宁因病不能出席，被选为代表大会主席团委员。

5 月 15 日　在医生陪同下去哥尔克村疗养。

7 月 6 日　第一届苏联中央执行委员会第二次会议选举列宁为苏联人民委员会主席。

1924 年

1 月 21 日　18 时 50 分于哥尔克村逝世。

编后记

经过编委会全体人员两年多的共同努力，《列宁画传》终于正式出版了。这部画传是在马克思主义中国化时代化大众化的伟大事业不断推进的形势下，为适应广大干部群众学习和研究马克思主义的需要而编纂的。与以往出版的同类著作相比，它应当体现更加鲜明的时代特色和更加自觉的创新意识。为了实现这个目标，我们在编纂画传的过程中重新研读列宁著作，认真汲取和借鉴各种已有的成果，努力形成贴近广大读者需求的新颖的编辑思路和独特的学术风格。

在史实记叙方面，我们改变历来沿袭的单纯按时间顺序编排的模式，尝试开辟一条使编年叙事与专题介绍有机结合、相互补充的新路，并按照历史与逻辑相一致的原则，在全书总序和各章导言中对列宁的革命生涯进行简练的综述和概括，以便更加真实完整地反映列宁的生平事业。在理论阐述方面，我们注意避免史论分离和重史轻论的倾向，力求全面清晰地再现列宁继承、捍卫和发展马克思主义的历程，同时充分利用五卷本《列宁专题文集》的编译和研究成果，简明而又准确地介绍列宁重要著作的写作背景和思想精髓。在整部画传中，我们着力展现列宁的光辉业绩和杰出贡献，同时也注重展示这位伟人的高尚品质和博大胸怀，尽可能让读者全方位地了解列宁的伟大一生。

我们的工作离不开前人通过辛勤劳动奠定的基础。只有博采众长，才能有所创造。在搜集史料、稽考史实、精选图片、编排图文的过程中，我们从各个特定角度参考了国内出版的相关文献，其中最重要的是中共中央编译局编辑的《弗・伊・列宁画传》（1990 年人民美术出版社版，参加编辑工作的有李洙泗、刘丕烈、阎殿铎、丁世俊、刘彦章、郭值京、王锦文、项国兰）。我们还查阅了国外出版的著作，从中获取有益的启示，其中主要有：《列宁传》（Биография В. И. Ленина）1960 年莫斯科国家政治书籍出版社版、《弗拉基米尔・伊里奇・列宁的生平事业（文献和照片）》（Владимир Ильич Ленин. Жизнь и деятельность. Документы и фотографии）1985 年莫斯科进步出版社版、《列宁》(Ленин)

1961 年莫斯科国家政治书籍出版社版、《列宁在莫斯科》（Ленин в Москве）1957 年莫斯科工人出版社版、《我们的红场》（Наша главная площадь）1964 年莫斯科政治书籍出版社版。我们对上述著作的编者表示衷心的感谢。

本书在编录大量历史图片的同时，还汇集了中外名家有关列宁生平事业的美术作品。其中有中国美术家怀着对无产阶级革命导师景仰和热爱之忱精心构思、精心创作的国画、油画、版画、水粉画和素描。这些精彩纷呈的艺术品，是中共中央编译局为纪念列宁诞辰 120 周年编辑出版《弗·伊·列宁画传》时向美术界征集的。本画传在卷首刊出了我国现代卓越的人物画大师和美术教育家蒋兆和先生绘制的列宁肖像，这幅神形兼备的传世杰作是蒋先生为中共中央编译局 1954 年首次举办的“马克思列宁主义经典著作在中国的传播”展览而创作的。这些艺术瑰宝作为珍贵典藏保存在中共中央编译局图书馆。在本书出版之际，编委会向无私奉献自己的智慧和才华的艺术家们表示崇高的敬意。此外，在收集有关列宁生平事业的美术作品过程中，我们还得到俄罗斯新闻社的帮助。对此，编委会表示深切的感谢。

本书的编纂工作从始至终得到重庆出版集团的热情支持和大力协助。出版集团的领导、专家以及从事装帧设计和图文排印的人员十分关注本书的编纂工作。为了把这部画传编成学术和艺术精品，他们提出了许多宝贵的建议。编委会向他们表示诚挚的谢意。

《列宁画传》由韦建桦、顾锦屏同志主持编纂，参加编辑和资料工作的同志有：魏海生、王学东、翟民刚、张海滨、李桂兰、张忠耀、侯静娜。在编纂过程中，中共中央编译局马恩列斯著作编译部、马列主义文献信息部以及办公厅给予了大力支持。李跃群、寿自强、戴淑英、张小明、彭晓宇、张炳辉等同志参加了部分图片资料收集和编务工作，谨向他们表示衷心感谢。

《列宁画传》编纂委员会

2012 年 3 月

图书在版编目(CIP)数据

列宁画传 / 中共中央马克思恩格斯列宁斯大林著作编译局编. — 重庆 : 重庆出版社, 2012.3
ISBN 978-7-229-04160-1

Ⅰ. ①列…　Ⅱ. ①中…　Ⅲ. ①列宁, V.I. (1870—1924)—传记—画册　Ⅳ. ①A736

中国版本图书馆CIP数据核字(2011)第105998号

列宁画传
LIENING HUAZHUAN
中共中央马克思恩格斯列宁斯大林著作编译局　编

出 版 人:罗小卫
责任编辑:喻　杨　曾海龙
责任校对:何建云　廖应碧　李小君
装帧设计:重庆出版集团艺术设计有限公司

重庆出版集团　重庆出版社　中央编译出版社 Central Compilation & Translation Press　出版
重庆长江二路205号　邮政编码:400016　http://www.cqph.com
重庆出版集团艺术设计有限公司制版
深圳市国际彩印有限公司印刷
重庆出版集团图书发行有限公司发行
E-MAIL:fxchu@cqph.com　邮购电话:023-68809452
全国新华书店经销

开本:1000mm×1400mm　1/16　印张:19.75
2012年3月第1版　2012年3月第1次印刷
ISBN 978-7-229-04160-1
定价:330.00元

如有印装质量问题,请向本集团图书发行有限公司调换:023-68706683